Devenir de una (des)ilusión

La Grieta

Gazir Sued

Devenir de una (des)ilusión

Reflexiones sobre el imaginario psicoanalítico
y el discurso teórico - político
de Sigmund Freud

La Grieta

® ©Gazir Sued 2004

La Grieta
Calle Lirio #495 Mansiones de Río Piedras
(Cupey Bajo) San Juan, Puerto Rico 00926
Tel. 787-226-0212

Correo electrónico: gazirsued@yahoo.com
gazirsued@gmail.com
http://www.facebook.com/gazir

ISBN 978-0-9763039-4-7

Arte en portada: *Escritorio antropomórfico* (fragmento) de Salvador Dalí

Índice

Prólogo

Parte I

Espectros de Freud
(La ilusión del *retorno* y la imaginería biográfica)

Parte II

De las Resistencias...
(Ortodoxia freudiana y puntos de fuga
en el imaginario psicoanalítico)

Parte III

Del arte de la *interpretación* psicoanalítica
a la (des)ilusión clínica

Parte IV

Aporías del discurso psicoanalítico
(Reflexiones en torno al régimen de verdad del psicoanálisis)

Parte V

De la *representación* teórica de lo Inconsciente
a la *interpretación* ideológica del Sujeto

Parte VI

Freud y la (im)posibilidad de *La Felicidad*

Parte VII

El imaginario político del psicoanálisis

Parte VIII

Freud y la complicidad psicoanalítica con el poderío judicial y penal del Estado

Parte IX

Espectros de Marx: (Des)ilusiones de la "revolución psicoanalítica"

Parte X

Límites de la representación psicoanalítica y el Gran Relato de La Historia

Parte XI

El proyecto político de la Modernidad y el discurso psicoanalítico

Parte XII

¿Más allá del psicoanálisis?
(Cuestiones de guerra, de violencia y de Ley)

Parte XIII

De los privilegios del patriarca y la teoría de la sumisión
(Tensiones y complicidades entre el discurso feminista y el psicoanálisis freudiano)

Parte XIV

Retórica psicoanalítica, semiología y hermenéutica deconstructiva

Parte XV

A manera de epílogo...

Referencias

Prólogo

"Y en mi locura encontré libertad y seguridad;
la libertad de la soledad
y la seguridad de no ser comprendido,
pues quienes nos comprenden
esclavizan una parte de nuestro ser."

Khalil Gibran

Prólogo

> "Mi trabajo consta de dos partes:
> la expuesta en él, más todo lo que no he escrito.
> Y esa segunda parte, la no escrita,
> es realmente la importante."
> *Ludwig Wittgenstein*

...desde hace ya algún tiempo guardo una sospecha inquietante: que el discurso psicoanalítico adviene, desde sus comienzos y por voluntad política de su inventor, al orden de las tecnologías modernas de normalización, control y dominación social; y que ha operado, desde sus inicios, como dispositivo refinado de subyugación ideológica, en leal complicidad con la hegemonía del poderío estatal y en abierta promesa de compromiso por preservar, reforzar, expandir y perpetuar sus dominios sobre la vida social y cultural, durante todo el siglo XX hasta la actual condición de época. Esta sospecha será matriz de mis reflexiones. Pero debo advertir, antes de continuar, que si bien no comparto las idealizaciones que giran alrededor de la figura de Freud, tampoco comparto gran parte de las *críticas* que sobre su vida y obra han sido producidas hasta *nuestros* días; aunque serán consideradas, no pretendo ni limitarme a repetirlas acrítica e irreflexivamente como tampoco a hacer una crítica que contribuya a demonizar su figura; ya por sus relativas complicidades y prejuicios de clase; ya por sus coqueteos con las prácticas tradicionales de dominación social y su *aparente* desentendimiento sobre ciertos aspectos de estas relaciones; ya por sus reverencias a las autoridades legitimadoras de éstas prácticas o, en fin, por su posicionamiento de dudosa reserva crítica sobre gran parte de los poderes reinantes de la civilización occidental moderna (a saber, sus ordenamientos jurídicos, sus prácticas judiciales, sus regímenes de gobierno, los modos del ejercicio del poder político estatal y del poder coercitivo cultural en general, etc.)

No intereso pasar juicio moral sobre la persona de Freud ni analizar sus posiciones como lo haría la psicología, la sociología o las filosofías tradicionales. Intereso, más bien, identificar eso que aparece en sus textos escritos como soporte de toda una ideología política vinculada a las prácticas estatales y culturales de regulación, control y dominación social; pero no para desmitificar el discurso psicoanalítico y revelar, de algún modo, eso que suponga su *verdadera* esencia ideológica. Pienso que Freud nunca pretendió ocultar su voluntad política bajo el velo de una ideología de fachada científica, sino todo lo contrario. Asumió firme posición sobre el papel que debería jugar la teoría psicoanalítica en el conjunto de las relaciones sociales. Y lo hizo, no como intelectual refugiado en las ilusiones de seguridad de las ideas abstractas del pensamiento, sino como filósofo estadista y práctico; como estratega político en el contexto beligerante de la vida social.

Debo confesar, de hecho, que guardo cierta simpatía con la parte *subversiva* de la historia del psicoanálisis; no por su práctica clínica o por el contenido dogmático de su teoría, sino por la determinación intelectual de salirle al paso, con singular firmeza, a las *resistencias* de ciertos saberes y prejuicios reinantes de su época, ya fueran practicados bajo el modo de autoridades científicas o religiosas, ya de moralidades u otras intransigencias culturales. No obstante, pienso que las inclinaciones ideológicas y políticas de Freud, constituyentes en el conjunto de la teoría y la práctica psicoanalítica, consagran sus dominios a objetivos normalizadores e impiden, a la vez, desplazamientos teóricos (éticos y políticos) alternativos. Haber éste que sitúa a Freud, sus discípulos y seguidores, al lado de la filosofía política estadista y, en el acto, como parte de un progresivo y complejo refinamiento ideológico del proyecto político-normalizador de la modernidad.

Sin embargo, sospecho que la práctica teórica del discurso psicoanalítico, advertida crítica y reflexivamente de los contenidos ideológicos impuestos por su progenitor y, pues, sobre los efectos precisos que sobre la subjetividad singular del Sujeto humano pretendía incidir, pudiera, quizá, convertirse en un recurso *liberador* más que en un dispositivo social normalizador; es decir, a diferencia de como pretendía insistentemente el mismo Freud y, tal como al día de hoy, muy efectivamente sigue siendo por empeño de gran parte de sus herederos. Será pues, objeto central de este trabajo sostener las razones de mis sospechas, más que por motivos de incredulidad y escepticismo, imprescindibles a toda crítica reflexiva, por muy precisas consideraciones teóricas, éticas y políticas...

Consideraciones metodológicas

He procurado rastrear las mutaciones teórico-políticas más significativas que se han operado dentro del discurso del psicoanálisis a lo largo del siglo XX y que extienden, multiplican e hibridan sus tensiones hasta recién entrado el siglo XXI. Aunque asigno particular pertinencia a la identificación de los puntos de ruptura con relación a la racionalidad originaria del psicoanálisis, a las resistencias que se activan con respecto del poderío de los saberes dominantes, a las diferencias puntuales de perspectiva, sus respectivas reservas morales y consecuentes posturas políticas, me parece más relevante aún la identificación de las líneas de continuidad que permanecen relativamente intactas en su devenir, y que lo vinculan estrechamente a la voluntad de poder que, desde su aparición histórica lo atraviesa, lo soporta y mantiene en movimiento en la actual condición (pos)moderna. Clave ésta que destaca que son múltiples los modos como el discurso del psicoanálisis se representa a sí mismo, y que esta multiplicidad está ensamblada entre abundantes contradicciones e inconsistencias teóricas, imposturas, paradojas éticas y políticas irresolubles e incluso antagonismos irreconciliables entre intérpretes situados bajo un mismo signo identitario.

Entre estas coordenadas rastreo cómo se representa "a sí mismo" el psicoanálisis, qué relación sostiene con el discurso de la Historia, el de la Filosofía, la Moral y la Religión, la Ciencia y, sobre todo, con el de la Verdad, la Razón y, con mayor énfasis aun, con la Ley. Simultáneamente, indago las tensiones éticas y correlativas disputas políticas que se desprenden de entre éstas relaciones y sus respectivas prácticas representacionales. La estructura organizativa y las consideraciones metodológicas de este trabajo responden, por supuesto, a los objetivos específicos que ocupan mis sospechas, críticas y reflexiones teóricas, situadas en su debido contexto en cada parte de este trabajo. Y aunque cada una guarda cierta autonomía respecto a las otras, por la especificidad de los temas tratados, también guardan una muy precisa relación de continuidad que mantiene su sentido de unidad y de coherencia en conjunto.[1]

---

[1] Este escrito está dividido en quince partes que, a su vez, las he organizado en subtemas que sirven como guías generales y, en lo posible, para *facilitar* la integración de ciertas consideraciones teóricas que he estimado pertinente traer

Como hilo conductor he identificado las categorías *fuertes* (aunque invariablemente polisémicas) que regulan el discurso psicoanalítico (tales como interpretación, experiencia, descubrimiento, conocimiento, representación, construcción, conciencia, voluntad, autonomía, verdad, sujeto, etc.); el lugar que ocupan y su función precisa con relación al juego estratégico de la voluntad de poder que encadena al conjunto de sus movimientos. Una aproximación crítica y reflexiva al complejo discurso psicoanalítico ha resultado fuerza suficiente para hacerme incluir las consideraciones técnicas de su lenguaje, sus principios teóricos, sus fundamentos, sus definiciones conceptuales, sus nociones generales, en fin, el orden de su epistemología y su vínculo con el arte de la retórica política.

El objetivo cardinal perseguido en este escrito consiste en identificar, de una parte, cómo el discurso psicoanalítico participa de un modo muy particular de *imaginar* y *representar* al Sujeto humano como Objeto de análisis, conocimiento e intervención; y, de otra, en detectar cómo pretende incidir esta práctica teórica (registrada como una *interpretación*, producto de la *experiencia* investigativa del psicoanálisis) sobre la subjetividad del Sujeto. En otras palabras, destaco la compleja relación que se da entre el saber psicoanalítico y lo político, es decir, la relación del discurso del psicoanálisis con el Sujeto humano en el devenir de su existencia en la vida social. Para ello identifico, primeramente, las relaciones que inciden, condicionan y determinan la aparición histórica del discurso del psicoanálisis, las relaciones de poder que ponen de inmediato en juego los procesos de ordenamiento interior y estructuración de su práctica teórica y, consecuentemente, lo soportan y lo mueven entre los trajines de la progresiva consolidación del imaginario psicoanalítico. Acto seguido identifico y someto a juicio crítico los modos como estas relaciones inciden (o pretenden incidir) sobre la existencia humana, someten al sujeto a sus regímenes de verdad y a sus respectivas relaciones de poder. Esto, y valga la redundancia, lo hago situándome desde la sospecha de que el discurso psicoanalítico (en cuanto que heredero de las tradiciones filosóficas políticas-estadistas), pertenece al proyecto político de la modernidad y, como tal, opera sobre el sujeto humano

---

a colación y desarrollarlas. Cada parte guarda en sí misma cierta autonomía con respecto a las otras, por lo que el orden formal no determina o afecta la coherencia general del escrito.

como dispositivo de subyugación ideológica de las tecnologías de su poderío normalizador.

Precisamente por el carácter crítico y reflexivo en el que he querido englobar este escrito, no lo inscribo estrictamente bajo ningún registro teórico o filosófico dado de antemano, aunque ciertamente estará atravesado por fuertes coincidencias e influencias muy próximas al pensamiento de la sospecha en la obra de Friedrich Nietzsche y sostenido, en alguna medida, por la lectura y *aplicación* que hago del modelo estratégico-político en la obra de Michel Foucault, de quien he tomado varios conceptos clave, tales como la noción de discurso y poder, su análisis sobre las relaciones entre la verdad, el saber y el poder, etc.[2] Guardando distancias precisas y puntuales, pueden reconocerse también otras cercanías teóricas con, por ejemplo, la crítica ideológica del signo y la teoría semiológica de Roland Barthes, las críticas filosóficas y políticas en los trabajos de Gilles Deleuze y Félix Guattari, de Louis Althusser, Judith Butler, Thomas Szasz, etc; y particularmente la crítica al dominio imperial del *logos* occidental y la estrategia deconstructivista en Jaques Derrida. Pero ciertamente, en el devenir de este trabajo, resaltarán las *influencias* (proximidades y distanciamientos) con la propia obra de Freud, que es el objeto central (texto y a la vez pretexto), aunque no exclusivo, de mis reflexiones teóricas y políticas.

La pertinencia de este trabajo, su relevancia para la consideración e interés intelectual en la actualidad, está relacionada con la indiscutible y marcada presencia del discurso psicoanalítico, más que en el orden del lenguaje académico, entre algunas sectas de "profesionales de la conducta humana" o de alguna presumida élite intelectual, sobre todo, en los más diversos registros del imaginario social contemporáneo. La apuesta singular que anima este escrito es a que -a partir de las reflexiones críticas que lo constituyen- sería posible retomar, resignificar o reconfigurar ciertos aspectos sensibles del andamiaje teórico diseñado en la obra de Freud y, entrecruzando el propio imaginario psicoanalítico, articular alternativas de análisis psico-social que contrasten radicalmente con los modos tradicionales y dominantes en la actual condición de

---

[2] Según los trabajo en mi libro *Utopía Democrática: reflexiones sobre el imaginario político (pos)moderno y el discurso democrático*; Editorial *La Grieta*, San Juan, 2001.

época. En fin, pienso que sería posible hacer incursionar alguna parte significativa de la teoría psicoanalítica en otro registro de *ilusiones* vinculadas, radical y subversivamente, a un imaginario político emancipador...

Sé que es muy posible que después de haber hecho la defensa de mi tesis, ésta no tenga otra suerte que la de acumularse entre las otras tantas que se amontonan en el gran teatro académico, y se pierda entre los demás libretos que alguna vez participaron de sus movimientos escénicos y, en fin, que se espolvoree arrinconada en alguna estantería del sistema, en la biblioteca de la Facultad. Si en mi poder estuviera y por mi deseo fuera, quisiera que este trabajo contribuyese a ensanchar los reducidos espacios actuales de reflexión crítica que, a mi entender, deberían caracterizar todas las prácticas actuales de teorización social -que incluyen, sin duda, las variantes de la filosofía política y las hibridaciones del psicoanálisis-; y aportar en lo posible a los debates intelectuales que tantean aquí y allá entre ilusiones emancipadoras y de justicia social, confrontando tanto las modalidades más evidentes como las más escurridizas en que las prácticas de la dominación se materializan en la actual condición de época, por todo el espectro social, es decir, entre las vidas que lo habitamos...

Parte I

Espectros de Freud

"Language thus not only reveals
and conceals acts and actors;
It also creates what and who they are."
Thomas Szasz

Parte I

Espectros de Freud
(La ilusión del *retorno* y la imaginería biográfica)

"Anyone who writes a biography is committed to lies,
concealments, hypocrisy, flattery
and even to hiding his own lack of understanding,
for biographical truth does not exist..."[3]
S.Freud

Escenario de la sospecha

A las inmediaciones del territorio ocupado en propiedad
por el discurso del psicoanálisis pertenecen ciertas tradiciones
culturales muy antiguas y que aún caracterizan al pensamiento
moderno en su relación con la producción de *conocimientos* sobre el
sujeto humano. Entre ellas, la construcción del discurso histórico
sobre la vida y obra de quienes, dentro del mismo, se imaginan
como fuerzas motrices o son representados como figuras
protagónicas. Para el conjunto de estas reflexiones me parece
pertinente subrayar dos consideraciones generales que guardan
estrecha relación con la lectura ética y política que haré sobre mi
objeto de estudio, es decir, con mis posiciones de interpretación
teórica, crítica y reflexiva sobre el imaginario psicoanalítico en
general y sobre la obra de Freud en particular. El acercamiento
inicial se dará desde una doble distancia con respecto a las
pretensiones del discurso histórico tradicional. En primer lugar,
pues, me distanciaré de las pretensiones omnicomprensivas de la
hermenéutica clásica, así como de las ilusiones metafísicas y
esencialistas implicadas en los discursos del *retorno* a Freud. Seguidamente lo haré con respecto a las pretensiones totalizadoras de las
condensaciones biográficas, herederas de las generalizaciones de las
sociologías tradicionales, de los determinismos de las psicologías
positivistas o de los prejuicios generales de las filosofías modernas...

El devenir del fin del siglo XX sirvió de pretexto para la
escenificación de múltiples sospechas relacionadas a los dominios

---

[3] S.Freud; Fragmento de una carta a Arnold Zweig, mayo 31 de 1936 en E.Freud,
L.Freud y I.Grubrich-Simitis (Eds.); *Sigmund Freud: His Life in Pictures and Words*;
Editorial *A Helen and Kurt Wolff Book*; New York-London, (1957) 1978; p.245.

del *saber* que sobre el sujeto humano se han producido bajo el semblante de la modernidad y en función de su proyecto ideológico-político hegemónico: la normalización.[4] Un rasgo distintivo de la actual condición de época, desde la que sitúo la perspectiva crítica y reflexiva de este trabajo, es la inconclusa y permanente puesta bajo sospecha de los más diversos campos discursivos del "conocimiento humano" (condensados bajo el registro de las disciplinas del alma o ciencias del espíritu, sus respectivas prácticas representacionales, sus regímenes de verdad, los entendidos y supuestos ideológicos sobre los que sostienen sus dominios, sus creencias, certidumbres y pretensiones, etc.) sobre los que todavía, recién entrado el siglo XXI, sigue ejerciéndose, efectiva e invariablemente, el mismo encargo normalizador de siempre. Pienso que el discurso del psicoanálisis, construido como una modalidad del *conocer* al sujeto humano, bajo este registro, es un correlato extensivo de las tecnologías del poderío normalizador moderno, progresivamente refinadas y consolidadas a lo largo del siglo XX, como haré constar a lo largo de este trabajo. La construcción de la imagen de Freud, de *su* unidad identitaria, ya bajo el registro de las tradiciones biográficas o de las revisiones históricas sobre su obra, está profundamente arraigada en nociones vinculadas a la metafísica del sujeto y del sentido, engranada ésta en el discurso de la verdad de las filosofías y ciencias modernas. Este montaje ideológico-representacional juega un papel de particular relevancia para la imaginería psicoanalítica contemporánea, pues sirve de soporte complementario a sus respectivas ilusiones políticas, es decir, a la creencia en la posibilidad de aprehender y fijar al sujeto humano al orden teórico de su régimen representacional, el de la Ley, el de su verdad. Freud contribuyó significativamente a ello, pero, paradójicamente, de su propia obra se desprenden matrices teóricas claves (como la resignificación de la práctica hermenéutica en Michel Foucault[5] y en Gianni Vattimo[6], la semiología radical de

---

[4] El escenario de la sospecha, referido a la actual condición de época y a los temas vinculados en él a las relaciones entre el saber y el poder desatadas dentro del proyecto político de la modernidad, lo elaboro con mayor detenimiento en mi publicación *Utopía Democrática: reflexiones sobre el imaginario político (pos)moderno y el discurso democrático*; Editorial *La Grieta*, San Juan, 2001.

Roland Barthes[7] o la crítica deconstruccionista en Jacques Derrida[8]) para (des)montar cada una de las *imágenes* que se han arrogado su más nítida e inequívoca representación, y enseguida dar paso a identificar en el acto el valor político-estratégico asignado a las mismas. Tarea ésta que esbozaré de inmediato.

El mito del retorno: la primera (des)ilusión

Sin duda, el psicoanálisis de hoy no es eso que fue en sus comienzos, o por lo menos no lo que tal vez, desde la letra de su *inventor*, pretendía serlo. Algunos dicen que ha evolucionado, que la experiencia del pasar de los años ha dado paso a rectificar sus antiguos errores, a pulir sus conceptos, refinar sus teorías y sofisticar su práctica; a resolver sus contradicciones y rellenar al fin sus vacíos de sentido; a enmendar los antecedentes cargados de incoherencias epistemológicas, de demasiadas ambigüedades

---

[5] Sobre este tema, que trataré con mayor detenimiento en una parte posterior de este trabajo, me refiero particularmente (aunque no con exclusividad) a la conferencia de M.Foucault; *Nietzsche, Freud, Marx*, publicada en Ediciones *El cielo por asalto*, Buenos Aires, 1995.

[6] Aunque este autor no hace referencia explícita al psicoanálisis en su resignificación de la hermenéutica, influenciada primordialmente por la obra de Nietzsche, yo identifico ciertos aspectos que permiten establecer un vínculo estrecho. Tema éste que trataré en la última parte de mi trabajo. La referencia inmediata a este autor es su libro *Más allá de la interpretación*; Editorial *Paidós*, Barcelona, 1995.

[7] Sobre la teoría semiológica (del texto, de la lectura, la problemática del sentido, etc.), he consultado varios escritos de Barthes compilados en R.Barthes; *Variaciones sobre la escritura*, Editorial *Paidós*, Barcelona, 2002. Además, he integrado algunos puntos que llamaron mi atención a partir del curso doctoral *Psicoanálisis y semiología: el problema de la interpretación* (2002-03), impartido por el profesor José Miguel Marinas, en la Facultad de Filosofía, Programa de Filosofía del Derecho, Moral y Política (Ética y Sociología), Universidad Complutense, Madrid.

[8] Existe una estrecha relación entre la crítica deconstruccionista desarrollada por Derrida y el discurso del psicoanálisis de Freud, que trataré más de lleno en la parte XIV. Este autor aborda la temática psicoanalítica particularmente en los tres ensayos compilados en J.Derrida; *Resistencias del psicoanálisis*; Editorial *Paidós*, Buenos Aires, 1998; en *Estados de ánimo del psicoanálisis: Lo imposible más allá de la soberana crueldad*; Editorial *Paidós*, Barcelona, 2001; y en *Mal de archivo: una impresión freudiana*, Editorial Trotta, Madrid, 1997.

23

metafóricas y demás tropiezos vinculados a la semántica originaria o más bien al orden del lenguaje iniciático.

Lo cierto es que, dígase lo que se diga, las mutaciones que se han dado al interior del discurso psicoanalítico no pertenecen al orden de un mismo movimiento, no responden a una lógica interior correlativa al conjunto de una sola y unívoca experiencia; el psicoanálisis del que se habla hoy no es un cuerpo singular con *identidad* propia y fija, efecto particular de un movimiento evolutivo ascendente, lineal y con una sola meta como objetivo, clara y bien definida. Podría pensarse, alegóricamente tal vez, que sucedió que hubo ocasión en que fue raptada, deformada y arreglada para usos particulares o intereses privados, y puesta en venta en las vitrinas del libre mercado, por voluntad lucrativa de algunos, para satisfacción de los deseos de otros. O tal vez que, simplemente, su cuerpo, aburrido hasta el hastío de su virginidad, protegida por los celos obsesivos de su padre, tras su muerte, aprovechó y probó y gustó de ser mirada y tocada, seducida y manoseada, hasta ceder plenamente a la voluntad de sus instintos sexuales y decidir, al fin, liberada y desinhibida, someterse al placer de prostituirse...

El psicoanálisis, sea lo que se convenga que pueda ser, pertenece a una zona irremediablemente contaminada por los gérmenes de todos los que se le han acercado; apropiado y usado para fines propios (aunque digan ser los mismos), al extremo de que tal vez hoy resulte ya imposible depurar el imaginario psicoanalítico y devolverlo a su estado original, o más bien, a su condición inicial. A todas cuentas, pienso que dicho intento sería, más que inútil, indeseable... y, cuando menos, sospechoso.

Las pretensiones de una vuelta al discurso *original* no cobran su pertinencia actual por tratarse de un modo de aproximarse al conocimiento por el conocimiento en sí, como quisiera alguna superficial e ingenua filosofía. Tampoco se trata de un acto de amor al arte de la interpretación de los textos sagrados, como quisiera cierta filosofía o teoría hermenéutica, de buscar en el texto original la revelación absoluta de lo que, a pesar de los pesares, quiso decir el autor; de encontrar, en primer lugar, un más allá de toda interpretación posible, donde seguidamente encontraría, (con debida cautela, decidido esmero y honesta dedicación), su esencia irreductible, su verdad. El *retorno* no es un viaje al pasado, como quisieran creer algunos ilusos. La reflexión histórica no es pase de entrada por la puerta del tiempo sino, cuando más, identificación imaginaria con la ilusión del pasado, condensada ésta a manera de historia y ésta, a la vez, asumida como cuerpo fijo de una verdad unitaria y coherente, aprehensible e inteligible, en fin, como una realidad objetiva. El retorno es siempre una mirada desde el presente inmediato de quien mira, condicionado en toda instancia por ella. El retorno es, cuando más, metáfora de la posibilidad de alguna otra lectura, de posicionarse desde alguna otra perspectiva, de leer nuevamente, pero con otras intenciones (o pretensiones).

Invocar una vuelta al discurso original con pretensiones purificadoras tendría, cuando más –por seguir mi alegoría-, el mismo efecto que pretender devolver la virginidad mediante rezos, aguas benditas y penas, a la joven mujer que ya goza a plenitud de los placeres del cuerpo. El llamado al retorno a los principios erigidos por el Padre con fines de abstinencia ascética y castidad, además de absurdo, estaría destinado a fracasar pues sería, cuando poco, la reacción impulsiva de una quimera de secta puritana o de un lamento de nostalgia de una moral *científica* ya superada (aunque siempre latente). Válganos, para efectos de lo que interesó en estas reflexiones, reconocer que el cuerpo actual del discurso psicoanalítico es como el cuerpo objetivado de su mirada, un cuerpo sin principio de unidad que lo regule definitivamente, fragmentado, disperso y, a la vez, unidad imaginaria, centrada como realidad aprehensible, inteligible, objetivable...

Ilusiones del relato biográfico

Como ya advertí, no intereso hacer una reivindicación de la vida de Freud ni, por el contrario, echar más leña a las hogueras en que arde su cuerpo excomulgado por las moralidades de su época, o poner nuevas flores en la tumba donde hoy se ha consagrado como uno de los dioses mortales del pensamiento de *nuestra* era (pos)moderna. Tampoco intereso hacerme eco del mercado actual de su prestigio, del *saber* psicoanalítico puesto en venta global como objeto de consumo común, pero producido en exclusividad para y por ciertas élites *intelectuales*. Me parece que es mucho más pertinente, a propósito del ánimo de estas reflexiones, remitirme a eso que el autor *decía* de sí mismo y de su obra, *como si* hablara él mismo de *sí*, tal y como la terapia psicoanalítica supone y (dis)*pone* a hablar a sus pacientes; sin temor a forzar interpretaciones ni a precipitar posibles conclusiones, pues éstas serán enseguida dispuestas a devolverse al lugar de la sospecha, siempre entramada en su propia voluntad, la de *saber*...

La biografía pertenece al género literario que narra la historia de la vida de una persona y esta tarea, más que difícil y compleja, me parece tan ilusoria como sospechosa. Quién habla de quien, quién dice qué de quien, cómo lo dice, por qué lo dice y, sobre todo, para qué lo dice, son interrogantes claves que encaran motivos suficientes para tomar con pinzas cualquier relato biográfico. Y digo esto, no para rechazarlos o simplemente considerarlos inútiles, ni siquiera para menospreciar el valor de sus posibles aportaciones, sino precisamente para acentuar el carácter siempre subjetivo e intencional (y por ende arbitrario) de quien escribe el relato de la vida de algún otro. Me parece que el relato biográfico, más que limitarse al goce particular que pueda ocasionar en cada cual *saber* los secretos del otro, o al valor lucrativo que en esta era del espectáculo tiene poner en circulación pública las intimidades de ciertas figuras históricas -ya sea bajo el modo del *derecho* social a "saber la verdad de las cosas", por motivos de interés intelectual o puro entretenimiento- incide en los modos de *entender* la teoría. En otras palabras, al decir quién era Freud se dice, también, qué es el psicoanálisis. Además, esta fusión entre el relato de la vida del sujeto privado y la teoría adjudicada a su autoría es un efecto que incide significativamente en la relación entre el *saber* y su posibilidad y condiciones de existencia dentro del escenario cultural. Como demostraré a lo largo de este trabajo, el lugar que actualmente ocupa el discurso psicoanalítico en este espacio está indisolublemente ligado a los modos como su historia ha sido representada en relación igualmente indisoluble con la vida privada y pública de Freud.

Pienso que es preferible no conferir autoridad privilegiada a la mirada, escrito y voz de ese otro que lleva por encargo (pasional o contractual) decir la verdad última y definitiva sobre alguien particular. Basta un recorrido entre varias biografías sobre un mismo autor para darnos cuenta que se dicen tantas cosas, incluso contradictorias, sobre una misma persona, que pareciera que se trata de personas distintas. Múltiples personalidades se dan cita bajo el signo de un nombre propio. Y esto, que sucede comúnmente en el espacio de la interpretación teórica o literaria, manifiesto en las múltiples lecturas posibles de un mismo texto[9], ¿qué no sería en lo relativo a la historia de la vida singular de una persona? Así como para la Iglesia la lectura de la Biblia se hace como si Dios la hubiera encargado, para un marxista ortodoxo no sería sino un conjunto de opios ideológicos; lo mismo que el Marx de Lennin no es el mismo Marx que describiría el Papa; ni tampoco Nietzsche sería el mismo para Hitler que para Foucault; ni el Freud de Lacan el mismo que el de Althusser o el de Derrida. Me parece, en fin, que el Freud más próximo y fiel a Freud, aunque también incompleto y contradictorio, es el Freud que, reconociendo los límites de la ilusión de su propia mismidad, habla desde sí mismo y sobre sí...

Además, no me parece que en su momento Freud necesitara del favor paternal de nadie que le cuidara y velara por su seguridad e integridad moral, como tampoco de quienes hoy procuran excusar por él sus errores, omisiones o descuidos; Freud no necesitaba rellenar de dulce comprensión maternal los vacíos que dejó a su paso; de nadie que cubriera sus faltas sin remedio, limpiara sus trapos sucios o arreglara por él sus regueros después de muerto. Freud ya había activado sus sospechas con relación a la actitud moderna ante la muerte y en su crítica la representaba como expresión de una cierta hipocresía cultural:

> "Ante el muerto mismo adoptamos una actitud singular, como de admiración a alguien que ha llevado a cabo algo muy difícil. Le eximimos de toda crítica; le perdonamos, eventualmente, todas sus faltas; (...) y hayamos justificado que en la oración fúnebre y en la inscripción sepulcral se le honre y ensalce. La consideración al muerto –que para nada la necesita– está para nosotros por encima de la verdad, y para la

---

[9] Vinculo este argumento con la noción de "semiosis ilimitada" en la teoría pragmática de Richard Rorty y la noción de "circularidad hermenéutica", en contraste con las insistencias de autores como Umberto Eco, para quien –por ejemplo- aunque reconoce la apertura de los textos a múltiples interpretaciones, establece límites a la interpretación de los mismos por virtud de su arbitrariedad política. Sobre este tema abundaré en la parte final.

mayoría de nosotros, seguramente también por encima de la consideración de los vivos."[10]

Pero lo cierto es que, al parecer, Freud no ha muerto. Lo han convertido, más bien, en un espectro, en un fantasma que recorre todavía *nuestros* tiempos y que, a pesar de su imagen difusa, alterada y trastocada, sigue encadenado a *nuestra* imaginación y en ella encadenando sus pensamientos. Por consideración a "los vivos", entonces, valga su letra para no perdonar sus propias faltas ni eximir sus *culpas*...

Freud no *esperaba* que, tras su muerte, lo hicieran aparecer como víctima de las circunstancias de *su* tiempo, o bien presa irremediable de las condiciones de época. Ya de todo ello se encargó él mismo en su debido momento, colando entre sus escritos referencias autobiográficas, anécdotas de sus experiencias profesionales, sentimentales y existenciales, confesiones epistolares y, sobre todo, firmes posiciones en cuanto a todo lo que escribía, decía y hacía. Y pudo o no haber sido en realidad honesto y creer genuinamente todo lo que decía y escribía, como los políticos bien pueden mentirnos o de verdad creer en sus promesas, así como los religiosos o los fanáticos de la razón y sus ciencias. Pero esto no viene al caso. ¿Quién podría saber con entera certeza lo que tramaba detrás de sus textos o lo que pretendía al insistir en su transparencia? ¿Sus familiares? ¿Su hija Anna, quien le siguió de cerca y heredó de sus ideas tanto las deudas como sus riquezas? ¿Sus amigos, con quienes compartió conversaciones teóricas y confesiones íntimas? ¿Sus discípulos, que luego fueron colegas y, poco después, de entre ellos nacieron sus más atrevidos adversarios? ¿Sus enemigos declarados desde un principio? ¿Los biógrafos? ¿Los filósofos? ¿Los psiquiatras? ¿Quiénes de entre los que se dicen a sí mismos psicoanalistas? En realidad, me importa menos lo que digan los demás de Freud que lo que diga él mismo de sí. A todas cuentas Sócrates figura todavía como icono singular entre los grandes pensadores de Occidente, lo citan incluso textualmente, y esa persona no sólo nunca escribió nada en su vida (o por lo menos nada que perdure hasta nuestros días), sino que, tal

---

[10] S.Freud; "Consideraciones sobre la Guerra y la muerte" (1915); *Obras Completas* (Tomo II), Editorial Biblioteca Nueva, 1996, Madrid; p.2110.

vez, es simplemente un recurso de la imaginación política de quienes han hablado de él y por él. Lo mismo sucede con Jesucristo y hoy gran parte de la humanidad cree sinceramente conocerle muy bien, algunos por él han matado y otros hasta muerto por él...

Para nuestra suerte no tengo constancia de que nadie haya muerto o matado por Freud, mas, sin embargo, evidencia de más existe que confirma que hay quienes sacan provecho de hacer creer que en verdad le conocen muy bien.[11] Y no hablo exclusivamente del provecho económico del mercado global de biografías. Existe toda una tradición de autoridad (profesional, intelectual o académica) que reclama que para entender *verdaderamente* un texto es preciso *conocer* la biografía de su autor, es decir, la historia de su vida; *su* verdad oculta detrás de *su* escritura; *su* realidad; la que hizo posible el vuelo de sus pensamientos, de sus genialidades, sus faltas y tropiezos. Reclamo este que me parece, cuando menos, sospechoso. ¿Quién puede decidir qué es eso de la vida ajena de una persona que resulta relevante e incluso imprescindible *saber* para poder *comprender* plenamente su obra? Pienso que quien escribe el relato biográfico sabe que, en verdad, no hay ningún misterio sobre la vida *privada* de un autor que dificulte la *comprensión* de su lectura. Me pregunto, entonces ¿qué interés puede tener quien, tras la muerte del autor, *advierte* que sus escritos, lo esencial de los mismos (si acaso hubiera algo de esencial en los mismos), son incomprensibles o prestos a equívocos si no se *sabe* antes quién *era* ese que alguna vez debió haber sido quien escribió? ¿Por qué, *muerto* un autor, su obra se hace misterio, su contenido se opaca y ya no es posible aprehender sus intenciones y descifrar sus sentidos? ¿Bajo

---

[11] La biografía tal vez más (re)conocida de Freud, por lo menos la que de más renombre goza entre la inmensa producción de biografías adscritas bajo su nombre, es sin duda la de Ernest Jones, puesta en circulación desde mediados del siglo XX y reimpresa consecuentemente hasta nuestros días. (E.Jones; *Vida y obra de Sigmund Freud*, Editorial *Anagrama*, 2003.) Jones -por ejemplo- justifica la pertinencia de su trabajo biográfico precisamente por su relación personal y de íntima amistad con Freud. A pesar de las reservas explícitas que Freud tenía sobre la imaginería biográfica —como trataré más adelante-, incluso su relativa inquietud sobre las tendencias subjetivas (y prejuiciadas) que irremediablemente las atravesaban, Jones sostiene como fundamento de legitimidad de su trabajo biográfico el hecho de que otras biografías ya habían "deformado y atentado contra la verdad", por lo que estaría por demás justificado darse a la tarea de *restaurar* la "verdadera" imagen de Freud, su realidad...

qué signos resuelve al fin su autenticidad? ¿Qué otros constituyen en definitiva los rasgos que caracterizan, fuera de toda duda, *su* identidad? ¿Cuál es la *esencia* que se supone irreducible en el Ser que encarna la autoría de su propia obra? Lo cierto es que una vez puestos en circulación los textos, sus sentidos se independizan de la voluntad del autor, pues son apropiados por sus usuarios, sus lectores, sus intérpretes. Pueden incluso citarlo textualmente y la cita, situada en otro contexto, querer decir otra cosa radicalmente distinta a la intención de su autor. Un mismo texto puede tener múltiples significados para cada intérprete, y hasta la mera repetición puede guardar una distancia enorme de la intención originaria de su autor. A estas suertes la obra de Freud ha sido puesta a correr y el psicoanálisis es hoy, cuando más, el semblante de su propia indeterminación...

El discurso biográfico no es simplemente un perfil psicológico del autor o un conjunto de correspondencia personal y fragmentos de apuntes esporádicos, regados en el tiempo o compilados a modo de diario, donde la vida personal, todo lo que puede referirse a la intimidad del autor, es puesta en la mira *pública* y convertida en objeto de análisis o reflexión histórica, es decir, de juicio moral y político. Se procura revelar al margen de lo escrito las causas que indujeron a decir lo dicho, como si en verdad existiera una relación causal con respecto a la vida no pública de quien escribe y el contenido de lo escrito. Pero la biografía quiere hablar de mucho más que de la persona de quien habla, quiere mucho más que revelar sus secretos e intimidades o que desarrollar una trama mística alrededor de la vida del autor. La biografía pretende poner "en su debido contexto" al autor, hablar de las condiciones de existencia que supone implícitas entre las líneas escritas, condicionando las palabras elegidas hasta el conjunto de sus pensamientos. La biografía pretende decir la verdad de una época entera, a partir de la cual, sin ser *comprendida*, se podría *mal* interpretar al autor, tergiversar sus sentidos, falsearlo; ahí la pretensión ideológica del relato biográfico. Pero siempre lo hará selectivamente, escogiendo eso que parece relevante para dar cuenta, enlace o continuidad al régimen general de su verdad, al contexto histórico construido desde su perspicaz mirada, los indicadores de su psicología, los impactos de la economía, etc.

La imaginación del biógrafo es como la del novelista y su precisión es análoga a la creatividad literaria, como cualquier otro género de la invención, la imaginación y sus lenguajes; aunque se represente a sí mismo como descripción de los hechos, objetiva y neutral. El autor de la biografía es un ideólogo; para su propósito debe dominar las técnicas más diversas del arte de la retórica: saber relacionar sucesos históricos, acontecimientos particulares, personalidades, movimientos, saberes, en fin, todo cuanto se ha dicho sobre la época del autor y hacerlo tener algo que ver con su vida; darle coherencia histórica a su existencia; encajarlo en sus límites *humanos*; denunciar o resolver sus contradicciones; salvarlo o llevarlo directamente a los fuegos de la inquisición moral o política. Pero sobre todo, debe saber qué no decir...

La biografía construye una ficción de identidad, un efecto de imagen, la del autor como unidad de sentido, centrado en sí mismo; que trasciende no sólo lo que ese autor *era* sino que incluso pretende saber más de él de lo que él mismo sabía de su *propia* mismidad. A partir de esta representación el texto debe ser *comprendido*, situado en *su* debido contexto y creyendo con fe en que es cierto que el autor, cuando dijo eso que dijo, lo dijo por estas razones y no por otras. Este modo de contar historias, a manera de biografía, pertenece de cierto modo al género policial-detectivesco de la literatura, inscrito bajo el dominio del gran tronco del *conocimiento*. La biografía, como el relato histórico, como el saber de la filosofía, es representación de la realidad a partir de la óptica valorativa de quien la mira, la registra, la ordena y la conjuga; pertenece a la economía política de la verdad; es voluntad de poder... ideología...

La imaginería biográfica: en el nombre del Padre

Pienso que la estructura del texto biográfico, el modo como están organizado los datos seleccionados de la vida del autor y, sobre todo, el particular contenido de lo publicado, responde a otra voluntad, estratégicamente intencionada y que no se agota en la cuestión estética de la gramática (en el estilo) sino que se apoya precisamente en ella para proyectarse en otros registros, impulsarse y expandir sus dominios. El estilo no es un simple artificio inofensivo, sino la superficie de la armadura ideológica del escritor;

como en la poesía, la flor más venenosa suele ser la que no está cubierta de espinas. Los fragmentos biográficos citados a continuación permiten rastrear ciertas pistas a propósito de mis sospechas. Pero valga advertir nuevamente que no intereso revelar lo que a la racionalidad lucrativa del capitalismo posmoderno pueda parecerle conveniente con respecto a la explotación comercial de una figura histórica (pues es evidente), sino advertir lo que, a partir de la puesta en circulación de estos textos, de su progresiva dispersión cultural y consecuente integración al imaginario social contemporáneo, ha resultado ideológicamente pertinente a la hegemonía política del poderío normalizador que ha regido, movido y sostenido la cultura occidental moderna hasta el siglo XXI.

Actualmente existe un inmenso caudal de biografías e historias del psicoanálisis, por lo que me limitaré a trabajar algunas muestras que me parecen representativas, más que de la función ideológica del relato biográfico, de su relación en los procesos de consolidación del imaginario psicoanalítico contemporáneo y las tendencias políticas más fuertes que lo integran. La pregunta inicial que compete ahora sería, a grandes rasgos: ¿Cómo se (re)presenta al psicoanálisis mediante el relato biográfico de Freud? Pero enseguida salta a la atención una pregunta que *debe* preceder a esta: ¿Cómo se (re)presenta a Freud a través del relato biográfico? Entonces valga, pues, reformular la primera pregunta en ánimo de mantener el espíritu de la sospecha: ¿Qué efectos posibles sobre la interpretación del psicoanálisis pudiera tener una u otra (re)presentación biográfica? ¿Cómo inciden, condicionan o influyen tanto las críticas, prejuiciadas o genuinas, como las apologías en el orden general del poder cultural del discurso psicoanalítico?

Abordaré brevemente, pues, la economía política de este discurso biográfico, es decir, el orden interior de un texto arreglado como relato verdadero sobre la "vida y obra" de Freud, y cuyo saldo general es, por efecto de su objetivo, reforzar la autoridad y legitimidad del discurso del psicoanálisis como poder normalizador de la cultura moderna...

El montaje publicitario de una imagen a semejanza de los dioses-pensadores de la cultura intelectual dominante parece ser un requisito imprescindible, en el ámbito intelectual moderno, para legitimar una figura como *reconocida* autoridad; irrespectivamente del *contenido* de sus pensamientos, como veremos más adelante. Pero también se precisa una cierta dosis de humildad mortal, de *cualidad humana* que no lo distancie abismalmente de los otros; que el reflejo en el espejo de sus cualidades no revele hipocresías cosméticas su hermosura, y simple maquillaje para escena sus virtudes y genialidades. Para tales efectos el biógrafo registra detalles en apariencia triviales, nimios, inútiles, y los combina:

> "On May, 6, 1856, Sigmund Freud was born in Freiberg, Moravia, the first child of Jacob Freud´s third wife (...) Freud was born at six thirty in the evening, and circumcised a week later..."[12]

Su nacimiento, como acostumbra la astrología, aparece vinculado a acontecimientos históricos que influenciarían, incidirían y determinarían de cierto modo su porvenir. La vida de esta persona sería acomodada como pieza clave del gran relato histórico de la civilización occidental moderna. Entre esas coordenadas es que, según el relato biográfico, podría admitirse la *pertinencia* de sus *aportaciones* y *reconocerse* el valor incalculable de las mismas para la humanidad entera. Así, el biógrafo, advertirá que si queremos entender la vida de Freud debemos verlo en "su" contexto histórico.[13] A su muerte el mundo habría *cambiado* dramáticamente y Freud, de cierto modo, habría tenido algo que ver con ello:

> "...The whole of Europe was industrialized, and mankind was only three decades away from the first flight to the moon. European culture and civilization had altered beyond recognition. Freud himself had in his own way made a vital contribution to this revolutionary change."[14]

La tarea del biógrafo aparece como la de hacer encajar las piezas de un rompecabezas pero, como tales, cortadas de antemano

---

[12] K.R.Eissler; "Biographical sketch"; en E.Freud, L.Freud y I.Grubrich-Simitis (Eds.); *Sigmund Freud: His Life in Pictures and Words*; op.cit., p..

[13] Op.cit., p.35.

[14] Op.cit., p.11.

para el encaje de una imagen previamente montada. La infancia de Freud —por ejemplo- sería relatada como referente de su porvenir, como marca singular de su Destino, *evidenciada* en los destinos de otros "grandes hombres" que le precedieron (a la vez que por inducción de las ingenuas psicologías de familia):

> "When he was born, his mother was twenty-one years old and his father forty-one. The combination of a young mother and an aging father appears to be particularly favourable to some children; there was a wide age gap between Goethe's parents too. (...) Legend, wish may very well reflect a historical truth, show us the child as lively, well developed and cheerful; (...) The particular structure of the family may also have contributed to the happy circumstances of the child's first years of life..."[15]

Luego de exaltar las condiciones de la infancia de Freud como una particularmente *feliz*, el relato biográfico, como toda historia de este tipo, continúa entretejiendo lineal y ascendente-mente la cronología de *su* vida. La cotidianidad habitual de todos los jóvenes mortales que gravitan los círculos académicos en las sociedades capitalistas, con aspiraciones para el porvenir que trascienden la inmediatez del placer de conocer por conocer y sin gozar de grandes privilegios o favores económicos para realizarlas sin tropiezos, aparece dramatizada como si se tratara de una suerte terrible que le ha deparado el destino a este personaje:

> "Separated from his fiancée, suffering financial hardship, with an uncertain future before him, involved in exhausting training working on difficult scientific problems, now coming close to great success, now plagued by disappointments, he had to muster the full force of his will in order not to succumb to the pressure of all these stress."[16]

---

[15] Op.cit., pp.11-12.

[16] Op.cit., p.16.

Ciertas dosis de dramatismo, de sentimentalismo, de emotivos comentarios personales, pues, se precisan para afinar la sinfonía biográfica. Las contradicciones no aparecen en el texto para ser resueltas, ni siquiera para ser consideradas con mayor atención. Son puestas, si acaso, para *revelar* la irreducible *humanidad* de ese que, de otro modo, pareciera inmune a sus contagios. La representación dramática de la vida del autor parece ser una técnica del relato biográfico que posibilita dar un cierto aire de heroicidad épica y romántica a las suertes del personaje biografiado. Las condiciones de clase, los prejuicios sexistas, étnicos o raciales, aparecerán en escena bajo el modo de un problema sólo cuando afectan la vida particular del personaje, mientras que no serán relevantes cuando la suerte se dé a la inversa...

Entre las técnicas de la estructura biográfica, ya por la genuina fascinación y desbordada admiración por el autor, por la destreza manipuladora del biógrafo como hábil adulador o por la imaginación seductora o mercenaria de su lenguaje comercial, la representación de un drama novelesco resulta un detalle productivo estratégicamente. Si bien puede prescindirse de ciertos detalles sobre la vida privada del autor, para el efecto de comprensión de conjunto, no obstante, nunca están de más los relativos a sus relaciones íntimas, amoríos, pasiones y desamores:

"That he could finally marry Martha must have seemed a great triumph to Freud, for at first everything seemed to conspire against a happy end to their engagement. (...) As in many other spheres of life, however, Freud fought relentlessly for Martha."[17]

Su matrimonio aparece como la marca final de un periodo decisivo en la vida de Freud. La pertinencia de esta puesta en juego de su vida privada está relacionada con otros aspectos de la vida del autor que, en su debido momento, resultarán relevantes para la óptica de la voluntad del biógrafo, como veremos al referirnos al tema sensible, o más bien, a la acusación, de la *falocracia* freudiana...

Freud gozó en vida de la antipatía mordaz de mucha gente, y entre ella, quizá por suerte póstuma, de ciertas *mujeres* (aunque no

---

[17] Ídem.

de las clientes, que buscaban favor de cura en sus servicios profesionales y algunas otras que compartían simpatías sin mayores reservas con sus teorías y *descubrimientos*). Todavía es, con fuerza de razón más que por prejuicio de género, acusado de complicidad con las relaciones sociales y culturales de subordinación patriarcal; de sobresaltar el valor social y cultural de la figura del hombre al precio de menospreciar y degradar el de la mujer; en fin, de legitimar y reproducir las prácticas culturales discriminatorias, prejuiciadas y subyugantes del hombre sobre la mujer. El trabajo teórico lo revela de este modo y, por más que se procure omitir o negar, los sesgos de la ideología patriarcal están evidentemente integrados en su teoría general. Tema este que trabajaré con particular atención más adentrado en el trabajo, en particular en la parte XIII. Me limitaré a mostrar ahora cómo el encargo político del biógrafo se da más para *limpiar* la imagen que para invitar a *reflexionar* sobre estas cuestiones.

Como le sería encargado a un publicista de familia real asegurarse que la imagen de los príncipes fuera tanto más semejante posible a la de los dioses más venerados por el pueblo (la cultura, sus moralidades y demás prejuicios colectivos), así puede mirarse el encargo de la biografía citada. La humanidad había dado en parto a uno de sus hijos pródigos y la civilización occidental le exigía, más que respeto y condescendencia, relación ejemplar con las madres de la vida, desacreditadas en sus teorías, pero en la vida real bien tratadas y atendidas:

> "Freud is one of the great men whose relationship with women were happy. He never entered into dramatic conflicts with them or withdrew into hostility against them –phenomena which are the exception rather than the rule in the lives of geniuses."[18]

Su madre, que "no era una mujer extraordinaria" –según Eissler-, debió haber tenido un profundo entendimiento del niño, porque este pudo desarrollarse plenamente bajo su cuido.[19] Pero

---

[18] K.R.Eissler; "Biographical sketch"; op.cit., p.29.

[19] En una carta a su novia, Martha Bernays, en 1884, Freud le comenta que su madre es una mujer frágil, tanto física como espiritualmente, pero reconoce que durante toda la vida a actuado desinteresadamente en aras de la felicidad de sus

debemos tomar en cuenta que este desarrollo *feliz* de la niñez de Freud no se debe exclusivamente a la madre sino, en ocasiones, a la ternura (charm) expresada por ser éste un niño prodigioso (gifted child), a quien la madre respondería, pues, con especial afección: Freud, si nos remitimos a los datos de su infancia, debió haber sido un "niño encantador".[20] Adelante en su vida se *enamora* de Martha Bernays, quien -según relata el biógrafo- era su ideal de novia y esposa. Sin duda, algunas de sus cartas –presagia Eissler- figurarán en alguna antología de "grandes cartas de amor." Reforzada esta imagen del personaje como mortal sensible y ordinario, hombre común y corriente en las cosas del amor, resta preguntar: ¿cuál es ese ideal de mujer-esposa que pudiera tener el más grande pensador del alma humana del siglo XX? Dice el biógrafo:

> "...she surrounded Freud with the comfort of a harmonious family life, without ever disturbing his creative process. She stood clearly by the middle-class ideal of marriage; she devoted herself exclusively to her household and children, and kept apart from her husband's professional life."[21]

No obstante, los biógrafos advierten de los posibles *malos entendidos* y, si no se remiten a devolver a Freud a las condiciones de su época y en ella justificar sus prejuicios patriarcales (*intuyendo* caprichosamente que en verdad Freud interesara de algún modo subvertir las relaciones culturales de dominación patriarcal), también suelen referir este tema al carácter incompleto y fragmentado de los estudios psicoanalíticos sobre la sexualidad. Para consuelo, recordarían que Freud advertía que la sexualidad es más compleja de los que se cree, que la feminidad o masculinidad no se daba de manera pura en los seres humanos en ningún sentido biológico o psicológico, en fin, que ninguna mujer es puramente femenina y que son las costumbres sociales las que obligan a las

---

hijos. (En E.Freud, L.Freud y I.Grubrich-Simitis (Eds.); *Sigmund Freud: His Life in Pictures and Words*; op.cit. p.99)

[20] K.R.Eissler; "Biographical sketch"; op.cit., p.29.

[21] Op.cit., p.31.

mujeres a cumplir "roles pasivos", asumidos estos como lo "realmente femenino."[22]

Lo cierto es que la representación del discurso psicoanalítico encarnado en la figura de Freud no está exenta de variaciones que, entre rígidas seriedades e irreverentes burlas, participan de modos muy dispares de imaginar o concebir "la aportación" de Freud al "conocimiento humano".

Freud enfrentó otro tipo de acusaciones, incluso por parte de sus primeros discípulos y colegas, relacionadas según relatan sus biógrafos, a su supuesta *personalidad* tiránica y dogmática. A lo que Freud respondía que, si bien se trataba de que no *comprendían* bien de lo que se trataba, también era en parte que, esa "libertad de criterio" que reclamaban sus discípulos *desleales,* se debía a una resistencia inconsciente y un deseo de aniquilar al padre.[23] Obviando esta respuesta, la apología biográfica se ocupa de resaltar el carácter de *tolerancia* de Freud, de acentuar la falsedad de esa mala reputación dejando en segundo plano las razones de salida de sus discípulos y más importantes colaboradores de su círculo, así como las bases sobre las que fundaron otras escuelas psicoanalíticas en oposición a gran parte de sus doctrinas. Según Eissler –como de igual modo sostiene Jones-, citada una que otra correspondencia de Freud, se muestra cuán poco permitía éste que las relaciones humanas se perturbaran por diferencias científicas de opinión.[24] Tema éste que atraviesa las más diversas historias del psicoanálisis y que, sin duda, no se agota en la *benévola* intención del biógrafo de querer tapar el cielo con la mano...

Sabido es que entre los avatares de la vida intelectual y profesional de Freud, hubo ocasión en que éste decidió practicar sobre sí el psicoanálisis (1897), "la hazaña más heroica de su vida" – según Jones-:

---

[22] R.Appignanesi y O.Zárate; *Freud para principiantes,* Editorial *Icon Books,* Argentina, 2001; pp.89-90.

[23] Op.cit., p.116.

[24] K.R.Eissler; "Biographical sketch"; op.cit., p.24.

"It had long been clear to Freud that he would have to delve into his own unconscious if he wished really to understand his patients."[25]

La representación biográfica de este periodo pareciera dejar *saber* más sobre el biógrafo que sobre la persona biografiada. Pero esto no viene al caso, pues ya más adelante me ocuparé de este tema, a partir del relato que el propio Freud hace de esta *experiencia*. Por lo que interesa ahora, es esta la manera de *dramatizar* un episodio de la vida biografiada de Freud:

"It is an unsolved psychological enigma where he founds the strength to expose himself voluntarily to the anguish which is unavoidable when someone calls to memory all the tragic events and experiences of childhood which usually lie repressed in the innermost depths of the mind."[26]

Lo que más llama la atención, y ocupará alguna parte de este trabajo, es si acaso realmente la práctica del psicoanálisis lleva al sujeto a algún lugar que no está ya determinado de antemano y fijado irrevocablemente por la teoría misma. Poco importa que se considere como una contradicción *racional* la vida feliz de la infancia de Freud, según descrita en su biografía, si de todos modos, para *confirmar* la veracidad de su teoría éste debía *profundizar* en los abismos de su propia mente y *comprobar* por sí mismo los contenidos ocultos en su inconsciente; *experimentar* por cuenta propia la regresión al estadio de su pasado, allí donde se resolvían los inevitables y tortuosos complejos psíquicos que atraviesan el *desarrollo* natural de toda infancia; allí donde se marca para siempre y en definitiva algo de la suerte que acompañará a cada cual durante toda su existencia. Por ahora, bástenos mirar lo que dice el biógrafo:

"Freud, however, stood alone in the struggle with his unconscious. (…) Imagine the horror that a well-bred conventional man, who loves and respects his father,

---

[25] Op.cit., p.20.

[26] Ídem.

must feel when he learns, on analysing his dreams, that many of his unconscious thoughts treated this recently (1896) dead father with great disrespect, and, indeed, that intensely hostile and belittling impulses lay hidden behind the veneration perceived by the conscious mind."[27]

Coincidentemente, Ernest Jones, dado a la tarea de "reestablecer la verdadera historia" y sosteniendo como criterio de veracidad de su relato *su* íntima amistad con Freud, vincula ciertos rasgos de *su* personalidad (destacados por él mismo) a la experiencia del auto análisis. En esta ocasión, el montaje de la *personalidad* de Freud como una identidad heroica estaría reforzado por la retórica del lenguaje psicoanalítico del biógrafo, para quien precisos acontecimientos de *su* vida incidieron en la condición emocional (neurosis) que lo forzaron a explorar su propio inconsciente. Pero sobre todo, *oscuras* motivaciones, sus más profundos deseos:

"...algo que debía de tener, para los adentros de Freud, el más hondo de los significados. Su sentido era, indudablemente, el de satisfacer el más hondo deseo de su naturaleza, un deseo que ininterrumpidamente le empujaba hacia delante. (...) Pero junto a esto debió de haber cierto sentimiento, profundo también, de que se trataba de algo prohibido, del cual surgiría la angustia, así como los demás estados de ánimo negativos, desdichados y paralizantes..."[28]

El autoanálisis sería, pues, una consecuencia lógica de este ininterrumpido, aunque inconsciente, deseo:

"En cuanto a la decisión de iniciar tal empresa, difícilmente podía tratarse de algo referente a la voluntad consciente o a un motivo deliberado. No se trata de un chispazo genial sino de una gradual intuición de algo fatal, inevitable. (...) Una necesidad

---

[27] Ídem.

[28] E.Jones; *Vida y obra de Sigmund Freud*; op.cit., p270.

40

todopoderosa de alcanzar la verdad a toda costa era posiblemente el resorte interno más poderoso en la personalidad de Freud, algo a lo que todo lo demás – comodidades, éxito, felicidad- tuvo que sacrificarse."[29]

La promoción de la disciplina psicoanalítica freudiana es evidente. El relato biográfico no interesa abrir espacios de reflexión teórica, ni siquiera dejar colar alguna duda por las grietas de su estructura. Es un homenaje; un tributo; una seducción sentimental; un rito cultural, no ya de inauguración, sino de reconocimiento entre los saberes reinantes de la era:

> "Freud's self analysis and the unsparing publication of the most intimate, usually shameful, details, must be regarded as the extraordinary sacrifice of a great idealist, practically unparalleled in scientific history."[30]

Esta expresiva exaltación del *sacrificio* por la ciencia y la verdad, no obstante, trae una estela de críticas, precisamente por parte de las tradiciones más rígidas de las ciencias positivistas. Para Freud, no obstante –relata Eissler-:

> "...it became clearer and clearer that he had touched upon facts which contradicted all established ways of thinking and traditional concepts."[31]

En este estilo narrativo prosiguen los biógrafos (im)poniendo la *personalidad* de Freud como la unidad y base inamovible de su obra teórica. Con el método de "libre asociación" –observa el biógrafo, por ejemplo- se creó un instrumento comparable con el microscopio. Con este método podemos "observar" los procesos mentales los cuales de otro modo permanecerían "invisibles". Este modo de *evidenciar* a través de la *experiencia* de la *mirada* del psicoanalista es de cultivo positivista, y

---

29 Op.cit., pp.282-83.

30 K.R.Eissler; "Biographical sketch"; op.cit., p.24.

31 Op.cit., p.18.

pertenece sin duda a la tradición disciplinaria de la ortodoxia psicoanalítica, la escuela heredera del pensamiento fuerte de Freud. Escuela esta que todavía no ha podido zafarse, sin embargo, de las acusaciones habituales que resisten al psicoanálisis —como denunciaba Anna Freud- al criticar la deplorable falta de objetividad científica por emplear la mente del propio investigador como único instrumento científico.[32] Pero este tema ya será abordado más adelante en el trabajo, pues, como es sabido, Freud inventa genialmente una muy particular definición de la ciencia, donde encuentra refugio seguro y autoridad de existencia para sus ideas y su práctica en general...

Después de atravesar por un periodo de "extrema soledad", experiencia ésta de ser excluido de la que pudiera decirse —sugiere Eissler- es una suerte inevitable de los grandes innovadores, la vida de Freud dio un giro a su favor. Relata el biógrafo que ya - *finalizado* su autoanálisis- las dolorosas crisis emocionales *cesaron*; y que la pasión, la agitación y confusión de esos años armaron a Freud de una estricta disciplina, de autocontrol y calma exterior. Para Jones, "el *final* de este esfuerzo y este sufrimiento representan la fase última de la evolución de su personalidad".[33] La imagen *restaurada* de Freud aparece *representada* por Ferdinand Schmutzer (1926), como *muestra* de esa transformación mística encarnada en su semblante:

"...an inscrutable face, from which the eyes look out keen, wise and understanding; a face which do not flinch from the tragic eventualities of this world; a face which can never again know fear, and which, despite the expression of sadness, is a stranger to despair; a controlled face, with a slight suggestion of those Olympian features that Goethe so loved to show to the world."[34]

[32] A.Freud; *Pasado y presente del psicoanálisis*; op.cit., p.23.

[33] E.Jones; *Vida y obra de Sigmund Freud*; op.cit., pp.283.

[34] K.R.Eissler; "Biographical sketch"; op.cit., p.23.

Más adentrados los años en la vida de Freud, éste sufrió severos problemas de salud, como cualquier mortal pudiera sufrirlos. Pero me parece apropiado subrayar la representación del biógrafo citado sobre este aspecto, pues la usaré inicialmente para distanciarme radicalmente de la actitud de otros *conocedores* de la vida y obra de Freud que, encarnando ciertos prejuicios psicologistas, atribuyen a sus últimos trabajos teóricos un cierto pesimismo existencial, como reacción causal por su mala condición de salud o a una cierta depresión ante los embates de la guerra. Contrario a esta perspectiva, también enraizada en los prejuicios de la filosofía racionalista y moralista, dice *nuestro* biógrafo:

"He never complained (...) He obviously possessed unusual spiritual resistance to spiritual pain (...) His integrity, guaranteed by the clarity of his consciousness and judgment, seems to have been to Freud the highest of all values, which he would not abandon, in any circumstances, as long as he lived."[35]

El retrato de Freud, arreglado a la medida de la voluntad del biógrafo, contrasta radicalmente con otras interpretaciones que insisten en ver una actitud fatalista en los últimos años de la vida de Freud, ya por su severa condición de salud, ya por los efectos *deshumanizante* de la primera guerra mundial:

"His fearless attitude toward death, his rejection, to the very end, of religion, even of the comfort it could give –the strength with which he could accept the process of dying, without seeking refuge in psychological flight, shows that what the ancients saw as the true aim of philosophers had, in Freud, become reality."[36]

Quizá, como se acostumbra en los rituales de muerte de las culturas occidentales, los semblantes ceremoniales en los entierros procuran perdonar los pecados en vida de sus muertos, asimismo la biografía rinde tributo a Freud en homenaje póstumo, y testimonia a su vez la entrada a la inmortalidad de sus pensamientos y la voluntad de tolerancia con sus tropiezos y enredos:

"Es más probable que algunas de las limitaciones y atolladeros del genio de Freud tengan que ver con el hecho de que conociera la pobreza, la calumnia y la humillación y de que tuviera un espíritu suficiente- mente curtido como para, interpretándolas, soportar todas las injurias de su siglo."[37]

Y quizá, en verdad, todo lo dicho fuera poco exagerado y hasta cierto, cosa que no viene al caso para lo que intereso. Tomando el tema anterior, pienso que la reserva del padre del psicoanálisis a firmar pactos cerrados de compromiso ético o

---

[35] Op.cit., p.28.

[36] Ídem.

[37] L.Althusser; "Freud y Lacan"; *Posiciones*; Editorial *Grijalbo*, México, 1977; p.13.

44

político, su relativa ambivalencia e inquietantes silencios sobre tantas cosas de la vida social, provoca interpretaciones forzadas, que dicen más sobre sus *intérpretes*, sus inquietudes, ambiciones y pretensiones sobre el psicoanálisis que sobre Freud o el psicoanálisis mismo. Interpretar como una actitud fatalista ante la vida las conclusiones que sobre la vida social pudiera haber trazado, como pasar juicio moral sobre las indeterminaciones radicales de su vida subjetiva, pertenece más a las aspiraciones ideológicas dominantes de la modernidad y a sus filosofías clásicas, que al proyecto político del psicoanálisis y las conclusiones formales del trabajo teórico de Freud. Pero este tema ya lo tocaré en otra ocasión. Interesa, por lo que sigue, la versión opuesta a estos atributos de fatal pesimismo, un idealismo poco ingenuo, arreglado para efectivar una voluntad política precisa: legitimar la autoridad del discurso psicoanalítico en los términos programados por Freud.

Una nueva estrella ha sido puesta en el gran escenario cultural, bajo el auspicio *desinteresado* de sus promotores, quines sólo procuran el agrado del público espectador, las simpatías de sus admiradores, las lealtades y entusiasmos apasionados de sus fanaticadas. A esta representación magnificente de la persona objetivada de Freud le es correlativa la grandeza sin precedentes tanto de la técnica psicoanalítica como de su teoría:

> "No one who wishes to emancipate himself from the chance events of his childhood and hopes to reach the heights of mental and emotional freedom, can do without psychoanalysis."[38]

Asimismo, el biógrafo *fascinado* promueve las ilusiones liberales a la manera de las clásicas técnicas publicitarias de la sociedad de consumo, exagerando, de modo similar a las exageradas generalizaciones de los optimismos sociológicos:

> "With Freud's Psychoanalysis the hypocrisy of our society has also been substantially lessened. Today people can open their hearts to each other with an

---

[38] K.R.Eissler; "Biographical sketch"; op.cit., p.34.

honesty that our grandparents could scarcely have imagined."[39]

Optimismo que, de acuerdo al ideal de mujer-esposa de Freud según la biografía, los movimientos feministas no compartirían. Y al parecer tampoco muchos grupos sociales, como sucedió con una parte de los movimientos juveniles a finales de la década de los sesenta, según relata en una conferencia Anna Freud:

> "...los jóvenes de hoy sienten que el psicoanálisis se encuentra actualmente en manos de la generación parental y que, como tal, es sospechoso. Para muchos de ellos ha perdido el aspecto de algo peligroso (...) en lugar de esto (...) es considerado como un procedimiento ideado para privarlos de su originalidad y del espíritu revolucionario, y para inducirlos a adaptarse y amoldarse a las condiciones existentes, que es lo último que tienen en mente."[40]

Anna Freud no contradice esta desilusión, pues el psicoanálisis nunca interesó en dar respuestas *revolucionarias* sino precisamente todo lo contrario, en efectivar los medios coercitivos del poderío cultural, aunque hubiera que arrancar de raíz las técnicas dominantes de las tradiciones culturales y reinventar las tecnologías de su dominación general, como me inclino a pensar era la intención política de Freud. Pero no me adelantaré al respecto. Baste citar a *su* hija, heredera y promotora leal de sus doctrinas teóricas como también de sus ideologías:

> "Después de todo, el psicoanálisis nunca ofreció nada excepto conocimiento sobre el mundo interno, sobre la lucha del hombre dentro de sí mismo, sobre el hecho de ser su propio peor enemigo."[41]

---

[39] Ídem.

[40] A.Freud; *Pasado y presente del psicoanálisis*; Editorial *Siglo XXI*; México, 1982.

[41] Op.cit., p.25.

Eco preciso de las enseñanzas del padre, Anna Freud cierra el espacio de estas resistencias al argumentar que a todas cuentas se trata de las rabietas habituales que caracterizan a las juventudes:

"...tal vez, siempre ha sido cierto que es más fácil y propio de los adolescentes despotricar contra las restricciones externas que luchar por el equilibrio interior."[42]

Quizá en esta actitud ante las resistencias al psicoanálisis, que no es sino posición ante exigencias políticas muy concretas y no simples idealismos generacionales, la representación más fiel del psicoanálisis se revele, sin mayores pretensiones, al lado de las fuerzas reguladoras del poder cultural y político dominante. Y tal vez, a la larga, resulte tan simple como eso. Pero guardo la impresión de que las aspiraciones de Freud, y del proyecto político normalizador del psicoanálisis, no pretendían agotarse en simples funciones moduladoras de la interioridad existencial o psíquica de cada cual...

Otra de las salidas retóricas a las resistencias *externas* al psicoanálisis es que, éste, con sus complejas teorías y descubrimientos, que contrastaban por demás con el sentido común y con muchas ideas tradicionales, no era de esperarse que fuera ampliamente reconocido —como concluye el biógrafo Eissler-.[43] Sin embargo, vale tanto para la suerte de sujeto individual como para el destino colectivo. Para cada cual:

"Anyone who wants to become aware of what is going on in his unconscious, that is to say anyone who wants to know himself, will always have to use this method."[44]

Para todos -participando de las retóricas racionalistas y sus consecuentes ilusiones- concluye el biógrafo:

---

[42] Ídem.

[43] K.R.Eissler; "Biographical sketch"; op.cit., p.23.

[44] Op.cit., p.34.

"…it shows us a way in which we can someday analyse the unconscious forces at work in the history of every nation. One day, perhaps, we might thus succeed in controlling the irrational behaviour of national groups, destructives of both themselves and others, and replacing it each time by rational behaviour…"[45]

La retórica del relator biográfico es una apología al Autor del psicoanálisis. Desde ella se *valoran* las aportaciones de esta *disciplina científica* a la humanidad.[46] Las opiniones (o fascinaciones) personales que pudieran tener algunos sobre la potencia extensiva del trabajo de Freud aparecen también como avales de las hipérboles biográficas. Un fragmento de una carta enviada a Freud por Franz-Werfel ejemplifica cómo una muy posible genuina impresión, en el contexto global del relato biográfico, puede confundirse bajo el registro de una adulación o de cierta idolatría:

"For in you we honor the man who has not only learned the secrets of the mind and given them a form that will stand for centuries, but, like Copernicus, Kepler or Newton, has revolutionized to its very foundations our attitude to and knowledge of the world."[47]

---

[45] Op.cit., 35.

[46] Entre las publicaciones más recientes que destacan entre los tributos a esa imagen idealizada e ideologizada de Freud, está el libro de Fernando Mateo; *Freud: arqueólogo del alma*; Editorial *Longseller*, Buenos Aires, 2002. En este trabajo el autor se inscribe en las corrientes publicitarias (acríticas) del psicoanálisis freudiano y viene a concluir, por ejemplo, que la validez científica del psicoanálisis ya no se discute en la actualidad, como que tampoco se pone en duda su eficacia para comprender y tratar las perturbaciones de la vida psíquica. Este autor concluye que las teorías y enseñanzas de Freud se enseñan y se enriquecen permanentemente en las universidades de todo el mundo, como evidencia de su *irrefutable* validez científica...

[47] F.Werfel; Fragmento de carta a Freud (13.IX.26); en E.Freud, L.Freud y I.Grubrich-Simitis (Eds.); *Sigmund Freud: His Life in Pictures and Words*; op.cit., p.243.

Un número significativo de escritos, no sólo de entre los psicoanalistas, comparte estas impresiones sobre la vida y obra de Freud. El imaginario psicoanalítico está constituido en gran parte por este modo hiperbólico, si no adulador, que gira alrededor de la imagen de Freud y de su obra en general. Lucy Freeman, en su libro *Freud Rediscovered* (1980) sostenía:

> "Freud hizo asombrosos descubrimientos que revolu-
> cionarían el pensamiento universal acerca de la mente
> del hombre. Cinco siglos antes de Cristo, Heráclito
> dijo: -El alma del hombre es un país lejano al que no
> cabe acercarse ni explorar.- Sigmund Freud no sólo
> cruzó la frontera de ese país, sino que se adentró hasta
> el centro y, a través de sus escritos y de su influencia
> personal, hizo accesible ese paisaje interior a todos los
> que se atrevieron a seguirle."[48]

De modo similar, el novelista Theodore Dreiser –según cita Richard Webster- expresaría a manera de testimonio su experiencia con la obra de Freud:

> "Cada párrafo me parece como una revelación (...) Me
> ha recordado a un conquistador que ha tomado la
> ciudad, y entrado en sus antiquísimas prisiones proce-
> diendo con generosidad a liberar a los prisioneros de
> sus tristes y sucias celdas, de la fe y de las ilusiones que
> han atormentado y desgastado al hombre durante
> cientos, miles de años..."[49]

El registro de textos que participan de este estilo de narrativa forma parte, no sólo de un modo particular de la tradición psicoanalítica vinculada a la herencia ortodoxa del pensamiento de Freud, sino de la híbrida escena de producción cultural-intelectual activada desde múltiples campos discursivos, entre los que se incluyen obras literarias, históricas, biográficas, sociológicas,

---

[48] Citado en R.Webster; *Por qué Freud estaba equivocado: pecado, ciencia y psicoanálisis*; Editorial *Destino*; Barcelona, 2002; p. 15.

[49] Op.cit., p.24.

académicas, entre otras. Serán, como veremos más adelante en los próximos apartados, base de gran parte de las críticas que durante el transcurso del siglo XX y recién entrado el XXI aparecerían como constituyentes del imaginario psicoanalítico. Pero en lo que respecta al ultimo tramo de este apartado, cabe apuntar algunas de las *celebraciones* que sostienen estas perspectivas. Desde ésta óptica se sostiene –por ejemplo- que el *reconocimiento* de los "motivos del inconsciente", que en ciertas circunstancias pueden tomar completa posesión del ser humano, ha cambiado *nuestras* actitudes hacia la enfermedad mental:

> "...reduciendo la brecha entre la normalidad y la patología, y mostrando que las alteraciones neuróticas, psicosomáticas y delictivas caen dentro de los riesgos comunes de todas las personas."[50]

Como Freud *logró* exitosamente descifrar la "lógica" que domina los pensamientos inconscientes, aún de las personas *cuerdas* (sane people), el paradójico y absurdo lenguaje de los enfermos mentales no resulta ya extraño, sin sentido e incomprensible – celebra el biógrafo-. Hoy –añade- los psiquiatras pueden tener una conversación razonable con sus pacientes psicóticos:

> "...for his knowledge of the unconscious has enabled the doctor to understand even the most preposterous utterances of insanity."[51]

Trabajos más recientes, basados igualmente en la ilusión de la potencia emancipadora del discurso psicoanalítico y activados como fuerza oposicional a resistencias no menos reales, como pudiera tratarse de la oposición a las prácticas del tratamiento psiquiátrico con métodos químicos, como los psico-fármacos, aparecen encuadrados dentro de las tradiciones del discurso humanista moderno que han preservado el rostro legendario del psicoanálisis y

---

[50] A.Freud; *Pasado y presente del psicoanálisis*; op.cit., p.18.

[51] K.R.Eissler; "Biographical sketch"; op.cit., p.34.

sus grandes ilusiones emancipadoras. La historiadora Elisabeth Roudinesco, en su escrito *¿Por qué el psicoanálisis?*, sostiene:

"El psicoanálisis muestra una avanzada de la civilización sobre la barbarie. Restaura la idea de que el hombre es libre en lo que respecta a su palabra y de que su destino no está limitado a su ser biológico. Debería también en el futuro ocupar el lugar que le corresponde, al lado de las otras ciencias, para luchar contra las pretensiones oscurantistas que apuntan a reducir el pensamiento a una neurona o a confundir el deseo con una secreción química."[52]

Esta tradición de herencia *humanista*, en términos generales, promete, además, un acercamiento *más humano* a los *criminales*, como sostiene Anna Freud.[53] Aunque harto es sabido que por su compromiso social con las instancias normalizadoras del poderío cultural (demasiado confundido con el estatal), el programa psicoanalítico de Freud se abstiene de *mirar* –por ejemplo- cómo se constituye "lo criminal" y se limita a tratarlo como si fuera otra desviación de la normalidad, como la enfermedad mental. Pero este tema también lo abordaré más adentradas las reflexiones sobre la obra de Freud, particularmente en la parte VIII. Fuera como fuera, la publicidad provista a manera de biografía o de relato histórico del movimiento psicoanalítico, comparte un optimismo que resulta, cuando poco, sospechoso. Sobre todo cuanto más se acerca a las pretensiones totalizadoras de las filosofías occidentales, demasiado parecidas a las religiones, empeñadas en formular una teoría omnicomprensiva sobre todo cuanto tuviera que ver con la existencia humana.

"It may be, then, that Freud in his last work has shown us how it might be possible to meet the greatest danger threatening the peoples of the world today."[54]

---

[52] E.Roudinesco; *¿Por qué el psicoanálisis?*; Editorial *Paidós*, Barcelona, 2000.

[53] A.Freud; *Pasado y presente del psicoanálisis*; op.cit., p.18.

[54] K.R.Eissler; "Biographical sketch"; op.cit., p.34.

Las ilusiones de Freud muy probablemente se estén concretizando y eso es motivo suficiente para reconocer pertinencia a mis sospechas. El régimen de verdad psicoanalítica, aunque disperso sin centro de mando fijo, opera como tecnología de dominación moderna, entre los dispositivos coercitivos del poder cultural. Las apologías publicadas, más que compartir sus intenciones, son parte integral de esa voluntad totalizadora, como lo es toda voluntad de verdad que quiera serlo, con reservada particularidad y a la vez para todas las cosas. La fachada de neutralidad objetiva con la que el relato biográfico pretende ocultar la voluntad política de Freud y el objetivo ideológico del proyecto normalizador del discurso psicoanalítico, aparece a modo de cierre bajo esta *inofensiva* retórica:

> "This is the foreground of Freud's life. But behind it we can detect something of the titanic struggle of a man who, despite his own weakness and shortcomings, remained unswerving in his quest for truth..."[55]

Pero, a fin de cuentas, ¿cómo leer a Freud? Diría el biógrafo en su apología: Del mismo modo como un hijo *debería* escuchar a su padre, con respeto e interés, credulidad e incondicional voluntad de obediencia; de la misma manera como un alumno debería atender las enseñanzas de su maestro, con disposición del alma y disciplina para aceptar su autoridad y aprender de no cuestionar; pues es el maestro y sólo él, por virtud de su posición tanto como por experiencia generacional, quien puede enseñar lo que puede ser aprendido. ¿Cómo leer a Freud? Como lo hace un fiel creyente cuando lee o escucha la palabra de Dios, con fe... –concluiría el biógrafo.- Por lo que a nuestra atención e interés respecta, válganos repetir la letra en la que el propio Freud tuvo alguna vez ocasión de advertir sobre el tema:

> "Anyone who writes a biography is committed to lies, concealments, hypocrisy, flattery and even to hiding his

---

[55] Op.cit., p.35.

own lack of understanding, for biographical truth does not exist…"[56]

Análisis (psico)biográfico: reinvención del mito

> "En cuanto a los biógrafos, allá ellos.
> No tenemos por qué darles todo hecho.
> Todos acertarán al expresar "la vida del héroe",
> y sólo de pensar en sus errores me entran ganas de reír."
>
> *S.Freud*

La imaginería psicoanalítica está atravesada por numerosos puntos de convergencia, pero también por antagonismos irreconciliables y diferencias posiblemente irresolubles, tensiones éstas que marcan la condición ambivalente y, sobre todo, beligerante de sus discursos teóricos. Ya se trate de quienes defienden los postulados más ortodoxos de la tradición fundada por Freud o de quienes se distancian, ya para modular ciertos aspectos de sus teorías o ya para rechazarlas por completo, suelen hacerlo a partir del propio contexto referencial que Freud construyó. Sin duda, como advierte Louis Breger, el poder de sus escritos es tal que sigue definiendo los términos del debate.[57] Esta afirmación, evidenciada con lo escrito hasta ahora y, sobre todo, por el inmenso caudal de trabajos relacionados al tema, abre lugar para ampliar el horizonte de las sospechas…

Saber quién habla, o más bien, tener en cuenta cómo se identifica y qué, al hacerlo, autoriza o no a hablar, resulta pertinente al conjunto de estas reflexiones. A través del texto que usaré de eje referencial en esta parte, *Freud: el genio y sus sombras*, de Louis Breger, expondré esa versión de la imaginería biográfica que, en clave psicoanalítica, aunque se condensa dentro de un mismo discurso, aparece representándose a sí mismo como una mirada alternativa a los enfoques tradicionales. El autor de la obra la presenta como un intento por valorar de forma "crítica y equilibrada" las aportaciones de Freud, a diferencia de quienes sus posiciones y perspectivas se

---

[56] S.Freud; Fragmento de una carta a Arnold Zweig, mayo 31 de 1936 en E.Freud, L.Freud y I.Grubrich-Simitis (Eds.); *Sigmund Freud: His Life in Pictures and Words*; op.cit. p.245.

[57] L.Breger; *Freud: el genio y sus sombras*; Editorial *Javier Vergara*; Barcelona, 2001.

basan en el mito que él mismo ha creado y de quienes, por el contrario, lo rechazan o tachan de charlatán.[58] Sophie Freud, reseña el libro en estos términos:

> "Por fin la biografía de Freud que estábamos esperando. (...) Así llegamos a comprender el impacto que produjo la difícil personalidad de Freud en el desarrollo de sus ideas. Breger se muestra acertado e imparcial con Freud, con las personalidades que desfilaron por su vida y las complicadas relaciones que establecieron con el gran hombre."[59]

Otro modo de representación en clave biográfica aparece prometido, pues, dando al traste con los ya tradicionales modelos aduladores o demasiado confiados, que han consagrado la historia del psicoanálisis a partir tanto de una ingenua fascinación como de genuinos reconocimientos. Es el extremo opuesto lo que aparece como modo de relato biográfico alternativo, como "análisis crítico" de la vida y obra de Freud y, por supuesto, de la historia del psicoanálisis. En el trabajo de Breger se condensa gran parte de esta "*nueva* crítica (des)mitificadora" sobre la que me detendré a reflexionar. El "análisis" de este autor no se limitará ya a una exposición esquemática de la relación entre "la vida y obra de Freud", ni a la repetición acrítica de ese contexto que Freud mismo *describía* como marco de referencia obligado para la *comprensión* plena de su trabajo teórico. Se levantan sospechas, bien fundadas, mas no por ello menos cargadas de una intención política: (re)*orientar* "la historia del psicoanálisis", *devolver* sus movimientos a los puntos originarios y *revelar*, allí donde aparece la voluntad explícita de Freud

---

[58] Op.cit., p.476-77.

[59] Asimismo el autor (psicoanalista y profesor universitario) advierte que quienes escriben sobre el tema, irrespectivamente desde el lugar que sitúen sus posiciones (filósofos, sociólogos, historiadores, psicólogos, etc.) si no cuentan con la experiencia clínica, apenas podrían "garantizar una interpretación coherente." (Op. cit., p.473.) Además, de la posición privilegiada desde la que se autoriza a sí mismo, goza de la presentación legitimadora de una figura que, de alguna manera debería suponer un refuerzo a su autoridad de intérprete.

como fundamento iniciático, todo eso que omitió, que tergiversó, que manipuló, aún sin tener conciencia de ello.

Louis Breger pone en tela de juicio, no sólo la mayor parte de los trabajos biográficos y sus referentes históricos en general, sino las afirmaciones autobiográficas de Freud, y en el lugar de la duda sitúa muy serias acusaciones que, cuando poco, deberían incidir en los modos tradicionales como se ha representado tanto *la historia del psicoanálisis* como sobre las bases en las que se han fundado sus conceptos claves, las raíces más íntimas de sus teorías en general.[60] Más de sesenta años después de la muerte de Freud, este autor *aplica* la técnica psicoanalítica clásica, herencia innegable del Padre, y en los mismos términos que en su tiempo hiciera Freud sobre otros y sus obras, promete *descubrir* los misterios de su inconsciente:

"Si desmitificamos a Freud –tratando de llegar a la verdad que se esconde detrás de la imagen heroica que él creó y que en la tradición psicoanalítica se considera verdad revelada– la persona real se nos aparecerá en toda su complejidad humana."[61]

Según Breger, Freud falsificó gran parte de su historia personal, utilizó su talento literario y retórico para forjar una leyenda personal y *la* historia del movimiento psicoanalítico.[62] Esta

---

[60] Me parece pertinente apuntar que por lo menos desde inicios del último cuarto del siglo XX la crítica en clave desmitificadora ha formado parte integral del imaginario psicoanalítico. Paul Roazen, en su libro *Brother Animal: The Story of Freud and Tausk* (1973), -según citado por Webster- advierte que Freud sabía el poder de la leyenda, y que él mismo había divulgado las historias que sobre él se contaban. (R.Webster; *Por qué Freud estaba equivocado*; op.cit., p.31.)

[61] L.Breger: *Freud: el genio y sus sombras*; op.cit., p.17.

[62] Op.cit. p.15. Breger se da a la tarea de *analizar* los casos más representativos de la experiencia psicoanalítica de Freud, ya sobre sus pacientes o sobre quienes se integrarían progresivamente al movimiento y, a la larga, se mantendrían a su lado o se distanciarían. Estos aspectos, tanto los casos clínicos como las relaciones entre "pares", serán abordados en otras partes a lo largo de estas reflexiones, según lo estime pertinente. Lo que vale destacar al momento es que en cada uno de los casos analizados por Breger, Freud aparecerá de un modo u otro falseando

acusación, presentada como una crítica desmitificadora, es articulada a partir de una (re)construcción biográfica en clave psicoanalítica, como una psicobiografía.[63] El paso inicial sería, pues, abordar el origen de ese modo de psicoanálisis producido por Freud y enseguida puesto a aparecer como efecto de la expresión manifiesta de los deseos de su inconsciente. La raíz más profunda sería su

---

el material clínico, manipulándolo para hacerlo encajar con sus teorías irespectivamente de la "situación real".

[63] El término "psicobiografía" no es utilizado por Breger en su trabajo, ni siquiera insinúa que es eso lo que está haciendo. Otro modo de nombrar esta práctica analítica a los textos biográficos (como al arte, a obras literarias, etc.) es el de "psicoanálisis aplicado". Ambos conceptos se desprenden de la aplicación que hiciera Freud en su interés por sobrepasar las fronteras clínicas del psicoanálisis y trascender los límites de los relatos biográficos tradicionales, históricos, antropológicos e incluso psicológicos; tema al que haré referencia más adelante en el trabajo. El concepto, en su aplicación actual al mundo de las artes, transferible a cualquier otro ámbito de producción cultural, es definido de la siguiente manera: "La psicobiografía puede descubrir conexiones personales entre los artistas y su trabajo: también puede proporcionar percepciones sobre las relaciones entre los individuos y su contexto cultural y cómo influyen en su arte. Para ello, varias fuentes literarias, anecdóticas, de archivos, biográficas o autobiográficas, complementan o refuerzan la lectura visual." (L.Schneider Adams; *Arte y psicoanálisis*; Editorial *Cátedra*, Madrid, 1996; p.275.) Algunos escritos de Freud que dieron paso a este particular modo de interpretación analítica aplicada al arte y la literatura son: *Un recuerdo infantil de Gothe en "Poesía y verdad"* (1917); *Una neurosis demoníaca en el siglo XVII* (1922); *La cabeza de Medusa* (1922, publicado en 1940); *Dostoyevski y el parricidio* (1927); *Sobre la conquista del fuego* (1931); entre otros.

No obstante las psicobiografías se pusieron de moda después de mediados del siglo XX, las resistencias contra sus poderosos tentáculos en la escena cultural no tardaron en salirle al paso. Según Jaime de Ojeda, en 1972, en una nota al calce en su prólogo a *Alicia a través del espejo* de Lewis Carroll (1871), sostiene que la crítica moderna rechaza ya abiertamente las psicobiografías por la dudosa autenticidad de sus elementos básicos (ligereza del método, la superficialidad de los elementos recogidos como base para el análisis y la dudosa autenticidad de las conclusiones. Con respecto a la obra de Carroll sostiene que: "Tanta insistencia sobre los aspectos personales del autor de *Alicia* dificulta la comprensión y el encanto de su obra sin contribuir para nada a la mejor comprensión de su significado y de su influencia." (J.de Ojeda; "Prólogo" en L.Carroll; *Alicia a través del espejo*; Editorial *Alianza*, Madrid, 2001.) Como referencia bibliográfica sobre este tema he utilizado, además, la compilación de artículos de diferentes autores, reunidos en AA.VV.; *Psicoanálisis y crítica literaria*; Editorial *Akal*, Madrid, 1981.

infancia, una infancia que, a diferencia de las versiones tradicionales (incluyendo la del propio Freud), aparecería puesta en escena de un modo radicalmente opuesto:

> "Freud sufrió una niñez muy difícil y traumática (...) que dejó en él un legado de temor, inseguridad y desdicha."[64]

Es este el principio de la *reconstrucción* biográfica promovida por Breger que supondría la clave para *comprender*, más allá de las ilusiones míticas, la verdad oculta tras el discurso de Freud.[65] Lo

---

[64] Según Breger, tres acontecimientos en la infancia de Freud lo marcarían de por vida: el primero, el despego de la madre, para atender a sus recién nacidos, dejando un inmenso vacío afectivo del que nunca se sobrepondría; el segundo "trauma", cuando su niñera (quien hubo de haber sustituido en parte el lugar de la madre) sería despedida: "...tenía dos años y medio cuando su niñera desapareció intempestivamente de su vida." (Op.cit., p.31) Además de la experiencia traumática de la "separación", Breger identifica otra experiencia traumática que de igual modo determinaría gran parte de su carácter y personalidad ante el mundo: la de su padre Jacob. Mientras las biografías presentan a su padre, a partir de los relatos de Freud, como un padre bondadoso y bienintencionado -sostiene Breger- "...lo cierto es que no fue capaz de proteger a su hijo durante los primeros años de su vida." (Op.cit., p.34.) Más adelante, sostiene: "La eterna incapacidad de Jacob para mantener a su familia fue uno de los rasgos que caracterizó la infancia de Freud que hiciera más penosos los acontecimientos traumáticos de esa etapa de su vida." (Op.cit., p.45) En otra parte afirma que desde los tres años, la preocupación por la muerte y la enfermedad lo obsesionaron toda su vida." (Op.cit., p.34.). En conclusión: "Sus padres, difícilmente habrían podido infundarle confianza y procurarle apoyo afectivo, pues estaban abrumados con sus propios problemas, de pobreza e incertidumbre respecto al futuro. (...) Freud, en su primera infancia -añade- no pudo hacer nada para superar la dolorosa realidad que los envolvía (...) Es casi seguro que se sentía atemorizado, indefenso, relegado y sediento de amor y cuidados." (Ídem) Haciendo referencia a la interpretación que Freud hizo de los sueños con su padre, concluye: "Freud estaba profundamente perturbado por la debilidad y los fracasos de Jacob... (Op.cit., p.48). De ahí concluirá por qué Freud decidiera identificarse con las figuras poderosas de la literatura romántica, histórica y militar, lo que incidiría radicalmente en su relación adulta y profesional con los demás...

[65] Otro argumento que se presenta como parte de esta tarea desmitificadora, no sólo de *sus* distorsiones inconscientes a propósito de su infancia, sino de la integridad moral de Freud, aparece en el texto de Jeffrey Manson: *The Assault in Truth: Freud's Suppression of the Seduction Theory* (1985). Según R.Webster, Masson pertenecía al movimiento psicoanalítico adscrito en la tradición freudiana, y tuvo

mismo hará con cada una de las figuras que aparecen en los relatos biográficos, representadas de un modo, en la mayor parte de las ocasiones, "distorsionado" por Freud, tema que tocaré más adelante. Siguiendo con este "método analítico", el autor "descubre" que Freud, desde niño, su deseo más vehemente era convertirse en un gran hombre, alcanzar la fama; ser, como él mismo dijo: un héroe.[66] Ante las "desdichas" de su infancia, optó por "refugiarse en su imaginación":

> "Las novelas románticas, las historias acerca de la vida en el Egipto, la Grecia y la Roma antiguos, las narraciones que contaban las hazañas de los generales más ilustres, eran los mundos en los que el joven Freud encontraba solaz y consuelo, y en los que podía imaginarse a sí mismo en una gran variedad de personificaciones. (...) El joven Freud prefería imaginarse como uno de aquellos hombres poderosos que sentirse un pobre muchacho judío en un superpoblado gueto de la Viena antisemita."[67]

En su edad adulta –sostiene Breger- Freud buscó la fama: creó teorías que esperaba que superaran a todas las demás y le aseguraran ser considerado por el mundo como un gran hombre. Este impulso –añade- nacía de la misma fuente de su identificación con los héroes de su infancia y de la idealización con el pasado.[68] Y esta identificación -como insistiría Breger- tendría una causa originaria que podría identificarse en su "infancia traumática". A

---

ocasión de revisar los archivos de Freud, teniendo acceso privilegiado a cartas inéditas a partir de las que llegó a la conclusión de que Freud había ocultado deliberadamente sus primeras hipótesis acerca de que la histeria era provocada por un abuso sexual cometido en su infancia. En su libro *sugería* –apunta Webster- que Freud fue incapaz de afrontar la realidad del abuso sexual en la infancia y suprimió una hipótesis científicamente válida por miedo. (R.Webster; *Por qué Freud estaba equivocado*; op.cit., p.37)

[66] L.Breger; *Freud: el genio y sus sombras*; op.cit., p.14.

[67] Op.cit., p.15.

[68] Op.cit., p.15; 52; 66; 216; 459.

partir de esta revelación analítica el autor interpretará gran parte de los textos de Freud no como una suerte de confesión entre líneas sino como manifestación inconsciente de esa experiencia traumática de la infancia. Ahí enraizaría tanto los fundamentos de sus teorías como su política en torno al movimiento psicoanalítico, sus actitudes, posiciones, reservas, en fin, su carácter y personalidad: "la persona real en toda su complejidad humana":

> "Todos los deseos y expectativas reprimidos – necesidades de afecto y bienestar no satisfechas, terror e indefensión, el deseo de contar con un padre heroico, la ira y la ambición de poder –se canalizaron a través de los libros, la lectura y, más adelante, la escritura."[69]

Pero, una vez *descubiertas* "las causas" de esas "experiencias traumáticas" que determinarían irremediablemente su vida y gran parte del porvenir del psicoanálisis, cabría preguntar: ¿Dónde *encontrar* la clave que permitiría, en principio y en última instancia, *desmitificar* a Freud? Si la letra del propio Freud cuando habla de sí mismo no es ya de fiar, entonces, ¿dónde se revelaría esa "persona real" que se oculta detrás de un discurso autobiográfico? Para Breger, es en los propios textos de Freud donde esa posibilidad podría materializarse en definitiva:

> "Freud revelaba su personalidad en muchas de sus obras, haciéndola más evidente "entre líneas" –como decía Mark Twain- que cuando escribía directamente sobre sí mismo..."[70]

Una lectura *analítica* podría *descubrir*, pues, las "motivaciones inconscientes" que subyacen tanto la imaginería teórica en general como la descripción o la idea que de sí mismo tenía el propio Freud.[71] Pero es a partir de los relatos de Freud sobre su *experiencia*

---

[69] Op.cit., p.52.

[70] Op.cit., p.193.

[71] Por ejemplo, en el ensayo *La feminidad* (1932) -sostiene Breger- se evidencian los intensos efectos que Freud sentía todavía, más de sesenta años después, con

de autoanálisis que Breger *descubre* sus ocultaciones inconscientes. El autor *diagnostica* que la versión de su infancia que surgió de su autoanálisis, y que enseguida convirtió en ortodoxia psicoanalítica, fue una invención, una auto-interpretación que sirvió para ocultar los traumas y pérdidas insoportables que marcaron su vida[72]:

> "La mayoría de sus biógrafos (...) describen el autoanálisis como un hecho excepcionalmente heroico. Fue en él, piensan, donde Freud, el explorador honesto e intrépido, descendió a las oscuras regiones de su propia mente y se enfrentó con aquellos aspectos de la naturaleza humana que sus timoratos contemporáneos no se atrevían a afrontar."[73]

Y añade:

> "En este viaje interior, según cuenta la leyenda, Freud se encontró cara a cara con sus deseos prohibidos, los puso de manifiesto y, como resultado de ello,

---

respecto a su madre y a otros bebes; se leería entre líneas "la mezcla de amor y odio que sentía hacia su madre..."; En le ensayo *Sobre la psicología del colegial* (1914) entre líneas aparecería toda una suerte de confesión inconsciente sobre el desencanto y frustración que produjo su padre en sus años de infancia; sobre sus relaciones maritales y sus intimidades sexuales con su esposa Martha, se revelaría en su ensayo *la moral sexual"cultural" y la nerviosidad moderna* (1908). Pero sería en su obra *La interpretación de los sueños* (1900) "la ventana abierta al inconsciente de Freud." (Op. cit., p.193)

[72] Op.cit., p.17.

[73] Op.cit., p.16. En el texto de Richard Webster, la difusión de la imagen de "héroe solitario y mesías aislado que lucha por la verdad en un mundo hostil", creada por Freud, es acredita a Thomas Mann (en F.Coffi Ed.); *Freud, Modern Judgments* (1973). Según este autor, como muchos otros, esta imagen es por completo falsa. Para Webster, como veremos más adelante, este "mito del héroe" fue creado de forma conciente por Freud, destruyendo o suprimiendo en algunas ocasiones las pruebas con que podía entrar en conflicto. (R.Webster; *Por qué Freud estaba equivocado*; op.cit., pp.27-28)

desenmascaró la hipocresía sexual de la época victoriana."[74]

Es a partir de esta *experiencia* auto analítica desde donde Freud, como veremos mas adelante en este trabajo, *interpreta* y fundamenta los principios medulares de la práctica y la teoría psicoanalítica. Por lo que interesa inmediatamente, baste mirar cómo Breger (re)interpreta este acontecimiento clave de *la* historia del psicoanálisis:

> "Y también descubrió -o inventó- su complejo de Edipo, que de inmediato convirtió en ley universal: todo niño desea a su madre y esto lo lleva, inevitablemente, a una rivalidad con su padre. El conflicto, el miedo y la culpa se convirtieron en su principal explicación de los síntomas y angustias de las neurosis adultas, tanto de las suyas como de la de sus pacientes."[75]

Pero el interés de Breger no es repetir "lo que todos saben", pues Freud da cuenta detallada de ello en sus textos.[76] La pregunta que nace, no ya de la sospecha de que detrás de la representación autobiográfica de Freud se esconde una verdad más compleja, la de una infancia traumatizada, sino de la certeza de que en verdad es así, de que el texto del relato autobiográfico no es más que una expresión del inconsciente de Freud, una resistencia articulada bajo

---

[74] L.Breger: *Freud: el genio y sus sombras*; op.cit., p.17. Más adelante -apunta Breger-: "La mayoría de los autores coincide con la idea de que Freud exponía las represiones sexuales y la hipocresía de su época; que sus descubrimientos (...) liberaron al siglo XX de la opresión y las restricciones de la era victoriana. Desde este punto de vista, dejó al descubierto los efectos patológicos de la represión sexual y descubrió la sexualidad infantil." (Op.cit., p.219)

[75] Op.cit., p.16.

[76] La referencia biográfica que cita Breger es la de Ernest Jones, *The Life and Work of Sigmund Freud* (1957), primer discípulo inglés de Freud y leal miembro del movimiento psicoanalítico ortodoxo: "Freud sufría, pues, de angustia y depresión bastante graves con síntomas específicos de temor a la muerte y fobia a los viajes, ambos relacionados con las pérdidas traumáticas de sus primeros años de vida." (Op.cit., p.187)

el modo de una revelación, un deseo reprimido tras la fachada de un revolucionario descubrimiento analítico:

"Las experiencias traumáticas de los primeros cuatro años de vida quedaron borradas de su conciencia. En términos actuales, los acontecimientos e imágenes de esa época permanecieron almacenados como sensaciones afectivas y físicas, pero los recuerdos no afluían a la conciencia; estaban disociados, no integrados en un sentido coherente del Yo. Permanecían en un compartimiento separado de su personalidad, protegiéndolo de sus efectos perturbadores. Cuando evocaba sus primeros años, los veía cargados de imágenes agradables, y suavizaba y daba una nueva forma a los acontecimientos traumáticos de su infancia."[77]

No es ya una voluntad de poder, una razón fríamente calculada, la que da lugar a esa ocultación. Ahora el proyecto político de Freud gozaría de los favores en complicidad de las resistencias de su propio inconsciente. Lo que aparecía en su discurso como una revelación que daría fuerza inquebrantable a sus teorías, no era sino la aparición de sus resistencias, la representación de una gran represión: la de su traumática infancia. Breger argumentaría que durante el resto de su vida Freud encontró una gran cantidad de destinatarios a quienes responsabilizar de sus temores, su sentimiento de infelicidad, sus decepciones y sus odios.[78] Así, contrario a su propio relato de sí y al cuadro presentado por la mayor parte de sus biógrafos, "la experiencia traumática de su infancia" lo marcaría el resto de su vida y determinaría los movimientos de su porvenir:

"Las pérdidas traumáticas de la infancia de Freud le dejaron una fuerte nostalgia (...) a la vez, un temor por volver a experimentar la indefensión y el terror que

---

[77] Op.cit., p.33.

[78] Ídem.

supusieron. Controló ese miedo convirtiéndose en un joven moralista, obediente y trabajador. (...) En pocas palabras, su miedo a ceder a sus impulsos infantiles se transformó, en sus teorías, en la imagen de un instinto sexual amenazador."[79]

Sus teorías serían, pues, el saldo de una negación inconsciente, de una represión dada irremediablemente y en definitiva, por las condiciones de su "traumática infancia".[80] Ahí, desde las meta-teorías, las generalizaciones indiscriminadas hasta sus prejuicios personales, aparecerían vinculados a sus "deseos de grandeza", cultivados por su imaginación, que fue, desde su infancia, su refugio más seguro, su solaz y consuelo, su ánimo. *Analizado* el perfil psicológico de Freud, Breger concluye:

"Nunca hubo prueba convincente alguna que apoyara estas ideas; básicamente surgieron de sus necesidades y de los puntos débiles de su personalidad."[81]

Pero, ¿por qué Freud daría una versión distorsionada de su propia infancia? La primera respuesta es, desde una perspectiva "psicoanalítica", porque no se dio cuenta de ello o, más *profundamente*, porque sus motivaciones inconscientes resultaban en extremo más poderosas que su deseo conciente por vencer sus propias resistencias. Conclusión ésta que, en apariencia, pondría de manifiesto el fracaso del autoanálisis y, como consecuencia, el reconocimiento de que la teoría psicoanalítica está fundada sobre un gran fracaso. Pero lejos de des-cubrirse el entramado de un gran

---

[79] Op.cit., p.225.

[80] Me parece pertinente advertir que existen otras "críticas" a la práctica teórica de Freud que no se circunscriben a la cuestión psicoanalítica. Aunque aparecen como revelaciones de una verdad ocultada por el propio Freud, las fuentes de referencia son otras. Por ejemplo, Elisabeth Thornton, en su libro *Freud and Cocaine* (1983) sostiene la tesis central de que Freud no era simplemente un usuario ocasional de cocaína, como pudiera aparentar mediante sus escritos, sino que por el contrario era adicto a la droga y sus teorías estuvieron determinadas por su adicción. (Citado en R.Webster; *Por qué Freud estaba equivocado*; op.cit., p.37)

[81] L.Breger; *Freud: el genio y sus sombras*; op.cit., p.17; 473.

fraude, Breger invierte los resultados del análisis y los pone, tal y como habituaba hacer el propio Freud, a cumplir una función legitimadora del psicoanálisis más allá o a pesar de Freud:

> "El hecho de volver a experimentar las pérdidas le provocó una angustia y una tristeza abrumadoras, sentimientos que no estaba en condiciones de tolerar o aceptar, de modo que se apartó de ellos y prefirió atenerse a lo que parecía ser un gran descubrimiento."[82]

Breger aplicaría una regla fundamental del psicoanálisis ortodoxo, como veremos a través del trabajo: sólo un Otro está autorizado para practicar un análisis, para interpretar las manifestaciones del inconsciente, nunca uno mismo sobre sí. Regla inventada por Freud y violada por él mismo; fundamento actual del aparente fracaso de su autoanálisis y justificación clave para buena parte de las mutaciones en el orden de sus teorías. Es la Ley: nadie puede ser juez de sus propios actos. Ahí una de las restricciones políticas del discurso psicoanalítico hegemónico, si no dominante. Pero, independientemente de las lecturas que puedan gravitar en torno a la experiencia autoanalítica de Freud, habría que coincidir con Breger en reconocer que, ciertamente, la interpretación que Freud concibió para interpretar su propia infancia se convirtió en el prototipo de su comprensión de los demás. La interrogante que se abre de inmediato es sobre el valor universal de uno de los pilares fundamentales de la teoría psicoanalítica: El complejo de Edipo. ¿Se trató de un descubrimiento? ¿De una alucinación? ¿De una invención práctica? ¿De una ficción teórica? ¿De una ocultación ideológica? Lo cierto es que cómo se *interprete* ha incidido directamente en el conjunto de la imaginería psicoanalítica. Lo mismo puede decirse e interrogarse con relación a las demás teorías.

---

[82] Op.cit., p.34. Sostiene Breger que Freud, al optar por la historia edípica creo un mito consolador que le permitía pensar que lo que más le perturbaba era el deseo sexual, semejante al de un adulto, que le inspiraba su madre y, de paso, promovía a su padre a una situación de poder regio. Esta "distorsión" que produjo la introducción de la explicación edípica, menos amenazadora, -añade Breger- vino acompañada por la reelaboración de otros acontecimientos de su infancia, lo que expresaba su fantasía desiderativa -pero no ciertamente la realidad- de sus primeros años." (Op.cit., p.36).

Lo que me parece pertinente señalar es que ciertamente, como veremos más adelante, Freud cerró herméticamente las posibles variaciones interpretativas que no gozaran de su aval, de su bendición paterna; de su autorización. Aunque también procuró fundamentar racionalmente sus reservas ante las elucubraciones teóricas de sus discípulos, no por ello bajó la guardia y dejó de imponer sus convicciones con firmeza de carácter y determinación. El valor de su posición política ante el "conocimiento" psicoanalítico ha sido interpretado, y juzgado desde múltiples perspectivas, ya para exaltar la validez de sus teorías como grandes descubrimientos o verdades reveladas, o bien para cuestionar la legitimidad moral de las mismas, o acusar, reprochar, condenar y rechazar sus teorías por las *connotaciones* que las subyacen, por lo que –según la posición del intérprete- dicen "entre líneas". Así, en el análisis psicobiográfico de Breger, Freud aparecería como encarnación de la intolerancia, obsesionado con ganar, con derrotar a sus adversarios. Misión ésta que –según Breger- era más importante que *entender* e incorporar nuevas ideas y prácticas[83]:

> "El comportamiento autocrático de Freud se basaba en
> su convicción de que vivía en un mundo hostil. Estaba
> seguro de que el psicoanálisis era un reto para las ideas
> sociales imperantes y, por ello, su creación recibía el
> desprecio y el ataque de los representantes de la ciencia,
> la medicina, psiquiatría establecidas y de otros campos.
> Esta versión de la historia, incluida la de sus años de

---

[83] Op.cit., p.253. Sobre este tema me detendré más adelante en el curso de las reflexiones. Sin embargo, me parece pertinente apuntar que Breger, aunque prometía un análisis "imparcial", ha procurado posicionarse desde la perspectiva de a quines Freud consideraba sus adversarios, ya en el plano personal o en el ámbito delo teórico. Tomando partida desde la oposición a la ortodoxia freudiana, hace aparecer la figura de Freud, su personalidad y carácter, como obstáculo al desenvolvimiento del psicoanálisis. Aunque, como se verá en otra parte, pudiéramos coincidir con ciertos aspectos de su interpretación, sobre todo cuando ésta es puesta en escena a través de la palabra excluida de la historia "oficial" del psicoanálisis (construida por el propio Freud, conservada y perpetuada por sus seguidores incondicionales), lo que se pone enseguida en evidencia es la imposibilidad de mirar los movimientos que atraviesan la imaginería psicoanalítica sin que la mirada, en el mismo instante en que aparece, deje de hacerlo como toma de posición en el contexto general de una constante e imperecedera condición de lucha.

magnífico aislamiento, se convirtió en un mito que muchos de sus biógrafos y comentaristas afines al psicoanálisis hicieron perdurar."[84]

Entrado el siglo XXI las fuertes corrientes que han mantenido la continuidad ininterrumpida de las pugnas de poder dentro de la imaginería psicoanalítica en general se han apropiado de las retóricas de la tradición ortodoxa, las han refinado, adecuado y puesto en función de los más diversos intereses y posiciones. Buena parte de las críticas aparecen incompasivas, no pretenden abrir un diálogo entre las diferencias de criterio, pues reconocen, aunque sin decirlo de este modo, que entre las múltiples posiciones de perspectiva no hay diálogo posible sino enfrentamiento...

Entre la mirada *crítica* y la reconfiguración de la leyenda

La profunda absorción cultural del discurso del psicoanálisis durante el transcurso del siglo XX suele ser tomada como rasero de su éxito, y la integración de gran parte de su lenguaje en las más diversas instancias de la vida social contemporánea como evidencia del carácter revolucionario de las teorías de Sigmund Freud. No obstante, pienso que este modo de representar la historia del psicoanálisis y, simultáneamente, dar cuenta de sus implicaciones sobre la imaginería social en general, dista mucho de su pretensión de *evidenciar* una transformación radicalmente cualitativa en los modos de ser, actuar y pensar en la actual condición de época. Como es habitual en las críticas o análisis históricos tradicionales de la modernidad, el acelerado ritmo de los movimientos del psicoanálisis y la progresiva expansión de sus más diversas e incluso contradictorias mutaciones e hibridaciones teóricas, ha servido como garante de un espacio siempre abierto, no sólo para celebrar su aparición, preservación y continuidad histórica, sino para poner en tela de juicio su cuerpo teórico en conjunto, las motivaciones que lo impulsaron, las consecuencias sociales (teóricas, políticas, morales) en las que se ha visto implicado. La proliferación de los ataques al discurso de Freud en particular como al psicoanálisis en

---

[84] Op.cit., p.251.

general, por ejemplo, pudiera dar la impresión de que el psicoanálisis es una fuerza en decadencia e incluso que "está herido de muerte y agonizante."[85] No obstante, paralelo a ello, hay quienes sostienen que su presencia en los albores del siglo XXI es incluso más persistente que la de Marx. Otros, dentro de ese mismo movimiento discursivo comparten una perspectiva más optimista, afirmando que el movimiento antifreudiano está empezando a desaparecer.[86] Un cierto modo de escepticismo, una actitud desconfiada y cautelosa ante el discurso general del psicoanálisis, seguirá siendo, pues, lo más prudente y pertinente a la hora de abordar y dar cuenta de estos movimientos en pugna incesante. Sabido es que –como advierte y expone Richard Webster- cualquier trabajo que critique a Freud está expuesto a provocar un resentimiento apasionado.[87]

La metáfora de la "distancia" crítica con relación a un campo discursivo, a su imbricación teórico-práctica, es, sin embargo, una de carácter paradójico, pues lo que supone este distanciamiento es, por cierto, *ensuciarse* de lleno, entrar al campo de batalla, asumir posición, implicarse. La oposición clásica entre una mirada crítica y una apasionada, entre razón y fascinación, como queriendo distinguir entre la verdad oculta tras la superficie de la mentira, pertenece a la ilusión moderna de objetividad neutra, cuando en realidad toda interpretación es, eminentemente, una posición política, ya bajo el modo de una reflexión teórica o ya como reserva moral o como postura ética. Como he expuesto hasta ahora, gran parte de la tradición biográfica que atraviesa y constituye gran parte de la imaginería psicoanalítica no se presenta como inofensivas y desinteresadas reflexiones históricas, ni como análisis culturales desentendidos de pretensiones personales, es decir, políticas. Tanto es así sobre quienes defienden a brazo partido la herencia más ortodoxa de Freud como sobre quienes defienden sus posiciones

---

[85] J.J.López-Ibor; *La agonía del psicoanálisis*; Ed. *Círculo de Lectores*; Madrid, 1988.

[86] Webster cita como ejemplo representativo de esa interpretación al historiador norteamericano Paul Robinson, en su libro *Freud and His Critics*, Editorial *University of California Press*; 1993. (R.Webster; op,cit., p.17)

[87] R.Webster; *Por qué Freud estaba equivocado: pecado, ciencia y psicoanálisis*; Editorial Destino, Madrid, 2002.

más divergentes, antagónicas e irreconciliables. Asimismo, por ejemplo, los escritores que se presentan como psicoanalistas acreditados lo hacen, sin la menor reserva, como la legítima autoridad para hablar, criticar o adular, el psicoanálisis y, entre formalismos y sutilezas retóricas, dejan entrever un marcado menosprecio de los escritores ajenos a la práctica clínica del psicoanálisis. No obstante, esta advertencia vale también para quienes, desde ese artificial "afuera", se autorizan no como voces marginales que reclaman derecho de voz, sino como alternativas radicales. Así, por ejemplo Richard Webster, profesor de literatura, presenta su libro *Por qué Freud estaba equivocado* (2001) como una "biografía crítica intelectual" y, en su tarea de revisar lo anunciado en el título de su obra, reivindica la "imaginación literaria" como recurso alternativo ante las encerronas epistemológicas y las desilusiones e imposibilidades teóricas del discurso psicoanalítico en Freud y sus herederos. Según Webster:

"El psicoanálisis se ha convertido, al menos en algunos círculos, en un tipo de buzón de correos en desuso en el cual, automáticamente, se coloca cualquier percepción profunda de la naturaleza humana cuyos orígenes son oscuros, desconocidos o insuficiente-mente científicos."[88]

Este autor comparte gran parte de las *críticas* antes apuntadas, que sitúan su objeto de análisis "histórico cultural", sin guardar distancia del modelo psicobiográfico, como un enigma a resolver, a descubrir al Freud *real* detrás del mito que él mismo creó y que sus biógrafos afines han convertido en leyenda:

"En consecuencia, se tiende a ocultar al Freud real e histórico detrás de una figura mítica que reina sobre un imperio de una profundidad y una complejidad casi infinitas."[89]

---

[88] Op.cit., p.11-12.

[89] Ídem.

Pero a diferencia de los estilos suaves de las críticas biográficas e históricas, simpatiza con los modos de crítica escéptica que, desde por lo menos la década de los 70, "no se envuelven en los restos harapientos y andrajosos de la piedad". Acorde a ello advierte que:

"...muchas de las críticas lanzadas contra Freud no son en realidad mas que una forma de penitencia que la conciencia racional del autor se inflige a sí misma para así expiar la sumisión irracional al mito de Freud que subyace en su visión."[90]

Todavía –sostiene Webster- la leyenda de Freud no ha sido cuidadosamente desmenuzada ni analizada, sino recreada de tal forma que ha atraído a una generación escéptica que se sentía azorada por lo excesivo del culto a Freud en el pasado, pero que aun era esclava de la imagen de grandeza sobrehumana que era la esencia de aquel mismo culto.[91] Además de participar de la tradición biográfica cuyo encargo principal es reseñar las grandes faltas (teóricas, morales, políticas) de *la personalidad* de Freud:

"No es simplemente que Freud careciera de la extraordinaria percepción psicológica que de sólito se le ha atribuido, sino que, en un determinado número de formulaciones y en los casos clínicos más esenciales, muestra una casi completa ausencia de sentido psicológico común y sensibilidad."[92]

...comparte, junto a ellas, el objetivo explícito de desacreditar el conjunto de sus teorías:

"...uno de los efectos más dañinos que el psicoanálisis ha ejercido sobre nuestra cultura estriba en la forma en que la preeminencia de Freud debilitó o neutralizó

---

[90] Op.cit., p.33.

[91] Idem.

[92] Op.cit., p.12.

muchas de las auténticas percepciones, so pretexto de fortalecerlas."[93]

La voluntad política que atraviesa y sostiene sus alusiones a la falta de "sentido psicológico común" es, como ya lo expuso en sus propios términos, dar pase de entrada a la imaginería literaria y devolverle al sitial privilegiado que alguna vez ocupó con relación a "la sexualidad y la naturaleza del ser humano". Postura que, como él mismo reconoce, comparte hoy alguna parte de los psicoanalistas. Paradójicamente, al hacerlo, atribuye gran importancia a la destrucción del mito y a la exaltación de las metáforas claves del discurso de la razón montadas por oposición binaria al discurso religioso:

> "Si algo ha dificultado a la tarea de entender a Freud como ser humano, sin duda, ha sido el éxito que tuvo al atraer hacia sí las proyecciones y las idealizaciones que tradicionalmente se habían asociado a la divinidad."[94]

De ahí que no le resulte incómodo situarse del lado de las psicologías, sociologías y filosofías tradicionales, que toman la personalidad de un sujeto como una unidad de sentido real, enigmática, compleja, pero en última instancia, si no sujeta a su aprehensión a través de un método *racional* de análisis, a través del sentido común y la *debida* sensibilidad intelectual:

> "La constante distancia que aleja la personalidad de Freud de nuestra comprensión intelectual es significativa, porque la prueba más evidente de que Freud no nos comprendió es, quizás, el hecho de que nosotros le comprendemos."[95]

---

[93] Op.cit., p.10.

[94] Op.cit., p.30.

[95] Op.cit., p.41.

Pienso que pretender resolver las imposibilidades del discurso teórico sobre la condición del ser humano en cuanto que ser, *devolviendo* su poder a La Literatura, bajo el modo de una oposición a la literatura científica o psicoanalítica, es una salida seductora para quien prefiere cultivar la ilusión de hablar del ser humano sin comprometerse e implicarse políticamente. No porque el gran espectro de la literatura tenga la virtud de poder desentenderse de lo político, sino precisamente porque en el marco de sus dominios cualquier posición o (im)postura tiene cabida. Es decir, puede haber, como lo hay, literatura *comprometida*, mas no por ello se le reclama esto como condición de existencia. Lo mismo sucede a la inversa, con respecto a las aspiraciones de neutralidad y objetividad del discurso científico en clave moderna, como si el acto de escritura pudiera depurarse de los (pre)juicios culturales que son, desde siempre, su condición de posibilidad. ¿Acaso podría existir la imaginación literaria más allá de lo cultural, es decir, el lenguaje, la subjetividad y la relación con el Otro y las instancias que lo dominan, que lo regulan, lo controlan y determinan gran parte de sus movimientos? Lo mismo sucede con el discurso psicoanalítico. Sin duda hay excedentes de sentido que le resultan incontenibles a las racionalidades científicas, y sin duda escapan a las más genuinas pretensiones psicoanalíticas. Además, me inclino a pensar que no hay escritura, ni habla, ni imaginación, ni lenguaje que no sea la expresión manifiesta de una represión cultural cuya mayor eficacia se opera, muy posiblemente, bajo el registro activo de lo inconsciente. No hay, pues, posición de exterioridad posible con respecto a esta condición: no hay posición privilegiada en el sentido que pueda haber un más allá de sus dominios. Así, por ejemplo, la voluntad, deseo o anhelo de libertad puede encontrar refugio en las palabras, pero siempre se devolverá a ellas y de ellas no podrá escapar... en fin, "toda palabra es prejuicio". Freud lo sabía; Nietzsche lo había advertido...

De la ficción auto-biográfica

"Una autobiografía es el más verdadero de los libros,
porque aunque apaga verdades, las rehuye o las revela de forma parcial,
y ofreciendo apenas retazos de la verdad llana y clara,
ésta aparece implacablemente y queda *ahí*, entre líneas."
Mark Twain

La autobiografía, de otra parte, no es tampoco un repliegue de abierta honestidad, reconocimiento narcisista de sus propias virtudes y, a la vez, expresión de humildad en el reconocimiento de sus limitaciones, errores, tropiezos, faltas y demás torpezas; el relato autobiográfico no pretende tratarse de un reflejo del alma desnuda del autor, aunque se proyecte en esos términos; la autobiografía es el montaje de una ilusión de verdad sobre la vida y obra del propio autor, actor protagonista y único relator legítimo de su propia experiencia existencial; es técnica literaria de una estrategia de representación, arte de seducción; estilo de una voluntad de poder. Entretejida a manera de historia procura representar la vida del autor en la ilusión de una unidad verídica, de una realidad indubitable; lo acontecido tal cual fue y como de ninguna otra manera podría ser o haber sido; lo relatado como lo vivido, como signo de autenticidad, narrado a manera de experiencia testimonial; como verdad; es discurso inaugural, legitimador de su verdad como lo real y a la vez discurso de cierre, circular, autoreferencial...

No obstante, aunque tal vez en su conjunto tiene el mismo efecto ideológico que cualquier biografía, este modo literario de representación autobiográfica *admite* la voluntad del autor de ser *comprendido* a partir de sus propios criterios, de sus propios términos; de ser interpretado según lo que dice él mismo de sí; de ser mirado como transparencia, cristalizado en su propia tinta. Quien así lo hace sabe que no puede dejar a las suertes del azar eso que en la inmediatez como en el porvenir pueda ser, según sus propios criterios, mal *interpretado*. Toda confusión, toda ambigüedad, toda contradicción, deberá ser resuelta; toda laguna de coherencia, todo vacío de sentido, deberá ser llenado (aunque sea con la afirmación de que no todo dilema debe ser resuelto, ni todo vacío tiene por qué ser colmado). Freud interesaba que se supiera de él tanto como él quería ser sabido; tal y como él quería ser interpretado, entendido, comprendido; respetado... recordado?

El biógrafo de sí mismo *sabe* que "la historia" juzgará lo escrito, pero habrá de procurar que las leyes que rijan durante el juicio sean las escritas por él mismo, con arreglo a su voluntad y a conveniencia de *sus* deseos: se representa a sí como autor, se nombra a sí mismo como autoridad, se acerca, se envuelve o se aleja de su tiempo; describe las condiciones de su propia existencia y las encadena a sus pensamientos, a sus intenciones, a sus deseos más íntimos, a sus anhelos. Y lo hace porque advierte el *peligro* de ser interpretado en la inmediatez de su presente o en el porvenir póstumo; analizado; peligro o suerte de la que sabe que no hay escapatoria posible, pues es el saldo sin revés de la fama, del prestigio, del reconocimiento. Y sabe también que en las lagunas de los territorios que no ha ocupado y colonizado puede nacer la resistencia más fuerte de sus adversarios; las razones para refutarlo, para desacreditarlo, para cuestionarlo políticamente, para reprocharle moralmente; desmitificarlo; incluso para desautorizar su inmortalidad, si no al lado de la diosa Ciencia, de La Historia de los Grandes Pensadores de la Humanidad...

Una pista a seguir para dar cuenta de esta sospecha se puede *mirar* en las investigaciones psicoanalíticas que Freud realiza sobre las *creaciones artísticas*, en particular sobre las obras literarias clásicas. [96] El estilo narrativo de la obra de Freud responde, sin duda, al dominio técnico del arte de la retórica, cuyo objetivo general supone un doble movimiento simultáneo: cautivar la atención del lector-espectador e influenciar sus emociones. El desplazamiento de la interpretación de un texto en el que Freud *habla* (interpreta, psicoanaliza) sobre la obra de "otro", puede interpretarse como alegoría, y *mirar* a Freud describiéndose a sí mismo al describir a

---

[96] La obstinación de Freud, de aplicar el método de investigación psicoanalítica a toda creación cultural bos da una pista sobre esta sospecha. Por ejemplo, aparece a modo de advertencia sobre la investigación biográfica del psicoanálisis, para evitar, a todas cuentas, ser objeto de reproches: "La investigación psicoanalítica dispone como material, las fechas biográficas del investigado, de los factores accidentales correspondientes a los acontecimientos exteriores y a las influencias del medio y de las reacciones conocidas del individuo. Apoyado de su conocimiento de los mecanismos psíquicos, intenta fundamentar su personalidad basándose en sus reacciones y descubrir sus fuerzas anímicas instintivas originales, así como sus transformaciones y evoluciones ulteriores. Conseguido esto, queda aclarada la conducta vital de la personalidad, por la acción conjunta de la constitución y el destino, de fuerzas interiores y poderes exteriores." (S.Freud; "Un recuerdo infantil de Leonardo da Vinci" (1910); *Obras Completas* (Tomo II); op.cit., p.1618) Si tal empresa fracasa, es decir, cuando la investigación psicoanalítica-biográfica no llega a conclusiones indubitables -sostiene Freud- no debe culparse al método psicoanalítico sino, en todo caso, el único culpable del fracaso es el investigador por obligar al psicoanálisis a pronunciarse sobre un material insuficiente. (Ídem) Freud procurará, a lo largo de su vida, no dejar fuera de su obra escrita margen alguno para que una biografía psicoanalítica sobre su persona pueda fracasar, pues proveerá todo el material para éxito de la investigación en el porvenir y el resultado sea, pues, incuestionable.

otro, ya por identificación a este (su obra, su estilo, su genio, su arte), ya por repulsión o contraste. Freud *sabe*, por ejemplo, que la poesía épica facilita la identificación con la gran personalidad heroica en medio de triunfos, y *sabe* que el drama, de otra parte, procura ahondar más en las posibilidades emocionales, buscando transformar las sombrías amenazas del destino en algo disfrutable o, cuando menos, tolerable. Y así reconoce toda una gran variedad de *estilos* influyentes en la vida psíquica de los espectadores-lectores, a quienes describe frente a estos escenarios de la siguiente manera:

> "El espectador del drama es un individuo sediento de experiencia; se siente como ese 'Mísero, al que nada importante puede ocurrirle'; hace ya mucho tiempo que se encuentra obligado a moderar, mejor dicho, a dirigir en otro sentido su ambición de ocupar una plaza central en la corriente del suceder universal; anhela sentir, actuar, modelar el mundo a la luz de sus deseos; en suma, ser protagonista."[97]

Más que una confesión leída entre líneas sobre su hastío existencial o simplemente sobre su aburrimiento, quizá saturado de demasiada cotidianidad, pienso que puede interpretarse como una abierta posición de su voluntad de poder, de ocupar el lugar del protagonista, sí, pero sin los riesgos de la *realidad*, siempre incierta, doliente, mortal; Freud sabe que la ilusión puede montarse a través del arte de la retórica y la ficción pasar a ocupar el lugar de lo real, allí donde el simulacro sea asumido como lo real y en ese instante, si no creído como tal, sentido como experiencia satisfactoria de los deseos (in)conscientes del espectador-lector-intérprete:

> "Y he aquí que el autor y los actores del drama le posibilitan todo esto al ofrecerle la oportunidad de identificarse con un protagonista."[98]

---

[97] S.Freud; "Personajes psicopáticos en el teatro" (1905); *Obras completas* (Tomo II); op.cit., p.1272-76.

[98] Ídem.

Freud, a lo largo de su vida y obra, será relator biográfico de sí mismo, autor y actor protagonista de su propio drama y, como buen dramaturgo, procurará que, nosotros *espectadores*, nos identifiquemos con el protagonista de su obra, que nos reconozcamos en él; ...a la luz de sus deseos.[99]

El imaginario del psicoanálisis está atravesado por ésta práctica del saber biográfico, y entre sus rituales ha fijado sus figuras más representativas, compartiendo las ilusiones de la verdad en clave moderna y explotando, a la vez, su incapacidad de aprehender plena, absoluta y definitivamente el sentido singular de las cosas y la vida de las personas. Hoy, no obstante, se resuelve que (ya por condiciones del capitalismo posmoderno o por las *nuevas* éticas de la interpretación) las prácticas sociales que pretendían regular el conjunto de interpretaciones posibles y encuadrar los textos en una lectura unívoca, son arbitrariedades inadmisibles. Del mismo modo sucede con la presumida posibilidad de aprehensión objetiva y definitiva de lo real, y la verdad pasa a reconocerse como efecto histórico, contingente; saldo puntual de una relación de poder. Esta no es ya cualidad de la cosa en sí, un más allá de su apariencia, una identificación de su esencia, sino un estatuto conferido, si acaso, por el lenguaje científico; un rango de valor político en el orden del discurso del que es parte y en función del que la verdad histórica de los sujetos de su relato actúa; una posición en la jerarquía de algún saber; una condición del poder. Por lo que concierne a este trabajo, no me abstendré de considerar los juicios, análisis, críticas e interpretaciones de otros autores, aunque procuraré remitirme

---

[99] De esta lectura pueden desprenderse otra serie de reflexiones, en particular, si interpretamos el llamamiento general de Freud a la sublimación de los instintos por medio de las creaciones artísticas como camino alternativo a los modos habituales de canalizar las pasiones instintuales, las agresiones y demás violencias destructoras. Freud sabe que el goce depende de una ilusión y que las fuerzas psíquicas que empujan a las acciones más agresivas, como las activadas en contextos de guerra, pueden ser moderadas por estos medios. Freud describe a ese mismo *espectador* como consciente de que tiene una sóla vida que vivir y, de ser partícipe de la realidad que constituye el drama o la poesía épica, por ejemplo, sabe "que podría perecer ya en la primera de las múltiples batallas que el protagonista debe librar con los hados." De alguna manera, dada la posición crítica de Freud ante el Ejército, pudiera inferirse que en lugar de reclutar soldados para la guerra los debieran invitar al teatro o a leer buenos libros, a que resuelvan en sus imaginaciones sus pulsiones de muerte y dejen para los más débiles de alma matarse en los campos reales de batalla...

directamente a los textos de Freud para confirmarlos, cuestionarlos, reiterarlos o rechazarlos. Pienso, por lo que pueda valer para este escrito, que quien *tiene* mayor autoridad de hablar sobre el autor es el autor mismo.[100] A todas cuentas, en una carta escrita a su amigo Fliess a principios de siglo, le comenta:

> "Ningún crítico es más capaz que yo en darse claramente cuenta de la desproporción que existe entre los problemas y la solución que yo les doy."[101]

En 1935, en una revisión de su autobiografía, Freud añade lo siguiente:

> "Y aquí debiérase permitirme interrumpir estas notas autobiográficas. El público no tiene derecho a saber más de mis asuntos personales, de mis luchas, mis desilusiones y mis éxitos. De todas maneras ya he sido más abierto y franco en alguno de mis escritos (*La interpretación de los sueños* y en *Psicopatología de la vida cotidiana*) que lo que son corrientemente aquellos que describen sus vidas para sus contemporáneos o para la posteridad. He tenido pocos agradecimientos de ello, y por mi experiencia no puedo recomendarle a otro que siga mi ejemplo."[102]

---

[100] Esta afirmación, para un psicoanalista ortodoxo, es una impostura que no suele tolerar. Consagrado como un dogma la experiencia clínica de "la histérica" -en cuanto que *desconoce* eso que de su mismidad la consume en su neurosis o histericidad- generalizan como una imposibilidad de hecho el que una persona, por el solo hecho de ser persona, pueda dar cuenta de sí por sí misma, de eso que la mueve a decir lo que dice sobre su propia persona. A la vez y en su lugar invisten de autoridad el saber del psicoanalista como la palabra más capacitada y próxima a una impresión "profunda" de la persona que por hablar de sí cree que en su decir se revela tal y como en realidad es...

[101] S.Freud, según citado por C.Desprats-Péquignot; *El Psicoanálisis*; Editorial *Alianza*; Madrid, 1997; p.10.

[102] S.Freud: "Autobiografía" (1935); en *Obras Completas* (Tomo III); op.cit., p.2798.

Freud: (re)apariciones de fin de siglo

Entre el inmenso caudal de publicaciones sobre el psicoanálisis destacan las que sirven de divulgación ideológica de éste como cuerpo unitario e íntegro, como identidad, como disciplina. Este montaje precisa de una retórica que dé al traste con lo que de algún modo supone ser, aunque bajo el mismo signo, otra cosa radicalmente distinta de la *esencia* del psicoanálisis. Tema éste que ya he tratado con relación a los textos biográficos en general, donde se difuminan las líneas diferenciales de las narrativas históricas y los relatos que se pretenden a sí mismos como reflexiones críticas o como verdaderos representantes de lo que *es*, en verdad, el psicoanálisis. La imaginería psicoanalítica, recién entrado el siglo XXI, sigue atravesada por estas pugnas de significados y sentido sobre el término psicoanálisis, tanto en la dimensión de lo teórico, lo técnico y lo epistemológico, como sobre las prácticas vinculadas a él en general. Será esta condición, de pugnas y tensiones irresueltas y quizá irresolubles, parte del trasfondo implícito de mis reflexiones. A continuación tocaré varios textos que me parecen representativos de esta condición, y que servirá, más que de conclusión a esta parte, de enlace a las partes siguientes de mi trabajo.

Es una coincidencia compartida ampliamente entre los textos más diversos e incluso contradictorios que abordan las historias del psicoanálisis, sostener que la teoría de Freud *"revolucionó en el siglo XX nuestra comprensión de la naturaleza humana"*.[103] No obstante, como ya he adelantado a lo largo de este escrito, esta afirmación también es objeto de incontables intrigas y discusiones. Intrigas y discusiones que sobredeterminan la condición actual del psicoanálisis en el gran escenario de lo cultural y que marcan su devenir entre relaciones que distan de augurar un consenso sobre qué es el psicoanálisis, y, sobre todo, para qué el psicoanálisis. Según Pere Bofill y Jorge L. Tizón, en su libro *Qué es el psicoanálisis*[104],

---

[103] Ver, por ejemplo, "Freud, la base inconsciente de la mente" en Stevenson , L. y Haberman, D.L; *Diez teorías sobre la naturaleza humana*; Editorial *Cátedra*, Madrid, 2001; pp.195-217.

[104] P.Bofill y J.L.Tizón; *Qué es el psicoanálisis: Orígenes, temas e instituciones actuales*; Editorial *Herder*, Barcelona, 1994.

publicado en 1994 como un "libro de divulgación", sitúan al psicoanálisis dentro de un marco general de *confusión*, atravesado éste por la difusión de malentendidos, ignorancias, falsedades e incluso falsificaciones, que dificultan la tarea de conocer qué es y qué puede considerarse psicoanálisis.[105] Actualmente, y desde por lo menos mediados del siglo XX, las variaciones del significado del psicoanálisis utilizan una mínima parte del método psicoanalítico y de las conclusiones de Freud, "imperfectamente comprendido" y "mezclado con otras corrientes incompatibles":

> "Esta generalización y ampliación del significado del término, en ocasiones no totalmente involuntaria por parte de sus autores, se halla ligada con aquella otra propia de editores, publicistas, divulgadores culturales, que en ocasiones lo utilizan para designar cualquier corriente, conclusión o análisis mediante métodos psicológicos más o menos científicos. (…) ...para otros, el psicoanálisis no será sino una colección de frases vacías, una especie de jerga altisonante con la que se intenta ocultar unos métodos en absoluto científicos e incluso anticientíficos. (…) ...existen personas para las cuales el término psico-análisis evoca aún prácticas y teorías esotéricas.."[106]

La polisemia, es decir, los múltiples significados del término psicoanálisis, aparece como el eje de la actual "confusión" y representa la matriz de los problemas que se enfrentan para su "comprensión" cabal.[107] Dentro de este escenario de supuesta

---

[105] Según estos autores, parte de las condiciones de esta confusión se deben a la inmensa difusión de informaciones y publicaciones procedentes de los medios de comunicación habitual: prensa, radio, televisión, revistas de divulgación o generales, etc. Hoy en día, producto de esta "confusión", tanto la población general como algunos médicos y psicólogos –advierten- emplean el términos psicoanálisis para referirse a cualquier tipo de análisis psicológico o psiquiátrico, o incluso a cualquier forma de psicoterapia o terapia psiquiátrica en la que la palabra juegue algún papel central. (Op.cit., p.9)

[106] Op.cit., pp.9-11.

confusión generalizada, estos autores se dan a la tarea de situar al psicoanálisis en una "perspectiva moderna y actualizada", basando su obra en la convicción de que el psicoanálisis "es de fundamental importancia para la "comprensión" y "ayuda" del "ser humano". Para estos autores, pese a las múltiples derivaciones, desvirtuaciones, confusiones y malentendidos que atraviesan el término, actualmente el psicoanálisis está "estructurado formalmente" como cualquier otra ciencia o tecnología, pues consta de una *técnica*, una *teoría* y una *práctica* más o menos difundida por el mundo: El psicoanálisis es, más allá de un signo polisémico, una "disciplina científica". Sobre la relación entre el psicoanálisis y el discurso científico ya ocuparé otra parte de este escrito. Lo que intereso destacar ahora es la técnica sobre la que se construye al psicoanálisis como una identidad unitaria (una disciplina) que trasciende, en esencia, la multiplicidad de significados que dan lugar a "confusiones", "malentendidos" y "errores". Para estos autores existe algo así como lo que puede llamarse "estrictamente" psicoanálisis (estructurado como una ciencia y regulado interiormente por sus propios requerimientos), que está extendido por todos los continentes y por numerosos países en cada uno de ellos: el psicoanálisis es una práctica claramente inmersa en la cultura del siglo XX.[108]

Una signo inconfundible de esta inmersión del psicoanálisis en la cultura es, sin duda, el propio texto de estos autores, que es clasificado por ellos mismos como un "libro de divulgación". La retórica de su obra tiene por encargo, pues, *persuadir* del singular valor que suponen *tiene* el psicoanálisis para la humanidad en su

---

[107] Otros autores vinculan la situación de relativa indefinición del psicoanálisis como signo de una "condición de crisis", que sirve de pretexto contextual para justificar la "vuelta" a sus raíces originarias (a Freud) y *devolver* su "verdadero sentido", su "integridad identitaria", etc. Este tema lo abordaré a lo largo de mis reflexiones, pues es el referente fundacional sobre el que las más diversas posiciones interpretativas legitiman sus particulares perspectivas, ya como críticas a Freud o como seguimiento fiel a sus doctrinas.

[108] P.Bofill y J.L.Tizón ; Op,cit., p.11. Esos autores reconocen que, a pesar de las trabas que enfrenta la profesionalización del psicoanálisis en los países industrializados, sigue en aumento a escala global, y –contrario a lo que se suele decir- el psicoanálisis sigue gozando de gran prestigio y atractivo entre los profesionales de la salud (mental) en gran parte del mundo. (Op.cit., p.222)

conjunto, y su discurso se articula como portavoz de una palabra iluminada y reveladora, de un evangelio que trae las "buenas nuevas". Según estos autores, coincidentes con los biógrafos-publicistas, Freud inauguró una revolución científica y cultural, y el *movimiento psicoanalítico* ha procurado extenderla hasta nuestros días:

> "Para nosotros, como descubrimiento científico revolucionario, como hecho científico que ha inaugurado una nueva 'revolución científica' (...) el psicoanálisis ha abierto un nuevo continente de conocimiento al hombre, a la cultura humana en general, y no sólo a la ciencia. (...) ...su influencia se ejerce no sólo en la psicología y la medicina, sino en otras muchas disciplinas científicas, tecnológicas y no-científicas: etnología, filosofía, etc."[109]

El "movimiento psicoanalítico" lo refieren al conjunto de *aportaciones*, estudios, divulgaciones, etcétera, que "han contribuido a dar a conocer el psicoanálisis, a extenderlo, a realizar nuevas aplicaciones a campos hasta entonces inexplotables con sus concepciones y perspectivas, a *iluminar* los campos de otras ciencias o técnicas, etcétera."[110] En otras palabras, a dar *continuidad* al proyecto político de Freud. No es de extrañar, pues, que entre la progresiva hibridación y diseminación *global* del discurso psicoanalítico, ciertas ramificaciones ideológicas apuntalen sus tendencias, dentro del horizonte normalizador moderno, a la consolidación de los aparatos disciplinarios y coercitivos del poderío estatal. Sarah Winter, en su libro *Freud and the Institutions of Psychoanalytic Knowledge*[111], publicado

---

[109] Op.cit., p.21.

[110] Ídem.

[111] S.Winter; *Freud and the Institution of Psychoanalytic Knowledge*; Editorial Stanford University Press, California, 1999. En este libro, Winter rastrea las tácticas retóricas empleadas por Freud que integran una estrategia general orientada hacia la progresiva integración del discurso del psicoanálisis al mundo institucional, su consecuente profesionalización, inserción en los programas académicos de los sistemas de educación y validación cultural. Para tales efectos investiga los orígenes históricos del psicoanálisis y los efectos ideológicos sobre cómo los

en 1999, pasa balance de la situación del psicoanálisis en el terreno de lo institucional a finales del siglo XX y da cuenta de su expansión cultural. Esta autora, si bien reconoce que este proceso no guarda un mismo ritmo en todas partes, advierte que la práctica psicoanalítica sigue floreciendo por todo el mundo y tanto la audiencia como la clientela siguen en crecimiento vertiginoso. En la introducción de su trabajo, Winter hace referencia a un artículo publicado *recientemente* en la revista *The New York Times* que da cuenta de las suertes del psicoanálisis en Rusia, tras la caída del Bloque soviético. La historia relata que, aunque después de la revolución del 18, el gobierno ruso lo reconocía oficialmente como ciencia e incluso lo auspiciaba, en la década del 30, Stalin lo proscribió. En julio de 1996, el entonces presidente Yelstin firmó un decreto declarando al psicoanálisis una práctica psiquiátrica legítima, y actualmente se enseña en las universidades como parte de los currículos de psicología, incluso en la Universidad Militar del Ministerio de Defensa de la Federación Rusa. El presidente de la nueva Sociedad Psicoanalítica de Moscú -según Winter- describe las causas políticas que subyacen este renacimiento:

"For 70 years the Russian people were robbed of self Knowledge (…) Psychoanalysis is one weapon with which we can restore some order to our society."[112]

Cita ésta que, sin duda, sirve de soporte a la pertinencia de mis sospechas sobre el vínculo normalizador del psicoanálisis y sobre las inclinaciones ideológicas, políticas y morales, de sus promotores, quienes por lo general lo niegan. En el contexto norteamericano, Winter subraya una progresiva disminución en su habitual aceptación, principalmente por los radicales cuestiona-mientos sobre la validez científica de sus fundamentos teóricos y por las consecuentes implicaciones sobre situaciones concretas, tales como ciertos casos ventilados en los tribunales judiciales, que

---

escritos de Freud configuran la autoridad cultural del psicoanálisis y se abren brecha hacia el objetivo institucional.

[112] Op.cit., p.3. El más reciente trabajo que aborda profundamente la historia del psicoanálisis en este contexto es el de Martin A. Miller; *Freud and the Bolsheviks: Psychoanalysis in Imeprial Russia and the Soviet Union*; Ed. *Yale University Press*, 1998.

han admitido "evidencias" provistas por psicoanalistas y que a la larga se han demostrado de dudosa fiabilidad, incongruentes o fatuas. No obstante la refutada reputación, tanto de los fundamentos del psicoanálisis como de la propia persona de Freud, y las puestas en duda de la legitimidad de sus *descubrimientos* y la validez de sus teorías, el psicoanálisis mantiene una presencia significativa en la dimensión cultural, bajo el modo de un *conocimiento* ya sabido por todos, como un cierto "sentido común" –según Winter-.

El fin del siglo XX perfiló la ocupación del psicoanálisis de cada vez más zonas dentro del registro de lo cultural, a saber, en el mundo académico (escuelas y universidades), donde puede aparecer tanto como parte integral de un currículo independiente o como parte del estudio de los clásicos del pensamiento; en la esfera laboral, sostenido como una profesión pública o privada, con sus respectivos centros de formación, su clientela, sus consumidores, etc.; También permanece como una disciplina científica, vinculada a los campos que han mantenido una relación, ya de reconocimiento e integración o ya de contraste, desde las ciencias sociales tradicionales (antropología, sociología, psicología, antropología, etc.) a los nuevos acercamientos interdisciplinarios, como los estudios culturales, la crítica literaria, la semiología y ciertas hermenéuticas, por ejemplo.[113]

Asimismo, pues, el imaginario social contemporáneo está atravesado por los lenguajes del psicoanálisis y gran parte de la vida en sociedad se suele pensar a sí misma en sus términos. Términos que, por lo general, se han diluido entre los usos específicos que supone la apropiación popular de estos, desentendiéndose vertiginosamente del contexto teórico en el que fueron producidos inicialmente y resignificándose por vía de una apropiación genera-

---

[113] Sobre el tema de la institucionalización del psicoanálisis, las limitaciones y avances obtenidos en diferentes partes del mundo, lo trabajan Bonfill y Tizón en el texto citado (Op.cit., pp.232-48). Sobre el desenvolvimiento en el Estado español, lo trabajan en op.cit., p.263-69. Además, el tema de la penetración del psicoanálisis en España es tratado en E.González Duro; *Historia de la locura en España* (Tomo III); Editorial *Temas de Hoy*, Madrid, 1996; pp.143-180. El primer escrito que he identificado tratando sobre la obra de Freud en el contexto español es el de J.Ortega y Gasset; "Psicoanálisis, ciencia problemática" (1911) en *Ideas y creencias (y otros ensayos de filosofía)*; Editorial *Alianza*, Madrid, 2001.

lizada de los mismos.[114] Sus usos, en todo caso, mantienen las palabras claves del psicoanálisis, pero sus sentidos desbordan los límites formales de su territorio en propiedad. No sólo en las disciplinas académicas se utilizan sus conceptos como referentes de inteligibilidad de la vida social sino que, desterritorializados de estos dominios por virtud de la circulación cultural, sus signos adquieren sentidos que trascienden los límites representacionales advertidos teóricamente y son significados usualmente como códigos de *comprensión* general. El efecto ideológico inmediato puede reducirse esencialmente al vínculo entre la integración del discurso del psicoanálisis al imaginario social y la creencia generalizada de que mediante el empleo de su leguaje se *comprende* un poco mejor tanto a uno mismo como a los demás. Según Winter –por ejemplo- el psicoanálisis, como una forma institucionalizada de conocimiento, provee una serie de categorías clave para pensar la organización del mundo en términos psicológicos.[115] Tendencia ésta que la autora critica por las implicaciones ideológicas que se ciernen sobre lo social, al inducir al sujeto a "pensarse a sí mismo" a partir de "reduccionismos psicológicos" tales como los vinculados a la orientación biologicista de Freud, o a los que significan el inconsciente como la fuerza autónoma de los deseos o la fuente principal de las acciones de los sujetos. Esta autora circunscribe su análisis dentro de las corrientes críticas a este a tendencia, que circulaban ya desde antes de mediados del siglo XX.[116] Una crítica a

---

[114] Evidencia de ello, por ejemplo, puede encontrarse fácilmente en la amalgama de usos que la industria del cine y la televisión hacen de las palabras clave del psicoanálisis, empleadas más como poderosos recursos retóricos dentro de la lógica propia a la construcción de imágenes o situaciones requeridas a propósito de la especificidad de los temas desarrollados, irrespectivamente de la condición de precariedad epistemológica de las mismas. La representación de las locuras aparecen reforzadas por lenguajes teóricos que son constitutivos a la vez de la condición misma de la aparición escénica de la locura como rasgo distintivo y representable de alguna identidad retorcida por oposición a otra suerte de identidad recta, normal...

[115] S.Winter; *Freud and the Institution of Psychoanalytic Knowledge*; op.cit., p.11.

[116] Según Herbert Marcuse, por el contrario, esta perspectiva (revisionista) traiciona radicalmente los principios filosófico-teóricos de la psicoanalítica freudiana, al convertir las bases *materiales* de la problemática psíquica (centradas en lo orgánico y no en lo ideológico), en una cuestión de índole moral e ideal,

la orientación biologicista de Freud, por ejemplo, aparece en el escrito de Clara Thompson, *El psicoanálisis*, publicado en 1950:

> "Freud no solamente acentuó lo biológico, con detrimento de lo cultural, sino que su propia teoría cultural la elaboró con apoyo en su teoría biológica. (...) ...se interesaba sobre todo por aplicar a la sociedad humana su teoría de los instintos. Partiendo, por ejemplo, del supuesto de un instinto de muerte, pretendía observar los fenómenos culturales que observaba, con exclusivo apoyo en dicho instinto."[117]

La crítica a los reduccionismos psicológicos que hace Winter desde las perspectivas que priman lo cultural sobre lo psíquico (por lo menos desde la década de los cincuenta), está enmarcada en la preocupación sobre el impacto en la posibilidad de acción política con relación a sus efectos ideológicos tendientes a su paralización. Siguiendo a Pierre Bordieu, Winter sostiene:

> "To understand the unconscious as ultimate cause is explicitly to render internal what has already been incorporated through social process. Those believes and practices that have been legitimized over time in the course of becoming habitual to human subjects are endowed with a specifically psychological rationale for their naturalness and inevitability —even for their

---

suscribiendo como una crítica lo que es, en esencia, la materialización efectiva de los procesos de represión social que Freud, sobre su base biológica (teoría de los instintos, de la libido, de la sexualidad, de la represión, la resistencia y las dinámicas de lo inconsciente en general) describe y critica. Según Marcuse, la base teórica proporcionada por Freud sirve de fundamento a la crítica radical de las condiciones de existencia y, a la vez, de sus posibles transformaciones, no a partir de las estructuras de lo social (exteriores) sino de la propia vida psíquica (interior) a partir de la cual las mismas se constituyen y se reproducen mediante el principio de la represión. (Ver H.Marcuse; *Eros y civilización*, Ed. *Ariel*, Barcelona, 2002)

[117] C.Thompson; *El psicoanálisis*, Editorial *Fondo de cultura económica*; México, 1995; p.141.

arbitrariness and violence- while their historical origins, objectivity, and susceptibility of change are obscured."[118]

Crítica ésta que, desde los tiempos de Freud, atravesaría las historias del psicoanálisis desde múltiples perspectivas a lo largo del siglo XX y su pertinencia permanecería vigente hasta nuestros días. A propósito del contexto norteamericano, Winter trae a colación los análisis de otros teóricos que han resaltado el valor de utilidad que el psicoanálisis ha significado para el capitalismo y las sociedades corporativas. En uno de los ámbitos donde el dominio estatal se fusiona con los intereses lucrativos del capital privado, la salud pública, el psicoanálisis ha contribuido a fortalecer el complejo médico-industrial de la salud mental y empujado la vertiginosa expansión de este campo profesional y sus correlativos negocios. El auge en la aceptación cultural del discurso del psico-análisis aparece vinculado también a los requerimientos ideológicos de la economía política del capitalismo en general, al cumplir una función legitimadora de las condiciones de su propia reproducción:

"Psychoanalysis has a normative ideological impact: it helps to rationalize and naturalize the prevailing political and economic order by providing a psycho-logical classification that makes institutionalized styles in general appear to be intimate of 'my inner life'."[119]

Tema este que atravesará el conjunto de mis reflexiones, pues ciertamente el poderío normalizador de la cultura, aunque trasciende los discursos que sitúan lo económico como determi-nante en última instancia de las condiciones de existencia en la vida social, no rechaza su fuerza incisiva con relación a la Subjetividad, sus contenidos y propiedades. Pienso que el discurso hegemónico del psicoanálisis es soporte de las tecnologías de subyugación ideológica del poderío normalizador moderno y éste, tanto en el contexto histórico de su emergencia como en la actual condición de época, guarda una estrecha relación de reciprocidad y complicidad con las racionalidades sobre las que se sostiene la economía imperial

---

[118] Op.cit., pp.13; 285.

[119] S.Winter; *Freud and the Institution of Psychoanalytic Knowledge*; op.cit., p.17.

del capitalismo, sus ordenamientos jurídicos y sus sistemas de educación, incluso desde las perspectivas que se lo han apropiado y resignificado como resistencias a los mismos y utilizado con fines políticos *alternativos* (como sucedió con ciertos marxismos y feminismos, según trataré posteriormente.)

La inmersión del discurso del psicoanálisis en el gran escenario de lo cultural y su expansión a lo largo del siglo XX, supone, como cualquier requisito esencial a una estrategia de "divulgación popular" (o de comercialización), la sobre-simplificación de su teoría, el hacer su lenguaje *accesible* a cualquiera, que cualquiera pueda *comprender* sin mayor esfuerzo intelectual la esencia positiva del mismo. Un ejemplo sería la proyección mediante los libros de divulgación, como el citado de Bonfill y Tizón. Según estos autores-promotores, el asunto clave del psicoanálisis, sus ideas fundamentales como disciplina científica íntegra (teoría, técnica y práctica), sería, primeramente, destacar que el elemento que más influye en los comportamientos de los seres humanos es la relación que se establece o estableció entre cada sujeto concreto y los que le rodearon[120] y, seguidamente, que las relaciones o experiencias que más *nos* van a marcar (a lo largo de nuestras existencias) son las que mantenemos en nuestra infancia.[121]

"En definitiva, gracias al psicoanálisis, podrá observarse con relativa facilidad cómo entre la forma de vivir el adulto las experiencias más significativas, emotivas o conflictivas y la manera como las vivió en su infancia, existe una línea o nexo de unión, una continuidad en la experiencia. (…) Esta idea de la *continuidad de la experiencia humana* desde la infancia a la senectud, es probablemente –se reconozca así o no- una de las mayores aportaciones del psicoanálisis al autoconoci-miento del hombre de nuestra época…"[122]

---

[120] P.Bofill y J.L.Tizón ; *Qué es el psicoanálisis*; op.cit., p.24.

[121] Op.cit., p.25.

[122] Op.cit., p.26.

La *comprensión* que de sí mismo debiera tener el sujeto humano es, sin embargo, la misma contenida en los habituales requerimientos ideológicos de sujeción social, ya bajo el registro de la Ley o de la Moral. En los textos de divulgación, los conceptos y supuestos teóricos no son cuestionados de ningún modo sino *reconocidos* como "descubrimientos revolucionarios" por la "disciplina científica" del psicoanálisis, y elevados al rango de valor universal, de Ley. Tal es el caso, por ejemplo, del complejo de Edipo. Para estos autores, la genialidad metafórica del mismo reside en su traslación literal al lenguaje teórico de Freud, como si se tratase de un *reconocimiento* de una suerte idéntica de la condición del Ser. Su acepción simbólica supone la representación de una continuidad en la experiencia humana, más allá de los vaivenes de la historia y de las particularidades culturales:

"Desde que Sófocles escribió esta tragedia, en el siglo V antes de nuestra era, Edipo se convirtió para el mundo en un símbolo de la fatalidad, de la fuerza del destino. Pero el drama de Edipo tenía para Freud la ventaja de que dramatizaba y ponía de relieve los trazos de un complejo afectivo que había encontrado reiteradamente en sus pacientes neuróticos y en su propio autoanálisis."[123]

Me parece pertinente reseñar otro modo de representar este "descubrimiento científico" y "revolucionario", que da al traste como signo de la condición indeterminada de la significación actual del psicoanálisis. Sarah Winter –por ejemplo- sostiene la tesis de que la apropiación de la tragedia griega le sirve al psicoanálisis de trasfondo ideológico, al representar la relevancia de la alusión mitológica como valor representacional universal. La tragedia sirve de fundamento mítico a la teoría del psicoanálisis, no como metáfora sino como signo de una cierta metafísica vinculada a una supuesta esencia transhistórica y universal del Ser. En su trabajo, esta autora procura desenmarañar los prejuicios ideológicos instaurados como fundamento del discurso psicoanalítico, en particular los encadenados a la retórica trágica de la mitología,

[123] S.Winter; *Freud and the Institution of Psychoanalytic Knowledge*; op.cit., p.116.

representados en la teoría psicoanalítica más que como determinaciones de orden histórico, como inevitabilidades del destino:

"Freud translates tragic recognition, and the cultural
recognition of the tragic as a representation of
fundamental aspects of human experience, into the
recognition of the 'truth' of psychoanalysis itself."[124]

No intereso identificar cómo Freud, si acaso, estaba o no
influenciado por las condiciones de su época, cómo su espíritu se veía
marcado por los vaivenes del devenir y oscurecido su ánimo,
revelado en su escritura como signo de fatalidad. Lo cierto es que,
como parte integral de su retórica política, Freud integró la tragedia
mítica como recurso estratégico. La retórica trágica cumple así una
doble función estratégica en el orden del discurso psicoanalítico.[125]
De una parte, sirve de anclaje metafísico de las nociones teóricas
fundamentales, como Eros, Tánatos, Ananké, Narciso y Edipo.
Metáforas que aluden a un supuesto carácter literal de la condición
humana, que enseguida sería reforzado por lo psíquico y éste
registro, a la vez, determinado por condiciones de orden biológico.
Esta metafísica, paradójicamente, es representada como un
determinismo materialista, evidenciado por la experiencia empírica
de la "observación" psicoanalítica. Según Winter:

"Tragic *pathos* becomes in psychoanalysis a form of
legitimation of a psychological theory based on the
primacy of unconscious determination and guilt. (...)

---

[124] Op.cit., p.18.

[125] De entre los autores más críticos del psicoanálisis, me parece pertinente
destacar a Thomas Szasz, quien concentra gran parte de su obra en demostrar el
carácter eminentemente retórico del discurso psicoanalítico que, como táctica
retórica se representa a sí mismo como ciencia cuando a lo sumo debería –según
este autor- representarse –si acaso- como religión. Entre los textos que pueden ser
referidos de inmediato a esta perspectiva, con la que comparto muy precisas
simpatías teóricas, están –por ejemplo- T.Szasz; *The Myth of Psychotherapy: Mental
Healing as Religion, Rethoric, and Repression* (1978); Ed. *Syracuse University Press*, New
York, 1988 y T.Szasz: *Anti-Freud: Karl Krau's Criticism of Psychoanalyisis and Psychiatry*
(1976); Ed. *Syracuse University Press*, New York, 1990.

Tragedy also designates a set of experiences and moral questions in relation to human capacities and limitations, over which psychoanalysis must continuously claim authority."[126]

Simultáneamente, las alusiones míticas pertenecen a la estrategia de propagación del psicoanálisis, al programa político orientado hacia la institucionalización de su conocimiento y su disciplina. De una parte, el aura de universalidad trágica sirve de referente de autoridad cultural al discurso teórico del psicoanálisis. Evidencia de ello está en que buena parte de sus *descubrimientos* no son sino una traslación del lenguaje trágico de la mitología clásica al orden de su racionalidad teórica en clave científica. De otra, en el marco de una retórica orientada a buscar reconocimiento público, el despliegue de sus dominios sobre la literatura clásica puede ser leído –apunta Winter- como un modo de instaurar prestigio y autoridad en el acto de alardear sobre sus dominios intelectuales:

"In his writings (…) he adapted larger cultural discourses such as profession, discipline, science, and classical learning itself to ensure the respectability, epistemological power, and popular acceptance of psychoanalysis."[127]

El psicoanálisis se ha consolidado como una forma híbrida de conocimiento institucionalizado, que depende, en ultima instancia, de múltiples factores culturales e institucionales. Tomando en cuenta esta consideración, vale advertir que la relación entre el discurso psicoanalítico y el imaginario social contemporáneo, aunque está atravesada significativamente por los códigos de sus lenguajes, regulado y movilizado por sus categorías y nociones, encuadrado entre los términos de sus dominios representacionales, no obstante, no es la resulta de un desenvolvimiento esencial del conocimiento que de sí misma tiene la sociedad sino del movimiento contingente que caracteriza la relación de lo social y las particulares historias disciplinarias, las dispersas fuerzas

---

[126] S.Winter; *Freud and the Institution of Psychoanalytic Knowledge*; op.cit., p.19.

[127] Op.cit., p.279.

institucionales, los enfrentamientos entre múltiples poderes, pactos, alianzas, derrotas, claudicaciones, reivindicaciones; temores, prejuicios, creencias, certidumbres, confusiones, ilusiones, etc. Dentro de este contexto, irrespectivamente del fracaso o éxito del psicoanálisis para alcanzar pleno reconocimiento como estatuto científico, pienso que ha sido exitoso en el aspecto ideológico, pues ha sido trocado en referente de un cierto "sentido común" cultural que trasciende las diferencias de clases o las fronteras de las disciplinas *académicas*. Pertenece al registro de la "sabiduría popular", aunque sirva formalmente a los más privilegiados. A todas cuentas, en la actual condición de época, ¿para qué insistir en buscar reconocimiento como ciencia si ya es *admitido* sin reservas como "conocimiento general"? Y es que en tiempos posmodernos, el estatuto científico no es un valor imprescindible para adquirir rango de legitimidad social. Tal vez basta que se conjuguen la autoridad de la tradición, el prestigio personal de sus portavoces, ciertas dosis de ingenuidad política institucionalizada e intencionalidad, de indiferencia y desentendimiento, de habilidad retórica, de ingeniosidad seductora, para su pervivencia en el escenario cultural...

Tomadas en cuenta estas consideraciones generales, vale preguntarse, pues, ¿qué es eso que dice quien dice que dice la verdad sobre el psicoanálisis? En otras palabras, ¿qué dice Freud que es el psicoanálisis? ¿Qué dispone en su decir? ¿Qué indispone? ¿Qué fuerzas se alían y cuales se le oponen? ¿En qué términos lo hacen? ¿En qué consiste específicamente eso que es referido, desde múltiples perspectivas, a las "resistencias al psicoanálisis"? A partir de estas consideraciones, que trataré a continuación, constataré la relación ideológica entre el imaginario psicoanalítico y el discurso político de Freud como condición del advenimiento del psicoanálisis al orden del poderío normalizador de la cultura moderna...

Parte II

De las Resistencias...

"Classifying human acts and actors is political,
because the classification will inevitably help some persons
and harm others"
Thomas Szasz

Parte II

De las Resistencias...
(Ortodoxia freudiana y puntos de fuga
en el imaginario psicoanalítico)

> "El psicoanálisis es, en efecto,
> obra mía."
> *S.Freud*

¿Cómo se (re)presenta el discurso del psicoanálisis a sí mismo? ¿Qué dice de sí, desde sí y para sí? ¿Qué *fuerzas* le favorecen? ¿Cuáles todavía le resisten? ¿Por qué procura insistentemente ser *reconocido* como una ciencia? ¿De qué modos la *práctica* psicoanalítica adviene al orden de las tecnologías del poder normalizador moderno? ¿Cómo su *teoría* pasa a convertirse, a la vez, en soporte ideológico del proyecto político de la modernidad? ¿Cómo la imaginería psicoanalítica adviene, desde sus inicios, al orden de una relación política de dominación ideológica general? ¿Qué dice del Sujeto? ¿Qué dice de la Historia? ¿Qué de la Cultura? ¿Qué dicen sus silencios, sus omisiones, o bien, qué no dicen y por qué? ¿Qué libera o qué ata con fuerza aún mayor? ¿De qué libera? ¿A qué ata? ¿Puede, acaso, ser compatible el psicoanálisis con un programa ético-político alternativo? De ser posible, ¿sería deseable insistir en el intento?

Psicoanálisis: genealogía y *evolución*

> "Todo el mundo tiene derecho a pensar y escribir
> lo que quiera,
> pero no a presentarlo como cosa distinta
> a lo que realmente es."[128]
> *S.Freud*

En este apartado condensaré la definición enciclopédica del psicoanálisis, publicada por Freud en 1922, que servirá de marco general de primera referencia al conjunto de las posteriores

---

[128] S.Freud; "Historia del movimiento psicoanalítico"(1914); en *Autobiografía*; Biblioteca Freud, *Alianza* Editorial, Madrid, 2001; p.142.

reflexiones.[129] Aunque ya antes de esta fecha Freud había trazado las coordenadas históricas de la aparición del psicoanálisis, y más tarde seguiría basando sus escritos en estos términos generales, gran parte de las reflexiones, críticas y resistencias que giran en torno a su vida y obra, a su práctica clínica y su producción teórica en general, tienen como matriz referencial este relato histórico, representado como la trayectoria irrefutable de su génesis y como axioma incuestionable de su progresivo desenvolvimiento *evolutivo*. Reiterada repetitiva e insistentemente entre sus más diversos escritos, como si en el acto narrativo de la repetición se pusiera de manifiesto la evidencia de su veracidad, esta definición constituye para el psicoanálisis ortodoxo y sus seguidores más fieles, signo de su voluntad de poder y, a la vez, la impenetrable fortaleza de su régimen de verdad. Simultáneamente, como veremos más adelante, será a la vez pieza clave a defender y blanco de constante ataque, constituyendo el conjunto de fuerzas que se entrecruzan en este campo relacional, la condición de existencia, de soporte y movimiento, del imaginario psicoanalítico contemporáneo. En otras palabras, esta definición general pretende servir no sólo como texto de referencia sino a la vez como parte del contexto general donde se sitúa el orden dinámico de sus movimientos y como pretexto desde el que activar buena parte de mis reflexiones, posiciones y sospechas.

En su artículo inconcluso "Compendio del psicoanálisis" (1938), a la edad de 82 años, Freud reconoce que el psicoanálisis parte de un supuesto básico cuya discusión concierne al pensa-

---

[129] S.Freud; "Psicoanálisis y teoría de la libido; (Dos artículos de Enciclopedia)" (1922-1923); en *Obras Completas* (Tomo III); op.cit., p.2661-76.) Las palabras que aparecen en cursiva son puestas intencionalmente de mi parte pues por este recurso identifico las categorías claves que regulan el orden del discurso psicoanalítico y que serán matrices de coincidencias como de tensiones y pugnas desde las distintas críticas, reflexiones o resistencias, ya sean exteriores al campo discursivo heredado y protegido por la ortodoxia o ya desde *adentro*, desde las resistencias que se activan a partir del propio discurso psicoanalítico y se vuelcan contra él, sin dejar de ser constitutivas de su orden discursivo general. Otros dos artículos fueron consecuentemente publicados con el mismo fin, y que pueden servir también el mismo propósito expositivo y referencial, aunque he preferido concentrarme en éste porque estimo que elabora más detalladamente la genealogía del psicoanálisis. Los otros dos, aunque más sintéticos, son S.Freud; "Psicoanálisis: Escuela Freudiana" (1926); op.cit., pp.2904-09; y S.Freud; "Compendio del psicoanálisis" (1938); op.cit., pp.3379-3423.

miento filosófico, pero cuya justificación radica en sus propios resultados.[130] La *definición* del psicoanálisis, permanece prácticamente intacta y es articulada en tres registros que, aunque guardan una relativa autonomía dentro de la representación genealógica, pertenecen, dentro de la dinámica de sus movimientos, al orden de un mismo discurso. La definición general del psicoanálisis aparece objetivamente, pues como el nombre: 1° De un método para la investigación de procesos anímicos capaces inaccesibles de otro modo. 2° De un método terapéutico de perturbaciones neuróticas basado en tal investigación; y 3° De una serie de conocimientos psicológicos así adquiridos, que van constituyendo paulatinamente una nueva disciplina científica.

La condición de su aparición histórica la identifica en los primeros años del siglo XIX a una *experiencia*, de cierta manera, casual. Durante la primera escena del relato, Freud cuenta que el médico y fisiólogo vienés José Breuer tuvo sometida a tratamiento a una muchacha que había enfermado gravemente de *histeria*[131] en ocasión de hallarse prestando su asistencia a su padre durante una larga y penosa dolencia. El cuadro patológico –describe- se componía de parálisis motoras, inhibiciones y trastornos de la conciencia. Según el relato, accediendo a una sugerencia de la propia enferma, Breuer decidió emplear la técnica de la *hipnosis*, y *comprobó* que una vez que la sujeto *comunicaba* durante la hipnosis los efectos y las ideas que la dominaban, *volvía* al estado psíquico *normal*. Por medio de la *repetición* consecuente del mismo trabajoso procedimiento –añade- consiguió *libertarla* de todas sus inhibiciones y parálisis, hallando así recompensado su trabajo por un gran *éxito* terapéutico y por *descubrimientos* inesperados sobre la *esencia* de la

---

[130] S.Freud; "Compendio del psicoanálisis" (1938); en *Obras Completas* (Tomo III); op.cit., p.3379.

[131] La histeria –según la define Breger- era en realidad un recurso conceptual que permitía reunir una gran variedad de cuadros clínicos cuyo rasgo común era su carácter 'psicológico', es decir, cuadros en los cuales no se podía detectar un origen físico. (L.Breger: *Freud: el genio y sus sombras*; op.cit., p.115.) Una descripción más detallada sobre este término puede encontrarse en S.Freud (y J.Breuer); "Estudios sobre la histeria" (1895) y "Análisis fragmentario de una histeria" (1901), entre otros, en *Obras Completas* (Tomo I); op.cit.). También puede consultarse sobre este término en Moore, B.E. y Fine, B.D; *Términos y conceptos psicoanalíticos*; Editorial *Biblioteca Nueva*; Madrid, 1997; pp.202-203)

enigmática *neurosis*.[132] Por razones que no trae a mención en este relato, a pesar del éxito celebrado Breuer se abstuvo de llevar más allá su descubrimiento e incluso -según Freud- lo silenció durante casi diez años, hasta su regreso a Viena en 1886, tras cursar en la clínica del afamado neurólogo francés Charcot. Freud –según relata- consiguió convencerlo de volver al tema y de trabajar juntos sobre él. En 1895 publican *Estudios sobre la histeria*, donde nombran esta terapia como "método catártico".[133]

De las investigaciones que constituían la base de sus estudios conjuntos –cuenta Freud- *dedujeron* dos resultados principales: primero, que los síntomas histéricos entrañan un *sentido* y una *significación*, siendo *sustitutivos* de actos psíquicos *normales*; y segundo, que el *descubrimiento* de tal sentido incógnito coincide con la supresión de los síntomas, *confundiéndose* así, en este sector, la investigación *científica* con la *terapia*. *Confusión* ésta que daría lugar, hasta recién entrado el siglo XXI, a fuertes confrontaciones

---

[132] La neurosis está definida, básicamente, como una enfermedad funcional del sistema nervioso caracterizada principalmente por inestabilidad emocional. Esto supone, pues, que un neurótico tiene síntomas en apariencia físicos que en realidad no lo son, como pérdida de la vista o de la función motora de alguna parte de su cuerpo, por ejemplo. De lo que se percata Freud es de que no existe, en realidad, ningún problema físico en la persona y, aunque *aparente* estar padeciendo una enfermedad relacionada al sistema nervioso, resulta inútil tratarlo como tal. Lo que no quiere decir que el problema resulte menos grave o doliente para la persona que lo padece, sino que el mismo está enraizado en alguna otra parte que poco o nada tiene que ver con el equipo biológico del cuerpo humano sino más bien con su vida anímica. Esta es la primera sospecha a partir de la cual Freud comienza a prestar mayor atención a la expresión emocional del *enfermo* que a la manifestación física de los síntomas de la neurosis. En otras palabras, el psicoanálisis en su estadio inicial se pregunta –según Freud- sobre "cuáles son los *procesos psíquicos* que dan lugar a tan singulares consecuencias." (S.Freud; "Las resistencias al psicoanálisis"; en *Obras Completas* (Tomo III); op.cit., p. 348.) De este paso se da inicio a una singular ruptura epistemológica que progresivamente devendría en discurso psicoanalítico. Sobre el concepto de neurosis puede referirse además a S.Freud, "La herencia y la etiología de las neurosis" (1896) en *Obras Completas* (Tomo I). También puede encontrase la trayectoria histórica del concepto y sus derivaciones en Moore, B.E. y Fine, B.D; *Términos y conceptos psicoanalíticos*; op.cit., pp.266-278)

[133] La técnica de la hipnosis, o más precisamente, el método catártico, estaba profundamente influenciado por la experiencia de Freud en el instituto clínico con las teorías de Charcot, según reconoce Freud en su relato.

ideológicas, no sólo en los dominios de lo teórico y de los contenidos específicos de la práctica terapéutica, sino a la vez en la dimensión ética y política sobre el destino del psicoanálisis; tema éste que trataré en otra parte de mi escrito.

Retomando enseguida el tejido genealógico de Freud, aparece que el paso iniciático de la primera teoría consistió en conferir rango de *fundamento* de los síntomas al *factor afectivo*. Según Freud, los síntomas histéricos deberían su génesis al hecho de que un proceso psíquico cargado de intenso afecto viera impedida en algún modo su descarga por el camino *normal* conducente a la conciencia, a consecuencia de lo cual el afecto así represado tomaba caminos *indebidos* y hallaba una derivación en la "inervación somática" (conversión). A estas representaciones patógenas –añadelas nombraron "traumas psíquicos"[134], y como *pertenecían* muchas veces a tiempos muy pretéritos, dedujeron que los histéricos *sufrían* predominantemente de *reminiscencias*. La catarsis era entonces llevada a cabo en el tratamiento –continúa- por medio de la *apertura* del camino conducente a la *conciencia* y a la *descarga normal* del afecto. La hipótesis de la *existencia* de procesos psíquicos inconscientes constituiría, pues, la matriz fundacional de la teoría emergente.

Las irreconciliables diferencias teóricas entre Breuer y Freud trajeron como consecuencia el distanciamiento definitivo entre ambos, dando paso –según relata él mismo- a nuevos *desarrollos*.[135]

---

[134] El concepto de trauma remite en lenguaje del psicoanálisis, por lo general, a una crisis o perturbación que ocurre cuando el aparato psíquico se enfrenta súbitamente a unos estímulos, de procedencia externa o interna, demasiado intensos como para ser asimilados del modo habitual. Según Moore y Fine, se rompe una supuesta barrera protectora ante los estímulos y el Yo se ve abrumado, perdiendo su capacidad de mediación. El estado traumático varía en intensidad y duración de un sujeto a otro, y sus consecuencias pueden ser poco significativas o pueden desembocar en una "neurosis traumática". El concepto de trauma jugó, para Freud, un papel esencial en su teoría temprana de las neurosis. Aunque él pensó, al principio que las reacciones afectivas (tales como el terror, la angustia, la vergüenza o el dolor físico) eran las que determinaban el trauma, estudios posteriores le llevaron a discernir una serie de factores que constituían precondiciones de éste y determinaban su desenlace. Para una definición más elaborada de la génesis y evolución de este concepto puede referirse a B.E.Moore y B.D.Fine; *Términos y conceptos psicoanalíticos*, op.cit., pp.460-61.

[135] Según esta versión de Freud, ya en los *Estudios sobre la histeria* se iniciaban marcadas diferencias de perspectiva: Breuer suponía que las representaciones

Entre ellos -según Freud- a pesar de que los resultados a través del método catártico le parecían "excelentes", al poco tiempo advertiría sus insuficiencias y limitaciones, dando paso a la renuncia de la técnica hipnótica y seguidamente a la modificación del método en general. En un principio, aunque las autoridades médicas acusaban con frecuencia que la hipnosis se trataba de una farsa peligrosa, Freud decidió convertirla en su principal instrumento de trabajo. Se justificaba la renuncia al tratamiento de las enfermedades nerviosas orgánicas, sobre todo, porque las tradicionales terapias *no ofrecían porvenir alguno al paciente*. Además, por condiciones de época, al parecer la *clientela* iba en aumento, buscando nuevas alternativas ante las desilusiones sin remedio que vivían por la inefectividad del tratamiento convencional. A todas cuentas:

> "...el hipnotismo daba a la labor médica considerable atractivo. El médico se liberaba por vez primera del sentimiento de su impotencia, y se veía halagado por la fama de obtener curas milagrosas."[136]

Esta confesión, aunque apreciada desde una perspectiva ética por su sinceridad, trae a consideración otras interrogantes, sin duda objeto de crítica mordaz desde la moralidad científica. En particular, porque no existía una teoría de base sobre la que desarrollar el tratamiento, sólo la "voluntad de curar al enfermo" de algún otro modo y, al parecer, por efecto de *apariencia* sugestiva. Además, pudiera pensarse que se trataba más de una técnica que beneficiaría al médico, psicológica y económicamente, antes que al paciente mismo. Sospecha que no debería resultar nada extraña, pero que no nos ocupara por el momento.[137] Relativamente poco tiempo

---

patógenas ejercían acción traumática porque habían nacido en estados hipnoides, en los cuales la función anímica sucumbe a ciertas restricciones. En cambio Freud rechazaba tal explicación, y creía —según sus propias palabras- reconocer que una representación se hace patógena cuando su contenido repugna a las tendencias dominantes de la vida anímica, provocando así la defensa del individuo. (S.Freud; "Psicoanálisis y teoría de la libido"; op.cit., p.2662)

[136] S.Freud; "Autobiografía"; op.cit., p.16-18.

[137] En la obra de Louis Breger, el relato sobre la experiencia de la hipnosis como técnica de tratamiento de la histeria aparece más como un montaje espectacular

transcurrió cuando Freud *descubrió* dos inconvenientes técnicos en la sugestión hipnótica. En primer lugar, que no le era posible hipnotizar a todos los enfermos; en segundo lugar, que tampoco le era posible lograr en el paciente una hipnosis tan profunda como estimase conveniente. De ahí que el paso siguiente fuera procurar una técnica de mayor efectividad para el tratamiento, cuyo objetivo era, esencialmente, "procurarle una existencia soportable" a los pacientes, "logrando extraerla de su miserable estado."[138]

El estado hipnótico –reconoce Freud- había producido en el paciente una tal ampliación de la capacidad de asociación, *que él mismo sabía hallar en el acto el camino, inaccesible para su reflexión consciente* desde el síntoma hasta las ideas y reminiscencias con él enlazadas. La supresión de la hipnosis parecía crear una situación sin salida –

---

que como una terapia clínica-médica. Durante el proceso de formación de Freud, éste trabajó con el famoso neurólogo Jean-Martín Charcot, a quien, según sus escritos y correspondencias, admiraba enormemente. Charcot, como parte de sus clases, daba demostraciones sobre los efectos de la técnica hipnótica. La misma consistía en el montaje de una actuación donde, según Breger, informaciones posteriores *demostraban* que las supuestas pacientes no eran más que actrices para la ocasión: "Así como algunas pacientes estaban dispuestas a satisfacer las expectativas del maestro, los asistentes de Charcot también sabían lo que él deseaba, y se lo procuraban." (L.Breger; *Freud: el genio y sus sombras*; op.cit., pp.117-119) La influencia que ejerció Charcot sobre Freud le sería reprochada a lo largo del trabajo de Breger, pues éste, del mismo modo que su admirado y venerado maestro, no le interesaban sus pacientes como personas sino como meros objetos experimentales. La impresión que tenía Freud sobre Charcot está contenida en un escrito redactado un mes después de la muerte de su maestro. (S.Freud; "Charcot" (1893); *Obras Completas* (Tomo I); op.cit., p.30)

[138] Entre los estudios de la obra de Freud es común encontrar, sin remitirse a las pretensiones (psico)biográficas, quienes se inventan las razones por las que Freud hizo o dejó de hacer algo. Tal es el caso, a propósito de la decisión de suprimir la práctica de la hipnosis. De una parte Freud ha dicho las razones por las que decidió hacerlo. Hay quienes incluso, precisamente por ello, reprochan la insensibilidad de sus motivos, pues no lo hizo por consideraciones afectivas hacia sus pacientes, sino por razones prácticas. En el trabajo de Silvia Tubert, más próximo a las apologías que a las críticas, aparece un Freud motivado por otras razones, sensibles y no técnicas, que nada tiene que ver con las que él mismo describió y contrarias a la crítica antes mencionadas: "Pero Freud habría de abandonar pronto esta técnica terapéutica (hipnótica) debido a la dificultad tanto para el médico como para el paciente, de tolerar la contradicción que supone negar la existencia del trastorno durante la sugestión y tener que reconocerlo fuera de ella." (S.Tubert; *Sigmund Freud: Fundamentos del psicoanálisis*; op.cit., p.25)

añade- pero *recordó* de otra parte que "lo vivido en estado de sonambulismo sólo aparentemente se haya olvidado, y podía ser siempre devuelto a la memoria consciente del sujeto con sólo *la afirmación imperiosa del médico* de que *no tenía más remedio que recordarlo*." Paso seguido intentó llevar a sus pacientes no hipnotizados a la comunicación de sus asociaciones, *para encontrar*, con ayuda de dicho material, *el camino conducente a lo olvidado o rechazado*. Más adelante – según afirma- *observó* que no era preciso ejercer gran presión sobre el sujeto y que en el paciente emergían casi siempre numerosas asociaciones; lo que sucedía –añade- es que tales asociaciones eran desviadas de la comunicación, e incluso de la conciencia, por ciertas objeciones que el sujeto mismo se hacía. De la esperanza, *indemostrada* aún por entonces y *confirmada luego por abundante experiencia*[139], de que todo lo que el paciente asociara a cierto punto de partida *tenía que* hallarse también, en conexión interna con el mismo, resultó la técnica consistente en mover al paciente a "renunciar a toda actitud crítica" y utilizar el material de asociaciones, así extraído a la luz para el descubrimiento de las conexiones buscadas. Una intensa *confianza* en la determinación estricta de lo psíquico[140] contribuyó también a la adopción de esta técnica que había de sustituir al hipnotismo –concluye Freud-.

---

[139] La base de los fundamentos del discurso psicoanalítico está profundamente arraigada en esta categoría "experiencia" que aparece como matriz reguladora de su campo discursivo, incluso de quienes lo contradicen, y no obstante, no es puesta en cuestionamiento sino asumida como signo irrefutable de autoridad en el régimen de verdad emergente y como condición de consolidación general, aunque sea representado bajo el registro de contradicciones irresolubles en el plano teórico o de antagonismos irreconciliables en la práctica terapéutica. Este tema será abordado también más adelante en el curso de estas reflexiones, aunque me parece pertinente advertir que durante todo el transcurso de este trabajo, cualquier alusión a la experiencia como fundamento de autoridad a la existencia de la práctica teórica del psicoanálisis estará puesta bajo sospecha.

[140] Pieza clave para los movimientos de estas reflexiones es la *identificación* de los recursos retóricos sobre los que se fundamenta la legitimidad general del discurso psicoanalítico. Como se verá a lo largo de este trabajo, las constantes referencias a la necesidad vital de creer, de confiar, de tener firme convicción, etc., constituyen partes imprescindibles en la articulación política de su particular régimen de verdad. Incluso me permito adelantar que no habrá, en el curso de las mutaciones que se operan en el orden interior del discurso piscoanalítico, lugar para cambio significativo alguno que no este basado en esta relación mística y a la vez política entre el poder y la verdad.

Las innovaciones operadas en el campo de la terapia se basaban –según Freud– en una *experiencia práctica* que conducía a una modificación de la técnica; soporte de las mismas sería el *adelanto en el conocimiento* clínico de la neurosis. Se *demostró* enseguida –añade– que las esperanzas terapéuticas fundadas en el tratamiento catártico, con ayuda de la hipnosis no llegaban, en cierto modo, a cumplirse. No obstante, la desaparición de los síntomas corría paralela a la catarsis, el resultado total se mostraba –añade– totalmente *dependiente de la relación del paciente con el médico*, conduciéndose así como un resultado de la *sugestión*, y cuando tal relación se rompía, emergían de nuevo todos los síntomas, como si no hubieran hallado solución alguna. Otra consideración que da paso a la renuncia de la hipnosis es que –según Freud– el corto número de personas susceptibles de ser *sumidas* en profunda hipnosis traía consigo una limitación muy sensible, desde el punto de vista médico, en la aplicación del método catártico. Es por estas razones que Freud, según su relato, decide prescindir del hipnotismo y, seguidamente dar paso a sustituirlo por la técnica de la "libre asociación."

Freud inició la *teoría* psicoanalítica a partir de una ruptura práctica con su profesión de neurólogo. Había ciertos aspectos relacionados al padecimiento de la neurosis de los que el método médico tradicional de la rama de la neurología no podía rendir cuentas. Es bordeando los límites precisos de la medicina tradicional y tropezando con sus imposibilidades teóricas y prácticas que la tarea psicoanalítica emerge como ruta alterna. El *cuerpo* se desplazaría a un segundo plano y el alma (la psiquis o la mente) ocuparía ahora la atención fija del analista médico. Recién entrado el siglo XX, la *neurosis* seguiría siendo una condición a tratar, una enfermedad que curar, no ya por tratamiento directo en el cuerpo sino influyendo en el espíritu del enfermo, en su mente; no ya como enfermedad fisiológica sino como psicopatología.[141] Pero no se agota aquí la extensión de la disciplina psicoanalítica, pues esta –relata Freud– no sería una ciencia auxiliar de la psicopatología, sino

---

[141] Desde entonces, la revolución psicoanalítica, que prometía un trato más *comprensivo* y *humano* con los "enfermos mentales" trajo consigo un vertiginoso ascenso de las categorías registradas como enfermedad mental. De esta racionalidad no sólo se *descubrieron* nuevos síntomas sobre los que intervenir sino que incontables modos de ser, *normales* en la vida de los sujetos, pero dolientes por aparecer saturados de cotidianidad, fueron convertidas en enfermedades mentales.

el principio de una psicología nueva y más fundamental, indispensable también para la comprensión de lo normal:

"Podemos, pues, transferir sus hipótesis y resultados a otros dominios de lo psíquico, quedándole así abiertos los caminos que conducen al interés general." [142]

La técnica de la hipnosis sería sustituida por el método de la *asociación libre*, que enseguida se convertiría en "la regla técnica fundamental" del psicoanálisis. Freud le llamaría a esta técnica terapéutica el *arte de la interpretación*. Una vez que su desarrollo hubo satisfecho, por así decirlo, "el ansia del saber analítico", se hizo objeto de su interés el problema de por qué caminos podría alcanzarse el influjo más adecuado sobre el paciente.[143] No tardó en demostrarse –apunta- que la primera tarea del médico debía ser la de ayudar al paciente a descubrir y superar luego las resistencias emergentes en él durante el tratamiento, de las cuales no tiene al principio conciencia. Y concluye que la parte capital de la labor terapéutica estaba en la superación de las resistencias y hacer posible conseguir una modificación psíquica duradera del paciente. El propósito, pues, *hacer consciente lo inconsciente*:

"...forzar al enfermo a confirmar la construcción por medio de su propio recuerdo (...) vencer las resistencias (...) el arte consistía en descubrirlas lo antes posible, mostrárselas al paciente y moverle por un influjo personal –sugestión actuante como transferencia[144]- a

---

[142] S.Freud; *Autobiografía*; op.cit., p.53.

[143] S.Freud; "Psicoanálisis y teoría de la libido" (1922); *Obras Completas* (Tomo III); op.cit., p.2671.

[144] Freud define la transferencia en los siguientes términos: -Si la tesis de que las fuerzas motrices de la producción de síntomas neuróticos son de naturaleza sexual necesitara aún de más amplia prueba, la encontraría en el hecho de que en el curso del tratamiento analítico se establece una relación afectiva especial del paciente con el médico, la cual traspasa toda medida racional, varía desde el más cariñoso abandono a la hostilidad más tenaz y toma todas sus peculiaridades de actitudes eróticas anteriores, tornadas inconscientes, del paciente. Esta transferencia, que tanto en su forma positiva como en su forma negativa entra al

hacer cesar las resistencias. (...) Conseguido esto, queda logrado el convencimiento del enfermo y el éxito terapéutico que del mismo depende."[145]

El paso más significativo en este relato genealógico de la evolución del psicoanálisis sería la adopción como "regla técnica fundamental" del procedimiento de la "asociación libre". Freud lo describe en estos términos:

"Iniciamos el tratamiento invitando al paciente a ponerse en la situación de un auto-observador atento y desapasionado, limitándose a leer la superficie de su conciencia y obligándose, en primer lugar, a una *absoluta sinceridad*, y en segundo, a no excluir de la comunicación asociación ninguna, aunque le sea desagradable comunicarla o la juzgue insensata, nimia o impertinente."

La aplicación de esta "técnica fundamental" –según Freud– demuestra de manera irrecusable que precisamente aquellas ocurrencias que provocan las objeciones mencionadas entrañan singular valor para el hallazgo de lo olvidado.[146] Esta *nueva* técnica – prosigue Freud– transformó hasta tal punto la impresión del tratamiento, creaba tan nuevas relaciones entre el enfermo y el médico y procuraba tantos resultados sorprendentes, que pareció justificado diferenciar de la catarsis, con una distinta denominación, el nuevo método así constituido:

---

servicio de la resistencia, se convierte, en manos del médico, en el medio auxiliar más poderoso del tratamiento y desempeña en el dinamismo del proceso de curación un papel de extrema importancia. (S.Freud; "Psicoanálisis y teoría de la libido; (Dos artículos de Enciclopedia)" (1922-1923); en *Obras Completas* (Tomo III); op.cit., p.2669)

[145] S.Freud; "Más allá del principio del placer"; en *Psicología de las masas*; op.cit., p.97.

[146] Sobre el tema de la práctica terapéutica y, en particular sobre el de la interpretación psicoanalítica, trataré con mayor detenimiento en la parte III y IV de este trabajo.

"En consecuencia escogí, para aquel procedimiento terapéutico, el nombre de psicoanálisis. Este psico-análisis era, en primer término, un arte de inter-pretación, y se planteaba la labor de *profundizar* el primero de los grandes descubrimientos de Breuer, o sea el de que los síntomas neuróticos eran una susti-tución plena de sentido de otros actos psíquicos omitidos."

Se trataba ahora de *utilizar* el material que procuraban las ocurrencias del paciente como si apuntara a *un sentido oculto y adivinar por él tal sentido.* La *experiencia* mostró enseguida –añade- que lo mejor y más adecuado que el médico analizador podía hacer era *abandonarse* a su propia actividad mental inconsciente, conser-vándose en un estado de atención constante; evitar en lo posible toda reflexión y toda producción de hipótesis conscientes; no querer fijar especialmente en su memoria nada de lo oído, y *aprehender* de este modo, *con su propio inconsciente*, lo inconsciente del analizado.[147] Más adelante –continúa Freud-:

"...cuando las circunstancias no eran del todo desfavorables, que las ocurrencias del enfermo iban aproximándose, como alusiones y tanteos, a un tema determinado, de manera que *nos bastaba arriesgar un solo paso para adivinar lo que a él mismo se le ocultaba y comunicárselo.*"[148]

Al arte de la interpretación psicoanalítica le sería fundamental su aplicación sobre los "actos fallidos y casuales" [149] y,

---

[147] Sobre esta técnica elabora en S.Freud; "Consejos al médico en el tratamiento psicoanalítico" (1912); en *Obras Completas* (Tomo II); op.cit., p.1654.

[148] S.Freud; "Psicoanálisis y teoría de la libido; op.cit., p.2264.

[149] Una parte fundamental del psicoanálisis es la interpretación de los actos fallidos y casuales. Según Freud, fue un triunfo para el arte del psicoanálisis *conseguir la demostración* de que ciertos actos psíquicos muy frecuentes en los sujetos normales debían equipararse a los síntomas de los neuróticos, pues en ambos casos coincidía que se trataba de un sentido ignorado por el sujeto mismo, pero que podía ser *descubierto* sin gran trabajo por la labor analítica. Entre los

104

más importante aún, sobre los "sueños"[150], pues la "labor analítica"
–sostiene Freud- ha *mostrado* que el dinamismo de la producción

---

fenómenos de este orden aparecen: el olvido temporal de palabras y nombres
perfectamente conocidos; el olvido de propósitos; las equivocaciones, tan
frecuentes en el discurso, la lectura y la escritura; la pérdida y el extravío temporal
de objetos; ciertos errores; los accidentes aparentemente casuales, y, por último,
ciertos tics o movimientos habituales hechos como sin intención y por juego, y las
melodías que se tararean sin pensar, etc. Todos estos actos, en general, según
interpretados por el psicoanálisis, se tratarían de manifestaciones intencionadas
retenidas de la persona o como consecuencia de la interferencia de dos
intenciones, una de las cuales era permanente o momentáneamente inconsciente.
Esta interpretación de los actos fallidos y casuales sería valorada por Freud como
una aportación significativa al campo de la Psicología, pues el perímetro de la
determinación psíquica quedó así ampliado y disminuido el abismo supuesto
sobre el suceder psíquico normal y el patológico. En muchos casos –añade Freud-
se logró fácil atisbo en el dinamismo de las fuerzas psíquicas que habían de
suponer detrás de tales fenómenos. Estos actos quedarían convertidos dentro del
discurso psicoanalítico en *material apropiado para aceptar la existencia de actos psíquicos*
inconscientes, es decir, en un dispositivo de verdad articulado como fundamento
empírico de la existencia de lo inconsciente. El estudio de los propios actos
fallidos y casuales, para el cual se nos ofrece a todos ocasión constante –sostiene
Freud- es todavía actualmente la mejor preparación a una penetración en el
psicoanálisis. La interpretación de los actos fallidos –concluye- ocupa en el
tratamiento analítico un puesto como *medio* para el *descubrimiento* de lo
inconsciente, al lado de la interpretación de las asociaciones libres, mucho más
importante. (S.Freud; "Psicoanálisis y teoría de la libido; op.cit., p.2664-65)

[150] Según Freud, la aplicación de la "técnica de la asociación libre" a los sueños -a
los propios o a los de los pacientes sometidos al análisis- abrió un nuevo acceso a
los abismos de la vida psíquica. En realidad *lo más y mejor que de los procesos*
desarrollados en los estratos psíquicos inconscientes sabemos nos ha sido descubierto por la
interpretación de los sueños. Esta técnica -según Freud- devuelve a los sueños la
significación de que en la antigüedad gozaron, pero procede con ellos de otro
modo, transfiriendo la labor en su mayor parte del sujeto mismo del sueño,
interrogándole sobre sus asociaciones a los distintos elementos del sueño.
Persiguiendo estas asociaciones -señala Freud- se llega al conocimiento de ideas
que corresponden por completo al sueño, pero que se dejan reconocer -hasta
cierto punto- como fragmentos plenamente comprensibles de la actividad
psíquica despierta. De este modo, al sueño recordado como contenido onírico
manifiesto se enfrentan las ideas oníricas latentes, *descubiertas por medio de la*
interpretación.

A las "ideas latentes" del sueño –añade- les damos también, por su
relación con la vida despierta, el nombre de restos diurnos. La elaboración onírica,
a la que sería equivocado atribuir un carácter "creador", las condensa de un modo
singular, las deforma por medio del desplazamiento de intensidades psíquicas y las

105

onírica es el mismo que actúa en la producción de síntomas.[151] La importancia teórica la resalta en que, como el sueño no *es* un fenómeno patológico:

"...los mecanismos psíquicos que generan los *síntomas patológicos* están ya dados en la vida psíquica normal, que la misma normatividad abarca lo normal y lo anormal y que los resultados de la investigación de los neuróticos

---

dispone para su representación en imágenes visuales. Pero, además, antes de quedar constituido el sueño manifiesto, las ideas latentes son sometidas a una elaboración secundaria que intenta dar al nuevo producto algo como *sentido y coherencia*. De esta interpretación Freud elabora la "teoría dinámica de la producción de los sueños", mediante la que se sostiene que es posible *descubrir* el dinamismo de los sueños. Esta teoría supone que la fuerza motriz de la producción de los sueños no es suministrada por las ideas latentes o restos diurnos, sino por una tendencia inconsciente, reprimida durante el día, con la que pudieron enlazarse los restos diurnos y que se procura, con el material de las ideas latentes, el cumplimiento de un deseo: *todo sueño es, por un lado, un cumplimiento de deseos de lo inconsciente*, y por otro, en cuanto consigue preservar de perturbación el estado de reposo, *un cumplimiento del deseo normal de dormir*. Prescindiendo de la aportación, inconsciente a la producción del sueño y reducido el sueño a sus ideas latentes -añade Freud- puede representar todo lo que ha ocupado a la vida despierta: una reflexión, una advertencia, un propósito, una preparación al futuro inmediato, o también la satisfacción de un deseo incumplido. Así, la singularidad y el absurdo del sueño manifiesto son, por un lado la consecuencia de la conducción de las ideas del sueño a una distinta forma expresiva, que puede ser calificada de arcaica; pero también, por otro, el efecto de una instancia restrictiva y crítica, que actúa aun durante el reposo. A partir de estas premisas Freud sostiene que no es muy aventurado suponer que esta "censura del sueño", a la que hacemos responsable, en primer lugar, de la deformación que convierte las ideas latentes en el sueño manifiesto, es una manifestación de las mismas fuerzas psíquicas que durante el día habían reprimido el impulso optativo inconsciente. (Op.cit., 2665)

[151] Aquí como allí *descubrimos* —apunta Freud- una pugna entre dos tendencias, una inconsciente, reprimida por lo demás, que tiende a lograr satisfacción -cumplimiento de deseos-, y otra repelente y represora, perteneciente probablemente al Yo; y como resultado de este conflicto hallamos un producto transaccional -el sueño, el síntoma- en el cual han encontrado ambas tendencias una expresión incompleta. (Op.cit., p.2666.)

y los dementes no pueden ser indiferentes para la comprensión de la *psique normal*."[152]

Ampliando la significación del "arte de interpretación" (matriz de gran parte de las reservas y sospechas generales que atraviesan actualmente al psicoanálisis y, a la vez, concepto clave para su difusión y dispersión) –advertía Freud-:

"...no podía, desde luego, concretarse en reglas fijas, y dejaba amplio lugar al tacto y a la habilidad del médico; pero uniendo la imparcialidad a la práctica se llegaba regularmente a resultados garantizables; esto es, a resultados que se confirmaban por su repetición en casos análogos. (...) En tiempo en los que sólo muy poco se sabía sobre lo inconsciente, sobre la estructura de las neurosis y sobre los procesos psíquicos correspondientes, tenía que ser ya satisfactorio poder servirse de una tal técnica, aun cuando no poseyera fundamentos teóricos más firmes."[153]

Ya al tiempo de la publicación de ésta genealogía celebra el progreso que en lo teórico se había experimentado por medio de esta técnica. Dentro de esta génesis evolutiva Freud destaca la importancia del *simbolismo* para la práctica de la interpretación analítica y, consecuentemente, para la teoría del psicoanálisis en general. En el estudio de la forma expresiva creada por la elaboración de los sueños –apunta- *tropezamos* con el hecho sorprendente de que ciertos objetos, actos y relaciones son representados indirectamente en el sueño por medio de "símbolos", *que el sujeto emplea sin conocer su significación*, y con respecto a los cuales no procura, generalmente, asociación ninguna:

---

[152] Coincidencia que resulta una identificación clave con la tesis que sostiene el conjunto de estas reflexiones, pues marca el paso de entrada del psicoanálisis a la dimensión de lo político sin mayores reservas, pues al traspasar las barreras clínicas y justificar teóricamente su entrada al gran escenario de lo *normal*, es decir, en la vida social, se compromete a "decir la verdad", no sólo sobre los registros de la locura, sino sobre todo cuanto tenga que ver con la vida humana en general.

[153] S.Freud; "Psicoanálisis y teoría de la libido"; op.cit., p. 2667.

"Su traducción tiene que ser llevada a cabo por el analista, el cual, a su vez, sólo *empíricamente*, por medio de inserciones experimentales en el contexto, puede hallarla."[154]

Presentado como la segunda novedad *descubierta* a través del empleo de la técnica de la "asociación libre", aparece la significación etiológica de la vida sexual, ante la cual:

"...tuvimos que rendirnos a la evidencia y reconocer que en la raíz de toda producción de síntomas existían impresiones traumáticas procedentes de la vida sexual más temprana."[155]

El "trauma sexual" *sustituyó* así al "trauma trivial", y este último –sostiene Freud- debía su significación etiológica a su "relación simbólica" o asociativa con el primero y precedente.[156] La

---

[154] De esta afirmación que supone, sin mayores pretensiones, representar la genealogía y evolución de un *descubrimiento* sobre la dinámica de la psiquis del sujeto, también encara una lectura abierta a la sospecha. Es en el modo de decir la verdad, de contar la historia, donde Freud consagra el distintivo del carácter político-ideológico del discurso psicoanalítico, de una parte haciendo aparecer al sujeto (enfermo o normal) como ajeno a lo que sucede en sí mismo y desprovisto de la capacidad de dar cuenta de sí y, dentro de un mismo movimiento, haciendo aparecer al analista-médico como el único capaz de hacerlo. Representación ésta de una relación de poder que excede los dominios terapéuticos y se extiende a los registros de la vida cotidiana, esparciendo la misma relación de poder-autoridad a las más diversas relaciones de la vida social. Tema éste que ha sido ampliamente elaborado desde distintos puntos de vista a lo largo del siglo XX y que ocupará mi atención más adentradas estas reflexiones.

[155] Según Freud, la segunda novedad surgida al sustituir la técnica hipnótica por la asociación libre fue de naturaleza clínica y se nos reveló al continuar la investigación de los sucesos traumáticos de los que parecían derivarse los síntomas histéricos. En el progresivo curso de las investigaciones se *revelaba* – añade- el encadenamiento de tales impresiones de significación etiológica y más se remontaban a la pubertad o la niñez del neurótico, adquiriendo al fin un *carácter unitario*. (Op.cit., p.2666.)

[156] Añade Freud: Dado que la investigación simultáneamente emprendida de casos de nerviosidad corriente, clasificados como de neurastenia y neurosis de angustia, procuró la conclusión de que tales perturbaciones podían ser referidas a

108

teoría de la sexualidad de Freud ha sido, desde su aparición, principio fundamental del psicoanálisis y, a la vez matriz de las más diversas críticas y resistencias.[157] Esta investigación *etiológica* –añade– llevó al psicoanálisis a ocuparse de un tema cuya existencia apenas se sospechaba antes de ella: la sexualidad infantil. El desarrollo teórico de este tema implicó significativas transformaciones en los modos como habitualmente se representaba lo sexual en la cultura occidental moderna, dando paso a una progresiva ampliación de este concepto[158] que, además de las supuestas *aportaciones* que pudiera significar al ámbito terapéutico, supondría modulaciones radicales en torno a los entendidos culturales sobre la sexualidad, abriéndose paso así a incidir sobre lo moral y lo político en la vida social *normal*.[159] El paso de la "teoría de la seducción" a la "teoría de

---

abusos actuales en la vida sexual y curadas con sólo la evitación de los mismos, no era nada aventurado deducir que las neurosis eran, en general, manifestación de perturbaciones de la vida normal: las llamadas neurosis actuales, la manifestación (químicamente facilitada) de daños presentes, y las psiconeurosis, la manifestación (psíquicamente elaborada) de daños muy pretéritos, de tal función, tan importante biológicamente y tan lamentablemente desatendida hasta entonces por la ciencia. (Op.cit., p.2666)

[157] Ninguna de las tesis del psicoanálisis –señala Freud- ha hallado tan obstinada incredulidad ni tan tenaz resistencia como esta de la magna importancia etiológica de la vida sexual para las neurosis. Pero también hemos de hacer constar que, a través de toda su evolución y hasta el día, el psicoanálisis no ha encontrado motivo alguno de retirar tal afirmación. (Op.cit., p.2667)

[158] La ciencia –afirma Freud- se había habituado a hacer comenzar la vida sexual con la pubertad y a juzgar como raros signos de precocidad y degeneración las manifestaciones de una sexualidad infantil. Pero el psicoanálisis *descubrió* una plenitud de fenómenos tan singulares como regulares, que forzaban a hacer coincidir el comienzo de la función sexual en el niño casi con el principio de su vida extrauterina. La sexualidad infantil mostraba en algunos aspectos un cuadro distinto al de los adultos y sorprendía por integrar numerosos rasgos de aquello que en los adultos es calificado de perversión. Hubo necesidad de *ampliar el concepto de lo sexual* hasta hacerle abarcar más que la tendencia a la unión de los dos sexos en el acto sexual o a la provocación de determinadas sensaciones de placer en los genitales. Pero esta ampliación quedaba recompensada por la posibilidad de comprender unitariamente la vida sexual infantil, la normal y la perversa. (Op.cit., p.2667)

[159] Un error de interpretación que Freud advierte con relación al tema de la sexualidad (atribuible sólo a ignorancia) es el de suponer que el psicoanálisis

la sexualidad infantil" es representado en este relato genealógico como parte del proceso evolutivo del psicoanálisis, donde Freud confiere un papel de mayor importancia a las *fantasías* infantiles que a la *realidad exterior*[160], mutación teórica ésta que ha sido objeto de fuertes críticas e incluso razón primordial de gran parte de las variantes dentro del discurso psicoanalítico, como veremos más adelante. La clave de la teoría de la sexualidad de Freud es el "instinto sexual", cuya manifestación en la vida anímica es denominada "libido".[161] Teoría cuya lectura crítica por parte de algunos sectores sociales, de entre los que puede sobresalir un cierto feminismo, dio lugar a significativas pugnas, rechazos y distancia-

---

espera la curación de las afecciones neuróticas de una *libre expansión* de la sexualidad. La aportación de los deseos sexuales a la conciencia –añade- hace más bien posible el *dominio* de los mismos, inalcanzable antes a causa de la represión. (Op.cit., p.2673)

[160] Mi investigación analítica –relata Freud- cayó primero en el error de sobreestimar la seducción o iniciación sexual como fuente de las manifestaciones sexuales infantiles y germen de la producción de síntomas neuróticos. La superación de este error quedó lograda al descubrir el papel extraordinario que en la vida psíquica de los neuróticos desempeñaba la *fantasía*, francamente *más decisiva para la neurosis que la realidad exterior.* (Op.cit., p.2667)

[161] El "instinto sexual" o "libido" -define Freud- se compone de instintos parciales, en los cuales puede también descomponerse de nuevo y que sólo paulatinamente van uniéndose para formar determinadas organizaciones. Fuentes de estos instintos parciales son los órganos somáticos, especialmente ciertas zonas erógenas, pero todos los procesos funcionales importantes del soma procuran también aportaciones a la libido. Los diferentes instintos parciales tienden al principio, independientemente unos de otros, a la satisfacción, pero en el curso de la evolución quedan cada vez más sintetizados y centrados. El primer estadio de la organización (pregenital) de la libido es el oral, en el cual, correlativamente al interés capital del niño de pecho, es la zona bucal la que desempeña el papel principal. A continuación viene la organización sádico-anal, en la cual resaltan especialmente el instinto parcial del sadismo y la zona anal; *la diferencia de los sexos* es representada en esta fase por la antítesis de actividad y pasividad. *El último y definitivo estadio de organización es la síntesis de la mayoría de los instintos parciales bajo la primacía de las zonas genitales.* Esta evolución se desarrolla generalmente con gran rapidez y discreción, pero partes aisladas de los instintos permanecen detenidas en los estados previos al desenlace final y producen así las fijaciones de la libido, muy importantes como disposiciones a ulteriores transgresiones de las tendencias reprimidas y que integran una determinada relación con el desarrollo ulterior de neurosis y perversiones. (Op.cit., p.2667-68)

mientos, en particular por la asociación de esta teoría con los valores patriarcales de la sociedad occidental moderna, como ya apunté en la primera parte de este trabajo y que seguirá siendo objeto de posteriores reflexiones. Paralelo a esta *evolución* teórica, aparece como matriz del discurso psicoanalítico la teoría del "complejo de Edipo", acentuando la atención del desenvolvimiento de la vida psíquica en los factores de orden interior, al que el sujeto no tiene acceso consciente y que, no obstante, determinarían gran parte de su existencia a lo largo de toda su vida.[162]

Particular interés para el conjunto de estas reflexiones tiene la "teoría de la represión" y la consecuente "teoría de la resistencia", instauradas a partir del discurso clínico pero extendida inmediatamente a la dimensión de la vida social normal, incidiendo marcadamente sobre los registros de la representación social de lo normal en general y, por consiguiente, en las más diversas prácticas culturales, en particular sobre las dimensiones de lo moral y de lo político, ya para refinar y consolidar sus dominios habituales o ya, tras ponerlos bajo sospecha, intentar derrocar sus imperios. Según Freud, la reunión de estos *conocimientos teóricos* con las *impresiones* inmediatas de la labor analítica conduce a una concepción de las neurosis, que, expuestas a grandes rasgos, sería la siguiente: Las neurosis son la expresión de conflictos entre el Yo y aquellas tendencias sexuales que el Yo encuentra incompatibles con su integridad o con sus *exigencias éticas*.[163] Las fuerzas represoras serían

---

[162] Ya en los primeros años infantiles (aproximadamente entre los dos años y los cinco) se constituye una síntesis de las tendencias sexuales, cuyo objeto es, en el niño, la madre. Esta elección de objeto, es el contenido llamado complejo de Edipo, que en todos los humanos entraña máxima importancia para la estructuración definitiva de la vida erótica. Se ha comprobado como hecho característico que el hombre normal aprende a vencer el complejo de Edipo, mientras que el neurótico permanece vinculado a él. (Op.cit., p.2668.)

[163] La teoría de la represión supone –añade Freud- que el Yo ha reprimido tales tendencias; esto es, les ha retirado su interés y les ha cerrado el acceso a la conciencia y a la descarga motora conducente a la satisfacción. En la labor analítica, el intento de hacer conscientes estos impulsos inconscientes, hace sentir estas *fuerzas represoras* en calidad de "resistencia". Pero la función de la represión falla con singular facilidad en cuanto a los instintos sexuales, cuya libido represada se crea, partiendo de lo inconsciente, retrocediendo a fases evolutivas y objetos anteriores y aprovechando las fijaciones infantiles, o sea, los puntos débiles de la evolución de la libido, para lograr acceso a la conciencia y conseguir derivación.

nombradas como resistencias, y *descubrirlas* y enseguida *superarlas*, dentro del marco terapéutico, constituirían el objeto primordial de la labor psicoanalítica[164]:

"La finalidad del tratamiento puede concretarse en procurar al sujeto, por medio de la supresión de las resistencias, la más completa unificación y el máximo robustecimiento posible de su *Yo*, ahorrarle el gasto psíquico exigido por los conflictos internos, hacer de él lo mejor que se pueda con arreglo a sus disposiciones y capacidades, y hacerlo así capaz de *rendimiento* y de *goce*."[165]

La supresión de los síntomas –añade- no es considerada como un fin especial, pero se logra *siempre*, a condición de practicar *debidamente* el análisis, como un resultado *accesorio*. Y concluye:

"El analítico *respeta* la peculiaridad del paciente, *no* procura modificarla conforme a sus propios ideales, y le es muy grato ahorrarse consejos y despertar, en cambio, la *iniciativa* del analizado."[166]

Lo que así nace es un síntoma, y, por tanto, en el fondo, una satisfacción sustitutiva sexual; pero tampoco el síntoma puede sustraerse por completo a la influencia de las fuerzas represoras del Yo y, en consecuencia, tiene que someterse -lo mismo que el sueño- a modificaciones y desplaza-mientos que hacen irreconocible su carácter de satisfacción sexual. El síntoma recibe así el carácter de un producto transaccional entre los instintos sexuales reprimidos y los instintos del Yo represores de un cumplimiento de deseos simultáneo para ambas partes, pero también para ambas igualmente incompleto. (Op.cit., p.2669)

[164] Una vez desarrollado el arte de la interpretación –relata Freud- no tardó en demostrarse que la primera tarea del médico debía ser la de ayudar al paciente a *descubrir* y *superar* luego las *resistencias* emergentes en él durante el tratamiento, de las cuales no tiene al principio conciencia. La parte capital de la labor terapéutica – añade- estaba en la superación de estas resistencias, pues sin ella se hacía imposible conseguir una modificación psíquica duradera del paciente. (Op.cit., p.2671)

[165] Op.cit., p.2672.

[166] Ídem.

Esta impresión de objetividad es de crucial importancia para las interpretaciones del discurso psicoanalítico y las variaciones que nacen de él, pues ahí donde pareciera que Freud confiesa la neutralidad política del psicoanálisis, donde el analista en apariencia se lava las manos de cualquier inclinación ideológica, aparece un sujeto autorizado a pensar por sí mismo, a hacer de la terapia una cierta práctica reflexiva sobre sí; tema en el que me detendré más adelante.[167]

Freud *reconoce* que el interés del psicoanálisis, como "ciencia de lo inconsciente psíquico" o "psicología profunda" (de los procesos anímicos sustraídos a la conciencia), no se limita a la terapia, sino que muestra interés particular por ampliar sus dominios teóricos y, como admite en otras partes, aplicarlos a "las cosas de este mundo". Aunque reitera que el dominio del psicoanálisis es relativamente restringido como el de cualquier otra disciplina científica, reconoce su potencial de expansión y aplicación a otros dominios, en particular los relacionados a las disciplinas del alma o, en sus palabras, a las "ciencias del espíritu" (psicología, psiquiatría, filosofía, la historia de la religión y de la cultura, la mitología y la literatura, etc.) El puente de enlace lo sitúa en los *descubrimientos* relacionados a la interpretación de los sueños, al *mostrar* que los mecanismos que crean los síntomas patológicos actúan también en la vida psíquica *normal*. Una de las matrices de mayor conflictividad suscitada en torno a esta gran pretensión del psicoanálisis, que será objeto de reflexión en otras partes, es identificada, por ejemplo, en el vínculo teórico-ideológico que Freud establece entre el complejo de Edipo y el orden social imperante. Sostiene Freud:

---

[167] La posición del psicoanálisis en la dimensión clínica es la de no reconocer autonomía al sujeto, pues la premisa fundamental es, según definido el objeto de la intervención clínica, que él mismo no sabe prácticamente nada o casi nada sobre sí. El conocimiento que el sujeto tiene de sí mismo es material desechable, base de arranque de las sospechas analíticas pero desechable al fin, pues es la superficie de las resistencias que deben ser vencidas y superadas con el objetivo de hacer posible el robustecimiento del Yo y el dominio sobre sus instintos. Paradoja que se abre a la sospecha de consideraciones éticas y políticas sobre la relación entre el analista (médico/juez) y el paciente (sujeto/objeto-cliente), los modos de representación producidos por el discurso psicoanalítico y sus correlativas implicaciones en el ejercicio específico de sus prácticas.

"La significación del complejo de Edipo comenzó a crecer de un modo gigantesco. Surgió la sospecha de que el orden estatal, la moral, el derecho y la religión habían surgido conjuntamente en la época primordial de la Humanidad como productos de la reacción al complejo de Edipo."[168]

Sospecha que, no obstante, formaría parte del principio ideológico-político de la teoría psicoanalítica a lo largo de toda la obra de Freud y que resultaría un dispositivo activador de incontables críticas e interpretaciones a lo largo de todo el siglo XX, como prometen seguir siéndolo recién entrado el XXI, de entre las que este trabajo forma parte. Atendiéndolas desde su primera puesta en escena, a las que Freud llama "críticas e interpretaciones erradas", se distancia de quienes esperan ilusoriamente del psicoanálisis radicales transformaciones revolucionarias en el orden de lo Social, y sostiene que:

"...es absolutamente anticientífico preguntarse si el psicoanálisis puede llegar a echar por tierra la religión, la autoridad y la moral, puesto que, como toda ciencia, no tiene nada de tendenciosa y su único propósito es aprehender exactamente un trozo de la realidad. (…) Por último, no puede parecernos más que una simpleza el temor de que los pretendidos bienes supremos de la Humanidad –la investigación, el arte, el amor y los sentimientos morales y sociales- puedan perder su valor o su dignidad porque el psicoanálisis esté en condición de mostrar su procedencia de impulsos instintivos elementales."[169]

Freud nunca define los límites posibles de la *aplicación* del psicoanálisis, y da rienda suelta a la voluntad de expandir sus dominios: "basta la observación de que su existencia no ve todavía

---

[168] Op.cit., p.2673.

[169] Ídem.

un límite."[170] Es en *su* definición del carácter científico del psicoanálisis, diferenciado de los sistemas filosóficos y psicológicos tradicionales, donde Freud traza el vértice de esta voluntad de poder, sus condiciones de preservación, continuidad evolutiva y progresiva consolidación:

"El psicoanálisis no es un sistema filosófico, que parta de unos cuantos conceptos fundamentales, precisamente definidos, intente aprehender con ellos la totalidad del universo y, una vez concluso y cerrado, no ofrezca espacio a nuevos hallazgos y mejores conocimientos. (…) Se adhiere más bien a los hechos de su campo de acción, intenta resolver los problemas más inmediatos de la observación, tantea sin dejar el apoyo de la experiencia, se considera siempre inacabado y está siempre dispuesto a rectificar o sustituir sus teorías."[171]

Nuevamente, baste la resonante observación de que su existencia, todavía, no tiene límites. Este relato en clave genealógica y evolutiva, marca más que la trayectoria histórica del devenir del discurso del psicoanálisis, una función ideológica de vital relevancia que será objeto del conjunto de las próximas reflexiones, en particular por el carácter político del mismo, es decir, por suponer en él la representación de un régimen de verdad que se reconoce sólo a sí mismo para dar cuenta de él, de sus limitaciones y posibilidades, y en cuyo movimiento de cierre se autoriza desde sí para decir la verdad última y definitiva sobre todo cuanto tiene que ver con la existencia individual y la vida social en general. Sería una ingenuidad admitir acrítica e irreflexivamente que Freud lo decía todo en estas distinciones, que se suscribía al pie de su propia letra y que se limitaba a actuar dentro de los precisos márgenes delineados en su retórica. Freud cierra filas, se atrinchera en su fortaleza teórica y alza la bandera de la identidad psicoanalítica, según sus exclusivos criterios, como señal de una voluntad de poder en pie de lucha:

---

[170] Op.cit., p.2673.

[171] Ídem.

"La hipótesis de la existencia de los procesos psíquicos inconscientes, el reconocimiento de la teoría de la resistencia y de la represión, la valoración de la sexualidad y del complejo de Edipo son los contenidos capitales del psicoanálisis y los fundamentos de su teoría, y quien no los acepta en su totalidad no debe contarse entre los psicoanalistas."[172]

Buena parte del poderío ideológico del discurso del psicoanálisis se constituye a partir de esta técnica narrativa, presentada bajo el modo de relatos históricos como representación de las condiciones de su aparición y del progresivo desenvolvimiento como joven ciencia en estado de emergencia y proceso de consolidación. Esta técnica narrativa, perteneciente a los dominios de la retórica política, como mostraré a lo largo de estas reflexiones, opera en el conjunto de los escritos de Freud como una tecnología de seducción. La articulación del contexto, del escenario y de las condiciones generales que se suponen aprehendidas en el relato, como abstraídas de lo real, constituyen enclaves tácticos dentro del orden estratégico del discurso psicoanalítico. La función ideológica de las técnicas narrativas, articuladas como tecnologías de seducción, llevan por encargo, no sólo dar cuenta objetiva de la genealogía y evolución del psicoanálisis, sino a la vez, de ganarse las simpatías del espectador, animar su imaginación a favor del primer objetivo político del psicoanálisis, que es, a todas cuentas, convertirse en referente de lo real, en régimen de verdad a partir del cual pudiera ser aprehendida la realidad objetiva de la existencia humana y comprendida plenamente con relación a la vida social.

La obra de Freud consta de un gran número de trabajos similares a este, donde elabora a manera de relato genealógico el movimiento histórico del psicoanálisis y el progresivo desenvolvimiento *evolutivo* de sus teorías. Historia ésta de la cual su vida personal es un referente indisociable, como él mismo sostiene y por cuya peculiaridad se convierte en objeto de una misma crítica su "vida personal" y su "obra intelectual". Freud elabora reiterada y consistentemente la misma historia, siempre marcada por su relación con las fuerzas interiores y exteriores que la resisten, tema

---

[172] Op.cit., p.2669.

este del que me ocuparé seguidamente. Baste, para concluir esta parte *introductoria*-referencial, integrar de otro escrito de Freud la siguiente advertencia que hace sobre la situación del psicoanálisis y su proyección futura con relación a los campos del saber reconocidos y autorizados *socialmente*:

> "...no esperéis la buena nueva de que la lucha en torno del análisis haya llegado a su fin como su reconocimiento como ciencia y su admisión en la Universidad. La lucha continúa, si bien con maneras más dolorosas."[173]

La situación del psicoanálisis, aunque en expansiva ampliación y reconocimiento, todavía, en 1933 -a menos de cinco años de la muerte de Freud- éste advierte que aquella proscripción primera del psicoanálisis por los círculos científicos subsiste todavía en el desprecio burlón de los profanos: lo cual no habría ya de sorprendernos. Además —añade- que se ha formado en la sociedad científica una especie de amortiguador entre el análisis y sus adversarios, constituido por gentes que admiten algo del psicoanálisis, si bien bajo condiciones harto regocijantes, y rechazan clamorosamente otras cosas, siendo dificilísimo adivinar en qué fundan tal selección. Probablemente en simpatías personales. Unos, repulsan la función de la sexualidad; otros, la existencia de lo inconsciente; el simbolismo, sobre todo, despierta intensa contradicción. Estos eclécticos —concluye- parecen no darse cuenta de que el edificio del psicoanálisis, si bien inacabado aún, constituye ya hoy una unidad de la que no es posible sustraer a capricho elementos aislados.[174] De ahí su firme posición de no considerar como perspectivas legítimas del psicoanálisis las que no juren lealtad incondicional a sus principios y fundamentos teóricos. A Freud le parecía, no obstante, que ante tal *ignorancia*, a veces promovida intencionalmente u otras por consideraciones razonables, sería un mejor proceder reservar sus juicios en lugar de tomar partido decididamente sobre la base de sus prejuicios, sobre todo si éstos

---

[173] S.Freud; "Nuevas lecciones introductorias al psicoanálisis" (1932-33); en *Obras Completas* (Tomo III); op.cit., p.3179.

[174] Ídem.

incidían en aumentar el desprecio al psicoanálisis. Ante los simpatizantes que aún no contaban con *preparación suficiente* para ser considerados formalmente psicoanalistas, les *sugería*:

"...lo mejor que podéis hacer es ocultar vuestros conocimientos. Y cuando no os sea posible, limitaos a decir que, por lo que sabéis, el psicoanálisis es una rama especial del saber, muy difícil de comprender y de enjuiciar, y que se ocupa de cosas muy serias, no procediendo, por lo tanto, tomarla a burla ni como tema de amena y ligera charla. (...) Y desde luego no participéis en tentativas de interpretación cuando algún imprudente relate sus sueños, ni cedáis a la tentación de favorecer la causa analítica con relatos de curaciones."[175]

En el prefacio de su inconcluso "Compendio del psicoanálisis", Freud señala el propósito del trabajo como una reunión de los principios del psicoanálisis y una confirmación, como si de *dogmas* se tratara, en una forma lo más concisa posible y expuestos en los términos más inequívocos. Enseguida añade que la intención no es, por supuesto, promover credulidad o despertar convicción. Pero de inmediato advierte:

"Las enseñanzas del psicoanálisis están basadas en un número incalculable de observaciones y *experiencia* y sólo aquél que ha repetido estas observaciones en sí mismo y en los demás está en una posición de alcanzar un juicio personal sobre ellas."[176]

Cuán conformes a estas regulaciones generales estarían quienes ante la restringida permisividad de Freud se envolverían con el psicoanálisis, es objeto de otras historias; cuán sumisos serían ante la Ley del Padre, cuán dispuestos a transgredir sus limitaciones, serían tensiones que acompañarían sus historias en cada uno de sus movimientos. Lo cierto es que ante este cuadro, como es sabido, la

---

[175] Ídem.

[176] S.Freud; "Compendio del psicoanálisis"; op.cit., p.3379.

118

gran variedad de perspectivas que atraviesan el discurso del psicoanálisis no pertenece a su exterior sino que es constitutiva del mismo; es éste un rasgo que le es propio al imaginario psicoanalítico desde sus estadios iniciales hasta los movimientos que lo entrecruzan, lo mueven y lo sostienen, todavía recién entrado el siglo XXI.

De las resistencias al psicoanálisis

La historia inicial del psicoanálisis, o por lo menos la singular versión que de ella ofrece Freud, es la historia de una razón maldita, calumniada y difamada por detractores de prestigio y autoridad para hacerlo y que, entre injuriosos comentarios y maliciosas insinuaciones, edificaron inmensas paredes de intolerancia.[177] El psicoanálisis, desde su nacimiento, según relata el propio Freud, en un artículo publicado en 1925, no fue bien recibido,[178] aunque el pretendido empeño por *obstaculizarlo* no logró detener efectivamente su progresivo desenvolvimiento. Más bien, pienso que Freud supo a bien servirse de ello; que una buena parte de su fama reside en la puesta en escena del psicoanálisis como *saber* víctima de una época de intolerancias ortodoxas, irónicamente en el mundo de la ciencia y la medicina, del progreso, la modernidad y la civilización humana. Su genial dominio del arte de la retórica, bien aprehendida de los *maestros* clásicos, le facilitó recursos para esta tarea. A todas cuentas bien sabía que la existencia de un adversario fuerte ha sido siempre condición imprescindible de su propia

---

[177] Ernest Jones relata extensamente este periodo, donde se fraguaron radicales oposiciones a la psicoanalítica freudiana en los más diversos espacios de la vida intelectual, académica y profesional. Según Jones, "Freud y sus partidarios eran considerados entonces no sólo pervertidos sexuales, sino psicópatas, obsesivos o paranoicos". El estilo de las críticas por parte de sus adversarios –añade- obvió las "buenas maneras" y "el sentido de decencia". Entre ellas destacan las acusaciones y calificativos de "dañino", "peligroso", "superfluo", "inmoral", "místico", "vulgar", "falsas generalizaciones", "palabrería sin sentido", "forma moderna de brujería" hasta "masturbación mental". (E.Jones; *Vida y obra de Sigmund Freud*; op.cit., pp. 388-402)

[178] S.Freud; "Las resistencias contra el psicoanálisis"; *Esquemas del psicoanálisis y otros escritos de doctrina psicoanalítica*; Biblioteca Freud, *Alianza* Editorial, Madrid, 1999; p.347.

existencia, de su identidad, de su autoridad. Sus dominios siempre debían aparecer amenazados bajo asecho de destrucción de algún poderoso enemigo, ya fuera para ganar simpatías y fuerzas aliadas, o ya para justificar su armamento, sus defensas y envestidas...

La ciencia, eternamente incompleta e insuficiente, está destinada a perseguir su fortuna en nuevos descubrimientos y en nuevas concepciones –insistía Freud a sus detractores-.[179] Comprendía, sin embargo, que ésta, para evitar el engaño fácil le convenía armarse de escepticismo y rechazar toda innovación que antes no hubiera soportado su riguroso examen. No obstante, advertía enseguida que este escepticismo de la ciencia, mientras se oponía con violencia a la novedad recién nacida, protegía respetuosamente lo que ya conocía y aceptaba, conformándose con reprobar aun antes de haber investigado.[180] Esto era, si no motivo de molestia para Freud, pretexto, no de resignación sino de contraataque. Ante estas resistencias Freud arremetía advirtiendo:

"Todos sabemos cuán frecuentemente en la historia de la investigación científica las innovaciones fueron recibidas con intensa y pertinaz resistencia, revelando la evolución ulterior que ésta era injusta, y aquellas, valiosas e importantes."[181]

Tras un decenio de completo desdén –relata Freud- la nueva concepción de la vida psíquica del psicoanálisis se convirtió de pronto en objeto de interés público[182], y al mismo tiempo

---

[179] Op.cit., p.346.

[180] Ídem.

[181] Ídem. En el prólogo de la segunda edición de *La interpretación de los sueños*, casi diez años después de su publicación en 1900, Freud emplaza el desentendimiento de los psiquiatras y de los filósofos de profesión, por haber condenado su obra al silencio. En S.Freud; *La interpretación de los sueños*, Biblioteca de Grandes Pensadores, Barcelona, 2002.

[182] Según relata Freud todas las condenaciones oficiales no fueron bastantes para detener el crecimiento interno y la difusión externa del psicoanálisis, el cual, (después de apenas una década recién entrado el siglo XX), traspasó las fronteras de Europa y se hizo especialmente popular en los Estados Unidos. (S.Freud;

desencadenó una tempestad de indignada reprobación. Las resistencias contra el psicoanálisis no se aproximaban a disminuir – auguraba Freud- pues sus *enemigos* no habían logrado aún suprimir su movimiento. Freud no estaba sólo y contaba, con ánimo combativo, con que en el porvenir no lo estaría.[183] Recién entrado el siglo XXI, puede reconocerse que su augurio fue, sin duda, realizado, aunque tal vez –como advierte Chawki Azouri- las resistencias no han cambiado prácticamente nada.[184]

Desde su *nacimiento* durante la primera década del siglo XX también gozaba de simpatías y complicidades. Según relata Freud, desde su nacimiento (y por obra suya), el psicoanálisis halló numerosos seguidores de importancia, que animados por diligente afán, tanto médicos como profanos, lo ejercían como procedimiento terapéutico para los enfermos nerviosos, como método de investigación psicológica y como recurso auxiliar de la labor científica en los más diversos campos del espíritu.[185] Hoy ya hay quienes afirman que las ideas del psicoanálisis revolucionaron los modos de representación modernos, marcando y atravesando radicalmente los modos de pensarse a sí misma la cultura occidental, erigiéndose como paradigma dominante a través del cual *entendemos* la psiquis humana; *nuestra* vida anímica, *emocional.* Hoy se afirma que el psicoanálisis es una doctrina para entender la realidad psíquica, una teoría acerca de la mente humana, una concepción profunda de la vida psíquica, un instrumento teórico de investigación y análisis de la misma; un método terapéutico para los problemas anímicos; un recurso liberador de la sexualidad y hasta una condición imprescindible para el proyecto emancipador de la

---

"Psicoanálisis y teoría de la libido" (1922); *Obras Completas* (Tomo III); op.cit., p.2670.

[183] "El psicoanálisis, cuyo representante único fui hace veinte años, halló desde entonces numerosos seguidores de importancia, animados por diligente afán, tanto médicos como profanos, que lo ejercen como procedimiento terapéutico para los enfermos nerviosos, como método de investigación psicológica y como recurso auxiliar de la labor científica en los más diversos campos del espíritu." (S.Freud; "Las resistencias contra el psicoanálisis"; op.cit., p.347)

[184] C.Azouri; *El psicoanálisis,* Editorial *Acento,* Madrid, 1998.

[185] S.Freud; "Las resistencias contra el psicoanálisis"; op.cit., p.347.

humanidad. Pero también se le acusa de no tratarse más que de una suerte de religión, con sus textos sagrados, sus iglesias y autoridades, sus discípulos que difunden el evangelio psicoanalítico (la "buena nueva"), sus promesas de salvación y sus pretensiones respecto de la verdad.[186] Incluso entre sus críticos –según Ivan Ward- hay quienes afirman que Freud fue el único capaz de estampar en el mundo su propia neurosis y remodelar a la humanidad a su imagen y semejanza.[187] En su *Introducción al Psicoanálisis* (1967), David Stafford-Clark[188] (promotor incondicional de la obra de Freud), cita un texto de Roland Dalbiez (1941), donde se condensa una fuerte crítica, más que a la estructura jerárquica del movimiento psicoanalítico, a las relaciones de poder y sus respectivas prácticas de autoridad que lo caracterizarían desde sus estadios iniciales:

> "...convertido en un culto, más que en una disciplina científica. Posee su literatura canónica, sus apócrifos, sus ortodoxias y heterodoxias, sus inquisidores y su sucesión apostólica. Los psicoanalistas ortodoxos se ven obligados a someter su voluntad y su razón a una disciplina tan austera como los miembros de una orden religiosa. Así ocurre que los psicoanalistas habitan un estrecho mundo propio, propenso a aislarse a todo sistema de pensamiento ajeno a ellos. Por ejemplo, tienen dificultad en creer que todavía existen innumerables miles de personas instruidas que todavía no se hallan familiarizados con la teoría y práctica del psicoanálisis. Si se les dijera que existen un gran número de personas que poseen amplios conocimientos del psicoanálisis y se ven incapaces de aceptar sus dogmas, dirían que tales personas son intelectual-

---

[186] I.Ward; *Psicoanálisis para principiantes*; Editorial *Era Naciente: Documentos Ilustrados*; Buenos Aires, 2001; p.23.

[187] Ídem.

[188] D.Stafford-Clark; *Introducción al psicoanálisis*; Editorial *LAIA*, Barcelona, 1974.

122

mente deshonestas o que deben ser analizadas a fin de superar su propia resistencia psíquica."[189]

No obstante las severas críticas, razonables y sinceras en ocasiones, o fundadas en viejos prejuicios e intolerancias en otras, ya desde principios del siglo XX el psicoanálisis empezaba a expandir sus dominios y a consolidarse internacionalmente. Recién entrado el siglo XXI, podríamos decir que en términos generales el psicoanálisis goza de todos los privilegios que le confiere su condición de relativa indefinición; la relativa ambigüedad epistémica que caracteriza su género, por ejemplo, cuando no amplía su margen de juego (facilitando desplazamientos tácticos, mudanzas a conveniencia o esquivos de riesgos desagradables, insoportables o intolerables), al menos le *libera* de las encerronas estructurales del discurso *científico* moderno, aunque paradójicamente insista en representarse a sí mismo como formal disciplina científica; de metodología rígida y de saber certero, como si se tratase de una suerte de voluntad dogmática; de una confesada ortodoxia psicoanalítica. Lo que no puede negarse, sin embargo, es que las múltiples lecturas o *interpretaciones* que puedan darse sobre el psicoanálisis no se deben a la voluntad de su padre, quien procuró en todo momento condensarlo en una unidad fija de sentido, en una disciplina de identidad propia y sin problema de su parte para ser reconocida con nombre propio y asimismo honrada por el prestigio de su descendencia. Recuérdese que para Freud, los pilares maestros de la teoría psicoanalítica debían ser aceptados sin reserva o excusa alguna, y quienes así no lo admitiesen no deberían ser considerados entre los psicoanalistas. [190]

Los dogmas de la disciplina ya estaban consagrados por voluntad del Padre, la ortodoxia psicoanalítica ya había establecido

---

[189] R.Dalbiez; *Psychoanalytical Method and the Doctrine of Freud*, según citado en D.Stafford-Clark; *Introducción al psicoanálisis*; op.cit., p. 231.

[190] Recuérdese el texto citado anteriormente que lee: "La hipótesis de la existencia de procesos psíquicos inconscientes, el reconocimiento de la teoría de la resistencia y la represión, la valoración de la sexualidad y del complejo de Edipo son los contenidos capitales del psicoanálisis y los fundamentos de su teoría, y quien no los acepte en su totalidad no debe contarse entre los psicoanalíticos."(S.Freud; "Psicoanálisis y teoría de la libido" (1922); *Obras completas* (Tomo III); op.cit., p.2669)

con fuerza de Ley los dominios de su reino y advertido su intolerancia con los *desviados*, desleales e infieles, con los traidores, los conspiradores o demás herejes.[191] Pero ya antes de la muerte de Freud, en 1939, las *discusiones* sobre el psicoanálisis entre diversos sectores intelectuales y profesionales aumentaban progresivamente, según advertía él mismo y luego los relatores que le relevaron. Entre ellas las simpatías y complicidades, pero también las diferencias y resistencias.[192] En este contexto la identidad rígida que procuraba su progenitor para la disciplina psicoanalítica comenzaba a disolverse y a expandirse sin control sobre las formas que pudiera adoptar al paso de sus propios movimientos, contingentes e imprecisos por demás. Ya desde finales de la década de los cincuenta se advertía los riesgos y consecuencias de esta progresiva *popularización* del psico-análisis que, sin centro de poder regulador, daría paso a ser, virtualmente, cualquier cosa. Repitiendo las palabras de Freud, en 1958, Theodore Reik advertía:

---

[191] Relata Freud, por ejemplo, que entre 1911 al 1913 se desviaron del psico-análisis dos ramificaciones, manifiestamente tendientes a mitigar lo que en ella constituía piedra de escándalo. S.Freud; "Psicoanálisis y teoría de la libido" (1922); *Obras completas* (Tomo III); op.cit., p.2670) Una de ellas, la de Carl G. Jung, que intentaba dar satisfacción a aspiraciones éticas, despojó al complejo de Edipo de su valor real por medio de una transmutación simbólica, etc. La otra la de Alfred Adler, a cuya diferencia dedica mayor atención en su *Autobiografía*, así como en su *Historia del movimiento psicoanalítico*. En esta última obra citada Freud advierte, a propósito de su ruptura con Adler: "Hay en la Tierra sitio para todos, y nada puede oponerse a quienes quieran y puedan vagar con ella con plena indepen-dencia. En cambio, no es agradable seguir viviendo bajo un mismo techo con gentes con las cuales no nos entendemos y a las que no podemos aguantar." (S.Freud; "Historia del movimiento psicoanalítico" (1914); en *Autobiografía*; op.cit, p.131)

[192] La centralidad de lo sexual dentro del discurso psicoanalítico ha dado paso a la activación de múltiples resistencias. Freud da cuenta de ello: "Sé, naturalmente, que nuestro reconocimiento de la sexualidad constituye el principal motivo – confesado o no- de la hostilidad contra el análisis. Pero estas circunstancias no puede inducirnos a error, mostrándonos tan sólo cuán neurótica es nuestra sociedad civilizada, ya que sujetos aparentemente normales se conducen como enfermos nerviosos." (S.Freud; S.Freud; "La cuestión del análisis profano" (1926); en *Esquemas del psicoanálisis y otros escritos de doctrina psicoanalítica*; Alianza Editorial, Madrid, 1999; p.282)

"Everybody who had studied psychoanalysis thoroughly has, of course, the right to criticise the opinions of Freud. Nobody has the right to distort and misrepresent them. (...) The misconceptions and distortions, the falsifications and misrepresentations to which psychoanalysis was subjected in its popularisation threaten to transform the magnificent house that Freud build into a stable..."[193]

Mientras algunos seguidores de la doctrina psicoanalítica se enfrascaban en hacer permanecer intacta la voluntad puritana del Padre, es decir, de mantener la teoría psicoanalítica al pie de su letra y procurar su progresiva expansión sin alteraciones cualitativas o esenciales, otros filtraban sus propias ilusiones e intereses a través de ella, ya fuera al precio de modificarla y ajustarla sin reserva alguna o ya al modo de defender la tradición dogmática de sus convicciones *originales*. Louis Althusser –por ejemplo-, haciéndose eco de las advertencias de Lacan, hace una pasada de balance sobre la situación histórica del psicoanálisis a mediados de la década de los sesenta y, a la vez, previene de las corrientes que lo empujaban con mayor fuerza hacia las afueras de las ilusiones políticas emancipadoras imaginadas y anheladas para su porvenir:

"La Razón Occidental (razón jurídica, religiosa, moral y política, tanto como científica) después de tantos años de desconocimiento, desprecio e injurias, sólo se aviene a concluir un pacto de coexistencia pacífica con el psicoanálisis a condición de anexionarlo a sus propias ciencias o mitos, a la psicología (conductista, fenomenológica o existencialista), a la sociología (culturalista o antropológica), a la biología (...) o a la filosofía. Los psicoanalistas suscriben estas confusiones, esta mitificación del psicoanálisis, que pasa a ser una disciplina con reconocimiento oficial a precio de alianzas-compromisos sellados con linajes de adopción *imaginarios* pero con poderes muy reales,

---

[193] T.Reik; Prefacio a Fodor, N y F.Gainor (Eds.); *Freud: Dictionary of Psychoanalysis*; Editorial *Premiere Books*; New York, 1965.

demasiado satisfechos de poder abandonar por fin su *ghetto* teórico, de verse "reconocidos" como miembros de pleno derecho de la gran familia de la psicología, la neurología, la psiquiatría, la medicina, la sociología, la antropología o la filosofía; demasiado satisfechos de haber conseguido estampar sobre su triunfo práctico la etiqueta de este reconocimiento "teórico" que, después de tantas décadas de injurias y exilio, les confiere pleno derecho de ciudadanía en el mundo de la ciencia, la medicina y la filosofía. (...) No se han percatado de que tal acuerdo es un arma de dos filos, y han creído que el mundo se rendía ante sus razones cuando, en realidad son ellos los que han claudicado ante las razones de este mundo, prefiriendo sus honores a sus injurias."[194]

Aunque Freud continuamente advertía el carácter *evolutivo* de la teoría psicoanalítica e insistía en su continua depuración teórica a partir de la práctica[195] (aunque con severas reservas, que paradójicamente hacían parecer inmutable el cuerpo psicoanalítico construido por él mismo), Althusser *reconoce* ciertos *conceptos equívocos* en su teoría, pues este –advierte- se vio constreñido a pensar su *descubrimiento* por medio de conceptos teóricos preexistentes y, por tanto, elaborados para servir fines muy distintos.[196] Mas no por ello –añade- se debe rechazar el trabajo teórico sino reconocer que éste se iría depurando en razón de los nuevos conocimientos *producidos* por su práctica teórica. Insistía Freud a sus detractores:

---

[194] L.Althusser; "Freud y Lacan"; *Posiciones*; Editorial *Grijalbo*, México, 1977; pp.18-19.

[195] Tan sólo aquellos crédulos que piden a la ciencia un sustitutivo de abandonado catecismo –denuncia Freud- podrán reprochar al investigador el desarrollo o modificación de sus opiniones. (S.Freud; "Más allá del principio del placer"; en *Psicología de las masas*; op.cit., p.143)

[196] L.Althusser; "Freud y Lacan"; op.cit., p.10.

126

"La ciencia, eternamente incompleta e insuficiente, está destinada a perseguir su fortuna en nuevos descubrimientos y en nuevas concepciones..."[197]

Sin embargo, aunque es esta la grieta dentro del discurso psicoanalítico por donde se fugarían incesantemente las lealtades a otros reinos y por donde, a la vez, se filtrarían nuevas miradas que consolidarían y expandirían progresivamente sus dominios (aunque fuese al precio de difuminar casi por entero su identidad mas fuerte –como veremos más adelante-), las disciplinas científicas de más alto prestigio, en la época de Freud, seguían oponiendo gran resistencia a aceptar al psicoanálisis como parte de sus camadas, no sólo por cuestiones políticas sino por el hecho de "no cumplir" los estrictos requisitos del discurso científico dominante...

Pacto de sangre con la diosa Ciencia

Se debe advertir que las resistencias al psicoanálisis no eran fortuitas, ni estaban enraizadas simplemente en prejuicios morales, intolerancias políticas o en posiciones ortodoxas de las elites acomodadas entre los saberes reinantes. A Freud le interesaba que el psicoanálisis fuera admitido dentro de los círculos de poder de la ciencia, pues gran parte de sus pretensiones residían en su autoridad, en su carácter legitimador y en su prestigio. Sin embargo, dado el carácter abstracto del material psicoanalítico, el modelo de ciencia positivista, predominante en la época, no aceptaba lugar a lo que estimaba meras especulaciones, fascinaciones imaginarias, formulaciones místicas, esoterismos, etc. Pero la ciencia es la fuerza que autoriza existencia a un modo de conocimiento, legitima un saber como verdadero; es el estigma de poder imprescindible para darse a reconocer a la altura de sus aspiraciones y a la distancia de sus profundos deseos. Freud no vaciló nunca en referir su obra en propiedad como ciencia, pues la teoría psicoanalítica misma –afirmaba- daba cuenta de los motivos inconscientes de las reservas que tenían los científicos reconocidos en admitir entrada a su reino y conferir rango de autoridad al discurso del psicoanálisis:

---

[197] S.Freud; "Las resistencias contra el psicoanálisis"; op.cit., p.347.

"La teoría psicoanalítica explica perfectamente el obstáculo principal a la comprensión de la nueva disciplina en el hecho de que sus adversarios se negaban a ver en ella otra cosa que un producto de mi fantasía especulativa..."[198]

La disciplina psicoanalítica emergente procuró desenmarañarse de todo cuanto entorpeciera sus movimientos. Tenía intenciones expresas de consolidarse y voluntad de establecerse fijamente como tecnología de poder, es decir, como discurso científico reconocido como tal y autorizado a ejercer las funciones de su encargo: decir la verdad sobre el sujeto. Su nacimiento se dio precisamente en el lugar de una ruptura, de un divorcio, de una emancipación. Como toda joven ciencia (o todo saber con pretensiones de serlo) en su estadio inicial, procuró establecer alianzas (aunque no pactadas) con otros reinos del saber científico (ya admitidos como tales). Pero simultáneamente requirió para sí distanciarse radical y progresivamente de los estorbos del lenguaje común, incluyendo los términos que alguna vez tomó prestados a otros registros.[199] El psicoanálisis participa tardíamente, pues, del proceso colonizador de un gran imperio global: la Ciencia. Pero, si así fue en sus inicios, no fue por voluntad propia sino por condiciones que le son, al parecer, irremediables a todo proceso de *formación* teórica de un "nuevo conocimiento".

La ciencia del psicoanálisis, como requerimiento de sí misma y para sí, exige romper gradualmente con las relaciones heredadas de otras tradiciones de pensamiento y despojarse de su relación inicial de dependencia; filtrarlas a partir de sus propios

---

[198] S.Freud; *Autobiografía*; op.cit., p.55.

[199] Esta distinción, imprescindible para liberar al discurso científico de las limitaciones del lenguaje de uso común, supone además varias otras razones. Entre ellas, reconocer que el objeto de análisis no puede ser abordado bajo los mismos códigos de significación de uso popular pues éstos están, cuando poco, excesivamente cargados de prejuicios, de equívocos heredados de la costumbre y la tradición, de ficciones absurdas, de manías y obstinaciones y terquedades, de temores, de creencias alucinantes, hábitos, rituales, y demás arbitrariedades, convenciones o preferencias culturales. Supone, pues, reconocer los límites del lenguaje de uso cotidiano, pero a la vez *saber* que es sólo a partir del mismo que les es posible construir su discurso.

criterios y juicios; depurar su herencia bastarda hasta convertirse a sí misma en pura sangre. Llegada la ocasión podrá ser a su vez padre que la engendró y madre de su propio parto. Romperá radicalmente con los malos hábitos heredados o impuestos por las tradiciones de pensamiento que le precedieron, para dar paso a un significado alternativo que se ajuste a las exigencias de su discurso, es decir, de su objeto: el ser humano (bajo el modo de lo inconsciente.) Ya fortalecido su cuerpo y su identidad fijada, comienza a romper con sus viejas ataduras y, saldadas las deudas por lo que tenía prestado de otras ciencias, reclama su autonomía, exige independencia y enseguida proclama derecho de expansión imperial hacia *nuevas* fronteras. Su tarea inmediata: desmitificar los fundamentos sobre los que la humanidad ha montado sus creencias en el porvenir, sus instituciones, su cultura, su civilización; penetrar la realidad con la labor científica y demostrar que gran parte de las esperanzas de la humanidad no son más que ilusiones, calificando de ilusiones las creencias que aparecen engendradas por el impulso a la satisfacción de un deseo, prescindiendo de su relación con la realidad, del mismo modo que la ilusión prescinde de toda garantía real[200]; en fin, desilusionar[201]:

"No, nuestra ciencia no es una ilusión. En cambio, sí lo sería creer que podemos obtener en otra parte cualquiera lo que ella no nos puede dar."[202]

Así, bajo el orden imperial de la Ciencia, un nuevo reinado nació como promesa de cumplir eso que todos los que antecedieron a su existencia también habían prometido: *conocer* al Hombre: *comprender* sus penas y dolores y luego el espíritu de sus pensa-

---

[200] S.Freud; "El porvenir de una ilusión"; op.cit., p.175.

[201] Lo que no quiere decir -como suelen interpretar algunos críticos moralistas de la modernidad- que se trate de una postura pesimista o fatalista, sino todo lo contrario. El interés por el mundo y por la vida no tiene por qué disminuir si se erradican las *ilusiones* sino que, -según Freud- a través de la tarea científica y la penetración en la realidad se permitiría ampliar el poder sobre el mundo y dar sentido y equilibrio a nuestra vida. (S.Freud; "El porvenir de una ilusión"; op.cit., p.200)

[202] S.Freud; "El porvenir de una ilusión"; op.cit., p.202.

mientos y sus más profundos anhelos; para luego *predecir* sus acciones y enseguida *controlar* sus movimientos; en fin, como todas las demás, dominarlo bajo el modo de conocerlo. Así, hija adoptiva y renegada de la metafísica y de la biología, princesa privilegiada en el reinado de la psicología; hermanastra de la sociología, de la economía y la política, de la historia y la antropología, de todas las ciencias *blandas*, del arte de la retórica y de la filosofía clásica, nace al fin el psicoanálisis. Ya por saldo de derecho propio o ya por resulta de su pertinaz terquedad, obstinación u obsesión compulsiva, la disciplina psicoanalítica adviene a formar parte integral del poderío cultural del discurso de las ciencias del alma, disciplinas del espíritu.

Uno de los puntos de mayor resistencia al psicoanálisis venía precisamente de la clase médica. La orientación *científica* del psicoanálisis -denunciaba Freud- no podía agradar a la generación médica de entonces,[203] educada en el sentido de la valoración exclusiva de los factores anatómicos, físicos y químicos, sin estar preparada para apreciar lo psíquico, de modo que lo enfrentaron con diferencia y aversión. Esa generación –añade-:

> "...consideraba nebulosas, fantásticas y místicas las abstracciones del tipo que la psicología debe por fuerza utilizar; en cuanto a los fenómenos enigmáticos que podrían convertirse en punto de partida para la investigación, simplemente les negaba todo crédito."[204]

Pero lo que da mayor motivo para sospechar es que al parecer poco importaba que en verdad no supieran con entera certeza qué era eso del psicoanálisis, pero lo criticarían tanto como lo defenderían con uñas y dientes por lo que pudiera ser.[205] Sabido

---

[203] S.Freud; "Las resistencias contra el psicoanálisis"; op.cit., p.347.

[204] Op.cit., p.348.

[205] Esta reiterada alusión de Freud a las resistencias de la clase médica aparecen cuestionadas recientemente en el trabajo de Louis Breger, quien sostiene que Freud no estaba aislado porque la profesión médica le diera la espalda. Reconoce, por supuesto, que hubo grandes críticas y reservas significativas, algunas legítimas, otras prejuiciadas y otras despectivas, pero la representación de éstas como resistencias significativas al psicoanálisis es una exageración

es, por letra orgullosa del propio Freud, que sin grandes reservas lo utilizaban como técnica experimental para *curar* a sus pacientes. Lo que sabemos, sin embargo, es que toda la historia de la ciencia y de la medicina ha estado atravesada por estafadores y charlatanes, por personajes sin escrúpulos, irresponsables y que incluso, con los mayores auspicios de los gobiernos, de las instituciones académicas o de las empresas privadas, han pasado por tratamiento médico, por sabiduría científica... o psicoanálisis.

En su *Autobiografía*[206], publicada en 1925, Freud relata que el tratamiento tradicional de los síntomas nerviosos no sólo era ineficaz sino que estaba montado a partir de *arbitrarias fantasías*. No obstante el esfuerzo por *demostrarlo*, las autoridades médicas persistían en rechazar sus *innovaciones* (como el *descubrimiento* de la histeria masculina y la producción de parálisis internas por medio de la *sugestión*.) Tras un periodo de rechazos y desilusiones decidió retirarse en absoluto de la vida académica, pero reconocía que, a fin de cuentas, el saldo general de esa ruptura -según relata- aunque fue un proceso doloroso, le ayudó a *liberarse* de un resto de su *ingenua fe en las autoridades*...

Hasta aquí en ninguna parte Freud compromete explícitamente la práctica psicoanalítica con algún proyecto político revolucionario que trascienda la inmediatez de la clínica y la relación entre el *paciente* y el *médico*.[207] De seguro, nada parecido a instigar al sujeto para que, ya *curado*, se animara a transformar con determinación las condiciones sociales que hicieron miserable su existencia y *lo* enfermaron, como insistiera el psicoanálisis en clave marxista, por ejemplo. Por voluntad del padre el psicoanalista estaría recluido dentro de su consultorio privado, dedicado

---

deliberada, una distorsión que falsea la verdad. (L.Breger; *Freud: el genio y sus sombras*; op.cit., pp.120; 203.)

[206] S.Freud; "Autobiografía"; *Autobiografía*; Alianza Editorial, Madrid, 2001; pp.16-18.

[207] En otro escrito, publicado en 1918, Freud describe el propósito del psicoanálisis: "Hemos formulado nuestra labor médica determinando en que consiste en revelar al enfermo neurótico sus tendencias reprimidas inconscientes, y descubrir con este fin las resistencias que en él se oponen a semejante ampliación de su conocimiento de sí mismo..." (S.Freud; "Los caminos de la terapia psicoanalítica" (1918); en *Obras Completas* (Tomo III); op.cit., p.2457)

exclusivamente a su paciente "de diván", consagrando su práctica, no a discutir cómo alterar las condiciones del mundo que empujan al paciente a su miseria, sino a interpretar los modos como éste se *enferma* por incomodidad con él. Este tema no se agota, por supuesto, con esta conclusión. Pues sabido es que ciertamente, en la práctica, el psicoanálisis traspasa sus fronteras clínicas y se entromete formalmente en los más diversos ámbitos de la vida social-normal, incidiendo e incluso marcando determinadamente los registros de representación de lo real, de lo histórico y de lo cultural, de la relación entre el Sujeto y el mundo *exterior* que es, a la vez, constitutivo y constituido con relación a él.

Antes de entrar de lleno a este complejo espacio donde converge y se disuelve el psicoanálisis con lo político, me parece pertinente detenerme brevemente a *mirar* en qué términos se da en la actualidad la continuidad del discurso psicoanalítico esgrimido por Freud, en particular cómo sus seguidores más fieles asumen la cuestión de las resistencias al psicoanálisis, advertidas desde su nacimiento y extendidas y prolongadas a lo largo del siglo XX...

Herencias freudianas: resistencias y ortodoxia

No ha habido tiempos en el devenir del psicoanálisis que su propio desenvolvimiento teórico no represente propiamente una problemática de índole política. Los desplazamientos y trans-formaciones operados al interior de su campo discursivo (teórico y práctico), en fin, las múltiples interpretaciones de lo que ha sido objeto, han traído consigo fuertes confrontaciones que, lejos de llevarlo a un sitial estable y consensuado sobre su significación última y sus posibles sentidos, sitúa todo cuanto pueda ser referido al psicoanálisis en un territorio teórica y prácticamente movedizo, escurridizo, espectral y, sobre todo, hostil. Por lo menos desde mediados del siglo XX subían al escenario cultural pugnas interpretativas que reclamaban, cada una, desde sí y para sí, ser el enclave representacional de la verdadera esencia de la psicoanalítica freudiana y en sus haberes encarnaban, ciertamente, las más profundas reservas, "confusiones" y "errores" que el propio Freud ya había advertido desde los inicios del psicoanálisis.[208] Ya a finales de la última década del siglo XX, Catherine Desprats-Péquignot, siguiendo la línea dura del "retorno a Freud", sostiene que:

> "El psicoanálisis está experimentando una amplia difusión, aunque por ello mismo, queda diluido de muchas maneras: numerosas prácticas y su teorización apenas si mantienen otra relación con el psicoanálisis, tal como Freud lo definió, que el invocar su nombre."[209]

Para quienes se suscriben a esta tradición, referida a la obra de Jaques Lacan[210], el psicoanálisis no puede ser sino freudiano. En este trabajo, más que psicoanalítico, trata sobre el psicoanálisis, y pasa balance sobre la historia de sus movimientos, destacando el valor fundamental de la obra de Freud y denunciando las desviaciones que se han disociado de su programa teórico-práctico *original*. Su trabajo es representativo del consecuente esfuerzo histórico por *depurar* al psicoanálisis de las perversiones libertinas y de *falsos* profetas, que se hacen llamar psicoanalistas cuando en realidad son otra cosa, menos psicoanalistas. Compartiendo la

---

[208] A mi entender (aunque guardo serias distancias que no tocaré por el momento), la crítica más representativa de estas mutaciones discursivas (teóricas y prácticas), aparece en la obra de Herbert Marcuse, para quien la práctica teórica de Freud pertenece al registro de la filosofía y, desde esta perspectiva, destaca críticamente las tendencias de los "revisionismos neofreudianos" a desvincular la primacía biológica que caracteriza su práctica teórica y a sustituir sus enclaves medulares por perspectivas que priman lo teórico y lo filosófico desde consideraciones sociológicas o culturales contrarias al enfoque privilegiado de Freud, deslizando el énfasis –por ejemplo- del organismo a la personalidad, de los cimientos *materiales* (teoría de los instintos, de la libido, de la sexualidad) a los valores ideales. Justificado esto, tal vez en el orden inmediato de la práctica clínica, mas reprochable en lo concerniente al ámbito de la estructura teórica. La crítica más fuerte es, quizá, a la conversión y reducción de problemas de índole eminentemente psíquico en cuestiones de índole ético o moral. (Ver H.Marcuse; *Eros y Civilización*; Ed. *Ariel*, Barcelona, 2002)

[209] C.Desprats-Péquignot; *El psicoanálisis*; Editorial *Alianza*; Madrid, 1997; p.7.

[210] Para referencia sobre J.Lacan ver su obra en *Escritos*, Editorial *Siglo XXI* y *Seminarios*, Editorial *Paidós*.

crítica de Jean Laplanche (1990) -eco de las ideas de Lacan-
denuncia que en el mundo psicoanalítico "ya no se concibe que la
experiencia pueda impregnar la teoría, que la teoría sea ella misma
experiencia, que haya una práctica teórica." La teoría –añade- está
más bien desautorizada bajo el influjo del empirismo-clínico. En
este contexto, la mayor parte de los terapeutas que dicen seguir al
psicoanálisis (como garantía de seriedad), lo hacen sin conocer ni
suscribir los postulados que lo fundan, los principios que rigen su
práctica, las exigencias de formación que necesitan.[211] Situación ésta
que incide en la *crisis* del psicoanálisis, recogida en parte en esta cita
de Laplanche:

> "Una gran parte del mundo analítico está desamarrada
> de la teoría (...) la práctica está en crisis en el nivel de
> sus principios (...). El psicoanálisis está en crisis, a fin
> de cuentas, por aquellos que lo practican, pues se sabe
> que actualmente cualquiera se improvisa como
> psicoanalista."[212]

De modo coincidente, en una entrevista al psicoanalista
español Pere Béa Torras, éste sostiene que:

> "Quizá la amenaza más grande para el psicoanálisis (...)
> es la difusión excesiva e indiscriminada que se ha hecho
> del término, y la gran cantidad de praxis y prácticas
> técnicas diferentes que pretenden seguir con la idea del
> psicoanálisis cuando muchas desconocen aspectos
> fundamentales del mismo."[213]

Según añade, el psicoanálisis no ha podido evitar ser
utilizado desde toda clase de tendencias y orientaciones, lo que

---

[211] C.Desprats-Péquignot; *El psicoanálisis*; op.cit., p.133.

[212] Op.cit., p.135.

[213] Entrevista publicada en J.R.Casafont; *El lector de... Sigmund Freud*; Editorial
Océano; Barcelona, 2001; pp.185-88.

redunda en un desprestigio y en una dificultad de limitar el uso del nombre y el control de calidad de la tarea realizada:

"Puede ser que una práctica rigurosa de la profesión acabe por tener que encontrar otra denominación, ya que el término "psicoanálisis" acabará por diluirse entre prácticas diferentes y contradictorias que poco tiene que ver con un procedimiento científico."[214]

Según esta tradición de corte ortodoxo, tal como advertía Freud, nadie puede llamarse psicoanalista si no admite lo que funda el psicoanálisis y justifica la práctica llamada psicoanalítica. Posición de resistencia ésta que daría lugar desde siempre a incontables enfrentamientos, incluso entre los propios psicoanalistas que se autonominan freudianos. Ante esta situación Desprats sostiene que el corpus freudiano en tal o cual de sus desarrollos, que la idea de la cura, etc., da lugar a discusiones entre analistas, a veces vivas, a matizaciones, a formas diferentes de formular los términos, es otra cuestión.[215] Lo fundamental para quienes se inscriben a la tradición lacaniana es "reconocer" y "recordar" que el psicoanálisis como práctica es indisociable de la teoría freudiana.[216] Pero ¿qué es lo que se debe "recordar"? ¿Qué se debe "reconocer"? ¿Qué funda el psicoanálisis? ¿Qué justifica la práctica psicoanalítica?

Paradójicamente, es en la referencia al trabajo teórico de Freud donde aparecen los vértices de la diversificación incontenible del psicoanálisis, de eso que para la ortodoxia freudiana de alguna manera lo desprestigia, lo diluye, lo pone en condición de crisis. Y es que, pienso, fuera de las posturas cerradas que Freud asumió ante todo cuanto calificaba de resistencia a sus doctrinas, o más bien, dentro de la propia cualidad reflexiva que atribuyó y reconoció como imprescindible a la práctica teórica, las suertes de la

---

[214] Ídem. Siguiendo este lineamiento, Catherine Desprats apunta que ciertas variaciones que aún suelen aparecer como psicoanalíticas en realidad no lo son, precisamente porque no se basan en los fundamentos prescritos por Freud. Por ejemplo, las variaciones de Carl Jung reciben el nombre de psicología analítica; y las de Alfred Adler de psicología individual.

[215] C.Desprats-Péquignot; *El Psicoanálisis*; op.cit., p.135.

[216] Op.cit, p.134.

dispersión estaban echadas a correr; lejos de inclinarse hacia un proceso de consolidación unitaria, sería el destino inevitable y anunciado como tal del psicoanálisis. La ilusión de retornar a Freud, de *volver* al tiempo del "nuevo comienzo", al entonces cuando apareció la experiencia iniciática, esa experiencia originaria del sentido que Freud quiso consagrar al psicoanálisis, se trocaría en el acto en ilusión inútil, infructuosa, en desilusión, precisamente porque el cuerpo del psicoanálisis no es un cuerpo humano y nació para permanecer desmembrado, inidentificado. Según Catherine Desprats, la obra de Freud:

> "Constituyen un cuerpo teórico que no forma sistema, sino que permanece abierto, inquiridor, al no poder ser desgajado de una experiencia siempre singular como es, para cada analista, su experiencia de analizante, su práctica y su esfuerzo de teorización de ésta, de cada caso en análisis."[217]

En estas palabras, enraizadas en las palabras de Freud, se expresa una encerrona cíclica del discurso analítico, en cuanto prima la experiencia clínica como condición de lo teórico. Dos obstáculos iniciales se presentan de inmediato: uno, que reduce todo fundamento teórico a la base de una experiencia clínica, es decir, a la experiencia a partir de la práctica terapéutica. No obstante, la teoría psicoanalítica no se limita a darse exclusiva-mente dentro del marco clínico. De hecho, no es ni siquiera el dominio privilegiado del interés del propio Freud. Según Desprats cita a Freud:

> "...el porvenir juzgará que la importancia del psico-análisis como ciencia de lo inconsciente desborda ampliamente su importancia terapéutica."[218]

Presagio éste que, sin lugar a dudas, daría lugar a una incontenible expansión, no exenta de reproches, como veremos ya en otra parte. Lo que intereso poner al relieve bajo el modo de una

---

[217] Op.cit., p.9.

[218] Op.cit., p.8

paradoja que atraviesa y constituye irremediablemente el imaginario psicoanalítico es precisamente la imposibilidad a la que se enfrenta cualquier intento por depurar el discurso psicoanalítico, irrespectivamente de las motivaciones que induzcan tal intento. Desprats, aunque comparte la ilusión, o más bien la posición política de un psicoanálisis freudiano inmune a los vaivenes del devenir, ensancha la brecha de esta imposibilidad que el propio Freud ya había abierto en su momento:

> "El *corpus* freudiano no puede ser tomado como un todo: el psicoanálisis no es una suma de soluciones estáticas, sino un conjunto de problemas tanto clínicos como teóricos o metodológicos que Freud fue capaz de plantear y que plantean, más tarde, los que se han esforzado en retomarlos y volverlos a reconsiderar."[219]

Habría que distinguir, no obstante, de una interpretación hermenéutica del discurso freudiano y lo que a partir de los textos se distancia, ya en el ámbito de lo teórico o ya en su aplicación práctica en sentido clínico. En tal caso, reconocería que el trabajo de Desprats cumple todos los requerimientos al respecto. A todas cuentas, no se trata sino de limitar la creatividad teórica y suscribirse a los textos originales, reproducirlos expositivamente. La experiencia psicoanalítica sería siempre una réplica de la *experiencia* según Freud alguna vez determinó. A todas cuentas:

> "Las concepciones teóricas de lo que él pretende ciencia, adquiridas mediante un método que quiere que sea igualmente científico, son indisociables de la práctica."[220]

Y como él mismo advertía, según citado por Desprats, son siempre las cuestiones clínicas las que vuelven a cuestionar las proposiciones teóricas previamente establecidas. Y asimismo, en una carta que le escribe a su amigo Fliess en 1900:

---

[219] Op.cit., p.9.

[220] Ídem.

"Ningún crítico es más capaz que yo en darse claramente cuenta de la desproporción que existe entre los problemas y la solución que yo les doy."[221]

El psicoanálisis como ciencia sería una ciencia muerta si no fuera, precisamente, por el carácter indómito de sus fundamentos esenciales... más allá de las ataduras ideológicas de sus más fieles seguidores, o simplemente de sus particulares conveniencias. Pero no intereso simplemente identificar las contradicciones de sus seguidores, ni siquiera reprochar a quienes insisten en mantener cautivo el discurso psicoanalítico dentro de las blancas paredes de una profesión o una disciplina, sino de poner al relieve eso que el propio Freud decía y que, aún sin pretenderlo de este modo, dejaría la puerta abierta para entrar y salir sin *carnet* de identidad o juramento de incondicionalidad. Este espacio de apertura puede identificarse en los textos citados por Desprats:

> "Lo que caracteriza al psicoanálisis como ciencia no es tanto la materia sobre la que trabaja cuanto la técnica que en ello se emplea. Es posible, sin violentar su naturaleza, aplicarla tanto a la historia de la civilización, a la ciencia de las religiones y a la mitología como a la teoría de la neurosis. Su única meta y su sola contribución consisten en descubrir lo inconsciente en la vida psíquica."[222]

Pero, ¿en qué poner énfasis para interpretar esta cita? Ciertamente, a partir de lo que intereso en este escrito, poco importa que pueda interpretarse como que la condición de aplicación de la teoría psicoanalítica es la técnica y que la técnica se limita al sentido definido por Freud hace casi cien años. Sobre todo cuando el psicoanálisis se reconoce a sí mismo como un saber que trasciende las fronteras de la inmediatez clínica y que en realidad el propio Freud nunca se limitó a "descubrir lo inconsciente en la vida psíquica", sino que pretendía consistentemente incidir en los modos

---

[221] S.Freud (1900), citado en C.Desprats-Péquignot; op.cit., p.10.

[222] S.Freud (1916), citado en C.Desprats-Péquignot; op.cit., p.10.

de representación de la vida social, política y cultural. Y es que la aplicación de la técnica psicoanalítica a las más diversas prácticas sociales, es decir, la aplicación de su teoría más allá de la función terapéutica, trasciende los límites prescritos en el orden de una separación ideológica, no sólo entre la teoría y la práctica (superada por la tradición psicoanalítica freudiana), sino entre lo teórico y lo político. Es en la relación indisoluble entre el saber y el poder donde lo teórico se troca en político...

Teniendo en cuenta estas consideraciones, quisiera detenerme nuevamente en la cuestión del retorno a Freud. En esta convocatoria, permanentemente abierta desde la década de los cincuenta, la noción de *experiencia* juega un papel decisivo sobre el que estimo pertinente asumir distancia crítica. Según Desprats, Lacan, haciendo una crítica a la práctica de la interpretación analítica que no se inscribe en los términos prescritos por Freud, invita a *volver* al sentido de la experiencia freudiana, con el fin de "resituar la práctica en el lugar que le corresponde." [223] Con mayor exactitud, este *retorno* se trataría en esencia de *volver* a situar en el corazón de la *experiencia* lo mismo que puso al fundador del psicoanálisis en el camino de éste; la palabra del paciente, único *médium* del psicoanálisis; dar su *pleno sentido* a sus conceptos, es decir, a la experiencia misma, reconociendo la dimensión del *lenguaje* en que se despliegan[224], la de la transferencia en la que se elaboran; volver, en fin, "al sentido de la experiencia de Freud."[225] A todas cuentas, Desprats-Sequignot resuelve que es inútil lamentar la pérdida del sentido de la labor analítica, pues su sentido aún no ha sido reconocido.[226] Enseguida sale al paso a las resistencias que

---

[223] C.Desprats-Péquignot; op.cit., p.132.

[224] Freud no limita el concepto de lenguaje a los términos de la lingüística, pues para el psicoanálisis se debe entender el lenguaje no sólo como la expresión de pensamientos en palabras, sino también el lenguaje de los gestos y todo otro tipo de expresiones de actividades psíquicas. Se puede, de hecho, tener por válido que las interpretaciones del psicoanálisis son, sobre todo, traducciones de un modo de expresión que nos es extraño a uno familiar a nuestro pensamiento. (S.Freud, según citado en J.Habermas; *Conocimiento e interés*; Ed. *Taurus*; Madrid, 1982; p.219)

[225] C.Desprats-Péquignot; op.cit., p.135.

permanecen asechando al psicoanálisis tras la acusación de tratarse de una encerrona teórica, inmutable ante el devenir de sus propias historias, intocable para profanos y prohibitiva de toda creatividad (o experiencia) que trastoque sus cimientos fundacionales:

> "Sin embargo, si la práctica analítica no se puede reducir a la mera aplicación de medios técnicos reglamentados, que sirvieran objetivamente y de una vez por todas para cada análisis (cosa que algunos sostienen), si impulsa la actividad teórica del analista llevándolo a formulaciones que pueden ser particulares de él, no es menos cierto que la práctica y su técnica permanecen basadas en el método psicoanalítico y son indisociables de los conceptos fundamentales de la teoría freudiana, cimientos sobre el que se construyen desde Freud las elaboraciones y los cuestionamientos que proponen tal o cual analista. (...) Por ello, del mismo modo que el 'trabajo de intérprete' del analista no se puede disociar de la palabra del paciente, que está y debe seguir estando en el corazón de la experiencia analítica, así la práctica no se puede disociar de los conceptos fundantes en los que se apoya, que la explican y que ella misma cuestiona y pone a prueba, singularmente con cada analizante."[227]

El repertorio de interrogantes que se abren a la luz de estas afirmaciones es, sin duda, matriz de las pugnas que atraviesan y constituyen actualmente el imaginario psicoanalítico y que son, a la vez, los límites y aperturas de su horizonte teórico y político. Una relación paradojal es constitutiva del discurso arraigado en la tradición más ortodoxa del psicoanálisis, incluso me atrevería a afirmar que esta paradoja es, en esencia, para su suerte o contra ella,

---

[226] Y añade: "La dimensión subjetiva, singular de la experiencia psicoanalítica es y sólo puede ser lo que impulsa de manera privilegiada, primero para Freud y después para cada analista, la teorización, su puesta a prueba en la práctica y su reconsideración posterior." (Ídem)

[227] Op.cit., p.136.

insuperable. Dentro de este campo discursivo el psicoanálisis aparece, aún cuando se insista en negarlo, como un campo teórico cerrado, terminado. Esto se representa en una actitud arrogante ante la existencia humana, que es su objeto de análisis y cuyo cuerpo es, en esencia, inaprehensible en términos absolutos y definitivos, irreducible a teorías de pretensiones omnicomprensivas. A todas cuentas, pienso que de cierta manera esta afirmación aparece entrecruzada implícitamente en los escritos del propio Freud, como veremos a lo largo de estas reflexiones. Lo cierto es que el saldo de estas pociones ortodoxas, precisamente cuando son más fieles a su propio discurso, no pueden menos que aceptar la posibilidad de que siempre que se cuestione lo teórico, que se ponga a prueba su valor a partir de la propia experiencia analítica (singular y subjetiva), pueden salir a flote contradicciones insuperables que no sólo den al traste con los fundamentos freudianos, sino que hasta los derrumben para siempre. De lo contrario, ¿dónde anclar la referencia al carácter reflexivo y crítico desde donde el propio Freud soporta el conjunto de sus elucidaciones teóricas? No habría -*siguiendo* la postura ortodoxa- que hacer otra cosa sino suscribirse a Freud, aplicarlo, ponerlo a prueba y evidenciarlo, sostenerlo, perpetuarlo. Y no cualquiera, sino quien esté certificado como analista, y jurado incondicionalidad bajo su bandera. Habría que creer en su palabra, con la fe intacta, inmune a las reservas de la duda reflexiva, como la de un creyente religioso, de un fanático que sabe al pie de la letra la palabra de Dios y hasta el más mínimo suspiro de duda lo convierte en hereje. Además, la reflexión crítica no puede limitarse a los términos demarcados por la teoría ya aceptada, sino que debe dirigirse sobre ella misma, sobre sus propios fundamentos, sobre sus propias creencias, sus mitos, sus principios, su verdad. De lo contrario se trataría de una hermenéutica políticamente ingenua, como si la palabra escrita representara por sí misma el límite absoluto de lo que dice; interpretar como expresión literal de una razón pura, cerrada a los abismos de la duda, protegida de las discontinuidades de su historicidad... no habría lectura entre líneas, pues entre líneas no está lo que dice en verdad... cierra el paso, paradójicamente, a la posibilidad de interpretación, pues si el sentido está dado de antemano y en definitiva sólo resta aplicar, no interpretar. Entonces, ¿dónde se traza el límite definitivo del arte de la interpretación? Paradójicamente, la hermenéutica psicoanalítica, como veremos más adelante, se torna revolucionaria en el momento en que sobre los límites de cada interpretación se abre a un "nuevo comienzo". Ahí la posibilidad de la ética, en su carácter de reflexibilidad; es decir, en el repensarse a sí misma a partir del reconocimiento de su condición *mortal.* Tema éste que, como ya he anunciado, seguirá atravesando el conjunto de estas reflexiones...

Siguiendo la línea de mis sospechas, vale advertir también el carácter dudoso de la constante alusión a "la experiencia" como fundamento indubitable de la verdad del psicoanálisis. La *experiencia* es un signo de ambigüedad insuperable, limitable al registro teórico sólo como signo de una arbitrariedad política. Precisamente, dentro de los límites del discurso ortodoxo, porque no reconoce como experiencia eso que pueda contradecir o desautorizar la teoría psicoanalítica, sino como "resistencia" a *vencer.* La *experiencia* como criterio de verdad no es sino la fachada hipócrita[228] de neutralidad ante el objeto, ante el sujeto analizado, ante su palabra. Es ilusión de objetividad de las ciencias positivistas, pues el material de *la* experiencia es siempre un material objetivable, trocable en texto a descifrar, en cosa aprehensible, en sentido. Hacer alusión a la *experiencia* singular y subjetiva, antes que autorizar la aplicación de la teoría, autoriza ponerla en duda en todo momento...

"La palabra del paciente como único *médium* del psicoanálisis": es este otro fundamento de la arbitrariedad de la ortodoxia analítica. La palabra por sí sola no dice nada, o más bien se deja decir a partir de ella prácticamente cualquier cosa. En realidad poco importa la palabra del paciente por sí sola: el psicoanalista la *interpretará* siempre arbitrariamente, es decir, de acuerdo a las leyes de sus propias teorías.[229] De lo contrario, ¿cómo

---

[228] Valga subrayar el sentido que Freud reconoce en el calificativo de hipócrita, en tanto que se pretende ser más de lo que en realidad se puede *ser* y se cree ser más de lo que en verdad se *es...*

[229] Arbitrariedad en el sentido de que no hay un referente más allá de la autoridad misma que se reconoce desde sí y para sí en la propia teoría psicoanalítica como autoridad para dar sentido con relación a sus propios términos. El objeto, en este caso la palabra, no guarda relación de reciprocidad entre el significante y el significado, por lo que todo acto de interpretación supone, pues, la imposición arbitraria de esa reciprocidad. Relación a la que se suma la atribución particular de

dar cuenta que a partir de *una misma* teoría puedan darse múltiples *interpretaciones*, incluso con relación a un mismo caso, en virtud de las mismas palabras? Aquí el signo de una imposibilidad: paradoja irresoluble para quien no reconozca los límites de toda teoría sobre el alma humana, incluso sobre su superficie inmediata, que es la que se manifiesta a través de la palabra. Lo demás pertenece al registro de una ilusión mística, de una metafísica de la que el analista es partícipe: cree en ella, en la teoría, en su verdad, y ese es el fundamento de toda su autoridad interpretativa. Tema éste que trabajaré con mayor detenimiento en la próxima parte de este trabajo. Baste, por el momento, dejar abierta la sospecha sobre los términos del poder de la teoría psicoanalítica, reconocer que es posible que esté más limitada de lo que presume tanto como que su potencial puede extenderse, incluso más allá de los límites que desde su propio discurso admite o reconoce...

Finalizado el siglo XX y pasando balance sobre el devenir del movimiento psicoanalítico en general, Jaques Derrida, quien comparte expresamente, aunque con muy precisas reservas, la ilusión en el potencial emancipador del discurso psicoanalítico, en una conferencia dirigida a los Estados Generales del psicoanálisis advierte que el mundo, el proceso de globalización, tal como va, con todas sus consecuencias –políticas, sociales, económicas, jurídicas, etcétera- sin duda, hoy resiste al psicoanálisis[230]:

"Resiste de manera desigual y difícil de analizar. Opone al psicoanálisis, particularmente –además de un modelo de ciencia positiva, hasta positivista, cognitivista, fisicalista, psicofarmacológica, genetista, a veces también el academismo de una hermenéutica espiritualista, religiosa o llanamente filosófica, incluso también, ya que todo esto no se excluye, instituciones, conceptos y prácticas arcaicas de la ética, de lo jurídico y de lo político que parecen todavía dominadas por una

---

un sentido con relación a los términos de la teoría, lo que maximiza el carácter arbitrario de todo proceso de significación.

[230] J.Derrida; *Estados de ánimo del psicoanálisis: lo imposible más allá de la soberana crueldad* (Conferencia pronunciada ante los Estados generales del Psicoanálisis el 10 de julio de 2000 en la Sorbona, París); Editorial *Paidós*, Barcelona, 2001.

cierta lógica, es decir, por una cierta metafísica ontoteológica de la *soberanía* (autonomía y omnipotencia del sujeto –individual o estatal- libertad, voluntad, egológica, intencionalidad consciente, si quieren, el Yo, el ideal del Yo, el Super-Yo, etcétera.) (…) …estos modelos positivistas o espiritualistas, estos axiomas metafísicos de la ética, del derecho y de la política, todavía no han sido rozados, mucho menos deconstruidos por la revolución psicoanalítica. Resistirán mucho tiempo; en verdad, están hechos para resistir."[231]

Y aunque me inclino a coincidir con gran parte de su advertencia, ha sido más bien sobre la pretendida potencia generalizadora del discurso psicoanalítico, extensivo sobre toda la vida humana *normal*, que he interesado hasta ahora centrar particular atención. Principalmente, y manteniendo consistentemente la sospecha que dio paso a este escrito, por el efecto ideológico que ejerce desde el momento en que ha sido extendido y absorbido por el lenguaje común, tanto en los registros de profesiones médicas, académicas, o intelectuales como en el orden centrífugo de las más diversas prácticas representacionales de la vida social cotidiana. Es en este sentido que he sospechado que de la posibilidad de "transferir sus hipótesis y resultados a otros dominios" para *comprender* lo *normal* se abre un espacio para el ejercicio de un modo muy específico del poder cultural *normalizador*, similar a las disciplinas del alma que le precedieron y que hoy, aunque encontradas entre relaciones irreconciliables, comparten coincidencias innegables en el orden ideológico de sus complicidades políticas. La práctica clínica, en la que ocuparé particular atención en la parte siguiente, sin duda ha jugado, desde sus inicios, un papel medular en el devenir de este poder ideológico-político, cultural… normalizador…

---

[231] Op.cit., pp.18-20.

Parte III

Del arte de la *interpretación* psicoanalítica a la (des)ilusión clínica

"Cuando a alguien no lo aqueja nada,
la mejor manera de curarlo consiste en decirle
la enfermedad que tiene."
Karl Kraus

Parte III

Del arte de la *interpretación* psicoanalítica a la (des)ilusión clínica

"Sólo estudiando lo morboso
se llega a comprender lo normal."[232]
S.Freud

"En el futuro, probablemente,
se adjudicará una importancia mucho mayor al psicoanálisis
como ciencia de lo inconsciente
que como procedimiento terapéutico."[233]
S.Freud

Pienso que es precisamente ahí, en la puesta en práctica clínica de la teoría psicoanalítica, donde ésta se materializa con mayor propiedad como enclave ideológico del poderío normalizador de la cultura moderna. Sabido es que eso que sucede en el contexto clínico -según lo relata Freud y posteriormente sus herederos y seguidores- ha dado lugar a infinidad de intrigas y sospechas, quizá porque ha sido *representado* como una suerte de extraño enigma, cuya resolución pertenece al dominio exclusivo de la *experiencia* analítica (que es la autoridad privilegiada del analista) o quizá porque las dudas nacen, por lo general, de las propias resistencias, prejuiciadas o no, siempre partícipes de toda suerte de *interpretación*; es decir, activadas, movidas y sostenidas por las posiciones de cada intérprete, ya desde las cautelas del escepticismo, desde las prudencias y reservas del espíritu crítico o desde las ingenuidades políticas de la credulidad pasiva o la fe incondicional a otros registros del *saber*. Pero, ¿cómo representa Freud estas *resistencias*? ¿Qué valor tiene para el discurso psicoanalítico la práctica clínica? ¿Puede acaso prescindir el psicoanálisis de ella? A todas cuentas, ¿en qué consiste la terapia psicoanalítica? ¿A qué objetivos responde? ¿Cuáles son sus limitaciones? ¿Cuáles sus posibilidades? ¿Cuáles sus imposibilidades? ¿Cuáles son sus

---

[232] S.Freud; "Psicoterapia (Tratamiento por el espíritu)" (1905); en *Obras Completas* (Tomo I); op.cit., p.1014.

[233] S.Freud; "Psicoanálisis: Escuela Freudiana" (1926); en *Obras Completas* (Tomo III); op.cit., p.2905.

implicaciones con respecto al poderío normalizador de la cultura moderna? ¿Qué prácticas de dominación social reproduce en su seno? ¿Cuáles, si acaso, se trastocan a partir de ésta?

Debo advertir antes que no intereso demostrar el carácter ideológico del discurso científico de Freud, sino acentuar los modos como éste, mediante el discurso científico, construye todo un poder que se revela en su efecto ideológico, bajo un modo particular de verdad que, a su vez, supone una representación de lo real con efectos muy concretos sobre el sujeto que la asimila, la interioriza, la sabe real o la cree verdadera. Perfilaré estas próximas reflexiones acentuando, pues, la característica *circular* del poder normalizador del discurso psicoanalítico en el contexto de la práctica clínica, según expuesta por Freud...

La (im)posibilidad del auto-análisis

Antes de dar paso de lleno al tema que ocupará esta parte, me parece pertinente abrir un paréntesis donde dar cuenta del tránsito histórico hacia la consolidación de los principios fundamentales del psicoanálisis, en particular, de la práctica clínica. Durante finales de 1897 Freud decidió practicarse sobre sí el psicoanálisis, para comprobar por experiencia propia sus propias teorías.[234] Como ya apunté en la primera parte, de algún modo ha habido relatos biográficos que han representado esta experiencia reflexiva de manera dramática, convirtiéndola en una suerte de hipérbole de su compromiso con la ciencia.[235] En una carta fechada para esa época,

---

[234] En una carta a Fliess, Freud apunta sus motivos, entre los cuales vale mencionar: la progresiva incredulidad en los neuróticos, los continuos desengaños en su interés de llevar el análisis a una verdadera conclusión; las deserciones de pacientes estimados como los más favorables; la falta de los éxitos completos, que tenía motivo para esperar; la imposibilidad de explicarse los resultados parciales, entre otros vinculados directamente a los aspectos de aparente incompatibilidad práctica con la teoría. (Ver S.Freud; "Carta a Fliess (Viena, 21.9.97)"; *Obras Completas* (Tomo III); op.cit., p.3578)

[235] Contrario a esta dramatización biográfica, Freud describe su ánimo inquisitivo como efecto de una labor intelectual y no como una depresión existencial: "Si yo me sintiera deprimido, confuso y agotado, bien podrían interpretarse como signos de debilidad; pero como me encuentro justamente en el estado contrario, debo admitirlas como resultado de un trabajo intelectual sincero y enérgico, pudiendo

Freud describía a un amigo los interines y vaivenes del proceso, (donde también se quejaba del exceso de tiempo libre que tenía y de las noches de aburrimiento) concluyéndole en una ocasión, que ser absolutamente sincero consigo mismo es un buen ejercicio.[236] Razón ésta para pensar que, además de un frío y calculador interés científico, también incidía como parte condensada en una misma experiencia el ánimo de motivo muy personal, omitido, negado y hasta incluso mal visto por las racionalidades objetivistas del discurso científico tradicional. Tema éste que trataré más adelante en esta parte del trabajo.

Prefiero distanciarme y diferir de la representación dramática del biógrafo citado, pues pienso que el aislamiento es esencial para dar poder de vuelo libre a la imaginación teórica, como a cualquier otra tarea o creación artística. La presencia de algún otro, si bien puede resultar productiva y deseable en ocasiones, también es siempre una cadena que ata a la tierra con demasiado peso para soltarse y echar vuelo. Según el propio Freud:

"Por lo que respecta a la producción intelectual, está (...) demostrado que las grandes creaciones del pensamiento, los descubrimientos capitales y las soluciones decisivas de grandes problemas no son posibles sino al individuo aislado que labora en soledad."[237]

Por mi parte, pienso que de todos modos la soledad no significa ausencia absoluta del Otro, pues sus fantasmas siempre están presentes de alguna manera, en la memoria y la escritura, en el recuerdo, en la molestia, en la inspiración, en la intimidación, en las influencias de las lecturas, en el ánimo y sus reversos, en el respeto y su ausencia, en la esperanza, en el hastío... La ilusión de soledad es condición esencial de la potencia creativa de la imaginación, del pensamiento crítico y reflexivo; quizá como ilusión de libertad, si es

---

sentirme orgulloso de ser todavía capaz de ejercer semejante autocrítica..." (S.Freud; "Carta a Fliess (Viena, 21.9.97)"; op.cit., p.3579)

[236] S.Freud; "Carta a Fliess (Viena, 15.10.97)"; en *Obras Completas* (Tomo III); op.cit., p.3584.

[237] S.Freud; *Psicología de las masas* (1921); Alianza Editorial, Barcelona, 2000; p.20.

acaso que se aísla uno mismo y voluntariamente; si no se recluye en una prisión por fuerza externa, ajena al ánimo del retiro... En la soledad, en fin, el Otro siempre está presente...

Pero la imaginación atada a una voluntad cientificista está irremediablemente condenada a dirigir la reflexión sobre uno mismo, el auto-análisis, por un camino ya trazado de antemano, lo que de cierto modo anula lo que de reflexivo pudiera tener el análisis sobre sí mismo. Además, si se guarda con valor y ánimo la honestidad reflexiva, muy poco probable es que se *descubra* en uno mismo la estructura de lo inconsciente o las leyes que rigen la propia vida anímica. La noción misma pertenece a un registro del lenguaje que se impone *desde afuera* y se adapta arbitrariamente con arreglo a la voluntad de darle orden de ley, sentido y coherencia al presente por un pasado, más que fragmentado, disperso en la memoria y en gran parte perdido irremediablemente en las zonas inaprensibles e irrecuperables del Olvido.[238] Aunque Freud no admitiría esto sino como una resistencia manifiesta, durante el periodo que dedicó al auto-análisis, en 1897, escribió una carta a su amigo Fliess donde le decía:

"Sólo puedo analizarme a mí mismo mediante las nociones adquiridas objetivamente (como si fuera un extraño); el auto-análisis es, en realidad, imposible, pues de lo contrario no existiría la enfermedad."[239]

Pero al parecer era una costumbre formal del estilo de la retórica de Freud demarcar las limitaciones de su trabajo teórico y advertirlas entre las líneas de sus investigaciones generales, tal vez como exige formalmente la ética científica moderna. Sin embargo, era ávido participe de sus pretensiones generalizadoras y no vacilaba en erigir con rango de ley todo cuanto le apeteciera conveniente,

---

[238] Para la teoría psicoanalítica en la vida psíquica la preservación de lo pretérito es la regla y no la excepción. En el vida psíquica -sostiene Freud- nada de lo una vez formado puede desaparecer jamás; todo se conserva de alguna manera y puede volver a surgir en circunstancias favorables. (S.Freud; *El malestar en la cultura*; op.cit., pp.13;16.)

[239] S.Freud; Carta a Fliess (Viena, 14.11.97); op.cit., p.3591.

sobre todo si llevaba la firma de autoridad de su propia *experiencia*. Así apareció, a manera de descubrimiento, uno de los postulados fundamentales del discurso psicoanalítico: el complejo de Edipo. Freud escribió a su amigo sobre los *adelantos* del auto-análisis:

"Se me ha ocurrido sólo una idea de valor general. También en mí comprobé el amor por la madre y los celos contra el padre, al punto que los considero ahora como un fenómeno general de la temprana infancia..."[240]

De ahí da paso a afirmar que el mito griego de *Edipo rey* retoma una compulsión del destino que todos respetamos "porque percibimos su existencia en nosotros mismos." El mismo fundamento lo identificaría en los análisis realizados sobre relatos de la Historia, la Mitología y en las obras literarias de mayor *reconocimiento* en la Cultura Occidental. Esta *lógica* del fundamento psicoanalítico fue enseguida aplicada, por ejemplo, a la obra *Hamlet*:

"No me refiero a las intenciones conscientes de Shakespeare, sino que prefiero suponer que fue un suceso real el que lo impulsó a la presentación de su tema, merced a que su propio inconsciente comprendía el inconsciente de su protagonista."[241]

Ahora no sólo generalizaría esta gran suposición psico-analítica sino que la misma se convertiría en fundamento irreducible de la práctica clínica, consagrado bajo el registro de la Teoría-Ley, tras la publicación y posterior acogida de *La interpretación de los sueños*.[242] Las resistencias al análisis en el contexto clínico serían,

---

[240] S.Freud; Carta a Fliess (Viena, 15.10.97); op.cit., p.3584.

[241] Ídem.

[242] Varios años antes de esta publicación ya Freud anunciaba el lugar fundacional que asignaría al sueño en el orden del discurso psicoanalítico, irrespectivamente de las inconsistencias teóricas. En una carta a Fliess, durante su proceso de auto-análisis, Freud escribe: "Mi auto-análisis, que considero imprescindible para aclarar todo este problema, ha continuado en mis sueños durante los últimos cuatro días, suministrándome las conclusiones y las pruebas más valiosas..."

desde entonces, vinculadas de raíz a la infancia y ésta, mediante la "ciencia de la interpretación psicoanalítica", enraizada en lo que llamaría el complejo de Edipo, según *demostrado* por *su* propia experiencia. El propósito de la terapia: vencer las fuerzas que ocultan esta realidad interior y, en fin, *hacer consciente lo inconsciente.*[243]

La ilusión clínica

> "It is the fate of all of us, perhaps,
> to direct our first sexual impulse toward our mother
> and our first hatred and our first murderous wish against our father.
> Our dreams convince us that that is so."
> *S.Freud*

En Freud es la práctica clínica del psicoanálisis el soporte singular y preciso del discurso psicoanalítico, eje de su legitimidad, matriz irreducible de su poder. Construida con la misma fortaleza impenetrable de la *ética* médica, tras la promesa de guardar celosamente la intimidad compartida pos sus pacientes, el psicoanálisis se cuida de la resistencia que más amenazante podría resultarle: la mirada ajena del Otro. La publicación de los *textos* tiene su función asignada, llevan por encargo objetivos específicos: decir con prudencia política la verdad del psicoanálisis; la voluntad que lo mueve, el interés que lo sostiene, su historia, su teoría, su técnica, su metodología, en fin, todo lo que puede ser expuesto con arreglo a la mirada del Otro, del *intérprete* extraño, extranjero, enemigo potencial antes que una potencia amiga.

Pero es en la práctica clínica del psicoanálisis donde se guardan los secretos más íntimos, no los de los pacientes sino los que se entierran detrás de ellos en el silencio prudente del analista; entre los síntomas manifiestos de la clientela enferma, más acá de sus sueños, muy adentro de sus ilusiones. Sabido es que gran parte de las resistencias al psicoanálisis, intelectuales o afectivas,

---

(S.Freud; "Carta a Fliess (Viena, 13.10.97)"; op.cit., p.3580.) En 1920, afirma: "El estudio del sueño debe ser considerado como el camino más seguro para la investigación de los más profundos procesos anímicos." S.Freud; "Más allá del principio del placer" (1920); en *Obras Completas* (Tomo III); op.cit., p.2510.

[243] S.Freud; "Más allá del principio del placer"; en *Psicología delas masas*; op.cit., p.97.

prejuiciadas, razonables, éticas o políticas, nacen de un cierto *desconocimiento*, en la zona restringida de la imaginación, allí donde se perfilan los límites más concretos de la interpretación de los textos: en el espacio de la *inexperiencia*. Es este el enclave más seguro del discurso psicoanalítico; su perspicaz silencio es la fuente más directa de su poder, lugar infranqueable de las resistencias; es en el secreto que guarda para sí donde reside su mayor fuerza de resistencia: sabe, o sospecha, que lo que no sabe el Otro no puede atacarlo con precisión; no puede siquiera resistirlo tampoco. Ese es el valor táctico de la *experiencia* en el discurso del psicoanálisis. La práctica analítica es propiedad privada, su paso está restringido por sus dueños: prohibido el paso a extranjeros, a extraños...

Lamentamos, desde luego, -dice Freud- no poder hacerlos testigos de este orden, pero la "situación analítica", no tolera la presencia de un tercero.[244] Lo que resta ante esta restricción es, pues, prestarle atención a lo que él mismo tiene que decir. Además, de ser posible la presencia de un tercero como espectador en una sesión privada, podría resultarle, si no incomprensible, aburrido. Así que: "Habrá, pues, de contentarse con nuestra información, que trataremos de concretar en forma que inspire máximo crédito."[245]

Freud sostenía que una de las resistencias mayores al psicoanálisis provenía del carácter, inexcusable, de algunos de sus adversarios, por su exceso de orgullo, el desprecio absoluto de la lógica, la grosería y el mal gusto. La razón principal de esta

---

[244] S.Freud; "La cuestión del análisis profano" (1926); en *Esquemas del psicoanálisis y otros escritos de doctrina psicoanalítica*; Alianza Editorial, Madrid, 1999; p.258. El psicoanálisis, si quería ser parte efectiva dentro de un sistema cultural lo debería ser, irremediablemente, dentro de un ordenamiento jurídico, con arreglo a las leyes de un Estado. Y el Estado regula la práctica médica, a la cual el psicoanálisis, aun entre tropiezos y reservas, aspiraba a ser reconocido. Pero el Estado es siempre un tercero, intermediario legítimo para la mirada de Freud, pero mal visto como intromisión para la empresa privada, de la que la práctica clínica del psicoanálisis era parte y para la cual Freud reclamaría derecho de privacidad. La cita aparece en este escrito como advertencia a un legislador imaginario, interesado en saber *más* sobre el psicoanálisis para rehacer la legislación que regula la práctica psicoanalítica. A éste le parecería pertinente satisfacer su genuina curiosidad de conocimiento siendo partícipe espectador de un tratamiento analítico pero, como a todo tercero, el acceso le sería denegado. La misma reserva, pues, es extensiva para cualquier *interesado*.

[245] Ídem.

resistencia se basaba en que los adversarios *no reconocían* la paciente y continuada labor analítica, pues *desconocían* que su teoría se basaba en la *observación* y la *experiencia*. Y estas eran las dos principales condiciones de la teoría, pues el objeto de la intervención psicoanalítica era producido a través del trabajo *teórico* que, como todo objeto de las ciencias del alma es, esencialmente, abstracto y formal.[246] Pero, ¿hasta dónde nos es posible o permitido *saber* desde *afuera*, desde el lugar de la *no-experiencia*, desde los márgenes de sus impenetrables dominios, desde la prohibición implícita en los límites de la imaginación interpretativa, es decir, desde la imposibilidad advertida por el Padre de aprehender la esencia psicoanalítica en los libros? ¿Qué dice Freud que es eso en lo que consiste la terapia psicoanalítica?

El analista recibe al paciente a una hora determinada, le deja hablar, le escucha, le habla a su vez y le deja escucharle.[247] Describe Freud, pues, que el tratamiento se inicia invitando al paciente a ponerse en la situación de un auto observador atento y desapasionado, limitándose a leer la superficie de su conciencia y obligándose, en primer lugar a una absoluta sinceridad y, en segundo, a no excluir de la comunicación asociación ninguna, aunque le sea desagradable comunicarla o la juzgue insensata, nimia o impertinente.[248] El analista –asegura Freud- no hace más que entablar un diálogo con el paciente. Y es esto es lo que le *dice* inicialmente:

"No se ha introducido en ti nada extraño; un aparte de tu propia vida anímica se ha sustraído a tu conocimiento y a la soberanía de tu voluntad. Por eso es tan débil tu defensa; combates con una parte de su fuerza

---

[246] Como advierte Braunstein, a diferencia de los objetos empíricos, concretos de la vida cotidiana, el aparato psíquico no es un objeto material, sino una metáfora; una construcción teórica que pretende *acceder* a la *comprensión* de cómo está organizado el proceso de producción de conciencia y de conductas. No tiene una realidad mecánica ni tampoco una realidad anatómica. (N.A.Braunstein; "La psicología y la teoría psicoanalítica"; *Psicología: ideología y ciencia*; op.cit., p.54)

[247] S.Freud; "La cuestión del análisis profano" (1926); op.cit., p.261.

[248] S.Freud; "Psicoanálisis y teoría de la libido" (1922); *Obras Completas* (Tomo III); op.cit., p.2663.

contra la otra parte y no puedes reunir, como lo harías contra un enemigo exterior, toda tu energía." [249]

Levanta el dedo índice de su verdad y, como lo haría un buen padre, comprensivo y tierno, acusa, pero con ánimo *aleccionador*:

"Pero es toda la culpa tuya. Has sobreestimado tus fuerzas, creyendo que podías hacer lo que quisieras con tus instintos sexuales, sin tener para nada en cuenta sus propias tendencias. Los instintos sexuales se han rebelado entonces y han seguido sus propios oscuros caminos..." [250]

Es su culpa, es verdad, pero no carga todo el peso de la responsabilidad pues, a todas cuentas, este semblante pertenece a un registro fuera del alcance de su voluntad:

"De cómo lo han logrado y qué caminos han seguido, no has tenido tú la menor noticia; sólo el resultado de tal proceso, el síntoma, que tú sientes como un signo de enfermedad, ha llegado a tu conocimiento." [251]

Paso seguido corresponde iluminar *su* error, que es el *error* milenario y compartido de todas las filosofías y las psicologías, las literaturas, las historias y las ciencias que han querido, ingenuamente, *hablar* de la vida psíquica del ser humano:

"Confías en que todo lo que sucede en tu alma llega a tu conocimiento, por cuanto que la conciencia se encarga de anunciártelo, y cuando no has tenido noticia alguna de algo crees que no puede existir en tu alma. Llegas incluso a identificar lo 'anímico' con lo 'consciente', esto es, con lo que te es conocido, a pesar

---

[249] S.Freud; "Una dificultad del psicoanálisis" (1917); en *Esquemas del psicoanálisis y otros escritos de doctrina psicoanalítica*; Alianza Editorial, Madrid, 1999; p.252.

[250] Op.cit., p.253.

[251] Ídem.

de la evidencia de que a tu vida psíquica tiene que suceder de continuo mucho más de lo que llega a ser conocido a tu conciencia."[252]

Es esto lo que ha descubierto, con gran paciencia y disciplina, la experiencia psicoanalítica. El hijo-enfermo pasa a ser *paciente* del médico-padre, quien le aconseja: déjate *instruir*:

"Lo anímico en ti no coincide con lo que te es consciente; una cosa es que algo sucede en tu alma, y otra que tú llegues a tener conocimiento de ello. Concedemos, sí, que por lo general el servicio de información de su conciencia es suficiente para tus necesidades. Pero no debes acariciar la ilusión de que obtienes noticia de todo lo importante. En algunos casos (...) tu voluntad no alcanza más allá de tu conocimiento."[253]

Técnica de hostigamiento psicológico imprescindible para efectivar la terapia psicoanalítica: desposeer la ficción del Yo de sus ilusiones de dominio sobre sí; hacer sentirse a uno mismo inseguro de la ilusión de su propia su mismidad, como paso imperativo a la delegación de autoridad de Otro sobre sí:

"Pero, además, en todos los casos, las noticias de tu conciencia son incompletas y muchas veces nada fidedignas (...) Te conduces como un rey absoluto, que se contenta con la información que le procuran sus altos dignatarios y no desciende jamás hasta el pueblo para oír su voz."[254]

Desposeído de la ilusión de soberanía sobre su voluntad e instigada la desconfianza precisa sobre su propia ilusión de

---

[252] Ídem.

[253] Ídem.

[254] Ídem.

156

conciencia, el hijo que era instruido por el padre pasa a ser el paciente que será tratado por el médico. Debe procurar sentirse débil, impotente, producir el efecto de una identidad enferma, hacer sentir enfermo al paciente: ahí el reclamo de paciencia, el rol asignado. Por relación binaria se consolida la autoridad del médico: sabe algo de mí que yo no sé, mi voluntad no es mía en verdad... debo confiar en él, confiarme a él. Pero el psicoanálisis devuelve enseguida al paciente la condición de su propia cura y en él pesa toda la posibilidad de darse efectivamente:

> "Adéntrate en ti, desciende a tus estratos más profundos y aprende a conocerte a ti mismo; sólo entonces podrás llegar a comprender por qué puedes enfermar y, acaso, también a evitar la enfermedad."[255]

Pienso que una parte esencial de la cura reside no en el *habla libre* del paciente sino en las *palabras* que indican *seguridad* para el analista, allí donde se revela el carácter esencial de su arbitrariedad; su voluntad de sentido, de coherencia, su ansiedad de razón. Es el discurso de cierre ideológico, que aparece bajo el modo de una interpretación analítica, efecto de la *experiencia* y la *observación*. Es el borde donde empieza a perfilarse la sugestión, el efecto de fe de la audiencia en el orador, en el predicador o en el confesor que guarda silencio mientras escucha; como el juez, antes de dar veredicto y dictar sentencia; en la autoridad incuestionable de la palabra del Padre, de su Ley; única oportunidad ésta para darse un efecto, real o imaginario, de cura. La teoría de la negación permite hilar un ejemplo. Desde ella –según Freud- se *demuestra* de manera *irrecusable* que precisamente aquellas ocurrencias que provocaban las objeciones mencionadas entrañan singular valor para el hallazgo de lo olvidado.[256] La conclusión teórica es que en el inconsciente no se

---

[255] Op.cit., p.254.

[256] La *negación*, por ejemplo, en la terapia es, más que una pista para la interpretación, un punto nodal de la técnica: si dice que no quería decir lo que dijo, será interpretado como que eso era precisamente lo que quería haber dicho. Se pregunta: ¿Qué es lo que usted considera como lo más inverosímil en tal situación? ¿Qué es lo que usted opina es lo más alejado de ella? Si el paciente cae en la celada –afirma Freud- y nombra eso –aquello que de acuerdo a lo que puede pensar, es lo más alejado de lo que se trata, habrá admitido así aquello de lo que

157

encuentra ningún "no", es el *reconocimiento* de que lo inconsciente por parte del Yo se manifiesta por medio de una fórmula negativa:

"La prueba más rotunda de que un análisis ha llegado al descubrimiento de lo inconsciente es que el analizado reaccione al mismo tiempo con las palabras: 'En eso no he pensado jamás'."[257]

Paradójicamente, el arte de la interpretación está condicionado por la rígida estructura teórica desde donde el paciente habitará la ficción de libertad al hablar, pero a la asociación analítica le será imposible divagar en la misma suerte. Predisposiciones analíticas de todo tipo encierran la práctica terapéutica dentro de un espacio de movimiento muy reducido e incómodo para la teoría, aunque decididamente muy cómodo para el analista. La ley es para la teoría, de cierto modo, un eufemismo científico para un calculado y refinado prejuicio. Piénsese, por ejemplo, en el soporte mítico fundacional de la teoría analítica de Freud, que es el análisis de los sueños. Irrespectivamente de las reservas metodológicas y advertencias teóricas que pudiera hacer, el grueso significativo de su aplicación práctica se da omitiendo estas reservas y generalizando indiscriminadamente sobre su objeto:

"En la medida en que comprendemos la formación del sueño, hemos de afirmar que su factor esencial es un deseo inconsciente, por lo general infantil, pero actualmente reprimido (...) El sueño siempre es la realización de este deseo inconsciente, cualquiera que sea su restante contenido: advertencia, reflexión, confesión o algún otro trozo de la profusa vida diurna pre-consciente que haya llegado a la noche sin haber sido resuelta."[258]

---

verdaderamente se trata, casi siempre. (S.Freud; "La negación" (1925); en *Obras Completas* (Tomo III); op.cit., p.2884)

[257] S.Freud; "La negación" (1925); en *Obras Completas* (Tomo III); op.cit., p.2886.

[258] S.Freud; "Un sueño como testimonio" (1913); en *Obras Completas* (Tomo II); op.cit., p.1726.

Freud, sin embargo, reconoce en múltiples ocasiones los límites de toda interpretación, en particular las reservas que impone la teoría psicoanalítica: la vida instintiva de la sexualidad, matriz de todas las perversiones y males del alma, no puede ser nunca totalmente domada[259]; simultáneamente, los procesos anímicos son en sí mismos inconscientes, y sólo mediante una percepción incompleta y poco fidedigna llegan a ser accesibles al Yo y sometidos a él: la paradoja irresoluble que atraviesa la práctica terapéutica del psicoanálisis es que, a todas cuentas, el Yo no es, ni será, "dueño y señor" de su propia casa.[260]

Pero podría pensarse, por el contrario, que la obstinación del discurso científico por acceder a una teoría omnicomprensiva de la vida psíquica del ser humano, por procurarle un orden interior bajo pleno dominio de sentido y coherencia, pasa a convertirse en una estructura razonable que sirve de soporte de seguridad a las propias inquietudes del científico y de consuelo a sus perturbaciones anímicas ante lo que no puede explicarse en sus propios términos, arreglados a voluntad, ya sea de modo positivista, metafísico, o ya por arreglo a la observación y la experiencia analítica. Freud promete ante las limitaciones del discurso psicoanalítico la esperanza de que en el porvenir puedan afinarse, con nuevos descubrimientos, las lagunas teóricas existentes. Sin embargo, en la práctica -como he apuntado- obvia estas limitaciones y se refugia en la autoridad ortodoxa de sus teorías: serán verdad hasta que se demuestre lo contrario, y la verdad será ley hasta que se derroque...

En el contexto de su propia descripción sobre el escenario clínico y de acuerdo al libreto presentado en sus propios términos, Freud advierte las *dudas* (resistencias) que pudieran surgir y construye un personaje ficticio, como en los *Diálogos* de Platón, que le pregunta justamente lo que él quiere contestar. Subido Freud al

---

[259] La determinación de lo sexual en la vida del sujeto aparece reiterada en los siguientes términos: Recordemos —afirma Freud- ante todo, que la acción conjunta de la disposición congénita y las influencias experimentadas durante los años infantiles determina, en cada individuo, la modalidad especial de su vida erótica, fijando los fines de la misma, las condiciones que el sujeto habrá de exigir en ella y los instintos que en ella habrá de satisfacer. (S.Freud; "La dinámica de la transferencia" (1912); en *Obras Completas* (Tomo II); op.cit., p.1648)

[260] S.Freud; "Una dificultad del psicoanálisis" (1917); op.cit., p.254.

banquillo de los acusados y puesto a jurar decir la verdad y nada más que la verdad, preguntaría el inquisidor: Explicitadas las limitaciones advertidas por la teoría, ¿cómo sería posible hablar de una cura? ¿Se trataría entonces de una especie de conjuro mágico? Acaso ante las palabras del analítico ¿desaparecería el mal? Es esta la respuesta inmediata:

> "Sería efectivamente cosa de magia... si el efecto fuese rápido. La magia tiene por condición la rapidez, la instantaneidad del efecto. Pero los tratamientos psicoanalíticos precisan meses y hasta años. No se debe menospreciar el efecto poderoso de la palabra, su poder de comunicar sentimientos, de influenciar."[261]

No debe olvidarse que el analista –según asegura Freud- no hace más que entablar un diálogo con el paciente. La palabra tiene un efecto poderoso en tratamiento psicoanalítico, no sólo en lo que respecta a su poder liberador (de desahogo y consuelo), sino en cuanto a lo que posibilita más allá de lo dicho *libremente*:

> "...no debemos desdeñar la *palabra*, poderoso instrumento, por medio del cual podemos comunicar nuestros sentimientos a los demás y adquirir influencia sobre ellos. Al principio fue –ciertamente- el acto; el verbo -la palabra- vino después, y ya fue, en cierto modo, un progreso cultural el que el acto se amortiguara, haciéndose palabra. Pero la palabra fue primitivamente un conjuro, un acto mágico, y conserva aún mucho de su antigua fuerza."[262]

Pero "la cura por la palabra", para quien sospecha inquisitivamente, entraña un cierto aire de ingenuidad por parte del psicoanalista o bien requiere de una gran disposición de credulidad (y quizá la misma dosis de ingenuidad) por parte del paciente. Se

---

[261] S.Freud; "La cuestión del análisis profano" (1926); en *Esquemas del psicoanálisis y otros escritos de doctrina psicoanalítica*; op.cit., p.261.

[262] Ídem.

trataría, de cierto modo, de que se cumpliera la gran expectativa del político con relación al arte de su retórica, es decir, ejercer dominio sobre quien escucha por lo que dice y como lo dice (o lo que calla); o bien no sería tampoco cualitativamente diferente a la técnica presumidamente *superada* de la sugestión y el hipnotismo. Preguntaría el inquisidor de Freud: ¿Cómo puede hacerle creer en que la fuerza mágica de la palabra ha de librarle de su enfermedad?[263]

La respuesta al inquisidor sería repetirle una y mil veces la teoría, invitarlo a que preste mayor atención a ella y, allí donde guarda una duda, que crea por fe en la cura analítica, o a manera de un científico inexperto, de quien no ha sido partícipe de la *experiencia* del análisis, que respete la autoridad dogmática de sus postulados. Si la duda persiste, Freud recurrirá sin vacilar a suprimirla como a cualquier resistencia psíquica, intelectual o afectiva, al psicoanálisis: le recordará a quien pregunta demasiado que su Yo no es la unidad que él siempre había creído y que *su* incomprensión de la teoría y *su* desconfianza se debe, muy posiblemente, a las resistencias activadas desde su inconsciente, desde su *narcisismo ofendido*. El personaje inquisidor de Freud pospone las cuestiones abstractas de la teoría y continúa centrado en indagar sobre la técnica y le pregunta: ¿No está acaso entrenzada la técnica del "dejar hablar" en el principio de la confesión utilizado por la iglesia católica para asegurarse el dominio sobre los espíritus?:

> "Si y no... La confesión forma parte del psicoanálisis; pero sólo como su iniciación primera, sin que tenga afinidad ninguna con su esencia, ni mucho menos explique su efecto. En la confesión dice el pecador lo que sabe; en el análisis, el neurótico ha de decir algo más."[264]

Pero entonces –refutaría el inquisidor- el analítico adquiere sobre el paciente una influencia más fuerte que el confesor sobre el penitente, por ocuparse de él más larga, intensa e individual-mente. Entonces los milagros de su terapia, ¿no son acaso efectos de la

---

[263] Ídem.

[264] Op.cit., p.263.

sugestión hipnótica? Freud admite la influencia personal del analítico, pero reclama inmediatamente que la técnica del psicoanálisis trata situaciones diferentes, pues el método psicoanalítico es "algo nuevo y singularísimo", y no utiliza el factor sugestivo. Este ha sido uno de los reproches que –según Freud- se la han hecho con frecuencia al psicoanálisis, que si todo, en última instancia, depende de las suertes de la interpretación que pueda hacer el psicoanalista, ¿quién garantiza que la interpretación es la más acertada? ¿Acaso no queda sujeta toda resolución posible al arbitrio del *intérprete*? A lo que Freud contesta:

> "¿Por qué excluir sus propios procesos anímicos de la normatividad que reconoce usted al prójimo? Si usted ha logrado adquirir cierta disciplina de sus propios actos mentales y dispone de determinados conocimientos, sus interpretaciones no quedarán influidas por sus cualidades personales, y serán aceptadas."[265]

Es exactamente éste el modo como el discurso jurídico justifica la autoridad de un Juez en el ejercicio de su poder judicial. Exaltando sus cualidades personales, no para anunciar su implacable capacidad objetiva, sino para reconocerlo como subjetividad disciplinada, poseedor de un dominio racional absoluto sobre su Yo en el orden de una intervención sobre algún Otro. Es el fundamento místico de la máxima autoridad judicial el que se traspasa ahora a la labor del analítico, dejando de lado la ilusa pretensión de neutralidad objetiva del discurso científico formal, que atribuye a la relación con el objeto una suerte de neutralidad absoluta. Ahora, dentro de esta relativa ambivalencia, irresoluble por condición de su propia naturaleza subjetiva tanto como por el encargo específico de la función terapéutica, la personalidad del analítico pasa a ser reconocida como fundamental para esta parte del proceso analítico, y el *médico* tendrá ahora la obligación de *capacitarse* por medio de un profundo análisis propio para acoger sin prejuicio alguno el material analítico. Tarea difícil esta, pues:

---

[265] Op.cit., p.296. Este tema lo aborda también en "Lecciones introductorias al psicoanálisis" (1915-17); en *Obras Completas* (Tomo II); op.cit., p.2265.

"...para llegar hasta lo inconsciente reprimido es preciso cierta penetración, que no todo el mundo posee en igual medida."[266]

El sujeto intervenido siempre aparecerá ante la mirada del analista como deformando la realidad. Condición esta para tratarlos como enfermos y como a tales asignarles el rol de pacientes, por oposición a aquellos que declaran que "todo loco tiene derecho a presentar como sabiduría su locura". Freud estima que esta posición sería abandonarlos a sus propias suertes. Pero esto es evidente pues, a todas cuentas, sin enfermos, ¿cómo habría de practicarse la cura? Sin anormales, ¿a quién *devolver* a la normalidad? Sin enemigo que vencer, ¿qué valor reclamaría la victoria? Y sin victoria sobre las resistencias, ¿qué valor tendría el poder? Para el psicoanálisis clínico es preciso la asignación de una condición al otro, no que posibilite su intervención, sino que de sentido dé pertinencia a la misma. El discurso psicoanalítico, como el discurso de la Ley, produce al sujeto que será por él intervenido, para el segundo como normal, centrado sobre sí mismo, unido alrededor de su conciencia y con arreglo certero de su voluntad; para el primero su reverso, sin dominio sobre su Yo, desunido.

La construcción de la anormalidad en el Otro, supone que los síntomas de la enfermedad no son sino provocados por la conciencia moral (Super-Yo); que la enfermedad es un castigo para satisfacer los sentimientos de culpabilidad, y que el sujeto no guarda ninguna conciencia sobre ellos sino que éstos se manifiestan en la superficie bajo el modo de un síntoma. El combate contra las resistencias que impiden que lo inconsciente se haga consciente es – afirma Freud- la labor capital durante la cura analítica y excede en importancia a la labor de la interpretación. La síntesis, como un verso cantado de memoria por el inquisidor del diálogo de Freud, sería esta:

"Yo le prometo la curación, o por lo menos algún alivio, si se presta a seguir mis indicaciones: le invito a manifestarse con plena sinceridad todo lo que surja en su pensamiento, no apartándose de esta norma aun

---

[266] Op.cit., p.297.

cuando se trate de algo que le resulte desagradable comunicar (...) tampoco debe silenciar lo que le parezca insignificante o falto de sentido (...) Entonces, comienza el enfermo a hablar y yo a escucharle. De sus manifestaciones deduzco cuáles son los sucesos, los impulsos operativos y las impresiones que ha reprimido por haber sobrevenido en una época en la que su Yo era aún débil y los temía, no osando afrontarlos. Una vez impuesto el paciente de esta circunstancia, se transporta a las situaciones en que tales represiones tuvieron efecto, y rectifica con mi ayuda los pasados procesos defectuosos. Desaparecen entonces las limitaciones a las que se veía forzado su Yo, y queda éste reconstituido."[267]

Para tales efectos el analista precisa de ganar la confianza del paciente, pues –advierte Freud- la influencia personal es el alma más poderosa que posee el analista:

"El neurótico presta su colaboración porque tiene fe en el analítico, y esta fe depende de una especial actitud sentimental con respecto a él, que va constituyéndose durante la cura. Tampoco el niño cree sino a aquellos a quienes quiere."[268]

Esta influencia –añade- no se promueve, para yugular los síntomas sino como una fuerza impulsiva para vencer las resistencias. El tacto se convierte entonces en una técnica de refinada seducción, pues los *sentimientos* que surgen de la confianza al analista son de carácter amoroso. El analista se limita a mantener su relación profesional y espera que, como tal, la terapia no despierte en el paciente sino respeto, confianza, agradecimiento, simpatía, pero, aunque el analista no hace nada para provocar el enamoramiento, sucede irremediablemente. De no suceder de este

---

[267] Op.cit., p.295.

[268] Op.cit., p.303.

modo, muy difícilmente podría darse paso a la posibilidad de la cura. Este *enamoramiento* el psicoanálisis le llama transferencia[269]:

> "El paciente repite, bajo la forma de su enamoramiento, sucesos anímicos por los que ya pasó una vez – ha transferido sobre el analítico actitudes que se hallaban prontas en él, íntimamente enlazadas con la génesis de la neurosis. Asimismo repite ante nosotros sus antiguos actos de defensa, y quisiera repetir en su relación con el analítico todos los destinos de aquél pretérito periodo de su vida, caído para él en el más absoluto olvido."[270]

El paciente reproduce su pasado como presente en lugar de recordarlo, reemplaza una forma patológica por otra diferente. Nos arriesgamos –dice Freud- a tomar el enamoramiento mismo como objeto del análisis, pues esta lucha nos da la clave del progreso. Por voz del personaje del diálogo de Freud:

> "El enamoramiento es favorable a los propósitos analíticos pues el amor supone docilidad y obediencia al sujeto amado."[271]

---

[269] El propósito de la terapia psicoanalítica es "hacer consciente lo inconsciente", para lo que resulta preciso "revelar las tendencias reprimidas" y "descubrir las resistencias". No obstante –advierte Freud- el descubrimiento de estas resistencias no equivale siempre a su vencimiento; pero una vez *descubiertas* "confiamos en alcanzar este último resultado utilizando la transferencia del enfermo sobre la persona del médico para infundirle nuestra convicción de la falta de adecuación de las represiones desarrolladas en la infancia y de la imposibilidad de vivir conforme a las normas del principio del placer." (S.Freud; "Los caminos de la terapia psicoanalítica (1918)"; en *Obras Completas* (Tomo III); op.cit., p.2457) Para el psicoanálisis la *transferencia* es condición esencial de la posibilidad de cura, aunque no necesariamente la determinante en última instancia. Sobre este tópico puede referirse a S.Freud; "La dinámica de la transferencia" (1912); en *Obras Completas* (Tomo II); op.cit., pp.1648-53)

[270] S.Freud; "La cuestión del análisis profano" (1926); op.cit., p.305.

[271] Ídem.

Pero sólo mientras estas condiciones del objeto *enamorado* del análisis no se vuelquen contra la labor analítica y el objeto encarne otra posición y le advenga alma de sujeto y pase enseguida la cuenta al analista-seductor y reclame satisfacción para su nuevo objeto del deseo, de su amor, su nueva economía libidinal provocada (in)directamente como condición de la terapia:

> "El amor del paciente no se contenta con obedecer, sino que se hace exigente, demanda satisfacciones afectivas y sensuales, aspira a la exclusividad, desarrolla celos y muestra cada vez más claramente su reverso, esto es, su disposición a convertirse en hostilidad y deseo de venganza si no puede alcanzar sus propósitos."[272]

La resolución efectiva de la cura dependerá, en última instancia, de la habilidad del terapeuta para dar cuenta de sus descubrimientos:

> "Una vez halladas las interpretaciones exactas, se plantea una nueva labor. Tiene usted que esperar al momento propicio para comunicar al paciente, con alguna probabilidad de éxito, su interpretación"[273]

Debe convencer al paciente de que no está enamorado en realidad sino que está reproduciendo su pasado como presente; debe convencerlo de que en lugar de un enamoramiento debería surgir un recuerdo. Para el psicoanálisis todo enamoramiento sería, de cierto modo, un acto neurótico. Y el paso imprescindible de la cura depende, pues, de que el paciente acredite la *interpretación* del analista, que *reconozca* que en verdad no se enamoró sino que la situación lo *forzó* a repetir su pasado tras la fachada de un enamoramiento, en una transferencia. Si el analista no tiene perfecto dominio de la situación y no logra convencerlo, la terapia habría fracasado y debería suspender el análisis. Pues, advierte Freud, sería

---

[272] Op.cit., p.304.

[273] Op.cit., p.298.

inmoral ceder a las exigencias de la transferencia y cumplir los deseos de satisfacción afectiva del paciente.

Sabido ya que la única solución posible de la transferencia es la regresión al pasado del enfermo, es decir, al recuerdo de cómo lo vivió (en la forma en que este lo haya conformado según la actividad cumplidora de los deseos de su fantasía), resta preguntar: ¿Hasta dónde debe llegar la regresión? ¿Cuál es el prototipo de su amor de transferencia? En su infancia, y dentro de su relación con el padre o la madre —contesta Freud- Es ahí donde se completa el círculo...

Sé que no me será posible convencerle —advertía Freud a su inquisidor-. Está fuera de toda posibilidad, como cuando damos a nuestros discípulos una clase teórica de psicoanálisis, observamos la poca impresión que en ellos hacen nuestras palabras. Escuchan las teorías con la misma frialdad que las demás abstracciones con las que en su vida de estudiantes le han alimentado:

> "Por esta razón exigimos que todo aquel que desea practicar el análisis, y sólo en el curso del mismo, al experimentar en su propia alma los procesos postulados por las teorías analíticas, es cuando adquiere aquellas convicciones, que han de guiarle luego en su práctica analítica."[274]

A los demás nos recuerda, pues, que lamenta, desde luego, no poder hacernos testigos de este orden, pero la "situación analítica" no tolera la presencia de un tercero.[275]

La enfermedad es un efecto psicológico, pero esto no supone negar su *materialidad*. Según advierte, no interesa desviar las ideas de los enfermos o convencerle de su falsedad, sino de advertir que una sensación tan intensa y resistente ha de hallarse basada en algo real, que quizá pueda ser descubierto.[276] Pero esa "confirmación de la realidad" al enfermo —preguntaría el inquisidor imaginario de Freud- ¿mitigaría la enfermedad? Me pregunto, ¿no

---

[274] S.Freud; "La cuestión del análisis profano" (1926); op.cit., p.273.

[275] Op.cit., p.258.

[276] S.Freud; "La cuestión del análisis profano" (1926); op.cit., p.264.

sigue tratándose todo, circularmente, de un juego de palabras; de una economía política del discurso; de una estrategia retórica? Las respuestas, todas, ¿no se remiten siempre a expresiones dogmáticas? Es decir, ¿puede acaso expresarse el discurso del psicoanálisis bajo otro registro que no dé la impresión de tratarse de una simple interpretación ideológica? Pienso que no.

La única salida posible dependería de reformular la pregunta anterior, situando el valor de la terapia psicoanalítica no en su coherencia teórica con respecto de la *realidad* (como si hubiera un más allá de la ideología) sino en su utilidad práctica, es decir, en su efecto concreto sobre una situación específica dada: en la posibilidad de la cura. Por eso, después de advertir las limitaciones intrínsecas, como sucede con toda ciencia, Freud prefiere no usar el "como si", y hablar de sus metáforas teóricas como referencias literales, pues –admite- el valor de una tal ficción depende de la utilidad que nos reporte.[277] La verdad no pasa a un segundo plano sino que es desplazada al registro del valor de utilidad práctica, en contraste a las nociones dominantes (filosóficas) de la verdad como aprehensión de la esencia de las cosas. Aquí tal vez reside uno de los rompimientos epistemológicos más radicales del discurso psicoanalítico dentro del imaginario científico dominante entre las ciencias del alma y las filosofías, pues no remite a un más allá de la materialidad del cuerpo y la vida anímica que lo aprisiona, ni a una metafísica de la conciencia o de lo inconsciente. Ruptura teórica ésta que quizá Freud mismo, en su momento, no llevó a sus límites y se limitó a reducirla al limitado espacio de la práctica clínica, *autorizando*, a su vez, la aplicación indiscriminada de ésta a todos los registros de las producciones culturales, a la manera tradicional de un descubrimiento científico puesto a correr en los circuitos culturales y el incontenible mercado de las modas del saber. Pienso que cortaba a sí mismo las posibilidades de vuelo y se encerraba en una trampa de la que, antes de su muerte, ya estarían lucrándose muchos terapistas psicoanalíticos, aunque fuera con las mejores intenciones de *curar* a sus enfermos.[278]

---

[277] Op.cit., p.269.

[278] Una de las críticas más comunes al psicoanálisis se da precisamente por el carácter indeterminado de la duración de la terapia y el elevado costo de la misma. Francois Robert define al psicoanalista –por ejemplo- como quien hace

Es en la aplicación *práctica*, en la terapia psicoanalítica, en la ilusión clínica, donde la asfixiante teoría se abre un respiradero. No es un gran misterio el que se resuelve. Siempre habrá enfermos mentales, es este el arreglo moderno de una particular economía política de la locura, extendida y regada ahora entre los dominios antes reservados con exclusividad a la voluntad, la conciencia y la razón, es decir, a la normalidad de la vida cotidiana. Que el aire que se respire esté contaminado, no es problema del psicoanálisis. Que la asfixia de la vida cotidiana baje el ritmo de sus revoluciones hasta tornarse menos insoportable, es decir, *normal*, es esa la tarea del psicoanalista de profesión clínica. Es esta la razón contaminante de la teoría *pura* del psicoanálisis, que para condición de pervivencia mínima, al parecer, no podía imaginar *ser* de otra manera...

La pretensión de la práctica psicoanalítica: despojar al Sujeto de todo cuanto, oculto a su mirada, amarga su existencia; de todo cuanto sus ojos no pueden *ver* ni su entendimiento *entender*, pero que está ahí, en él, en la profundidad sin fondo de su alma. Enseguida, hacer visible lo invisible, descubrir, conocer(se) "a sí mismo". El límite de la ilusión es precisamente esta vuelta sobre sí, en el lugar donde eclosiona la verdad, la que emerge de las profundidades soterradas en las zonas más oscuras de lo inconsciente. Ahí se inmoviliza, pero sólo hasta *volver atrás* en la primera de todas las pregunta: cómo llego hasta allí; en la técnica del *dejar hablar libremente* para dar paso a la *interpretación* certera del arte psicoanalítico, la que se obstina en despejar la bruma de toda seguridad positiva, tras la cual, de lo contrario, permanecerían intactos los motivos del sufrimiento anímico; la culpa indubitable de todas sus penas; allí donde toda ilusión de conciencia es apenas el destello fulgurante que ciega la vista del entendimiento e imposibilita *ver* el lugar preciso donde nace el verdadero incendio. Sabe que para tocar el corazón del fuego no se puede menos que soportar el dolor de quemarse con sus llamas. Es el momento artístico de la *revelación*: el de la interpretación; allí donde muere el misterio, donde se revelan todos los secretos —o los que interese al momento revelar-; allí donde, por un breve instante, la incandescencia de la extrañeza se

al psicoanálisis su profesión, recibiendo pacientes a los que les ofrece tratamientos a veces muy largos, con tal de que "la cosa" dure, y recibiendo a cambio dinero constante y sonante. (F.Robert; *Diccionario de términos filosóficos*; Acento Editorial; Madrid; 1997; p.71)

apaga: todo se ilumina nuevamente o por vez primera. Se devuelve la vida a la luz artificial de la normalidad...

(De)construcción en psicoanálisis

Entrado el siglo XXI, a más de cien años de la aparición del psicoanálisis, todavía eso que Freud representaba como resistencias *exteriores* permanece en la escena del debate *intelectual* con la misma fuerza que en sus inicios, y no existen indicios de que en el porvenir pudiera ser de alguna otra manera. Trátese de problemas de índole epistemológica, de cuestiones filosóficas irresolubles dentro del marco teórico del psicoanálisis, de consideraciones éticas relativas a su aplicación práctica, o de tensiones políticas con relación a las implicaciones del discurso psicoanalítico en su conjunto en lo concerniente a la vida social y cultural como al sujeto singular, la crítica reflexiva, movida y sostenida por un espíritu escéptico ante sus postulados primordiales y sus fundamentos, y desconfiado de sus promesas revolucionarias y emancipadoras, tiene todavía la misma pertinencia que tuvieron en el contexto de su aparición. Pienso que decir que de lo que se trata es de perpetuar las resistencias al psicoanálisis y creer que éstas se deben al desconocimiento del mismo, como todavía insisten sus seguidores más ortodoxos, es una manera cómoda de resolver las críticas (aunque en ocasiones no deje de ser cierto.) Pero suscribir estas reservas sin someterlas a los juicios de la sospecha conduciría inevitablemente a una aceptación sumisa a su voluntad de poder. Pienso que la autoridad de hablar sobre el psicoanálisis, de cuestionar hasta la más aparente insignificancia de su discurso, no pertenece a los dominios exclusivos de quienes se hacen llamar a sí mismos psicoanalistas, o por lo menos no más allá de las arrogancias de su voluntad de poder. Dudar no es derecho exclusivo de ninguna autoridad, no necesita reconocimiento ni legitimidad para darse, pues es ella misma, su acto, su propia autoridad y fuerza legitimadora. Lo contrario no cesa de consistir, en lo más esencial de su oposición, en su aire doctrinario y dogmático, a una muy precisa práctica de desprecio al ser humano, si es acaso que el principio sobre el que se piensa lo humano valora el derecho a pensar *por sí mismo* antes que el de que Otro lo haga en su lugar. Es decir, que pensar (dudar, cuestionar, diferir, contradecir, actuar) es, para bien, mal o *más allá* de ambos registros, un *derecho* y no un privilegio reservado con exclusividad a alguna suerte de Autoridad. Pero no es este el espacio para dar vuelo a este argumento, más que filosófico o ético, político. Baste para lo que a estas reflexiones concierne, reconocer al discurso psicoanalítico como un régimen de verdad y, como tal, construido sobre sólidas inclinaciones a *excluir* de sus dominios todo cuanto presente, ante su mirada y su voluntad, una resistencia. No obstante, harto sabido es que ha sido el mismo discurso psicoanalítico quien ha tenido que *inventar* resistencias muy precisas como base legitimadora de su propia existencia, tal y como sucede con la *construcción* de la verdad como condición de la cura en el tratamiento. Y esta afirmación ya supone una postura que trasciende la sospecha, o más bien que la instaura en un lugar más peligroso aún para quien *interpreta* toda puesta en cuestionamiento a su autoridad (a su saber) como un acto de resistencia. Lo cierto es que, tal vez, esto tampoco pueda ser de otra manera. Entonces, si el acto de la reflexión se da desde el cuestionamiento a su autoridad, a su verdad, a su poderío, precisamente porque no se *cree* en él sumisamente, por fe, no puede ser sino resistencia. Tal vez. Pero, para la imaginería psicoanalítica eso no necesariamente sitúa el lugar de la resistencia, la duda y la diferencia, *fuera* de los dominios en propiedad del discurso psicoanalítico, pues su constitución lo es, sin lugar de exterioridad posible, a partir de ella, para ella y contra ella, por ella. Ahí la condición esencial, desde su aparición, de sus movimientos, su devenir y la posibilidad de su perpetuidad histórica. El psicoanálisis *provoca* resistencias, y lo hace precisamente porque luchar contra ellas, hacerlas aparecer, vencerlas y enseguida hacerlas reaparecer de algún otro modo, es el principio y finalidad de su propia existencia. Por eso reconoce, en su dogmática, la imposibilidad de vencerlas alguna vez por siempre. Es el fundamento de existencia de la práctica terapéutica, ahí donde converge plenamente lo primordial de su teoría. Como toda voluntad imperial, sabe que la dominación no puede ser nunca absoluta, por eso, aunque no lo diga abiertamente, la eficacia de su poderío reside en reconocerlo y actuar conforme a ello. De ahí que el poder normalizador moderno no consienta representarse a sí mismo como represión, dentro del discurso político hegemónico, y le valga más, para su propia conveniencia, hablar de sí como efecto de un consentimiento general a su dominación imperial. Es la astucia de la Ley, sabida desde tiempos remotos, la que actúa sobre los modos de representación que constituyen los dominios del imaginario político y social moderno, entre los que se cuenta inequívocamente el discurso psicoanalítico inaugurado por Freud. Las relaciones de poder que se reproducen en su interior, tanto en el orden teórico como en su práctica, siguen siendo esencialmente las mismas requeridas por la represión general que hace posible lo social y la verdad, tal y como todavía hoy se representa. Tema éste que tocaré con mayor detenimiento en las partes restantes de este trabajo. Para lo que concierne a esta parte, me detendré a mirar más detenidamente cómo se materializa esta duda con relación a las pretensiones de verdad que mueve el discurso psicoanalítico dentro del contexto de la práctica terapéutica. Más precisamente a lo que concierne a la cuestión de la interpretación analítica como representación de la verdad del sujeto, a la tensión entre la noción de *reconstrucción* (de un pasado personal-histórico) y la *construcción* del mismo. Tema éste que se perfila actualmente con el mismo brío que en sus inicios y que, con seguridad, no se agotará en esta parte, pues es matriz de las sospechas que circulan desde su inicio hasta su vuelta al suspenso en este trabajo. Baste, pues, subirlo con mayor precisión a escena...

Freud, en sus últimos escritos, atendía esta cuestión, tan filosófica, ética como política, con su acostumbrado rigor epistemológico y dominio retórico. Lo que no significó sino la apertura de mayores controversias, en el lugar que suponía superar una cuestión que daba lugar a confusiones, malos entendidos, tergiversaciones y demás resistencias. El texto en el que centraré mi atención fue publicado en 1937 bajo el nombre de *Construcciones en psicoanálisis.*[279] En su introducción afirma, como si se tratara ya de algo *fuera* de toda duda:

> "Es cosa sabida que el trabajo analítico aspira a inducir
> al paciente a que abandone sus represiones (usando la
> palabra en su sentido más amplio), que pertenecen a la
> primera época de su evolución, y a reemplazarlas por

---

[279] S. Freud; "Construcciones en psicoanálisis" (1937); en *Obras Completas* (Tomo III); op.cit., pp.3365-77.

reacciones de una clase que corresponderían a un estado de madurez psíquica."[280]

La admisión incuestionable que se desprende de este fragmento citado es que la tarea del psicoanálisis radica en "inducir" al sujeto a que reconozca como verdad la interpretación analítica. No se saca de contexto esta lectura pues está, más que implícita, explicitada por el autor. El "reemplazo" supone, pues, poner en el lugar donde habitaba la duda y la resistencia (lo desconocido) otra cosa, que no es sino una verdad a la que, sin más, debe condescender el sujeto. Freud anuncia el espacio de una sustitución (de un reemplazo) como efecto perseguido por el análisis, lo que deja entre líneas advertir que ya no se trata necesariamente de una revelación de lo inconsciente, ni siquiera de la resulta de una interpretación, sino tal vez de una réplica que el deseo consienta en su lugar. Pero no apresuraré esta afirmación. Freud da cuenta de cómo *llega* al momento de la *construcción* dando por sabido que los síntomas e inhibiciones que aquejan al paciente son consecuencias de *represiones* que operan como *sustitutos* de las cosas olvidadas. No se retracta, sin embargo, de sus convicciones teóricas sino que insiste en el empeño de *confirmarlas*. La tarea, aunque anuncia su final en la construcción, no cesa nunca de tratarse desde un principio de "recobrar los recuerdos perdidos." Los materiales de los que dispone siguen siendo los ya registrados a lo largo de toda su obra y los que a la vez abren el espacio de sus sospechas.[281] El trazado del

---

[280] Op.cit., p.3365.

[281] Según Freud el paciente pone a su disposición toda clase de material a partir del cual se sirve para encaminar el *recobro* de los "recuerdos perdidos": Nos da fragmentos de esos recuerdos en sus ensueños de gran valor por sí mismos, pero grandemente desfigurados, por lo común, por todos los factores que intervienen en la formulación de los ensueños. También, si se entrega a la "asociación libre", produce ideas, en las que podemos descubrir alusiones a las experiencias reprimidas y derivativos de los impulsos afectivos suprimidos, lo mismo que de las reacciones contra ellos. Y finalmente existen indicios de repeticiones de los afectos que pertenecen al material reprimido que se encuentran en acciones realizadas por el paciente, algunas importantes, otras triviales, tanto dentro como fuera de la situación psicoanalítica. Nuestra experiencia ha demostrado que la relación de transferencia que se establece hacia el analista se halla particularmente calculada para favorecer el regreso de esas conexiones afectivas. De este material

objetivo de "la búsqueda" de la memoria *perdida* es inscrito enseguida dentro del discurso de la verdad:

"Y lo que buscamos es una imagen del paciente de los años olvidados que sea verdadera y completa en todos los aspectos esenciales."[282]

Puede inferirse que la búsqueda de la verdad no descarta radicalmente la sustitución por una *imagen* que, para cumplir la función del reemplazo se presente no como apariencia sino como real, porque cumple los requerimientos en "sus aspectos esenciales". La posibilidad de *construir* una verdad que *sustituya* la verdad que nunca se revela, que nunca se *descubre*, vuelve a ocupar la atención nuevamente. De ahí la importancia del poder de la sugestión, irrespectivamente del tránsito de la transferencia, y consecuentemente de la retórica, de la seducción por la palabra. En el acto de *inducir* a la persona a *recordar*, incide el Otro que incita a hacerlo y los niveles de su influencia sobre eso que aparezca en la escena clínica como verdad revelada, muy poco podrían distinguirse de la *interpretación* que de ello convenga el analista. La verdad no dejará de ser una construcción, aunque se convenga revelada. Freud lo admitía de cierta manera, como condición primordial de la terapia. Es el Otro quien *induce* al sujeto que *recuerde* con él lo que sólo y *por sí mismo* no le sería posible:

"Todos sabemos que la persona que está siendo psicoanalizada ha de ser inducida a recordar algo que ha sido experimentado por ella y reprimido... (…) El analista ni ha experimentado ni ha reprimido nada del material que se considera; su tarea no ha de ser recordar algo. ¿Cuál es entonces su tarea? Su tarea es hacer surgir lo que ha sido olvidado a partir de las

---

bruto -si podemos llamarlo así- es de donde hemos de extraer lo que buscamos. (Op.cit., p.3366)

[282] Ídem.

huellas que ha dejado tras sí, o más correctamente, construirlo."[283]

Según Freud, la tarea del psicoanalista es la de *recuperar* la historia temprana del sujeto, a la manera de una arqueología, *reconstruyendo* pieza por pieza los fragmentos *descubiertos*. Pero la condición misma del Sujeto –advierte- no es accesible nunca a plenitud. Ahí los límites de la interpretación, que no puede menos que admitir que del material adquirido mediante el proceso clínico, ya por la información compilada previamente y, sobre todo, por el *material* sustraído de la *asociación libre*, no puede cerrarse en definitiva el cuadro de la verdad del sujeto. Es esta, tal vez, la primera gran desilusión de los aspirantes a psicoanalistas, si es acaso que la fuerza que los animaba era la de una voluntad de aprehensión absoluta de la verdad del Ser. Es a partir del *reconocimiento* de esta imposibilidad, que no representa por ello ni obstáculo ni contradicción a la teoría psicoanalítica, que la celebrada virtud de la interpretación psico-analítica no puede menos que cerrar el círculo de sus pretensiones en el acto de la invención de la verdad. Suerte esta que de ningún modo significa un menoscabo del potencial terapéutico del psicoanálisis, pues la verdad a la que refiere el éxito de la terapia no precisa de las exigencias de verdad exigidas por las filosofías más ilusas, sino de un modo de verdad, construida para servir una función precisa, la satisfacción de la demanda del cliente, la cura.

"El camino que empieza en la construcción del analista debería acabar en los recuerdos del paciente, pero no siempre llega tan lejos. Con mucha frecuencia no logramos que el paciente recuerde lo que ha sido reprimido. En lugar de ello, si el análisis es llevado correctamente, *producimos en él una firme convicción de la verdad de la construcción* que logra el mismo resultado terapéutico que un recuerdo vuelto a evocar..."[284]

De ahí que el valor de la sustitución de una verdad por otra, construida para tales fines, no resulte contradictorio ni con los fines

---

[283] Ídem.

[284] Op.cit., p.3371.

clínicos ni con los principios teóricos del psicoanálisis. Aún cuando la retórica de Freud aparenta contradicciones:

> "Sólo depende de la técnica psicoanalítica el que tengamos el éxito de llevar completamente a la luz lo que se halla oculto."[285]

Aunque Freud insiste en afirmar que la resulta de la terapia es el *descubrimiento* de esa verdad, el contenido de la misma, a la vez, no es el resultado de un descubrimiento sino de una *construcción*. La verdad a la que Freud refiere su discurso es una verdad relativa a la intromisión del Otro, con relación indisociable del decir de su paciente, pero su confirmación no lo es de una verdad en un sentido de pureza sino de una verdad como efecto de una relación de poder, arbitraria pero a la vez sujetada a un orden de Ley: es reconstrucción, pero en proceso inconcluso e inconcluíble, ensamblaje, un poco de verdad y un poco de invención. El poco de verdad a la que se refiere, no obstante, está irremediablemente investido por la situación analítica, por la relación entre el médico y su paciente, por la sugestión y los fantasmas que se desatan en la transferencia. De esa parte de la verdad, sólo resta convenir a partir de sus efectos sobre el paciente, en sus sentimientos, en sus emociones. Basta con que el paciente sienta y crea que en verdad ha vencido sus propias resistencias (ha recordado) para que la verdad advenga al rango de una experiencia, la experiencia de la verdad, cuyo valor se da con relación a la cura, y no con ella misma.

> "El psicoanalista termina una construcción y la comunica al sujeto del análisis, de modo que pueda actuar sobre él..."[286]

Freud considera que el concepto de "construcción" es más preciso para referirse a la tarea del psicoanalista y da cuenta de ello:

---

[285] Op.cit., p.3365.

[286] Op.cit., p.3367.

"Si en los trabajos sobre técnica psicoanalítica se dice tan poco acerca de las 'construcciones es porque en lugar de ellas se habla de las 'interpretaciones' y de sus efectos. Pero creo que 'construcción' es desde luego la palabra más apropiada. El término 'interpretación' se aplica a alguna cosa que uno hace con algún elemento sencillo del material, como una asociación..."[287]

Esta afinación epistemológica, aunque goza de incalculable valor teórico, deja una estela de espanto por su radical carácter *realista*. Sin duda, entre quienes pudieran vanagloriarse de las virtudes místicas de la *interpretación*, deja más que un amargo sabor. No debe extrañar que gran parte del relativo éxito del psicoanálisis haya dependido, de cierto modo, de la omisión de esta radical distinción teórica. No es sólo un alerta metodológico lo que Freud instaura en esta distinción, sino la confesión de los límites del psicoanálisis con relación a la Verdad, según considerada históricamente en Occidente. Es, sin duda, asomo por la puerta de entrada de la (pos)modernidad. Sin duda Freud se *leería* de una manera radicalmente diferente si se tomara en serio esta distinción, aunque quizá él mismo no advertía su potencial teórico. Lo cierto es que es esta una manera de *mirar* o *poner* lo clínico por debajo de lo teórico, a diferencia de como se hace en la actualidad, según denuncia un cierto sector inclinado, no a favorecer más lo teórico que lo práctico, sino a devolver el sitial de privilegio a la práctica teórica, tan desvirtuada en estos tiempos. Freud advierte, no obstante, que no se resuelve en esta distinción nada que pueda inducir a considerar la construcción en psicoanálisis como la admisión del carácter arbitrario de su discurso, que no se presta para concluir que los prejuicios pasan inadvertidos o que la férrea voluntad del analista se impone sobre el mísero paciente. Si la construcción es errónea, no cabe otra cosa que admitir la equivocación –resuelve Freud-. ¿Qué otra cosa podría hacer? Ciertamente, ante esta interrogante es que Freud articula su posición ante la crítica al dogmatismo psicoanalítico del que nunca dejó de ser *acusado*. La acusación radica en que, amparados en los postulados de principio del discurso y los fundamentos teóricos, se ha dejado rienda suelta a

---

[287] Ídem.

la arbitrariedad dogmática del analista, pues aunque la terapia fracase en su objetivo, la teoría no hace sino confirmarse: si se logra la cura, es que se vencieron las resistencias, si fracasa en el intento es porque las resistencias se impusieron: "tails I win, heads you loose." Principio y política ésta de la que Freud, aunque la rechazaba y la negaba, se hacía partícipe sin mayores reservas. Tal es la suerte de la que no logra desprenderse la acusación de *sugestionar* a sus pacientes, de *inducirlos* a creer por verdad lo que no es sino una construcción creada en la relación analítica.

> "Ciertamente se ha exagerado mucho el peligro de que extraviemos a nuestro paciente sugestionándole para persuadirle de que acepte cosas que nosotros creemos que son, pero que él piensa que no. Un analista tendría que haberse comportado muy mal para que este infortunio le ocurriera; sobre todo habría de acusarse de no haber permitido al paciente decir su opinión. Puedo asegurar sin fanfarronería que este abuso de "sugestión" nunca ha ocurrido en mi práctica."[288]

Freud sugiere que esta lamentable situación pudiera tener lugar en el caso de que el analista no permitiese al paciente decir su "opinión". Pero la opinión del paciente es eso ante lo que el analista no puede ceder, pues de lo que trata el análisis es precisamente de *demostrar* que las opiniones que de sí mismo tiene el paciente son erróneas, y que el engaño al que vive sometido es la causa principal de su estado anímico perturbado, de su *enfermedad*. No solamente de olvido se compone la enfermedad sino de las *ilusiones* que de sí mismo tiene cada sujeto particular. De ahí que la aceptación de la opinión del paciente no pueda desprenderse de la permisividad a darla. De hecho, es a partir de la opinión del paciente, sobre su pasado y sobre las construcciones que nacen de la situación analítica, que es posible llegar al efecto del objetivo: hacer de una creencia sustituta la condición de la cura. La labor analítica no podría ser de otra manera, pues la sospecha, la desconfianza, la incredulidad, son sus principios de acción. Manteniendo la tensión permanente entre la verdad a descubrir y la construcción inevitable

---

[288] Ídem.

que condiciona toda posibilidad de cura, Freud describe una escena donde se condensa parte de esta *experiencia* analítica:

"Un simple 'sí' de un paciente no deja de ser ambiguo. En realidad puede significar que reconoce lo justo de la construcción que le ha sido presentada; pero también puede carecer de significado o incluso merece ser descrito como "hipócrita", puesto que puede ser conveniente para su resistencia hacer uso en sus circunstancias de un asentimiento para prolongar el ocultamiento de la verdad que no ha sido descubierta."[289]

La "interpretación" del "no" del cliente tampoco es diferente:

"Un 'no' de una persona en tratamiento analítico es tan ambiguo como un 'sí' y aún es de menos valor.[290]

Dos consideraciones me parecen pertinentes traer a propósito de este texto. La primera es que Freud reafirma el carácter de *incompletud* de las construcciones analíticas pero

---

[289] El 'sí' no tiene valor –sostiene Freud– a menos que sea seguido por confirmaciones indirectas, a menos que el paciente inmediatamente después de su 'sí' produzca nuevos recuerdos que completen y amplíen la construcción. Solamente en tal caso consideramos que el 'sí' se ha referido plenamente al sujeto que se discute. (Op.cit., p.3368)

[290] Y añade: "En algunos casos raros se ve que es la expresión de un legítimo disentimiento. Mucho más frecuentemente expresa una resistencia que ha podido ser evocada en el sujeto por la construcción presentada, pero que también puede proceder de algún otro factor de la compleja situación analítica... (…) Así, el 'no' de un paciente no constituye una evidencia de la corrección de una construcción, aunque es perfectamente compatible con ella. Como todas estas construcciones son incompletas y cubren solamente pequeños fragmentos de los sucesos olvidados, podemos suponer que el paciente no niega en realidad lo que se le ha dicho, sino que basa su contradicción en la parte que todavía no ha sido descubierta. Por lo regular no dará su asentimiento hasta que sepa la entera verdad, la cual con frecuencia es muy extensa. De modo que la única interpretación segura de su 'no' es que apunta a la incompletud; no hay duda de que la construcción no le ha dicho todo." (Ídem)

enseguida se devuelve a la incitación absolutista del discurso de la verdad, que supone que no ha sido *descubierta* aún. Lo que implica que mantiene la postura de que es una posibilidad real descubrir la verdad en términos absolutos. Pero ya no se trata de la primera verdad advertida antes en esta parte de mi escrito, sino de una verdad irreducible en esencia, que se supone ocultada y, por ende, descubrible. La distinción entre construcción y reconstrucción se disuelve en estas palabras, no por contradicción sino por voluntad del analista. Es retórica la contradicción, es el juego de la seducción por la palabra que se libra en la libertad de entrar y salir de los límites artificiales que ella misma se ha impuesto: "no hay duda de que la construcción no lo ha dicho todo." La totalidad de lo decible será correlativa al *descubrimiento* de la verdad, inconclusa aún pero posible, mientras el paciente permanezca asistiendo y consintiendo los términos del análisis. La verdad será en el lugar donde ambas partes consientan, cuando ambos se reconozcan en ella, en la construcción donde el paciente se sienta al fin satisfecho y el analista conforme con su labor. Nuevamente, las consideraciones de los efectos que sobre esa supuesta parte de verdad tiene la presencia del Otro, sigue devolviendo al poder de sugestión la mayor parte de la tarea...

> "Si un análisis está dominado por poderosos factores que imponen una reacción terapéutica negativa, tal como un sentimiento de culpabilidad, una necesidad masoquista de sufrimiento o repugnancia a recibir ayuda del psicoanalista, la conducta del paciente después de habérsele presentado una construcción hace con frecuencia muy fácil el que lleguemos a la decisión que estábamos buscando. (...) Si la construcción es mala, no hay cambios en el paciente; pero si es acertada o se aproxima a la verdad, reacciona a ella con una inequívoca agravación de sus síntomas y de su estado general..." [291]

A mi parecer, Freud no logra salir de la encerrona que él mismo ha provocado, pero su entrampamiento no se debe tanto a

---

[291] Op.cit., p.3370.

las razones de sus argumentos sino a la estructura misma del psicoanálisis, que no permite menos que dejar en la escena de la representación de su poder el carácter irremediablemente ambiguo de sus justificaciones éticas. Es la suerte a la que está condenada toda relación entre la teoría y la práctica, pues lo teórico no admite resolución definitiva del Ser, pero lo práctico empuja a poner punto final a un proceso que, en esencia, *es* interminable. De ahí la mayor dificultad de vencer en definitiva los hostigamientos y reproches morales sobre el trato a los pacientes. Y es que la moral no puede menos que permanecer resistiendo al psicoanálisis si es que acaso éste persiste en ofrecer cosas que, por pretenciosas, en realidad no puede conceder. No si la verdad, en su sentido clásico, permanece regulando el orden interior de la práctica teórica del psicoanálisis. Es este el sentido que permite libre acceso a los reproches de la moral, precisamente porque sus exigencias exceden la capacidad real del psicoanálisis para cumplirlas. Ante esta tensión, prolongada a lo largo del siglo XX hasta nuestros días, a Freud no le queda más que responder:

> "Podemos resumir la cuestión afirmando que no hay justificación para que se nos reproche que descuidamos e infravaloramos la importancia de la actitud de los sujetos sometidos a análisis ante nuestras construcciones. Prestamos atención a ella y a menudo obtenemos valiosas informaciones. (…) Pero esas reacciones por parte del paciente son raramente inequívocas y no proporcionan oportunidad para un juicio definitivo. Solamente el curso posterior del análisis nos faculta para decidir si nuestras construcciones son correctas o inútiles."[292]

Y, como buen retórico, insiste en persuadir estrechando en sus palabras la arrogancia de sus pretensiones:

> "No pretendemos que una construcción sea más que una conjetura que espera examen, confirmación o

---

[292] Op.cit., p.3379.

rechazo. No pretendemos estar en lo cierto, no exigimos una aceptación por parte del paciente ni discutimos con él si en principio la niega."[293]

Pero enseguida, como acostumbra a lo largo de su obra, no se resigna a admitir las limitaciones que por reproche *extranjero* puedan volcarse contra el psicoanálisis y devuelve plena autoridad a su poder discrecional, al del Otro legitimado para decidir, desde adentro, los términos como precise para resolver su condición:

> "Cómo ocurre esto en el proceso del análisis -el camino por el que una conjetura nuestra se transforma en la convicción del paciente- no hay que describirlo. Todo ello es familiar para cualquier analista por su experiencia diaria y se comprende sin dificultad."[294]

La dificultad es referida nuevamente a la *incomprensión* que sólo se resuelve mediante la *experiencia práctica* del analista. Apuesta ésta que lejos de resolverse en definitiva da lugar al choque incesante de posiciones dentro de la escena en propiedad copada por el *saber* de los analistas...

Asociar *libremente*, más que regla fundamental del psicoanálisis, orden de su Ley, queda relegada a un plano secundario en el acto de la construcción. El *reemplazo* producido como condición de la cura, dada la inaccesibilidad plena del recuerdo (según pretendido desde la teoría), supone la construcción de un efecto de verdad que corresponda a un "estado de madurez psíquica", es decir, que este *sustituto* viabilice su reinserción y acoplamiento dentro del orden dominante de la normalidad: "reeducar al sujeto" es la tarea política del psicoanálisis, asignada por Freud. Para tales efectos ideológicos, como ya Freud advertía, recordar no basta, por lo que la tarea imprescindible debe ser, pues, *construir* lo que falta. Según Braunstein, a propósito de este tema, la tarea de la construcción "lo que persigue es una imagen, una verosimilitud en la que se pueda tener confianza y que se muestre

---

[293] Ídem.

[294] Op.cit., p.3371.

como algo completo, no fragmentado."[295] Devolver al Sujeto a la ilusión de Unidad como condición de su estabilidad emocional, tal y como las filosofías del Ser *imaginan* desde siempre la constitución del Sujeto, pues en esa unidad es que pueden condensarse todas las exigencias morales de la cultura y materializarse los mandamientos de la Ley, justificarse las penas y castigos, las coerciones y re-presiones, las prohibiciones y censuras, las asignaciones de lugar, las obligaciones y responsabilidades, legitimarse, en fin, las inter-venciones disciplinarias del poderío normalizador: sólo en la unidad del sujeto puede tener pleno sentido y completa coherencia la tarea ideológica "reeducadora" de las ciencias del espíritu, como el psicoanálisis.

El deseo de Freud –señala Braunstein, refiriéndose al escrito citado en esta parte- explícito y manifiesto, configura el modelo del analista investigador de la historia subjetiva. Pero lo que sucede en estos tiempos donde acontece un progresivo menos-precio de la práctica teórica reflexiva, es que las *convicciones* de Freud se *desmienten* en otra parte, en el lugar de la aplicación *práctica* del psicoanálisis:

> "En nuestra época, la confianza en la cancelación de lo reprimido por medio de interpretaciones, en el valor de la reconstrucción histórica y en el llenado de las lagunas mnémicas ha cedido el paso a otros objetivos que pasan por cosas tan distintas como la reeducación emocional, el ofrecimiento de una narración verosímil y atractiva que otorgue un nuevo sentido a la vida del paciente..."[296]

Pero en verdad no me parece que ésta sea una suerte exclusiva de *nuestra época*, pues ya Freud había *legitimado* este particular modo de la "aplicación práctica":

---

[295] N.A.Braunstein; "Construcción, interpretación y desconstrucción en el psicoanálisis contemporáneo"; *Por los caminos de Freud*; Ediorial *Siglo XXI*, México, 2001.

[296] Op.cit., p.88.

"Con mucha frecuencia no logramos que el paciente recuerde lo que ha sido reprimido. En lugar de ello, si el análisis es llevado correctamente, *producimos en él una firme convicción de la verdad de la construcción* que logra el mismo resultado terapéutico que un recuerdo vuelto a evocar..."[297]

No es de extrañar, pues, que el desenvolvimiento histórico del psicoanálisis, toda vez que han sido liberadas las fuerzas más creativas de la imaginería analítica, esté caracterizado por el estallido de infinidad de vías cuyo objetivo singular es *la cura*. No debe extrañar, pues -como reconoce Braunstein- que:

"...todos los analistas encuentran siempre material confirmatorio para las interpretaciones que hacen según las teorías del inconsciente, por incompatibles que estas sean."[298]

Con este trasfondo –denuncia Braunstein- parecería que la teoría es un obstáculo prescindible y que debiera imperar en el campo del psicoanálisis un pragmatismo desvinculado del pensamiento.[299] Pero, aún cuando Freud, como es sabido, *advertía* insistentemente sobre los *peligros* de utilizar lo teórico como una receta de aplicación universal, es precisamente él quien *autoriza* la inventiva de los analistas y confiere rango de legitimidad a su poder discrecional con respecto de la teoría. La denuncia de Braunstein, o más bien su lamento, al parecer corresponde a una tradición de pensamiento particularmente dogmática, heredada tal vez de las filosofías modernas, que no consienten ni toleran la diversificación de perspectivas y menosprecian las fuerzas centrífugas que se desvían de la ilusoria matriz del poder centralizador atribuido a la Teoría, a partir de la cual interesa que puedan regularse efectivamente cada uno de los movimientos bajo sus dominios. Lo cierto es

---

[297] S.Freud; "Construcciones en Psicoanálisis"; op.cit., p.3371.

[298] N.A.Braunstein; op.cit., p.88.

[299] Ídem.

184

que lo que acontece en nuestros *posmodernos* tiempos coincide perfectamente con el espíritu de su crítica:

"Cada uno puede sostener lo que le venga en gana y nadie está en condiciones de probar nada. Todos dicen aplicar el mismo método y de él extraen conclusiones que concuerdan siempre con las concepciones que ya tenían desde antes."[300]

Ciertamente la *construcción* es la condición de todos los campos del saber, de la que el modelo teórico del psicoanálisis es parte, por lo que esta suerte no podría ser de otro modo, como pretende el positivismo más ingenuo, que pretende aprehender de la *experiencia* empírica la esencia irreducible de las cosas, entre las que la del espíritu humano ocupa su lugar. Freud, no obstante, coquetea entre ambos registros de la imaginería *científica* moderna, en ocasiones aferrándose a las ilusiones místicas del positivismo, en otras, al realismo mágico del constructivismo. El texto antes citado sobre cómo adviene el paciente al estado de una *convicción* sobre la verdad de su ser que se ajuste a su demanda de cura, es una muestra de este entrejuego. Pero como ya apunté antes, es en el lugar de la *coincidencia* con el discurso de la Autoridad donde esta convicción podría concretarse, en el efecto de verdad que debería producirse subjetivamente bajo el modo de una cura. No es el libre *decir*, ni la interpretación ni la transferencia, sino la fe, la condición del éxito clínico. Según Braunstein, dentro del modelo teórico freudiano (constructivista):

"Vencer las resistencias es admitir lo que el analista le dice como siendo su verdad."[301]

A la interpretación analítica, por regulación interna, debe precederle la relación de transferencia, por lo que el tema de la sugestión, indisociable de ésta, mantiene dentro de la dimensión teórica el mismo papel protagónico que en el escenario clínico:

---

[300] Ídem.

[301] Op.cit., p.90.

"...el problema es que habiendo la transferencia perdemos toda garantía o capacidad de probar la verdad de la interpretación."[302]

La posibilidad de aprehensión de la verdad de manera absoluta y definitiva, de acceso a ésta como esencia irreducible del ser, es puesta en entredicho, aún cuando la interpretación, irrespectivamente del contenido de la misma con relación a la verdad supuesta ocultada, pueda ser eficaz, como Freud ya había afirmado. Me permito repetir la cita por tercera vez:

"...si el análisis es llevado correctamente, *producimos en él una firme convicción de la verdad de la construcción* que logra el mismo resultado terapéutico que un recuerdo vuelto a evocar..."[303]

Braunstein cita un texto de John Klauber para testimoniar esta afirmación, que me parece pertinente trasladar aquí:

"La mente humana se satisface y en un sentido se cura con lo que ella siente como verdad. En el caso del psicoanálisis la verdad toma la forma de un sistema de explicación histórica. Puede haber historias mejores y peores, y puede haber sistemas históricos que satisfacen a los pacientes por su complejidad y su sutileza mientras que otros lo hacen por su simplicidad o su flexibilidad. Pero lo cierto es que casi todos los pacientes tienen necesidad de un sólido método de explicación histórica para quedar satisfechos, comprometerse con el tratamiento y curarse."[304]

La interpretación de la demanda del paciente en estos términos, como *reconocimiento* de la *necesidad* del sujeto, es parte de la

---

[302] Ídem.

[303] S.Freud; "Construcciones en Psicoanálisis"; op.cit., p.3371.

[304] J.Klauber; *La rencontre analytiqué. Ses difficultés* (1972) según citado en N.A.Braunstein ; op.cit., p.90.

propia construcción política de la legitimidad psicoanalítica. La representación del sujeto como objeto pasivo de la intervención del analista pertenece también al mismo registro ideológico, aún cuando la evaluación final del tratamiento sea positiva y ninguna de las partes se encuentre insatisfecha. La afirmación de que la construcción de una verdad, en tanto que creída, "satisface la mente humana", presenta un problema ético y político para ambos polos, el del médico y el del paciente. Klauber, al parecer se ve compelido a justificarse:

> "Los analistas viven de interpretación. Es ella la que resuelve nuestros problemas emocionales e inte-lectuales..."[305]

Este *reconocimiento* de la Autoridad del Otro a determinar en última instancia la verdad del Sujeto, Objeto de su mirada, de su intervención, es herencia de las tradiciones clásicas de las relaciones de poder inscritas bajo los dominios del Conocimiento, de la creencia en la existencia de un saber superior *tenido* por verdadero; efecto de una represión general que aparece en la superficie de la representación bajo los registros de la razón, la voluntad y la conciencia; la *interpretación* y la *experiencia*. La función de la construcción en el análisis -según Braunstein- es, como el mapa, orientar los pasos, pues la meta *consabida* –según Freud- es *reconstruir* el pasado. A propósito de esta distinción teórica entre la construcción y la reconstrucción, Braunstein sostiene que:

> "La construcción es una producción del analista (...) una ficción conveniente para organizar los datos de una vida y de una experiencia. (...) La reconstrucción supone un realismo del 'objeto psíquico' que estaría ya allí, despedazado pero listo para su restauración, verdadero y no ficticio..."[306]

Braunstein concluye que la reconstrucción corresponde a un modelo arqueológico mientras que la construcción es hermenéutica.

---

[305] Op.cit., p.91.

[306] N.A.Braunstein; op.cit., p.91.

La idea del pasado que se registra en ambas nociones –advierte– es diferente.[307] Tal vez. No obstante, convergen ambos registros en el orden de una misma práctica discursiva que se articula alrededor de la idea de verdad, y la convierten más que en una categoría que regula el orden del discurso psicoanalítico en un dispositivo que determina su práctica teórica. Pienso que, a pesar de las diferencias que puedan establecerse formalmente entre la mística de la reconstrucción y la arbitrariedad constructivista, eso que aparece como un recuerdo (*re*)*construido* no cesa de aparecer, precisamente, como una convicción de la verdad de la *construcción*. Herencia de las tradiciones filosóficas más ingenuas de Occidente, que suelen asociar a la mecánica del recuerdo, dentro del discurso del pasado, la verdad. Como si en verdad existiera una relación de reciprocidad entre el recuerdo y el pasado, y entre el *recuerdo* del pasado y la verdad. La construcción en el psicoanálisis produce la verdad, y el recuerdo es sólo el efecto de superficie de una *convicción* de que en verdad, entre eso que aparece como recuerdo y la verdad, existe una relación irrefutable: la verdad es el nombre del pasado, pero el pasado es una construcción, por tanto no pude ser *verdadero* (en el sentido clásico como la verdad se representa en Occidente.) Y no es por consideraciones relacionadas a la labor constructivista en sí, sino a las relacionadas con el material propio de las reconstrucciones, cuya esencia no puede ser disociada de los efectos de la relación analítica, respecto de la que no podría nunca establecerse la distinción entre la Verdad y la verdad que nace como efecto de la relación misma, de la sugestión, de la influencia del Otro, de la contaminación que implica siempre la presencia de algún Otro. Más aún, el espíritu de la sospecha filosófica, ética y política, no puede menos que prevenir sobre las tentaciones de la seducción analítica y no ceder sin reservas ante sus pretensiones de decir la verdad sobre lo verdadero del Ser. Braunstein, siguiendo los lineamientos teórico-políticos del "retorno a Freud" en clave lacaniana, radicalmente crítica pero insertada en los circuitos de las ilusiones emancipadoras del discurso mismo, sostiene:

---

[307] Ídem.

"No hay metalenguaje (...) y no podría ser el psicoanalista el que pretendiese decir la verdad sobre lo verdadero, ser el sujeto de un decir sin fallas, de un saber la verdad, de un enunciado que coincidiese en la enunciación, en síntesis, de una palabra plena... (...) ¿Por qué no pensar que en el psicoanálisis también hay núcleos de verdad y halos de error que reciben creencia y convicción por extensión desde los unos a los otros?"[308]

Freud ya se lamentaba de la dificultad de convencer sobre las enseñanzas del psicoanálisis en las demostraciones públicas o mediante escritos. Para *comprender* el psicoanálisis, insistía, debía de practicarse, de tener acceso directo a la experiencia del mismo, pues desde *afuera* resultaría *incomprensible* lo más esencial del mismo. La fe en el psicoanálisis debería, pues, ser una fe práctica, el psicoanalista un practicante de la fe y el sujeto un *creyente* en el orden de su práctica de fe. Según Braunstein:

"La idea que domina a todo lo largo de la obra de Freud es la idea de una posible recuperación total del saber que falta a la disposición del individuo, la de una eventual transparencia postanalítica del sujeto para consigo mismo. (...) Pese a todo, Freud sabe que tal empresa está destinada al fracaso (...) no hay restauración completa de lo reprimido y esto no por un defecto en la técnica sino por una razón de estructura (...): la represión originaria."[309]

Freud *reconoce* teóricamente la imposibilidad de tal empresa, que Braunstein condensa en estas palabras, en lenguaje *lacaniano*:

"La no disponibilidad de los significantes del goce renunciado, la imposibilidad del desciframiento de escrituras que se presentan a múltiples y contradictorias

---

[308] Op.cit., p.94.

[309] Op.cit., p.95.

lecturas, el límite de las verbalizaciones imposibles (...) las palabras que faltan a la verdad para ser dichas."[310]

La idea que Freud pretende *rescatar* del abismo abierto por la represión originaria –añade Braunstein– es la de una teoría que podría fundar construcciones que produzcan el sustituto de lo *perdido*. Y advierte enseguida que "el analista no podría decir la palabra que le falta al Otro, colmar las fallas en el saber del sujeto". Pero la inclusión del paciente por la palabra del analista al orden de la teoría, como el mito edípico, es, no obstante, la *construcción* más *engañosa* a la que el psicoanalista somete a su paciente, el lugar donde el espacio reconocido de una imposibilidad se troca risible para la voluntad de poder del analista. Es ahí, en el lugar inaccesible de la verdad, en la ilusión sentida de una falta, donde el discurso del psicoanálisis hace aparecer su *interpretación* como *descubrimiento* de una verdad, como *reconstrucción* de un pasado en el que el paciente debe *reconocerse* y conciliar en él su demanda. La pretendida *restauración* del pasado histórico del Sujeto supone la *devolución* a la unidad dispersa que perturba su ánimo y que ahora, dada la reconstrucción, le debería procurar sentido y coherencia a su vida. Práctica ésta que domina la escena psicoanalítica contemporánea y que, para Braunstein, el psicoanalista, más que objeto de sospecha lo es de la crítica:

> "Mitos, ficciones, novelas, semblantes, mentiras ¿piadosas?. Puede ser, sí, que el sujeto llegue a pedirnos una construcción más, distinta y mejor que la que ya conoce, para armar os trozos dispersos de la representación histórica de sí mismo. Puede ser, sí, que venga a confirmar con nosotros su inclusión dentro de algún mito, edípico u otro. Puede ser, sí, que nos tome como al chamán (...) que opera reintegrando al sujeto en el mito de su cultura, y que en el caso de nuestra cultura ese mito sea el freudiano, el del Edipo vienés."[311]

---

[310] Ídem.

[311] Op.cit., p.99.

Bien podría decirse –añade- que es para conseguir eso para lo que el paciente demanda la intervención del analista. Y enseguida descarga su (o)posición: "Que nos pida la construcción no significa que aceptemos darla. Más bien al contrario."[312] Y justifica su (im)postura:

"Pues la construcción cargada de sentido (histórico), organizadora de un relato coherente del pasado e integradora del sujeto a una visión trágica pero convencional de su vida en la colectividad no se hace contra la represión sino en su favor."[313]

De la fuerte tensión que provoca esta situación, Braunstein apunta dos opciones que se le presentan al analista:

"O se produce sentido por medio de las inter-pretaciones y las construcciones buscando el asenti-miento y la confirmación por parte del paciente, o se reduce el sentido desbaratando los reforzamientos imaginarios que éste conduce. O se construyen fantasmas y relatos históricos o se desconstruyen y se devuelve el carácter ficticio, fantasmático de los ya existentes."[314]

Ante esta disyuntiva, Braunstein devuelve a la escena del debate la interrogante medular de las tensiones que atraviesan el imaginario psicoanalítico desde sus inicios hasta nuestros días: ¿Para qué el psicoanálisis? Dentro de este contexto se pregunta:

"¿Y para qué se les desconstruiría, para qué demoler los fundamentos imaginarios de la existencia, para ofrecer qué a cambio?"[315]

---

[312] Ídem.

[313] Op.cit., p.100.

[314] Op.cit., p.102.

[315] Ídem.

La respuesta arraigada a las tradiciones vinculadas a la práctica constructivista, según ha descrito Braunstein, sería dada en estos *persuasivos* términos retóricos:

> "La novela familiar y el mito individual cumplen una función. La consistencia imaginaria suple a la inconsciencia simbólica. El Yo fuerte y reforzado por ciertas prácticas analíticas permite navegar por la vida. ¿Por qué desgarrar sus velas? Si las construcciones previas muestran su fragilidad, ¿por qué no reforzarlas o reemplazarlas por nuevas ficciones que tengan el aval de la presunta cientificidad respaldada por Freud?"[316]

Esta perspectiva domina la escena de la práctica analítica actualmente, según Braunstein. Esta mirada se posiciona desde de la premisa de que la "verdad histórica" no puede alcanzarse y si se alcanzase no podría probarse en el seno de la situación analítica ni de ninguna otra manera. Pero de todos modos –añade- reconocen la necesidad de las ficciones cargadas de sentido que den coherencia a la vida de alguien. Coincidiendo, pues, con Freud, acaban adoptando la idea de que la *convicción* del paciente es lo que importa, "aún cuando no puedan decir con la seguridad del maestro que esa convicción equivale a la verdad."[317] El saldo de esta lectura se condensa, a propósito de la perspectiva "práctica" impulsada por Freud, en estas palabras:

> "Queda en claro entonces que en Freud las construcciones no son la consecuencia del trabajo asociativo y de los recuerdos del analizante, sino que son un producto preliminar del trabajo del analista que las produce y las entrega..."[318]

---

[316] Op.cit., p.103.

[317] Ídem.

[318] Op.cit., p.106.

Esta construcción –reitera más adelante- no se hace en función de los materiales aportados por el paciente sino a partir de la teoría, en particular, de la teoría de Edipo.[319] Braunstein adopta las impugnaciones que se desprenden de la lectura de Lacan a este tipo de "interpretaciones", aceptando la falsificación inherente de toda presunta reconstrucción del pasado olvidado.[320] Pero enseguida advierte que este *reconocimiento* no debe suponer la ignorancia del papel que juega la memoria dentro de la práctica analítica, sino que se debe *reconocer* su valor primario para la misma. El analista *escucha* y merced a la transferencia, debe hacerla objeto incluido en un lugar expectante de esa historia, sin ignorar, pues, que la situación analítica en su conjunto (la presencia del Otro, lo dicho y lo omitido, la interpretación, la sugestión, las resistencias, etc.) la condicionan constantemente. En sus palabras:

"Que surjan mil espejismos, que florezca el fantasma (...) que se armen veinte y cien novelas y epopeyas. Esa es la sustancia y la médula del tratamiento... la puesta en marcha de todas las modalidades de la alineación... para no *ratificarlas*, para desarmarlas... (...) Pues hay antinomia entre el sentido y la verdad, ya que el sentido excluye lo real y lo real, por no poder darse, hace que la verdad sólo a medias pueda mostrarse (...) La verdad del sujeto está en lo que falta a todo posible decir y lo que hace que cualquier pretensión de aprisionarla entre en el campo de la impostura. No otra cosa puede ofrecerse a quien se analiza. No 'una nueva verdad', sustitutiva de la anterior obsoleta y descartable, sino la consunción de los espejismos hasta el punto de habitar en un espacio más allá del fantasma y del sentido."[321]

El objetivo del psicoanálisis no puede ser el mismo que el de la teología -sostiene Braunstein- por lo que sostiene en su tesis que la construcción no es la reconstrucción de un pasado olvidado sino

---

[319] Op.cit., p.108.

[320] Op.cit., p.109.

[321] Op.cit., p.110.

pro-posición de un fantasma, avalado por la autoridad transferencial, que viene a reforzar y no a disolver el poder del Otro.[322] Y muy cierto es que el poder del Otro no se disuelve, tampoco simplemente se refuerza sino que se consagra dentro de las prácticas disciplinarias del poderío normalizador moderno. Prácticas cuyo encargo político, desde su aparición en los estadios iniciales del capitalismo en su fase industrial, no era otro que el de procurar hacer más efectivos los dispositivos de dominación del régimen imperial del poderío normalizador moderno, regados por todo el espectro de la vida social e impuestos sobre cada sujeto singular bajo el modo de una represión general, constante a lo largo de toda su existencia. El psicoanálisis aparece en este escenario, pues, como pieza de las tecnologías de subyugación ideológica, claves para el proyecto político de la modernidad en general; cumpliendo la función precisa de domesticar (reeducar, remoralizar, normalizar) a los sujetos, y procurar su *reinserción* dentro los modos de vida requeridos para efectos de conservación y perpetuación de sus dominios sobre la vida humana...

La práctica clínica del psicoanálisis sigue siendo hoy, aunque entre variaciones significativas de entre sus intérpretes, una actuación montada para el gran escenario de la modernidad; el libreto compartido, repetido y vuelto a repetir, sigue siendo el destino (in)soportable del Hombre, llevadero sólo al precio de mantener vivas las llamas de la Ilusión. Llamas que iluminan los más oscuros caminos, pero siempre a riesgo de que una ventisca sople desprevenidamente y, quizá mientras duerme, el fuego cambie de dirección y calcine su cuerpo desde lo más profundo de sus adentros. Pero el psicoanálisis de Freud no es literatura, tampoco poesía o cuento; se niega a sí mismo a reconocerse como filosofía, aunque *busca* formalmente *consolar* como gran parte de ella; tampoco es un sucedáneo de la religión, aunque ante la duda exija ser creído por fe como ella, y sobre cuestiones de fe y sus faltas traten gran parte de sus temas; el psicoanálisis es lo que dice ser, una ciencia, una ciencia del espíritu humano, una disciplina del alma, un sofisticado dispositivo de la represión que hace posible la reproducción de la vida social resignada consigo misma. Ahí la matriz y pertinencia de gran parte de mis sospechas...

---

[322] Ídem.

Parte IV

Aporías del discurso psicoanalítico

"No se sabe suficientemente lo que una palabra,
una sola palabra,
puede dañar a sí mismo y a los demás;
y este daño casi siempre es irreparable."
Lamennais

Parte IV

Aporías del discurso psicoanalítico
(Reflexiones en torno al régimen de verdad del psicoanálisis)

> "Del mismo modo que nadie puede ser obligado a creer,
> tampoco puede forzarse a nadie a no creer. (...)
> La ignorancia es la ignorancia,
> y no es posible derivar de ella un derecho a creer algo."[323]
> *S.Freud*

> "Lo cierto es que la verdad no puede ser tolerante,
> que no admite transacciones ni restricciones,
> y que la investigación considera como dominio propio
> todos los sectores de la actividad humana
> y tiene que mostrarse implacablemente crítica
> cuando otro poder quiere apropiarse parte de ellos."[324]
> *S.Freud*

> "...nuestra firme convicción
> acabará con vencer toda resistencia"
> *S.Freud*

La "experiencia" y la razón de la fe en el psicoanálisis

La virtud de la fe es que no depende, para darse plenamente, de otra cosa que de ella misma; es una creencia y como tal no necesita otro fundamento que la creencia en sí misma; no necesita pruebas que la sustenten, por ello puede prescindir de ponerse a prueba a sí misma y desentenderse de las dudas que sobre ella puedan tener los demás; pues está complacida con la seguridad de que, en verdad, es ella lo más concreto y firme que tiene ante la realidad de la vida, la matriz de su coherencia y la fuente primordial de sus sentidos. Tal es la condición de autoridad de la teoría psico-analítica, como de cualquier otra teoría de pretensiones omni-

---

[323] S.Freud; "El porvenir de una ilusión" (1927); en *Obras Completas* (Tomo III); op.cit., p.2961-2992.

[324] S.Freud; "Nuevas lecciones introductorias al psicoanálisis" (1932-33); en *Obras Completas* (Tomo III); op.cit., p.3191.

comprensivas: se cree en ella, es ese el fundamento místico de su autoridad. Algo de misticismo, de religiosidad, de actitud creyente, de disposición a creer y cierta entrega a la creencia, subyace el gran teatro de lo real que pretenden representar las teorías del Ser, las ciencias del espíritu, ya sea sobre sus superficialidades o ya sobre sus profundidades sin fondo... siempre *sobre* su objeto a ser intervenido, encima de él por ordenamiento de su jerarquía, como autoridad o valor superior. Relación de dominación sobre el objeto de su mirada, de su poder, de su verdad, de su teoría, de su creencia; relación de poder representada bajo el eufemismo de un conocimiento: el conocimiento del psicoanálisis. La *experiencia* es el modo de su primera justificación, fundamento de su existencia y legitimidad de sus prácticas; dispositivo ideológico normalizador y signo, a la vez, de su voluntad de poder, de dominación...

En el discurso psicoanalítico la experiencia clínica aparece como el principio de sus fundamentos y el fundamento de sus principios, que a la vez se convierten de inmediato en finalidad de sus prácticas, en objetivo de sus dominios: fuente primordial de la "firme convicción" que se precisa para "vencer toda resistencia". Primero, pues, la experiencia de las resistencias, enseguida la experiencia de la interpretación, que no se limita a darse simplemente como una hermenéutica sino que va más allá, pues no se limita a *aprehender* el sentido de un *texto* eventualmente deformado, sino también el sentido de la *deformación* del texto[325], la función de la (de)formación. La interpretación analítica asume *la experiencia* de sí misma como matriz de su aparición, como condición de su existencia, pero no la cuestiona, cree en ella como signo de autoridad, la modula de acuerdo a sus propias exigencias teóricas y requerimientos metodológicos, a su técnica, que no tiene otro fundamento que la experiencia misma sobre sí. La *experiencia* es la matriz mítica del discurso psicoanalítico y, a la vez, la fe en ella, el fundamento místico de su autoridad.

¿Qué posición estratégica ocupa, dentro del discurso psicoanalítico, la categoría "experiencia"? Sabido es que se sitúa en el orden interior de su racionalidad como signo de autoridad, pero, ¿qué criterios la constituyen como referente de su propia autoridad?

---

[325] J.Habermas; *Conocimiento e interés*; Editorial *Taurus*; Madrid, 1982; p.221.

¿Con relación a qué otros signos la experiencia del psicoanálisis es juzgada de mayor valor que otras situadas en las *afueras* de sus dominios? ¿Qué relación de poder legitima "la experiencia analítica" como posición privilegiada del saber? Si la experiencia es signo de la autoridad del saber psicoanalítico, entonces, ¿acaso no se desborda como referente fundacional en el acto mismo de la experiencia, toda vez que ésta no constituye en sí misma una práctica de sentido universal, unívoca, definida y definitiva sino, cuando más, refiere siempre a una práctica subjetiva y abierta, singular, indeterminada y contingente? ¿A qué otros signos encadena el orden de sus sentidos? ¿A la técnica? ¿A las reglas de su propio juego? ¿A la disciplina? ¿Al orden de su propia Ley? ¿Qué función precisa juega "la experiencia" y con relación a qué? ¿Qué autoriza? ¿Qué legitima? ¿A qué concede derecho de existencia? ¿Qué juzga? ¿Para qué?

De entre las resistencias más radicales al discurso del psicoanálisis, la crítica a los modos como construye su régimen de verdad permanece como un problema irresoluble que ha atravesado la historia de los movimientos del psicoanálisis durante todo el siglo XX y promete extenderse en el devenir de este siglo. La exigencia de verificabilidad de sus descubrimientos, el reproche de dudosa cientificidad, reside precisamente en que las *resistencias* se articulan como tales porque no pueden creer sin reservas ni miramientos, porque los referentes de sus creencias están en otras partes, en la experiencia sensible, quizá, antes que en la experiencia especulativa; en la creencia en la apariencia positiva de lo real antes que en la abstracción teórica, como ya he apuntado anteriormente. El problema de la Verdad del psicoanálisis permanece como semblante de su actual condición de existencia. Sus más fieles seguidores, atrincherados en las creencias que dieron paso a su aparición originaria, insisten en reproducir el discurso del psicoanálisis en los mismos términos originarios, sin cuestionar ni reflexionar sobre sus fundamentos. Dentro de este contexto, las revisiones y críticas más radicales al fundamentalismo psicoanalítico, aún dentro del psico-análisis mismo, han llegado a conclusiones tales como que Freud, teniendo material clínico suficiente para diagnosticar las causas de los males de sus pacientes, lo manipulaba para hacerlo encajar cómodamente en sus teorías antes que dirigirlo en función de la cura.[326] Ambos polos, que de una parte confirman la validez y pertinencia de la *experiencia* de Freud como fundamento de la práctica psicoanalítica, y de otra *demuestran* con otras *evidencias* absolutamente lo contrario, siguen teniendo el signo de la experiencia como el fundamento irreducible de la verdad sobre el psicoanálisis, ya puesta en función de sus intereses originarios o ya para justificar transformaciones radicales en su interior. Sobre ambos extremos, los términos como son representados en su devenir histórico, los movimientos centralizadores como las fuerzas centrífugas que desde estas representaciones se activan, sus contradicciones y convergencias dentro del orden del discurso-régimen de verdad en el que se inscriben, concentraré las siguientes reflexiones...

Hermenéutica psicoanalítica / *experiencia* "autoreflexiva"

La teoría psicoanalítica inaugurada por Freud ha corrido a lo largo del siglo XX toda suerte de modulaciones y adaptaciones a un sin fin de campos discursivos, de entre los que ciertas filosofías, antes que sentirse ofendidas por sus críticas mordaces, las han moldeado y puesto en función de sus prácticas especulativas. Tal es el caso, entre quienes gozan de mayor reconocimiento y prestigio, el de Jurgen Habermas, quien ha procurado hacer una lectura del psicoanálisis de Freud y encuadrarlo dentro del campo de su propio interés, que ciertamente no es la práctica terapéutica. Habermas *define* la práctica interpretativa del psicoanálisis o, en sus términos, la *hermenéutica psicoanalítica* (*de lo profundo*), de este modo:

"Pertenece al dominio objetual de la hermenéutica de lo profundo todas las situaciones en las que el texto de nuestros juegos cotidianos de lenguaje, en razón de perturbaciones internas, es interrumpido por símbolos incomprensibles. Esos símbolos resultan incomprensibles porque no obedecen a las reglas gramaticales del

---

[326] Véase, por ejemplo, entre los trabajos más recientes y citados en la primera parte de este trabajo, a L.Breger: *Freud: el genio y sus sombras* (2001) o a R.Webster; *Por qué Freud estaba equivocado* (2002).

lenguaje ordinario, a las normas de la acción y a los modelos de expresión adquiridos culturalmente."[327]

Ciertamente esta *definición* puede *identificarse* en alguna medida a la articulada por Freud, aunque más cierto aún es que Freud no redujo nunca las manifestaciones de lo inconsciente a la estructura de las reglas gramaticales del lenguaje ordinario, ni siquiera como analogía, aunque sí tuvo ocasión de establecer ciertas comparaciones relacionadas a las asociaciones simbólicas, distorsionadas en lo inconsciente pero no por ello menos ordinarias. Pero lo que intereso acentuar ahora es que, como él mismo sostenía, el psicoanálisis no se limita exclusivamente al ámbito clínico, pues no es sólo en los casos de "enfermos mentales" donde se manifiestan los *síntomas* de las "perturbaciones interiores" sino en la gente del común, sometida irremediablemente a vivir la vida dentro de las condiciones insensibles de lo social. Al registro de lo *normal*, pues, irrespectivamente de la coherencia de sus "expresiones gramaticales" (según requerimientos "ordinarios" o "culturales" de *normalidad*) pertenece también el dominio de las "perturbaciones internas." Durante el transcurso del siglo XX los movimientos filosóficos moralistas no estuvieron nunca ausentes de la escena de la producción del *saber* cultural, y ha habido, entre ellos, quienes han optado por ajustar sus particulares propósitos dentro del marco conceptual del psicoanálisis. Tarea ésta que no sería muy difícil, pues el propio Freud, sin caer en tales tentaciones, se inclinaba a favorecer implícitamente la tarea de enmendar las limitaciones del discurso de la moral y reconfigurarlo a partir de las aportaciones *críticas* del conocimiento psicoanalítico. Aunque siempre prefirió representar estas inclinaciones antes que a favor de la moral a favor de la *educación*, por consideraciones prácticas y estratégicas. Habermas, a mi entender, pertenece a este movimiento de filósofos moralistas que, como sucede con la historia del psicoanálisis, también es un movimiento fragmentado, incluso hasta contradictorio internamente. Lo cierto es que, como es común entre estos movimientos, procuran inscribir a Freud dentro de sus objetivos estratégicos, o bien políticos. Sobre este particular daré cuenta en otra parte, pues mi interés inmediato es identificar dónde, dentro

---

[327] J.Habermas; *Conocimiento e interés*; op.cit., p.227.

del discurso del psicoanálisis, esta tarea *encuentra* sus fundamentos y en función de qué objetivo estratégico los activan. Es en la práctica de interpretación analítica, según descrita por Freud, donde Habermas sitúa el enclave de este movimiento:

> "La hermenéutica psicoanalítica, por consiguiente, no tiene por objetivo, como la de las ciencias del espíritu, la comprensión de contextos simbólicos en general, sino que el acto de comprensión al que conduce es autoreflexión."[328]

El conocimiento psicoanalítico pertenece al tipo de la *autoreflexión* –sostiene Habermas- pues el tratamiento analítico no puede ser determinado sin referencia a la *experiencia* de la reflexión.[329] La tarea fundamental de la "hermenéutica psico-analítica" es, según Freud, la "traducción de lo inconsciente en consciente" y, como él mismo sostiene, las represiones sólo pueden ser superadas en virtud de una reflexión. Según Freud –citado por Habermas-:

> "Se puede decir que la tarea del tratamiento es la eliminación de las amnesias. Cuando todas las lagunas del recuerdo han sido colmadas, todas las reacciones enigmáticas de la vida psíquica explicadas, se hace imposible la continuación o la reproducción de la dolencia."[330]

Punto de partida de la teoría es la experiencia de la resistencia, es decir, de esa fuerza de bloqueo que se contrapone a la comunicación libre y pública de los contenidos reprimidos – sostiene Habermas-. La operación analítica de hacer consciente estos contenidos –añade- se revela como un proceso de reflexión, que no sólo es un proceso a nivel cognoscitivo, sino que al mismo

---

[328] Op.cit., p.229.

[329] Ídem.

[330] S.Freud; según citado por J.Habermas; op.cit., p.229.

tiempo disuelve resistencias a nivel afectivo. Pero advierte enseguida que la simple comunicación de informaciones y la designación de las resistencias carece de ningún efecto terapéutico.

> "Hace ya mucho tiempo que se ha superado la idea, basada en una apariencia puramente superficial, de que el enfermo sufre a consecuencia de una especie de ignorancia, y que cuando se pone fin a la misma, comunicándole determinados datos sobre las relaciones causales de su enfermedad con su vida y sobre sus experiencias infantiles, etc., no tiene más remedio que curar. El factor patógeno no es la ignorancia misma, sino las *resistencias internas* de las cuales depende, que le han provocado y le hacen perdurar. (…) La labor de la terapia es precisamente combatir estas resistencias. La comunicación de aquello que el enfermo ignora, por haberlo reprimido, no es más que una de las preparaciones necesarias para la terapia."[331]

El trabajo del psicoanalista –según Habermas- parece coincidir inicialmente con el del historiador o, más exactamente, con el del arqueólogo[332], pues su tarea consiste en la reconstrucción de la historia del primer período de la vida del paciente; es un

---

[331] Ídem.

[332] Esta metáfora Freud la utiliza para enfrentar una crítica, según él peyorativa e injusta, de que la técnica analítica, al proporcionar interpretaciones a un paciente es tratada según el famoso principio de "heads I win, tails you lose." Es decir, que si el paciente está de acuerdo, la interpretación es acertada; si lo contradice, es un signo de su resistencia, lo cual demuestra también que el psicoanálisis está en lo cierto; de modo tal que siempre tenemos razón frente al pobre diablo inerme al que estamos analizando, independientemente de lo que responda a lo que le presentamos. Ahora bien –responde- como en realidad es cierto que un "no" de uno de nuestros pacientes no es en general bastante para hacernos abandonar una interpretación como incorrecta, tal revelación sobre la naturaleza de nuestra técnica ha sido muy bien recibida por los enemigos del psicoanálisis. Por tanto, procede a *explicar* cómo acostumbra la técnica analítica a llegar a la aceptación del "sí" o del "no" de sus pacientes durante el tratamiento psicoanalítico, de la expresión de su aceptación o de la negativa. (S.Freud; "Construcciones en psicoanálisis" (1937); en *Obras Completas* (Tomo III); op.cit., p.3365)

trabajo de reconstrucción de un acontecimiento olvidado, de una historia.[333] Según él, como Freud, "sólo" el recuerdo del paciente *decide* sobre la validez de la construcción; si este es correcto, debe hacer posible el 'resurgir' también para el paciente de un trozo de historia perdida... o bien poder abrir el camino a la autoreflexión.[334] Debe poder cambiar la dinámica de la represión, de forma que no actúe a favor de la estabilización de la resistencia, sino de su disolución crítica.[335] Hasta aquí, se ha limitado a reproducir casi de manera intacta la metodología analítica y los fundamentos teóricos sobre los que basa Freud la práctica de la interpretación. El énfasis, sin embargo, lo ha puesto adrede sobre la cuestión de la *experiencia* de "autoreflexión" como objetivo del análisis y condición de la cura. Si bien reconoce que el punto de partida de la teoría es la "experiencia de la resistencia", el punto de partida de su objetivo es la acentuación a propósito de la *reflexión*.

Contrario a lo que advierte Freud (citado por él mismo), Habermas concluye que el análisis tiene consecuencias terapéuticas inmediatas, dado que la superación crítica de las barreras de la conciencia y la penetración de falsas objetivaciones da lugar a la apropiación de un fragmento perdido de la propia biografía, anulando de este modo el proceso de escisión. De ahí que afirme que el conocimiento analítico sea autoreflexión.[336] Habermas considera, o más bien da por sentado, que el análisis es siempre efectivo o que opera como una unidad terapéutica con idénticos resultados clínicos. Tomando al pie de la letra la teoría de Freud y repitiéndola en sus propios términos, cree que mediante una relación de causalidad la terapia analítica logra la "superación de las

---

[333] J.Habermas; op.cit., p.230.

[334] Ídem.

[335] La disposición de la experiencia en la situación analítica consiste –según Habermas- por una parte, en debilitar los mecanismos de defensa mediante la disminución de los controles conscientes (relajación, asociaciones libres, comunicación sin cortapisas) y por consiguiente, en reforzar la necesidad de puesta en escena; pero, por otra parte, en dejar actuar estas reacciones de repetición en presencia de un interlocutor retraído que virtualiza el caso de conflicto, y con ello dejarlas actuar sobre el paciente mismo. (Op.cit., p. 232)

[336] Op.cit., p.233.

barreras de la conciencia" y "la penetración de falsas objetivaciones"; que en realidad "aparece" a la conciencia un fragmento de la historia personal que estaba *perdido* en el interior bajo la apariencia de un olvido. La síntesis clásica para describir las patologías *superadas* por la terapia, en clave freudiana, es la siguiente:

> "Los síntomas pueden ser entendidos como el resultado de un compromiso entre los deseos rechazados de origen infantil y las prohibiciones de su satisfacción impuestas por la sociedad."[337]

Las patologías, pues, tienen su origen en la represión ejercida por instancias sociales –concluye Habermas-. Esta presión externa – añade- es reemplazada y mantenida por el mecanismo de defensa intrapsíquica de una instancia erigida interiormente que conduce a compromisos a largo plazo con las exigencias de la parte separada, a lo que se llega al precio de la coacción patológica o el autoengaño.[338] Una brecha se abre entre la crítica aparente a cómo las modalidades de las fuerzas sociales represivas afectan a los sujetos bajo sus dominios en el instante donde ésta se fusiona con la manía filosófica política de señalar al sujeto mismo como responsable de todo cuanto acontece sobre su ser, sobre su existencia. Este hábito intelectual opera en función de los mecanismos represivos con ánimo disciplinario, normalizador, bajo la modalidad ideológica de lo Moral, que es, sin duda, el lenguaje *suave* de la Ley...

La imputación de "responsabilidad" / poder disciplinario de la Moral

Dejando intactos los términos teóricos dispuestos, ordenados y fijados por Freud, Habermas sostiene que el paciente *debe* mostrarse presto para asumir de alguna manera la responsabilidad de la enfermedad, una "responsabilidad ética hacia el contenido de la enfermedad". Para sostener su interpretación se remite enseguida a las palabras de Freud, quien se remite a la *experiencia* del sueño

---

[337] Op.cit., p.227.

[338] Op.cit., p.233.

para suscribirse a esta "exigencia ética", que es la *responsabilidad* sobre uno mismo, extensiva a todo el ámbito de la vida normal:

> "Evidentemente, se nos debe responsabilizar por los impulsos dañinos de los sueños propios (...) Si el contenido del sueño no es sugerencia de espíritus extraños, entonces es una parte de mi ser. (...) Si quiero clasificar las tensiones presentes en mí, según los criterios sociales, en buenas y malas, debo entonces asumir la responsabilidad de ambas, y si digo en defensa que lo que es en sí desconocido, inconsciente y segregado no es mi 'Yo', entonces no estoy en el terreno del psicoanálisis, no acepto sus explicaciones y puede que me abran los ojos las críticas de mis semejantes, las perturbaciones de mis acciones y el desorden de mis sentimientos."[339]

Es a un juicio moral a lo que se somete el sujeto analizado, pues el analista le exige, como un juez, que reconozca como *responsabilidad* eso de lo que, en gran parte, no ha tenido opción real a escoger: lo Social. Las "críticas de sus semejantes" ya suponen estar armadas de reproche y desaprobación; A todas cuentas, ¿"semejantes" a quién? No al paciente, pues ya ha sido señalado como *diferente*, fuera de lo *normal*, enfermo; entonces, ¿semejante a quién? A los valores sociales, a las exigencias morales, a la Ley. Pues, ¿a quién "perturban sus acciones" sino al Otro, internalizado como un sentimiento de culpa? ¿A sí mismo en cuanto es rechazado por sus "semejantes" (que en realidad no lo son), cuando pasa la raya de la normalidad? "Desorden de *mis* sentimientos": A partir de un *Orden* cuyas exigencias están muy por encima de a quienes se les exige sometimiento; Orden de lo Social infranqueable; principio de realidad, como la Ley, incompasivo; Moral que exige demasiado y que no compensa los sufrimientos que ocasiona; insatisfacible, incomplacible...

---

[339] S.Freud, "La responsabilidad moral por los contenidos del sueño"(1925); en *Obras Completas* (Tomo III); op.cit., pp.2893-95. Citado en Habermas en Op.cit., p.235.

Freud, aunque no exime de responsabilidad la exterioridad constitutiva del Ser (el Orden de la Ley-principio de realidad), la libra de toda culpa y dicta sentencia sobre el acusado, que es el Sujeto, más allá de la ilusión de su propia mismidad, de su Yo, autocentrado en su conciencia, unitario, sujeto indivisible: Individuo; de ahí que el sentimiento de culpa, como toda estrategia de poder vinculada a la racionalidad estratégica de la Ley, no pueda prescindir de la exigencia moral, del reclamo a asumir la responsabilidad de los actos. El psicoanálisis es una ciencia indicativa, señala con el dedo índice de su moralidad acusativa al sujeto-individuo, que se sale de la sociedad, al desviado, al anormal; como la lógica del Derecho en cuanto que rectitud frente a lo torcido, a lo desviado. Derecho y Normalidad se condensan en la exigencia de la Ley; en la Ley se condensan los requerimientos políticos de la normalidad social; el Enfermo y el Delincuente pertenecen al mismo registro de la racionalidad imperial de la Ley, que exige obediencia incondicional a todos sus mandamientos; ante la Ley el sujeto es el responsable de sus actos, conscientes o inconscientes: ahí la justificación de sus penas.

La Moral exige cumplimiento de sus mandamientos con la misma arrogancia de la Ley, aunque sus fuerzas actúan en otros dominios del Ser, en su conciencia, como hostigamiento psicológico, como reproche, en la violencia de hacer sentir culpable al sujeto-individuo de su incapacidad de cumplir por sí mismo las exigencias de la Ley o de la Moral. Tema éste sobre que seguiré tratando en distintas partes de este trabajo. Baste subrayar por ahora que Habermas no pone en cuestionamiento los fundamentos del discurso de Freud sino que los repite acríticamente y sin reservas, concluyendo que dado que el psicoanálisis pretende del enfermo la "experiencia de la autorreflexión", exige una responsabilidad ética hacia el contenido de la enfermedad. Su postura, similar a la que promovería el filósofo moralista Lévinas[340], se basa en lo siguiente: en que el *reconocimiento* al que debe conducir el psicoanálisis es que el Yo del paciente se reconozca en su otro, representado por la enfermedad, (pues la enfermedad no es sino el modo de representación de las exigencias morales de la cultura y la sociedad,

---

[340] Sobre esta comparación, me baso en mi trabajo *Emmanuel Lévinas: ética para una filosofía de la sujeción —o el rostro de una huella de sumisión-* presentado como trabajo final para el curso doctoral *Humanismo y ética*, en mayo de 2002.

insatisfechas y penando por ello en la enfermedad) y se identifique con él.[341] Es decir, que se juzgue a sí mismo a partir de lo que el Otro (lo cultural, lo social, la moral o la Ley) esperan y exigen de él. Admitir su condición de subordinado a la Ley cultural: sumisión voluntaria e incondicional a sus exigencias, a sus mandamientos; a sus criterios de "bueno y de malo"; como abogaba el moralista Kant y los filósofos que repetían sus credos...

Habermas, como hiciera Freud, *identifica* al sujeto enfermo con el criminal, pone ambas categorías en el juego retórico de una analogía. Para dar cuenta de ello, no se remite a Freud mismo sino al filósofo político-moralista Hegel, para quien el criminal *reconoce* en su víctima su propia esencia corrompida, autorreflexión a través de la cual las partes abstractamente escindidas reconocen la totalidad ética destruida como fundamento común, y con ello vuelven a él. El conocimiento analítico es al mismo tiempo un conocimiento ético – concluye Habermas-.[342] La pretendida absorción del discurso moral al psicoanálisis es acentuada en estos términos, referenciados en Freud, para hacer responsable al sujeto de su condición de existencia. El analista juega el papel de juez de la moral en el instante en que exige al sujeto-individuo que se responsabilice de lo que acontece en él, aún cuanto lo acontecido estuviera fuera del control del propio sujeto. La enfermedad, si bien aparece dentro del discurso del psicoanálisis como el efecto condensado en el Ser de las exigencias exteriores a él, que por la imposibilidad de cumplirlas efectivamente han perturbado su interioridad, como un auto-castigo, un sentimiento de culpa ante una imposibilidad exigida sin reservas, indiferencialmente, como la Ley, a todos por igual, cumple, no obstante, la finalidad normalizadora que Freud había determinado desde un principio para la práctica clínica. La *experiencia* deja de ser experiencia de lo indeterminado sino que lo es de una práctica que responde en conjunto a una tecnología del poder normalizador de la cultura política dominante. La autorreflexión, que debe ser el saldo de esta experiencia, condición de la cura, no es sino admisión de la responsabilidad moral ante el Otro, es decir, el eufemismo de la culpa, fundamento racional del castigo como valor indisoluble de la vida social. Un doble movimiento de subyugación

---

[341] J.Habermas; *Conocimiento e interés*; op.cit., p.235.

[342] Ídem.

208

ideológica se opera en el juicio que sobre sí mismo se practica durante la terapia analítica: admisión de la culpa (bajo el modo de una responsabilidad) y resignación ante las miserias de la vida (bajo el registro de una reflexión sobre sí mismo). Ambos movimientos se condensan en el signo de la *experiencia*, matriz ésta de la condición de la cura, que puede traducirse como reintegración del sujeto al imaginario social de la Normalidad.

Eficacia política de la ambigüedad epistemológica

El imaginario psicoanalítico está atravesado por fuerzas en pugna, irreconciliables entre sí, que definen los términos de la normalidad, dada la condición polisémica de esta categoría, a partir de las exigencias regulativas que precisan al sujeto intervenido en sus dominios. La normalidad a la que Freud estimula a sus pacientes está construida por criterios que varían someramente entre cada experiencia analítica, dadas las capacidades de "integración social" (adaptación, domesticación, encuadramiento) de cada sujeto desde su singularidad. No me detendré a dar cuenta de ello, pues parto de la premisa de que es en su efecto de conjunto, en el requerimiento de reintegración a la normalidad de la vida social, donde se materializa con mayor precisión las prácticas de subyugación ideológica y dominación política de las que el discurso del psicoanálisis, más allá de sus diferencias metodológicas, es partícipe.[343] Teniendo en consideración este punto de convergencia, que trasciende las diferencias entre las variantes del psicoanálisis, me parece pertinente subrayar que precisamente porque todas refieren su objeto de análisis a esta categoría, que regula los términos de su discurso a pesar de su relativa ambigüedad teórica, es a partir de esta condición de ambigüedad lo que permite a cada analista acercase y abrazarse a las exigencias morales antes que confrontarlas, reflexionar sobre ellas o cuestionarlas críticamente.

No obstante este punto de coincidencia general, a la práctica psicoanalítica de Freud se le ha reprochado una cierta insensibilidad con relación al trato de sus pacientes, quienes aparecen en la escena de la crítica como objetos experimentales

---

[343] De todos modos, una relativa definición vinculada a los términos como el psicoanálisis utiliza de manera general la categoría normalidad aparece en B.E.Moore y B.D.Fine; *Términos y conceptos psicoanalíticos*; op.cit., pp.279-82.

antes que como personas que sienten y padecen. Es sobre este tema que me detendré brevemente, pues me parece pertinente para el objeto de estas reflexiones mirar cómo Freud representaba en sus teorías al sujeto y cómo, a partir de éstas, era dado el encargo de la práctica analítica más allá de la labor terapéutica.

La "crítica" psicobiográfica: reajustes ideológicos y políticos

> "A los hombres poderosos
> les cuesta tolerar un poder que domeñe sus afectos,
> y a los hombres sabios cualquier cosa que revele sus errores
> y disminuya, por tanto, su autoridad"
> *T. Hobbes*

La imagen sombría de Freud, representada como una crítica objetiva de su vida y de su obra a través de la mirada de Louis Breger, es una *muestra* de cómo, desde el discurso psicoanalítico, el psicoanálisis enfrenta las mayores resistencias y, desde ellas, paradójicamente, sitúa el punto de partida para ampliar el horizonte de sus dominios. Para lo que a los seguidores más fieles de la ortodoxia freudiana pudiera representar la puesta en escena de herejías intolerables, para otros, que comparten las mismas ilusiones de su gran promesa como *conocimiento* de las profundidades del alma humana y, con ellas, las ambiciones de la voluntad de poder que lo subyacen, lo mueven y lo sostienen, la distancia crítica de Freud es un fundamento de sus regímenes de verdad, de sus mitos alternativos. Mientras para los fieles creyentes de Freud esto representa una desvaloración del psicoanálisis como ciencia, incluso una cierta difamación, para otros representa una suerte de progresiva evolución, una superación de los mitos, de los errores, de las insuficiencias teóricas y metodológicas. Cuánto de esto sea cierto, poco importa para lo que aquí interesa, pues -como he advertido- no se trata de poner en juicio la verdad del psicoanálisis, sino de identificar cómo incide esta pugna por la verdad dentro del imaginario psicoanalítico y cómo opera políticamente en su efecto de conjunto como parte integral de las tecnologías de subyugación ideológica del poder normalizador en la escena socio-cultural (pos)moderna. Baste con reconocer que a través de las historias del psicoanálisis han sido puestas en escena fuertes corrientes de cuestionamientos que tienden a acusar a Freud de manipular

210

significativamente no sólo sus materiales clínicos sino el conjunto de su teoría en general, para fines de satisfacción personal y profesional, antes que con la verdad. Dedicaré pues, esta parte, a mirar cómo a partir de una particular representación (psico)-biográfica de Freud, se monta una imagen que cumple la función de desautorizar la verdad de Freud para sustituirla por otra verdad, es decir, por otro régimen de autoridad para *decir* la verdad sobre el sujeto humano (en este caso Freud) bajo el modo de "conocerlo".

Según el mito que Breger construye sobre la figura e imagen mítica de Freud, éste consagró su vida a buscar la fama, y como parte de su meta existencial, creo sus teorías con la ilusión de que superasen a todas las demás y le asegurasen, de este modo, ser considerado por el mundo como un gran hombre.[344] El enclave de esta nueva mítica, como ya apunte en la primera parte de este trabajo, aparece bajo el modo de una psicobiografía, a partir de la cual las motivaciones que impulsaban a Freud a buscar la fama a través de su trabajo intelectual estaban arraigadas profundamente en las condiciones de su infancia. Dentro del perfil psicológico desarrollado en torno a su biografía aparecen indicadores que demuestran que para la configuración de la imagen que precisaba para los objetivos de la fama, Freud se vio obligado a borrar ciertas huellas de sus orígenes, por lo que destruyó documentos que en el porvenir pudieran desestimar su imagen, e incluso en su auto-biografía y otros escritos, falsificó gran parte de su historia personal.[345] Según Breger, Freud utilizó su talento literario y retórico para controlar y forjar una leyenda personal y asimismo la historia del movimiento psicoanalítico.[346] Tarea ésta que cumplió efectiva-mente su objetivo pues, como es sabido, tanto los que defienden como los que atacan sus ideas lo hacen sin salirse del contexto que él mismo construyó y, como señala Breger, el poder de sus escritos es tal que sigue definiendo los términos del debate.[347] Con lo respecta al tema que intereso abordar en esta parte, debo coincidir

---

[344] L.Breger; *Freud: el genio y sus sombras*; op.cit., p.15.

[345] Ídem.

[346] Ídem.

[347] Ídem.

con Breger que ciertamente la mayoría de sus biógrafos, e incluso los estudiosos de su obra y sus seguidores, describen el autoanálisis como un hecho excepcionalmente heroico:

"Fue en él, piensan, donde Freud, el explorador honesto e intrépido, descendió a las oscuras regiones de su propia mente y se enfrentó con aquellos aspectos de la naturaleza humana que sus timoratos contemporáneos no se atrevías a afrontar. (...) En este viaje interior, según cuenta la leyenda, Freud se encontró cara a cara con sus deseos prohibidos, los puso de manifiesto y, como resultado de ello, desenmascaró la hipocresía sexual de la época victoriana."[348]

A partir de su autoanálisis también descubrió -o inventó- su complejo de Edipo, que de inmediato convirtió en ley universal: todo niño desea a su madre y esto lo lleva, inevitablemente, a una rivalidad con su padre. El conflicto, el miedo y la culpa se convirtieron en su principal explicación de los síntomas y angustias de las neurosis adultas, tanto de las suyas como de la de sus pacientes.[349] Invención que, bajo el modo de un descubrimiento, a raíz de la *experiencia* analítica de la *interpretación* de sus propios sueños, serían convertidos en los fundamentos irreducibles de su teoría sobre lo inconsciente. Teoría que sería extensiva universalmente, más allá de los casos clínicos, al espectro de la vida social cotidiana. Ante este mito fundacional de la doctrina freudiana, Breger recicla las críticas que desde un principio eran lanzadas contra las elucubraciones teóricas de Freud:

"Nunca hubo prueba convincente alguna que apoyara estas ideas; básicamente surgieron de sus necesidades y de los puntos débiles de su personalidad."[350]

---

[348] Op.cit., p.16.

[349] Ídem.

[350] Op.cit., p.17.

El mito personal que Freud inventó, además de cumplir una función práctica con relación a las expectativas omnicomprensivas de sus teorías, aparece dentro de la crítica de Breger no sólo como una racionalidad estratégica, calculada conscientemente, sino también y a la vez como efecto de motivaciones inconscientes:

"La versión de la infancia de Freud que surgió de su autoanálisis –según la cual él no era sino un joven guerrero edípico que deseaba a su madre y luchaba contra un poderoso padre, y que la sexualidad era la raíz de sus temores y síntomas- y, que luego él, convirtió en ortodoxia psicoanalítica, fue una invención, una autointerpretación que sirvió para ocultar los traumas y pérdidas insoportables que marcaron su vida."[351]

Ciertamente la mítica analítica, articulada bajo el modo de un saber científico, de un conocimiento sobre las profundidades del alma humana, ocupa el lugar de lo Real dentro del régimen de verdad psicoanalítico. Lo dudoso y lo que, de hecho, menos importa, es el análisis de las motivaciones psicológicas, pues para lo que intereso, psicoanalizar a Freud no es sino otro modo del darse del registro imaginario del psicoanálisis y pertenece al orden de un mismo discurso, el de la verdad. La representación (psico)biográfica o psicoanálisis aplicado, no sólo marca la historia del psicoanálisis, sino que le es constitutiva, pues allí donde advierte un límite, inicia una ruta alterna; donde hace crítica desmitificadora, pone a coexistir en su lugar y simultáneamente el mito criticado y la verdad mítica que lo critica...

Dentro del régimen de verdad que se opone a la mítica verdad de Freud, como él mismo advertía, el autor de su propia biografía nunca está absolutamente consciente de los términos y motivaciones de su propio relato de vida, pues detrás de sus recuerdos existe un mundo que le es inaccesible a sí mismo e incluso, eso que pudiera aparecer como un recuerdo bien podría tratarse de un efecto ilusorio de superficie, de una manipulación de lo real operada bajo el registro de motivaciones inconscientes. Una autobiografía, según advierte Freud, está constituida en gran parte

---

[351] Ídem.

por las ilusiones del autor sobre sí mismo, para quien su propia biografía es impenetrable, inaccesible y extraña; como si un extranjero o un extraño habitase en el interior de su ser. Fundamento éste donde Breger arraiga sus argumentos pues no *reconoce* que Freud estuviese exento de las condiciones de su propia mismidad. Más allá de la voluntad política de Freud, de las razones de ocultación, manipulación y falsificación de su propia historia de vida, las fuerzas inconscientes que regían su destino nunca salieron plenamente a la luz, pues la *experiencia* de autoanálisis fue, para todos los efectos, un fraude. Según Breger, las experiencias traumáticas de sus primeros años de vida quedaron borradas de su conciencia, y los acontecimientos e imágenes de esa época permanecieron almacenados como sensaciones afectivas y físicas, pero los recuerdos no afluyeron nunca a la conciencia; estaban disociados, no integrados en un sentido coherente del Yo; permanecían en un compartimiento separado de su personalidad, protegiéndolo de sus efectos perturbadores.[352] Lo que da paso a la afirmación o reconocimiento de que durante el resto de su vida encontró una gran cantidad de destinatarios a quienes responsabilizar por sus temores, su sentimiento de infelicidad, sus decepciones y sus odios.[353]

> "Su propia versión de la infancia hace referencia a algunos de estos acontecimientos, pero, en última instancia, Freud consideraba que el deseo sexual que le inspiraba su madre y el temor a su padre-rival habían sido las fuentes más importantes de sus conflictos y temores."[354]

Desautorizada la voz de Freud para dar cuenta de sí mismo y, simultáneamente, deslegitimada su experiencia de autoanálisis como fundamento de sus teorías, sólo la autoridad de Otro es admitida

---

[352] Op.cit., pp.33;185.

[353] Ídem. Recuérdese que Breger sostiene que esta versión de la vida de Freud en la que hace hincapié en las pérdidas y trastornos traumáticos que sufrió en su primera infancia, ha sido escrita basándose en todas las pruebas biográficas e históricas disponibles.

[354] Ídem.

para decir la verdad. El relato biográfico aparece investido por la autoridad del analista cualificado, según los criterios establecidos por el propio Freud. El biógrafo, con la armadura del conocimiento psicoanalítico, se convierte en Juez. De este modo, la experiencia analítica de Freud, en la cual basaba el conjunto de sus teorías, será interrogada como si se tratase de un juicio sumario, de modo similar a como Freud sugeriría tratar la palabra del acusado de delito en un tribunal de justicia -como ya trataré en otra ocasión-. La experiencia negada y ocultada detrás de los relatos publicados sobre los casos clínicos, que son la evidencia sobre la que Freud fundamenta la veracidad de sus teorías, es denunciada como falsificación de la verdad.[355] Las razones de las ambiciones de poderío y fama ya han sido puestas como evidencia para sostener esta acusación, pero las pruebas principales aparecen dadas bajo otro registro, el de lo inconsciente, del que el propio Freud no era del todo consciente, mas no por ello menos *responsable*:

> "El hecho de volver a experimentar las pérdidas le provocó una angustia y una tristeza abrumadoras, sentimientos que no estaba en condiciones de tolerar o aceptar, de modo que se apartó de ellos y prefirió atenerse a lo que parecía ser un gran descubrimiento."[356]

La racionalidad de la Ley sostiene, con su propia fuerza imperial, que nadie puede ser juez de sí mismo, y el discurso psicoanalítico se somete a su mandamiento. De ahí la sospecha sobre la cualidad autoreflexiva que el discurso analítico se atribuye a sí mismo, como traté anteriormente. Según ya Freud advertía, ¿cuál sería el valor del psicoanálisis si bastara uno mismo para comprenderse y resolver sus propios traumas existenciales? La puesta en

---

[355] El caso del "Hombre de las ratas", es puesto como evidencia de la manipulación de los datos clínicos en función de los intereses políticos del psicoanálisis. Según Breger, Freud necesitaba un caso satisfactorio para impresionar a sus seguidores internacionales, por lo que exageró la mejora de su paciente: aseveró que logró reconstruir completamente la personalidad y suprimir las inhibiciones, lo que posteriormente sería desmentido. (Op.cit., p.238.) La referencia al caso aparece en S.Freud; "Análisis de un caso de neurosis obsesiva" (caso "El hombre de las ratas") (1909); en *Obras Completas* (II); op.cit., p.1441)

[356] Op.cit., p.34.

escena de un Otro cualificado (según los términos establecidos por la autoridad de la Ley que regula su orden interior), como autoridad *necesaria* e irrevocable, es decir, de un analista *formado* para mediar y dirimir los términos de la resolución del conflicto psíquico de cada persona singular, es el soporte permanente de la posibilidad de la crítica en clave de juicio: todo lo que diga puede ser usado en su contra. Muestra de ello aparece en la interpretación que supone que, a pesar de la convicción de verdad del propio Freud, el contenido explicitado de su teoría no es más que una distorsión de la realidad:

> "Al optar por la historia edípica creó un mito consolador que le permitía pensar que lo que más le perturbaba era el deseo sexual, semejante al de un adulto, que le inspiraba su madre y, de paso, promovía a su padre a una situación de poder regio."[357]

Según Breger, la distorsión que produjo la introducción de la explicación edípica, menos amenazadora, vino acompañada por la reelaboración de otros acontecimientos de su infancia, que expresaban su fantasía desiderativa -pero no ciertamente la realidad- de sus primeros años.[358] Lo que lo lleva a concluir que la interpretación que él concibió para su propia infancia fue lo que él mismo convirtió en el prototipo de su comprensión de los demás, en un concepto en el que se basó a lo largo de su vida.[359] La ambición de Freud de convertir el psicoanálisis en ciencia pertenecería, pues, al ámbito de las motivaciones inconscientes que él mismo no parecía reconocer, pues en el conjunto de sus escritos no *recordaba* las verdaderas condiciones de su propia infancia. Según Breger, el trabajo científico parecía más bien un refugio, un puerto seguro en el cual podía ponerse a salvo de las turbulencias del mundo.[360] Asimismo, las *identificaciones* con personajes para los que él

---

[357] Op.cit., p.36.

[358] Ídem.

[359] Op.cit., p.39.

[360] Op.cit., p.75.

demostraba cierta admiración, serian interpretados como modos de enmascarar sus propias ansiedades y temores.[361] Entre las conclusiones a las que *llega* Breger sobre los efectos de la condición de Freud, afirma que Freud manipularía su material clínico para acoplarlo a sus teorías, que si bien describía la relación entre los síntomas del paciente y las pérdidas traumáticas que había experimentado a lo largo de su vida –por ejemplo- al final de la historia clínica, Freud ordenaba el material de modo que se adecuara a sus especulaciones acerca de la sexualidad, omitiendo adrede la importancia de los traumas reales.[362] Freud suponía que el aspecto sexual, matriz de su andamiaje teórico, era importante porque el paciente no lo mencionaba; en esta omisión –por ejemplo- Freud anclaba el origen de la angustia del paciente en la sexualidad reprimida y no en los traumas de los que el propio paciente daba cuenta por su propia palabra. Según Breger:

"Los mecanismos psíquicos estaban explicados de forma coherente, y si bien algunos de los pacientes habían sido víctimas de abusos sexuales, en términos generales, el material clínico de Freud no apoya su teoría acerca de que las raíces de la histeria se encuentren siempre en factores sexuales."[363]

La matriz de esta crítica reside en que –según Breger- Freud daba por sentado que la sexualidad era significativa porque los pacientes nunca se referían a ella.[364] La actitud doctrinaria de Freud, condensada en la afirmación de que "nuestra firme convicción acabará con vencer toda resistencia", lo forzaba a reducir las complejas historias de vida y circunstancias de sus pacientes a un

---

[361] Op.cit., p.81.

[362] Op.cit., pp.157;188. Aquí Breger hace referencia específica al caso de Frau Emmy von N, según publicado en S.Freud; "Estudios sobre la histeria" (1895). No obstante, se remitirá en los mimos términos a todos los demás casos publicados, contenidos en el trabajo citado.

[363] Op.cit., p.161.

[364] Ídem.

principio general y único que no admite contradicción.[365] La afirmación sostenida como principio de la teoría y de la práctica, del reconocimiento de la experiencia singular de cada sujeto-individuo, dará al traste, pues, con la rígida postura asumida por Freud, para quien -como advierte Breger-aún cuando un paciente no confirma sus hipótesis, el resultado negativo de un examen- esta demostrando que él tiene razón.[366] Toda interpretación clínica, jurada a sí misma como única, como experiencia singular, lo será a partir del entendido de que, a todas cuentas, si no se logra la cura del paciente, es porque las resistencias no han sido superadas efectivamente, lo que haría de una experiencia terapéutica fallida una confirmación explícita de su teoría.

Otras consideraciones que se desprenden de esta *crítica* al dogmatismo de Freud están relacionadas al trato de sus pacientes durante las sesiones clínicas, bajo la denuncia –por ejemplo- de que dada la necesidad de controlar y dominar a sus pacientes Freud incurría en una "terapia insensible", pues a todos los efectos la aplicación indiscriminada de la teoría no daba lugar a más. [367] El método psicoterapéutico de Freud aparece enraizado en su posición de autoridad omnisciente, en una práctica autoritaria donde el paciente no era asumido como partícipe colaborador de su propia experiencia de cura y el analista no tenía un espíritu comprensivo, empático, sensible ante los sufrimientos de sus pacientes. Los términos como se representa esta crítica dan paso a Breger a afirmar que Freud:

---

[365] Esta postura sería razón de ruptura con una parte de los miembros fundadores de la escuela psicoanalítica para quienes las causas de la histeria pertenecían al desencadenamiento de múltiples factores que no necesariamente podían ser reducidos a un origen sexual. Tal es el caso –por ejemplo- de la ruptura de Breuer, según relata Breger; (Op.cit., p.168.) Según Breger, Freud se distanció del método catártico de Breuer porque lo había llevado a aproximarse demasiado a su propio núcleo disociado de perdidas, angustia y desamparo; *necesitaba* rechazar este método de trabajo porque liberaba los recuerdos y emociones personales que más amenazadores le resultaban." (Op.cit., p.169)

[366] Op.cit., p.163.

[367] "Porque si la neurosis era motivada por la culpa suscitada por ciertas formas secretas de gratificación sexual, era lógico que se obligara a los pacientes a confesar." (Op.cit., p.168)

"Necesitaba "curar" para confirmar sus teorías, y esta necesidad era para él más importante que el bienestar de sus pacientes. (…) Y si adoptó la postura del terapeuta-autoridad omnisciente fue porque prestar oídos a los angustiosos recuerdos de pérdida y dolor que le relataban sus pacientes reavivaba sus propios recuerdos perturbadores. Comprenderlos, sentir sus propias pérdidas y temores, no colocaba a Freud en un lugar seguro; era mucho más cómodo interpretar sus impulsos y fantasías sexuales y minimizar sus traumas."[368]

Según la lectura *crítica* de Breger, donde se condensan gran parte de las críticas al psicoanálisis freudiano, en el pensamiento de Freud la invención del complejo de Edipo y su creencia de que las personas actúan impulsadas por fantasías alimentadas por pulsiones sexuales reducen la importancia del trauma y de la experiencia real.[369] La práctica teórica ocupa un valor superior a la propia vida del paciente, quien es reducido a un mero objeto de análisis experimental antes que ser tratado en función de sus propios intereses, que son, a todas cuentas, prometidos por la modalidad terapéutica del psicoanálisis, por su ilusión clínica. Desde finales de la década de 1890 la teoría del conflicto sexual ya gozaba de cierta solidez y la neurosis se consolidaba como producto de conflictos inconscientes entre las fantasías de origen sexual y las fuerzas represoras de la vergüenza, la culpabilidad y la moralidad.[370] De acuerdo con Freud, según citado por Breger:

---

[368] Ídem. Según Breger, Freud no curó a estas mujeres gravemente perturbadas y traumatizadas; sus afirmaciones acerca de sus recuperaciones no son válidas por las pruebas disponibles sobre la vida posterior de dichas pacientes, ni son coherentes con el conocimiento actual acerca del tratamiento de este tipo de trastornos. (Op.cit., p.169)

[369] Op.cit., p.192.

[370] Op.cit., p.219. Según el perfil (psico)biográfico de Breger: "Las pérdidas traumáticas de la infancia de Freud le dejaron una fuerte nostalgia (...), a la vez que un temor por volver a experimentar la indefensión y el terror que supusieron. Controló ese miedo convirtiéndose en un joven moralista, obediente y trabajador. (...) En pocas palabras, su miedo a ceder a sus impulsos infantiles se transformó,

"El psicoanálisis va fijando cada día más decisivamente esta importancia del complejo de Edipo, y su aceptación o repulsa es lo que más precisamente define a sus partidarios o adversarios."[371]

La creencia dogmática es el criterio usado para distinguir entre herejes y creyentes. Como advierte Breger, para Freud, cualquiera que cuestionara su dogma no podría incluirse en la familia del psicoanálisis.[372] Esta política autoritaria, que atraviesa el conjunto de las relaciones al interior del movimiento psico-analítico emergente, y que seguirá siendo practicada a lo largo del siglo XX por sus seguidores más fieles, condiciona tanto las posibilidades teóricas como las prácticas clínicas. Para ambos registros, la creencia dogmática será la matriz de la hermenéutica psicoanalítica, que antes que asumir una postura reflexiva con relación a sus postulados los utiliza como verdades reveladas, cuya importancia reside, más que en ponerlas a prueba y evidenciarlas, en *demostrar* su irreducible universalidad. De esta postura política, a partir de la cual se regulan los movimientos interiores del psicoanálisis en sus estadios iniciales, se desprenden varias consecuencias políticas tanto en el ámbito teórico como en la práctica clínica, en la relación con sus pacientes así como con sus detractores y disidentes. La pertinencia de tomar esto en consideración reside, precisamente, porque el psicoanálisis promete expandir sus dominios de intervención a todos los registros de la vida social. Cómo constituye los dominios de su conocimiento, qué prácticas produce y reproduce como condición de su saber, cómo es la relación con el objeto de su mirada, cómo es el trato sobre quienes difieren, etc., es pertinente advertirlo pues será la base a partir de la cual el discurso psicoanalítico *dirá* lo social y su verdad; *verá* lo real y la vida...

---

en sus teorías, en la imagen de un instinto sexual amenazador." (Op.cit., p.225) Más adelante concluye, como repetirá reiteradamente en alusiones cónsonas: "La sexualidad, para Freud, tenía el atractivo de una sustancia adictiva. Siempre resultaba tentadora; ...dado que si cedía ante ella podía perderse el control. (El deseo sexual) "debía ser controlado, dominado, sublimado y canalizado en actividades socialmente aceptables." (Op.cit., p.225)

[371] Op.cit., p.223.

[372] Ídem.

¿Quién habla? ¿Quién escucha? ¿El analista al paciente? ¿El paciente a sí mismo? ¿Quién dice qué de quien? ¿Para qué? Dejando estas interrogantes en suspenso, vale reconocer que ciertamente han habido trastoques y modulaciones en ciertos aspectos de la representación de lo social que se dan a partir de las *aportaciones* teóricas del psicoanálisis, quizá con menos fuerza real de la que se pretende en sus apologías, pero no menos significativas en la dimensión de las relaciones sociales en general. Pero la imputación de responsabilidad pertenece al dominio de una continuidad histórica, la de la Ley, que en el lenguaje suave de la Moral *emplaza* al sujeto en singular sobre su mismidad y las perturbaciones que en él acontecen. Esta exigencia moral la nombra como ética singular, como mandamiento interior a responsabilizarse uno mismo de su propia condición de existencia, que incluye desde los sueños hasta las perturbaciones psíquicas que se manifiestan como enfermedad. No obstante, hay quienes advierten o reconocen -como Breger- que al contrario que muchos de sus contemporáneos que simplemente etiquetaban estas condiciones como "perversiones", Freud las veía como consecuencia comprensible del desarrollo psicológico.[373] Un desarrollo psicológico del que el sujeto no tendría pleno control ni potestad absoluta pero que, por alguna extraña razón, quienes dan cuenta de ello insisten en tratarlo como si así fuera. El emplazamiento ético (eufemismo en clave moral de la voluntad de la Ley) se condensa en estas palabras:

"Todo ser humano halla ante sí la labor de dominar el complejo de Edipo, y si no lo logra, sucumbirá a la neurosis."[374]

Una doble relación simultánea se promueve desde esta mirada eminentemente política (aunque se da bajo la modalidad de la experiencia clínica): la una reside en la relación del sujeto con su propia ilusión de mismidad, con su Yo, ahora emplazado a asumir la responsabilidad sobre sí mismo y a *superar* por sí —aunque sin independencia del psicoanálisis- las condiciones que perturban y mortifican interiormente su existencia. La otra (quizá la reivindica-

---

[373] Op.cit., p.221.

[374] S.Freud, según citado por L.Breger; op.cit., p.222.

ción política más significativa del discurso psicoanalítico): el emplazamiento crítico a la mirada del Otro, de lo social, a que disminuya sus pretensiones morales y baje la intensidad de sus exigencias y demás prejuicios; que mire, a todas cuentas la anormalidad de la enfermedad como efecto *normal* de la vida del ser humano, dadas las condiciones reales de su existencia...

No obstante, siguiendo el ánimo del espíritu de la sospecha, detrás de estas innegables consecuencias que se registran en la imaginería social contemporánea de diversos modos y con variaciones de intensidad, me parece pertinente volver la mirada a la historicidad que las subyace, a las condiciones de su aparición en la escena de la representación cultural como emplazamientos éticos, como modulaciones de los modos tradicionales de representación del sujeto humano. Como ya he apuntado anteriormente, sabido es que detrás de la celebrada cualidad autorreflexiva de la técnica analítica y del supuesto reconocimiento de la autonomía del sujeto, en la puesta en práctica del discurso psicoanalítico se operan modos del ejercicio habitual de la dominación cultural moderna, que ponen en entredicho sus propias pretensiones emancipadoras. En la configuración de los fundamentos del psicoanálisis, o más precisamente en eso que es situado como condición de aparición de su saber sobre las profundidades sin fondo del alma humana, y que enseguida sería convertido en fortaleza infranqueable, en dogma, en verdad incuestionable, se puede *identificar* esta grieta por la que se cuela el espíritu de mis sospechas...

Sabido es que, por ejemplo, Freud advertía que el catálogo de símbolos *descubiertos* por la interpretación de los sueños debían servir más de guía y no ser interpretados como un código de significados fijos.[375] Desgraciadamente –lamenta Breger- la indicación de Freud al respecto de que debían interpretarse los sueños teniendo en cuenta las experiencias particulares de la persona que sueña es difícil

---

[375] Para Freud los sueños son la ventana abierta al inconsciente, y en su autoanálisis, a partir de la interpretación de sus propios sueños, la vía regia a su propio inconsciente: "El sueño es la realización (disfrazada) de un deseo (reprimido)"; "Todo sueño es la realización de un deseo"; etc. La base de la crítica de Breger reside en que Freud, en verdad, no logro acceso pleno a su inconsciente, no logro superar las resistencias más poderosas y las verdades que descubrió a través de la experiencia del autoanálisis, dada su imposibilidad, no son sino, si acaso, verdades a medias...

de seguir. La facilidad de reconocimiento de los símbolos freudianos y el atractivo de descubrir significados sexuales ocultos han hecho de la interpretación de los sueños un juego de sociedad irresistible.[376] A todas cuentas, incluso el mismo Freud –sostiene Breger- cedía a la tentación de tratar los símbolos sexuales como algo universal:

> "Por medio de estos símbolos se nos hace posible, en determinadas circunstancias, interpretar un sueño sin interrogar al sujeto, el cual, además, no sabría decirnos nada sobre ellos."[377]

La autonomía del sujeto se ve inmediatamente asechada por el poder del conocimiento analítico, para el cual no tiene mayor relevancia lo que el sujeto crea saber de sí mismo, pues su premisa teórica fundamental es que la única certeza que vale considerar es que uno, en verdad, no se conoce a sí mismo y que gran parte del problema reside precisamente en el contenido de esa creencia ilusoria sobre sí. La autonomía del sujeto no es un reconocimiento gratuito que hace el psicoanálisis, pues su apuesta política reside en que es posible alcanzar, a través de la experiencia clínica, una cierta autonomía, un cierto control más efectivo sobre sí mismo, una sujeción a lo real-social alternativa, tal vez, cuando menos, menos doliente y traumática que la que se da antes de la intervención analítica. Para el psicoanálisis la noción de voluntad es más una ilusión que un dominio real del Ser sobre sí mismo, y del mismo modo las apariencias de los actos involuntarios responden a motivaciones inconscientes que no deben desentenderse de sus consecuencias reales, es decir, que el Yo debe ser responsable de sí mismo a pesar de sí y aún contra sí. Es esta la condición de existencia de la vida social...

Pero, ¿cómo armar al sujeto de modo tal que pueda cumplir cabalmente la responsabilidad sobre su propia mismidad, cuando apenas tiene control y conocimiento sobre ella? Este aparente problema teórico se resuelve de inmediato en la racionalidad de la Ley, que reconoce la autonomía del sujeto pero delimita el contexto

---

[376] Op.cit., p.199.

[377] S.Freud, según citado por L.Breger; op.cit., p.199.

y las posibilidades de sus movimientos, impone las reglas del juego en sus propios términos y, a todas cuentas, impone con fuerza superior su Voluntad: la autonomía del sujeto lo es con relación a la Soberanía de la Ley, ya sea determinada por las exigencias morales, por las prácticas culturales, por las autoridades que rigen dentro del registro de lo Social, por el poderío regulador del aparato estatal, sus instituciones, etc. El estado de *normalidad* a la que le es requerido volver al sujeto está relativamente determinado por su relación con estas instancias que le son exteriores a él y que representan los límites de su autonomía existencial al condicionar los términos como se valora o significa la singularidad de su persona. Es dentro de estas coordenadas que opera el discurso psicoanalítico, en función de las tecnologías de subyugación ideológica del poder normalizador de la cultura... Pero, es ahí, en la situación de la interpretación analítica dentro de la práctica clínica, ahí donde el psicoanálisis configura los términos de su intervención sobre su objeto, el sujeto singular, desde donde parten sus generalizaciones sobre la vida social en general; donde cada registro de lo social, de la producción cultural, sería tratado como si se tratase de un objeto singular, con idénticas cualidades interiores, motivaciones, etc.

Despotismo teórico / "crueldad" clínica / retórica de la crítica

Aunque innegablemente es sobre un sujeto abstracto que habla la teoría, ciertamente es sobre un ser concreto que trata su puesta en práctica. Un ser-sujeto, más que condicionado, sobre-determinado por el contexto en que habita irremediable-mente su existencia, por lo Social y lo Cultural, la Moral y el Orden de la Ley, en fin, por infinidad de poderes que constituyen al Ser en Sujeto sin exterioridad posible de sus dominios. Por ello no es filosófico el problema que pudiera representar el psicoanálisis sino eminente-mente político, pues es sobre seres vivientes, humanos si se prefiere, que incide su saber y sus correlativas prácticas; sobre quienes sienten, sufren o gozan sus efectos. De ahí que toda crítica sea un modo de nombrar el tomar partida dentro de una relación de poder, asumir posición dentro de un conflicto, de una disputa. De ahí que la crítica no pueda situarse fuera de lo ideológico...

La crítica a la técnica analítica clásica, que Breger condensa en su escrito, consiste en que el análisis practicado según los métodos clásicos podía volver a traumatizar a los pacientes, que la aplicación de las "rígidas reglas técnicas" provocan un sufrimiento sin igual al paciente a la vez que un injustificado sentimiento de superioridad en el analista, junto con cierto desprecio por el paciente.[378] Según esta crítica, la técnica terapéutica de Freud no consideraba significativo el hecho de que los pacientes se sintiesen incapacitados y que su confianza en sí mismos estuviera mermada. La *evaluación* clínica de este autor considera que dada la incapacidad de Freud para amar, consecuencia de sus traumas infantiles y los fantasmas que lo persiguen y lo empujan a refugiarse en el mundo frío e insensible de la teoría, lo conduce a tratar insensiblemente y hasta cruelmente a sus pacientes.[379] El reclamo que le hacían algunos de los disidentes dentro del movimiento psicoanalítico inicial era, pues, que Freud se negaba a "ver las cosas desde el punto de vista del paciente". Los psico-analistas que se inclinaban por esta tendencia eran clasificados por Freud como "simples terapeutas", "guiados por la necesidad de ayudar y curar."[380] La interpretación de quienes se inclinaban a favor de esta tendencia, abiertamente en discrepancia con Freud, era que estaban guiados por sus emociones interiores, razón suficiente para guardar distancia. Breger cita del diario de uno de los primeros discípulos de Freud, donde expone su radical diferencia:

> "Freud siempre interpretaba las ideas de quienes discrepaban de él como producto de sus emociones. (…) Freud ya no ama a sus pacientes. (…) Todavía está vinculado al análisis a un nivel intelectual, y no emocional (…) (Freud) debe haberse sentido muy cómodo en su papel; podía extasiarse en sus fantasías teóricas sin que lo importunaran las contradicciones y utilizaba la entusiasta docilidad de su ciego pupilo para estimular su autoestima..."[381]

---

[378] L.Breger; op.cit., p.444.

[379] Ídem.

[380] Ídem.

[381] S.Ferenczi, según citado en L.Breger; op.cit., p.445.

A la inquebrantable convicción de saberlo todo le sería correlativa la actitud arrogante de pretender atribuir a los propios pacientes, a sus resistencias interiores, las causas de los fracasos clínicos, en lugar de reconocer que gran parte de los fracasos se deben a la propia actuación del analista. Problema que, según esta crítica, se podría enmendar en parte con un poco de sensibilidad, lo que supondría como primer paso reconocer el "trauma verdadero", según descrito por el propio paciente, en sus propios términos. Reconocimiento que, más allá de la actitud de Freud, teóricamente sería inconcebible. Pero este autor insiste en tomar partida del lado de esta crítica y recurre al propio discurso psicoanalítico clásico para dar cuenta de la atribuida insensibilidad de Freud: no podía actuar de otro modo porque psicológicamente no le era posible, sus mecanismos de defensa actuaban demasiado poderosamente sobre él y lo protegían desde lo más profundo de sus adentros ante cualquier experiencia que pudiera resultarle traumática a él mismo. De ahí su frialdad, su dureza, su insensibilidad. Según Breger:

> "De no ser así, habría tenido que abrirse a sus propios trauma, necesidades y deseos soterrados: enfrentarse a la posibilidad de que el modo en que los había sobrellevado –la huída a las medias verdades de las teorías grandiosas, la sustitución del trauma por el deseo y el instinto, la asunción del papel del padre heroico, con la concomitante reprobación de sus ansias de amor- era erróneo."[382]

Estas críticas, sesgadas ciertamente por exigencias morales, son, desde cierto punto, incompatibles con la teoría psicoanalítica, que excede cualquier representación de la personalidad de Freud, pues no se limita al darse a partir de su perfil psicológico, aunque en él puedan arraigarse condiciones determinantes de su aparición y sus consecuentes movimientos. A todas cuentas, Freud es fiel a sus principios, los anuncia y de acuerdo a ellos actúa, lo que lo sitúa al lado del discurso moral y no contra él. Su responsabilidad actúa de acuerdo a su verdad, y su verdad está inscrita en la exigencia moral cultural de decir la verdad y actuar conforme a ella. La teoría

---

[382] L.Breger; op.cit., p. 467.

psicoanalítica aparece como un régimen de verdad inscrito en las exigencias morales de la cultura y no como oposición a ella, y en función de ella compromete el destino de su existencia. El problema, más que filosófico, político, reside en que el contenido de la verdad, como de la moral, no tiene otro referente que sí misma. El sentido de la práctica analítica, de su interpretación como del conjunto de representaciones teóricas, aparecen en escena bajo el compromiso social de servir a la verdad, tras la exigencia moral de darse en función de ella. La significación de la práctica teórica, dentro de este contexto, tiene un valor social y moral idéntico al de la terapia, irrespectivamente de la modalidad del ejercicio terapéutico. Incluso, no habría siquiera fundamento moral sobre el que despreciar el trato duro, frío e insensible, como método consecuente con la doctrina teórica. Pues la moral del discurso psicoanalítico reside en su relación con la verdad antes que con el sujeto singular que constituye su objeto de intervención. Es este el destino de todo saber que jure lealtad a los principios de la ciencia, cuyo referente de sentido moral lo es siempre con respecto a su relación con la verdad y no de otro modo. Freud ya lo había advertido desde los inicios del psicoanálisis, y consecuentemente mantendría firme su posición, privilegiando su labor teórica como científico del espíritu antes que como terapeuta.

Es otra perspectiva, otra posición a partir de la que situar el valor de la práctica analítica, quizá más humanista mas no por ello más humana, la que asume Breger y mucho antes que él quienes se situaron políticamente del lado de la *cura* como finalidad primordial e irreducible del psicoanálisis. Es a lo que responde la analogía que en alguna parte hace Freud entre la labor del analista y la del cirujano, si el cirujano pusiera como condición de su práctica evitar dolerle a su paciente, no podría extirparle de raíz sus males. En sus palabras, el analista debía comportarse como el cirujano:

"...que impone silencio a todos sus afectos e incluso a su compasión humana y concentra todas sus energías psíquicas en un único fin: practicar la operación conforme a todas las reglas del arte."[383]

___

[383] S.Freud, según citado por L.Breger; op.cit., p.243.

Breger insiste en identificar esta postura, a todos los efectos práctica desde una perspectiva científica, como el efecto inconsciente de los traumas infantiles de Freud y sus correlativos modos para bregar con sus poderosas fuerzas. Lo que aparece dentro de la historia tradicional del movimiento psicoanalítico como un modo efectivo y racional de organización interior, para el análisis psicobiográfico de Breger aparece como una suerte de la que, indistintamente de la representación que Freud hiciera de sí mismo y de lo que hacía, operaba a partir de motivaciones inconscientes, ajenas a él. La actitud de arrogancia de los miembros que comulgaban con la ortodoxia freudiana ciertamente puede identificarse con la creencia de que eran poseedores de ciertos secretos arcanos, y también relacionar las consecuentes actitudes elitistas y sectarias a la arraigada creencia de que el entendimiento de las profundidades del alma humana los situaba en una posición privilegiada con respecto de la gente del común, incluso de los saberes reinantes de la época, y hasta por encima del resto de la sociedad. Lo que no es, sin embargo, una postura exclusiva de los psicoanalistas sino de las aristocracias intelectuales que siempre se han diferenciado de los demás, tanto por sus respectivas posiciones de clase como por el poder de autoridad que la misma cultura moderna *reconoce* y *concede* al Conocimiento. Para Breger, como para otros en quienes sustenta su crítica, el *comportamiento* autocrático de Freud se basaba en su convicción de que vivía en un mundo hostil; en que estaba seguro de que el psicoanálisis era un reto para las ideas sociales imperantes y, por ello, su creación recibía el desprecio y el ataque de los representantes de la ciencia, medicina, psiquiatría establecidas y de otros campos.[384] Esta versión de la historia, construida por el propio Freud, ciertamente –como advierte Breger– se convirtió en un mito que muchos de sus biógrafos y comentaristas afines al psicoanálisis han hecho perdurar hasta nuestros días. Dentro de estas coordenadas, como es sabido, quienes se mostraban en desacuerdo con sus teorías aparecerían motivados por conflictos personales no resueltos, y las resistencias

---

[384] Op.cit., p.251.

como padecimientos emocionales, y en última instancia, como enemigos del psicoanálisis.[385]

Breger afirma que ciertamente las intrigas políticas se producen en muchos ámbitos, y los ataques personales son habituales cuando hay distintas facciones enfrentadas en el poder, pero en ningún otro campo –la ciencia, la medicina, la sociología- tales ataques forman parte de la teoría en sí misma.[386] Tal vez en estadios iniciales del movimiento psicoanalítico, pues, para quienes regían los principios de su destino, las ideas de los distintos teóricos –como critica Breger- raras veces se tomaban en cuenta por sus méritos, sino que se atribuían a los conflictos personales del teórico en cuestión.[387] De lo que no cabe duda es de que la intensidad de

---

[385] Según Breger, evidencia de por qué Freud trataba como enemigos a quienes no suscribían los términos de sus fundamentos aparece de manera explícita en la teoría de Alfred Adler, rechazada por Freud porque le resultaba amenazante: pues el concepto de protesta masculina -la exageración de ciertos rasgos masculinos definidos culturalmente para repudiar la sensación amenazadora de debilidad e indefensión que se consideran femeninas- encajaba a la perfección con Freud. (Op.cit., p.267) La actitud, el carácter y la personalidad de Freud estarían determinadas, pues, además de por complejos sexuales, por un complejo de inferioridad. El cuadro teórico de Adler que debería resultar amenazante a Freud, según cita Breger, es el siguiente: "...si nos centramos en la pequeñez e indefensión del niño, que se prolonga tanto y que provoca la impresión de que somos muy poco iguales ante la vida, entonces debemos asumir que al comienzo de toda vida psicológica existe un sentimiento de inferioridad mas o menos profundo. (...) Los momentos difíciles de la vida, los peligros, urgencias, decepciones, preocupaciones, pérdidas, sobre todo las de los seres queridos y las presiones sociales de todo tipo, siempre pueden incluirse dentro del marco y del sentimiento de inferioridad, en su mayor parte en forma de emociones y estados de ánimo reconocibles universalmente que denominamos angustia, pena, desesperación, vergüenza, timidez, bochorno e indignación." (A.Adler, según citado por L.Breger; op.cit., p.267.) La niñez de Freud –recuerda Breger- le había dejado el tipo de sentimientos de inferioridad que Adler describía: Adler, sin saberlo –concluye- estaba interpretando la vida de Freud. (Ídem.)

[386] Op.cit., p.270.

[387] El psicoanalista Carl Jung, miembro fundador del movimiento psicoanalítico y posteriormente detractor del fundamentalismo freudiano –según citado por Breger- advierte sobre el uso del análisis contra ellos mismos y denuncia que cada diferencia teórica era interpretada y diagnosticada clínicamente en perjuicio de quienes refutaran o retaran la dogmática de Freud: "...he llegado a la conclusión de que la mayoría de los psicoanalistas hacen mal uso del psicoanálisis con el fin

estas críticas no aparece abiertamente explicitada en las historias del psicoanálisis relatadas por Freud, ni siquiera cuando trata las resistencias al psicoanálisis o los motivos de la retirada del movimiento de buena parte de sus miembros fundadores. La clave de la sospecha está, no obstante, en la salvedad que Breger apunta al afirmar que "raras veces" eran considerados los méritos teóricos como fundamento de su desautorización o de su exclusión. La lectura de los textos de Freud no me parece que deje lugar a dudas sobre la inmensa diferencia entre la teoría que él suscribía y los aspectos que marcaban las diferencias de sus detractores. Tema este que ocuparía un extenso trabajo comparativo, pero no pertenece al interés de éste. Baste con señalar algunas consideraciones que hacen trivial la referencia de Breger a los problemas personales internos pues, de todos modos, él mismo se hace partícipe de eso que critica, en idénticos términos.

Entre la Moral y la Ciencia: una disputa irreconciliable...?

Atendiendo teóricamente a uno de sus reproches morales más consistentes, la cuestión del trato "insensible", pienso lo siguiente: que es, a todas cuentas, a partir del entendido de que precisamente porque las representaciones que de sí mismo tiene el sujeto en común están profundamente arraigadas en su Ser y condicionan su existencia singular a tal extremo que pueden llegar hasta dolerle, angustiarle, mortificarle, enfermarle, que el reproche de admitir con empatía la verdad traumática según los términos de los pacientes es, teóricamente, inconcebible. Si es acaso, claro, que lo teórico mantiene su compromiso con la verdad que promulga y no cede a los hostigamientos de la conciencia moral de la cultura, que exigen compasión antes que entendimiento cabal; que prefieren pactar con las ilusiones que consuelen el espíritu antes

---

de menospreciar a otros y su evolución con insinuaciones sobre complejos." (...) "... señalaré que su técnica para tratar a sus discípulos me parece un error garrafal. De ese modo crea hijos serviles o cachorros insolentes (...) Va por ahí (...) reduciendo a todo el mundo al nivel de sus hijos, e hijas que, avergonzados, reconocen la existencia de sus defectos..." (C.Jung, según citado por L.Breger; op.cit., p.298) Jung, según Breger, fue *diagnosticado* por miembros de la alta jerarquía política del movimiento psicoanalítico, como paranoico y demente: "no reacciona como un hombre normal"; "está mentalmente trastornado"; "místico"; "loco y moralista"; etc. (Op.cit., p.299)

que con las razones que critiquen radicalmente las condiciones de las dolencias y males padecidos por el mismo espíritu. Ceder a las expectativas de la terapia, a las demandas de cura de los pacientes o a las inclinaciones compasivas de los terapeutas es un lujo que la promesa teórica del psicoanálisis, según los propios términos de Freud, no puede darse. De todos modos, la voluntad teórica del discurso psicoanalítico de Freud no deja de estar atravesada por cierta inclinación compasiva, pues la voluntad de poder se sostiene bajo el modo de saber los motivos de las angustias existenciales, lleva el fin de interceder por el bienestar de los sufrientes, aunque sea al precio de sustraerles un pedazo de las ilusiones de libertad y de relativa autonomía existencial, apostando por la posibilidad de algún otro modo de convivencia dentro de la vida social. De ahí el encargo político al psicoanálisis, ahí las razones de sus prácticas como tecnologías de subyugación ideológica del poder normalizador de la cultura; la promesa de la terapia es de abrir la posibilidad de alguna otra manera de sujeción al imaginario social.

Otras consideraciones pertinentes

Otra consideración teórica que me parece pertinente subrayar es que el principio de los fundamentos del psicoanálisis es una violación a su propia ley: Freud no evidenció su teoría a través del sometimiento a un análisis según los requerimientos de su propia ley, sino que se lo hizo él mismo, violando la condición esencial para la aparición de los fundamentos teóricos: la intervención del Otro. Todo lo demás, lo que a partir de ahí se construye y se soporta como evidencia de la teoría, se basa en creer que eso que él dice que confirmó a través de la experiencia reflexiva sobre sí mismo es una verdad universal que rige el destino de la humanidad. Menos importa si en verdad Freud vivió la experiencia tal y como la describió, que eso que a partir de su relato mítico *interpreta* como un descubrimiento fundamental, y que hace aparecer como condición universal del alma humana y su vida social. La experiencia del autoanálisis, de la reflexión analítica sobre sí mismo, es sólo otro modo de decir lo que no es sino expresión manifiesta de su voluntad de poder, como es la voluntad de todo saber de pretensiones omnicomprensivas y universalizadoras. Aceptar, pues, la representación del sujeto que se da a partir de la experiencia del autoanálisis, de la interpretación de los sueños propios como confirmación y evidencia de la verdad revelada en la teoría es, a todas cuentas, un acto de fe...

Consecuentemente, tiene implicaciones políticas sobre la vida social la reproducción de las relaciones de poder jerarquizadas que impone la mirada analítica en los términos presentados por Freud. Si bien la experiencia clínica suele representarse como otra manera de relacionarse, la práctica de autoridad donde el paciente está subordinado a la sabiduría del médico no varía cualitativamente. La experiencia de la autoreflexión como condición de la cura no deja de ser una falsa promesa, pues es siempre en última instancia el analista quien tiene la última palabra, la palabra de la interpretación autorizada; autoridad de la verdad revelada; validación de los sentimientos y evaluación de la experiencia. Por eso el efecto terapéutico tiene un valor normalizador por sí mismo, más allá del discurso de cierre teórico, en el instante en que el paciente pacta por participar del privilegio autorizado por el analista de hablar sin mayores ataduras: el paciente habla con la ilusión de hacerlo libremente, y si la suerte está de su parte se desahoga. La relación es análoga al derecho de expresión reconocido por la Ley del Estado, más aún cuando el ciudadano-súbdito se contenta con creer que en verdad se expresa libremente cuando participa secretamente en el contexto electoral, o cuando puede públicamente, según disponga la ley, expresar sus sentimientos o inclinaciones políticas. Lo mismo sucede en el ámbito religioso, lo mismo bajo el espectro de la educación. En estos espacios, no obstante, ante el paciente como el ciudadano común y corriente, la Ley se abstiene de creer fortuitamente lo que dicen. A los sujetos bajo sus dominios les reconoce el derecho a hablar, pero lo hace con la firme convicción de que en realidad no saben o no interesa por qué dicen lo que dicen: el derecho a dejar hablar no se traduce mecánicamente a tomar realmente en cuenta lo dicho. Lo cierto es que esta práctica de la autoridad está fundamentada teórica y políticamente, legitimada moral y filosóficamente, y pertenece en términos absolutos al registro de la normalidad...

Además, no habría por qué inferir que detrás de las retóricas del insulto, de la calumnia y la difamación o de la crítica

destructiva e insensible, no puede darse una razón bien fundada.[388]
A todas cuentas, ¿acaso el Estado no encierra y hasta mata para
educar y *sensibilizar* a sus súbditos? La postura que se asuma con
relación al estilo como ante la práctica que defiende o a la que se
opone es una cuestión política, cuyo punto de partida es siempre
dado desde la singularidad del sujeto con relación al objeto de su
deseo y las fuerzas que se interponen ante él; con su posición
política. Bajo el imperio de la Ley la disposición sumisa a su
autoridad facilita la relación convencional del poder en juego. Del
mismo modo puede suponerse que quien se somete dócilmente a la
autoridad del discurso del psicoanálisis tiene mayores posibilidades
de disfrutar sus favores e incluso hasta de *curarse*. De modo
semejante acontece en torno a la credulidad religiosa: quien cree,
cree que se aproxima a la salvación de su alma cuanto más sumisamente se somete a los dictados de la fe. Así, como la autoridad
religiosa *sabe* pecadores a sus detractores, y el Estado *sabe* criminales
a los infractores de sus leyes, el psicoanálisis, entre eufemismos y
sutilezas retóricas no vacila en *saber* locos a sus detractores...

Crisis del psicoanálisis: revisiones críticas y otros retoques ideológicos

Después de la Segunda Guerra Mundial, en la escena de la
producción cultural a la que pertenecen los dominios del psicoanálisis, aparecieron múltiples tendencias de la *crítica*, cuya extensa
proliferación se integraría como parte sustancial del imaginario
psicoanalítico en su devenir histórico. Ya a partir de la década de los
70, tras la "puesta en crisis" del psicoanálisis, aparece una gran
diversidad de *revisiones* que, bajo el signo de la crítica y de la
reflexión, constituyen hoy gran parte de los soportes ideológicos de
las resistencias al psicoanálisis, tanto como de las resistencias
activadas por el poder del discurso psicoanalítico. Entre estas
posturas sobresalen las que *advierten* que el psicoanálisis atraviesa
una condición de *crisis*. El punto de origen de esta *crisis* sería situado,
no ya en las habituales y sabidas resistencias exteriores, sino en las
crecientes tendencias a *desviarse* del *espíritu* originario que hizo nacer

---

[388] Cuenta de ello da Freud en su escrito "El chiste y su relación con lo
inconsciente" (1905); *Obras Completas* (Tomo I); op.cit., pp.1029-

al psicoanálisis y dirigió con firmeza sus movimientos iniciales. Estas fuerzas desviadas del espíritu del Padre, según advierte la crítica, predominan al interior de sus movimientos y, de no ser enfrentadas, amenazan con desembocar irremediablemente en un fatal destino, como había prevenido, si no presagiado, el propio Freud. La referencia al signo de la *crisis* como representante de la condición del psicoanálisis pertenece, no obstante, a su propia racionalidad política, a la clave retórica con la que armó de previsiones al movimiento psicoanalítico desde sus estadios iniciales. La crisis es antes que signo de su *condición* un referente de la posición de quien designa la condición como crítica. Es decir, no se representa en realidad una realidad destinada a su fatalidad sino como el signo del contraste con relación a otra perspectiva, a otro posicionamiento con respecto a lo que "debería ser" el psicoanálisis para quien lo (su)pone en crisis. En otras palabras, pienso que esta dramatización fatalista de la situación del movimiento psicoanalítico tenía su referente histórico, no en las condiciones reales de la situación del psicoanálisis y de sus orientaciones políticas o mutaciones teóricas, sino en una posición política determinada sobre cuál debería ser el *destino* del psicoanálisis. La imaginería psicoanalítica contemporánea está atravesada por este orden representacional que, de una parte, advierte las consecuencias *negativas* de ciertas mutaciones operadas dentro del discurso general del psicoanálisis y, de otra, se distancia de las incondicionalidades de la ortodoxia. De igual modo a como sucede dentro de la lógica del mercado, la crisis es el referente publicitario a partir del cual aparece como *necesidad* imperativa el cambio, aunque los términos del cambio no apunten necesariamente hacia una innovación cualitativa sino, tal vez, hacia una suerte de regresión, donde se supone *conservado* el espíritu originario. El signo de la crisis, podría decirse, es el mismo punto donde converge la propaganda política y la publicidad comercial del psicoanálisis, orientado en ambos registros como justificación de los objetivos estratégicos de los poderes que se designan a sí mismos como alternativas vitales ante la supuesta fatal condición de crisis.

Un ejemplo es la postura del psicoanalista Eric Fromm, para quien si bien *advierte* determinados "síntomas inquietantes" de la condición de *crisis*, el psicoanálisis se encuentra muy lejos de estar muerto aunque, sin embargo, es posible predecir su muerte, a menos que modifique su dirección.[389] Como todas las representaciones de la crisis como condición indeterminada, también ésta contiene una alternativa: una lenta decadencia o una renovación creadora. La crisis, a todas cuentas, es una categoría polisémica, cualidad de relativa ambigüedad ésta que permite a la palabra convertirse en referente contextual a la vez que en dispositivo regulador y fuerza propulsora de las inclinaciones políticas de quien la nombra; es decir, de su voluntad de poder.

Fromm *advierte* las consecuencias fatales que para el porvenir del psicoanálisis operan las fuerzas que, en su tiempo, lo desviaban *fuera* de su curso original y que constituían la orientación política dominante. Paralelo a esta advertencia, *reivindica* la obra de Freud como una crítica humanista radical, y se *distancia* de las encerronas ideológicas de la ortodoxia a favor de una "renovación creadora" del psicoanálisis, cuya posibilidad reside, en principio, si logra *superar* su tendencia conformista y *vuelve* a ser una teoría crítica y estimulante, en el espíritu del *humanismo radical*:

> "Este psicoanálisis revisado continuará internándose más profundamente aun en el mundo subterráneo del inconsciente, criticará todos los dispositivos sociales que desvían y deforman al hombre, y se preocupará por los procesos que puedan conducir a la adaptación de la sociedad a las necesidades del hombre y no a la adaptación del hombre a la sociedad."[390]

---

[389] E.Fromm; *La crisis del psicoanálisis*; Editorial *Paidós*, Barcelona, 1971.

[390] Op.cit., pp.50-51. Es pertinente traer a colación una *interpretación* que, articulada con la misma autoridad en Freud, da al traste precisamente con este punto de la crítica que hace Fromm a las tendencias *conformistas* que dominan dentro del movimiento psicoanalítico. El psiquiatra y psicólogo infantil Bruno Bettelheim, en su libro *Psicoanálisis de los cuentos de hadas*, sostiene que "el objetivo del psicoanálisis -según lo que pretendía Freud- no es hacer que la vida sea más fácil sino que se creó para que el hombre fuera capaz de aceptar la naturaleza problemática de la vida sin ser vencido por ella o sin ceder a la evasión." "Freud —añade- afirmó que el hombre sólo logra extraer sentido a su existencia luchando valientemente contra lo que parecen abrumadoras fuerzas superiores." Y enseguida concluye: "Este es precisamente el mensaje que los cuentos de hadas transmiten a los niños, de diversas maneras: que la lucha contra las serias dificultades de la vida es inevitable; pero si uno no huye, sino que se enfrenta a las privaciones inesperadas y a menudo injustas, llega a dominar todos los obstáculos alzándose, al fin,

Fromm parte de la premisa de que la sociedad está enferma, que la *humanidad* está atravesando una profunda *crisis* y que al psicoanálisis le corresponde estudiar los factores que inciden sobre la "patología social" contemporánea. Su propuesta de revisión de los objetivos del psicoanálisis parte de la premisa de que esta "patología social" (patología de la normalidad) no es la misma que la de los estadios iniciales del psicoanálisis. Según Fromm, después de la Segunda Guerra Mundial, los problemas vinculados a la represión sexual no deberían constituir el principal centro de atención de la mirada analítica, pues lo sexual ha pasado a ocupar un lugar menos determinante dentro de las relaciones sociales que caracterizan la condición de época a la que se remite.[391] Es la época de la ciber-sociedad, el mundo de las tecnologías: el siglo XX, como "la era de la ansiedad"; un mundo "carente de sentido". Los síntomas de la sociedad en crisis son *ahora* —según Fromm- la alienación, la ansiedad, la soledad, el temor a los sentimientos profundos, la falta de actividad, la carencia de alegría.[392] Dentro de la articulación de su discurso, bajo el modo de un *diagnóstico* crítico de la condición de época, como *identificación* reflexiva de los signos de la "patología social", situado en el contexto de la "experiencia de la crisis generalizada de la humanidad", Fromm monta su propuesta

---

victorioso..." (B.Bettelheim; *Psicoanálisis de los cuentos de hadas*; Ed. *Crítica*, Barcelona, 1999) Aunque no fuera esta la intención de Bettelheim, podría inferirse, pues, que el psicoanálisis participa, por extensión, del mismo encargo ideológico-domesticador asignado a los cuentos de hadas por el poderío normalizador de la cultura moderna, como los mitos y demás religiones e ideologías.

[391] Recuérdese que Freud no interesaba, desde la clínica, incidir en el imaginario político del que participaban sus pacientes sino simplemente limitarse a las indicaciones clínicas, es decir, "someter a revisión el proceso de represión y derivar el conflicto hacia un desenlace mejor, compatible con la salud." Ya Freud advertía antes que "algunos incomprensivos tachan de unilateral nuestra valoración de los instintos sexuales, alegando que el hombre tiene intereses distintos de los del sexo. Ello es cosa que jamás hemos olvidado o negado." Y, como es de uso y costumbre en su retórica, se remite a una comparación para dar cuenta de ello: "Nuestra unilateralidad es como la del químico que refiere todas las combinaciones a la fuerza de la atracción química. No por ello niega la ley de gravedad; se limita a abandonar su estudio al físico." (S.Freud; "Una dificultad del psicoanálisis" (1917); en *Obras completas* (Tomo III); op.cit., p.2433)

[392] E.Fromm; *La crisis del psicoanálisis*; op.cit., p.12.
236

política de revisión del psicoanálisis. El montaje de la escena, la construcción del contexto histórico y social, es el pretexto moral de su intervención, la justificación de su postura como una necesidad vital para el movimiento psicoanalítico en crisis... Como si acaso en épocas anteriores las sociedades hubieran *gozado* de "salud mental" o, cuando menos, no hubieran padecido de la misma *enfermedad* que constituye toda vida social, toda normalidad cotidiana...

Las mutaciones en el orden interior del discurso psico-analítico originario, las modificaciones en sus prácticas, las modula-ciones teóricas en general, en su conjunto, son relativas, no a las mutaciones sociales de época, sino a la lógica interior de sus propios movimientos. Ni siquiera Freud, en su momento, redujo la práctica del psicoanálisis a las consideraciones exclusivamente sexuales, pues teóricamente había previsto la necesidad de ampliar su horizonte a dominios sociales que excedían la práctica clínica. Independientemente de lo que Freud hiciera, el movimiento psicoanalítico proliferó precisa-mente porque su discurso fue absorbido por infinidad de fuerzas culturales que lo forzaron, a pesar de sus negativas, a ajustarse a otro registro de exigencias, de demandas sociales, de sentido. Sabido es que el psicoanálisis no se impuso sobre lo cultural de manera implacable y definitiva, sino que la vida social, por el carácter indeterminado de las poderosas fuerzas que la atraviesan y constituyen su condición de existencia, también incidió, directa e indirectamente, en los modos como se daría la proliferación del psicoanálisis dentro de la vida social misma. Y habría que reconocer que tampoco existía una diferencia radical en los principios políticos del psicoanálisis, instaurados por Freud en su objetivo social normalizador, con respecto de las fuerzas culturales que condicionaban su existencia, pues éstas también eran partícipes del poderío normalizador que determinaba sus movimientos, si no su propia existencia. Pienso que el psicoanálisis se adaptó a las exigencias de la época, y ofreció satisfacción a estas *necesidades* existenciales, de entre las cuales gran parte coinciden en la representación de la crisis social que hace Fromm: angustia, soledad, confusión, incertidumbre, desencanto, etc., y que, no obstante, son prácticamente las mismas que Freud suscribe más detalladamente en su escrito de 1908, "La moral sexual 'cultural' y la nerviosidad moderna", y utiliza como referencia contextual a las condiciones de época en sus escritos posteriores.

El psicoanálisis, además de una profesión relativamente lucrativa para el analista, constituía un objeto más de la lógica del mercado, y como tal, su práctica estaba destinada a satisfacer las demandas de su clientela; razón por la que no debe extrañar la relativa adecuación de sus teorías, de su oferta, a la demanda de un público, aunque no general, perteneciente a ciertas clases sociales que podían darse el lujo de someterse a las promesas de la terapia psicoanalítica sin menoscabo de su autoridad interna. Fromm, por ejemplo, reconoce que buena parte de su prestigio residía, precisamente, en los elevados costos de la terapia, que constituían su acceso privilegiado en un signo de seriedad, en una práctica respetable y promisoria. De ahí una parte de su crítica a la ortodoxia que, aunque fiel a las doctrinas teóricas de Freud, prefieren aplicarlas sin revisarlas y adecuarlas a otras consideraciones relacionadas a las mutaciones de época, y sobre todo, porque siguen beneficiándose económicamente de su clientela, aunque en picada. Dentro de este cuadro -según Fromm- el analista ofrece un sustituto de la religión, la política y la filosofía:

"Supuestamente, Freud había descubierto todos los secretos de la vida (...) una vez comprendidas estas cosas, nada quedaba ya de misterioso o dudoso. Uno se convertía en miembro de una secta un tanto esotérica, en la cual el sacerdote era el analista, y se sentía menos desconcertado, y menos sólo en el diván."[393]

Las preguntas de quién en verdad podía tener acceso a la terapia y qué interesaba realmente de ésta, son pertinentes, no sólo para no pecar de ingenuidad política, sino como reconocimiento del poder transformador que esta condición opera sobre lo teórico en general tanto como sobre la práctica clínica en particular. El pacto entre el analista y el sujeto a ser analizado, más allá del ofrecimiento inscrito formalmente en los términos de la teoría, debía adaptarse, ciertamente, a la ilusión de *necesidad* del sujeto que a todas cuentas pagaría por el tratamiento. No es una cuestión trivial representarlo de éste modo, ni un reduccionismo de las cualidades potenciales de la terapia, sino un reconocimiento de la importancia de la relación

---

[393] Op.cit., p.13.

del sujeto con respecto al orden interior de la terapia analítica dentro de la lógica del mercado de la salud mental, que determina incluso la posibilidad de existencia de la práctica clínica privada. La terapia no se trata de un feliz reconocimiento del modo más efectivo de cómo lidiar con las exigencias de "salud mental" del sujeto saturado de cotidianidad, que padece, como todo el mundo, el malestar de la normalidad, sino que se ajusta internamente con relación a las demandas de *salud* paradójicamente representadas en sus "propios términos". En la crítica de Eric Fromm a los usos de la terapia analítica que mantienen en condición de *crisis* al psicoanálisis puede identificarse esta relación eminentemente comercial entre el paciente y el analista:

> "Se puede observar a menudo un "acuerdo de caballeros" entre el paciente y el analista; ninguno de los dos quiere ser sacudido por una experiencia fundamentalmente nueva; se conforman con pequeñas 'mejorías'... (...) Mientras el paciente acuda, hable y pague, y el analista escuche e 'interprete', se habrán observado las reglas del juego, y el juego resulta agradable para los dos."[394]

No es una coincidencia el lugar donde se juntan el psicoanalista y el paciente, donde *pactan* los fines de la terapia, es decir, la demanda y el deseo condensada en el objeto de consumo: la ilusión de salud; es un lugar determinado tanto por la lógica del orden interior de la estructura clínica como por las condiciones de su reproducción como objeto de consumo dentro de un orden social basado en la lógica del mercado: la salud mental puede ser adquirida como cualquier otro objeto de consumo, tiene un precio y el psicoanálisis la tiene en venta. Freud no coincidió casualmente con un método de tratamiento que respondiera a las necesidades de satisfacción de los deseos de los pacientes, a sus necesidades reales de *mejorar* su "salud mental", sino que cobraba por ello, y cobraba no por el valor real de su trabajo, que a todas cuentas no tendría precio, sino que cobraba para ganar dinero, como cobra cualquier negocio comercial por sus servicios profesionales o técnicos, como

---

[394] Op.cit., p.14.

cualquier médico. Al Sujeto que aparece reivindicado en las historias míticas de la revolución psicoanalítica, liberado de sus fantasmas culturales y religiosos, de las ataduras y represiones sexuales, etc., no le bastaba creer en el psicoanálisis para beneficiarse de sus favores, sino que tendría que poder pagar por ellos. La "salud mental" seguiría siendo, como siempre, un lujo del que sólo ciertas minorías privilegiadas de la sociedad podrían acceder y gozar plenamente... aunque fuera siempre sin posibilidad de un afuera de la ilusión.

No ha dejado de existir este modo de la práctica analítica, mas sin embargo, las demandas de eficacia, de rapidez, incluso de abaratar los costos para que un mayor público tuviera acceso a sus beneficios, incidieron igualmente en los modos como el discurso psicoanalítico moduló gran parte de sus teorías, descartó otras e inventó nuevas, adecuando sus ofertas dentro del gran mercado de saberes médicos a las demandas de los consumidores de la ilusión de salud mental. Qué espera el consumidor del psicoanálisis, quién puede pagarlo y pagarlo para qué, siguen siendo, pues, interrogantes pertinentes al considerar las mutaciones que se han operado al interior del imaginario psicoanalítico contemporáneo. No intereso, no obstante, entrar en consideraciones de índole estadística, evaluar cuantitativamente los éxitos o fracasos terapéuticos, los efectos en la representación que de sí mismo tiene el sujeto antes y después del análisis, los relativos cambios en los estados de ánimo, etc. Baste, por lo que a esta reflexión concierne, subrayar que el valor del psicoanálisis no puede ser reducido a los criterios de la oferta y la demanda, que la valoración cuantitativa no guarda relación de reciprocidad alguna con el valor potencialmente cualitativo de su práctica. El discurso psicoanalítico constituye, dentro de sus diversas tendencias, parte integral del poder normalizador de la cultura moderna; y las modulaciones operadas dentro de su orden interior, los reajustes estructurales en la economía política de sus prácticas y teorías, forman parte de las tecnologías de subyugación ideológica del poder normalizador de la cultura moderna.

Del mito revolucionario: eje de las retóricas de la crisis

La participación generalizada del mito revolucionario sobre el que se fundan las historias hegemónicas del movimiento psico-analítico sirve de eje matriz de su puesta en crisis. Pienso que la creencia en su naturaleza o esencia crítica desplaza la atención sobre las fuerzas normalizadoras de sus dispositivos ideológicos, enraizados profundamente en gran parte de los fundamentos teóricos; y que la representación del psicoanálisis como fuerza revolucionaria en sí misma es, a todas cuentas, el signo donde se condensa una posición eminentemente conservadora. La exigencia política, que no promueve ni siquiera convertir el conocimiento psicoanalítico en sabiduría popular, sino en socializar sus favores, en hacerlo accesible a precios módicos, aunque tal vez bien intencionada, participa de una ingenuidad que no tiene menos implicaciones sociales, particularmente evidenciables en los valores ideológicos que promueve formalmente el discurso psicoanalítico a favor de la integración del sujeto a la normalidad social, independientemente del contenido específico de lo normal y de la exigencia de lo social.[395] Según Fromm –por ejemplo- las razones más profundas de la crisis del psicoanálisis residen en el paso de una teoría innovadora a una conformista:

> "Al comienzo fue una teoría revolucionaria, profunda, liberadora. Poco a poco fue perdiendo su carácter y se estancó; no logró desarrollar su teoría en respuesta a la situación humana modificada después de la Primera Guerra Mundial; por el contrario, se refugió en el conformismo y en la búsqueda de la respetabilidad."[396]

Para Fromm, la consecución más creadora y revolucionaria de la teoría de Freud fue la fundación de una "ciencia de lo irracional": la teoría del inconsciente. Haciéndose eco del mito que Freud mismo había elaborado en su contextualización histórica del psicoanálisis, sostiene:

---

[395] No obstante, Freud ya auguraba que la experiencia policlínica contribuiría con material suficiente para las modificaciones necesarias que llevaran por objeto hacer accesible la terapia psicoanalítica a sectores populares más amplios y "adaptarla a inteligencias más débiles." (S.Freud; "Psicoanálisis y teoría de la libido" (1922); op.cit., p.2671)

[396] E.Fromm; *La crisis del psicoanálisis*; op.cit., p.16.

"Freud atacó la última fortaleza que quedaba intacta: la conciencia del hombre como dato último de la experiencia psíquica. *Demostró* que la mayor parte de aquello de lo cual *tenemos* conciencia no es real, y que la mayor parte de lo que es real no se encuentra en nuestra conciencia. El idealismo filosófico y la psicología tradicional fueron desafiados frontalmente, y se dio otro paso hacia adelante en el conocimiento de lo que es 'realmente real'"[397]

Integrada la crítica al conjunto mítico del discurso del psicoanálisis, se devuelve circularmente a su primera ilusión, registrada bajo el signo fundacional de la ciencia como signo de un saber no ilusorio, de una verdad profunda en contraste con la ficción de lo superficial, de lo real como un modo más de la apariencia:

"La teoría del inconsciente es uno de los pasos más decisivos en nuestro conocimiento del hombre y en nuestra capacidad para distinguir en la conducta humana, la apariencia de la realidad."[398]

Freud –añade Fromm- abrió camino a la comprensión de la "falsa conciencia" y del "autoengaño humano", fue un pensador radical, un crítico de la sociedad, de "las costumbres de la clase media", "del fraude de la sociedad burguesa". Pero estaba al mismo tiempo profundamente arraigado en los prejuicios y la filosofía de su período histórico y de su clase.[399] De ahí el material crítico del emplazamiento que hace a las tendencias dominantes del movimiento psicoanalítico, a considerar las exigencias de la época vigente y desarrollar las teorías más revolucionarias de Freud a partir del espíritu crítico que las hizo nacer. Es esta la condición de

---

[397] Op.cit., p.17.

[398] Ídem.

[399] Op.cit., p.19.

superación de la crisis, y lo contrario sería mantenerla permaneciendo acomodados en la sociedad de consumo.[400]

Crítica a la ortodoxia psicoanalítica

Consecuentemente, desde los estadios iniciales del movimiento psicoanalítico hasta nuestros días, muchos *críticos* acentúan que la fuerza de su ortodoxia estaba constituida, principalmente, por personas débiles de espíritu pero de una gran voluntad de poder. Fromm lo recalca al sostener que los miembros adoptados por Freud no tenían aptitud para la crítica:

"La mayoría de los psicoanalistas ortodoxos reconocieron el dominio de la burocracia analítica y se adaptaron a sus reglas, o por lo menos expresaron su acatamiento a la lealtad exigida."[401]

Sería una ingenuidad, no obstante, suponer que los seguidores más firmes y fieles de Freud estaban sometidos a su férrea voluntad y que su obediencia incondicional a la Ley del Padre lo era antes por su constitución psíquica más tendiente a la actitud sumisa que a la postura crítica y reflexiva. Ciertamente algo de ello podría estar presente dentro del conjunto de relaciones que atraviesan las historias del psicoanálisis, incluso quizá con mayor fuerza de la que me atrevería a insinuar pues, como toda organización cerrada y jerarquizada, además de los intereses particulares de cada miembro, una cierta disposición de sumisión a la autoridad regente es imprescindible; una cierta dosis de consentimiento a la dominación es condición necesaria de su existencia, de su poder, de su Ley. Y sin duda pueden racionalizarse analíticamente todas las tendencias, inclinaciones o motivaciones que dieron paso a ciertas prácticas dentro de la organización, y que de igual modo incidieron en los modos de proyectarse fuera de ella. Tema que, sin embargo, no es de mi actual interés. Lo que me parece pertinente subrayar es que ciertamente la *participación* de los miembros del movimiento psicoanalítico es dada a partir de una aceptación voluntaria de sus

---

[400] Ídem.

[401] Op.cit., p.21.

términos y condiciones, y eso es suficiente, cuando menos, para mantener abierta la sospecha tanto más que como si hubieran sido forzados a hacerlo.

Para Fromm, como para muchos, incluso para quienes pertenecen a la crítica desde a*dentro* del propio discurso psicoanalítico, las resistencias al psicoanálisis, ya advertidas y señaladas por Freud, son fundamento suficiente para cerrar filas y activar ciertas prácticas administrativas de corte autoritario. Evidencia de ello está en la práctica política de la ortodoxia, que activa como recurso de seguridad interior el discurso del temor a los ataques de las resistencias, los reproches, las críticas, los rechazos, recriminaciones, insultos, ridiculizaciones, etc., como los Estados justifican el ejercicio autoritario de sus gobiernos en la amenaza hostigante del enemigo exterior; y asimismo los encierros y la limitación de derechos, en la representación de un enemigo interno, imprevisible, pero siempre al acecho... También se mantiene en la escena de la crítica a los integrantes del movimiento ortodoxo que practican las mismas creencias que sus pacientes, incluso con mayor devoción, pues creen como verdad indubitable haber resuelto en definitiva los enigmas de la mente humana. Dentro de estas coordenadas, al analista ortodoxo –pregunta Fromm– ¿no resultaba natural, entonces, que respaldase la ficción de que, en esencia, Freud había descubierto toda la verdad, y que por medio de una participación mágica, él, como miembro de la organización, compartía esa posición de la verdad?[402]:

> "La ortodoxia conserva las enseñanzas en su forma primitiva, las protege contra los ataques y las críticas, pero las 'reinterpreta', destaca o agrega elementos mientras afirma que ello puede encontrarse en la palabra del maestro. De esa manera, la revisión modifica el espíritu de las enseñanzas primitivas, a la vez que se mantiene 'ortodoxa'."[403]

---

[402] Op.cit., p.27.

[403] Op.cit., p.47.

244

Montaje de la Autoridad

Pero, ¿a que debe su eficacia la fuerza doctrinaria del discurso psicoanalítico de Freud? A la fe...

La retórica política enseña en su arte, que es el de la guerra, que resulta más efectivo como primer movimiento tratar de ganarse las simpatías de sus adversarios antes que mover las fichas del enfrentamiento abierto. Freud adopta esta técnica a su narrativa y suele, como paso de entrada a cada juego estratégico, sino aparecer como víctima en resistencia frente a las más despiadadas intolerancias, aunque sean encarnaciones fantasmales, celebrando las coincidencias compartidas por la "sana razón humana", es decir, representándose a sí mismo como parte integral de eso que todos saben y todos creen. Luego decide el recurso táctico de la embestida. En una conferencia sobre los fenómenos neuróticos, publicada en 1917[404], Freud advertía a su audiencia que, a diferencia de ocasiones anteriores, donde se habían tratado temas de los que cualquiera podría tener voz y opinión por considerarlos propios de su experiencia, como los sueños y los actos fallidos, en esta ocasión no podría permitirse mantener la misma actitud, por lo que exigiría a su público que se atuviera a la exposición que él hiciera y se abstuviera, pues, de cualquier juicio sobre la misma, por la sencilla razón –según Freud- de que la única fuente de conocimiento sobre el tema sería lo que él mismo expondría. Tal vez tuviera razón al respecto, pero no es sobre lo que él sabía más y mejor que los demás lo que intereso acentuar, sino el modo dentro de su discurso como se distribuyen las relaciones de poder y se organiza internamente su régimen de verdad; se asignan posiciones de jerarquía en la relación con el saber, y se consagra la autoridad para decir la verdad y exigir sumisión a su Ley mediante el acto de la fe.

Ciertamente, como Freud advertía, el sector de los fenómenos neuróticos era ajeno al auditorio (no eran médicos), por lo que de primera impresión es razonable y sensato, incluso si se quiere, justa, su petición de abstinencia. Pero a mi parecer, este no es el límite de su petición: no siendo médicos, la primera y única fuente de conocimiento de que por el momento disponéis será la

---

[404] S.Freud; "Lecciones introductorias al psicoanálisis (1915-17): Parte III; "Teoría general de las neurosis" (1916-17); en *Obras Completas* (Tomo II) op.cit., p.2273.

exposición que aquí me propongo desarrollar, y a ella habréis de ateneros sin que siquiera os sea dado criticarla, pues *todo juicio, por acertado que parezca, carece de validez cuando recae sobre una materia que no se domina a fondo* –advierte Freud-.[405] Nuevamente, no es por falta de razón en el argumento que se levanta la sospecha, sino por los sesgos autoritarios que marcan profundamente el sentido de su razón. Ante la posibilidad de enfrentar una crítica de esta índole Freud se adelanta y sostiene:

> "No creáis, sin embargo, que quiera dar a estas conferencias un tono dogmático ni que intente exigiros una incondicional adhesión. Nada de eso; lejos de querer imponeros convicción alguna, me bastará con estimular vuestro pensamiento y desvanecer algunos prejuicios."[406]

Y enseguida encarna el espíritu más dogmático posible, que es el de quien goza de la convicción, más que de lo que sabe, de la certeza de que el Otro no sabe o, si algo sabe, es menos que él:

> "Por el momento, y dado que *vuestra carencia de preparación no os permite someter a juicio alguno mis afirmaciones*, no podréis admitirlas desde luego, pero tampoco os será lícito rechazarlas de plano. Habréis, pues, de *limitaros a* escucharme atentamente, dejando que aquello que voy a exponeros *actúe* sobre vuestra inteligencia."[407]

Acto seguido se devuelve a justificar la barrera que ha impuesto a su relación con la audiencia, y sostiene: No es nada fácil llegar a una *convicción determinada*, y sucede muchas veces que aquellas convicciones que adquirimos sin esfuerzo se nos muestren luego desprovistas de todo valor y consistencia. Sólo el que, *como yo*, ha dedicado años enteros de paciente labor a una determinada materia y ha obtenido en su *investigación, repetidamente, los mismos* nuevos y sorprendentes *resultados, tendrá el derecho de poseer una convicción sobre el*

---

[405] Ídem.

[406] Ídem.

[407] Ídem.

246

objeto de su estudio. Y añade: En el terreno intelectual, las convicciones rápidas, las conversaciones instantáneas y las negociaciones impulsivas, no tienen razón alguna de ser. El "flechazo" o enamoramiento fulminante es algo que cae por completo fuera de los dominios científicos.[408] Freud quiere que su auditorio se comporte del mismo modo que él desea que se comporten sus pacientes ante el análisis, con una actitud de "benévolo escepticismo". Como cazador al acecho de su presa, Freud prosigue acorralando la suya y se adelanta a sus posibles resistencias:

> "Por otra parte, os equivocaríais considerando la concepción psicoanalítica que aquí voy exponiéndoos como un sistema especulativo, pues se trata, en primer lugar, de una viva experiencia, fruto de la observación directa, y luego, de la elaboración reflexiva de los resultados de la misma. (...) Sólo los futuros progresos de la ciencia podrán decirnos con seguridad si tal elaboración ha sido suficiente y acertada; mas lo que sí puedo hacer constar desde ahora es que las *observaciones* en que se *basa* reposan, a su vez, en una intensa y profunda labor de cerca de veinticinco años alcanzada a bien avanzada edad [sesenta años]."[409]

Desposeída del derecho a la duda toda su audiencia, pues no cumple los requerimientos de autoridad para hacerlo, el paso siguiente sería volcar contra ella misma cualquier inclinación a la sospecha, es decir, provocar sugestivamente un doble sentimiento: que se *identifiquen* con los adversarios del psicoanálisis y que, al hacerlo, se sientan *mal* por siquiera considerar cuestionar al maestro. Adelantándose *nuevamente* a cualquier resistencia:

> "Es, sin embargo, esta última circunstancia la que parecen ignorar o no querer tener en cuenta nuestros *adversarios*, los cuales suelen prescindir por completo de este *origen* de nuestras afirmaciones y *juzgarlas* como si se tratase de algo meramente *subjetivo* a lo que fuese

---

[408] Ídem.

[409] Ídem.

lícito oponer diferentes opiniones personales no basadas en una labor de investigación equivalente. Esta actitud, que me ha parecido siempre un tanto incomprensible. (...) Pero he de advertiros que en las lecciones que hoy iniciamos me propongo con toda firmeza no entrar en discusión polémica alguna. No creo en la verdad de aquella máxima que pretende que de la discusión nace la luz, máxima que me parece ser un producto de la sofística griega y pecar, como ella, por la atribución de un exagerado valor a la dialéctica."[410]

Y concluye:

"Por lo que a mí respecta, estimo que lo que denominamos polémica científica es algo por completo estéril y tiende siempre a revestir su carácter personal. (...) Juzgaréis quizá que semejante repugnancia a toda polémica es testimonio de una impotencia para rebatir las objeciones que se nos oponen o de una extrema obstinación. Mas habréis de reconocer que cuando, después de una ímproba labor, se ha llegado a adquirir una convicción determinada, está más que justificada una enérgica resistencia a abandonarla."[411]

Nuevamente: ¿A qué debe su eficacia la fuerza doctrinaria del discurso psicoanalítico de Freud? A la fe...

Ficción de autonomía y proyecto político del psicoanálisis

En 1977, Cornelius Castoriadis ya atribuía la supuesta "condición de crisis" del psicoanálisis a la *indefinición* en que estaba inmerso su estatuto, como teoría y como práctica.[412] Castoriadis criticaba la tendencia dominante de la crítica al psicoanálisis, que se

---

[410] Op.cit., p.2274.

[411] Ídem.

[412] C.Castoriadis; "El psicoanálisis: situación y límites" (1977); *Figuras de lo pensable (Las encrucijadas del laberinto VI)*; Editorial *Fondo de Cultura Económica*, México, 2002.

fundamentaba principalmente en criterios de *éxito* y *fracaso*, basados principalmente en los requerimientos de la ideología dominante (cientificista, positivista y tecnocrática). Este criterio de *validez* estaría relacionado a la aptitud del psicoanálisis para *conformarse* con las normas y criterios de la ciencia existente (*dura, exacta*, etc.), remitiendo a las nociones dominantes de *acumulatividad*, a la *contabilidad* universal (la posibilidad de verificación o de falsificación), y a la capacidad de predicción.[413] En fin:

> "...se le exige a la teoría que culmine en prescripciones prácticas no ambiguas, prescripciones cuyo éxito (o fracaso) será la piedra angular de sus pretensiones de validez."[414]

Según Castoriadis, estos modos de *evaluación* son insostenibles, en primer lugar, porque el referente de comparación, las ciencias modernas (física, matemática, biología, etc.) está puesto bajo cuestionamiento, sobre todo con relación a los límites teóricos que constituyen sus dominios, puestos al traste con la emergencia de otros campos de saber vinculados incluso al propio registro de las Ciencia. Entre los rasgos distintivos de esta *crisis* de la ciencia moderna, destaca, por ejemplo, la incompatibilidad entre teorías confirmadas empíricamente, la aparición de las consideraciones de indecidibilidad, los criterios de indeterminación, etc. La ciencia moderna enfrenta aporías irresolubles dentro de los marcos epistemológicos tradicionales y permanecen en la escena de su saber enigmas que ponen en tela de juicio las certidumbres sobre las que se basan sus propias leyes, descubiertas y hasta incluso confirmadas empíricamente. Según Castoriadis, este punto de vista dominante (cientificista-positivista-tecnocrático) a partir del que se juzga el estatuto del psicoanálisis con relación a la Ciencia, está basado en una metafísica y ésta, a la vez, articulada en función del imaginario capitalista moderno. De la parte metafísica:

> "El Ser en su globalidad sería un sistema totalmente *racional*, una estructura rigurosa que obedece en toda su

---

[413] Op.cit., p.221.

[414] Ídem.

extensión a relaciones y a leyes de tipo conjuntista identitario."[415]

Esta representación ideológica del Ser, encarnada en la imaginería cientificista hegemónica, cumple una función política de adaptación social (normalización) a los requerimientos específicos del imaginario del capitalismo:

"Tal metafísica constituye el postulado complementario indispensable para apuntalar el imaginario del capitalismo, en el que prevalece la significación social imaginaria de una expansión ilimitada del dominio *racional*."[416]

Castoriadis se aferra, aunque con marcadas reservas, a la teoría de Freud para denunciar el credo metafísico en la *omnipotencia humana*. Credo éste, vale añadir, sobre el que se sostiene el imperio de la Ley, los dominios de lo jurídico y lo penal moderno, los sistemas de educación, las instituciones sociales, los regímenes de gobierno y, en fin, el poderío estatal en general. En su escrito resuelve de inmediato la existencia de un vínculo indisoluble entre la práctica teórica del psicoanálisis y lo político, en cuanto que ésta está condicionada por lo social y lo social, a la vez, es irremediablemente político: "...está en relación con la institución de la sociedad y sus contenidos."[417] En este contexto, el objeto del psicoanálisis es un sujeto eminentemente *social* y la relación entre ambos es, pues, política. Según Castoriadis, el sujeto está relacionado consigo mismo pero también con el otro y, más allá de cualquier *otro* particular, con un entorno determinado por la organización social[418]:

---

[415] Op.cit., p.222.

[416] Ídem.

[417] Op.cit., p.228.

[418] Op.cit., p.229.

"La existencia humana es indisociablemente psíquica y social. Un ser humano no socializado no existe y no podría existir."[419]

En la invisibilización de este campo relacional y sin exterioridad posible, Castoriadis advierte una condición de la *crisis* actual del psicoanálisis y la remite a las relativas "ambigüedades" de Freud:

"...el fracaso en reconocer definitivamente que, más allá de cualquier *otro* concreto, el psicoanálisis implica, en su práctica y en su teoría, la totalidad de la red de instituciones y significaciones sociales, impersonales y anónimas."[420]

En este sentido, los referentes morales o éticos que pudieran vincularse al psicoanálisis pertenecen propiamente a la dimensión de lo político, es decir, que no existen con relación de exterioridad a las condiciones sociales en las que aparecen. Para Castoriadis, pues, la subjetividad no está determinada por factores de orden biológico o físico, como tampoco el mundo psíquico está constituido solamente de *sentido*, sino que se conforma a través de la emergencia o creación de *sentido*, según una organización lógica dada (estructurada y funcional).[421] La dimensión lógica de la estructura teórica del psicoanálisis supone, desde esta perspectiva, que la tarea correspondiente al psicoanálisis es la *identificación* de los modos como se organiza esta estructura psíquica y la economía de sus funciones. La aparente paradoja irresoluble de la teoría psico-analítica aparece nuevamente en el contraste entre la afirmación de que la organización de la psique es esencialmente *lógica* mientras que la representación imaginaria de lo Inconsciente (en cuanto *ignora el tiempo y la contradicción*), no responde a los criterios formales de la lógica, más no por ello deja de estar estructurada (organizada) y en funcionamiento (según determinaciones y leyes), es decir, ordenada por una lógica. Una lógica que no corresponde a los criterios

---

[419] Op.cit., p234.

[420] Op.cit., p.229.

[421] Op.cit., pp.225-26.

vinculados al dominio racional de la conciencia (según la filosofía y la ciencia dominante) sino que es propia al carácter relacional de la vida psíquica misma, relativamente indeterminada pero, simultáneamente, regulada interiormente por sus propias leyes e influenciada determinantemente por su relación con lo social.

Según Castoriadis, el psicoanálisis tiene, en lo esencial, el mismo objeto que la política: la *autonomía* de los seres humanos.[422] Establecido el carácter fundamentalmente social del sujeto, y puesta la autonomía del mismo como horizonte de lo político (que incluye lo moral y lo ético), Castoriadis fuerza al discurso del psicoanálisis a montar su práctica teórica con relación al registro imaginario de lo democrático y sus correlativas ilusiones políticas emancipadoras. En su discurso fusiona, bajo el registro de lo político, ambas dimensiones: la vida psíquica y social. De una parte, el horizonte emancipador, en clave social, supone preguntarse: ¿de qué manera puedo ser libre si estoy obligado a vivir en una sociedad en la cual la ley está determinada por otra persona? La autonomía del sujeto, a la que apunta su voluntad política, supone que lo democrático (su "verdadera significación"), debe implicar que en realidad se tiene la posibilidad efectiva de participar *igualitariamente* en la formación y en la aplicación de la ley. Castoriadis, en clave moderna, se devuelve a la posición habitual de las tradiciones políticas vinculadas al imaginario emancipador moderno, haciéndose partícipe de las ilusiones metafísicas del discurso de la Igualdad y la correlativa ingenuidad política que supone la creencia en la posibilidad de concertarse así, *todos* y como *iguales*, frente a la Ley. No me extenderé más al respecto, pues ya he trabajado este tema con mayor detenimiento en otra parte. Me interesa más, para efectos de este trabajo, la segunda interrogante que Castoriadis trae a propósito de la relación del psicoanálisis (su práctica y su teoría) con lo político, y lo político designado como orientación hacia la consecución de la autonomía de los sujetos. La segunda cuestión que plantea es la siguiente: ¿cómo puedo llegar a ser libre si estoy gobernado por mi inconsciente?[423] Sobre esta cuestión resuelve:

---

[422] Op.cit., p230.

[423] Ídem.

"[Mi Inconsciente] ...ya que no puedo ni eliminarlo ni aislarlo, la única respuesta es: puedo ser libre si establezco con mi inconsciente otro tipo de relación, una relación gracias a la que puedo saber, en la medida de lo posible, lo que ocurre en su interior, y que me permite, en la medida de lo posible, filtrar todo lo que, del inconsciente, pasa a mi actividad exterior diurna. Es lo que llamo establecer una subjetividad reflexiva y deliberativa."[424]

La interrogante inmediata que se desprende de esta ilusión política de Castoriadis es si acaso *saber lo que ocurre en el interior* es una posibilidad real (o medible). En todo caso, ¿cuál sería el contenido de ese supuesto saber que haría posible el desarrollo de una subjetividad autónoma, reflexiva y deliberativa? ¿Quién lo haría posible? ¿El psicoanálisis? Y a todas cuentas, ¿qué psicoanálisis? ¿Mediante qué técnica? ¿La terapéutica? ¿A partir de cual teoría? ¿La de Freud? ¿La suya propia? Castoriadis resuelve la condición de posibilidad para lograr la autonomía del sujeto en un idealismo político, característico, más que de las metafísicas modernas, de las tradiciones ideológicas de las filosofías políticas vinculadas al gran proyecto emancipador de la modernidad: el requerimiento para el advenimiento efectivo de la autonomía del sujeto es una sociedad autónoma.[425] Castoriadis no comparte con Freud la confianza en que la *educación* pueda orientarse hacia esa dirección sin que antes la sociedad en su conjunto *sea* autónoma, pues según la autonomía no puede imponerse, tampoco puede enseñarse. Apuntado su objetivo estratégico hacia la consecución de esta finalidad política, destaca la labor que debería desempeñar la práctica psicoanalítica:

"Todo lo que se puede hacer es ayudar al analizante a progresar hacia la autonomía, lo que implica, al mismo tiempo, un saber y una actividad. Compartir ese saber es la meta de la interpretación, que puede permitir al sujeto acceder a sus motivaciones y pulsiones ocultas y reprimidas. (...) Pero tenemos que guiar al analizante

[424] Ídem.

[425] Ídem.

hacia esta interpretación de tal manera que adquiera gradualmente la capacidad de producirla él mismo."[426]

Así resume el proyecto político del psicoanálisis:

"El psicoanálisis es una actividad sobre sí mismo, una reflexión de sí mismo sobre sí mismo, es el acceso a la autonomía por el ejercicio efectivo de la autonomía con la ayuda de otro."[427]

Castoriadis se envuelve en las ilusiones habituales que atraviesan y soportan el imaginario psicoanalítico vinculado al proyecto emancipador moderno, y, aunque se distancia radicalmente de la teoría de Freud (aunque no admita sino todo lo contrario), el efecto político de su programa sigue siendo, en esencia, el mismo: la normalización. El concepto mismo de *autonomía*, central en su discurso, está cargado de connotaciones ideológicas que, irremediablemente, hacen del término un absurdo para la teoría psicoanalítica, por lo menos en su acepción más radical de lo Inconsciente, sobre todo en su relación con la Represión. La apuesta política a que es posible acceder a un estadio absoluto de autonomía es un correlato de las ilusiones metafísicas que él mismo criticaba, es decir, a las nociones de un sujeto dueño de sí mismo por virtud de la potencia consciente de la Razón. El advenimiento de una subjetividad autónoma y *libre*, como de una sociedad autónoma, es incompatible con la teoría psicoanalítica de Freud, a no ser que ésta sea subvertida y puesta en funcionamiento de un particular horizonte político, ya sea contra el reinante (donde el psicoanálisis actúa acorde a una orientación adaptacionista) o uno imaginado como realmente alternativo (por la crítica social orientada hacia una subjetividad autónoma, reflexiva y deliberativa). La relación con la Ley, no obstante, permanece como el signo de una voluntad política normalizadora. Para ser efectivo requiere condensar bajo el modo de una interpretación teórica un proceso de invisibilización ideológica de la represión y de la inevitable sumisión a sus mandamientos, a los que el sujeto es forzado a

---

[426] Op.cit., p.231.

[427] Ídem.

254

habitar su existencia desde su nacimiento. Desde el nacimiento cada criatura está irremediablemente sometida a los rituales normalizadores de la cultura (socializadores, en término de Castoriadis), lo que pone enseguida de manifiesto, más que la relación indisoluble entre lo psíquico y lo social, el carácter ficcional del concepto de autonomía; y si el encargo político domesticador funciona efectivamente, ¿con relación a qué se puede hablar de libertad? Sólo como ilusión, es decir, como consolación imaginaria cuyo fin es, cuando más, amortiguar los embates de la represión y, si acaso, hacer menos dolientes las miserias y sufrimientos que depara la vida, por el sólo hecho de ser vivida...

Pero puede convenirse, claro, en contradecir a Freud y suponer que los contenidos de la represión pueden alterarse significativamente y asimismo que la Ley puede moldearse progresivamente a fuerza de la voluntad política (ayudar a la gente a progresar hacia la autonomía personal[428]), pero, aún así, los dominios de lo Inconsciente mantienen una relación de relativa autonomía con respecto a los controles o variaciones que del mundo *exterior* pudieran tratar de imponerse. La posibilidad de domesticación del poderío indómito de lo Inconsciente (horizonte político del sujeto autónomo) puede operarse sólo bajo un registro ideológico que se oponga radicalmente a las determinaciones teóricas del discurso psicoanalítico esgrimido por Freud. Afirmar, por ejemplo, que el contenido de lo Inconsciente, aunque no es una "mecánica racional", es lo Social, y que si lo Social se trastoca cualitativamente lo que acontece en lo Inconsciente, pues, debería trastocarse consecuentemente. Pero esta teoría no es cónsona a la explicitada por Freud, sino un correlato de una particular postura política, en este caso, vinculada al lenguaje del imaginario emancipador moderno. Para Castoriadis, la psique es, esencialmente, "imaginación radical", un flujo permanentemente emergente de representaciones, deseos y afectos, es decir, "creadora":

> "Esta creatividad de la imaginación humana está en la raíz de los problemas psíquicos y políticos más graves."[429]

---

[428] Op.cit., p.234.

[429] Op.cit., p.235.

En Freud, sin embargo, el cuerpo está aprisionado por el alma, y el alma (la psique), ciertamente está construida con relación a las exigencias de la vida social, y los contenidos imaginarios nacen al calor de las relaciones entre lo psíquico y lo social, de ahí el contenido preciso de las represiones culturales (morales, legales, etc.). Pero el cuerpo es, en esencia, una entidad biológica, y las fuerzas que empujan los destinos de los seres humanos están profundamente arraigadas en esta condición, es decir, en su animalidad, en sus instintos, en el principio del placer. Para Freud, este determinismo biológico es la fuente primordial de la vida anímica y todo cuanto acontezca a su alrededor será consecuencia directa de ésta. La *exterioridad* será sólo la representación deformada de un impulso reprimido y, en el mejor de los casos, *sublimado* en función de determinados *fines* sociales. No es de extrañar que los escritos donde Freud consagra esta radical postura ante las ilusiones del proyecto emancipador moderno, a favor del proyecto político (disciplinario, normalizador, domesticador) de la Modernidad, sea desvirtuado por Castoriadis:

> "...el indudable radicalismo político de Freud se volvió, con el correr de los años, prácticamente sin objeto y desembocó, al fin de cuentas, en las posiciones ambiguas y hasta contradictorias de *El malestar en la cultura* y de *El porvenir de una ilusión*"[430]

La "herida narcisista" no ha suturado en Castoriadis. El antropocentrismo *humanista* (aunque matizado en los conceptos de autonomía y de imaginación radical) sigue siendo un eje de resistencia al psicoanálisis de Freud. La principal razón por la que Freud se inclinaba a favorecer el fortalecimiento de los mecanismos de regulación social y sus dispositivos de subyugación ideológica era precisamente porque *reconocía* que el ser humano, si bien podría *progresar* en todos los ámbitos de su vida social y transformar radicalmente las condiciones materiales de su existencia, advertía que jamás podría desprenderse de su condición esencial, de su

---

[430] Op.cit., p.232.

animalidad fundante: "...las pasiones instintivas son más poderosas que los intereses racionales."[431]

¿Más allá de la condición de crisis?

Gran parte de la crisis del psicoanálisis reside, según Fromm, en la permanencia de las condiciones antes apuntadas y, por tanto, su *superación* o "renovación creadora", en la erradicación de las mismas. Requerimiento para que el psicoanálisis se devuelva a su situación originaria (mas no a los términos de la misma) y "vuelva a ser una teoría crítica y estimulante", "revolucionaria, profunda, liberadora", en el espíritu del "humanismo radical" es, además, que los analistas "compartan la misma actitud de un investigador *curioso* antes que la de un profesional que simplemente trata de aplicar la teoría para ganarse la vida."[432] Para tales efectos es preciso –advierte Fromm- tener conciencia del carácter fragmentario y provisional de su conocimiento, tanto en el plano teórico como en el terapéutico.[433]

Dentro del dramático cuadro de la condición de época, puesta en crisis y de la que el psicoanálisis es parte, Fromm promueve un tipo de revisión teórica que posibilite, pues, modificar las formulaciones clásicas precisamente para dar continuidad a su espíritu crítico y liberador y, de este modo, ponerla en función de las nuevas necesidades sociales, "aplicarla a los nuevos problemas y experiencias". En clave *humanista*, Fromm destaca que el "grave peligro para el futuro del hombre se debe en gran parte a su incapacidad para reconocer el carácter ficticio de su 'buen sentido'. La mayoría –añade- se mantiene aferrada a gastadas e irrealistas categorías y contenidos del pensamiento; consideran que un buen sentido es la razón. A tales efectos propone analizar el fenómeno del "buen sentido", las razones de su fuerza y de su rigidez, y asimismo los métodos para cambiarlo. En una palabra: "hacer el examen crítico de la conciencia social una de sus principales

---

[431] S.Freud; *El malestar en la cultura* (1930); Editorial *Alianza*, Madrid, 2000; p.56.

[432] E.Fromm; *La crisis del psicoanálisis*; op.cit., p.27.

[433] Ídem.

preocupaciones."[434] Lo contrario –siguiendo a Fromm– supondría, pues, mantener al psicoanálisis como práctica social del *conformismo*, hacer de su discurso una psicología de la adaptación social al espíritu dominante de Occidente, como la mayor parte de las ciencias sociales y las filosofías durante todo el siglo XX.

> "La búsqueda de un refugio en la conformidad resulta muy comprensible en una época de ansiedad y de conformidad de masas; pero no constituye un progreso en la teoría psicoanalítica, sino un retroceso. En rigor, despoja al psicoanálisis de la vitalidad que otrora hizo de él un factor tan influyente en la cultura contemporánea."[435]

Yo digo que no es cierto, que nunca ha dejado de ser así, siempre así, de la misma manera, como *lamenta* el poema de León Felipe. Pienso que la tendencia que denuncia Fromm de acomodarse al *conformismo* no se desvía realmente de la historia del movimiento psicoanalítico según articulada por Freud, de su participación dentro del poderío normalizador de la cultura moderna; aunque comparto la sospecha de quien piense que, ciertamente, tal vez pudiera ser de alguna otra manera. Pero de otra manera, y si entre sus intentos no se da a partir de una inserción dentro de la lógica mítica del discurso ideológico tradicional, sumido en las retóricas épicas y románticas que representan el origen revolucionario y liberador del psicoanálisis y su presente encadenado a las suertes de una crisis fatal, envuelto en las claves nostálgicas de un pasado heroico y atado a las dramáticas envestidas del insensible presente, presagio hostigante de un incierto pero, sobre todo, peligroso destino...

Aunque me inclino a *compartir* alguna parte del espíritu crítico de Fromm, preciso distanciarme de sus más radicales ilusiones. Entre ellas, algunas de las que él mismo critica y que, no empero, se hace partícipe incondicional, inclusive de las ilusiones místicas de la autoridad psicoanalítica más ortodoxa. Me detendré

---

[434] Op.cit., p.47.

[435] Op.cit., p.48.

brevemente a dar cuenta de uno de los puntos donde las críticas del psicoanálisis desde el psicoanálisis mismo se *anulan* a sí mismas en el instante en que son puestas en la escena de la crítica, construida ésta en los mismos términos que critica. Eric Fromm, a diferencia de muchos críticos, que por lo general coinciden en ello con los ortodoxos, sostiene que "no hace falta ser un psicoanalista para entender las teorías de Freud", incluso "no hay que psico-analizarse", pero es preciso conocer su base clínica; de lo contrario –advierte- sería muy fácil entender los conceptos freudianos y se correría el riesgo, muy común entre los filósofos o historiadores del psicoanálisis, de escoger algunas citas vagamente adecuadas, aisladas de su contexto, sin un conocimiento suficiente del sistema en conjunto.[436] Hasta aquí, valga admitir la coincidencia sin mayores reservas. Incluso que:

> "Establecer una separación entre la filosofía y la teoría analítica, por una parte, y los datos clínicos psicoanalíticos, por la otra, es insostenible en una ciencia cuyos conceptos y teorías no pueden enten-derse sin referencia a los fenómenos clínicos a partir de los cuales se los desarrolló."[437]

A la *demostración* de la existencia de lo inconsciente, que es la gran aportación revolucionaria de Freud -según Fromm- le sería correlativa la demostración *empírica*, es decir del funcionamiento de lo inconsciente en fenómenos concretos, observables, como los síntomas neuróticos, los sueños y los pequeños actos de la vida cotidiana.[438] Eric Fromm reivindica el empirismo contra la abstracción filosófica, e incluso contra el positivismo. Aquí las razones de la sospecha: ¿acaso el empirismo no constituye un modo de positivismo? ¿Qué constituye lo empírico? ¿La *experiencia* clínica? Entonces, ¿qué es lo empírico de la *experiencia* clínica sino la *experiencia* misma? Fromm es un racionalista, participa del mito fundacional de Freud y se adhiere a sus principios: la fe es el refe-

---

[436] Op.cit., p.30.

[437] Op.cit., p.31.

[438] Op.cit., p.17.

rente irreducible de la verdad: cree en ella y a partir de ahí lo empírico será tal y como la fe *demuestra* la existencia de Dios: si algo sale bien es por favor de su gracia, si no, es por fuerza de su voluntad divina. A todas cuentas, baste remitirse a los casos clínicos con mirada crítica y enseguida se hará tambalear los pilares más profundos del andamiaje teórico del psicoanálisis en su conjunto...

Pienso, sin embargo, que la expresión de la existencia de fuerzas psíquicas que exceden el control voluntario y racional de nuestra existencia, de lo inconsciente en términos más precisos, aparece no en los datos empíricos de los que presume la experiencia clínica del psicoanálisis, sino precisamente en la improbabilidad del valor universal de la teoría más allá del reconocimiento de la existencia de lo Inconsciente, de la existencia de fuerzas psíquicas que operan poderosamente más allá de los dominios de la razón, de la conciencia y de la voluntad del Ser, irreducibles a determinaciones teóricas absolutas, a elucidaciones de pretensiones de índole universal. Lo que no quiere decir, de ningún modo, que lo opuesto absoluto sea lo único posible, como quisiera la razón boba del todo o nada. Ambos extremos pertenecen al orden de posturas reaccionarias, mas la moderación, el equilibrio entre ambos, dista radicalmente de ser la respuesta que se precisa...

Si se toma al pie de la letra de Fromm que el espíritu crítico más radical y revolucionario de Freud está representado en la *demostración* de que la mayor parte de aquello de lo cual tenemos conciencia no es real, y que la mayor parte de lo que es real no se encuentra en nuestra conciencia, entonces, la experiencia clínica como fundamento de la demostración empírica de la teoría psicoanalítica no puede pretender ir más allá de reconocer que, a todas cuentas, todo cuanto haga aparecer como *descubrimiento* y *evidencia*, como *interpretación* analítica, no será menos ilusorio que las ficciones que promete hacer desvanecer. Ahí la encerrona ideológica de la práctica clínica; de ahí que muy poco pueda hacer, en realidad, para salirse de su lugar dentro de las tecnologías normalizadoras modernas, de su sitial al lado del *conformismo* a las condiciones de existencia en el tránsito epocal; de ahí que sea, tal vez en otra parte que no sea la clínica, donde el potencial revolucionario del discurso psicoanalítico pueda alguna vez echar a correr las suertes de sus posibles fuerzas emancipadoras...

Parte V

De la *representación* teórica de lo Inconsciente a la *interpretación* ideológica del Sujeto

"Pocas palabras tan falaces como el verbo conocer,
cuando a los seres humanos se refiere"
Ernesto Sábato

Parte V

De la *representación* teórica de lo Inconsciente a la *interpretación* ideológica del Sujeto

"...el inconsciente no es un concepto,
sino un dispositivo retórico,
un lugar acomodaticio al que se le puede dar cualquier forma
que requiera el momento de la polémica."[439]
S.Fish

"El tratamiento psicoanalítico se convierte así
en una *reeducación* del adulto,
en una *corrección* de la educación del niño."[440]
S.Freud

De la condición actual del psicoanálisis

"...si lo que dice Freud es erróneo,
eso le pertenece a él
y somos nosotros los necios si lo creemos."[441]
J.Forrester

No sólo los términos de los *debates* (o más bien las disputas) en torno a la actual condición del psicoanálisis permanecen trazados y profundamente influidos por la versión mítica e ideológica del relato histórico y autobiográfico realizado por Freud, sino que incluso las terminologías *críticas* que se utilizan para desmontarlo, revisarlo, rescatarlo o alterarlo, mantienen resonancias inequívocas de la herencia freudiana. La influencia del discurso psicoanalítico dentro del contexto cultural-occidental del siglo XXI seguirá, muy posiblemente, atravesada por sus vestigios. Trátese de su historia, de su filosofía, de su estructura conceptual o de sus prácticas, el psicoanálisis no ha dejado de aparecer en la escena de la sospecha

---

[439] S.Fish; "Reteniendo la parte que falta: Psicoanálisis y retórica"; *Práctica sin teoría: retórica y cambio en la vida institucional*; Editorial *Ensayos / Destino*; Barcelona, 1992; p.318.

[440] S.Freud; "Psicoanálisis: Escuela freudiana" (1926) en *Obras Completas* (Tomo III); op.cit., p.2907.

[441] J.Forrester; *Sigmund Freud, Partes de Guerra: el psicoanálisis y sus pasiones*; Editorial *Gedisa*, Barcelona, 2001.

como uno de sus objetos predilectos; ya como fuente de inspiración, ya como matriz de reflexión o como blanco de ataque. La posición de autoridad científica que el discurso psicoanalítico reclama por derecho y, a la vez, sus promesas terapéuticas, no han dejado de estar atravesadas por las más diversas sospechas, que constituyen a su vez parte integral del imaginario psicoanalítico recién entrado el siglo XXI.

Sabido es que de entre las críticas más sórdidas y mordaces están quienes reducen la práctica teórica de Freud a un ejercicio de falsedad premeditada y la denuncian como un gran engaño. Y tal vez algo de ello pudiera haber ciertamente entre la producción general del discurso teórico y su puesta en práctica, aunque en ocasiones la falsedad pase a veces por desapercibida y el engaño no sea en verdad más grande o significativo que una mentira piadosa e inofensiva. Lo cierto es que no bastaría enfrentar al principio de credulidad al que apelan las apologías a Freud y los estudios biográficos e históricos que se basan en la aceptación y réplica de los términos constituidos por él mismo -como sucede con relación a las narrativas de la ortodoxia psicoanalítica-, posicionándose a la manera como advierte John Forrester: si lo que dice Freud es erróneo, eso le pertenece a él y somos nosotros los necios si lo creemos. La teoría psicoanalítica está indisolublemente relacionada a la vida personal de su fundador, pues es sobre la base de sus propias *experiencias*, según *interpretadas* por él mismo y en sus propios términos, que son fundamentados sus principios y consolidado el andamiaje teórico en su conjunto. Es este sentido cobran particular pertinencia los modos como una parte significativa de la crítica al psicoanálisis se da con relación a ataques personales y pasan, curiosamente, como reflexiones y críticas teóricas. Y digo curiosamente pues, por lo general, es de uso y costumbre dentro de las tradiciones del pensamiento científico y filosófico moderno, basar las críticas teóricas partiendo de un refinado principio de credulidad, si no en las evidencias que se presentan como pruebas empíricas, en la buena fe del autor, es decir, en la creencia de que es *honesto* con relación a su objeto de conocimiento. Las exigencias morales que gravitan en torno al principio de la verdad se traducen en una exigencia ética de honestidad intelectual que, puesta en cuestionamiento, supone el cuestionamiento de la propia teoría, en particular cuando la teoría psicoanalítica está profundamente arraigada en la experiencia personal que, a la vez, constituye el soporte medular de la validez empírica sobre la que soporta su existencia.[442]

Este principio de credulidad, que no es sino el rostro suave de una gran ingenuidad política con respecto a cómo se constituyen históricamente los dominios del conocimiento, es puesto al traste en su relación con el principio de la sospecha, que parte de la premisa de que toda aparición, formación y consolidación de un régimen de verdad es posible sólo a partir de precisas relaciones de poder, es decir, de relaciones de luchas de entre las que el saber no es sino el saldo puntual de una conquista; conquista cuya victoria no se instala en definitiva sino que está siempre al acecho por las resistencias que perduran de combates anteriores tanto como por las que se activan en el devenir de sus procesos de consolidación imperial como régimen de verdad, como saber. El principio de

---

[442] Para efectos de contraste me permito citar dos ejemplos tomados del trabajo de John Forrester, que sirven de muestra de las representaciones del psicoanálisis como matriz de prácticas socio-culturales enraizadas en profundas exigencias morales, es decir, en la creencia de que su práctica terapéutica y su teoría responden al principio ético de la honestidad. En primer lugar, aparece como ejemplar el trabajo de Ernest Gellner, quien –según Forrester- sitúa al psicoanálisis del lado de las transformaciones éticas vinculadas a los procesos modernizadores del siglo XX, con relación a la consecuente angustia de la secularización, el lujo de las sociedades occidentales y la creciente ineptitud de las instituciones y los consuelos religiosos. El psicoanálisis aparece como el principal factor en la industria de servicios terapéuticos que, con la autoridad de la ciencia, ofrecía una esperanza a quienes tenían problemas con otros seres humanos. (E.Gellner; *The Psychoanalytic Movement, or the Cunning of Unreason*, Editorial *Paladin*, Londres, 1985, según citado en J.Forrester; op.cit., p.214.) El segundo ejemplo de este modo de representación histórica, arraigado en la tradición ideológica del mito fundacional de Freud y empotrada dentro de una mirada moralizadora es el trabajo de Philip Rieff, que -según citado por Forrester- caracteriza al psicoanálisis como "una ciencia popular de la moral que enseña también un sistema moral", dado que su "ética de la honestidad" es una alternativa para los compromisos morales ineficientes y nocivos de la sociedad moderna: más allá del hombre político, que es el hombre público activo y virtuoso; más allá del hombre religioso que, en la sociedad occidental, siempre está en contra de este mundo; más allá del *homo economicus*, el calculador avaro y egoísta inventado por el Iluminismo, está el hombre psicológico, cuyo único ideal es el de una perspicacia experimental que conduce al dominio de sí mismo." (P.Rieff; *Freud: The Mind of the Moralist*; Editorial *Viking*, New York, 1959; p.300; según citado en J.Forrester; op.cit., p.214) Recuérdese que el referente de esta generalización aparece en las palabras de Freud cuando sostiene como condición de la eficacia de la terapia la "absoluta sinceridad" entre ambas partes, como ya apunté anteriormente.

incertidumbre del discurso del saber científico es, como toda reflexión crítica, un emplazamiento constante sobre los principios fundamentales de su propia estructura de poder. De ahí que el valor de su verdad sea puesto incesantemente a prueba y exija como condición de su propia existencia probarse a sí mismo sin reservas ante la posibilidad de que la duda, puesta en práctica, se vuelque contra su régimen y lo destruya. Teóricamente, podría decirse que Freud era partícipe de estos términos, según sus propias palabras, como ya he apuntado anteriormente. La historia (auto)biográfica de Freud, que corre paralela y ligada a la vez con la del movimiento psicoanalítico, es la evidencia innegable de que la producción de un conocimiento está atravesada por poderosas resistencias; que lo teórico objetivo no es indisociable de la subjetividad del teórico; que el contexto de aparición de un saber no se da a partir de un diálogo reflexivo y desinteresado sino en abierta confrontación con los poderes de los saberes reinantes; que sus historias no son los relatos expresados libremente por derecho propio sino que son razones de derecho impuestas en el devenir de sus combates, o bien en la perpetuidad de sus movimientos; que los conocimientos reconocidos, admitidos o tolerados culturalmente, no son el saldo de profundas meditaciones entre pares, sino de relaciones dispares de poder; que sus autoridades no son la resulta de acuerdos convenidos a partir de la comunicación cordial y que su existencia no nace del libre intercambio de inofensivas ideas; que la convivencia de campos discursivos-teóricos dentro de un determinado contexto social no es nunca el amistoso reconocimiento del derecho a las diferencias sino del poder de resistencia de su propia identidad. Lo teórico, en este escenario bélico, es político. Y si admitimos que en el psicoanálisis lo teórico es indisociable de lo personal, entonces lo personal es, irremediable-mente, político.

Pero es más allá de la retórica de este principio de incertidumbre, en su puesta en práctica, desde donde suben a escena las sospechas más radicales. Cuando Fromm hacía su crítica a las dominantes tendencias al conformismo que regían el destino en crisis del psicoanálisis y proponía, en su lugar, devolverse al espíritu de su fundador, no tomó en consideración que el espíritu de su fundador pudiera ser puesto en radical cuestionamiento, precisamente como la condición esencial para *salir* de las fuertes corrientes del *conformismo*. Desde por lo menos el último cuarto del

266

siglo XX han subido a la escena del *debate* profundos cuestiona-
mientos sobre la personalidad de Freud que inciden sobre los
soportes de sus teorías, como ya he advertido a lo largo de este
trabajo. Los cargos contra la personalidad de Freud pesan sobre sus
teorías: las críticas sobre su carácter, su fiabilidad, su personalidad,
etc. ponen en entredicho la fiabilidad de sus pruebas, su base
empírica es puesta bajo sería sospechosa. Según Frederick Crews:

> "Hasta donde llega nuestro conocimiento, la única
> mente que Freud no desnudó fue la propia. Una vez
> hemos entendido bien este punto, podemos empezar a
> preguntar de qué modo una mente como esa –rica en
> imaginaciones perversas y en la multiplicación de
> conceptos sombríos, grandiosa en su ambición
> dinástica, atávica en sus afinidades con la ciencia pasada
> de moda, y fieramente obstinada en su resistencia a la
> crítica racional – pudo haber inspirado nuestra ciega
> conformidad."[443]

Según concluye Forrester, tras un amplio recorrido por las
críticas escépticas (o antifreudianas) la fuente fundamental de la
desconfianza en el psicoanálisis es esta:

> "...la idea de que el poder del psicoanalista es tan
> grande –debido a la relación de poder, o a la relación de
> sugestión, que ejerce sobre el paciente y, por extensión,
> sobre toda la cultura del siglo XX- que las llamadas
> pruebas de las sesiones analíticas están irremediable-
> mente contaminadas, en el mejor de los casos, por el
> deseo del analista, o son en gran medida la creación de
> su imaginación y técnicas malignas."[444]

---

[443] F.Crews; *Skeptical Engagements*; Editorial *Oxford University Press*, New York,
1986; p.86; según citado por J.Forrester; *Sigmund Freud, Partes de Guerra: el
psicoanálisis y sus pasiones*; op.cit., p.233.

[444] J.Forrester; *Sigmund Freud, Partes de Guerra: el psicoanálisis y sus pasiones*; op.cit.,
p.233.

La imagen proyectada de un Freud que inventa pruebas y manipulaba los datos, hace de la teoría un engaño y de la terapia clínica un fraude. La desconfianza en el teórico troca las reglas del juego experimental, en fin, la interpretación analítica, en un engaño y un fraude, integrando ambos registros al espectro de las resistencias permanentes al psicoanálisis. Desacreditado su saber por falta a la ética de la honestidad, el discurso psicoanalítico aparece en la escena del gran teatro cultural representando, pues, un gran engaño disfrazado de ciencia. Sabido es que la mala fama no es un negocio lucrativo en los contextos sociales donde las *apariencias* son la primordial condición de legitimidad de las prácticas admitidas culturalmente. La amenaza al desarrollo del movimiento psico-analítico se da en varias dimensiones, de entre las que la económica de la práctica privada puede verse afectada, no por consideraciones políticas sino por exigencias puramente morales. Si la imagen proyectada al dominio público lo desacredita como persona, sobre la práctica recaerán idénticas consecuencias y, como toda profesión médica, necesita, si no del aval *comunitario* para ejercer su profesión terapéutica, cuando menos contar con la suerte de la indiferencia generalizada ante las críticas, de modo tal que no afecte su negocio privado. En la dimensión teórica, irrespectivamente de las suertes de la práctica terapéutica privada, la base empírica sobre la que se sostiene el andamiaje teórico resultaría demasiado sospechosa, por lo que mermaría no sólo su poder seductor sino que se anularían sus atractivos retóricos y su régimen de verdad podría venirse abajo, derrumbarse. Reconociendo, pues, que lo personal y lo teórico están fusionados en el discurso del psicoanálisis, y que el contexto donde se fusiona lo personal y lo teórico es eminentemente político, no habría por qué subestimar el posible impacto que la representación infame del analista pudiera tener sobre la teoría psicoanalítica en su conjunto.

No obstante, puede advertirse un cierto emplazamiento ético a la práctica de la ciencia en general, una exigencia moral de honestidad a quien promete su existencia a tratar de *mejorar* la vida de los seres humanos. En todo caso, ¿en qué términos se registraría el contenido específico de este reclamo ético, que no puede ser nunca sino personal? Freud mismo, en su momento, convirtió los ataques a su persona en fundamentos claves para legitimar la pertinencia del psicoanálisis, y asimismo han convenido sus

268

seguidores hasta nuestros días: Todo ataque personal no es sino una resistencia al psicoanálisis y, psicoanalíticamente hablando, no son sino evidencias concretas de su validez teórica. Un psicoanalista lo bastante seguro de sí mismo, no vacilaría en defenderse arrogantemente afirmando que, a todas cuentas, a quienes critican tan mordazmente el psicoanálisis lo que les hace falta es, precisamente, psicoanalizarse... argumento que no sería menos contestable pues, en esencia, supone ingenuamente que ir a misa convierte a los herejes en creyentes, o bien que de la Religión sólo puede hablar un fiel creyente. La participación de esta lógica del debate no tiene salida, está consagrada a devolverse siempre a la circularidad ideológica de la verdad y del poder. No pasa de ser un mero entretenimiento intelectual...

Otro movimiento que se desprende de esta relación de poderes y resistencias que atraviesan el imaginario psicoanalítico puede ser identificado con relación a la representación del objeto del análisis, del sujeto-cliente-paciente. La figura del paciente del psicoanálisis, como destaca Forrester, aparece en la actual condición de época como representativa de sus efectos culturales, ya en la industria del cine, en las novelas, en la academia, en el lenguaje cotidiano, etc. Este es el cuadro donde Forrester sintetiza los argumentos más radicales de la crítica escéptica (anti-freudiana):

"...existe una difundida convicción de que Freud (...) contaminaba sus datos empíricos (...) manipulaba los datos activa y conscientemente, los construía a su propia imagen empleando sus arbitrarias técnicas interpretativas, y por último, con pleno conocimiento de lo que estaba haciendo, utilizaba la fuerza todo-poderosa de la sugestión, ya fuera de manera encubierta o en forma más desnuda, para producir lo que quisiera."[445]

Lo cierto es que no carecen de fundamentos las críticas, aunque entre ellas puedan expresarse profundas resistencias basadas en prejuicios de todo tipo, igual que posturas políticas muy precisas. Pero a lo que respecta mi interés inmediato es a *mirar* cómo, a partir de estas críticas (genuinas, razonables, prejuiciadas o malinten-

---

[445] Op.cit., p.237.

cionadas) se representa el sujeto que se pretende reivindicar de tal modo que se devuelve a la suerte de la que se pretendía *rescatar*. Ya he apuntado que, a mi entender, la práctica terapéutica del psicoanálisis pertenece a las tecnologías del poder normalizador moderno y que sus prácticas se sostienen antes como mecanismos de subyugación ideológica que como recursos liberadores. La obediencia a la Ley es una virtud exacerbada por el discurso psicoanalítico, y un requerimiento ineludible de la práctica clínica es que el analizado (sujeto-cliente) consienta la dominación del analista en el instante en que reconoce su autoridad para decir la verdad sobre sí; a la sumisión voluntaria a las condiciones de la terapia analítica, le precede como matriz el principio de credulidad: se requiere del paciente fe en la sabiduría del analista; como en todo ritual confesional, se presupone la plena confianza en la honestidad del analista, ofrecida a cambio de la absoluta sinceridad del paciente. Técnicamente, tal vez, podrían alterarse algunas palabras con el fin de moderar el tono crítico, pero en esencia la relación analista-paciente permanecería prácticamente intacta. La fuerte convicción del analista sobre los principios de su práctica y la fe del paciente en el poder del analista son requisitos que sólo en un singular acto de fe pueden darse sin mayores dificultades. Es la condición primera del pacto *voluntario* entre ambas partes: creer en la verdad que promete el discurso del que se hacen partícipes. Tomando el sentido de Derrida (o bien el de Pascal), el fundamento de la autoridad de la Ley es místico, pues reside, precisamente, en que se cree en ella y no puede hallarse en ningún otro lugar...

Pero, para gracia de alguna extraña suerte, la naturaleza de las relaciones humanas no se encuadra sin reservas dentro de las mecánicas de la verdad y sus requerimientos formales. De ahí que la tarea analítica se presente a sí misma en la dinámica de las resistencias, en el ánimo combativo de enfrentarlas y con la esperanza de vencerlas. De ahí que el éxito de la terapia se mida en el lenguaje de la guerra y no en el del diálogo apacible de la reflexión, de la razón y de la conciencia. No obstante, como ya he apuntado antes, siguiendo las advertencias de Forrester, gran parte de las críticas al psicoanálisis representan al analista –con la vida y obra de Freud como telón de fondo- como un poder despótico, capaz de imponerse de manera absoluta sobre sus pacientes. Cualidad ésta que participa de un extraño idealismo sobre el potencial real del poder, y que tropieza enseguida y se enreda con su propia ingenuidad. No porque en verdad no se dé la situación de que esto ocurra en tan caricaturescos términos[446], pues la docilidad de ciertos pacientes ante la autoridad de la Ley ha sido trabajada tenazmente por el poderío cultural dominante desde sus nacimientos. Remitirse a datos estadísticos, como ya he señalado antes, no diría gran cosa a su favor, pues la cantidad por sí misma no dice nada más allá de la cantidad misma que expresa. Sería tan ridículo como pensar que la existencia de Dios es evidente por el número de creyentes, aunque ciertamente hay quienes piensan que aún si nadie creyera en él no cesaría por ello de existir. Lo cierto es que creer que los pacientes son enteramente seducidos y manipulados por el analista (que es la condición de la transferencia) los representa, si no como tontos, como víctimas inocentes de un refinado embauco.

Me parece pertinente reiterar en qué consiste esta afirmación, cómo se llega ahí, a pasar del lugar de la sospecha a la acusación más radical que pesa contra el psicoanálisis. Es en la idea –o la certeza- de que la base testimonial del psicoanálisis está *contaminada* donde se halla el núcleo de éstas críticas: los datos no son dignos de confianza sencillamente porque Freud se los inventó, pues no tenía ningún interés en la verdad del paciente sino en probar la veracidad de sus teorías.[447] De esta crítica, no obstante, aparecen quienes no interesan la muerte del psicoanálisis sino su transformación dentro de los requerimientos de la ética científica y terapéutica. Omitiendo gran parte de las teorías, responden con posturas acomodaticias y, como temía Freud, desvirtuaron lo teórico para primar la práctica clínica en desprecio del espíritu *revolucionario* fundacional. Tal es la condición actual del psicoanálisis...

---

[446] Según Forrester –por ejemplo- la obra de Masson proclamó que Freud traicionaba la veracidad de sus pacientes: "...ningún paciente puede lograr que lo escuchen con equidad, porque la práctica de la psicoterapia implica desequilibrios de poder entre el terapeuta y el cliente, y ningún terapeuta es capaz de resistirse al abuso." (J.M.Masson; *The Assault in Truth*: Freud's *Suppression on the Seduction Theory*; Ed. *Faber y Faber*, Londres, 1984; citado por J.Forrester; op.cit., p.233)

[447] Además del trabajo de Forrester sobre este tema, recuérdese, por ejemplo, las referencias citadas anteriormente en los trabajos de Louis Breger y de Richard Webster sobre las recientes *evidencias* de Freud manipuló los materiales clínicos para dar a la luz pública una impresión favorable sobre sus teorías.

De la Teoría del Yo: objetivación ideológica del Sujeto

Entre estas coordenadas, me parece oportuno traer a consideración más precisa una de las críticas que pienso que resulta particularmente pertinente al tema central de estas reflexiones. Es con relación al modo como el psicoanálisis representa (y construye) su objeto de análisis, al Sujeto, y cómo en el acto de esta representación aparecen modos particulares del ejercicio habitual de una relación de control y dominación, en apariencia consentida pero, no obstante, inadvertidos o invisibilizados sus efectos *reales* sobre la subjetividad del objeto intervenido, es decir, sobre el Sujeto del discurso psicoanalítico. La sospecha desde la que traigo esta consideración es que el psicoanálisis forma parte de las tecnologías del poder normalizador de la cultura moderna y su discurso sobre el Sujeto opera como dispositivo de subyugación ideológica, reproduciendo entre sus movimientos ciertas prácticas de control y dominación que, para efectos de lo que intereso en este apartado, condensaré en la relación entre "el paciente" y el analista, en particular con lo que respecta al modo de representar una cierta *situación* terapéutica como una *resistencia* del Sujeto al psicoanálisis.[448]

Entrenzado en la dogmática del Ser, estructurada en la teoría del Sujeto de Freud en la relación Yo/Ello/Super-Yo, la dinámica existencial del Sujeto aparece representada como determinada, en última instancia, por condiciones que no son accesibles a la conciencia y cuya regulación no pertenece a los dominios exclusivos de su voluntad, no más que a los dominios de su inconsciente. La premisa fundamental del psicoanálisis -recuerda Freud- es la diferenciación de lo psíquico en consciente e inconsciente. A partir de esta *distinción* fundamental –:

> "...el psicoanálisis no ve en la conciencia la esencia de lo psíquico, sino tan sólo una cualidad de lo psíquico, que puede sumarse a otras o faltar en absoluto."[449]

---

[448] El texto que usaré de referencia principal en este apartado será S.Freud; "El 'Yo' y el 'Ello' " (1923): en *Obras Completas* (Tomo III); op.cit., pp.2701-28.

[449] Op.cit., p.2701.

Dogma que, según *reconoce* Freud, presenta un problema a la cultura filosófica, para la que la existencia de lo psíquico inconsciente es objeto de rechazo, por parecer una idea inconcebible, absurda e ilógica. Posición ésta que Freud atribuye enseguida a una simple cuestión de ignorancia sobre lo que constituyen los dominios del conocimiento psicoanalítico, representado por él. Pero no me detendré nuevamente sobre ésta técnica de su retórica política, pues no es lo que intereso en este apartado. Baste con acentuar que el punto de partida de este texto citado es el posicionamiento de Freud como la única autoridad legítima para decir la verdad sobre lo más profundo y determinante del Ser. El Yo, constituido siempre con relación a su condición incompleta e incompletable, e influenciado incesante-mente por determinaciones que le son exteriores a él, a su razón, su conciencia y su voluntad, aparece en su devenir, paradójicamente, como determinado desde su infancia. En palabras de Freud:

"...el Yo, siendo accesible a todas las influencias ulteriores, *conserva*, sin embargo, *durante toda la vida*, el carácter que le *imprimió* su génesis del complejo paterno, o sea la capacidad de oponerse al Yo y dominarlo. Es el momento conmemorativo de la primitiva debilidad y dependencia del Yo, y *continúa aún dominándolo* en su época de madurez."[450]

Uno mismo, pues, no es ni pude ser dueño y señor de su propia mismidad, no más allá de lo que las ilusiones yoicas

---

[450] Op.cit., p.2721. Conclusión que antes puede sintetizarse teóricamente en estos términos: El Yo se halla constituído, en gran parte, por identificaciones sustitutivas de cargas abandonadas del Ello, y que las primeras de estas identificaciones se conducen en el Yo, como una instancia especial, oponiéndose a él, en calidad de Super-Yo. Posteriormente, *fortificado* el Yo, se muestra más resistente a tales influencias de la identificación. El Super-Yo debe su especial situación en el Yo, o con respecto al Yo, a un factor que hemos de valorar desde dos diversos puntos de vista, por ser, en primer lugar, la primera identificación que hubo de ser llevada a efecto, siendo aún débil el Yo, y en segundo, el heredero del complejo de Edipo, y haber introducido así, en el Yo, los objetos más importantes. Con respecto a las modificaciones ulteriores del Yo, es, en cierto modo, el Super-Yo, lo que la fase sexual primaria de la niñez con respecto a la vida sexual posterior a la pubertad. (Ídem.)

acomoden imaginariamente entre sus consuelos existenciales. Según esta teoría, del mismo modo que el niño se halla *sometido* a sus padres y *obligado a obedecerles*, se somete el Yo al *imperativo categórico* del Super-Yo[451], pero no deja de devolverse incesantemente a la implacable lucha de sus *deseos* más profundos, de los que no tiene idea racional ni controla a fuerza de su voluntad; sometida la existencia del Ser a la relación de lucha entre las fuerzas instintivas nunca satisfechas por completo y en definitiva y las moderaciones exigidas por la Ley en la vida social, según convenido e impuesto entre sus prácticas culturales (sus normativas, regulaciones, prohibiciones, mandamientos y moralidades), a la vez atravesadas y determinadas por fuerza de esta "ley universal" -según la dogmática de esta Teoría-.

Aparece pues, como *evidencia empírica* de esta gran teoría, de la genuinidad de la *experiencia* analítica y de la fiabilidad de su *interpretación*, una particular situación registrada bajo el signo de un *descubrimiento*, el de una *resistencia*. Según Freud, hay personas que se conducen muy singularmente en el tratamiento psicoanalítico pues, cuando les son dadas esperanzas y se muestra satisfacción con el curso del tratamiento, se muestran descontentas y empeoran marcadamente. Al principio –según Freud- ésta singularidad era atribuida a *una rebeldía contra el médico* y al *deseo de testimoniarle su superioridad*, pero a raíz de la *experiencia* –añade- optó por darle una

---

[451] La dinámica de esta mecánica del Ser es representada seguidamente en esos términos: Su *descendencia* de las primeras cargas de objeto del Ello, esto es, del complejo de Edipo, entraña para el Super-Yo, una más amplia significación. Le hace entrar en relación, como ya hemos expuesto, con las adquisiciones *filogénicas* del Ello y lo convierte en una *reencarnación* de formas anteriores del Yo, que han dejado en el Ello sus residuos. De este modo, permanece el Super-Yo duraderamente próximo al Ello, y puede agregarse, para con el Yo, la representación del mismo. Penetra profundamente en el *Ello*, y en cambio, se halla más alejado que el Yo, de la conciencia. (Ídem) Un concepto clave de esta teoría es el de "Ideal del Yo" que Freud define antes como: "...el heredero del complejo de Edipo, y con ello, la expresión de los impulsos más poderosos del *Ello* y de los más importantes destinos de su libido. Por medio de su creación se ha apoderado el Yo del complejo de Edipo y se ha sometido simultáneamente al Ello. El Super-Yo, abogado del mundo interior, o sea, del Ello, se opone al Yo, verdadero representante del mundo exterior o de la realidad. Los conflictos entre el Yo y el ideal reflejan, pues, en último término, la antítesis de lo real y lo psíquico del mundo exterior y el interior. (Op.cit., p.2714)

interpretación "más justa". *Descubrimos* –apunta Freud- que *tales personas reaccionan en un sentido inverso a los progresos de la cura:* Cada una de las soluciones parciales que habría de traer consigo un alivio o una desaparición temporal de los síntomas, provoca, por el contrario, en estos sujetos, una intensificación momentánea de la enfermedad, y durante el tratamiento, empeoran en lugar de mejorar. Muestran, pues, la llamada *reacción terapéutica negativa:*

> "Es indudable, que en estos enfermos, hay algo que se opone a la curación, la cual es considerada por ellos como un peligro. Decimos, pues, que predomina en ellos, la necesidad de la enfermedad y no la voluntad de curación."[452]

Por suerte de alguna extraña arbitrariedad, admitida en derecho al discurso del psicoanálisis, al sujeto le es reconocida la posibilidad de actuar con arreglo a su voluntad pero sucede que, cuando los signos de la cura se tropiezan con fuertes inconvenientes, no es ni el proceso terapéutico, ni la teoría, ni mucho menos el analista, lo que es puesto en duda, sino la impotente voluntad del sujeto, que cede ante la fuerza imperial de la "necesidad de sentirse enfermo". No trato de trivializar la labor clínica ni de minimizar su potencial terapéutico, sino de identificar cómo se da el arreglo de las fichas puestas en juego, cuál es el orden de sus consideraciones, la jerarquía de sus certezas, el lugar asignado a cada jugador dentro de su particular régimen de verdad, en el contexto político de su teoría. Como toda ciencia del espíritu moderno, su primera inclinación es indicativa: señala al sujeto con el mismo criterio que el discurso de la Ley: en el Derecho lo desviado, lo no recto, lo torcido. El referente, siempre: lo normal. Ni la Ley ni sus filosofías, ni sus prácticas ni sus teorías son puestas en cuestionamiento. El sujeto individualizado es responsable de sí mismo, a pesar de su impotencia sobre sí. La pregunta sobre dónde reside concretamente la celebrada nueva relación entre el médico y el paciente *inaugurada* por Freud permanece sobre el tapete: en la teoría y las retóricas de la diferencia, de la novedad, de lo revolucionario en los códigos del lenguaje freudiano.

---

[452] Op.cit., p.2722.

Analizada esta *resistencia* en la forma de costumbre y sustraídas de ella la *rebeldía contra el médico y la fijación a las formas de la enfermedad*, -advierte Freud- conserva intensidad suficiente para constituir el mayor obstáculo contra la curación, obstáculo más fuerte aún que la inaccesibilidad narcisista, la conducta negativa para con el médico y la adherencia a la enfermedad:

"Acabamos por *descubrir* que se trata de un factor de orden moral, de un sentimiento de culpabilidad, que halla su satisfacción en la enfermedad y no quiere renunciar al castigo que la misma significa. Pero este sentimiento de culpabilidad permanece mudo para el enfermo. No le dice que sea culpable, y de este modo, el sujeto no se siente culpable, sino enfermo. (…) Este sentimiento de culpabilidad no se manifiesta sino como una resistencia difícilmente reducible, contra la curación. Resulta, asimismo, muy difícil, convencer al enfermo de este motivo de la continuación de su enfermedad, pues preferirá siempre atenerse a la explicación de que la cura analítica no es eficaz en su caso."[453]

Dentro de este escenario, ante la dificultad enfrentada en lograr los objetivos terapéuticos prometidos, de convencer al paciente de que se rinda ante el analista, el discurso psicoanalítico activa el dispositivo de seguridad más efectivo con el que cuenta su régimen de verdad: la teoría:

"El sentimiento normal consciente de culpabilidad (conciencia moral), no opone a la interpretación dificultad alguna. Reposa en la tensión entre el Yo y el *ideal del* Yo y es la expresión de una condena del Yo por su instancia crítica. (...) El *ideal del* Yo muestra entonces una particular severidad y hace al Yo objeto de sus iras, a veces extraordinariamente crueles."[454]

---

[453] Ídem.

[454] Op.cit., p.2723.

Invalidado el testimonio del sujeto como referente irrefutable de las condiciones reales de su existencia y matriz de su particular situación (de su *enfermedad*), el discurso del psicoanálisis instaura en su lugar su verdad especulativa, bajo el modo de una experiencia científica de inmenso poder, el poder de identificar el lugar preciso de los males que aquejan al paciente incluso más allá de las razones que de él disponga el propio paciente sobre sí, como acostumbra hacer cualquier otra autoridad médica. Para la dogmática psicoanalítica el testimonio de lo real según el sujeto analizado no es sino la primera fuente de la sospecha, pero no sólo eso, sino que enseguida es supuesto como principio de la misma que lo real testimoniado no es sino una elaborada fantasía, producida por la imaginación del sujeto, pero no con arreglo a su voluntad sino como efecto de su relación de sometimiento a las profundas fuerzas de sus adentros, que hacen sentir lo *enfermo* como una imperiosa necesidad. Y no se trata de creer ingenuamente que todo cuanto diga el sujeto es cierto, pues de serlo, ¿para qué se sometería a tratamiento? El problema reside en otra parte, muy próxima al lugar de donde se han lanzado duras críticas y de donde se puede inferir un radical emplazamiento ético a las pretensiones omni-comprensivas del discurso teórico del psicoanálisis en clave de Freud. Aunque Freud de cierta manera advierte, a lo largo de sus trabajos, sobre los peligros de esta práctica modal de lo teórico en la modernidad, mantiene la tensión entre lo que advierte y lo que en realidad hace, pues al parecer todo cuanto refiere a la "experiencia del psicoanálisis" lo hace para poner en *evidencia* su gran descubrimiento: la universalidad de su teoría.

Freud *reconoce* que en ciertas formas de la neurosis obsesiva –por ejemplo- es extraordinariamente intenso el sentimiento de culpabilidad, sin que por parte del Yo exista nada que justifique tal sentimiento: El Yo del enfermo se rebela entonces contra la supuesta culpabilidad y pide auxilio al médico para rechazar dicho sentimiento.[455] Y enseguida advierte:

"Pero sería tan equivocado como ineficaz prestarle la ayuda que demanda, pues el análisis nos *revela* luego, que el Super-Yo es influido por procesos que permanecen

---

[455] Ídem.

ocultos al Yo. *Descubrimos*, en efecto, los impulsos reprimidos que constituyen la base del sentimiento de culpabilidad. El Super-Yo ha sabido aquí, del Ello inconsciente, algo más que el Yo."[456]

El Sujeto del discurso psicoanalítico, tanto el enfermo como el normal y corriente, tiene hasta aquí una fachada yoica fuertemente arraigada en lo más profundo de su Ser, en su naturaleza humana, que lo condiciona y sobredetermina a lo largo de toda su existencia. La "enfermedad", el *sentirse* enfermo, interpretado –o más bien significado- como el efecto de un sentimiento de culpabilidad, evidencia que la represión no se manifiesta como un efecto determinado y definitivo sino más bien como una condición permanente que rige los destinos de toda vida singular. El Yo sigue siendo la residencia fija de la angustia...

Pero pienso que del paso del reconocimiento de la existencia de poderosas fuerzas que exceden los dominios de la voluntad consciente, a determinar de ahí -como un *descubrimiento*- sus causas más profundas, es un atrevimiento teórico de particular arrogancia. En otras palabras, que entre la advertida ignorancia propia de las causas del *malestar* y creer en lo que dice el psicoanalista no existe relación de reciprocidad.[457] Mas no es ahí donde debe advertirse el problema que encara esta práctica de pretensiones omnímodas, de pasar de la especulación y la sospecha a la certidumbre más rígida, fijada inescrutablemente a un régimen de poder; sino en los efectos que se ciernen sobre el sujeto sometido ahora al poder de esta verdad, puesta en escena como un descubrimiento, aprehendido de la profunda *experiencia* analítica. El sujeto *demanda* la cura, pero el psicoanálisis sólo la ofrece, en segundo término, a condición de ser creída su dogmática teoría, o quizá simplemente buena parte de su especulación general. Irrespectivamente de lo que en realidad

---

[456] Ídem.

[457] Sobre este tema me parece pertinente destacar el análisis que hace Stanley Fish sobre el discurso psicoanalítico de Freud y la técnica de su retórica como medio de persuasión que contrasta con la noción de independencia del sujeto exaltada por Freud, en S.Fish; "Reteniendo la parte que falta: Psicoanálisis y retórica"; *Práctica sin teoría: retórica y cambio en la vida institucional*, Editorial *Ensayos / Destino*; Barcelona, 1992; pp.305-347.

suceda con el sujeto, la teoría siempre cumplirá su objetivo, que es demostrase a sí misma el valor de su propia existencia. El poder curativo de la fe es lo más que ofrece en verdad la terapia analítica, el poder del consuelo espiritual que Freud ya había reconocido en los mitos y las religiones. Quizá Thomas Szasz[458] tenía razón cuando advertía que la enfermedad mental no puede curarse, sencillamente porque a todas cuentas se trata de un mito...

El discurso psicoanalítico se limita a colocar su objeto a intervenir en el registro de alguna de sus clasificaciones, tras la difícil tarea de diagnosticar si se trata de una histeria, de una neurosis y de clasificar según las correspondientes gradaciones. Por ejemplo, en la *melancolía* –dice Freud- *experimentamos* aún con más intensidad, la impresión de que el Super-Yo ha atraído a sí la conciencia. Pero aquí no se atreve el Yo a iniciar protesta alguna –añade-: *Se reconoce culpable y se somete al castigo.* Y concluye: Esta diferencia resulta fácilmente comprensible: en la neurosis obsesiva se trata de impulsos repulsivos que permanecían exteriores al Yo, en cambio, la melancolía nos *muestra* que el objeto, sobre el cual recaen las iras del Super-Yo, ha sido acogido en el Yo.[459] Quizá sea en la admisión de que esta diferencia categórica resulte tan "fácilmente comprensible" donde tenga más pertinencia la sospecha. Las violencias domésticas que pueden resultar traumáticas para las personas, por ejemplo, son descartadas según el principio dogmático de la teoría. El analista no se entrometería en las prácticas de la vida cotidiana del sujeto analizado sino en cómo en su alma se han estructurado las condiciones de posibilidad de aparición de los síntomas que lo aquejan. El abuso sexual a una niña –por ejemplo- perderá su poder referencial sobre el signo del síntoma, pues la experiencia traumática de esta situación no lo sería si no se hubiera condicionado la psiquis inconsciente para reaccionar en superficie tras el disfraz de un trauma. Los términos de la resolución del complejo de Edipo, variables de sujeto en sujeto, determinaran cómo cada sujeto singular reaccionará ante una situación determinada. Lo traumático aparece, pues, como cierta suerte de reproche moral impulsado desde lo inconsciente. Su

---

[458] T.Szasz; "El mito de la enfermedad mental" en *Razón, locura y sociedad*; Editorial *Siglo XXI*, México, 1995; pp.85-102.

[459] S.Freud; "El 'Yo' y el 'Ello' "; op.cit., p.2723.

efecto de superficie es la enfermedad, pero que en *realidad* no se trata sino de un poderoso sentimiento de culpabilidad. No obstante la aparente insensibilidad ante el sufrimiento de las víctimas y el desentendimiento de quienes abusan de su poder, de las condiciones de violencia cotidiana que marcan la vida de cada sujeto singular a lo largo de sus existencias, este entendido no es menos racional y está completamente fundamentado por la teoría. De ahí la diferencia radical en la práctica de las psicologías clínicas, que se concentran en las representaciones superficiales de lo real, y el psicoanálisis, ocupado en sus profundidades. A las primeras no les corresponde en esencia cuestionar las razones del sujeto, a la segunda, no hacerlo puede poner en juego la primera condición de su existencia: la sospecha.

El problema no es de índole teórica, ni tampoco de índole moral sino político. El analista no *cree* en lo que dice su paciente, y más allá de la sospecha, que es la condición del pensamiento crítico y reflexivo del espíritu de la razón científica del psicoanálisis, se convierte en parte del mismo problema al que se da a la tarea de *superar*. Esto es, como ya apunté en otra parte, si prima sobre su objeto las inclinaciones terapéuticas por sobre las cuestiones teóricas. Dejado, pues, el sujeto que demanda la cura a su propia suerte (autoreflexiva), el próximo paso es reconocer que, a todas cuentas, gran parte de las quimeras no son sino manifestaciones de una gran "hipocresía cultural", como veremos en las partes posteriores de este trabajo. De una parte, el sujeto construido por el discurso psicoanalítico aparece representado de este modo:

> "Podemos ir aún más allá y arriesgar la presunción de que una gran parte del sentimiento de culpabilidad tiene que ser, normalmente, inconsciente, por hallarse la génesis de la conciencia moral íntimamente ligada al complejo de Edipo, integrado en lo inconsciente."[460]

Acto seguido, esta representación hace aparecer los *síntomas* como consecuencias de una poderosa influencia ejercida desde las profundidades sin fondo del Ser que choca brutalmente con las

---

[460] Op.cit., p.2724.

exigencias de las moralidades de la cultura. El Yo se reconoce culpable y se somete a castigo, pero es porque no se reconoce a sí mismo como en realidad es, mucho menos moral de lo que la cultura le exige ser:

> "Si alguien sostuviera la paradoja de que el hombre normal no es tan sólo mucho más inmoral de lo que cree, sino también mucho más moral de lo que supone, el psicoanálisis, en cuyos descubrimientos se basa la primera parte de tal afirmación, no tendría tampoco nada que objetar contra su segunda mitad."[461]

De la condición (a)moral del Sujeto y la Razón de Ley

Una parte (sobre)determinante de la condición del Sujeto, por virtud de su naturaleza psíquica -según la racionalidad psicoanalítica- no es inmoral, como reprochan las tradiciones filosóficas dominantes, sino amoral.[462] Es en esta condición donde reside la mayor amenaza a las exigencias de la moral cultural y sus filosofías, que presumen una esencia profundamente bondadosa donde no hay sino una inmensa fuerza que se descarga a su propio favor sin reservas de ninguna índole. La coincidencia de Freud en la segunda mitad de la paradoja reside en el reconocimiento de que estas fuerzas, por más que su poder motor persista indómito a lo largo de la existencia de cada sujeto, son domesticables. De ahí que Freud prometa la cura como un mecanismo de apoderamiento regulador de estas fuerzas antes que como un erradicador de las mismas. De ahí que, precisamente el ser moral del sujeto sea a la vez la condición de su enfermedad y la del mayor control que sobre

---

[461] Ídem.

[462] Según Freud: Situándonos en el punto de vista de la restricción de los instintos, o sea de la moralidad, podemos decir lo siguiente: el Ello es totalmente amoral; el Yo se esfuerza en ser moral, y el Super-Yo puede ser "hipermoral" y hacerse entonces tan cruel como el *Ello*. Es singular, que cuanto más limita el hombre su agresión hacia el exterior, más severo y agresivo se hace en su ideal del Yo, como por un desplazamiento y un retorno de la agresión, hacia el Yo. La moral general y normal tiene ya un carácter severamente restrictivo y cruelmente prohibitivo, del cual procede la concepción de un ser superior que castiga implacablemente. (Op.cit., p.2725)

su propia vida singular puede aspirar. Ahí, en la fuerza reguladora y coercitiva de la moral, es donde se estrechan los vínculos de la doctrina de Freud con el poderío normalizador de la cultura moderna. De ahí que no contradiga la lógica interior del discurso de la Ley, según lo activa el poderío estatal, para quien el criminal lo es por el sólo hecho de violar su Ley, escrita para ser obedecida y la desobediencia el signo de lo criminal. Freud no repara en establecer analogías entre el sujeto enfermo y el sujeto criminal, tema éste que abordaré con mayor detenimiento en otra parte de este escrito. Baste, para continuar con el tema aquí expuesto, un ejemplo:

> "Mucho nos ha sorprendido hallar, que el incremento de este sentimiento inconsciente de culpabilidad puede hacer del individuo, un criminal. Pero se trata de un hecho *indudable*. En muchos *criminales*, sobre todo en los jóvenes, hemos descubierto un intenso sentimiento de culpabilidad, que existía ya antes de la comisión del delito y no era, por lo tanto, una consecuencia del mismo, sino su motivo, como si para el objeto hubiera constituido un alivio poder enlazar dicho sentimiento inconsciente de culpabilidad con algo real y actual."[463]

Pacto de consentimiento a la dominación de la Razón de Ley: las motivaciones del delito pueden ser reducidas al principio de la determinación dogmática de esta teoría analítica. El acto de confesión de un delito será puesto a coincidir con el procedimiento de admitir culpabilidad, es decir, disposición voluntaria a someterse al castigo determinado por la Ley. Lectura que no obstante no llega a su límite más radical en esta coincidencia. A todas cuentas, ha sido este el modo de absorción del discurso del psicoanálisis a los registros de la dominación estatal, a la racionalidad hegemónica de la Ley. Pero un poco más allá de estos límites empiezan a borrarse todos los fundamentos sobre los que se sostiene la legitimidad del discurso penal del Estado, incluso de la existencia misma de la institución carcelaria en general, sus complicidades con las extra-vagancias de la Moral y sus reproches, sus temores y prejuicios, su

---

[463] Ídem.

legitimidad. Pero este es tema del que me ocuparé en otra ocasión, pues es, por cierto, sobre el cual se inclina mi mayor interés. Baste citar un texto, sacado de contexto a propósito de esta exposición, más que para dar cuenta de la condición del Ser, *mostrar* la representación dramática de la que se sirve el estilo narrativo de la teoría del Sujeto:

> "Falto de todo medio de defensa en ambos sentidos, se rebela inútilmente el Yo contra las exigencias del *Ello* asesino y contra los reproches de la conciencia moral punitiva. Sólo consigue estorbar los actos extremos de sus atacantes, y el resultado es, al principio, un infinito "autotormento", y más tarde, un sistemático martirio del objeto, cuando éste es accesible."[464]

Aparece en escena la pugna mortal entre el Eros y el instinto de muerte, de agresión y destrucción, de los que los reproches morales son activos provocadores. Los peligrosos instintos de muerte –sostiene Freud- son tratados en el individuo, de muy diversos modos. Parte de ellos queda neutralizada por su mezcla con componentes eróticos; otra parte es derivada hacia el exterior, como agresión; y una tercera, la más importante, continúa libremente su labor interior.[465] Más adelante añade:

> "El Yo (...) mediante su labor de identificación y sublimación, auxilia a los instintos de muerte del Ello en el sojuzgamiento de la libido, pero al obrar así, se expone al peligro de ser tomado como objeto de tales instintos y sucumbir víctima de ellos. Ahora bien, para poder prestar tal auxilio, ha tenido que colmarse de libido, constituyéndose así en representante del *Eros*, y aspira entonces a vivir y a ser amado."[466]

---

[464] Op.cit., p.2725.

[465] Ídem.

[466] Op.cit., p.2726.

Pero el Super-Yo –la conciencia moral- permanece siempre al acecho. Ha nacido de una identificación con el modelo paterno, con la autoridad del padre, encarnación de la conciencia moral de la cultura, representante de la fuerza de la Ley. Bajo sus dominios los instintos deben ser sublimados, domesticados, pues de lo contrario se liberarían en calidad de tendencia de agresión y destrucción, regidos por el principio de muerte. Terrorismo discursivo: La Moral se precisa para regular las relaciones de la vida social, los destinos de los sujetos, que si dejados a las suertes de la libertad acabarían destruyendo hasta la más sólida y preciada de las creaciones culturales y, muy probablemente, matándose unos a otros sin más. Dentro de este cuadro de pánico a la libertad, Freud precisa poner riendas a las fuerzas del Deseo, freno seguro y firme a las pasiones, y mantenerlas contenidas y orientadas en una dirección recta, la de la Cultura, la de la Civilización, la de la Ley. Pero Freud no lo dice de esta manera, pues guarda reservas sobre cómo lo moral actúa, a la vez, como la matriz de las angustias existenciales, de los tormentos y las penas que dejan por saldo los reproches morales punitivos de la cultura moderna. De esta tensión, representa el sentido de *progreso* del Yo con relación al dominio que sobre el *Ello* ejerce. En sus palabras: El Yo *progresa* desde la percepción de los instintos hasta su dominio y desde la obediencia a los instintos hasta su coerción.[467] Y resuelve:

"El psicoanálisis es un instrumento que ha de facilitar al Yo la progresiva conquista del *Ello*."[468]

---

[467] Según esta representación teórica del Yo: el Yo, con todas sus energías y debilidades, se halla encargado de importantes funciones. Por su relación con el sistema de la percepción, establece el orden temporal de los procesos psíquicos y los somete al examen de la realidad. Mediante la interpolación de los procesos mentales, consigue un aplazamiento de las descargas motoras y domina los accesos a la motilidad. Este dominio es, de todos modos, más formal que efectivo. (...) El Yo se enriquece con la experiencia del mundo exterior propiamente dicho, y tiene en el Ello otra especie de mundo exterior, al que intenta dominar. Sustrae libido de él y transforma sus cargas de objeto en formas propias. Con ayuda del Super-Yo, extrae del Ello, en una forma que aún nos es desconocida, la *experiencia* histórica en él acumulada. (Op.cit., p.2725)

[468] Op.cit., 2725.

La Moral existe precisamente para regular y controlar las tendencias impulsadas por el *Ello*, nace de la *necesidad cultural* de así hacerlo, aunque las filosofías de la moral insistan en asumirla como encarnación de las inclinaciones hacia el Bien, como naturaleza bondadosa del Ser, como cualidad innata de la humanidad y sus destinos. Dentro de este escenario, la representación teórica del Sujeto *muestra* el Yo –en palabras de Freud- como una pobre cosa, sometida a tres distintas servidumbres y amenazada por tres diversos peligros, emanados, respectivamente, del mundo exterior, de la libido del Yo y del rigor del Super-Yo.[469] El Yo –sentencia- es la verdadera residencia de la angustia.[470] El drama, siempre inconcluso, finaliza esta escena tan cruel como prometedora, en la admisión de sus propios límites:

> "Ignoramos qué es lo que el Yo teme del mundo exterior y de la libido del *Ello*. Sólo sabemos que es el sojuzgamiento o la destrucción, pero no podemos precisarlo analíticamente. El Yo sigue, simplemente, las advertencias del principio del placer."[471]

---

[469] Tres clases de angustia corresponden a estos tres peligros, pues *la angustia es la manifestación de una retirada ante el peligro* –afirma Freud-: En calidad de instancia fronteriza, quiere el Yo constituirse en mediador entre el mundo exterior y el Ello, intentando adaptar el Ello al mundo exterior y alcanzar en éste sus deseos, por medio de su actividad muscular. *Se conduce así como el médico en una cura analítica, ofreciéndose al Ello como objeto de su libido, a la cual procura atraer sobre sí.* Para el Ello, no es sólo un auxiliar sino un *sumiso servidor, que aspira a lograr el amor de su dueño.* Siempre que le es posible, procura permanecer de acuerdo con el Ello, Super-Yo pone sus racionalizaciones preconscientes a los mandatos inconscientes del mismo, simula una obediencia del Ello a las advertencias de la realidad, aun en aquellos casos en los que el Ello permanece inflexible, y disimula los conflictos del Ello con la realidad y con el Super-Yo. Pero su situación de mediador le hace sucumbir también, a veces, a la tentación de mostrarse oficioso, oportunista y falso, como el estadista que sacrifica sus principios al deseo de conquistarse la opinión pública. (Op.cit., p.2726)

[470] Amenazado por tres distintos peligros –afirma Freud-, desarrolla el Yo el reflejo de fuga, retirando su carga propia de la percepción amenazadora o del proceso desarrollado en el Ello y considerado peligroso, y emitiéndola en calidad de angustia. Esta reacción primitiva es sustituida luego por el establecimiento de cargas de protección (mecanismo de las fobias). (Op.cit., p.2727)

[471] Op.cit., p.2727.

Pero acto seguido se devuelve al lugar protagónico del drama y reafirma su saber:

"En cambio, sí podemos determinar qué es lo que se oculta detrás de la angustia del Yo ante el Super-Yo, o sea ante la conciencia moral. Aquel ser superior, que luego llegó a ser el ideal del *Yo*, amenazó un día al sujeto, con la castración, y este miedo a la castración es probablemente el nódulo, en torno del cual cristaliza luego el miedo a la conciencia moral."[472]

En la aceptación de la ignorancia relativa a las causas del temor al mundo exterior va implícita, no una declinación de su voluntad de poder, sino la clave para integrar en el vacío aparente de un saber la especulación psicoanalítica. Y no podría ser de otra manera, pues a lo teórico le es constitutivo ambas características: preguntar y buscar (o inventar) respuesta. Nuevamente, no es ahí donde reside la crítica, sino en el acto de teorizar sin considerar al Sujeto más allá de como Objeto de análisis. Es la crítica humanista a la fría razón científica, no contra la Ciencia en sí, sino a favor del sujeto que siente y padece. Ahí un dilema ético insuperable por la teoría, si se somete a las promesas terapéuticas. Freud resolvió las contradicciones en sus textos con genial inventiva, asistida ésta por su virtual dominio de la retórica. Aunque ciertamente, si la premisa inaugural es que el Sujeto, por su esencia, miente, como presupone el discurso de la Ley, no debe extrañar que todo el *saber* se incline a *buscar* la verdad antes que la cura. La negativa a *reconocer* los aspectos traumáticos reales de la vida de sus pacientes como fuentes primarias de sus estados anímicos y, a la vez, la conversión de sus testimonios en producciones fantasiosas, en resistencias, dista mucho de las ingenuas pretensiones de quienes creen que el psicoanálisis, en estos términos, fortalece la autonomía singular del sujeto y lo anima a reflexionar sobre sí mismo, como condición de la cura.[473] Quizá ya Freud advertía que a todas cuentas no habría

---

[472] Ídem.

[473] Tal es la interpretación (postura política) del filósofo Jurgen Habermas, que -como ya traté en la parte anterior- sostiene que el psicoanálisis es, en esencia, "autorreflexión" (J.Habermas; *Conocimiento e interés*; Editorial *Taurus*; Madrid, 1982)

otra salida, al reconocer que la cura viene por añadidura y que el principio del trabajo teórico debe primar sobre la finalidad de la terapia...

No obstante, Freud nunca se confinó al *reconocimiento* de sus limitaciones, es decir, a asumirlas como impedimentos teóricos, sino que éstas eran convertidas, inmediatamente, en el inicio de nuevas especulaciones. Es decir, que las fronteras del conocimiento no eran consideradas como barreras límites a la voluntad imperial del psicoanálisis, sin posibilidad de un más allá, sino como el lugar de comienzo de nuevos territorios a *explorar...* a colonizar. Práctica que, como otros ya han advertido, no se inicia con la aparición del psicoanálisis en la escena cultural del siglo XX sino que pertenece al orden de un mismo movimiento, el de la voluntad de poder; encarnado en gran parte en el orden de la filosofía. Filosofía del Ser de la que el discurso psicoanalítico de Freud aparece como heredero antes que como matriz de un radical rompimiento...

Crítica fenomenológica: lectura *filosófica* del psicoanálisis

Según Michel Henry, en su *Genealogía del psicoanálisis*[474], el psicoanálisis no es un comienzo, sino un término, el término de una larga historia que no es nada menos que la del pensamiento de Occidente, la de su incapacidad para apoderarse de lo único que importa y, así, la de su inevitable descomposición.[475] Freud aparece en escena, no como el punto de una gran ruptura en el discurso histórico de Occidente, sino como heredero tardío de las filosofías del Ser, de sus insuficiencias y carencias, a quienes le preceden Descartes, Kant, Schopenhauer, Nietzsche.[476] En su trabajo, Henry desarrolla una historia de las doctrinas o de las diversas concepciones filosóficas o científicas que le han precedido y de las

---

O la de Cornelius Castoriadis, que sostiene que lo que *busca* el psicoanálisis es la "autonomía" del sujeto. (C.Castoriadis; "El psicoanálisis: situación y límites" (1977); *Figuras de lo pensable...*; Ed. *Fondo de Cultura Económica*, México, 2002)

[474] M.Henry; *Genealogía del psicoanálisis: el comienzo perdido*; Ed. *Síntesis*, Madrid, 1985.

[475] Op.cit., p.22.

[476] Op.cit., p.311.

que el psicoanálisis no es sino una suerte de resultado previsible.[477] Este esquema lineal de la representación histórica en clave genealógica identifica la aparición del psicoanálisis, pues, con el desenvolvimiento progresivo del pensamiento de Occidente, desde donde "la vida que vivimos no es más que un efecto de lo que ignoramos" pero que, "con el conocimiento, con la ciencia, nos liberamos progresivamente de esta ilusión."[478]

Para Henry es posible, pues, una lectura filosófica de Freud, dado que el objeto del psicoanálisis, aunque no lo admita, es el mismo que el de la filosofía: la vida, "la vida en su esencia fenomenológica propia."[479] Según Henry, la obra de Freud es un retorno inconfesado de una metafísica de la representación: la Psique no es más que un equivalente, aunque su puesto formal lo reclame dentro de los esquemas explicativos del discurso científico al precio de desahuciar la fenomenología.[480] No obstante -afirma- el psicoanálisis es la antítesis de las ciencias humanas, una filosofía.[481] Una filosofía, como las demás, ingenua; aunque la seriedad de sus mitologías no es menor que cualquier otra mitología, pues "todas se elevan a partir del Fondo esencial y secreto que somos, que es la vida." Razón ésta que es a la vez la de su éxito y la de las reservas, diferencias y objeciones... resistencias. La teoría psicoanalítica es, pues, una metafísica que trata del Ser y de sus propiedades trascendentales, una ontología[482], no menos ilusa que las que le precedieron, según la *genealogía* de Mitchell. Pero enseguida advierte que "reducir al Ser al pensamiento que pueda tenerse de él no es sino puro idealismo": "la vida misma permanece indiferente ante estos dichos pensamientos a propósito de la vida, aunque todos

---

[477] Op.cit., p.28.

[478] Op.cit., p.27.

[479] Op.cit., p.26.

[480] Ídem.

[481] Op.cit., p.27.

[482] Op.cit., p.29.

ellos procedan de ella."[483] Desde la *fenomenología radical* de Henry, la vida escapa incesantemente a todo lo que pretenda contenerla, y a la vez ella es su propio contenedor y contenido pleno: "(La vida) ...es la esencia eternamente viva de la vida"[484] Tautología ésta que no sale de la retórica poética que ha acompañado en su devenir a todos los lenguajes de la filosofía del Ser; que no es vaga en su sentido ni desmerece por su radical ambigüedad, pues aparece como signo de la indeterminación radical de la vida ante las ilusiones idealistas de las filosofías Occidentales como de sus ciencias: al decir la verdad de la vida no se dice nunca todo lo que puede ser dicho, pues es una imposibilidad que se repite sobre sí, en el acto de enunciarse, de representarse, enseguida se devuelve sobre sí y se envuelve en sí misma, inmutable, intacta. Esta poética fenomenológica anuncia la imposibilidad de la vida decirse toda por entera, en definitiva; anuncia la ingenuidad de la teoría y de sus pretensiones omni-comprensivas; anuncia los límites de la objetividad: la vida es irreducible a su representatividad; la fenomenología radical de Henry aparece ante el discurso psicoanalítico como una barrera infranqueable a las pretensiones objetivistas, como las traducidas al lenguaje de la experiencia empírica del psicoanálisis...

A pesar de la insuficiencia del aparato conceptual del psicoanálisis –según Henry- éste intuye, sin advertirlo, que "la esencia de la psique no reside en el devenir visible del mundo", en la representación y su fundamento, como *comprende* el pensamiento clásico la conciencia: "...lo Inconsciente es el nombre de la vida."[485] Sin embargo, permanece inaprehensible su esencia, pues la esencia de la vida no puede aprehenderse en la representación que de lo inconsciente hace Freud; se le escapa incesantemente; su ley de inteligibilidad es insuficiente, pretenciosa, idealista. En este sentido, la representación que constituye el punto de partida de la determinación psicoanalítica del inconsciente es, tal y como las psicologías de las que pretende distanciarse radicalmente, objetivista.[486] Tan ilusa, nuevamente, como las filosofías del Ser que

---

[483] Op.cit., p.30.

[484] Ídem.

[485] Op.cit., p.308.

le antecedieron, y de las que, sin advertirlo, se hace heredero y ocupa el sitial en la cúspide de sus razonamientos. La verdad que dice representar es una "apariencia de lo real", pues pertenece al dominio de la representación misma y -como sentencia Henry- en la representación no puede contenerse nunca la esencia de la vida...

La tarea del filósofo, no obstante, sigue circulando alrededor del problema de la verdad, situando la crítica en los límites de la representación. Pero no es ahí donde Freud concentra sus esfuerzos, no es la revelación última y definitiva de la verdad del Ser lo que Freud interesa, aunque de cierto moda parezca que así sea. Interesa, más precisamente, incidir sobre los efectos concretos que sobre el Ser produce la representación de la verdad; el efecto material sobre la existencia del Ser que implica, o más bien posibilita, la representación que sobre él se produce. Freud reconoce implícitamente la imposibilidad de aprehensión absoluta del Ser, aunque no niega la existencia de una suerte de esencia irreducible que le sea constitutiva, que la fenomenología de Henry le llama vida. No le interesa otra cosa que reconocer más que la existencia concreta de una condición que es constitutiva del ser humano, la que lo hace aparecer antes que como el Ser de la Filosofía como Sujeto de la mirada clínica, Objeto de su intervención, de su verdad y su poderío. Freud sabe que, irrespectivamente de la imposibilidad de aprehender su esencia irreducible en el registro de la representación, sí es muy posible, en el acto de la verdad y su poderío, apropiarse de esa parte de ella que posibilita controlarlo, manipularlo, dominarlo a lo largo de su existencia, más allá de las fuerzas esenciales que puedan permanecer indiferentes a los mandamientos de la representación...

Pienso que el problema que enfrenta el psicoanálisis no es el de la filosofía del Ser, de la metafísica o de la fenomenología, de la representación, la semiología y el lenguaje. El problema al que se enfrenta el psicoanálisis es el mismo al que se han enfrentado estas filosofías, pero no en éstos términos, sino en términos muy anteriores a ellas y de los que ellas mismas no han sido sino piezas claves de sus maquinarias ideológicas: en los términos de las filosofías políticas -tal vez reducibles genealógicamente a las maneras condensadas en el espíritu político de Platón; siempre

---

[486] Op.cit., p.310.

actuando en función de las tecnologías reguladoras del poderío estatal, como mecanismos efectivos de los gobiernos sobre sus súbditos; de la Moral, encarnando, si acaso, el espíritu domesticador de la moral en Descartes y Kant antes que el de la radical filosofía de la sospecha de Nietzsche; como tecnología de subyugación ideológica, más allá de la razón del poderío normalizador del discurso estatal, al mandamiento de obediencia y sumisión incondicional de la Ley, que es condición esencial de su propia existencia, indisoluble de la vida social...

El poder del Analista/Juez

Teóricamente, la voluntad del Sujeto pierde su soberanía en Freud, como antes en la filosofía de Nietzsche, pero enseguida le es exigida plena responsabilidad sobre su existencia, sobre el curso de sus actos, dando continuidad a la ininterrumpida exigencia moral de obediencia a la Ley, que ha marcado el pensamiento de la filosofía política Occidental en su conjunto.[487] La teoría del Sujeto del psicoanálisis participa, sin duda, del devenir de estas práctica del poderío *cultural*, devolviendo plena autoridad al derecho a castigar como práctica efectiva de las tecnologías de control y dominación social, en el instante en que *reconoce* como valor imprescindible a la vida social la Moral y la Ley. Pero el derecho a castigar no se aplica efectivamente si no es dentro de condiciones muy precisas, de entre las que destacan, sin duda, la represión, el consentimiento a la dominación, la fe en la Autoridad y la sumisión a sus designios. La historia del psicoanálisis, representada dentro de las moralidades del humanismo, celebra como un giro radical la nueva relación entre el médico y el paciente, como dando al traste con los modos habituales que le precedieron, según puede confirmarse en la obra

---

[487] Acentúo la importancia de distinguir que de lo que se trata es de una cuestión teórica pues no se debe confundir que, en realidad, las condiciones de existencia a las que la mayor parte de las personas estaban sometidas no permitían el ejercicio de la voluntad, no en el sentido tradicional del discurso político donde se condensa la ideología hegemónica de la que la mayor parte de las filosofías políticas forman parte. Es decir, la voluntad como libertad de albedrío, como si en realidad las condiciones de vida de las personas concretas estuvieran determinadas en última instancia por decisiones personales y no incidiera determinantemente la exterioridad que le es constitutiva a la vez, como lo cultural, lo moral, lo económico y la Ley, por ejemplo.

de Michel Foucault, en particular en su *Historia de la locura*.[488] El *cambio* en la relación entre médico y paciente inaugurada por Freud consiste, en una aparente paradoja, en el reconocimiento de la participación voluntaria del sujeto en la relación terapéutica, donde el analista –como reseña Peter Gay en su biografía de Freud- deja al analizado la libertad de interrumpir el análisis en cualquier momento; libertad que como el propio Freud destacó en alguna ocasión, algunos pacientes estuvieron muy dispuestos a aprovechar, desertando.[489] Según Gilles Deleuze y Félix Guattari, en su obra *El Anti-Edipo*[490], Foucault tenía razón cuando decía que el psicoanálisis acababa en cierta manera realizando lo que una cierta psiquiatría del siglo XIX se había propuesto: unir la locura a un complejo parental, vincularla a la "dialéctica semi-real, semi-imaginaria, de la familia; constituir un microcosmos en el que se simbolizasen "las grandes estructuras de la sociedad burguesa y de sus valores": relaciones Familia-Hijos (alrededor de la autoridad de la doctrina de la autoridad paternal); Falta-Castigo (alrededor de la doctrina de la justicia), Locura-Desorden (alrededor de la doctrina del orden social y de la moral)[491]; hacer que la desalienación pase por el mismo camino que la alienación, Edipo en los dos cabos, fundamentar de ese modo la autoridad moral del médico como Padre y Juez, Familia y Ley.[492] Es esta la paradoja a la que llega el psicoanálisis en cuanto que las mutaciones operadas dentro de la psiquiatría del siglo XIX convergen en Freud, que coincide en *liberar* al enfermo de la situación a la que era sometido en el asilo, pero a la vez mantiene la relación de autoridad del médico sobre el enfermo, reproduciendo la misma práctica de dominación. Según Michel Foucault:

---

[488] M.Foucault; *Historia de la locura en la época Clásica* (1964); Editorial *Fondo de Cultura Económica*; México, 1990.

[489] P.Gay; (…) (fotocopia) p.340.

[490] G.Deleuze y F.Guattari; *El Anti-Edipo: capitalismo y esquizofrenia* (1972); Editorial *Paidós*, Barcelona, 1998.

[491] M.Foucault; *Historia de la locura*…; op.cit., p.257.

[492] G.Deleuze y F.Guattari; op.cit., p.99.

"(Freud) liberó al enfermo de esta existencia asilar (...) pero no lo liberó de lo que tenía de esencial en esta existencia; reagrupó sus poderes y valores, los tensó al máximo agrupándolos en las manos del médico; creó la situación psicoanalítica, en la que, por un cortocircuito genial, la alienación se convierte en desalienación, ya que en el médico se convierte en sujeto."[493]

El médico, en tanto que figura alienante, es la clave del psicoanálisis.[494] Tal vez porque –añade- no ha suprimido esta última estructura, y en cambio le ha agregado todas las otras, el psicoanálisis no puede, no podrá, oír la voz de la sinrazón, ni podrá descifrar por sí mismo los signos de la insensatez:

"El psicoanálisis podrá romper algunas formas de la locura, pero permanece ajeno al trabajo soberano de la sinrazón..."[495]

Bajo el semblante de una liberación se opera un encadenamiento, en otros términos, más *humanistas* tal vez, pero encadenamiento al fin. El asilo de la época positivista, con el que el psicoanálisis aparece dando al traste, como ruptura radical, también se vanagloriaba de constituir una transformación cualitativa en la relación entre el enfermo y el tratamiento que por ley le correspondía. Según Foucault, no se trataba de un libre dominio de la observación, del diagnóstico y de la terapéutica, sino de un espacio judicial, donde se acusa, juzga y condena, y donde no se libera sino por medio de la versión de ese proceso en la profundidad psicológica, es decir, por el arrepentimiento:

"La locura será castigada en el asilo, aunque sea inocente en el exterior. Será por largo tiempo, e incluso

---

[493] M.Foucault; *Historia de la locura* (Tomo II); op.cit., p.262.

[494] Ídem.

[495] Ídem.

hasta en nuestros días, prisionera de un mundo moral."[496]

Si el personaje del médico, que –según Foucault- aparece a finales del siglo XVIII, puede aislar la locura, no es porque la conozca sino porque la domina; y lo que dentro del positivismo tomara figura de objetividad, no será sino otro declive de esta dominación.[497] Relación de dominación heredada por el psico-análisis y que se extiende hasta recién entrado el siglo XXI, no sólo en la dimensión concreta entre el médico y el enfermo, sino también en el modo de la construcción teórica y de la racionalidad que constituye los fundamentos de su práctica. Las condiciones del tratamiento psicoanalítico, el requerimiento de atenerse incondi-cionalmente a las reglas del juego clínico según sus propias condiciones, pueden identificarse en la letra que favorecía la reforma de la psiquiatría en 1798, según el trabajo de Foucault:

"Es algo muy importante ganarse la confianza de los enfermos y provocar en ellos sentimientos de respeto y obediencia..."[498]

El dominio que ejerce el personaje del médico, desde entonces hasta nuestros días, no ha variado cualitativamente:

"El médico no ha podido ejercer su autoridad absoluta en el mundo del asilo sino porque desde el principio ha sido padre y juez, familia y ley, y sus prácticas medicinales son simples interpretaciones de los viejos ritos del Orden, de la Autoridad y del Castigo."[499]

---

[496] Op.cit., p.251.

[497] Op.cit., p.254.

[498] Op.cit., p.255.

[499] Ídem.

En la interpretación que hacía entonces el médico con relación a la resistencia que opone el enfermo al tratamiento - siguiendo las pistas en el trabajo de Michel Foucault- puede trazarse otra línea de continuidad, pues es siempre el sujeto intervenido por la mirada médica, el analizado, quien se opone a la cura. Pieza ésta que -como ya he apuntado- juega un papel fundamental en el discurso psicoanalítico. Idéntica suerte corresponde al requerimiento indispensable de la regla fundamental del psicoanálisis, que exige para su cumplimiento la "absoluta sinceridad", tal y como las tecnologías confesionales heredadas de las antiguas prácticas judiciales y penales. El registro de coincidencias entre ambos campos discursivos, entre los fundamentos de sus creencias y el conjunto de sus prácticas, aunque en apariencia pertenecen a contextos diferentes, es múltiple y podrían transcribirse sin mayores reservas al lenguaje del psicoanálisis, como demuestra Foucault en su trabajo.[500] En Freud –según Foucault- converge la psiquiatría del siglo XIX, siendo él el primero en aceptar en serio la realidad de la pareja médico-enfermo, y que no haya consentido en no apartar de allí ni sus miradas ni sus investigaciones.[501] Reconoce Foucault que:

"Freud ha puesto en claro todas las estructuras del asilo: ha hecho desaparecer el silencio y la consideración, ha acabado con el reconocimiento de la locura por ella misma en el espejo de su propio espectáculo y ha hecho que se callen las instancias de condenación."[502]

Pero enseguida advierte:

"...ha explotado, en cambio, la estructura que envuelve al personaje del médico; ha amplificado sus virtudes de taumaturgo, preparando a sus poderes totales un estatuto casi divino. Ha conseguido, sobre esta presencia, que se esconde detrás del enfermo y por encima de él, en una ausencia que es también presencia

---

[500] Op.cit., p.256.

[501] Ídem.

[502] Op.cit., p.261.

total, todos los poderes que se encontraban repartidos en la existencia colectiva del asilo. (…) ...él se ha convertido en la consideración absoluta, en el silencio puro y siempre retenido, en el juez que castiga y que recompensa, por medio de un juicio que no condesciende siquiera a manifestarse por el lenguaje; él ha hecho del médico el espejo en el cual la locura, con un movimiento casi inmóvil, se prende y se desprende de sí misma."[503]

El médico, en tanto que figura alienante, sigue siendo la clave del psicoanálisis, y no puede ni liberar al enfermo ni transcribir la locura; ni siquiera explicar lo que había de esencial en esa labor –concluye Foucault-.[504] El psicoanálisis sigue siendo, en nombre de la liberación -como la psiquiatría del siglo XIX- un aprisionamiento moral. El psicoanálisis, como la psiquiatría desde fines del siglo XVIII hasta nuestros días, le quita al enfermo-loco las cadenas que impedían el uso de su voluntad, pero para despojarlo inmediatamente de ella, transferirla y alienarla en la voluntad del médico.[505] La *liberación*, apropiada por la mirada positivista, sería convertida enseguida en *objetivación del concepto de libertad*:

"Objetiva, esta libertad se encuentra, al nivel de los hechos y de las observaciones, repartida exactamente en un determinismo que la niega rotundamente y en una culpabilidad precisa que la exalta."[506]

No es de extrañar, pues, que el imperio de la Moral encuentre refugio seguro en el movimiento de estas mutaciones en el orden del discurso de la locura, de la que el psicoanálisis es heredero irrefutable, y no el signo de una gran ruptura. No al menos en el espacio donde aparece como continuidad de una relación habitual

---

[503] Op.cit., p.262.

[504] Ídem.

[505] Op.cit., pp.267-68.

[506] Op.cit., pp.268-69.

de dominación, la que converge en la dinámica terapéutica y se consagra, a la vez, en la práctica dogmática de la teórica, allí donde se prometía una liberación de las viejas prácticas y en su lugar se erigió una gran teoría, un determinismo tan alienante como los que antes ocupaban su lugar. Es ahí el espacio donde se identifica el psicoanálisis con la Razón de la Ley, donde el sujeto alienado y a la vez sometido a profundas exigencias morales, lo será de sus coerciones y represiones, de sus castigos. No es con relación exclusiva o privilegiada a la sexualidad que pasará a ocupar lugares muy próximos a la locura, incluso a confundirse entre ella, sino que en el "acto liberador", donde la locura se nivela consigo misma y el loco pasa a ser sujeto, al mismo nivel de su locura, y ya no puede escapar de esta *verdad*, que es su verdad. La locura pasa a ser parte del ser del Ser, de la normalidad, pero en el acto, también se vuelcan los dominios habituales de la normalidad al lado antes reservado a la locura, en los actos fallidos, en los sueños, en los errores, en los deseos, los sentimientos, las ilusiones. El Ser en cuanto que Ajeno por relación a él mismo es lo que Foucault llama alienado.[507] Pero la voluntad es la fuerza motriz del discurso hegemónico de la Moral, incluso más poderosa ahí que la Ley, pues ésta puede prescindir de ella, exige obediencia sin ninguna reserva, mientras que la Moral *necesita* de la voluntad del Sujeto, pues es en ahí donde reside en primera instancia su condición de existencia, (aunque sus contenidos específicos aparezcan irremediablemente sobredeterminados por el discurso del Otro, el de la Autoridad y la Cultura, la Moral y la Ley.) Pero la voluntad a la que se refiere la moral de las filosofías reinantes es la voluntad enraizada en la razón y en la conciencia, mientras que en el discurso del psicoanálisis, al desvanecerse la línea divisoria entre ambos registros, entre la locura y la normalidad, desaparece entonces el individuo en su unidad, que era posible por la relación indisoluble entre la voluntad, la razón y la conciencia. Aquí es donde Freud, en su aparente coincidencia con Nietzsche, se distancia radicalmente de él, quizá ya por lo que advertía en su *Voluntad de poderío*: quienes dejan de creer en Dios se aferran con mayor firmeza aún a la creencia en la Moral. Pienso que Freud le llamaba Ciencia y que hoy, como siempre, siguen siendo eufemismos de la Ley...

---

[507] Op.cit., p.270.

Pero no es un problema filosófico ni moral lo que intereso destacar en este trabajo, sino el carácter político de sus efectos: ¿cómo responsabilizar al sujeto de sus actos si a todas cuentas él mismo es ajeno a sí? La racionalidad de la Ley no admitiría, fuera de la locura, la representación de un sujeto cuya naturaleza tuviera por defecto eximirlo en última instancia de responsabilidad, es decir, *liberarlo* de las raíces más profundas de su propia sujeción. Si se quiere –por ejemplo- que el sujeto sea "culpable" es preciso que sea siempre él mismo, en su acto y fuera de él, de modo tal que de él a su falta, a su crimen o su locura, circulen sus determinaciones, las que lo fijan a una unidad de sentido, a una coherencia, a una identidad indivisible, a un individuo: el Sujeto de la Moral y de la Ley; ahí donde converge en el mismo Sujeto que el del psicoanálisis: si el sujeto va a ser considerado *responsable* es que se presume una continuidad en él que lo determina, que lo funde en una unidad que, a la vez, nunca carece de sentido, aún cuando él mismo no se dé cuenta de ello. Todo registro de dominación precisa una identidad del sujeto consigo mismo, que sea creído como idéntico a sí, aún cuando haya ocasión en que él mismo no pueda dar cuenta de su propia mismidad: el Yo como la causa irrefutable del Acto, del Efecto (de la conducta, del carácter, de la personalidad, etc.) De ahí la *necesidad* del discurso de la Moral, o más bien el requerimiento ideológico de la Ley en general, de hiperbolizar la ilusión de libertad individual, del albedrío, y a la vez de hinchar la potencia reguladora de la conciencia y de exagerar la fuerza real de la ilusión de voluntad: si el Sujeto no es libre, si no es dueño de sí, si no posee dominio sobre su voluntad, no habría fundamento para el discurso penal moderno, el de la Ley y su modalidad del poderío estatal. El derecho a castigar ocuparía otro lugar en el registro de la Razón; otra gran Razón, quizá, que no se sienta amenazada por el psico-análisis; que pueda seguir ejerciendo su dominación aún sin un sujeto centrado al que referir la universalidad de sus mandamientos, pero que no por ello se torne menos efectivo su poder de sometimiento. Pero en el psicoanálisis de Freud, el Sujeto –como advertía Foucault- será ahora inocente porque no es lo que es; pero a la vez culpable de ser lo que no es.[508] Ahí el emplazamiento ético y político al discurso psicoanalítico, por su complicidad con el

---

[508] Op.cit., p.288.

poderío penal del Estado y la moral cultural dominante; ahí su participación dentro del poder normalizador moderno, como dispositivo de subyugación ideológica, de represión general...

Teoría de la sexualidad: dispositivo normalizador

Aunque en la teoría de la sexualidad de Freud –según he apuntado- la *fantasía* es más decisiva que la "realidad exterior", la fuerza de la "realidad interior" ocupa un rango superior en la jerarquía de fuerzas que constituyen la estructura del Sujeto. La significación etiológica de la vida sexual, dentro de la voluntad general de *comprensión unitaria* del Ser, se convierte en un *determinismo* teórico que resulta clave para identificar los límites ideológicos de la mirada psicoanalítica ortodoxa, aunque a la vez, dentro del devenir del imaginario psicoanalítico, se convierte en matriz de ampliación de su propio horizonte teórico...

Freud, como es sabido, atribuye una significación etiológica a la vida sexual, sosteniendo que en la raíz de todo síntoma existen impresiones traumáticas procedentes de la vida sexual infantil temprana.[509] Quedando sustituido así el "trauma trivial" por el "trauma sexual", pues el primero debe su significación etiológica a su relación simbólica o asociativa con el segundo, del que procede. Ninguna tesis psicoanalítica –apunta Freud- ha hallado tan obstinada incredulidad ni tan tenaz resistencia como esta de la magna importancia de la etiología sexual para la neurosis.[510] La función sexual -según la *investigación* etiológica psicoanalítica- comienza casi con el principio de la vida extrauterina, a diferencia de como la ciencia de la época representaba la vida sexual, iniciada a partir de la pubertad y juzgados como raros signos de precocidad y degeneración las manifestaciones de una sexualidad infantil.[511] Si bien esta mirada destacaba que la sexualidad infantil comprendía ciertos aspectos distintos a los expresados en la vida adulta, lo más que destaca era que a la vez integraba numerosos rasgos de aquello que en los adultos era calificado de perversión. De ahí Freud

---

[509] S.Freud; "Psicoanálisis y la teoría de a libido" (1923); Op.cit., p.2667.

[510] Ídem.

[511] Ídem.

acentúa la necesidad de ampliar el concepto de lo sexual hasta
hacerlo abarcar más que la tendencia a la unión de dos sexos en el
acto sexual o a la provocación de determinadas sensaciones de
placer en los genitales. Esta ampliación del concepto de lo sexual –
según Freud- posibilitaría *comprender unitariamente la vida sexual infantil,
la normal y la perversa.*[512] La manifestación dinámica del instinto sexual
es *la libido*, compuesta de instintos parciales que, aunque tienden al
principio a la satisfacción, evoluciona hacia formas más sintéticas y
centradas.[513] Dentro de esta estructuración teórica, el *último y
definitivo* estadio de organización sería la síntesis de la mayoría de los
instintos parciales bajo la primacía de los órganos genitales. Pero
esta evolución no es uniforme y absoluta –advierte Freud-, pues
partes aisladas de los instintos *permanecen* detenidas en los estados
previos al *desenlace final* y producen así las "fijaciones de la libido",
muy importantes como disposiciones a ulteriores transgresiones de
las tendencias reprimidas y que integran una determinada relación
con el desarrollo de ulterior neurosis y perversiones.[514] En este
estadio, que aparece bajo el concepto del "complejo de Edipo", es
donde debería estructurarse en definitiva la vida erótica del sujeto y
de cuya resolución depende su estancia y particular desenvolvimiento dentro de los registros culturales de la normalidad.[515] No

---

[512] Ídem.

[513] Según Freud: el instinto parcial oral encuentra al principio su satisfacción con
ocasión del apaciguamiento de la necesidad de alimentación y su objeto en el
pecho materno. Luego se hace independiente, y, al mismo tiempo, autoerótico;
esto es, encuentra su objeto en el propio cuerpo. También otros instintos
parciales se conducen al principio autoeróticamente y son orientados luego hacia
un objeto extraño. Es un hecho muy importante el de que los instintos parciales
de la zona genital pasen regularmente por un período de intensa satisfacción
autoerótica. No todos los instintos parciales son igualmente utilizables para la
organización genital; algunos de ellos (por ejemplo, los anales) son dados de lado,
reprimidos o sufren complicadas transformaciones. (Op.cit., p.2668)

[514] Ídem.

[515] Ya en los primeros años infantiles (aproximadamente entre los dos años y los
cinco) se constituye una síntesis de las tendencias sexuales, cuyo objeto es, en el
niño, la madre. Esta elección de objeto, es el contenido llamado complejo de
Edipo, que en todos los humanos entraña máxima importancia para la
estructuración definitiva de la vida erótica. Se ha comprobado como hecho

obstante, el mismo está condicionado determinantemente por los "factores biológicos" característicos de la especie humana, vinculados a los instintos primarios, a las fuerzas dinámicas de la libido; donde se contiene la condición de la génesis de la neurosis, condensada ésta en la *teoría de la represión*.[516] En este texto citado, continuación de la genealogía y evolución del psicoanálisis antes trabajada, Freud enuncia los desarrollos (aún no terminados) que ha experimentado la teoría de los instintos en el psicoanálisis, como paso a la construcción de una teoría general del Sujeto, resuelta en la antítesis de instintos sexuales e instintos del Yo. El psicoanálisis funda los procesos de la vida, el "suceder anímico", en el dinamismo de los instintos elementales, por lo que –según Freud- se vio forzado a construir con mayor rigor una epistemología de los instintos que permitiera dar mayor coherencia al andamiaje teórico emergente, dando al traste con los conocimientos entonces reinantes:

"...pues no había en la Psicología una teoría de los instintos y nadie podía decirle lo que propiamente era un instinto. Reinaba la arbitrariedad más absoluta y

---

característico que el hombre normal aprende a vencer el complejo de Edipo, mientras que el neurótico permanece vinculado a él. (Op.cit., p.2668.)

[516] A grandes rasgos las neurosis –según Freud- son la expresión de conflictos entre el Yo y aquellas tendencias sexuales que el Yo encuentra incompatibles con su integridad o con sus exigencias éticas. El Yo ha reprimido tales tendencias; esto es, les ha retirado su interés y les ha cerrado el acceso a la conciencia y a la descarga motora conducente a la satisfacción. Cuando en la labor analítica intentamos hacer conscientes estos impulsos inconscientes, se nos hacen sentir las fuerzas represoras en calidad de resistencia. Pero *la función de la represión* falla con singular facilidad en cuanto a los instintos sexuales, cuya libido represada se crea, partiendo de lo inconsciente, *retrocediendo* a fases evolutivas y objetos anteriores y aprovechando las fijaciones infantiles, o sea, los puntos débiles de la evolución de la libido, para lograr acceso a la conciencia y conseguir derivación. Lo que así nace es un síntoma y, por tanto, en el fondo, una satisfacción sustitutiva sexual; pero tampoco el síntoma puede sustraerse por completo a la influencia de las fuerzas represoras del Yo y, en consecuencia, tiene que someterse -lo mismo que el sueño- a modificaciones y desplaza-mientos que hacen irreconocible su carácter de satisfacción sexual. El síntoma recibe así el carácter de un producto transaccional entre los *instintos sexuales* reprimidos y los *instintos del Yo* represores de un cumplimiento de deseos simultáneo para ambas partes, pero también para ambas igualmente incompleto. (Op.cit., pp. 2668-69)

cada psicólogo admitía tantos instintos como quería y, precisamente, los que quería."[517]

Ensamblado al desarrollo de la experiencia analítica el objeto aparecería menos firmemente vinculado al instinto de lo que al principio parecía, podría ser fácilmente trocado por otro, y también el instinto que había tenido un objeto exterior podía ser orientado hacia la propia persona, como muestra en la "teoría del narcisismo"[518] Los diferentes instintos podían permanecer independientes unos de otros, o -en forma aún irrepresentable- combinarse, fundirse para una labor común. Podían también representarse mutuamente, transferirse sus cargas de libido, de manera que la satisfacción de uno quedaría sustituida por la de otro:

"El destino más importante de los instintos parecía ser la sublimación, en la cual son sustituidos por otros el objeto y el fin, de manera que el instinto originalmente sexual encuentra su satisfacción en una función no sexual ya y más elevada desde el punto de vista social o ético."[519]

Lo que en apariencia y según ante los *conocimientos* de la época aparecía sin guardar relación de coherencia o sentido, o ya bien

---

[517] El primer objeto de estudio del psicoanálisis fueron las neurosis de transferencia (la histeria y la neurosis obsesiva). Sus síntomas nacían por cuantos impulsos instintivos sexuales habían sido rechazados (reprimidos) por la personalidad (por el Yo) y se había procurado indirectamente, a través de lo inconsciente, una expresión. Comenzamos, pues, por oponer a los instintos sexuales instintos del Yo (instintos de autoconservación), y nos encontramos entonces de acuerdo con la tesis, hecha popular, que atribuye todo el suceder universal a dos únicas fuerzas: el hambre y el amor. La libido era en igual sentido la manifestación energética del amor, como el hambre la del instinto de conservación. La naturaleza de los instintos del Yo permaneció así, en un principio, indeterminada e inaccesible al análisis como todos los demás caracteres del Yo. Sin que fuera posible indicar si entre ambas clases de instintos debían suponerse diferencias y cuáles podían ser éstas. (Op.cit., p.2674)

[518] Op.cit., p.2675.

[519] Ídem.

dejado a las suertes del prejuicio de la sabiduría común, aparecería ahora como teniendo un objeto propio y un fin específico: la satisfacción.[520] Los valores sociales y morales elevados a un rango de superioridad desde las claves del humanismo moderno, aunque heredados de tradiciones representacionales anteriores, aparecen ahora como efectos de la etiología de la vida sexual y no como virtudes o cualidades del alma humana. Las corrientes de pensamiento filosófico y psicológico pertenecientes a estas tradiciones afirmaban –según Freud- que la "conducta social" pertenece a una suerte de "instinto gregario", instinto éste que empuja al ser humano a la "reunión en comunidades más amplias", como si la dirección social hacia la que apuntan estas fuerzas instintivas fuese de carácter innato. Tesis ésta que el psicoanálisis, antes que oponerse radicalmente, modularía:

> "Si el instinto social es también innato, puede ser referido sin dificultad a cargas de objeto originariamente libidinosas y se desarrolla en el individuo infantil como producto de la reacción a actitudes hostiles de rivalidad. Reposa en una forma especial de la identificación con los demás."[521]

El psicoanálisis se distancia moderadamente, pues, de las tradiciones místicas de las que las ciencias del espíritu se hacían partícipes, entrenzando sus fundamentos en determinaciones de orden biológico. En este marco teórico, los valores sociales aparecen enraizados en "tendencias sexuales de fin inhibido":

> "Los instintos sociales pertenecen a una clase de impulsos instintivos que no requieren forzosamente el calificativo de sublimados, aunque están próximos a los de este orden. No

---

[520] Según Freud, el estudio reflexivo de las tendencias sexuales, sólo analíticamente accesibles, muestra que lo que se conocía con el nombre de "instinto sexual" era algo compuesto y podía descomponerse en sus instintos parciales: 1.Cada instinto parcial se hallaba inmutablemente caracterizado por su fuente; esto es, por aquella región del soma de la cual extraía él mismo su estímulo. 2. Además podían distinguirse en él un objeto y un fin. El fin era siempre su satisfacción o descarga, pero podía experimentar una mutación de la actividad a la pasividad. (Op.cit., p.2675)

[521] Op.cit., p.2676.

han abandonado sus fines directamente sexuales, pero se ven impedidos de alcanzarlos por resistencias internas; se contentan con ciertas aproximaciones a la satisfacción y establecen, precisamente por ello, vínculos singularmente firmes y duraderos entre los hombres. A esta clase pertenecen en especial las relaciones cariñosas, plenamente sexuales en su origen, entre padres e hijos, los sentimientos de amistad y el cariño conyugal, nacido de la inclinación sexual."[522]

Consecuente con la lógica de esta racionalidad, Freud no vacilaría en estrechar lazos de continuidad, relaciones de causalidad, encadenamientos ideológicos, con todo cuanto pudiera ser referido a la vida social en general: desde la acción política a la creación artística, desde la investigación científica o cualquier trabajo intelectual a las relaciones más frías, calculadas o pasionales, amoríos y desamores, crímenes y sin razones, ideales, genialidades, crueldades e ilusiones; todo tendría en su momento que buscar la condición de su propia aparición, de su puesta en escena, de su existencia, en la sexualidad humana teorizada y reconfigurada por el psicoanálisis; en el principio que la regula (según su propia inventiva), en la fuerza instintiva del Deseo (entre los límites representacionales de su ideología), en el principio del placer. Esta teoría del Sujeto, elaborada con profundo arraigo en la imaginería biológica de la época, presenta un doble movimiento simultáneo de los instintos con relación a los "procesos que constituyen la vida". Se trata de una cierta dialéctica de los instintos, que aparece como correlativa a los procesos opuestos de construcción y destrucción en el organismo: el "instinto de muerte"[523] y el "instinto sexual" ("instinto de vida libidinoso" o el Eros).[524] Los procesos que

---

[522] Ídem.

[523] El instinto de muerte, que labora silenciosamente en el fondo, persigue el fin de conducir a la muerte al ser vivo; emerge, vuelto hacia el exterior, por la acción conjunta de los muchos organismos elementales celulares, como tendencias de destrucción o de agresión. (Op.cit., p.2676)

[524] La intención de los instintos de vida o del Eros sería formar, con la sustancia viva, unidades cada vez más amplias, conservar así la perduración de la vida y llevarla a evoluciones superiores. (Ídem.)

constituyen la vida aparecerían representados en la dinámica conflictiva entre ambos registros instintivos, determinando así los ejes de la existencia humana:

> "En el ser animado, los instintos eróticos y los de muerte habrían constituido regularmente mezclas y aleaciones; pero también serían posibles disociaciones de los mismos. La vida consistiría en las manifestaciones del conflicto o de la interferencia de ambas clases de instintos, venciendo los de destrucción con la muerte y los de vida (el Eros) con la reproducción."[525]

En síntesis, el psicoanálisis aparece en la escena como una psicología profunda y, en tal carácter, considera la vida psíquica desde tres puntos de vista: el dinámico[526], el económico[527] (donde

---

[525] Sobre el terreno de esta teoría –añade Freud- puede decirse que los instintos son tendencias intrínsecas de la sustancia viva a la reconstitución de una estado anterior, o sea, históricamente condicionadas y de naturaleza conservadora, como si fueran manifestación de una inercia o una elasticidad de lo orgánico. Ambas clases de instintos, el Eros y el instinto de muerte, actuarían y pugnarían entre sí desde la primera génesis de la vida. (Ídem.)

[526] Desde el punto de vista *dinámico* deriva todos los procesos psíquicos -salvo la recepción de estímulos exteriores- de un interjuego de fuerzas que se estimulan o se inhiben mutuamente, que se combinan entre sí, que establecen transacciones las unas con las otras, etc. Todas estas fuerzas tienen originalmente el carácter de instintos, o sea, que son de origen orgánico; se caracterizan por poseer una inmensa capacidad de persistencia (somática) y una reserva de poderío (compulsión a la repetición); finalmente, halla su representación psíquica en imágenes o ideas afectivamente cargadas. (S.Freud; "Psicoanálisis: Escuela Freudiana"; op.cit., p.2906)

[527] Desde el punto de vista económico, el psicoanálisis admite que las representaciones psíquicas de los instintos están cargadas con determinadas cantidades de energía y que el aparato psíquico tiene la tendencia de evitar todo estancamiento de estas energías, manteniendo lo más baja que sea posible la suma total de las excitaciones a las cuales está sometido. El curso de los procesos psíquicos es regulado automáticamente por el principio del placer-displacer, de manera tal que en una u otra forma el displacer aparece siempre vinculado con un aumento y el placer con una disminución de la excitación. En el curso del desarrollo, el primitivo principio del placer experimenta una modificación determinada por la consideración con el mundo exterior (principio de la realidad),

integra la teoría de los instintos[528]) y el topográfico[529] (donde sitúa el lugar de la conciencia[530]). Los fundamentos teóricos se basan en tres pilares fundamentales, a saber, 1.) la represión o la censura[531]; 2.) los instintos sexuales[532] (donde integra el complejo de Edipo[533]); 3.) la transferencia.[534]

---

mediante la cual el aparato psíquico aprende a diferir las satisfacciones placenteras y a soportar transitoriamente las sensaciones displacenteras. (Op.cit., p.2906)

[528] El análisis empírico –sostiene Freud- lleva a establecer dos grupos de instintos: los denominados instintos del Yo, cuyo fin es la autoconservación, y los instintos objetales, que conciernen a la relación con los objetos exteriores. Los instintos sociales no son aceptados con carácter elemental e irreducible. La especulación teórica permite suponer la existencia de dos instintos fundamentales que yacerían ocultos tras los instintos yoicos y objetales manifiestos, a saber: a) el Eros, instinto tendiente a la unión cada vez más amplia, y b) el instinto de destrucción, conducente a la disolución de todo lo viviente. La manifestación energética del Eros se llama en psicoanálisis libido. (Op.cit., p.2906)

[529] Topográficamente, el psicoanálisis concibe el aparato psíquico como un instrumento compuesto de varias partes y procura determinar en qué puntos del mismo tienen lugar los diversos procesos mentales. De acuerdo con las concepciones analíticas más recientes, el aparato mental está compuesto de un Ello, que es el reservorio de los impulsos instintivos; de un Yo, que es la porción más superficial del Ello, modificada por la influencia del mundo exterior, y de un Super-Yo, desarrollado a partir del Ello, que domina al Yo y representa las inhibiciones de los instintos, características propias del ser humano. (Op.cit., p.2906)

[530] También la cualidad de la *conciencia* posee su referencia topográfica, pues los procesos del Ello son todos inconscientes, mientras que la conciencia es la función de la capa más superficial del Yo, destinada a la percepción del mundo exterior. (Op.cit., p.2906)

[531] Existe en la mente una potencia que ejerce las funciones de censura, que excluye de la concienciación y de la influencia sobre la acción a cuantas tendencias le desagraden. Tales tendencias se califican entonces de *reprimidas*. Quedan inconscientes, y si se trata de tornarlas conscientes al sujeto, se despierta una *resistencia*. Mas esos impulsos instintuales reprimidos no por ello han perdido siempre su poderío; en muchos casos logran hacer valer su influencia sobre la vida psíquica por vías indirectas, y las gratificaciones sustitutivas de lo reprimido así alcanzadas constituyen los *síntomas neuróticos*. (Op.cit., p.2907)

[532] Por razones culturales, la represión más intensa recae sobre los instintos sexuales; pero precisamente en ellos la represión fracasa con mayor facilidad, de modo que *los síntomas neuróticos aparecen como satisfacciones sustitutivas de la sexualidad*

306

La condición (in)determinada de la teoría psicoanalítica

Freud celebra que el psicoanálisis conquista cada vez más adeptos como método terapéutico, debido a que rinde a los pacientes un beneficio mucho mayor que ninguna otra forma de

reprimida. La noción de que la vida sexual humana comienza sólo en la pubertad es errónea; por el contrario, su actividad puede ser demostrada desde el principio mismo de la vida extrauterina; alcanza una primera culminación en el quinto año de vida o antes del mismo (período precoz) y experimenta entonces una inhibición o interrupción (período de latencia) que finaliza a su vez con la pubertad, segunda culminación de dicho desarrollo. Todas las vivencias de ese primer período de la infancia tienen suma importancia para el individuo; en conjunto con su constitución sexual heredada, integran las disposiciones para el ulterior desarrollo del carácter o de la enfermedad. (Op.cit., p.2907.) Y añade: Es inexacta la noción de que la sexualidad coincide con la genitalidad. Los instintos sexuales recorren una complicada evolución, y sólo a su término se alcanza la primacía de las zonas genitales. En el ínterin se establecen varias organizaciones pregenitales de la libido, a las que ésta puede quedar fijada y a las que retornará en caso de que se produzcan ulteriores represiones (regresión). Las fijaciones infantiles de la libido son las que determinan la ulterior elección de la forma de neurosis. Así, las neurosis han de ser consideradas como inhibiciones evolutivas de la libido. No existen causas específicas de las afecciones neuróticas: son condiciones cuantitativas -es decir, la potencia relativa de las fuerzas intervinientes- las que deciden si un conflicto desembocará en la salud o en una inhibición funcional neurótica. (Ídem.)

[533] La más importante situación conflictual que el niño se ve obligado a resolver radica en la relación con sus padres, en el complejo de Edipo; ante su resolución fracasan siempre los seres destinados a sufrir una neurosis. Las reacciones contra las demandas instintuales del complejo de Edipo representan la fuente de las más valiosas y socialmente más importantes conquistas del espíritu humano, tanto en lo que se refiere a la existencia del individuo como también, probablemente, a la historia de toda la especie humana. En el curso de la superación del complejo de Edipo se origina también el Super-Yo, la instancia moral que domina el Yo. (Op.cit., p.2907)

[534] Se designa así la peculiaridad que presentan los neuróticos de desarrollar hacia su médico vinculaciones emocionales, tanto afectuosas como hostiles, que no están fundadas en la respectiva situación real, *sino que proceden de la relación parental (complejo de Edipo)*. La transferencia es la prueba de que tampoco el adulto ha logrado superar su antigua dependencia infantil. En el tratamiento coincide con la fuerza que se ha llamado *sugestión*; sólo su correcto manejo, que el médico ha de aprender, permite inducir al paciente a superar sus resistencias internas y a abolir sus represiones. El tratamiento psicoanalítico se convierte así en una *reeducación* del adulto, en una *corrección* de la educación del niño. (Op.cit., p.2907)

tratamiento. Su principal sector de aplicación –añade- es el de las neurosis más leves, como la histeria, las fobias y los estados obsesivos; además, permite alcanzar considerables mejorías y hasta curaciones en las deformaciones del carácter y en las inhibiciones y *desviaciones* sexuales:

> "Los resultados terapéuticos del psicoanálisis se fundan en la sustitución de actos psíquicos inconscientes por otros conscientes, y su alcance llega hasta donde se extiende la injerencia de este proceso en la enfermedad a tratar. Dicha sustitución se lleva a cabo superando resistencias internas en la vida psíquica del paciente."[535]

No obstante el desenvolvimiento del psicoanálisis como método terapéutico domina la escena de su existencia, Freud – como ya he señalado antes- interesaba primordialmente convertir el psicoanálisis no sólo en nexo con la psiquiatría sino, además, en un punto de enlace con las ciencias del espíritu, e incidir más allá del espacio asignado a la práctica clínica:

> "...no hemos de asombrarnos si el psicoanálisis, que originalmente sólo pretendía explicar los fenómenos psíquicos patológicos, llegó a convertirse en una psicología de la vida psíquica normal."[536]

Es en este movimiento donde el psicoanálisis puede ser leído como parte integral del pensamiento Occidental de la filosofía, como filosofía política. Freud lo reconoce, aunque guarda siempre distancia, pues prefiere ser reconocido dentro de un campo de mayor autoridad, que es la ciencia, -como ya he apuntado en otra parte-. Dentro del espíritu reflexivo que supone el discurso científico, como el filosófico, Freud advierte reiterada-mente que la teoría psicoanalítica no debe ser asumida como representaciones previas de las que la labor psicoanalítica depende, es decir, que los *conocimientos* desarrollados hasta el momento están siempre sujetos a revisión y a corrección:

---

[535] Op.cit., p.2905.

[536] Ídem.

"El psicoanálisis se halla sólidamente fundado en la observación de los hechos de la vida psíquica, de modo que su superestructura teórica es todavía incompleta y se encuentra en constante modificación."[537]

No obstante este juego retórico, que presenta en la escena cultural dominante un psicoanálisis reflexivo y crítico de sí mismo, dentro del conjunto participa de otro modo más vinculado a un espíritu contrario a lo advertido anteriormente. La consagración de sus principios fundamentales como dogmas irrefutables ha sido la orden del día dentro del movimiento psicoanalítico en clave freudiana. Y lo ha sido, precisamente por el carácter político del movimiento, de sus prácticas y teorías, inscrito en una voluntad de poder ya anunciada desde antes de su nacimiento. La evolución del psicoanálisis ha sido la evolución de esta voluntad, como ya he expuesto a lo largo de este trabajo. La participación del discurso psicoanalítico dentro de las tecnologías del poder normalizador moderno se hace evidente en estas palabras, donde Freud condensa el ánimo normalizador de su obra:

"El tratamiento psicoanalítico se convierte así en una *reeducación* del adulto, en una *corrección* de la educación del niño."[538]

Freud publicita su voluntad de integración dentro de las tecnologías disciplinarias que nacen entre los procesos de consolidación de la economía capitalista desde el siglo XIX y de los modos de vida individual y social que precisa para sostener su reproducción. De ahí los estrechos vínculos con relación al discurso general de la Moral y en particular de la Ley, según he trabajado hasta ahora y seguiré desarrollando paulatinamente. La hiperbolización de ciertas nociones teóricas, en particular las relacionadas al complejo de Edipo, permiten ampliar el horizonte de mis sospechas. Sobre todo a partir de su puesta en relación con el devenir de la vida dentro de la dimensión política de la normalidad,

---

[537] Op.cit., p.2908.

[538] Op.cit., p.2907.

definida ésta por un poder que desborda el potencial analítico del psicoanálisis y excede su fuerza representativa de las condiciones de existencia dentro del escenario de la vida social. La teoría del Ser desarrollada por Freud, aunque abre espacios precisos para quebrar los fundamentos del imaginario social moderno, se hace enseguida partícipe de las fuerzas represivas que lo mueven y que lo sostienen, de la economía política de sus violencias. Lo hace en el instante en que devuelve al registro montado en su teoría la condición más esencial del Ser, condenando su existencia a la normalidad, según requerida por el poderío político y cultural dominante:

> "Las reacciones contra las demandas instintuales del complejo de Edipo representan la fuente de las más valiosas y socialmente más importantes conquistas del espíritu humano, tanto en lo que se refiere a la existencia del individuo como también, probable-mente, a la historia de toda la especie humana. En el curso de la superación del complejo de Edipo se origina también el Super-Yo, la instancia moral que domina el Yo."[539]

Entre el inmenso registro de interrogantes que podrían subir a escena de inmediato, me parece pertinente subrayar las siguientes: ¿Cuáles son las "demandas instintuales" que Freud condensa y condena a ser resueltas en el complejo de Edipo? ¿Por qué el referente a la relación del Otro con el Deseo (las demandas instintuales) es siempre el de una reacción contraria a sus demandas? ¿Cuál es la vara con la que Freud mide eso que presume manifiesto en la reacción contra el Deseo y que celebra como una valiosa conquista del espíritu humano? ¿En qué consiste lo social a lo que Freud remite como beneficiario de estas represiones? ¿Para quién es realmente valioso? ¿A quién en verdad importa? ¿A pesar de qué y a costa de quién? ¿Del espíritu humano? ¿De la especie humana? ¿De la existencia del individuo? ¿Por qué ahí, en el reducido espacio del complejo edipal y no en otra parte, incluso desde dentro del espectro de la sexualidad, Freud compromete el destino de cada sujeto humano? ¿Qué es ese Yo que aparece bajo el dominio de una instancia moral cuya materialidad precisa darse a

---

[539] Ídem.

partir de la resolución del complejo de Edipo? ¿Cuál es el material de esa instancia moral que debe dominar al Yo y que Freud celebra como una valiosa y socialmente importante conquista del espíritu humano? ¿Qué fuerzas reales encarnan ese espíritu que reivindica un dominio, una conquista, sobre el Yo? A todas cuentas, si lo que elogia la teoría psicoanalítica son las fuerzas que posibilitan concretizar las relaciones de subyugación ideológica, control y dominación social, ¿qué valores se suponen representados en esa moral que debe dominar al Yo? Nuevamente, ¿qué es entonces el Yo si no el efecto permanente de relaciones de dominación, lo conquistado, lo vencido? ¿Será acaso la represión el poder más valorado por el espíritu humano? En fin, ¿podría pensarse el Deseo al margen de la Ley?

Anti-Edipo: teoría de la represión / reivindicación del Deseo

Esta teoría del Ser, que devuelve a las profundidades sin fondo del ser humano las raíces de su propia condición de Sujeto, deja de lado las "fuerzas reales" que la determinan y de las que la triangulación representada en el complejo de Edipo no es sino un efecto de la radical determinación de sus fuerzas y no la matriz a la que se devuelve reducida y deformada en su etiología de la vida anímica y sexual. El discurso psicoanalítico se reconcilia con el poder de la representación y ensambla todo su andamiaje teórico en la interpretación del lenguaje simbólico como expresión de lo inconsciente. Condena la existencia, como hacen las representaciones de las ciencias del alma, disciplinas del espíritu, al reducido espacio de la representación teórica, de sus determinaciones registradas bajo el dominio de la interpretación analítica. Aún cuando el propio Freud advierte que el psicoanálisis, su práctica interpretativa, no lleva por encargo la competencia de codificaciones de las que participan los saberes reinantes sobre el alma humana, como las filosofías o las psicologías positivistas o metafísicas. El método psicoanalítico se promete distinto, pues en lugar de relacionar las representaciones simbólicas con objetividades determinadas y con condiciones sociales objetivas, las relaciona con la esencia subjetiva y universal del deseo como libido.[540] El mundo

---

[540] G.Deleuze y F.Guattari; *El Anti-Edipo*; op.cit., p.311.

de la representación, paradójicamente, debería desmoronarse. Según Deleuze y Guattari:

> "De este modo, la operación de *descodificación* en el psicoanálisis ya no puede significar lo que significa en las ciencias del hombre, a saber, descubrir el secreto de tal o cual código (...) sino en *descodificar* de un modo absoluto, en desprender algo incodificable en virtud de su poliformismo y polivocidad."[541]

Pero el vínculo del psicoanálisis con el poderío normalizador moderno, que es la condición de la formación social y cultural en la que aparece, es demasiado profundo como para que lo advierta cómodamente en el registro de sus teorías. La interpretación analítica devuelve pleno sentido y coherencia al mundo de la representación, haciéndose en el acto parte integral de su matriz de control y dominación general. El Sujeto es devuelto a su unidad habitual, la integrada en el orden de una verdad, la verdad sobre el Ser, que es el modo de una representación que opera como condición de posibilidad de su domesticación efectiva, de su encuadramiento dentro de las exigencias de lo social y de la puesta en función de la subjetividad al orden imperial de la Ley. La esencia del Ser (la naturaleza del hombre o la condición del sujeto) referida a los dominios de lo inconsciente, permanece indómita e incluso inaprehensible plenamente dentro del registro de lo teórico, mas no por ello se tornan menos efectivas las tecnologías de su domesticación, de las que el psicoanálisis forma parte integral en el acto de decir la verdad sobre el Sujeto. Recuérdese que para el discurso psicoanalítico la experiencia clínica revela en la transferencia (condición de la cura) una dependencia del sujeto analizado en alguna figura que le signifique Autoridad, y que represente ante su poder, el de la Ley, una disposición anímica a la sumisión: el sujeto es para el analista siempre un niño necesitado de amor paternal. De ahí que la labor sea "reeducar" al sujeto que, devuelto a la fragilidad yoica de su infancia, necesita, para su propio bien, un Padre que le oriente por el buen camino, el de la normalidad...

---

[541] Ídem.

La aparición del Edipo como matriz de su montaje teórico permite identificar éste vínculo del psicoanálisis con el poderío normalizador moderno. El paso inicial sería, siguiendo el trabajo de Deleuze y Guattari, preguntarse cuáles son las fuerzas reales de las que depende la triangulación edípica y enseguida hacer constar que se trata de las fuerzas de represión social.[542] Para Freud es en el complejo de Edipo donde se revela la expresión más dramática de la represión social y el contexto matriz donde se resuelve buena parte del destino de la existencia de cada sujeto en singular. La lógica a la que pertenece esta articulación teórica está basada, de cierto modo, en una creencia ingenua en la univocidad de la Ley, a partir de la que pude desprenderse que el complejo de Edipo sea la expresión más dramática de la represión social, y no simplemente un efecto más, con un encargo fijo, de la misma. Esta creencia reside en la representación de la Ley como instancia que no prohíbe más que lo que los sujetos serían capaces de hacer bajo la presión de algunos de sus instintos; es decir –según Freud- que si está prohibido se debe a que es deseado, pues a todas cuentas no habría *necesidad* de prohibir lo que en realidad no se desea. Pero la Ley no opera siguiendo una lógica transparente, su materialidad excede los límites en lo que se inscribe su enunciación: hay un más allá, no en el sentido de continuo inmediato, sino una fuerza que no puede ser contenida en esta representación lineal de la mecánica causalista heredada del positivismo. Según la interpretación de Freud, la prohibición cultural del incesto, su ilegalización e ilegitimación, lo es precisamente porque se supone que existe una pulsión instintiva poderosa, un deseo, que mueve al Ser a hacer del contenido del incesto su objeto. A lo que reaccionan Deleuze y Guattari:

> "La ley nos dice: No te casarás con tu madre y no matarás a tu padre. Y nosotros, sujetos dóciles, nos decimos: *¡luego esto es* lo que quería! ¿Llegaremos a sospechar que la ley deshonra, que está interesada en deshonrar y en desfigurar al que presupone culpable, al que quiere culpable, al que quiere que se sienta culpable?"[543]

---

[542] Op.cit., p.119.

[543] Op.cit., p.120.

Hacemos —advierten estos autores- como si se pudiese deducir directamente de la represión la naturaleza de lo reprimido, y de la prohibición, la naturaleza de lo prohibido:

> "La ley prohíbe algo perfectamente ficticio en el orden del deseo (o de los instintos), para persuadir a los sujetos que tenían la intención correspondiente a esta ficción. Incluso es la única manera como la ley puede morder al inconsciente y culpabilizarlo."[544]

Además, puede reconocerse que la Ley no tiene por función exclusiva prohibir, sino bajo la modalidad frontal de una prohibición trazar los términos más amplios de lo permitido por virtud de su poderío: en otras palabras, de una parte, desde la propia teoría de lo inconsciente, eso que aparece como prohibido en el texto de la Ley no sería sino la superficie deformada de un deseo que no puede apreciarse nunca bajo el modo en que dispone la Ley y la prohibición. Es decir, que eso que aparece prohibido es en realidad una cosa distinta a lo que expresa su literalidad textual, que no es sino el efecto de superficie, la forma exterior de una deformación, el saldo de la lucha entre las demandas instintuales, las fuerzas represivas del Yo y sus condicionantes. Simultáneamente, cuando la Ley prohíbe —por ejemplo- el incesto, la sodomía, la homosexualidad, etc., ¿qué prohíbe en realidad? El objeto central del texto es secundario con relación al fin estratégico, a su objetivo político que no es sino reforzar las modalidades dominantes como se vive socialmente la sexualidad. La teoría psicoanalítica reduce "los procesos de la vida", el "suceder anímico", a estos términos, representados en la dialéctica entre los instintos del Eros y los de muerte, concluyendo que de la prohibición formal puede deducirse lo que está realmente prohibido. El psicoanálisis cree en ello porque lo tiene por verdadero, como resolvería Nietzsche. Pero, ¿qué fuerzas actúan como condición de posibilidad de la aparición de esta creencia, de este tener por verdadero, que representa la existencia de lo Inconsciente, de las profundidades sin fondo del alma humana, de modo tal que puede ser contenido en la

---

[544] Ídem.

representación del complejo de Edipo? Según Deleuze y Guattari, esta representación es efecto de una represión y represión a la vez:

"Edipo es esto, la imagen trucada. La represión no actúa sobre él, ni conduce a él. Es sólo lo representado, en tanto que es inducido por la represión. (...) ...no, Edipo no es un estado del deseo y de las pulsiones, es una *idea*, nada más que una idea que la represión nos inspira en lo concerniente al deseo, ni siquiera es un compromiso, sino una idea al servicio de la represión, de su propaganda o de su propagación"[545]

Esta relación aparece en el texto citado en un movimiento triple, donde la representación es reprimente, en cuanto aparece como ejercida por la represión; el representante reprimido, sobre el que realmente actúa la represión, y lo representado *desplazado*, que da de lo reprimido una imagen aparente y trucada en la cual se considera que el deseo se deja prender. Deleuze y Guattari traen como referencia de su posición un texto publicado ya en 1920, por D.H.Lawrence, donde aparecía una contestación a las ilusiones de reducir lo *esencial* de lo inconsciente a las delimitaciones teóricas del complejo de Edipo. Retomando las indicaciones de Freud, Lawrence sostiene que comprende que el inconsciente no tiene nada de ideal, nada que pertenezca al mundo de un concepto, y por consiguiente nada personal, puesto que la forma de las personas, del mismo modo que el ego, pertenece al Yo consciente o mentalmente subjetivo. Por consiguiente:

"El móvil incestuoso es una deducción lógica de la razón humana que recurre a éste último extremo para salvarse a sí misma (...) Es primero una deducción lógica de la razón, incluso efectuada inconsciente-mente y que a continuación es introducida en la esfera pasional en la que se convierte en principio de acción (...) Ello no tiene nada que ver con el inconsciente activo, que centellea, vibra, viaja..."[546]

---

[545] Op.cit., pp.120-121.

[546] D.H.Lawrence; según citado en G.Deleuze y F.Guattari; op.cit., p.121.

Los deseos representados en el complejo de Edipo –según Deleuze y Guattari- no están de modo alguno reprimidos, ni tienen por qué estarlo. Mantienen, sin embargo, una relación íntima con la represión. Son el cebo, o la imagen desfigurada, mediante la cual la represión caza al deseo en la trampa.[547] En otras palabras –añaden- si el deseo está reprimido no es porque sea deseo de la madre y de la muerte del padre; al contrario, si se convierten en este tipo de deseo es debido a que está reprimido, y sólo adopta esta máscara bajo la represión que se la modela y se la aplica.[548] En este sentido, el deseo no es un obstáculo para la instauración de la sociedad sino la fuerza motora de la misma, por ello la importancia vital de la represión para lo social. Advierten los autores:

"El verdadero peligro radica en otro lugar. Si el deseo es reprimido se debe a que toda posición de deseo, por pequeña que sea, tiene motivos para poner en cuestión el orden establecido de una sociedad: no es que el deseo sea asocial, sino al contrario. Es perturbador..."[549]

Según Deleuze y Guattari, cada sujeto es una máquina deseante y el deseo en su esencia es revolucionario:

"...ninguna sociedad puede soportar una posición de deseo verdadero sin que sus estructuras de explotación, avasallamiento y jerarquía no se vean compro- metidas."[550]

Sólo si una sociedad se confunde con sus estructuras, el deseo puede ser representado como una amenaza. Es decir, si lo social es reducido a eso que exige la Ley y la Moral, los requerimientos esenciales de la organización de su modo de producción y su ordenamiento general, entonces, la esencia

---

[547] G.Deleuze y F.Guattari; Op.cit., p.121.

[548] Ídem.

[549] Ídem.

[550] Ídem.

316

indómita (¿revolucionaria?) de lo inconsciente puede representarse como amenaza a las condiciones de existencia de la vida social. Esto es, si la vida y lo social son *interpretados*, valorados y juzgados, a partir de los criterios ideológicos reinantes dentro de un orden social determinado. Y es este el modo de representación de lo social del que Freud y su teoría psicoanalítica se hacen partícipes; de ahí su estrecho vínculo con el poderío normalizador de la cultura moderna y sus complicidades políticas con el orden de la Ley. En este contexto, Deleuze y Guattari coinciden en que:

"Para una sociedad tiene, pues, una importancia vital la represión del deseo, y aún algo mejor que la represión, lograr que la represión, la jerarquía, la explotación y el avasallamiento mismos sean deseados." [551]

Lo que no que decir –advierten- que el deseo sea distinto de la sexualidad, sino que no puede reducirse al complejo de Edipo. La producción social y la producción deseante –añaden- forman una sola unidad, pero difieren de régimen, de manera que una forma social de producción ejerce una represión esencial sobre la producción deseante, pues una forma de producción deseante es capaz de hacer estallar la forma social.[552] En la representación del Edipo, domesticado por el Super-Yo, el psicoanálisis *espera* una justificación cultural de la represión, haciéndolo pasar al primer plano y sin considerar el problema de la represión general más que como secundario desde el punto de vista del inconsciente.[553] Freud hace aparecer la represión como un cierto valor autónomo (que goza de relativa independencia con respecto de las fuerzas de la represión general), como condición de la cultura que se ejerce contra las pulsiones incestuosas.[554] Me permito, pues, citar nuevamente las palabras donde se condensa esta representación:

---

[551] Op.cit., p.122.

[552] Ídem.

[553] Ídem.

[554] Ídem.

"Las reacciones contra las demandas instintuales del complejo de Edipo representan la fuente de las más valiosas y socialmente más importantes conquistas del espíritu humano, tanto en lo que se refiere a la existencia del individuo como también, probablemente, a la historia de toda la especie humana."[555]

Como advierten Deleuze y Guattari, cuanto más el problema de Edipo y del incesto ocupe la delantera de la escena, más la represión y sus correlatos, la supresión y la sublimación, se fundamentarán en exigencias supuestas trascendentes de la civilización, al mismo tiempo que el psicoanálisis se hunde más en una visión familiarista e ideológica.[556] Siguiendo los lineamientos de Wilhelm Reich, Deleuze y Guattari coinciden en que la represión depende de la represión general y advierten enseguida que no deben confundirse ambos conceptos:

"La represión general necesita de la represión para formar sujetos dóciles y asegurar la reproducción de la formación social, ello comprendido en sus estructuras represivas."[557]

Es decir, que en lugar de pensar que la represión general social se deba a una suerte de represión familiar coextensiva a la civilización, es ésta la que debe comprenderse en función de una represión general inherente a una forma de producción social dada.[558] Según esta teoría, la represión general sólo se ejerce sobre el deseo, y no sólo sobre necesidades o intereses, a través de la represión sexual. Coincidiendo con algunos lineamientos teóricos de Wilhelm Reich[559], los autores citados concluyen que la familia es,

---

[555] S.Freud; "Psicoanálisis: Escuela Freudiana"; op.cit., p. 2907.

[556] G.Deleuze y F.Guattari; *El Anti-Edipo*; op.cit., p.122.

[557] Op.cit., p.123.

[558] Op.cit., p.124.

[559] El tema de la represión sexual y cultural Reich lo aborda a partir de una radical divergencia teórica y política con Freud. Como referencia inmediata sobre este

318

pues, el agente delegado de esta represión, en tanto asegura una 'reproducción psicológica de masas del sistema económico de una sociedad'.[560] Desde esta perspectiva no habría entonces por qué deducir que el deseo es edípico, sino admitir que la represión general del deseo o la represión sexual, son las que actualizan a Edipo e introducen al deseo a sus términos, organizado por la sociedad represiva.[561] Se trata, pues, de plantear la relación del deseo con el campo de lo social desde una perspectiva materialista, pero sin caer en las encerronas del discurso marxista ortodoxo, desde donde se aborda la represión general desde el concepto de ideología y éste entendido como un engaño o un embauco a las clases sociales oprimidas, a las masas. En esta encerrona el psicoanálisis sólo tendría que cumplir la función de desmitificar, desideologizar, de dar cuenta de lo subjetivo, de lo negativo, de lo inhibido.[562] Según Deleuze y Guattari, la represión se distingue de la represión general por el carácter inconsciente de la operación y de su resultado. Pero no se puede deducir ninguna independencia real, pues la represión es tal que la represión general se vuelve deseada, dejando de ser consciente, e induce un deseo de consecuencia, una imagen trucada de aquello a que conduce, que le da una apariencia de independencia: La represión propiamente dicha es un medio al servicio de la represión general.[563] El complejo de Edipo aparece, pues, como efecto del poder de hegemonía, de incitar el consenti-miento a la dominación, pero más allá del acto consciente de la

---

tema, aunque no me detengo a abordarlo directamente, para este trabajo he leído de este autor a Reich, W.; *La revolución sexual: para una estructura de carácter autónoma del hombre*; Editorial *Planeta-Agostini*; Barcelona, 1985; Reich, W.; "La aplicación del psicoanálisis a la investigación histórica" en *Psicoanálisis y Sociedad: apuntes de freudo-marxismo*; Editorial *Anagrama*; Barcelona, 1971 y Reich, W. y V.Schmidt ; *Psicoanálisis y educación*; Editorial Anagrama, Barcelona, 1973.

[560] G.Deleuze y F.Guattari; *El Anti-Edipo*; op.cit., p.124. Un análisis coincidente en ciertos aspectos, influenciado en el psicoanálisis en clave materialista-marxista, puede encontrarse en el trabajo de Louis Althusser, "Ideología y aparatos ideológicos de Estado"; *Posiciones*; Ed. *Grijalbo* (Teoría y Praxis); México, 1977.

[561] G.Deleuze y F.Guattari; op.cit., p.125.
[562] Ídem.

[563] Ídem.

voluntad y la razón, como una necesidad nacida de la represión misma y que la desea; desea la represión aunque no la reconozca bajo el registro de su propiedad sino bajo los modos como ésta se ha hecho aparecer a la superficie de la conciencia, como necesidad de seguridad, de orden, incluso como libertad; como cura. La represión implica –según Deleuze y Guattari- una doble operación original: una, mediante la cual la formación social represiva delega su poder a una instancia reprimente; otra por la que, el deseo reprimido, está como cubierto por la imagen desplazada y trucada que de él suscita la represión. Hay a la vez una delegación de represión por la formación social y una desfiguración, un desplazamiento, de la formación deseante por la represión:

> "El agente delegado de represión, delegado a la represión, es la familia; la imagen desfigurada de lo reprimido son las pulsiones incestuosas. El complejo de Edipo es el fruto de esta doble operación. (…) En un mismo movimiento, la producción social represiva se hace reemplazar por la familia reprimente y ésta da de la producción deseante una imagen desplazada que representa lo reprimido como pulsiones familiares incestuosas."[564]

La aparición dentro del discurso psicoanalítico del complejo de Edipo como metáfora de un descubrimiento que sirve de matriz a la teoría del Ser opera, pues, como una fachada ideológica en función de un poder represivo que trasciende los límites de la representación psicoanalítica, los desborda e incluso anula su potencial esclarecedor de las condiciones de represión social que desatan las neurosis y el malestar cultural general, convirtiéndose en el acto de la representación teórica en pieza clave del poder de represión general. La técnica de manipulación de la represión general, aplicada mediante la represión que ejerce la representación teórica del psicoanálisis opera de un modo particular. Deleuze y Guattari lo articulan así:

---

[564] Ídem.

"Al presentarle el espejo deformante del incesto (...) se avergüenza al deseo, se le deja estupefacto, se le coloca en una situación sin salida, se le persuade fácilmente para que renuncie 'a sí mismo' en nombre de los intereses superiores de la civilización..."[565]

Como si la primordial gran preocupación de la humanidad fuera evitar que los hijos se casaran con sus madres, o que guardaran a sus hermanas para sí, y para tales efectos los padres estuvieran, por el sólo hecho de ser padres, amenazados de muerte por sus primeros rivales, sus propios hijos. Pero, como reconoce Freud, al parecer lo social no puede prescindir de una "instancia superior" que sea capaz de regular al deseo y de procurarle la forma que precisa como condición de su propia reproducción. De ahí el encargo represivo a la familia. Instancia que pertenece al registro de la producción social y cuyo encargo político es el de procurar la reproducción de los productores, de la normalización de los sujetos, siempre deseantes y, por ende, peligrosos. De ahí que la crítica de Freud a las prácticas de represión sexual en la cultura no representen una ruptura radical en las prácticas representacionales modernas, sino que sean muy consecuentes con ellas, no en el orden de su enunciación sino en el del poder normalizador que irradia entre ellas, en la represión que se recrea en ellas. Según Deleuze y Guattari:

"No, los psicoanalistas no inventan nada, aunque de otro modo hayan inventado mucho, legislado mucho, reforzado mucho, inyectado mucho. Lo que los psicoanalistas hacen radica tan sólo en apoyar el movimiento, añadir un último impulso al desplazamiento de todo el inconsciente. (...) sólo inventan la transferencia, un Edipo de transferencia, un Edipo de Edipo en sala de consulta, particularmente nocivo y virulento, pero donde el sujeto tiene por fin lo que quiere..."[566]

---

[565] Ídem.

[566] Op.cit., p.127.

Pero Edipo se hace en familia y no en la consulta del analista –advierten enseguida- Además, Edipo no es hecho por la familia – añaden- Los usos edípicos de síntesis, la edipización, la triangulación, la castración, todo ello remite a fuerzas algo más poderosas, algo más subterráneas que el psicoanálisis, que la familia, que la ideología, incluso reunidos. Ahí se dan todas las fuerzas de la producción, de la reproducción y de la represión sociales. Advierten Deleuze y Guattari:

> "En verdad, se precisan fuerzas muy poderosas para vencer las del deseo, conducirlas a la resignación, y para sustituir en todas partes lo que era esencialmente activo, agresivo, artista, productivo y conquistador en el propio inconsciente."[567]

La progresiva consolidación global del capitalismo, así como los reajustes estructurales de su orden interior, lleva aparejada hasta nuestra actual condición de época (pos)moderna, en la punta de su poderío, la habilidad de convertir a los sujetos bajo sus dominios en máquinas de producción, precisamente porque reconoce en ellos su esencia deseante; de modo similar a como el imperio de la Ley y de la Moral han consolidado su poder sobre la base de la sumisión de sus súbditos, que lo *representan* como necesidad *vital* de todo orden social. De ahí que la integración del sujeto al imaginario social moderno aparezca en una relación indisoluble con el poderío ideológico de las disciplinas del alma humana, de las ciencias del espíritu, cuyos objetivos políticos tienden siempre a la reintegración (que incluye la exclusión formal) de los *desviados* al orden de una dominación general, registrada bajo la noción de normalidad. Lo social no se convierte entonces sólo en una gran fábrica de deseos, pues lo social mismo es el espacio donde se condensan infinidad de deseos, desplazados, sublimados, trucados... en una circularidad ideológica, imaginaria, que hace del poder normalizador una condición sin exterioridad posible; aunque el soporte fundamental de la economía política de la formación social capitalista radique en la fabricación de necesidades y quizá la mayor parte de los deseos se conformen a satisfacer sus impulsos en el consumo de sus

---

[567] Ídem.

sustitutos legitimados por el orden social imperante; sustitutos accesibles en el mercado de opciones moduladas en apariencia por la conciencia moral, pero profundamente determinadas por la represión general. Los objetos de consumo son puestos en las vitrinas del gran mercado global como objetos del deseo; pero los deseos que acceden a la conciencia no son sino efectos de superficie, operados por un desplazamiento forzado desde la infancia; la imposibilidad de satisfacer absolutamente el deseo, la máquina deseante que es el Sujeto, aparece como posibilidad ante la conciencia, bajo el modo de un efecto de sublimación (adecuado a las delimitaciones sociales y las correlativas exigencias morales y legales): lo imposible se disfraza como posibilidad en la forma material de los productos disponibles en el gran mercado de las apariencias, entre las que el comercio de la sexualidad –como le llama Freud- es sólo parte integral, importante y decisiva sin duda, pero no la condición esencial de su existencia. El gran secreto que revela el psicoanálisis es que todo cuanto pueda desear el sujeto lo es en tanto que imagen trucada, una ilusión, un deseo deformado, desplazado, sublimado, y que no accede a la conciencia sino bajo la forma de una apariencia, de una ilusión. De ahí el éxito de la economía global del capitalismo, como gran maquinaria de producción de deseos y de satisfacción de necesidades, precisa-mente porque lo que pone en circulación y venta lo hace como un sustituto efectivo de eso que es en realidad imposible sustituir, y que no obstante no cesa de desear, permanece insatisfecho, deseando, porque el Deseo mismo es el motor de la existencia del Ser. De ahí que Freud sepa muy bien que los traumas, las neurosis y el malestar general, si bien son modos de satisfacción inconsciente ante las imposibilidades de satisfacer plenamente los impulsos del Deseo, puedan ser trucados a favor de la normalización del Sujeto; desplazados, sublimados, relocalizados, desterritorializados para ser enseguida situados en alguna otra parte, en algún otro objeto que se acople a la intensidad de las exigencias de satisfacción de cada sujeto deseante. En fin, la cura es posible no por la interpretación analítica, no por la reflexividad del sujeto, sino por el potencial interior de sustituir un deseo por otro, de creer, es decir, de tener por verdadero, que lo que se desea en verdad no se desea, y sustituir enseguida el objeto del deseo insatisfecho por otro objeto que se ajuste a sus particulares exigencias... La cura aparece dentro de este contexto como dispositivo regulador, modulador, de las energías interiores, como paso a la sustitución, a la apropiación si se quiere, de algo cuya apariencia le satisfaga lo suficiente y, sobre todo, lo devuelva a la consideración social como sujeto útil y sumiso, productivo; domesticado; socializado; civilizado... normal. En otras palabras, el psicoanálisis, como las demás ciencias del espíritu, pretende devolver al sujeto al consuelo de alguna otra ilusión. Ahí la labor remoralizadora del psicoanálisis, la labor de "reeducar a los adultos", incidiendo en el niño malcriado que no cesa de habitar y regar su habitación a lo largo de toda su existencia; ahí mismo, en las profundidades sin fondo del Ser...

Entre estas coordenadas el discurso psicoanalítico no aparece en el escenario social articulado como un principio subversivo, sino más bien como un elemento favorable al aparato del poderío normalizador moderno, situándose entre los dominios de los conocimientos reinantes sobre el Ser, articulado desde su emergencia como dispositivo disciplinario y afinando su desenvolvimiento como parte de las tecnologías normalizadoras del poderío cultural y de la represión social general. El psicoanálisis es una incitación ha hablar, más que sobre la sexualidad, sobre la vida del Ser en el devenir de su existencia, y en el acto, a codificar sus movimientos, a registrarlos e integrarlos al régimen de su verdad. La sexualidad es referida como el núcleo del Ser del Sujeto, y sobre ella se desarrolla un modo muy particular de representarlo, dentro de las determinaciones que constituyen la estructura teórica del Yo como el objeto matriz de todas las intervenciones del poderío normalizador-cultural moderno y sus instancias represivas, como la Ley y la Moral. La experiencia clínica es convertida en el fundamento de su saber y a partir de ella hace coextensivo a los dominios de la vida social *normal* sus pretensiones omnicomprensivas, trocando el reino de su saber en una profunda voluntad de poder...

Parte VI

Freud y la (im)posibilidad de *La Felicidad*

"¡Ay, generaciones de mortales!
A mis ojos, vuestra existencia equivale a cero.
¿Qué hombre conoció otra felicidad
que la que él mismo fue imaginándose,
para caer luego en el infortunio,
después de dicha ilusión?"
Sófocles

"!Qué frágil es la vida humana,
que no permite la felicidad plena!"
E.de Rotterdam

Parte VI

Freud y la (im)posibilidad de *La Felicidad*

> "Ninguna regla al respecto vale para todos;
> cada uno debe buscar por sí mismo
> la manera en que pueda ser feliz."
> *S.Freud*

...el sujeto producido por el discurso psicoanalítico de Freud -que no es el mismo inventado por mercaderes de fascinaciones psíquicas, idólatras o mercenarios de las modas *psic* de la (pos)modernidad- suele aparecer tergiversado como irremediable fatalidad; el psicoanálisis como conjuro de mal agüero para el Destino de la Humanidad, y Freud como encarnación insensible de una suerte de pesimismo cultural, insoportable éticamente, políticamente reaccionario. La filosofía tradicional, ofendida en lo más profundo de sí, es portadora de una buena parte de los prejuicios que se han levantado como resistencias al psicoanálisis, pues su objeto, como el de la psicología, no sólo ha sido refutado por el psicoanálisis sino que ha sido eliminado de raíz. El sujeto centrado, identificado a sí mismo como unidad, dueño y señor absoluto de su conciencia y su voluntad, como Dios, ha vuelto a morir. Las ilusiones trascendentales del proyecto político de la modernidad, secularizadas bajo el modo de un gran proyecto emancipador, se disuelven del mismo modo que poco antes las ilusiones de un más allá de la Religión. En el imaginario psicoanalítico no existe una finalidad que constituya la esencia irreducible del espíritu humano que guíe y oriente su destino hacia un estado de control absoluto sobre sus suertes, de bienestar pleno, de Justicia y, en fin, de Felicidad...

Siguiendo los lineamientos de *El porvenir de una ilusión*, en el "estudio sobre la felicidad" que Freud titula *El malestar en la cultura*, reafirma su rechazo a que exista alguna finalidad trascendente en la vida (como expone el discurso religioso[568]), y pregunta y responde:

---

[568] Concluye Freud: "Decididamente sólo la religión puede responder al interrogante sobre la finalidad de la vida. No estaremos errados al concluir que la idea de adjudicar un objeto a la vida humana no puede existir sino en función de un sistema religioso." S.Freud, *El malestar en la cultura*, op.cit., p.20.

"¿...qué fines y propósitos de vida expresan los hombres en su propia conducta; qué esperan de la vida, qué pretenden alcanzar en ella? (...) Es difícil equivocar la respuesta: aspiran a la felicidad, quieren llegar a ser felices, no quieren dejar de serlo." [569]

La felicidad es un arreglo humano, no un destino impuesto desde el cielo. Resuelto este primer problema, Freud pasa a representar la felicidad como una imposibilidad a acceder de manera plena, absoluta y definitiva. La felicidad es, pues, una aspiración humana que puede ser dividida en dos fases: una fase negativa, que es la acción constante por evitar el dolor, el displacer; y otra positiva, que es la acción que procura experimentar intensas sensaciones placenteras. Aunque enseguida reconoce que el sentido estricto de la felicidad sólo se aplica a este segundo fin, sostiene que, de acuerdo a esta dualidad de objetivos perseguidos, toda actividad humana se despliega hacia la consecución de ambos fines. Sin embargo, la felicidad como un estado anímico de completud, al cual se puede alcanzar y cómodamente instalarse en él, es, para la mirada psicoanalítica, sencillamente una ilusión. Ilusión que sólo un sistema religioso podría organizar con arreglo a una finalidad trascendental.[570] Y es que -afirma Freud-:

"La felicidad es un fenómeno episódico. Surge de la satisfacción, casi siempre instantánea, de necesidades acumuladas que han alcanzado elevada tensión."[571]

---

[569] Ídem.

[570] Ante la ausencia de una respuesta satisfactoria o incluso de la existencia de una posible respuesta admisible a la refutada idea de la finalidad trascendental de la vida humana —denuncia Freud- muchos de estos inquisidores han salido al paso a sostener que si la vida no tuviera objeto alguno, perdería todo valor ante sus ojos. A lo que responde: "...pero estas amenazas de nada sirven: parecería más bien que se tiene el derecho de rechazar la pregunta en sí, pues su razón de ser probablemente emane de esa vanidad antropocéntrica cuyas múltiples manifestaciones ya conocemos." (S.Freud; *El malestar en la cultura*, op.cit., p.20)

[571] Op.cit., p.21.

Asimismo, deja saber que la felicidad se goza con mayor intensidad cuanto más breve es, pues lo demás es mera repetición y al poco se convierte en aburrimiento. En letra de Freud:

> "...toda persistencia de una situación anhelada por el principio del placer sólo proporciona una sensación de tibio bienestar, pues nuestra disposición no nos permite gozar intensamente sino el contraste, pero sólo en muy escasa medida lo estable."[572]

Entonces -acentúa- que no sólo nuestras facultades de felicidad están limitadas por nuestra propia constitución, sino que a la vez nos es mucho menos difícil experimentar la desgracia y el sufrimiento. Ante esta realidad reiterada por la investigación psicoanalítica, Freud añade un motivo más para la *desilusión*:

> "Quien fija el objetivo vital es el programa del principio del placer, principio que rige las operaciones del aparato psíquico desde su mismo origen: principio cuya adecuación y eficiencia no cabe dudar, por más que este programa esté en pugna con el mundo entero..."[573]

Un principio, que opera con fuerza determinante sobre nuestro ser, atraviesa la vida humana, condicionándola desde su nacimiento y rigiéndola a lo largo de toda su existencia, afirma el psicoanálisis. No obstante, advierte:

> "Este programa ni siquiera es realizable, pues todo el orden del universo se le opone, y aún estaríamos por afirmar que el plan de la "Creación" no incluye el propósito de que seamos felices..."[574]

Pero para Freud la felicidad es asunto de este mundo, y en él y no en otro residen sus límites y posibilidades. Una vez rescatado

---

[572] Ídem.

[573] Op.cit., p.21

[574] Ídem.

el fuego de manos de los dioses y entregado a los mortales, la pregunta obligada que se mantiene a través de todo el estudio sigue siendo la misma, ¿por qué nos resulta tan difícil ser felices, al extremo de que nos es más común en la vida la angustia, el dolor y el sufrimiento que la felicidad? Es que -dice Freud-:

> "Tal y como nos ha sido impuesta, la vida nos resulta demasiado pesada, nos depara excesivos sufrimientos, decepciones , empresas imposibles."[575]

El sufrimiento -apunta Freud- nos *amenaza*::

> "...desde el propio cuerpo que, condenado a la decadencia y a la aniquilación, ni siquiera puede prescindir de los signos de alarma que representan el dolor y la angustia; desde mundo exterior, capaz de encarnizarse en nosotros con fuerzas destructoras omnipotentes e implacables; desde las relaciones con otros seres humanos "el sufrimiento que emana de esta ultima fuente quizá os sea más doloroso que cualquier otro."[576]

Bajo la presión de tales posibilidades de sufrimiento -concluye Freud- el ser humano suela rebajar sus pretensiones de felicidad[577]:

---

[575] Op.cit., p.19.

[576] Op.cit., p.21. Más adelante, al volverse a preguntar por qué al hombre le resulta tan difícil ser feliz, Freud vuelve a mencionar las tres fuentes del sufrimiento humano como 1. la supremacía de la Naturaleza; 2. la caducidad del cuerpo y 3. la insuficiencia de nuestros métodos para regular las relaciones humanas en la familia, el Estado y la sociedad. (Op.ci., p.30).

[577] El principio del placer, durante el desarrollo del individuo y como condición de la constitución del Yo, cede ante un principio que se impone con mayor poder desde el exterior, que es el principio de la realidad. Este principio se presenta como la imposibilidad primera con la que se enfrenta el ser humano de cumplir a plenitud el principio del placer. Es decir, se trata de la imposibilidad de satisfacer de manera absoluta las necesidades, instintos, pulsiones, etc.

"...no nos asombremos que el ser humano ya se estime feliz por el mero hecho de haber escapado a la desgracia, de haber sobrevivido al sufrimiento; que, en general, la finalidad de evitar el sufrimiento relegue a segundo plano la de lograr el placer."[578]

De acuerdo a ello, sostiene que si bien la satisfacción ilimitada de todas las necesidades se nos impone como norma de conducta más tentadora, esto significa preferir el placer por la prudencia y a poco de practicarla se hacen sentir sus consecuencias[579]:

"La satisfacción de los instintos, precisamente porque implica tal felicidad, se convierte en causa de intenso sufrimiento cuando el mundo exterior nos priva de ella, negándonos la satisfacción de nuestras propias necesidades."[580]

Ante este cuadro, Freud afirma que para soportar la vida no podemos pasarnos sin lenitivos[581], es decir, que no podemos habitar la existencia prescindiendo de remedios que nos sirvan para amortiguar los embates de la cruda e insensible realidad.[582]

---

[578] S.Freud; *El malestar en la cultura*; op.cit., p.21.

[579] Op.cit., p.22.

[580] Op.cit., p.23.

[581] Op.cit., p.21, 22-23.

[582]Estos "remedios" los hay de tres especies y cuando mínimo uno resulta indispensable para la vida: "...distracciones poderosas que nos hacen parecer pequeña nuestra miseria (como la actividad científica o la creación artística, por ejemplo); satisfacciones sustitutivas que la reducen (que son, como las producidas por el arte, ilusiones frente a la realidad, aunque no por ello menos eficaces por el poder que tiene la imaginación en la vida anímica); narcóticos que nos tornan insensibles a ella (vinculado a la intoxicación química de nuestro cuerpo, los estupefacientes, por ejemplo, nos proporciona directamente sensaciones placenteras (...) de manera que nos impiden percibir estímulos desagradables)."
Añade: "Se atribuye tal carácter benéfico a la acción de los estupefacientes en la lucha por la felicidad y en la prevención de la miseria, que tanto los individuos como los pueblos les han reservado un lugar permanente en su economía libidinal. No sólo se les debe el placer inmediato, sino también una muy anhelada

Estos tres remedios operan más como satisfacciones sustitutivas, empleados con el fin de evitar el displacer. Lo que no significa de modo alguno la renuncia al propósito de la satisfacción, sino –en letra de Freud- cierta protección contra el sufrimiento. Llega a la conclusión de que los instintos domesticados (sujetados, sometidos, rendidos) se prestan a sufrir menor dolor:

> "La insatisfacción de los instintos domeñados procura menos dolor que las de los no inhibidos."[583]

Domesticar la exigencia insumisa del Deseo o la necesidad regida por el principio del placer supone minimizar la intensidad como se experimente la felicidad, lo que deja como saldo una innegable limitación de las posibilidades de placer. Explica Freud:

> "...pues el sentimiento de felicidad experimentado al satisfacer una pulsión instintiva indómita, no sujeta por las riendas del Yo, es incomparablemente más intenso que el que se siente al saciar un instinto dominado. (...) Tal es la razón económica del carácter irresistible que alcanzan los impulsos perversos, y quizá de la seducción que ejerce lo prohibido en general."[584]

Esta conclusión es muy relevante a lo largo del texto pues es, de algún modo, la concesión a la libertad individual que hace o reconoce el psicoanálisis, ante el embate del poderío cultural y sus insensibles exigencias[585]:

---

independencia frente al mundo exterior." Y concluye: "Los hombres saben que con ese "quita penas" siempre podrán escapar al peso de la realidad, refugiándose en un mundo propio que ofrezca mejores condiciones para su sensibilidad." (Op.cit., p.23)

[583] Op.cit., p.24.

[584] Ídem.

[585] Freud dice al respecto: "...no atinamos a comprender por qué las instituciones que nosotros mismos hemos creado no habrían de representar, más bien, protección y bienestar para todos (...pero) es innegable que todos los

"Al parecer no existe medio de persuasión alguno que permita inducir al hombre a que transforme su naturaleza en la de una hormiga; seguramente jamás dejará de defender su pretensión de libertad individual contra la voluntad de masa."[586]

Un detalle que no puede escapar y que es mencionado en múltiples ocasiones como condición imprescindible para la felicidad es la capacidad de trasgresión de los seres humanos ante las exigencias que insensiblemente insiste en imponer la cultura. Aunque en ocasiones resulte un goce pasajero y su intensidad realizada en la clandestinidad, la no obediencia, como la violación de ciertos preceptos culturales (que incluyen las dimensiones de la ética, la moral o la ley) resulta, en ocasiones, imprescindible para alcanzar la felicidad. La tensión entre las exigencias culturales en el ámbito de la sexualidad (reducida al encargo de la reproducción, por ejemplo) en contraste a la práctica indómita de la misma (como experimentación intensa de placer y fuente de felicidad por el goce en sí y no por el deber moral o la exigencia cultural, por ejemplo), lo evidencian. Sin embargo, Freud concentra su atención en este estudio más en cómo la regulación de las relaciones entre los seres humanos (mediante la cultura), afecta las posibilidades de la felicidad, de entre las cuales la sexualidad (aunque juega un papel fundamental y determinante en la vida anímica del ser humano) es sólo una parte más que está condicionada por la regulación cultural y su poderío. Aunque Freud reconoce el carácter de inevitabilidad (impuesto por la cultura) de tener que someter (domeñar) una buena parte de los instintos regidos por el principio del placer, precisamente por el hecho de pertenecer a una comunidad humana (familia, sociedad, Estado), asume una posición a favor de la sublimación de los instintos, como técnica para evitar el sufrimiento. La sublimación de los instintos, en cuanto técnica, consiste esencialmente en reorientar los fines instintivos de tal manera que logren eludir la frustración del mundo exterior. El resultado será óptimo –sostiene- si se sabe acrecentar el placer, por

---

recursos con los cuales intentamos defendernos contra los sufrimientos amenazantes proceden precisamente de esa cultura." (Op.cit., p.31).

[586] Op.cit., p.42.

ejemplo, mediante el trabajo intelectual o artístico, la apreciación por la belleza[587], entre otros. Sin embargo, enseguida advierte que la aplicabilidad de éste método no es generalizable, pues sólo unos pocos logran aplacar el sufrimiento por este camino.[588] Sobre los límites del Arte –por ejemplo- aunque resulta un lenitivo muy efectivo, nos dice:

"Mas la ligera narcosis en que nos sumerge el arte sólo proporciona un refugio fugaz ante los azares de la existencia y carece de poderío suficiente como para hacernos olvidar la miseria real."[589]

Como todo lenitivo -advierte Freud- ninguno resulta completamente eficaz y en la mayor de las ocasiones apenas sirve de distracción o consuelo. Así, menciona otras técnicas (como las que en su extremo pueden llegar a manifestarse bajo la forma de una neurosis individual o bien de delirios colectivos), como la vida del ermitaño, la labor científica, la creación artística, la apreciación de la belleza, etc. Una de estas técnicas lenitivas empleada universalmente para conquistar *la* felicidad y alejar el sufrimiento es el amor. Según Freud, esa orientación hace del amor el centro de todas las cosas, y el sujeto deriva satisfacción de amar al tiempo en que de ser amado.[590] El riesgo más evidente, advierte Freud, es que:

"Jamás nos hayamos tan a merced del sufrimiento como cuando amamos; jamás somos tan desamparada-

---

[587] Ídem. En un ensayo de 1915, Freud refuta la dolencia del poeta pesimista por la condición perecedera de la belleza, a quien parecíale carente de valor por no ser eterna. La respuesta es similar a la del amor, que precisamente porque se reconoce sus limitaciones y la imposibilidad de gozarlo eternamente, se torna tanto más valioso, y la belleza, pues, tanto más preciosa. (Ver S.Freud; "Lo perecedero"; en *Obras Completas* (Tomo II); op.cit., p. 2118)

[588] S.Freud; *El malestar en la cultura*; op.cit., p.25.

[589] Ídem.

[590] Freud sostiene que es el amor sexual el que nos proporciona la experiencia placentera más poderosa y subyugante, estableciendo así el prototipo de nuestras aspiraciones de felicidad. (S.Freud; *El malestar en la cultura* op.cit., p.27)

mente infelices como cuando hemos perdido el objeto amado o su amor."[591]

El registro de técnicas que se utilizan cotidianamente en la saga vital por conquistar la felicidad y, simultáneamente por evitar los sufrimientos, es inagotable. Muy posiblemente haya tantos como tanta gente habite el mundo de la vida en sociedad. Para Freud, incluso quienes encuentran placer en el aislamiento, el mayor goce en la soledad absoluta, experimentan la misma búsqueda de felicidad que los más envueltos con las gentes y sus realidades e ilusiones de día a día. En el fondo, no es otra cosa lo que persiguen todos –afirma-: los más frenéticos revolucionarios con el mismo celo que los creyentes más piadosos:[592] la felicidad.

La "búsqueda de la felicidad" es para el psicoanálisis el motor de toda acción humana, coincidente en la superficie de la expresión con las filosofías occidentales clásicas. Freud afirma, al concluir su estudio sobre la felicidad y la cultura, que tiene la certeza de que los juicios estimados de los hombres son infaliblemente orientados por sus deseos de alcanzar la felicidad. Sin embargo, como ya había advertido a lo largo del estudio, el designio de ser felices que nos impone el principio del placer es irrealizable.[593] Es precisamente esta

---

[591] Op.cit., p.27.

[592] Op.cit., p.92.

[593] Op.cit., p.28. Estas afirmaciones, concurrentes entre los escritos de Freud, pueden prestarse para mal interpretar que ciertas determinaciones inconscientes, según significan una imposibilidad radical del ser para poder dominar plenamente la vida psíquica, responden más a una postura pesimista de Freud que a un descubrimiento científico. En el plano personal, esta sería tal vez una posible respuesta que, consecuente con su perspectiva de la felicidad, daría Freud: "I cannot be an optimist, and I believe I differ from the pessimists only in that wicked, stupid, senseless things don't upset me, because I have accepted them from the beginning as part as what the world is made of." (S.Freud; "Carta a Lou Andreas-Salomé, (30.VII.15)", en E.Freud, L.Freud y I.Grubrich-Simitis (Eds.); *Sigmund Freud: His Life in Pictures and Words*; op.cit., p. 200.) También suele vincularse esta interpretación (quizá de modo similar al mal hábito de Freud de generalizar sobre la vida de alguien a partir algo que alguna vez dijo o escribió) a partir de algunas expresiones que Freud hiciera en el contexto de la Primera Guerra Mundial. Este fragmento de una carta a Andreas-Salomé puede servir de ejemplo: "I don´t doubt that mankind will survive even this war, but I Know for

335

condición de incompletud, esta falta irremediable, la tensión permanente entre la imposibilidad de realización plena y definitiva de la felicidad y la búsqueda incesante para el goce intenso de sus episodios, la que posibilita trazar horizontes de acción al ser humano. La sensación de ausencia de felicidad da lugar a desearla, a anhelarla, a moverse a buscarla por cualquier medio. Si bien el saldo de la satisfacción es una sensación fugaz, pasajera, no por ello es menos poderosa y tanto así como para ser fuente de inspiración procurada y perseguida incesantemente hasta la muerte. No obstante, este *reconocimiento* no supone un destino de sometimiento absoluto, sin reservas ni opciones ante el poder de la *naturaleza* humana o al de la coerción cultural.[594] No porque el principio del placer resulte irrealizable -sostiene Freud- se debe (o se puede) abandonar los esfuerzos por acercarse de cualquier modo.[595] De acuerdo a ello, dice:

> "Al efecto podemos adoptar muy distintos caminos, anteponiendo ya el aspecto positivo de dicho fin (la obtención del placer), ya su aspecto negativo (la evitación del dolor). Pero ninguno de estos recursos nos permitirá alcanzar cuanto anhelamos. La felicidad

certain that for me and my contemporaries the world will never again be a happy place..." (S.Freud; "Carta a Lou Andreas-Salomé, (25.XI.14)", op.cit., p. 207)

[594] Freud establece una analogía entre el desarrollo del individuo y el proceso evolutivo de la cultura, tema que ya toqué en alguna parte anterior de este trabajo. Cabe, sin embargo, citar una de las conclusiones a las que llega Freud en este "estudio de la felicidad": "Quizá tengamos derecho a aceptar que (la cultura) ha experimentado un sensible menoscabo en tanto que fuente de felicidad, es decir, como recurso para realizar nuestra finalidad vital." (S.Freud; *El malestar en la* cultura; op.cit., p.50-51). Asimismo, añade: "si la cultura impone tan pesados sacrificios (...) comprenderemos mejor por qué al hombre le resulta tan difícil alcanzar en ella su felicidad." (Op.cit., p.59). Este problema, representado como una paradoja inevitable y vital entre el sujeto y la cultura, es expuesto en las conclusiones finales del ensayo del modo siguiente: "La evolución del individuo sustenta como fin principal el programa del principio del placer, es decir, la prosecución de la felicidad, mientras que la inclusión en una comunidad humana o la adaptación a la misma aparece como un requisito casi ineludible que ha de ser cumplido para alcanzar el objetivo de la felicidad." (Op.cit., p.85-86)

[595] S.Freud; *El malestar en la* cultura op.cit., p. 28.

(...) cuya realización parece posible, es meramente un problema de la economía libidinal del individuo. (...) Ninguna regla al respecto vale para todos; cada uno debe buscar por sí mismo la manera en que pueda ser feliz. Su elección del camino a seguir será influida por los más diversos factores. Todo depende de la suma de satisfacción real que pueda esperar del mundo exterior y de la medida en que se incline a independizarse de éste; por fin, también, de la fuerza que se atribuya s sí mismo para modificarlo según sus deseos."[596]

Sobre esta fuerza que el sujeto puede *invertir* en modificar el mundo exterior (quizá frase de entrada a las esperanzas de algunos de *ver* en ellas un empuje psicoanalítico a la utopías revolucionarias) Freud dice en otra parte que, tras el proceso de terapia clínica:

"...averigua el Yo que para el logro de la satisfacción existe aún otro camino distinto de esta *adaptación* al mundo exterior. Puede también actuar directamente sobre el mundo exterior *modificándolo*, y establecer en el intencionadamente aquellas condiciones que han de hacer posible la satisfacción. (...) En esta actividad hemos de ver la más elevada función del Yo. La decisión de cuando es más adecuado dominar las pasiones y doblegarse ante la realidad, y cuándo se sabe atacar directamente al mundo exterior, constituye la clave de la sabiduría."[597]

Una analogía, para lo que pueda valer como advertencia ante los modos de sublimar los instintos o modificar el mundo exterior – según Freud- está en la prudencia del comerciante, que evita invertir todo su capital en una sola operación.[598] Así también –añade- la

---

[596] Más adelante en el ensayo reitera que la felicidad es algo profundamente subjetivo. (Op.cit., pp.28;34)

[597] S.Freud; "La cuestión del análisis profano" (1926); en *Esquemas del psicoanálisis y otros escritos de doctrina psicoanalítica*; op.cit., p.275.

[598] A propósito de esta alegoría "económica", cerca de treinta años antes de la publicación del *El malestar en la cultura*, Freud le escribe a un amigo: "La felicidad

sabiduría quizá nos aconseje no hacer depender toda satisfacción de una única tendencia, pues su éxito jamás es seguro.[599] Hasta aquí las *recetas* para *ser felices* del psicoanálisis...

Más acá de Dios: reinvención de la ilusión emancipadora

En *El porvenir de una ilusión* Freud *acusa* a la Religión de ser una de las cargas más pesadas e insoportables impuestas por la Cultura y que, eliminada o superada la ilusión de Dios, puede asumirse que el *hombre* tendrá que reconocer su impotencia y su infinita pequeñez, y no podría considerarse ya como el centro de la creación.[600] Habría que *educar* para la *realidad* pues –afirma Freud- el hombre no puede permanecer eternamente niño; tiene que salir algún día a la vida, a la dura "vida enemiga". La ilusión de Freud es que la conciencia de que sólo habremos de contar con nuestras propias fuerzas nos enseñaría, por lo menos, a emplearlas con acierto, lo que incidiría, probablemente, en la posibilidad de ampliar *nuestro* poderío:

> "Y por lo que respecta a lo inevitable, al Destino inexorable, contra el cual nada puede ayudarle, aprenderá a aceptarlo y soportarlo sin rebeldía. (...) Retirando sus esperanzas del más allá y concentrando en su vida terrena todas las energías así liberadas,

---

es el cumplimiento diferido de un deseo prehistórico. He aquí por qué la riqueza nos hace tan poco felices: el dinero nunca fue un deseo de la infancia." S.Freud; "Carta a Fliess (Viena 16.1.98)" en *Obras Completas* (Tomo III); op.cit., p.3597)

[599] S.Freud; *El malestar en la cultura*; op.cit., p.29. Consoladoramente, tal vez, aunque en abierta contradicción a los postulados de los ensayos críticos posteriores (*El porvenir de una ilusión* y *El malestar en la cultura*) Freud escribe a Oskar Pfister, un profesor ministro que ha aplicado las teorías psicoanalíticas a la educación protestante: "In itself psycho-analysis is neither religious nor non-religious, but an impartial tool which both priest and laymen can use in the service of the suffer. I am very much struck by the fact that it never occurred to me how extraordinarily helpful the psycho-analytic method might be in pastoral work..." (S.Freud; Carta a Oskar Pfister (2.IX.09); en E.Freud, L.Freud y I.Grubrich-Simitis (Eds.); *Sigmund Freud: His Life in Pictures and Words*; op.cit., p.176)

[600] S.Freud; "El porvenir de una ilusión"; en *Psicología de las masas*; op.cit., p.195.

probablemente, la vida se haga más llevadera y la civilización no abrume ya a ninguno..."[601]

Aunque no comparto las ilusiones racionalistas de Freud, contradichas si se aplica a sí mismo sus reservas críticas a las vanas ilusiones de la "revolución socialista" o al proyecto político del humanismo moderno en general, y también me distancio de su devoción por los principios normalizadores (y de cierta manera conformistas[602]) que las mueven y que las sostienen, sí comparto simpatías con el espíritu *liberador* que, de cierto modo, también las atraviesa, o que, cuando menos, da paso a una posición reflexiva y crítica sobre la existencia misma del Ser, su relación con las fuerzas que lo constituyen como Sujeto y que sobredeterminan las condiciones de toda vida humana dentro de lo Social. Pienso que la muerte de Dios (bajo la modalidad de una maduración intelectual, de una superación, como sucede en el discurso de Freud) es, en el contexto del imaginario político y cultural moderno, el signo permanente, más que de una gran sustitución, quizá, de infinidad de fusiones, de entre las que ya Nietzsche destacaba la Moral. La Razón y la Ciencia, simultáneamente, no ocuparían el lugar de la Religión, porque ellas mismas eran modos de religión. Dios, materializado en el espíritu imperial de la Ley, seguiría ocupando su trono. Pero ciertamente, a partir del reconocimiento de la finitud del Ser, de la irremediable mortalidad de cada cual, de la imposibilidad de trascendencia espiritual más allá de la muerte, se resuelve, no un pesimismo existencialista y quizá tampoco el revés de una traición a la promesa revolucionaria. Nacería de esta *mirada* "realista", quizá, la posibilidad de un modo alterno de pensarse a sí mismo, de representarse a partir del reconocimiento de las condiciones *inalterables* de la existencia humana y a la vez de las poderosas fuerzas que la regulan, las que procuran ajustarla a la medida de muy precisas exigencias, subyugarla ideológicamente, disciplinarla políticamente, subsumirla en los registros reinantes de

---

[601] Ídem.

[602] En una carta a su amigo Fliess, aparece, de cierto modo, *traducida* (o reducida) una parte de la teoría sobre la felicidad en estas palabras: hay que tomar las cosas como vienen y estar contento de que vengan. (S.Freud; "Carta a Fliess (Viena 16.1.98)"; op.cit., p.3597)

la normalidad, del poderío cultural dominante, de la Moral o la Ley en general; pero también vale reconocer en esa representación alternativa que la vida es, a pesar de las fuerzas que la determinan, algo más compleja de cómo se suele pensar, y que no puede ser reducida dentro del esquema de una gran teoría ni mucho menos contenida bajo ningún registro absoluto de la representación. Ahí quizá el choque incesante con las aspiraciones omnicomprensivas de las filosofías racionalistas; ahí quizá la condición permanente del psicoanálisis como devenir de una (des)ilusión. Mas no por ello se detiene el movimiento de la historia, pues ella es siempre el rastro que deja a su paso la vida, aunque sus huellas se multipliquen al infinito y enseguida se borren como se borran las huellas en la arena o se dispersa la niebla al soplo de una ventisca. El mundo sigue dando vueltas sobre su propio eje –imaginario-; de él no podemos caer, aunque sí caernos en él...

El Yo sigue siendo la residencia fija de la angustia y el Sujeto el signo de la eficacia de todas las tecnologías normalizadoras que ejercen sobre él desde su nacimiento, de todas las violencias represivas que lo hacen creer ser más de lo que en verdad es y a la vez menos de lo que en realidad pudiera ser... Pero la vida es siempre condición en devenir, relación del Ser con las fuerzas que lo empujan a encuadrarse, a domesticarse, y además, con las que lo fuerzan a situarse permanentemente dentro de una condición conflictiva, incierta e indeterminada, y muy posiblemente indeterminable en definitiva; ya por la potencia indómita de lo Inconsciente, de las demandas instintivas, del Deseo, o ya por resistencias concientes, por la voluntad política de ser, pensar y actuar de alguna otra manera; en fin, por la ilusión emancipadora que todavía, en la condición (pos)moderna, aún entre tropiezos y regada por toda la vida social, entre los códigos del lenguaje y la subjetividad, de la cultura, sus rituales y sus moralidades; de la Ley y contra sus despotismos imperiales; entre la psique rebelde y la conciencia, entre la fe y la incertidumbre, el escepticismo y la credulidad, la ingenuidad, el desencanto y la esperanza; echa a correr las suertes singulares y colectivas a procurar de la existencia algún otro modo de vivirla; quizá desde la ilusión de un más acá de lo posible; una apuesta a que, a pesar de todos los pesares, casi todo podría ser de alguna otra manera...

Parte VII

El imaginario político del psicoanálisis

"Toda la vida del Estado y de la sociedad
se basa en el presupuesto tácito de que el ser humano no piensa."
Karl Kraus

"Mi idea de nuestra civilización es que es algo pobre y gastado,
lleno de crueldades, vanidades, arrogancias, mezquindades e hipocresías.
En cuanto a la palabra, odio hasta su sonido, pues transmite una mentira
Y por lo que hace al contenido, ojalá estuviera en el infierno,
a donde pertenece."
Mark Twain

Parte VII

El imaginario político del psicoanálisis

"...no hemos de asombrarnos si el psicoanálisis,
que originalmente sólo pretendía explicar
los fenómenos psíquicos patológicos,
llegó a convertirse en una psicología de la vida psíquica normal."[603]
S.Freud

La referencia al poder normalizador moderno no es un eufemismo de la represión general a la que la vida, singular y social, está irremediablemente sometida a lo largo de toda su existencia. La supone y la reconoce como su condición inmanente, pero el efecto general que persigue, hacer de los sujetos útiles y sumisos a sus exigencias, excede el significado habitual de la represión. Las condiciones de sometimiento que hacen del Ser un Sujeto, sujetado desde lo más profundo de sus adentros a las exigencias de la vida social en general son tanto más efectivas cuanto más aparecen fusionadas bajo la apariencia de un deseo en movimiento, ya bajo el modo de las representaciones tradicionales arraigadas en las nociones de voluntad, de conciencia o de razón o ya en las que añade el discurso del psicoanálisis, a las profundidades sin fondo del alma humana. El consentimiento general a la dominación, la sumisión en apariencia voluntaria a los mandamientos imperiales de la Ley y el sometimiento a las exigencias de la Moral, por ejemplo, son efectos de una represión general que se opera en cada ser desde el instante de su nacimiento. Los modos precisos de aparición del Sujeto, de un Yo y sus respectivos desenvolvimientos, están atravesados por infinidad de tecnologías de subyugación ideológica y regulados, entre ellas, por infinidad de dispositivos disciplinarios (como la familia, la educación, la religión, etc.) que condicionan y moldean su existencia. Estas relaciones de dominación, en cuanto aparecen como consentidas e incluso como *necesidad vital* del propio Sujeto no se mantienen únicamente mediante imposiciones represivas, aunque las condiciones del poder en que se inscriben nunca cesen de serlo. Son integradas dentro de una relación de poder que las absorbe plenamente dentro de la lógica interior de sus

---

[603] S.Freud; "Psicoanálisis: Escuela Freudiana" (1926); op.cit., p.2906.

343

propios movimientos, procura regularlos y sus fuerzas, todas, apuntan al primer fin, como el del poderío estatal, que es el de preservarse a sí mismo en el devenir de su propia existencia. No hay exterioridad en los dominios del poderío normalizador moderno, pues desde el psicoanálisis hasta las locuras han pasado a formar parte integral de éste. La misma suerte acontece con relación a los registros de las "desviaciones" sociales, clasificadas como perversiones morales o conductas criminales. Incluso las grandes rupturas históricas, ya en el ámbito de lo político o en la dimensión teórica, se imaginan con arreglo a este poder normalizador. El saber sobre la vida psíquica normal y anormal, los regímenes de verdad que se instauran en torno a ella, son efectos de esta represión general y a la vez condición de su reproducción incesante; esenciales al poderío normalizador. El poder normalizador de la Modernidad se refuerza con la aparición del psicoanálisis...

Es en este contexto que considero que el conjunto de los escritos de Freud, científicos o no, pertenece al registro de la filosofía política. Dentro de este género de la *literatura* occidental la obra de Freud aparece como una práctica cultural de pretensiones muy precisas. Más que animada a dar simple cuenta de la propia voluntad de saber a la que inscribe la producción de sus conocimientos, tiene la intención expresa de incidir radicalmente sobre su objeto de conocimiento. El objeto del psicoanálisis es el sujeto humano y en él incide todo cuanto sobre él dice *saber*. En esa voluntad de saber va, pues, el poder de quien *sabe*, y es en los efectos concretos de la sabiduría psicoanalítica donde se materializa esta relación como un modo particular del ejercicio de una dominación cultural, ideológica, política. Freud quiere que resuene por todos los rincones eso que tiene que decir, quiere ser leído, desea ser comprendido, aceptado y, sobre todo, creído. Esa es la condición esencial que procura toda pretendida autoridad, para enseguida servirse de su poderío; es esa la voluntad de todo escrito bajo el modo de una filosofía del alma humana, del espíritu o su versión modal moderna, la psique, pues, como es harto sabido, todo texto es siempre pretexto y la filosofía, aunque representada bajo la forma de una ciencia, es siempre texto, pretexto y contexto a la vez del accionar de una voluntad política, es decir, de poder...

Freud, entre pinceladas de humildad retórica y, ¿por qué dudarlo?, genuinas reservas a manera de *reconocimiento* de sus límites en ciertos campos del saber, asumió una postura prometeica y no vaciló al momento de activar arrogancias ante la mirada de los modernos dioses de su época. Quería ser uno de ellos y nunca ocultó tales intenciones. A todas cuentas, según él mismo admite entre las líneas de sus escritos, es de eso que trata toda ciencia, de una voluntad de poder: penetrar las ilusiones y revelar sus limitaciones para el dominio efectivo de la vida, quitar el velo de sus fantasías imaginarias y descubrir la realidad ocultada y deformada de infinidad de modos tras de ellas. En fin, decir la verdad de las cosas y actuar en consecuencia a ella, ese es el objetivo matriz de toda *ciencia* de lo humano y, por reclamo de derecho o imposición de su propia voluntad, la del psicoanálisis.

La sospecha reflexiva que mueve este trabajo, como ya señale en otra parte, supone mantener una relación de cautela y escepticismo con relación a las posiciones del autor, antes que tratar de justificarlas como meros ecos de resonancia epocal. A mi parecer, por lo general, las pretendidas justificaciones póstumas que recorren la obra de Freud no suelen ser menos que tapujos ideológicos o complicidades políticas con otra cosa que poco o nada tiene que ver con lo que pretendía el autor en el acto político de su escritura. Así, por ejemplo, –según ya traté en la primera parte- dar por sentado que las lagunas históricas, las inconsistencias teóricas o las contradicciones o ambigüedades epistemológicas se deben, sin más, a que el autor era hijo de su época, es simplemente negar la voluntad política del autor, para quien, sin duda, esas mismas lagunas, como los tiempos de silencios en la estructura de toda música, resultaban, más que convenientes, imprescindibles para el encargo efectivo de su tarea.[604] Freud conocía muy bien el valor estratégico de las ausencias en todo relato Mítico, en la Historia o la Literatura, y bien sabía utilizarlas como parte esencial de las técnicas clásicas de la retórica; de la seducción por la palabra; del arte de la persuasión política...

En la perspectiva de su mirada no está ausente la voluntad de poder, pues la escritura responde al arreglo particular que su

---

[604] No me refiero a los errores comunes u olvidos esporádicos que pueden identificarse en algún escrito, a la manera de "actos fallidos" –por ejemplo-, pues para cada uno habría siempre una justificación psicoanalítica. Me refiero a la economía política del texto, a la administración efectiva de sus voces y silencios; a la organización estratégica de la verdad, como *enseña* el arte de la retórica política.

escritor le impone, y este arreglo se hace con una intención sin misterios; sus palabras se pretenden precisas, su discurso transparente, y aunque cargado de metáforas, éstas no se agotan en la poética de la retórica como simple cuestión de estilo sino como arreglo estructural en el orden de una estrategia política bien definida, conducida a fuerza de su voluntad y dirigida a alcanzar, sin reservas, su objetivo estratégico. Freud fue un filósofo estadista, un estratega político, un ideólogo y no un simple escritor, analista o comentarista, simple relator de las condiciones de existencia de la humanidad, *la* civilización, *su* cultura. Para tales efectos construyó un aparato teórico que no gozó precisamente de todas las simpatías de su época o por lo menos no en particular de quienes más interesaba. Eso le ocupó buena parte entre sus lamentos, mas no cedió a resignarse. Freud elaboró un modo muy particular de nombrar la existencia humana en el mundo y quería abiertamente que este modo fuera validado y reconocido a plenitud, por eso no se dedicó a la poesía de aposento, solitaria y oscura, ni se reservó sus pensamientos para desahogo con la soledad y sí mismo, ni se inclinó a resignarse bajo el amparo de la literatura, o a compartir sus ideas entre tragos y cigarros con algunos amigos. Quería que el mundo se enterase de sus *descubrimientos*, que simpatizaran con ellos, los aceptaran, creyeran en ellos y los avalaran. Freud quería, como todo filósofo, no sólo que el mundo se viera a sí mismo como él lo veía sino que se mirase a sí mismo a través de su propia mirada. Sabía muy bien que ya otros lo habían conseguido, como antiguamente los padres de la mitología y sus descendientes, los de las filosofías del Ser, a los que se integrarían posteriormente los precursores del cristianismo y las demás religiones occidentales modernas (que incluyen buena parte de la política) hasta *nuestros* días. Así, Freud dedicó gran parte de su empeño intelectual en desacreditar sus miradas, descartándolas, cuando poco, como ingenuas o vanas ilusiones; en fin a "vencer las resistencias". Sin embargo, compartía la voluntad política de los grandes pensadores reconocidos de la Ilustración, estrategas políticos e ideólogos de la modernidad. Como a ellos, no le era indiferente lo que pensara *la humanidad* de sí misma y no reconocía espacio a la pluralidad de perspectivas; no coqueteaba con las hipocresías democráticas o las *sensibilidades* posmodernas que reconocen y acreditan tales diferencias; le guiaba el mismo espíritu despótico de la Ilustración humanista, totalitario como el de todos los filósofos modernos, clásicos o ilustrados, que le inspiraron seguridad, le sirvieron de resorte legitimador a sus relatos y de refugio ideológico a sus teorías, o bien, al contrario, le ocasionaron repulsión y dieron lugar a sus propias resistencias...

Pudiera pensarse que ni a los simpatizantes de la teoría psicoanalítica en general, ni siquiera a los psicoanalistas de hoy, les interesa gran cosa lo que pensaba Freud sobre los orígenes de la civilización humana y su cultura. A fin de cuentas, la práctica psicoanalítica no *necesita* justificarse históricamente para realizar su tarea terapéutica, como tampoco las demás psicologías particulares o disciplinas de la mente humana en general han interesado hacerlo. Al parecer, les ha bastado trazar una línea divisoria entre el Freud filósofo y el teórico padre del psicoanálisis. Una línea que, trazada arbitrariamente y bajo la apariencia de una simple distinción práctica, deja al psicoanálisis sin telón de fondo, con su historia pero sin historicidad. Se relata la historia del psicoanálisis a partir de la ruptura de Freud con su antigua profesión, la neurología. Y así, como él mismo hace, se construye toda una narración a manera de historia, de una historia que representa el engendro, nacimiento, cría y desarrollo del psicoanálisis (genealogía y evolución, según sus propios términos); representación de un acontecimiento en devenir; relato ordenado como acumulación de sucesos experimentales, como movimiento autónomo en desarrollo ascendente, siempre en relación auto-referencial e independiente. Y Freud pudo englobar y promover su trabajo teórico de esta manera, pero lo cierto es que, además, no pudo prescindir de rendir cuentas de su pertinencia contextual como tampoco dejar en un vacío referencial al objeto central del psicoanálisis: así como el sujeto de la metafísica tampoco el sujeto sin historia del estructuralismo se adecuaba cómodamente a la teoría psicoanalítica, por lo menos a esa parte de la teoría que se funde con las razones justificadoras de su nacimiento, sus mutaciones y su actual existencia, es decir, con la Historia.

Dos modos, pues, de representar la pertinencia del psicoanálisis aparecen simultáneamente: el terapéutico y el teórico. Ambas prácticas suelen aparecer distanciadas e incluso ajenas una de otra. La primera se limita a la aplicación de la técnica psicoanalítica, a la puesta en práctica de la teoría sobre su particular objeto, como lo hace la medicina o la ley; la segunda no se limita a construir la técnica, sino también a justificarla, a dar cuenta de ella y a legitimarla. Ese es el requerimiento, justificarse históricamente, que se han exigido a sí mismas las ciencias sociales en general, las disciplinas del alma en particular, desde el contexto de sus emergencias. Pero al parecer han sabido que no *debían* indagar muy profundamente, es decir, con honestidad, en las zonas más precisas de sus *orígenes*, pues saben, quizá, que sus motivos están cimentados firmemente en *vanas ilusiones*, sin las cuales, tal vez, no encontrarían fundamentos *sólidos* para existir. Les basta justificar sus existencias en el presente a partir de los términos del presente: existen y a partir de su existencia justifican su perpetuidad. La mitificación ideológica ha sido un recurso retórico y político de elevado valor legitimador para las ciencias y los saberes que pretenden ser reconocidos como tales. Así, no debe extrañar que el psicoanálisis, por obra de Freud principal-mente, dé cuenta de sí mismo como parte esencial del gran proyecto civilizatorio de la humanidad, como herramienta de ajuste a la omnipresente máquina reguladora del poderío cultural moderno, sin pretensiones de mayor trascendencia u otra finalidad...

En el inicio de *El porvenir de una ilusión* (1927)[605], más que dejar entrever pistas para el análisis y comprensión de la lectura, establece toda una cartografía en la que sitúa su intención intelectual y, por consiguiente, política. Las coordenadas generales a partir de las que su escrito debería ser leído, analizado y, sin más, comprendido, son trazadas desde una posición determinada, no por condiciones que le son externas o ajenas al autor, como insisten tercamente muchos de *sus* biógrafos, sino todo lo contrario.[606] Desde los párrafos introductorios Freud da cuenta de la intención

---

[605] S.Freud; "El porvenir de una ilusión" (1927); *Psicología de las masas*; Alianza Editorial, Madrid, 2000.

[606] Para Freud, por lo general, en el quehacer cotidiano de las relaciones humanas se suelen aplicar *cánones falsos* en las apreciaciones sobre las cosas. (S.Freud; *El malestar en la cultura* (1930); op.cit.) Nótese que Freud, como es común entre los teóricos y filósofos herederos de la Ilustración, mantiene presente y ocupando un lugar esencial en el orden de su discurso las nociones míticas de la modernidad. Aunque –por ejemplo- se puede afirmar que la mirada psicoanalítica opera cierta ruptura epistemológica con los modos tradicionales de producir conocimiento, en el orden del *nuevo* discurso *científicos* todavía se emplea indiscriminada y acríticamente, el tradicional sistema de grandes oposiciones binarias (verdadero / falso; ilusión / realidad; etc.)

que mueve su escrito: adquirir una visión total de la actividad humana en sus múltiples modalidades, con el fin de pasar juicio sobre el porvenir:

> "...cuanto menos sabemos del pasado y del presente, tanto más inseguro habrá de ser nuestro juicio sobre el porvenir."[607]

De dónde venimos, dónde estamos y a dónde vamos, preguntas filosóficas clásicas éstas que dan de entrada un cierto aire de duda inofensiva, de simple reflexión intelectual. Según Freud, no tarda demasiado quien, tras indagar sobre los orígenes y la trayectoria evolutiva de la civilización y la cultura, se pregunte por el porvenir de estas, por su destino futuro. Pero enseguida advierte los límites inmediatos de tal pretensión. En primer lugar, porque "son muy pocos capaces de ella"; en segundo lugar, porque en la formación de este juicio intervienen, en un grado muy difícil de precisar, las esperanzas subjetivas individuales y, por último, el hecho de que "los *hombres* viven, en general, el presente con una cierta *ingenuidad*, es decir, sin poder llegar a valorar *exactamente* sus contenidos."[608] El Freud filósofo se acomoda en el sitial privilegiado de los dioses del Saber y mira desde las alturas de su imaginación teórica, o más bien desde la inmediatez de su voluntad política, el devenir miserable de la humanidad. Tiene razón porque dice la verdad, y la verdad es el efecto de un saber, el de la ciencia psicoanalítica, que él mismo ha procurado montar a la luz de sus deseos... de sus juicios... de sus prejuicios...

Sesgos elitistas y clasistas del discurso político de Freud

La "pasada de balance" de *su* propia condición de época, articulada bajo el género de una "crítica reflexiva", no está exenta de matices clasistas, no por prejuicio intelectual sino por abierta postura ideológico-política. La aplicación "social" del saber psicoanalítico está consistentemente atravesada por sesgos elitistas, clasistas; *aristocráticos*. Éstos recorren todos los escritos de Freud,

---

[607] S.Freud; "El porvenir de una Ilusión", *Psicología de las masas*, op.cit., p.145.

[608] Op.cit., p.146.

para quien no interesa, según el texto citado, por ejemplo, que las "masas" sean algún día menos *ingenuas* o que gocen de la capacidad necesaria para valorar con *exactitud* "los contenidos de la vida". A Freud le interesa el porvenir de la cultura en cuanto *beneficia a todos* como poder conquistador de la Naturaleza, pero sobre todo como poder regulador de las relaciones humanas y sus *diferencias*; interesa que su poder funcione efectivamente y hacia este objetivo enfoca su atención. Y es que hay "diferencias humanas" que son más *peligrosas* que otras, no tanto en cuanto que humanas sino precisamente porque pueden prescindir de tal estigma para actuar. O bien todo lo contrario, en esa categoría de *humanidad* (que regula el imaginario social y político moderno), bien pueden fundirse todas las diferencias y en su pretendida unidad *denotativa* actuar totalizadoramente, es decir, de manera aplastante, sobre las diferencias individuales. La *masa* aparece en el discurso psicoanalítico en clave "social" como un signo de oposición ante la autonomía existencial del sujeto singular y representa, desde la mirada política de Freud, un asecho fustigante a la misma:

> "...en la reunión de los individuos integrados en una masa desaparecen todas las inhibiciones individuales, mientras que todos los instintos crueles, brutales y destructores, residuos de épocas primitivas, latentes en el individuo, despiertan y buscan su libre satisfacción..."[609]

Saber éste que han tenido siempre muy presente quienes más han temido por tener *algo* que perder; traducido, sobre todo, en un gran temor compartido entre las minorías privilegiadas, quienes siempre han participado de un cierto pánico a los deseos e ilusiones de *justicia* y *libertad* de las *masas*, como bien sabían los ideólogos políticos de la antigüedad, por lo menos desde Platón hasta nuestros días. Para Freud, al parecer, lo mismo vale una revolución social como cualquier otro acto de imposición por voluntad de la fuerza de una mayoría, en cuanto que su valor moral, su legitimidad, lo es precisamente por el poder superior de su fuerza, de su violencia; tal y como sucede en el orden de la justicia de la Ley, cuyo fundamento de autoridad no es otro que el de su poder para

---

[609] S.Freud; *.Psicología de las masas* (1921); op.cit., pp. 16-17.

imponerse con arreglo a su propia voluntad y por su fuerza propia; como sucede en todo contexto de guerra; con respecto del cual Freud, (¿paradójicamente?) lamenta sus consecuencias devastadoras pero guarda ciertas reservas sobre su pertinencia; no niega su valor particular en determinados contextos:

> "No es lícito juzgar con el mismo criterio todas las guerras de conquista. (...) Aunque parezca paradójico, es preciso reconocer que la guerra bien podría ser un recurso apropiado para establecer la anhelada paz 'eterna', ya que es capaz de generar grandes entidades regidas por un fuerte poder central que haría imposibles nuevas guerras."[610]

Pero no me detendré ahora a dar cuenta sobre esta *conclusión*, que sin duda abre paso a la sospecha, pues me interesa en esta parte mirar cómo se representa como valor cultural preciso el poder de calcular y manejar la movilidad de las masas sociales, de los colectivos humanos, a partir de la representación del discurso de la psicología de las masas intrincado en la *interpretación* psicoanalítica. Las masas aparecen, desde esta perspectiva, representada bajo el modo de una psicología colectiva, pero idéntica a la *descubierta* por la psicología de las *profundidades del alma humana* (el psicoanálisis.)[611] Lo que Freud *aprende* por la *experiencia* clínica de sus *pacientes* (y sus discípulos) lo aplicará sin mayores reservas al cuerpo de lo social, a

---

[610] S.Freud; "Carta a A.Einstein (1932)"; en A.Einstein y S.Freud; *¿Por qué la guerra?*; Ed. Minúscula, Barcelona, 2001; p.79. Otro texto pertinente para estas reflexiones, es S.Freud; "Consideraciones de actualidad sobre la guerra y la muerte" (1915); en *Obras Completas* (Tomo II); op.cit., pp.2101-2117. Tema éste en el que me detendré en una parte posterior de este trabajo.

[611] Siguiendo los *descubrimientos* de Le Bon sobre la psicología de las masas, Freud cita las *coincidencias* del "alma de la multitud" con la vida anímica de los primitivos y los niños: "La multitud es impulsiva, versátil e irritable y se deja guiar casi exclusivamente por lo inconsciente (...) Nada en ella es premeditado (...) Para influir sobre ella es inútil argumentar lógicamente. En cambio, será preciso presentar imágenes de vivos colores y repetir una y otra vez las mismas cosas." Más adelante añade: "En las masas, las ideas más opuestas pueden coexistir sin estorbarse unas a otras y sin que surja de su contradicción lógica conflicto alguno"; fenómeno éste que el psicoanálisis ha demostrado en la vida anímica del niño y del neurótico. (S.Freud; *Psicología de las masas*; op.cit., p.16)

las masas, inofensivas como los fantasmas, por gracia del lenguaje que las nombra dentro del cuadro de seguridad que provee la teoría, pero temidas hasta el pánico por quienes saben que sus privilegios se mantienen sobre sus reales miserias... De ahí la importancia esencial reconocida al poder de la palabra y, sobre todo, al de su administración efectiva dentro de la represión general, como modo de una economía política de la sugestión:

> "La multitud es extraordinariamente influenciable y crédula. Carece de sentido crítico y lo inverosímil no existe para ella (...) Pero, bajo la influencia de la sugestión, las masas son también capaces del desinterés y del sacrificio por un ideal (...) Mientras que el nivel intelectual de la multitud aparece siempre muy inferior al del individuo, su conducta moral puede tanto sobrepasar el nivel ético individual como descender muy por debajo de él. (...) ...la multitud se muestra muy accesible al poder verdadera-mente mágico de las palabras, las cuales son susceptibles tanto de provocar en el alma colectiva las más violentas tempestades como de apaciguarla y devolverle la calma."[612]

El discurso psicoanalítico de Freud participa abiertamente de las simpatías con los modos culturales de domesticación social, del mismo modo que eran promovidos por las filosofías estadistas clásicas. El arte de la retórica, de la persuasión política mediante el poder seductor de la palabra, aparece exaltado como recurso de inestimable valor para el proyecto político-cultural moderno (del mismo modo que en la terapia para la cura), es decir, de normalización social y de producción de subjetividades domesticas, sujetos útiles, dóciles y moldeables, del cual el discurso psicoanalítico activado por Freud sería partícipe incondicional:

> "La razón y los argumentos no pueden nada contra ciertas palabras y fórmulas. Pronunciadas éstas con recogimiento ante las multitudes, hacen pintarse el

---

[612] Op.cit., p.17.

respeto en todos los rostros e inclinarse todas las frentes."[613]

Confirmado este poder en sus estudios psicoanalíticos sobre la Historia y la Mitología (como en *Tótem y Tabú*), además y sobre todo en la *experiencia* clínica, Freud concluye (circularmente, devolviendo al mismo inicio de la *sospecha* que sirvió de pretexto en *El porvenir de una ilusión* y *El malestar en la cultura*):

"...las multitudes no han conocido jamás la sed de verdad. Piden ilusiones, a las cuales no pueden renunciar. Dan siempre la preferencia a lo irreal sobre lo real, y lo irreal actúa sobre ellas con la misma fuerza que lo real. Tienen una visible tendencia a no hacer distinción entre ambas."[614]

Este predominio de la vida imaginativa y de la ilusión – apunta Freud- sustentada por el deseo insatisfecho, ha sido ya señalado por el psicoanálisis como fenómeno característico de la psicología de la neurosis.[615] Las masas, como el neurótico en el contexto clínico, aparecerían instintivamente bajo la autoridad de un jefe, como sucede en el contexto de la transferencia durante la terapia psicoanalítica. Cita de Le Bon:

"La multitud es un dócil rebaño incapaz de vivir sin amo. Tiene tal sed de obedecer que se somete instintivamente a aquel que se erige en su jefe."[616]

---

[613] Ídem.

[614] Ídem:

[615] Según Freud: "Para el neurótico no representa valor alguno la general realidad objetiva y sí únicamente la realidad psíquica. Un sistema histérico se funda en una fantasía y no en la reproducción de algo verdaderamente vivido..." (S.Freud; *Psicología de las masas*; op.cit., p.17)

[616] Op.cit., p.19.

Al dirigente de las masas, como el psicoanalista con su paciente, le es indispensable "poseer determinadas aptitudes personales":

"Deberá hallarse también fascinado por una intensa fe (en una idea) para poder hacer surgir la fe en la multitud. Asimismo deberá poseer una voluntad potente e imperiosa, susceptible de poder animar a la multitud, carente por sí misma de voluntad."[617]

No obstante las coincidencias teóricas y políticas de Freud con relación a la perspectiva del "alma colectiva" expuesta por Gustavo Le Bon, abre una brecha de distancia para filtrar una mirada *positiva*, susceptible de "sugerir una más alta valoración del alma de las multitudes", pues:

"Su despectiva apreciación de las manifestaciones del alma colectiva ha sido expresada ya en términos igual-mente precisos y hostiles por otros autores, y repetida, desde las épocas más remotas de la literatura, por un sinnúmero de pensadores, poetas y hombres de Estado."[618]

Sin embargo, Freud no se distancia de las posiciones políticas que animan esta mirada "despectiva" del "alma colectiva", sino que se desplaza entre las corrientes *liberales* que dieron paso a la construcción del imaginario político moderno, no sólo en la dimensión de sus fundamentos ideológicos sino en la materia-lización precisa de sus formas institucionales, bajo el modo de progreso cultural, de desarrollo de la civilización humana, es decir, de las tecnologías generales de domesticación y encuadra-miento social. La masa deberá, pues, aparecer cohesionada por un poder central a partir del cual la irremediable disolución de la identidad diferenciada de cada cual aparezca como efecto de un "compromiso social", enraizado en un cierto "amor por los demás" (como en la ética de la *responsabilidad*, en el sentido del *deber*). La diferencia, por

---

[617] Ídem.

[618] Ídem.

354

ejemplo, en lo que respecta al sentido de obediencia a la ley o al deber político, es decir, con el Estado, que las filosofías estadistas modernas atribuyen a un pacto consciente, con arreglo a la voluntad de cada cual, Freud lo enterraría en las profundidades del alma y establecería que la condición de la vida social civilizada reside, en última instancia, en la relación bélica en la que se desenvuelven los instintos sexuales, en la pugna perenne entre Eros y Muerte; en el amor primero, que es el amor a sí mismo; en una economía política de la libido[619]; en la represión. Ahí el origen de los ideales más elevados de la Humanidad; ahí la condición esencial de todo acto de solidaridad, de amor al prójimo, de compromiso patrio, de deber ciudadano, de justicia social. Los actos vinculados a estos *ideales* aparecen dentro del discurso psicoanalítico como enraizados en impresiones artificiales que proveen (in)ciertas satisfacciones a los deseos instintivos, siempre (de)formados con relación al principio de realidad y con-vertidos en ilusiones que, en potencia, pueden ser tan favorables a la cultura y la civilización como devastadoras...

Pero Freud no comparte las utopías del marxismo ni del humanismo liberal o del proyecto emancipador moderno. No por lo menos en los términos que se representan bajo las formas de promesas políticas teleológicas y trascendentales. Interesa ser partícipe de la inmediatez perpetua del día a día, de la regulación de la vida cotidiana en las civilizaciones modernas de Occidente. Sólo en este escenario es que, de primera impresión, interesa a Freud dar sentido y pertenencia histórica a la teoría y la práctica psicoanalítica. En principio, las cesiones terapéuticas están programadas para no cerrarse sino en el plazo de la vida entera, pues al parecer el principio del psicoanálisis es su propia finalidad, repetición circular en el espiral de la vida. Pero confiesa entre sus escritos que el psicoanálisis es también un método de investigación científica, cuya mirada no tiene horizontes fijos y cuya intromisión es autorizada desde sí en todo cuanto tenga que ver con la vida humana...

---

[619] En esta afirmación, constituyente de un discurso fundacional donde la sexualidad y las tecnologías domesticadoras de ésta aparecen como la base de la cultura, es que Freud identifica la mayor fuente de resistencias morales y prejuiciadas contra el psicoanálisis. (Ver S.Freud; "Lecciones introductorias al psicoanálisis" (1915-17); en *Obras Completas* (Tomo II); op.cit., p.2130)

Efecto normalizador de la *crítica* y el dogma del trabajo

Freud filtra entre líneas, aunque como cuidándose de no hacer alusiones *ofensivas* directas, críticas *radicales* tanto al marxismo y a los fundamentos del proyecto comunista como a las nociones de progreso y desarrollo vinculadas al proyecto modernizador y a los procesos de reestructuración y consolidación global de las sociedades capitalistas, sin que ello supusiera de ningún modo una *oposición* radical a las mismas. Piedra angular del discurso político moderno, en su empeño productivista, como es sabido, es el trabajo. Freud concluye, por ejemplo, que si bien toda cultura reposa en la imposición coercitiva del trabajo y en la renuncia a los instintos, esto provoca –insiste- la oposición de aquellos sobre los cuales recaen tales exigencias. El sujeto revolucionario del proyecto político comunista, encarnado en la figura del trabajador, sería un imposible pues, a todas cuentas, la condición esencial del "ser revolucionario" es "ser trabajador" y el trabajo resulta como efecto sin remedio de todo un complejo proceso coercitivo hacia donde los sujetos trabajadores no se inclinan por sentir placer o amor al mismo sino porque no tienen más remedio que hacerlo para *satisfacer* sus *necesidades* vitales. El *amor* al trabajo es un efecto de la represión general, de lo contrario no se aplicaría represión sobre quienes prefieren ganarse la vida de alguna otra manera. Lo mismo vale decir para las invocaciones liberales a la *conciencia del deber ciudadano* de trabajar por su propio bien y, de paso, por el común. La ética del trabajo a la que Freud da votos de confianza es un eufemismo de la represión general, regida por los principios productivistas del proyecto de la modernidad (ya en clave capitalista o ya en su versión comunista). Y es que los altares erigidos al trabajo y los rituales de culto que gravitan en torno a él fueron producidos a partir de condiciones históricas que nada tienen que ver con una inclinación natural del ser humano hacia el trabajo. En el libro de Génesis Dios condenó a Adán por pecar (desobedecer su Ley) y la condena en vida no fue otra que hacerlo trabajar hasta el último de sus días. Los ideólogos modernos sabían que a las masas de trabajadores no les resultaba simpática la idea de trabajar sólo por amor al arte, por deber patrio o conciencia social. Los ordenamientos jurídicos hicieron aparecer incontables regulaciones alrededor de cómo los sujetos podrían y deberían, legítima y legalmente, *ganarse* la vida. Sólo las ideologías vinculadas al proyecto de industrialización moderno y a sus modos de producción pudieron convertir el trabajo en acto moral, en deber del hombre, en virtud ciudadana. Pero ni la inserción y conversión del trabajo en derecho de todos en las constituciones modernas ni los incontables esfuerzos institucionales de *educación* y propaganda dogmática, tanto estatal como religiosa, han logrado eliminar de raíz la oposición instintiva al sometimiento al dogma del trabajo. Freud, lejos de *interpretar* esta condición como espacio positivo, da voto de confianza a los proyectos modernizadores; en lugar de reconocer la resistencia instintiva al sometimiento del trabajo un espacio de vida individual o colectivamente alternativo, se hace eco del proyecto político moderno y le recuerda que para cumplir sus promesas debe reconocer sus límites: no exigir más sacrificio del que puede ser cumplido; no esperar más de lo que en realidad se puede ser, y compensar por ello....

De la represión: condición inevitable de la vida social

Para Freud, el determinante en última instancia del poder cultural no reside en lo económico, como insistían los ideólogos políticos de la época, sino en lo psicológico (como habían advertido las filosofías políticas, por lo menos desde tiempos de Platón). Al lado de los bienes existentes y de las instituciones que los distribuyen es preciso situar los medios necesarios para *defender* la cultura –concluye-, pues estos se hallan siempre amenazados por la rebeldía y el ansia de destrucción de los partícipes de la propia cultura. Así, resulta preciso enfatizar tanto en los medios de coerción como en los conducentes a *reconciliar* a los *hombres* con la cultura y, por supuesto, a compensarles sus sacrificios. Aunque Freud se hace eco de la ilusión evolutiva del progreso moderno, no traza un límite ideal a alcanzar como objetivo final, donde llegue el momento en que todos los pesares no pesen más y las miserias del ser se disipen en definitiva. Recuerda que, en fin, los deseos instintivos sobre los que gravitan las hostilidades hacia la cultura nacen de nuevo con cada criatura:

"Conforme al testimonio del psicoanálisis casi todas las relaciones afectivas íntimas de alguna duración entre dos personas (el matrimonio, la amistad, el amor paterno y el filial) dejan un depósito de sentimientos hostiles que precisa, para desaparecer, el proceso de represión."[620]

El mismo hecho –añade- se produce cuando los hombres se reúnen para formar grupos más amplios:

"Siempre que dos familias se unen por un matrimonio, cada una de ellas se considera mejor y más distinguida que la otra. Dos ciudades vecinas serán siempre rivales, y el más insignificante cantón mirará con desprecio a los cantones limítrofes. Los grupos étnicos afines se repelen recíprocamente; el alemán del sur no puede aguantar al del norte; el inglés haba despectivamente del escocés; el español desprecia al portugués. La aversión se hace más difícil de dominar cuanto mayores son las diferencias"[621]

Este cuadro ideológico representa, más que una descripción de las suertes de los nacionalismos y sus tentáculos discriminatorios, una generalización, más que *prejuiciada*, política-mente posicionada desde una particular representación de la *naturaleza* intolerante, violenta y peligrosa del alma o la psique humana. Dotando al espíritu colectivo de alma y convirtiéndolo en objeto de la mirada psicoanalítica, en esta afirmación se manifiesta nuevamente su compromiso con la afinación de los aparatos de sujeción cultural y se devela partidario del poder normalizador moderno. La intolerancia aparece como un efecto *normal* de la naturaleza instintiva del hombre, por lo que éste, pues, no puede prescindir, para su propia pervivencia, de un gran poder que regule, desde su nacimiento, su total existencia. Freud le llama Cultura.

El (mal)estar en la Cultura

Pienso que para la teoría psicoanalítica la Cultura sería, tal vez, como la gran fuerza de gravedad que nos hace mantener los pies en la tierra pero ni enseña a caminar ni tampoco los caminos, y

---

[620] S.Freud; *Psicología de las masas*; op.cit., p.39.

[621] Ídem.

ni siquiera por ella son más o menos dolorosas las caídas. Freud no diferencia entre los conceptos de cultura y civilización, y se refiere a ambos como una misma cosa, prefiriendo referirse al término de cultura, la que define como todo aquello en que la vida humana ha superado sus condiciones zoológicas y se distingue de la vida de los animales. A partir de esta definición distingue dos aspectos fundamentales: por un lado, la cultura humana comprende todo el saber y el poder conquistador por los *hombres* para llegar a dominar las fuerzas de la Naturaleza y extraer los bienes naturales con que satisfacer las necesidades humanas; y por otro, todas las organizaciones necesarias para regular las relaciones de los *hombres* entres sí y muy especialmente la distribución de los bienes materiales alcanzables. Pero lo que más intereso resaltar no es tanto este sentido general del concepto de cultura sino la función ideológica que juega en el contexto global de la teoría psicoanalítica de Freud. Tras establecer esta definición totalizadora, aunque epistemológicamente de apariencia superficial, Freud la emplea como telón histórico de fondo para el escenario de su presente, para enseguida enfatizar la importancia vital que para la Cultura tiene ajustar efectivamente tanto los modos de satisfacción de las necesidades instintivas como los dispositivos que coartan su *libre* desenvolvimiento. La importancia de ello reside –advierte Freud- en que cada individuo es virtualmente un enemigo de la civilización, a pesar de tener que reconocer su general interés humano:

> "Se da, en efecto, el hecho singular de que los hombres, no obstante serles imposible existir en el aislamiento, sienten como un peso intolerable los sacrificios que la civilización les impone para hacer posible la vida en común."[622]

Esta afirmación sobre la condición de resistencia a la domesticación instintiva que determina toda la existencia humana, sin embargo, no es un descubrimiento ni de Freud ni de su época. Toda voluntad de dominación política que ha regido sobre la vida humana ha sido posible a partir de este (re)conocimiento. Por eso el énfasis en la *educación* desde temprana infancia; por eso la

---

[622] S.Freud; "El porvenir de una ilusión"; op.cit., p.147.

obstinación disciplinaria de las religiones y demás filosofías morales desde la antigüedad; por eso la insistencia coercitiva en el cumplimiento del deber patrio de todas las instituciones estatales; por eso las instancias represivas están regadas no sólo en las extensas redes organizadas del poderío estatal sino en todo lo registrado bajo los dominios de la cultura y sus lenguajes. Prohibiciones, censuras, castigos, todo está relacionado con los procesos de educación-domesticación de los individuos. Y estas prácticas sociales aparecen promovidas con lujo de detalle por lo menos desde los escritos políticos de Platón y Aristóteles, para quienes también cada individuo parecía potencialmente enemigo de la civilización y para quienes desde su nacimiento y desde ese mismo momento debía estar sujeto a bien atendida y refinada domesticación. Freud simplemente se hace eco de las ideologías estadistas regadas y regidoras a la vez de la imaginería política moderna:

> "Así, pues, la cultura ha de ser defendida contra el individuo, y a esta defensa responden todos sus mandamientos, organizaciones e instituciones."[623]

Freud advierte que la regulación de las relaciones humanas es una conquista de la cultura que no goza del mismo prestigio al que se refiere al dominio progresivo de la Humanidad sobre la Naturaleza. Poco importa para Freud que resulte cierta o no la impresión de que la civilización fue impuesta a una mayoría contraria a ella por una minoría que supo apoderarse de los medios de poder y de coerción, pues invirtiendo los papeles del control y la dirección del poderío cultural no se resolvería nada tampoco. De igual modo le resulta dudoso que los *hombres* puedan llegar alguna vez a un estado donde puedan convivir sin ser perturbados por la discordia interior y prescindir de las coerciones culturales:

> "Parece, más bien, que toda la civilización ha de basarse sobre la coerción y la renuncia a los instintos, y ni siquiera puede asegurarse que al desaparecer la coerción se mostrase dispuesta la mayoría de los

---

[623] Ídem.

individuos a tomar sobre sí la labor necesaria para la adquisición de nuevos bienes."[624]

La represión permanece en escena como la condición esencial e inevitable de la Cultura y sus destinos, de la Civilización y su porvenir, en fin, de toda vida social, sus logros y malestares...

De la razón domesticadora del psicoanálisis

Hasta aquí ya ha condenado el porvenir de toda la existencia humana a desconfiar y temer de ella misma y a procurar, cuando poco, cuidarse siempre de sí. Un poder que le sea exterior, independiente de las fuerzas de sus instintos y sin otra voluntad que su preservación perpetua, debe ocuparse de regularla a lo largo de toda su existencia sin fin. Coincidente a plenitud, aunque con ciertos retoques particulares y matices retóricos, ya lo habían consagrado en el ordenamiento jurídico del poder estatal los ideólogos de la Ilustración y el humanismo. Freud simplemente repetiría los fundamentos de legitimidad del aparato estatal y sus gobiernos, esgrimidos y ya dominantes, eco de la filosofía política clásica. Cuando más, se situaría del lado de los discursos menos confiados en las virtudes de la Razón moderna, mas no por ello menos racionalistas y modernos:

> "A mi juicio, ha de contarse con el hecho de que todos los hombres integran tendencias destructoras – antisociales y anticulturales- y que en gran número de personas tales tendencias son bastante poderosas para determinar su conducta en la sociedad humana."[625]

Las simpatías con las tradiciones de pensamiento estadista ponen de relieve los temores que siempre han demostrado las clases dominantes, las minorías privilegiadas y sus marcadas preferencias en ceder tanto más de su *libertad* cuanto más seguridad les ofrezca

---

[624] Op.cit., p.148.

[625] Ídem.

el amparo paternal del Estado.[626] Toda política de intervención estatal moderna, la ampliación de los aparatos policiales de vigilancia y represión, las cárceles, la militarización de la policía y la conversión de la sociedad civil en parte integral de la vigilancia policial, en fin, todo el fascismo amistoso de las democracias modernas, encuentra refugio seguro en estos argumentos, fundamentos políticos del discurso psicoanalítico:

> "La verdad oculta tras de todo esto (...) es la de que el hombre no es una criatura tierna y necesitada de amor, que sólo osaría defenderse si se la atacara, sino, por el contrario, un ser entre cuyas disposiciones instintivas también debe incluirse una buena porción de agresividad. (...) Por consiguiente, el prójimo no le representa únicamente un posible colaborador y objeto sexual, sino también un motivo de tentación para satisfacer en él su agresividad, para explotar su capacidad de trabajo sin retribuirla, para aprovecharlo sexualmente sin su consentimiento, para apoderarse de sus bienes, para humillarlo, para ocasionarle sufrimientos, martirizarlo y matarlo."[627]

Esta representación dramática y morbosa de la humanidad y del ser humano como terriblemente cruel y peligroso por naturaleza es una justificación muy conveniente para todo lo relacionado con la ampliación del poder interventor del Estado y consecuentemente su maquinaria disciplinaria y punitiva. Pero antes Freud se ocupa de

---

[626] Asimismo las psicologías conductistas encontraban en argumentos similares la justificación para sus experimentos, procurando registrar hasta el más mínimo de los movimientos posibles, ordenarlo bajos la hegemonía de los códigos morales dominantes e interpretarlos bajo el modo de datos objetivos que revelarían la naturaleza de la acción humana, posibilitarían predecirla y, por consiguiente, controlarla. A partir del discurso del temor a la violencia constitutiva del ser, a las potencias de agresión desmedida que habitan en la naturaleza inconsciente de cada sujeto humano, se llevaron a cabo experimentaciones para llevar hasta los límites más extremos la violencia humana, aún a cuenta desentendida de la vida misma de los objetos de la experimentación.

[627] S.Freud; "El malestar en la cultura"; op.cit., p.55.

362

identificar en quién recae, o debería recaer, la responsabilidad de "dirigir" a las masas, es decir, de gobernar...

Aval ideológico al poder de gobierno

Hasta ahora Freud ha convertido el signo de "la masa" en una unidad de sentido que sirve de referente ideológico a sus posturas políticas, del mismo modo que las filosofías reinantes de la Ilustración lo usaban para condensar en él sus más genuinos temores, en particular los vinculados a sus privilegios de clase. Pero no se trata de un error epistemológico, pues no confunde su deseo de poder con la palabra que lo representa... El control efectivo del poder real que representa la masa (los colectivos, la población en general, el pueblo), la regulación de sus movimientos, de sus existencias en general, es el encargo político por excelencia de todo poder de gobierno, y Freud destaca la importancia vital que para el arreglo cultural que acredita le representa. Curiosamente, borra las huellas de todas las diferencias históricas y engloba bajo el signo totalizador de la humanidad todo cuanto reduce bajo el signo de la Cultura, de la Civilización. Así, la humanidad aparece en su discurso como dándose toda a la tarea universal de su propia preservación. Pero, sin menoscabo por la contradicción, esta tarea *civilizatoria* de la cultura humana, desde su *origen*, aparece en su discurso como encargada a ciertas minorías privilegiadas y conducida a la orden de sus *elevados* deseos. Freud da firme voto de asentimiento:

"El dominio de la masa por una minoría seguirá demostrándose siempre tan imprescindible como la imposición coercitiva de la labor cultural, pues las masas son perezosas e ignorantes, no admiten gustosas la renuncia al instinto, siendo útiles cuantos argumentos se aduzcan para convencerlas de lo inevitable de tal renuncia, y sus individuos se apoyan unos a otros en la tolerancia de su desenfreno."[628]

Freud, aristócrata confeso, burgués privilegiado o realista sin miramientos, advierte que una transformación en el orden de la

---

[628] S.Freud; "El porvenir de una ilusión"; op.cit., p.148.

363

distribución de los bienes materiales no es suficiente para preservar los bienes de la civilización moderna, ni siquiera para minimizar los sufrimientos ocasionados por las renuncias instintuales. Para él el problema no es de la estructura exterior, como insiste el pensamiento dominante de la economía política, sino esencialmente psicológico. El problema principal, a todas cuentas, seguiría siendo el individuo por su condición de humano y no simplemente las condiciones materiales de su existencia. Ahora -insiste- el nódulo de la cuestión es desplazado hacia lo anímico.[629] Lo decisivo –concluye Freud- está en si es posible aminorar, y en qué medida, los sacrificios impuestos a los hombres en cuanto a la renuncia a la satisfacción de sus instintos, conciliarlos con aquellos que continúen siendo necesarios y compensarles de ello.[630] Pero, ¿quién determina la medida posible y deseable de esa inevitable y necesaria coerción? Hasta ahora el poderío estatal se ha expandido y consolidado tanto más cuanto más ha sabido reconocer que no basta la fuerza bruta para controlar efectivamente las poblaciones sino que precisa de mecanismos ideológicos, más sutiles y sofisticados, de intervención y subyugación. Esta ha sido una de las mayores aportaciones de la filosofía política *humanista* al poder normalizador de la cultura moderna: la refinación de sus dispositivos de control y domesticación social, individuales y colectivos. Pero, ¿quién decide en última instancia? Sabemos que las *masas* no podrían serlo por las características antes descritas. ¿Las minorías? Sí. Pero, ¿quiénes de entre ellas? Freud responde:

> "Únicamente la influencia de individuos ejemplares a los que reconocen como conductores puede moverlas a aceptar aquellos esfuerzos y privaciones imprescindibles para la perduración de la cultura. Todo irá entonces bien mientras que tales conductores sean personas que posean un profundo conocimiento de las necesidades de la vida y que se hayan elevado hasta el dominio de sus propios deseos instintivos."[631]

---

[629] Ídem.

[630] Ídem.

[631] Ídem.

364

Nuevamente, ¿en qué consiste ese profundo *conocimiento* de las *necesidades* de la vida? Y la medida de tal *elevación* y dominio de los deseos instintivos, ¿hasta dónde se extiende y, sobre todo, hacia dónde, en beneficio de quién y a costa de quiénes? ¿Quién decide qué, sobre qué y a pesar de quién? Como siempre, quienes tienen el poder real de imponer sus criterios, sus deseos, y nadie más. No hay exterioridad con respecto de las relaciones de poder que constituyen la vida social, la cultura, pues la vida es devenir en condición política, es decir, de lucha y resistencia. Para Freud, el objetivo de *preservar* la cultura vale todas las penas y merece la disposición de los mayores sacrificios:

> "Puede intimidarnos la magna coerción inevitable para la consecución de estos propósitos. Pero no podemos negar la grandeza del proyecto ni su importancia para el porvenir de la cultura humana."[632]

De la retórica legitimadora del poder estatal

Si para los filósofos políticos clásicos la religión ha sido para los gobiernos lo que la rienda a los caballos, para la mirada psicoanalítica la cultura sería, quizá, su fábrica mejor habilitada y a la vez su materia prima más preciada. Según Freud, la hegemonía reguladora de los sistemas religiosos o filosóficos, así como ciertos ideales, es indicadora de un elevado nivel de cultura.[633] Su valor reside, no en la veracidad o ilusión de sus fundamentos, sino en la eficacia reguladora que ejercen sobre la vida de los sujetos –tal y como sucede en el contexto clínico, según traté en partes anteriores-. La matriz mítica de la legitimidad y pertinencia histórica del psicoanálisis está enraizada en el discurso de la filosofía política del liberalismo moderno, piedra de toque del ordenamiento jurídico del complejo estatal burgués y de la economía capitalista, entonces en proceso de reestructuración global. La representación del sujeto humano, de esencia irreduciblemente egoísta y agresiva, como es harto sabido, resulta clave en el orden de su discurso. La cultura aparece como un poder inclinado por el propio espíritu de las

---

[632] Op.cit., p.150.

[633] S.Freud; El malestar en la cultura"; op.cit., 54.

masas a conservarse y perpetuarse, a buscar seguridad en el espectro de lo colectivo, allí donde es ella misma su mayor amenaza, su peligro más inminente. Dice Freud que el elemento cultural estuvo implícito ya en la primera tentativa de regular las relaciones sociales, pues si tal intento hubiera sido omitido dichas relaciones habrían quedado al arbitrio del individuo, es decir, que el más fuerte las habría fijado a conveniencia de sus intereses y tendencias instintivas:

> "La vida humana en común se torna posible cuando llega a reunirse una mayoría más poderosa que cada uno de los individuos y que se mantenga unida frente a cualquiera de éstos."[634]

Sobre esta base ideológica en clave de relato histórico Freud se hace eco del fundamento mítico de la autoridad del poderío interventor del complejo estatal, promovido contra viento y marea desde las filosofías políticas clásicas hasta las ficciones jurídicas que soportan el actual Estado de Ley (Derecho) y el correlativo imaginario democrático:

> "El poder de tal comunidad se enfrenta entonces, como "Derecho", con el poderío del individuo, que se tacha de "fuerza bruta". Esta sustitución del poderío individual por el de la comunidad representa el paso decisivo hacia la cultura."[635]

Freud llena el *vacío* de los filósofos racionalistas con razones psicoanalíticas. El "pacto social", mito ideológico de la filosofía política liberal, encuentra fundamentos más allá de la utilidad práctica de la razón y de la voluntad consciente de los individuos, precisamente en las profundidades inconscientes de sus almas. Decía Freud hace algunas líneas, que el resorte de toda actividad humana es el afán de lograr la convergencia en los fines del provecho y del placer, regidos éstos por un principio de naturaleza psíquica, antes que por su pertinencia práctica o ética:

---

[634] Ídem.

[635] Op.cit., p.41.

"Su carácter esencial reside en que los miembros de la comunidad restringen sus posibilidades de satisfacción, mientras que el individuo aislado no reconocía semejantes restricciones. (...) Así, pues, el primer requisito cultural es el de justicia, o sea, la seguridad de que el orden jurídico, una vez establecido, ya no será violado a favor de un individuo, sin que esto implique un pronunciamiento del valor ético de semejante derecho. (...) El resultado final ha de ser el establecimiento de un derecho al que todos (...) hayan contribuido con el sacrificio de sus instintos y que no deje a ninguno (...) a merced de la fuerza bruta."[636]

Freud refuerza con premisas psicoanalíticas los fundamentos ilusorios del discurso legitimador de la violencia estatal, dando por implícita la "necesidad" vital de un poder central, ordenador de las relaciones sociales, más allá del abstracto poder de la cultura, aunque dentro de sus propios dominios, respecto de los cuales no existe relación de exterioridad alguna. Así se limita a repetir las ilusiones míticas que soportan las prácticas interventoras del poderío estatal, ensambladas dentro de las prácticas coercitivas del poderío cultural en general. El pánico a la libertad sería, paradójicamente, un nódulo del discurso estadista moderno:

"La libertad individual no es un bien de la cultura, pues era máxima antes de toda cultura, aunque entonces carecía de valor (...) para el individuo..."[637]

Y más adelante advierte (como más de dos milenios antes ya repetían perseverantemente los filósofos políticos, estadistas y moralistas de Occidente):

"...las pasiones instintivas son más poderosas que los intereses racionales. La cultura se ve obligada a realizar

---

[636] Ídem.

[637] Ídem.

múltiples esfuerzos para poner barreras a las tendencias agresivas del hombre."[638]

Sus conclusiones parecieran empujarlo a ser partícipe del terrorismo discursivo del poder estatal. Pero Freud no es arrastrado por las corrientes de un miedo imaginario (al que ya le ha atribuido fundamento al peligro que representan las masas en cuanto tales, ingenuas, crédulas y fáciles de engañar y hacer temer) sino por su explicitada voluntad política de poder. A la cultura se le ha hecho imposible controlar efectivamente los impulsos violentos, agresivos y *destructores* de los instintos primitivos de los seres humanos bajo su encargo. En el lugar adscrito a su esfuerzo frustrado, al territorio ocupado ahora por una inmensa desilusión, Freud abre paso a la urgente intervención de la violencia *reguladora* del Estado para imponer esas "barreras a las tendencias agresivas del *hombre*":

"...todos los esfuerzos de la cultura destinados a imponerlas aún no han logrado gran cosa. Aquella espera poder evitar los peores despliegues de la fuerza bruta concediéndose a sí misma el derecho de ejercer a su vez la fuerza frente a los delincuentes; pero la ley no alcanza las manifestaciones más directas y sutiles de la agresividad humana."[639]

De esta mirada nace un consecuente abandono de las ingenuas esperanzas y vanas ilusiones en el prójimo idealizado por las corrientes filosóficas (y religiosas) dominantes, dado que, en realidad, "su maldad nos amarga y dificulta la vida". Paso seguido resulta preciso dejar en manos de un poder mayor que todas nuestras maldades juntas la suerte de las reglas del juego de la vida. Freud avala la mirada estadista como suerte vital de la cultura y, asimismo, sus aparatos represivos como condiciones esenciales de existencia, preservación y perpetuidad de la cultura humana, de la vida social, de la civilización:

---

[638] Op.cit., p.56.

[639] Ídem.

"El hombre civilizado ha trocado una parte de posible felicidad por una parte de seguridad. (...) El desarrollo cultural le impone restricciones (a la libertad individual), y la justicia exige que nadie escape de ellas."[640]

Para Freud, como para toda filosofía política estadista, la justicia es la ley y la ley el Derecho, y el Estado su ordenador central, su vigía y a la vez su fuerza armada esencial. La Cultura es su fuerza de gravedad, su inspiración, su ánimo instigador; su texto y su contexto, su pretexto y su razón. Pero la Cultura reposa sobre la *renuncia* de las satisfacciones instintuales[641]; instintos poderosos regidos por el principio del placer, que deberán ser reprimidos, suprimidos o desplazados por mecanismos efectivos de sub-yugación ideológica, sublimadores, domesticantes, docilizadores... civilizadores. Las resistencias inconscientes se revelan en la superficie exterior e ilusoria del Yo bajo el modo de frustraciones, que bien pueden redundar en daños a la propia persona o bien ser replegadas en modos agresivos hacia el exterior, hacia el Otro inmediato, la familia, la sociedad, la cultura y el Estado.

"Esta frustración cultural rige el vasto dominio de las relaciones sociales entre los seres humanos, y ya sabemos que en ella reside la causa de la hostilidad opuesta a toda cultura."[642]

Freud, maestro en el arte de la retórica política, autoriza sus argumentos en la sabiduría popular, en lo que debería resultar para todos harto sabido: que el peor enemigo de cada cual es uno mismo, y que la amenaza más grave que acecha perpetuamente a la humanidad y su cultura es el ser humano por su naturaleza o destino de ser, precisamente, humano. La noción de evolución cultural supone, pues, el cambio progresivo y gradual en los modos de domesticar los instintos; de efectivar las tecnologías de control y

---

[640] Op.cit., pp. 59; 41.

[641] Op.cit., p.43.

[642] Ídem.

dominación social y cultural. Para Freud, en hacer más efectivos estos mecanismos reside la finalidad económica de *nuestra vida...*

Apologías al poder domesticador de la Cultura

El encargo político del psicoanálisis es, en este sentido, fortalecer los mecanismos culturales de sublimación de los instintos, contribuir a disminuir sus intensidades y someterlos a los "fines culturales". Desde esta perspectiva, el desarrollo cultural es equiparado con el de la *"maduración* normal del individuo."[643] Por *revelación* del conocimiento psicoanalítico, la represión de estos instintos debe darse, no obstante, con debidas precauciones, prudencias y cautelas. Advertencia ésta que el poder cultural dominante y sus respectivas tradiciones e instituciones domesti-cadoras parecen haber obviado torpemente. Ante la imposibilidad de control y dominio regulador absoluto, aunque "el temor a la rebelión de los oprimidos la ha inducido a adoptar medidas de precaución más rigurosas", concluye Freud:

> "La sociedad civilizada se ha visto en la obligación de cerrar los ojos ante muchas transgresiones que, de acuerdo con sus propios estatutos, debería haber perseguido."[644]

Con ánimo *reformista* Freud busca contribuir a *mejorar,* desde su particular posición de sujeto (política), el poderío cultural (normalizador). Comparte *su* esperanza de que cabe esperar que poco a poco *lograremos* imponer a *nuestra* cultura modificaciones que satisfagan mejor *nuestras* necesidades.[645] Recuerda insistente-mente que si la cultura insiste en imponer tan pesados sacrificios, no sólo a la sexualidad sino también a las tendencias agresivas, es comprensible, pues, por qué resulta tan difícil *alcanzar* en ella su felicidad.[646]

---

[643] Op.cit., p.44.

[644] Op.cit., p.50.

[645] Op.cit., p.60.

[646] Op.cit., pp.59-60.

Pero insiste más aún que no por ello debe rechazarse sino, si acaso, procurar su transformación:

> "Si con toda justificación reprochamos al actual estado de nuestra cultura cuán insuficientemente realiza nuestra pretensión de un sistema de vida que nos haga felices; si le echamos en cara la magnitud de los sufrimientos, quizá evitables; si tratamos de desenmascarar con implacable crítica las raíces de su imperfección, seguramente ejerceremos nuestro legítimo derecho, y no por ello demostramos ser enemigos de la cultura."[647]

Para tales efectos, procura aportar, más allá de sus lamentos y, entre ellos, de ejercer el legítimo derecho a "desenmascarar con implacable crítica las raíces de su imperfección", se posiciona y toma partido en el juego de las tecnologías disciplinarias y coercitivas del poderío cultural, en su refuerzo armado: el aparato estatal. No proponía a partir de estos escritos disponer al psicoanálisis al servicio del sistema judicial, pues eso ya lo había hecho hacía años. El psicoanálisis, para Freud, no podría tomar partido al lado de las *vanas ilusiones* revolucionarias, pero de seguro aceptaría que le fuese reservado un sitial privilegiado al lado de las tecnologías armadas de la dominación cultural, es decir, del poder penal del Estado de Ley...

---

[647] Ídem.

Parte VIII

Freud y la complicidad psicoanalítica
con el poderío judicial y penal del Estado de Ley

"El hombre es el peor de todas las bestias;
es cruel con los demás y consigo mismo."
R.Baxter

"El delito mayor del hombre es haber nacido."
Calderón de la Barca

Parte VIII

Freud y la complicidad psicoanalítica con el poderío judicial y penal del Estado de Ley[648]

"De todo es evidente (...) que el hombre es un animal social
(...) apartado de la ley y de la justicia,
es el peor de todos."[649]
Aristóteles

"El hombre es en el fondo un horrible animal salvaje.
Lo conocemos sólo en el estado de sumisión y domesticación
que recibe el nombre de civilización,
y por ello nos asustan las explosiones ocasionales de su naturaleza.
Pero tan pronto desaparecen el candado y las cadenas
(...)se muestra como el que realmente es."[650]
A.Shopenhauer

"...quienes creen en los cuentos de hadas
no les agrada oír mentar
la innata inclinación del hombre hacia "lo malo",
a la agresión, a la destrucción
y con ello también a la crueldad." [651]
S.Freud

El discurso psicoanalítico y la Razón de Estado

Cómo la Filosofía (siempre política) representa al sujeto humano bajo el modo de "conocerlo" incide determinantemente sobre su existencia. El presumido *conocimiento* del ser humano también constituye una condición del poder de subyugarlo ideológicamente, como de hecho ha acontecido bajo los dominios

---

[648] Esta parte es un fragmento revisado a la luz de este "retorno a Freud", de la novena parte de mi libro *Violencias de Ley: reflexiones sobre el imaginario jurídico penal moderno y el derecho estatal a castigar*, publicado a mediados de 2001. El tema sigue siendo objeto de investigación y desarrollo en un trabajo inédito, titulado *Aporías del Derecho: entre el Deseo y la Ley (reflexiones sobre la imaginería psicoanalítica, el discurso criminológico y el derecho penal en el Estado de Ley)* (Madrid, 2003).

[649] Aristóteles; *Política*, Editorial Gredos, Madrid, 2000; pp.8-10.

[650] A.Shopenhauer; *Paralipomena* en *El arte de insultar*, Ed. *Edaf*, Madrid, 2000; p.83.

[651] S.Freud; *El malestar en la cultura*, op.cit., p.64.

imperiales de la Ley en su devenir histórico. *Conocerlo* es, desde el lenguaje del poder, un modo *suave* de la represión general que se ejerce sobre la vida humana desde cada nacimiento; y sus sometimientos se prolongan durante toda su existencia. Es la condición del ser Sujeto, sujetado al Saber, un modo de *saber* precisado desde siempre como poderío de encuadramiento, disciplinario, normalizador; enclave de todas las prácticas de control y dominación social, cultural, política. Su encargo esencial: domesticarlo. Cómo representa, pues, el discurso psicoanalítico al ser humano es asunto que concierne al orden de una preocupación ética y política y no exclusivamente al dominio de la reflexión teórica, como insistiría el discurso científico moderno o quizá la filosofía más conservadora y tradicional. La representación imaginaria de la esencia o naturaleza del sujeto humano, puesta bajo el dominio de un conocimiento específico y bajo el modo de una verdad irrefutable ha sido soporte legitimador de las más diversas prácticas interventoras de los poderes estatales, de sus coerciones, sus represiones; sus violencias. La filosofía política de corte estadista, desde Patón hasta *nuestros* días, ha sido partícipe medular de ello. Una parte del psicoanálisis, descendiente y heredera de estas tradiciones de pensamiento, ha aportado a la consolidación ideológica de sus dominios, de sus tecnologías interventoras sus dispositivos de poder...

Pero la *revolución psicoanalítica* ha sido (re)presentada desde sus inicios, si no como un recurso de innegables virtudes emancipadoras, cuando poco, de aportaciones extraordinarias a la *sensibilidad humanista* de la modernidad. Desde mi punto de vista, pienso que el discurso psicoanalítico, sin contradecir tajantemente lo anterior, ha operado más, desde sus inicios, como parte esencial del poder normalizador de la cultura moderna y ha ejercido un papel ideológico fundamental en el orden de sus tecnologías disciplinarias, en particular al interior de las prácticas judiciales y penales del complejo estatal (ya fuera bajo los eufemismos habituales de la rehabilitación moral, de la (re)inserción social del sujeto, de las técnicas correctivas de su conducta o, en fin, para complacer la mítica voluntad vengativa (de Justicia) del espectro social (base fundacional de la autoridad interventora del discurso estatal y de su legitimidad penal)

En lo que respecta a la teoría del *inconsciente*, aunque admitida con relativa frecuencia como un argumento *válido* (un punto de vista, una opinión profesional, una perspectiva legítima, etc.)[652] todavía, entrado el siglo XXI, sigue considerándose extraña e inaceptable en ciertos círculos del poderío regulador y coercitivo del complejo estatal. El discurso jurídico y penal moderno (el Derecho) aún se aferra a la idea de un "sujeto racional", cuyas acciones están completamente controladas por el conocimiento consciente, bajo el dominio de su voluntad. Ficción ideológica ésta alrededor de la cual se centran los *debates* relativos a la *responsabilidad* política del ciudadano, se articula a manera de *ética* la exigencia inexcusable de obediencia al orden imperial de la Ley estatal y se legitima toda su racionalidad judicial y punitiva, es decir, sus violencias. Como apunté ya en la parte anterior, Freud se hace eco del fundamento mítico de la autoridad del poderío interventor del complejo estatal, enraizando su *origen* en un gran relato histórico como paso de la evolución cultural:

> "El poder de tal comunidad se enfrenta entonces, como "Derecho", con el poderío del individuo, que se tacha de "fuerza bruta". Esta sustitución del poderío individual por el de la comunidad representa el paso decisivo hacia la cultura."[653]

Freud llena el *vacío* de los filósofos racionalistas con razones psicoanalíticas. El "pacto social", mito ideológico de la filosofía política liberal, encuentra fundamentos más allá de la utilidad práctica de la razón y de la voluntad consciente de los individuos, precisamente en las profundidades inconscientes de sus almas –

---

[652] Recuérdese la conferencia ya citada de Anna Freud (1968) cuando reconoce que no se puede negar que para el público en general la idea de la motivación inconsciente de la conducta ha llegado a constituir casi un lugar común, que ha ejercido una poderosa influencia en las actitudes y métodos educativos y que, según a alterado la actitud de la sociedad hacia la enfermedad mental, reduciendo la brecha entre la normalidad y la patología, ha mostrado, además, que las "alteraciones delictivas" (como las neuróticas y las psicosomáticas) caen dentro de los riesgos comunes a la vida de todas las personas. (A.Freud; *Pasado y presente del psicoanálisis*; op.cit., pp.18-19)

[653] S.Freud; *El malestar en la cultura*; op.cit., p.41.

como ya apunté antes-. Como síntesis de un Gran Relato de la Historia Universal, Freud engloba en una economía política de la sexualidad los fundamentos de la Cultura y, asimismo, las justificaciones de sus censuras, coerciones y represiones. Nuestra cultura descansa totalmente en la coerción de los instintos –afirma Freud-. Todos y cada uno –añade- hemos renunciado a una parte de las tendencias agresivas y vindicativas de nuestra personalidad, y de estas aportaciones ha nacido la común propiedad cultural de bienes materiales e ideales:

> "Aquellos individuos a quienes una constitución indomable impide incorporarse a esta represión general de los instintos son considerados por la sociedad como 'delincuentes' y declarados fuera de la ley, a menos que su posición social o sus cualidades sobresalientes les permitan imponerse como 'grandes hombres' o 'héroes'"[654]

El "saber" del psicoanálisis y el poder penal

La Justicia estatal–dice ella de sí- tiene el *deber social* de correr el velo que cubre el rostro inequívoco de la verdad; pero sabe que no existe un medio único y definitivo que resulte infalible para tales efectos. El campo discursivo a partir del cual la forma estatal de la justicia es producida como efecto de la aplicación fija e indiscriminada de la ley ha dejado lagunas en el espacio de la *legitimidad* mínima requerida por el propio discurso penal. Su efectividad depende tanto más, no de ser creído como parte de la naturaleza misma de toda sociedad y por tanto como una práctica inevitable, sino de que las formas de las penas sean menos cuestionadas. Encargo que a tales fines (como los *saberes* criminológicos y las demás "ciencias y profesiones de la conducta")[655], la mirada psicoanalítica gustosamente aportaría...

---

[654] S.Freud; "La moral sexual 'cultural' y la nerviosidad moderna" (1908); en *Obras Completas* (Tomo II); op.cit., p.1252.

[655] Un texto que se enmarca dentro del proyecto político de Freud y reproduce casi en idénticos términos su programa de integración del discurso psicoanalítico y el criminológico es el de Alexander, Franz y Staub, Hugo; *El delincuente y sus jueces*

El discurso jurídico moderno armó con toda la fuerza de la ley los requerimientos esenciales para las formaciones sociales de economía capitalista. Su discurso general (consagrado bajo arreglos constitucionales) describe el carácter esencial de todo ser humano y su objeto existencial: la búsqueda de la felicidad. Para hacerlo recolectó y recicló de entre saberes tradicionales que han servido de dispositivos de poder de gobierno, atributos y cualidades innatas a la condición de ser humano: voluntad, razón, libre albedrío, pasión, entre otras. A todos, por condición de ser humanos, les correspondería tales atributos por igual, condición esta de la que sería imposible escapar o, por lo menos, fuera de la cual no sería permitido por ley pensar ni actuar. Así, las mismas premisas míticas e ideológicas fundacionales de los procesos judiciales de la antigüedad siguen siéndolo recién entrado el siglo XXI. Entre estas coordenadas generales, según el discurso de la ley produce un objeto a ser intervenido, el discurso científico produce su objeto de estudio, que del mismo modo sería intervenido. Bajo el registro definido como persona jurídica -y moral- (sujeto de derecho, de deberes, responsabilidades y obligaciones), intervienen las ciencias y profesiones de la conducta humana. Su objetivo: apoyar las tecnologías de dominación estatal. Nuevas racionalidades disciplinarias, a partir del siglo XIX, se encargaron de dar carácter de legitimidad científica a las prácticas penales y demás rituales de la habitual violencia disciplinaria del poder estatal. Y así como el discurso jurídico que ha producido el objeto a ser intervenido (sujeto de derecho/sujeto criminal) no ha dejado de contar con un

---

desde el punto de vista psicoanalítico; Editorial Biblioteca Nueva, Madrid, 1961. Otras referencias a las "aportaciones" que ha hecho el psicoanálisis a las ramas criminológicas y demás ciencias penalistas aparece, por ejemplo en Soria, Miguel Ángel; Psicología y práctica jurídica; Editorial Ariel, Barcelona, 1998. También en Garrido Genovés, Vicente y Gómez Piñana, Ana M.; Diccionario de criminología; Editorial Tirant Lo Blanch, Valencia, 1998. Entre los trabajos más recientes que reflejan una continuidad ideológica similar aparecen, por ejemplo, los seminarios publicados en internet de M.Gerez Ambertín, bajo el título "Ley y subjetividad: culpa y prohibición", en www.edupsi.com/culpabilidad y el de M.E.Elmiger, "El sujeto ante la ley: culpabilidad y sanción"; en el mismo sitio. Otro trabajo que comparte simpatías con la integración entre ambos campos discursivos, aunque considerablemente diferente, es el de N.Braunstein; "Derecho y Psicoanálisis: los dos campos de la subjetividad" (1999), en Por el camino de Freud; Editorial Siglo XXI, México, 2001; pp169-87)

fuerte apoyo en la racionalidad ideológica de los discursos religiosos (sujeto del pecado) y moralistas, a principios del siglo XX, el discurso científico consagra su sitial privilegiado en el espacio de la dominación estatal. Bajo este régimen de verdad aparece su objeto de estudio e intervención: el sujeto humano, según *descrito* (producido) por el discurso jurídico. Este sujeto-objeto de su intervención es, a la vez, objeto de su (in)comprensión. Aunque armado de razón, no logra el Estado *comprender* los impulsos que lo mueven a actuar contra la Razón de Ley. Sospecha que deba deberse a condiciones que exceden el dominio de sí, que imposibilitan tener control absoluto sobre su voluntad y que las pasiones son fuerzas que, en ocasiones, perturban su natural racionalidad. Causas que han adoptado como encargo descubrir las ciencias humanas y cuyo carácter de urgencia se debe cada vez más al incremento progresivo de la incidencia criminal –dice el Estado-. Como científicos y humanistas sabemos que el dominio sobre sí, aunque precario, puede ser reconquistado –razona la voluntad disciplinaria estatal-. Eso que mueve a ciertas personas a conductas inaceptables por la sociedad (en tanto proscritas y penadas por la ley estatal) debe deberse –insiste- a fuerzas internas que el individuo no ha tenido la capacidad de controlar: nacen, pues, las teorías de la desviación...

Aunque no descarta la posible perversidad y la mezquindad de las conductas violentas, antisociales y criminales de ciertos sujetos, esas fuerzas habitan en el interior del ser y pueden ser expuestas a la luz de la exterioridad y, además de ser juzgadas pueden ser tratadas de cambiar para efectos del bien social – apuestan las ciencias de la conducta-. Puede "ser curado" de su "enfermedad mental" (que lo lleva a desviarse y transgredir la razón de la ley), o bien reprogramarlo (resocializarlo, rehabilitarlo) de acuerdo a los patrones de "conducta social" establecidos como útiles, morales y legítimos por el discurso de la Gran Moral Social, materializada en el cuerpo de la Ley. La complicidad de las filosofías del alma, las disciplinas científicas (o profesiones) de la "conducta humana" con el poder judicial del Estado es harto conocida. Y la discursividad psicoanalítica ha sido, sin duda, un enclave de gran utilidad para las razones de sus dominios...

Refinamiento de las tecnologías confesionales del poder judicial

Freud, en una conferencia dictada en 1906, compartiendo las preocupaciones del sistema judicial, expone los nuevos avances en el conocimiento de la conducta humana (aportados por la teoría psicoanalítica) y da a conocer las nuevas técnicas desarrolladas para conocerla en sus profundidades, condición ésta para controlarla. Al hacerlo ofrece abiertamente sus servicios científicos profesionales al orden de la Ley y sus respectivos procesos judiciales:

> "Señores, la sospecha, cada vez más fundada, de la falta de garantía de la prueba testifical (...) ha intensificado en todos vosotros, futuros jueces y defensores, el interés hacia un nuevo método de investigación, que habría de forzar al acusado mismo a probar, por medio de signos objetivos, su culpabilidad o inocencia."[656]

La ley del Estado ha trazado la raya de lo permisible y lo prohibido (del bien y el mal). Son estos los términos entre los que deben ser entendidas las conductas desviadas de los sujetos particulares. Así, eco de la razón estatal, Freud sostiene la tesis de que no existe el azar ni la arbitrariedad en los procesos mentales.[657] Estableciendo una relación de paralelismo entre la práctica judicial y el psicoanálisis, propone que, para lograr que el acusado confiese la verdad, que ha cometido un delito, es preciso poner en práctica técnicas más precisas, basadas en los más recientes *descubrimientos*

---

[656] S.Freud; "El psicoanálisis y el diagnóstico de los hechos en los procedimientos judiciales" (1906) (Conferencia pronunciada en el seminario del Profesor Loffler, de la Universidad de Viena); en *Obras Completas* (II); op.cit., p.1277.

[657] Entre los *descubrimientos* de Freud les menciona, por ejemplo, que toda una serie de acciones que por lo común aparecen bajo la impresión de pertenecer a arbitrariedades psíquicas o sin motivos (como los actos fallidos: el olvido, las equivocaciones orales y escritas, etc.), no son meras casualidades, y el psicoanálisis puede dar cuenta de sus motivaciones inconscientes: "Una vez habituados a una tal concepción de la condicionalidad de la vida psíquica inferimos, de los resultados de la psicología de la vida cotidiana, que las ocurrencias del sujeto (...) pueden también no ser arbitrarias, hallándose, por el contrario, condicionadas por un contenido ideológico activo en el sujeto." (Op.cit., p.1278)

científicos. De este modo, el discurso psicoanalítico (tal y como –bajo otro registro semántico- era procesado el sujeto trasgresor por la Institución Inquisitorial del Medioevo) integra y pone en juego técnicas confesionales basadas en la manipulación y hostigamiento *persuasivo* de la persona interrogada. El objetivo: hacer que el acusado confiese su inocencia o su culpa, en fin, que diga la verdad.

Y es que la Ley obliga a jurar decir la verdad y, para *persuadir* de hacerlo, convierte en delito la prudencia del silencio. Al hacerlo, la persona sospechosa de cometer delito o acusada de haberlo hecho es forzada a someterse a un proceso involuntario, que es someterse a la suerte incierta y sin mayor remedio de todo proceso judicial. La tradición jurídica moderna, basada en el antiguo principio de persuasión, mantiene entre los rituales confesionales del proceso judicial las técnicas de hostigamiento psicológico. La verdad es, pues, el efecto del conjunto de mezquindades judiciales.[658] El sujeto está obligado por ley a decir la verdad, pero la ley *sabe* que muy posiblemente este *mienta*. El acusado, como el paciente en terapia, *debe* hablar sin reservas, retornar al pasado, al lugar en la memoria donde todavía acontecen los hechos; revelar el pasado enterrado en el silencio; romper los códigos de las resistencias: confesar. El manejo diestro de las técnicas sugestivas es imprescindible, como en la terapia analítica, para el proceso judicial: necesita *hacer* "nervioso" al procesado, confundirlo al interrogarlo, hacerlo sentir sospechoso; forzarlo a confesar la verdad de alguna culpa que presumidamente habita en algún lugar de sus senti-mientos, enraizada en algún complejo mecanismo de resistencia (voluntaria o inconsciente):

> "En el delincuente se trata de un secreto que el sujeto sabe y oculta; en el histérico, de un secreto que él mismo no sabe; un secreto que a él mismo se le oculta. (…) …la labor del terapeuta es la misma que la del juez instructor (fiscal): tenemos que describir lo psíquico oculto y hemos inventado con este fin una serie de

---

[658] Este tema lo he trabajado en un escrito inédito aún, *En torno a la Filosofía Práctica, la Moral y el Dilema del Prisionero: algunas reflexiones desde el pensamiento de la sospecha* (Madrid, 2002).

artes "detectivescas", algunas de las cuales tendrán que copiarnos ahora los señores juristas."[659]

No habría razón alguna por qué pensar que los oficiales de la ley, incluyendo fiscales y jueces, interesaran en realidad saber con lujo de detalles los tecnicismos de la teoría psicoanalítica, pero sin duda, razones de más existen para sospechar lo contrario y esperar que, cuando más, tomen de aquí y de allá del discurso del psicoanálisis lo que les resulte conveniente para hacer más efectivas sus técnicas judiciales y no para cuestionar la raíz de sus fundamentos jurídicos o sus prácticas penales. Basta saber de la teoría que los "signos objetivos" (actos fallidos, *lapsus linguae*, olvidos, confusiones, errores fonéticos, pausas, cambios de contenido, ligeras desviaciones de la forma expresiva habitual, etc.) que antes aparecían desprovistos de interés para la mirada judicial, ahora aparecerán con un valor preciso dentro de las técnicas confesionales del proceso judicial:

"When all or several of this signs are simultaneously present it proves that the complex known to us is present as a disturbing element in the mind of the person under examination. The disturbance is attributed to the fact that the complex present in the mind of the subject is charged with feeling, and enabled to distract his attention from the task of reacting. This irregularity is regarded as a mental betrayal."[660]

Y añade:

"Cada una de estas vacilaciones es para nosotros una manifestación de la resistencia y nos sirve de señal de la

---

[659] S.Freud; "El psicoanálisis y el diagnóstico de los hechos en los procedimientos judiciales"; op.cit., p.1280.

[660] S.Freud; "Psycho-Analysis and the Ascertaining of Truth in Courts of Law" (1906); *Selected Papers* (Volume II); *Basic Books Inc. Publishers*, New York, 1959.

pertenencia al complejo de la asociación de la que se trate."[661]

La mirada judicial fundará ahora sus sospechas de siempre en las nociones psicoanalíticas de las resistencias, puestas, como en la terapia, bajo encargo de ser vencidas. Las técnicas para *hacer* confesar la verdad (admitir la culpa), no obstante, seguirán perteneciendo a las artes habituales de la justicia de la ley. Región ésta que, al parecer, el psicoanálisis de Freud no interesa cuestionar. Forzada por ellas, la verdad será, pues, bajo el modo de una interpretación *analítica* ("detectivesca"), la resulta de sus mezquindades y no una apertura del inconsciente, empujado brutalmente por el sentimiento de culpa, hacia su exterioridad. Al sujeto humano el discurso ideológico liberal (político, filosófico o jurídico) le ha atribuido un instinto preservativo como propio a la naturaleza de su ser, de modo similar que el psicoanálisis, aunque desde ángulos diferentes. Verdad esta que poco importa si en verdad la han creído, pero que sirve de justificación a las técnicas confesionales aplicadas durante el proceso de inquisición judicial. Al sujeto, cuya vida anímica aparece en el discurso psicoanalítico regida por el principio del placer, es decir, pos sus instintos indómitos, más allá de todo sentimiento de culpa o de responsabilidad ética, le resulta normal, consecuente con su naturaleza, activar mecanismos inconscientes de defensa, entre los cuales puede estar oculta la verdad, o mentir. Supuesto fundacional éste consagrado como principio medular de toda práctica judicial. Así, la racionalidad política del discurso judicial advierte que, si bien resulta prudente preservar el derecho constitucional de presunción de inocencia como un principio de justicia, es preferible, en la práctica, actuar como si en verdad el presunto implicado fuera culpable. El psicoanálisis le recuerda, aunque con reservas, que eso es siempre una posibilidad real:

"Al fin y al cabo, no es tan difícil comprender que un secreto cuidadosamente guardado puede delatarse, a lo sumo, en indicaciones sutilísimas, equívocas."[662]

---

[661] S.Freud; "El psicoanálisis y el diagnóstico de los hechos en los procedimientos judiciales"; op.cit., p.1280.

[662] Op.cit., p.1281.

El discurso de la Ley presume que la relación mística entre el ser y la moral (transada siempre entre el bien y el mal) adquiere una materialidad precisa en la relación de obediencia a los mandatos de la Ley que -según ella misma- son en esencia *buenos,* pues representan, si no la sabiduría de los viejos y las tradiciones o la voluntad misericordiosa del soberano o de los dioses, el sentir de la mayoría expresado a través de sus legítimos representantes. El alma de los mortales puede ser corrompida en cualquier momento y es deber del Estado procurar hacer *rectos* sus movimientos -insiste la razón de la Ley-. Pero nadie, por condición de su propia naturaleza, va a hacerse daño a sí mismo y -por virtud de la misma- todo humano procurará evitar y resistir cualquier cosa o situación que pudiera dañarlo –como ya advertía Hobbes en su *Leviatán-*.[663] Sea por que busca satisfacerse personal-mente como dicta el "principio del placer" (tal vez desde Epicuro) o porque evita el displacer como resolvería Freud. Beccaria (que promovía la reforma penal humanista no para disminuir las penas sino para hacer más eficaz y efectivo el sistema de control y dominación estatal) –como Hobbes- concluía que nadie, en su sano juicio, cedería a otro (uno o todos) el poder de quitarle la libertad o la vida.[664] La persona se va a defender, ocultándose o resistiendo los peligros que la asechen (por todos los medios que estime pertinentes). Aquí la diferencia esencial identificada por Freud entre el delincuente y el histérico:

> "En el neurótico se trata de algo secreto para su conciencia; y en el delincuente de algo secreto única-mente para vosotros. En el primero existe una ignorancia auténtica, si bien no en todos los sentidos; en el segundo, sólo una simulación de ignorancia."[665]

Compartiendo así los mismos prejuicios de las racio-nalidades judiciales del poder estatal, añade una agravante:

---

[663] T.Hobbes; *Leviatán;* Ed. Universitaria, Universidad de Puerto Rico, 1996.

[664] C.Beccaria; *De los delitos y de las penas;* Editorial Banco NatWest; Compañía Europea de Comunicación e Información, SA; 1991.

[665] S.Freud; "El psicoanálisis y el diagnóstico de los hechos en los procedimientos judiciales"; op.cit., p.1282.

"...el enfermo nos ayuda a vencer su resistencia, pues espera del examen un beneficio, la cura; en cambio el delincuente no colabora con vosotros y trabajará su Yo contra todo."[666]

A partir de este entendido esencialista se afinan las tecnologías de vigilancia estatal y, con ellas, los mecanismos confesionales de la verdad. Y, aunque el silencio, el secreto y la mentira han sido siempre condiciones vitales para todos los regímenes de gobierno como para la eficacia política de toda racionalidad estatal en general, también han sido cómplices y aliados inseparables de la vida y de la libertad de los súbditos insumisos o de los ciudadanos transgresores de su Ley. Por eso, para la razón de Estado, el delito, más que tratarse de una violación a una regla formal, es un acto de resistencia política a la Ley, a su voluntad disciplinaria y a su moral normalizadora, en fin a su dominación. De lo contrario ¿por qué tanta insistencia en hacer decir la verdad, solamente la verdad y nada más que la verdad?

La Ley del Estado en el lenguaje del psicoanálisis

Si el principio de la dignidad humana, que reconoce el derecho a la vida, a la libertad y la felicidad, a su búsqueda incesante y a su disfrute en plenitud, son *reconocidos* a todos por igual (por gracia divina, por ley natural o por arreglo social), no es de extrañar que el discurso jurídico advierta que nadie en su "sano juicio y en razón" y *teniendo* "conciencia de sí mismo" (en tanto sujeto de tales derechos), se va a traicionar a sí, sometiéndose a un poder que lo sobrepasa en fuerza y que lo amenaza con ocasionarle algún daño (alguna pena). Se activa, pues, una política de la sospecha: una suerte de paranoia estatal. Aunque -por ejemplo- bajo el registro formal del derecho civil y constitucional de una sociedad democrática el discurso jurídico establezca que el proceso judicial debe presumir la "inocencia" del acusado, el ritual acusatorio debe – aunque simulando una voluntad neutral- suponer de antemano que una suerte de "instinto de supervivencia" se impondrá, por lo menos inicialmente, a las expectativas de la moral judicial. Es decir,

---

[666] Ídem.

386

que el sujeto no va a decir la verdad si esta pesa en su contra (teoría de la racionalidad práctica). Esto, sea como sea, se presume siempre como una posibilidad. Sobre todo si se parte de la premisa de que los procesos institucionales de domesticación social y las tecnologías disciplinarias estatales atraviesan por una condición perpetua de crisis, y no han podido atar al plano fijo de la razón las *ideas* de la racionalidad del derecho penal. Probadas tanto más efectivas cuanto más rápido el autor de un delito confiesa su culpa y, preferiblemente, su arrepentimiento (disposición de someterse *voluntariamente* a las penas correccionales establecidas: prisión, multa, rehabilitación, trabajo comunitario, etc.). Si esto es posible, también es provocar un conflicto moral, existencial, psicológico, en el acusado, entre el bien y el mal, entre afrontar las exigencias hechas a todos por igual: a ser *buen* ciudadano, responsable y provechoso para sí y para la sociedad en general, corresponde admitir, si lo ha hecho, que ha cometido una falta y debe reconocer como justo someterse al castigo según dispone la Ley. El ritual acusatorio del proceso judicial debe presumir que la persona, más que sospechosa, es culpable de la comisión del delito. No se trata, pues, de creer en serio (como dicta el derecho civil constitucional) que la persona no sea culpable hasta que se pruebe lo contrario, sino de saber con toda certeza que si algo no es es ser "inocente". La sentencia dicta culpabilidad o no-culpabilidad, nunca inocencia. Como el psicoanálisis, el discurso de la Ley (como el de la Moral) asume como hecho definitivo que en toda persona habita la posibilidad de hacer el mal (dañar física o moral-mente a la sociedad) y de simplemente violar la ley. El sistema judicial sabe que la gente, aunque nunca lo admita, no cree en los cuentos de la justicia estatal, (...) cuando un acusado se sabe a sí forzado a estar -contra su voluntad- entre la espada (de la Ley) y la pared (de la gran Moral Social). El psicoanálisis es un método de *descubrimiento* del material "escondido en la mente" –dice Freud- y el objetivo de esta técnica es dirigir al acusado a que se traicione a sí mismo objetivamente.[667]
Es decir, que diga la verdad. El cura inquisitorial decía que lo hacía con el fin de expiarlo tal y como el terapeuta dice hacerlo con el fin de curarlo y el juez (si es humanista) que su intención -que es la de

---

[667] S.Freud; "Psycho-Analysis and the Ascertaining of Truth in Courts of Law"; op.cit., p.17.

la Ley- no es otra que la de reformarlo, o si no lo es, simplemente de hacer justicia. Comparten el mismo objetivo en tanto jueces de una misma moralidad, la establecida por el poder de la Ley: "*descubrir* el material psíquico escondido"[668] (in)voluntariamente; (in)conscientemente...

Fusión entre la locura y la criminalidad

La pena judicial impuesta a un sujeto que ha violado la ley (delincuente o criminal) puede ser tanto más severa cuanto mayor sea la coincidencia entre los campos discursivos que soportan la sentencia de culpabilidad. Si el Estado mantiene una relación de permeabilidad con el sector religioso (como de hecho sucede), la opinión (posición política) de alguna autoridad de la Iglesia –por ejemplo- puede influir el proceso de la determinación judicial y la severidad de la pena, para bien o para mal del condenado, variar. Eso es harto común en los Estados de Ley contemporáneos. Sin embargo, las influencias de expertos y profesionales de la "conducta humana" se han expandido vertiginosamente desde el siglo XIX. El discurso psicoanalítico lanzado por Freud a principios del siglo XX opera en abierta complicidad con esta Razón de Estado. Esta mirada –como he apuntado- establece una analogía entre un sujeto histérico y la mentalidad criminal, toda vez que ambas coinciden en moverse entre espacios ocultos de secretividad y silencio. De una parte el caso del sujeto histérico que -según Freud- dada su condición, es decir, que escapa de los dominios de la voluntad racional, el secreto está escondido de él mismo, un secreto guardado en una región del ser que se esconde de sí mismo, que posee pero que no lo sabe. En el caso del sujeto criminal, sabe y porque sabe lo esconde de los demás. Las técnicas "psicoanalíticas" procuran, pues, cargar la conciencia de un peso insoportable, el de la culpa, y hacerla desbordarse hasta confesar el más mínimo detalle o, cuando menos, la culpa. El criminal no sabe que sus pensa-mientos no son arbitrarios, sino que están determinados por la reacción a sus complejos secretos. El criminal cree tener dominio absoluto sobre su voluntad, pero está equivocado –diría el psicoanalista-. Hacerlo hablar (siempre bajo la sospecha de que miente); hacerlo creer que

---

[668] Ídem.

388

tiene el dominio de lo que dice, porque no sabe que por lo que dice sabremos lo que calla...

Una técnica paralela es poner a prueba la convicción del interrogado para reconocer las manifestaciones de sus resistencias. En terapia –dice el analista– *curamos* al hacer hablar al paciente, de ese mal que está de seguro guardado en su inconsciente. Perturbar su mente hasta hacerlo perder el aparente control que tiene sobre ella. Su alma o su conciencia debe volcarse contra sí por haber pecado o delinquido contra la sociedad entera. Es esta la gran aportación del psicoanálisis al derecho estatal de castigar: enseñar técnicas científicas de hostigamiento psicológico para hacer confesar la verdad. Es decir, para someter el silencio de cada particular a la violencia disciplinaria de la ley; a la voluntad de control y dominación estatal. Provocar reacciones que perturben el inconsciente, desarmen las resistencias y pongan de manifiesto que en verdad el sujeto acusado miente. Es en eso en lo que deben contribuir las ciencias de la conducta humana. Es la razón civilizatoria en el lenguaje político de Freud. Es este el registro de reacciones "sospechosas" que aporta el psicoanálisis a la inquisición judicial: si pausa en el ritmo de su exposición, si vacila aunque sea mínimamente al desarrollar una idea, si titubea, si suspira, si suda o pestañea, si se rasca la cabeza o si bosteza, si se le escapa una lágrima o una sonrisa o si se ensimisma o si frontea, todo eso son "signos objetivos" de resistencias (in)conscientes... Aunque el discurso jurídico advierte que todo lo que diga el acusado puede ser usado en su contra, e incluso *protege* bajo forma constitucional el derecho a no inculparse, al silencio, durante el proceso judicial el sujeto está obligado por ley a hablar, a decir la verdad. Callarla sería esconderla, falsificarla, obstruir la justicia, y eso es un delito: una resistencia a vencer. De cualquier modo, el poder judicial sabe que lo más que puede forzar es hacer hablar, pero no puede interpretar tal acto como hacer decir la verdad. Aquí entra en juego las técnicas confesionales desarrolladas por las ciencias de la conducta humana. El discurso psicoanalítico promete rellenar el hueco aparente dejado por las lagunas del silencio: ahora, todo lo que diga, como todo lo que calle, podrá ser usado en su contra. *Descubrir* que, a diferencia de un neurótico (ajeno a su genuina ignorancia), el criminal inventa y proyecta una ignorancia que es simulada, escondida a propósito de los requerimientos del sistema de justicia estatal, es este el objetivo de la intromisión psicoanalítica. El criminal, a diferencia del *paciente*, no coopera –advierte Freud- por lo que estamos trabajando contra todo su Yo.[669] Mientras que las resistencias de un histérico se localizan entre las fronteras del inconsciente y el consciente, en el criminal estamos bregando con una resistencia tramada conscientemente –añade Freud-. El discurso de la Ley presume formalmente la inocencia del acusado, pero actúa apostando a que si cometió el delito, lo hizo con arreglo a su voluntad, con toda intención y alevosía...

Algunas salvedades por prudencia política

Freud advierte, como de costumbre, ciertas reservas en la aplicación indiscriminada de estos *nuevos* conocimientos. Da el ejemplo de un niño pequeño que es acusado de algo y lo niega rotundamente, pero que a la vez llora como un pecador que ha sido cogido en el acto.[670] Hace la salvedad de que, en ocasiones, los signos de resistencia no se activan por la acusación específica, sino que el inconsciente mueve reacciones a situaciones similares, que en ocasiones no tienen nada que ver con el delito en sí.[671] Alguien es acusado de asesinato –por ejemplo- y lo niega, pero llora porque recuerda que atropello a un perro y no se lo dijo a nadie. *Su* inconsciente puede producir una reacción perturbadora y someter al sujeto a la interpretación (policial y paranoica) del juez, del abogado, del fiscal o del jurado. Muy difícilmente el juez le crea al acusado que su reacción (interpretada como conducta sospechosa) no se trata de lo que él piensa, que no tiene nada que ver con la verdad, por lo menos no con la que *busca* e interesa al tribunal. En verdad – confiesa el acusado- lloro porque atropellé a un perro. Enseguida será acusado de insolencia. Cualquier cosa puede ser significada por el poder acusatorio como un movimiento "extraño" y entrada en el

---

[669] Op.cit., p.22.

[670] Op.cit.; p.23.

[671] Este tema lo trabaja en S.Freud; "Varios tipos de carácter descubiertos en la labor analítica (iii. Los delincuentes por sentimiento de culpabilidad)" (1916) en *Obras* Completas (Tomo III); op.cit., p.2427.

juego de provocar reacciones que delaten al acusado. Cualquier cosa puede estar vinculada al sentimiento de culpa, al remordimiento originario del Yo; a su angustia primera, al pecado original (al deseo incestuoso con la madre o al instinto de asesinar al padre, según la teoría del complejo de Edipo). La premisa sigue siendo ésta: sabemos que es culpable de algo, no sabemos de qué, pero sabemos sin duda que es culpable. Además, al poder judicial nunca le ha sida extraña la creencia, reiterada por Freud, en la innata inclinación del hombre hacia "lo malo", a la agresión, a la destrucción y la crueldad.[672] A fin de cuentas –dirán- quien esté libre de pecados, que tire la primera piedra…

Algunas insolencias: reivindicando el silencio

Pero de seguro en la locura de Gibran encontraría buen refugio cualquier voluntad delictiva, toda suerte de ilegalismos e inmoralidades, es decir, toda forma de libertad proscrita por el poderío estatal, por la fuerza de su ley. Y es que la locura es para la razón de Estado sólo la forma de un gran secreto. Y un secreto es para el criminal lo que la conciencia para el loco -pudiera concluir Freud-. Revelarlo es vocación de la voluntad de poder estatal, encargado ahora, en buena parte, a la perspicaz *mirada* psico-analítica. Sea como fuera -como dice Cioran- nada es más fructuoso que conservar su secreto. Pues -añade- incluso cuando se dirige a Dios, la confesión es un atentado contra nosotros mismos, contra los resortes de *nuestro* ser:

> "Los disturbios, las vergüenzas, los espantos, de los que las terapéuticas religiosas o profanas quieren liberarnos, constituyen un patrimonio de que a ningún precio deberíamos dejarnos despojar. Debemos defendernos contra quienes nos curan y, aunque preciásemos por ellos, deberíamos preservar nuestros males y pecados."[673]

---

[672] S.Freud; *El malestar en la cultura*; op.cit., p.64.

[673] E.M.Cioran; *Adiós a la filosofía y otros textos*; Ed. *Alianza*; Madrid, 1999; p.48.

391

Saldo de las tecnologías normalizadoras de la modernidad, pareciera ser que -exceptuando unos pocos criminales -como decía Cioran- todo el mundo aspira a tener un alma pública, un alma-anuncio. De lo contrario el discurso de la Ley no podría reclamar como un deber moral decir la verdad, afirmar los actos, confesar las culpas. Y es que hacer confesar es vocación de la Ley. La confesión: violación de las conciencias perpetradas en nombre del cielo -denuncia Cioran- El análisis psicológico -en el escenario judicial-: otra violación. Hasta aquí, el hilo conductor del conjunto de estas reflexiones ha sido la sospecha general de que el discurso psicoanalítico, contrario a lo que han jurado sus más reconocidos descendientes (estudiosos y publicistas, guardianes, custodios, seguidores y beneficiarios) se ha incorporado más como pieza clave en las prácticas generales de control y regulación social que como dispositivo de ruptura alternativa respecto a las mismas. La interrogante que hasta ahora ha atravesado estas reflexiones no se agota, sin embargo, en determinar si acaso el psicoanálisis está o no basado en una teoría confiable para sí mismo, o se trata meramente de especulaciones, fantasías o experiencias genuinas del analista. Tampoco se trata de llevar a tierra firme la base teórica de la práctica analítica, o de establecer con justicia el costo razonable por alquiler de oídos, ni siquiera determinar cuáles son los criterios para decidir la técnica de sus pretensiones de cura, o confirmar si su objeto de intervención, eso que lo diferencia y consagra como disciplina científica, está suficientemente *definido* o aún se entretiene demasiado entre los dominios de la literatura y sus ficciones...

Más allá de las repercusiones inmediatas de la relación de economía privada entre el psicoanalista y su paciente, el discurso psicoanalítico (sin antes haberse consolidado bajo el registro de una unidad epistémica cerrada o como un cuerpo referencial definido en definitiva) ya ha sido absorbido y asimilado por gran parte del lenguaje de uso cotidiano, incidiendo significativamente en la imaginería social contemporánea y, por consiguiente, en sus creencias e ilusiones, sus juicios y deseos, sus valores, sus temores y sus anhelos...

Parte IX

Espectros de Marx:
(des)ilusiones de la "revolución psicoanalítica

> "La necesidad del Estado descansa, en último término,
> en el reconocimiento de que el género humano es de suyo injusto:
> de otro modo,
> nunca se hubiera considerado un Estado de ninguna clase,
> puesto que nadie tendría por qué temer que se vulnerasen sus derechos
> (...)
> Teniendo esto en perspectiva,
> se aprecia con claridad lo cortos y obtusos que son todos esos
> filosofastros que (...)
> con frases pomposas nos presentan al Estado
> como el fin supremo y lo más granado de la existencia humana."
> *Arthur Schopenhauer*

Parte IX

Espectros de Marx:
(des)ilusiones de la "revolución psicoanalítica"

> "Los comunistas creen haber descubierto
> el camino hacia la redención del mal. (...)
> Sin embargo, si esta lucha pretende aducir el principio abstracto
> de la igualdad entre todos los hombres en nombre de la justicia,
> resulta harto fácil objetar que ya la Naturaleza,
> con la profunda desigualdad de las dotes físicas y psíquicas,
> ha establecido injusticias para las cuales no hay remedio alguno."[674]
> *S.Freud*

> "Psychoanalysis has a normative ideological impact:
> it helps to rationalize and naturalize
> the prevailing political and economic order
> by providing a psychological classification
> that makes institutionalized styles in general
> appear to be intimate of 'my inner life'."[675]
> *S.Winter*

La Ciencia: pretexto ideológico-político de las disputas

Gran parte de las críticas, disputas, tensiones y resistencias que han atravesado y movido la imaginería psicoanalítica desde su emergencia histórica, y que aún hoy, recién entrado el siglo XXI, mantienen plena vigencia, tienen por enclave común la frágil y extraña relación de ésta con el discurso de la Ciencia. En este contexto, la perspectiva materialista y objetivista, anclada en la epistemología política de la filosofía marxista y representada y autorizada a sí misma como Ciencia, fue, tal vez, uno de los bastiones que mayor resistencia opuso al psicoanálisis de Freud desde su aparición y puesta en circulación internacional desde principios del siglo XX.[676] Hoy, en tiempos (pos)modernos, aunque

---

[674] S.Freud; *El malestar en la cultura*; op.cit., p.254.

[675] S.Winter; *Freud and the Institution of Psychoanalytic Knowledge*; Editorial Stanford University Press, California, 1999.

[676] Una crítica contemporánea a Freud, desarrollada en éstos términos y desde una perspectiva marxista aparece en el escrito de V.N.Voloshinov; *Freudismo: un bosquejo crítico* (1926); Editorial *Paidós*, Buenos Aires, 1999. La crítica de este autor

los referentes fuertes del discurso científico tradicional, como los de la religión y las demás filosofías, han sido puestos bajo incisivas sospechas, y sus respectivas autoridades para *determinar* la verdad última sobre los sujetos humanos se han debilitado profundamente, todavía permanecen en la escena del debate intelectual las mismas tensiones y disputas políticas, en particular con lo que respecta a los modos como el sujeto humano es representado por sus teorías y la relación de éstas con las vidas concretas de los mismos. Ciertamente, el discurso científico ha operado como dispositivo ideológico dentro del poderío normalizador del imaginario social moderno, y gran parte de sus registros representacionales han incidido de manera significativa sobre los modos de juzgar, autorizar, legitimar o rechazar, la existencia singular y colectiva del sujeto en el contexto de la vida social.

El cuestionamiento de los fundamentos epistemológicos del psicoanálisis es, a mi entender, una práctica política que se opera a partir de la fusión entre la Filosofía y la Ciencia. Es decir, a partir de una puesta en cuestionamiento desde una perspectiva situada en función de determinada intencionalidad política. La pregunta clave en la que puede inscribirse esta práctica es, tal vez, para qué el psicoanálisis. En esta clave es que la crítica epistemológica excede los límites formales de los requerimientos del discurso científico, pues éstos, a todas cuentas, son establecidos en función de

---

se centra en sostener que Freud inscribe el conjunto de su trabajo teórico a las epistemologías de orientación biológica y reproduce las tradiciones filosóficas burguesas que las subyacen, basadas éstas, principalmente, sobre las representaciones de las psicologías subjetivistas que daban al traste con el requerimiento fundacional del discurso científico materialista y objetivista. Pero el análisis teórico de este autor no se limita a reducir al psicoanálisis de Freud a estos términos vinculados a las tradiciones positivistas de su época, sino que integra una dimensión crítica que, a mi entender, guarda estrecha pertinencia con ciertos debates actuales, relacionados con el carácter social del lenguaje que es, a todas cuentas, la materia prima de la interpretación analítica. Este autor difiere de Freud al sostener que los constructos teóricos a los que remite lo inconsciente están hechos del mismo material que las filosofías y las psicologías ya han reconocido al registro de lo consciente (voluntad –deseos, impulsos-; intelecto –sensaciones, representaciones, pensamientos-; y sentimientos –afectos, emociones-) (Op.,cit., p.135.); y que los mismos son invariablemente construidos por el lenguaje y éste es, a su vez, expresión puntual de lo social e histórico y no de la singular vida psíquica de los sujetos. En otras palabras, que no es Natural sino Ideológico...

objetivos políticos precisos, de entre los que el discurso de la verdad (la objetividad) forma sólo una parte integral de su lógica estratégica. De ahí que no pueda establecerse relación de exterioridad con respecto del registro ideológico. Entendido éste sobre los que las corrientes intelectuales vinculadas al materialismo en clave marxista montarían el conjunto de sus críticas al psicoanálisis, es decir, con relación a un proyecto político más amplio en el que contextualizarían la pertinencia de las mismas.

Hoy, a pesar de los antagonismos irreconciliables que caracterizaron la crítica materialista al psicoanálisis y que establecieron la incompatibilidad teórica entre ambos registros e incluso rechazaron la posibilidad de fusionarlos y pusieron en cuestionamiento político y moral la deseabilidad de tal intento, estas diferencias que los distanciaban se han erosionado. En parte, debido al desvirtuamiento político del marxismo, ya por virtud del predominio imperial de las ideologías vinculadas a los procesos de globalización del capitalismo, o ya con relación a las críticas políticas radicales que han marcado el advenimiento de la condición (pos)moderna en general. Pero, sobre todo, porque una parte sustancial del marxismo apuntaba sus esfuerzos ideológicos más allá de la revolución, hacia la misma dirección que sus antecesores: a la normalización social, a la instauración de un régimen de poder estatal, de Ley. A todas cuentas, como he sostenido a lo largo de este trabajo, el psicoanálisis, independientemente de los usos políticos que pudieran dársele, sigue siendo un dispositivo híbrido de subyugación ideológica del poderío normalizador contemporáneo y puede ser utilizado, como cualquier discurso científico, para legitimar las relaciones de control y dominación social imperantes y fortalecer las tecnologías normalizadoras del poderío estatal y el correlativo dominio imperial de la Ley.[677]

---

[677] Por ejemplo, por razones que al momento me parecen extrañas, el psicoanálisis fue proscrito en la antigua Unión Soviética por el régimen estalinista, pero después de la caída del bloque soviético, no sólo le fue devuelto su reconocimiento, sino que el mismo aparece vinculado a las inclinaciones del poder normalizador del ordenamiento estatal. Según Sara Winter, actualmente se enseña en las universidades como parte de los currículos de psicología, incluso en la Universidad Militar del Ministerio de Defensa de la Federación Rusa. El presidente de la Nueva Sociedad Psicoanalítica de Moscú -según citado por esta autora- describe las causas políticas que subyacen este renacimiento: "For 70 years the Russian people were robbed of self Knowledge (…) Psychoanalysis is one

397

No obstante, pienso que todavía sigue siendo pertinente considerar ciertas críticas al psicoanálisis de Freud que tuvieron lugar desde el primer cuarto del siglo XX, precisamente porque todavía hoy siguen vigentes los esfuerzos por hacer del psicoanálisis un enclave del poderío normalizador que refuerza las actuales condiciones de época como expresiones del devenir evolutivo de la cultura y, asimismo, fortalecer la impresión ideológica del carácter de inevitabilidad histórica de las mismas. Dentro de este registro representacional, que es dominante en la escena intelectual contemporánea, toda significación alternativa del psicoanálisis es representada como una incongruencia epistemológica y su fundamento sigue siendo la postura ideológico-política de Freud frente a las ilusiones emancipadoras prometidas, en gran medida, desde el proyecto *revolucionario* marxista.

Entre las interrogantes generales que atravesarán esta parte de mi escrito trazo las siguientes: ¿Cuáles son esas diferencias epistemológicas y políticas que ciertos intelectuales marxistas opusieron como resistencias a la integración del psicoanálisis dentro del núcleo ideológico del discurso científico? ¿Interesaba acaso a Freud desenmascarar la opresión social, en los mismos términos que lo hacía el marxismo? ¿Cuáles son los signos de la diferencia? ¿Cuáles los de las coincidencias? A partir de esta distinción, ¿en qué términos se articula la interpretación del psicoanálisis como recurso emancipador? Adoptada esta premisa (cargada invariablemente de fuertes connotaciones políticas), ¿puede afirmarse que la tarea del psicoanálisis es, primordialmente, poner de manifiesto los procesos de sujetación? Y si acaso, ¿puede traducirse esto como una disposición automática a procurar una transformación radical de las condiciones de existencia y los contenidos precisos de la sujetación? ¿Cuál es la relación de Freud con el proyecto político *emancipador* propuesto desde la ideología marxista? Si es el marxismo la clave referencial de lo revolucionario, ¿puede considerarse revolucionario al psicoanálisis? Entre estas coordenadas, ¿en dónde se

---

weapon with which we can restore some order to our society." (S.Winter; *Freud and the Institution of Psychoanalytic Knowledge*; op.cit., p.3.) Sobre la historia más precisa del psicoanálisis en este contexto, el trabajo más reciente y completo publicado es el de Martin A. Miller; *Freud and the Bolsheviks: Psychoanalysis in Imeprial Russia and the Soviet Union*; Editorial *Yale University Press*, 1998.

fusiona el artificio diferencial entre el discurso revolucionario y el terrorismo discursivo? Y a fin de cuentas, ¿existe realmente una diferencia cualitativa entre el proyecto político del marxismo y las inclinaciones ideológico-políticas de Freud? ¿Acaso ambos registros representacionales no coinciden, a la larga y entrecruzadamente, en tratarse de dispositivos de subyugación ideológica del poderío normalizador que atraviesa, que mueve y que sostiene al proyecto político de la modernidad y sus correlativas tecnologías de domesticación social, política y cultural?

Resistencias freudianas al marxismo

Freud *sabía* que cierta parte de las precarias condiciones de existencia de gran parte de la población estaban intrincadas en la tenencia privilegiada de unos pocos, y que gran parte de las *desigualdades* sociales, políticas y económicas estaban antes *legitimadas* por virtud de la fuerza de la Ley que por arreglo a la moral cultural de la sociedad civilizada. Sabía que el derecho de propiedad no era natural sino, como todo derecho, una fuerza superior convertida en ley. Alguna parte significativa de las coerciones morales y de las exigencias culturales estaba fuertemente ligada a este entendido, y cualquier estrategia política dominante estaba, consecuentemente, orientada a fortalecerlo como un principio de valor esencial de la humanidad, casi en idénticos términos a los consagrados en las dogmáticas religiosas, pero ahora trasladados al lenguaje ideológico del humanismo burgués. Como cualquier filósofo estadista, estratega político e ideólogo, Freud sabía que los niveles de subordinación de los sectores desposeídos, marginados, oprimidos y explotados, pendía de una relativa frágil disposición psíquica al sometimiento, interiorizada muy profundamente en sus adentros pero en conflicto constante y permanente con las condiciones materiales de sus existencias, es decir, con las imposibilidades reales de satisfacer plenamente la voluntad de sus deseos. La posibilidad de rebelión de estos sectores, por lo general mayoritarios, siempre fue una constante en las consideraciones de los estrategas ideólogos del proyecto político de la modernidad (en particular al vinculado a la economía política capitalista), que sabían que si lograba prevalecer una representación ideológica alternativa (como la clave marxista en los contextos estatales dominados por el liberalismo burgués), las clases privilegiadas serían consideradas fuera de lo normal, sus arrogadas virtudes pasarían a ocupar el lugar de lo moralmente perverso y las consecuencias serían, muy posible-mente, violentas y mortales. En *El porvenir de una ilusión* (1927) Freud lo advertía:

> "En lo que se refiere a las restricciones que sólo afectan a determinadas clases sociales, la situación se nos muestra claramente y no ha sido nunca un secreto para nadie. Es de suponer que estas clases postergadas envidiarán a las favorecidas sus privilegios y harán todo lo posible por libertarse del incremento especial de privación que sobre ellas pesa."[678]

Sin duda, el signo que marca de inmediato la postura política de Freud no es defecto de traducción, ni soltura narrativa, sino una constante en el lenguaje que acostumbra a usar al referirse a los movimientos políticos, a las luchas sociales: todas tienen por motor que las anima y que las mueve, la fuerza de la envidia. Desvirtuada la retórica política que le sirve de soporte legitimador a los modos tradicionales de representación de las luchas políticas de resistencia, Freud convierte en su letra eso que para algunos, quienes creen en ellas, es una reivindicación de derecho, en un simple acto de envidia; una envidia que encontraría sus raíces más profundas en la vida anímica de los sujetos en los que se materializaría bajo el modo de una lucha. Por envidia –para la teoría psicoanalítica- se darían, en primera instancia, los movimientos estudiantiles, las reivindicaciones obreras o las luchas feministas; las contiendas partidistas y las guerras. En todo caso, como es común en el lenguaje de un político burgués, no es por derechos sino por privilegios que luchan quienes reclaman derechos. Aunque, claro, como teórico político reconoce enseguida que el derecho es, a fin de cuentas, el título de un privilegio ya adquirido y conservado por la fuerza superior que lo hizo posible a raíz de una contienda, de una lucha. Pero no abundaré más sobre este tópico, que trataré con más detenimiento posteriormente. Me parece pertinente destacar, sin embargo, el reconocimiento de que las *diferencias sociales* no son

---

[678] S.Freud; "El porvenir de una ilusión" (1927) en *Psicología de las masas*; Editorial *Alianza*, Madrid, 2000; p.153.

un secreto oculto y que su realidad, encarnada y distribuida entre las miserias de las mayorías -que sin duda incluye también sus envidias- es una condición que muy probablemente deje por saldo, en el lugar de las angustias y las miserias (y también las envidias, aspiraciones, anhelos e ilusiones), revueltas; insubordinaciones; protestas; revoluciones. El efecto político previsible, de permanecer intactas estas condiciones, sería -según Freud- la consecución del mayor de los temores que enfrentan las clases privilegiadas:

> "Donde no lo consigan surgirá en la civilización correspondiente un descontento duradero que podrá conducir a peligrosas rebeliones."[679]

Este próximo pasaje es, tal vez, enclave representativo de un modo preciso de articulación retórica donde se suele confundir la voluntad política normalizadora de Freud con un supuesto espíritu revolucionario:

> "Pero cuando una civilización no ha logrado evitar que la satisfacción de un cierto número de sus partícipes tenga como premisa la opresión de otros, de la mayoría quizá –y así sucede en todas las civilizaciones actuales-, es comprensible que los oprimidos desarrollen una intensa hostilidad contra la civilización que ellos mismos sostienen con su trabajo. (…) En este caso no puede esperarse por parte de los oprimidos una asimilación de las prohibiciones culturales, pues, al contrario, se negarán a reconocerlas, tenderán a destruir la civilización misma y eventual-mente a suprimir sus premisas."[680]

Ciertamente los oprimidos, los marginados, los sectores poblacionales pertenecientes a las clases desfavorecidas y forzadas a someterse a sus prohibiciones, aparecen representados bajo las mismas categorías identitarias que en el discurso marxista: la identidad de sujeto trabajador como antagónico potencial de la clase propietaria burguesa, en fin, pobres contra ricos, esclavos contra

---

[679] Idem.

[680] Op.cit., p.154.

amos. Pero no intereso traer a discusión las contrapartidas y claves, virtudes y defectos de este registro representacional de lo político, sino destacar que en ninguna parte Freud asume partido a favor de los "desfavorecidos" del mundo, ni mucho menos alienta sus rebeliones políticas. Más bien reconoce que sus condiciones de existencia resultan amenazantes en potencia a los ordenamientos sociales, jurídicos y políticos que las sostienen y perpetúan, a la cultura, a la civilización –según sus términos-. No me abstendré de la tentación de atribuir a su ambigüedad una intencionalidad totalmente contraria y la interpretaré como si interesase simplemente *explorar* las posibilidades de cómo "los oprimidos" podrían *asimilar* las prohibiciones culturales sin oponer mayores resistencias. En el texto citado destaca como inquietud política el hecho de que, dadas esas *desfavorables* condiciones de existencia, en contraste con otras que gozan de los favores culturales y sus respectivos privilegios, los grupos humanos marginados u oprimidos tienden a no reconocerse en las prohibiciones culturales que sobre ellos se imponen. De este *reconocimiento* se desprenden varias consideraciones que revelan, entre otras cosas, el carácter eminentemente clasista y elitista contenido en esas prohibiciones culturales. Valdría suponer, pues, que la desidentificación con las mismas está más relacionada con sus respectivos contenidos políticos que con las inclinaciones instintuales de los seres humanos. Es decir, que éstas "prohibiciones culturales" a las que Freud se refiere, no representan el deseo de las mayorías oprimidas sino, si acaso, la voluntad de las minorías privilegiadas. Distinción ésta que pone de manifiesto la orientación ideológica de la ficción representacional contenida en la noción misma de "cultura", es decir, que pone en tela de juicio el carácter generalizable del significante cultural como signo representacional de valor universal así como las retóricas evolucionistas. Puede inferirse que Freud reconoce que el contenido de estas prohibiciones culturales es representativo de intereses y valores minoritarios, pero no que las pone en entre dicho, sino que resalta que los mismos están en riesgo permanente, pues el descontento general, "el malestar en la cultura", puede más que alterar el orden cultural dominante y subvertir los fundamentos legitimadores que sirven de garante ideológico a las clases privilegiadas, convertir en hechos concretos la desintegración de la civilización tal y como él la conoce y la valora...

El principio ideológico en el que se sostienen los privilegios de unos pocos sobre las miserias reinantes de muchos es el contenido en las prohibiciones culturales registradas en la ética capitalista del trabajo, a la que Freud suscribe explícitamente sus inclinaciones ideológicas y preferencias políticas. El dogma del trabajo, aunque quizá goza de una relativa significación positiva en la dimensión cultural moderna, es impuesto por la fuerza de la Ley estatal, y su máxima preocupación es garantizar el derecho de propiedad privada por encima del derecho a mejorar las condiciones de existencia de los no-propietarios, de los trabajadores o de los desempleados. La pobreza, a todas cuentas, es la condición de posibilidad de la existencia, mantenimiento y perpetuidad de todo orden social de economía política capitalista. La opresión de la mayoría sigue siendo, pues, más que un malestar que padece la cultura civilizada, una condición de la misma. Cómo evitar esta tendencia a la destrucción de la civilización (según los valores que Freud eleva al rango civilizado); cómo evitar que ésta sucumba a las envidias de las masas rebeladas y revueltas, y supriman las premisas sobre las que se sostienen sus privilegios, que son el signo al que Freud adscribe lo característico de la civilización; cómo normalizar la disposición a la sumisión, que es la asimilación de las prohibiciones culturales y la identificación con las mismas; es ese el encargo político al que Freud circunscribe la tarea del psicoanálisis.

De cierto modo los marxistas ortodoxos (alineados a favor de la moral socialista y sus ilusiones emancipadoras) se molestaron, ofendieron o desilusionaron por las *posiciones* sostenidas en *El porvenir de una ilusión*. En *El malestar en la cultura* –consecuentemente-sostiene que no le concierne la crítica económica del sistema comunista, que no le es posible investigar si la abolición de la propiedad privada es oportuna o convincente, pero, en cambio, reconoce como vana ilusión la hipótesis psicológica comunista, y enseguida la caricaturiza (y ridiculiza):

"Los comunistas creen haber descubierto el camino hacia la redención del mal. Según ellos, el hombre sería bueno de todo corazón, abrigaría las mejores inten- ciones para con el prójimo, pero la institución de la propiedad privada habría corrompido su naturaleza. La posesión privada de bienes concede a unos el poderío, y con ellos la tentación de abusar de los otros; los excluidos de la propiedad deben sublevarse hostilmente contra sus opresores. Si se aboliera la propiedad privada, si se hicieran comunes todos los bienes, dejando que todos participaran de su provecho, desaparecería la malquerencia y la hostilidad entre los seres humanos. Dado que todas las necesidades quedarían satisfechas, nadie tendría motivo de ver en el prójimo a un enemigo; todos se plegarían de buen grado a la necesidad del trabajo." [681]

Contra cada una de estas "vanas ilusiones socialistas" Freud dedicaría alguna parte entre sus escritos, como ya he destacado en otra parte de estas reflexiones. Ya hacía unos años antes, en su *Psicología de las masas*, que Freud advertía esta crítica, vinculándola al saldo de las psicologías colectivas, cuando a su interior no se opera una transformación radical en los sentimientos religiosos, augurando que la misma intolerancia que siglos antes se manifestó de manera cruel y violenta a través del poder religioso sería repetida por la formación colectiva socialista.[682] El autoritarismo político que caracterizó a los regímenes de gobierno que se instauraron bajo el semblante revolucionario en clave marxista, sin duda, dio la razón a buena parte de sus sospechas. Pero sería una ingenuidad política poner estas suertes de trasfondo para exaltar incondicionalmente las condiciones de existencia en los estados que reducen los potenciales de la vida social a los límites impuestos por la economía política del capitalismo. Sostenida su crítica en *El malestar en la cultura*, en una nota al final del texto antes citado, abunda sobre este tema interpretando el descubrimiento psicoanalítico a modo de una posición política que, por demás, contraría radicalmente las ilusiones políticas del programa *revolucionario*:

"Quien en los años de su propia juventud ha sufrido la miseria, ha experimentado la indiferencia y arrogancia de los ricos, bien puede estar a cubierto de la sospecha de incomprensión y falta de simpatía por los esfuerzos

[681] S.Freud; *El malestar en la cultura*; op.cit., p.57.

[682] S.Freud; *Psicología de las masas* (1921); Editorial *Alianza*; Barcelona, 2000; p.37.

dirigidos a combatir las diferencias de propiedad entre los hombres, con todas las consecuencias que de ella emana. Sin embargo, si esta lucha pretende aducir el principio abstracto de la igualdad entre todos los hombres en nombre de la justicia, resulta harto fácil objetar que ya la Naturaleza, con la profunda desigualdad de las dotes físicas y psíquicas, ha establecido injusticias para las cuales no hay remedio alguno."[683]

De este texto se pueden desprender varias reflexiones, pero la que intereso desatacar es la que *interpreta* la posición psicoanalítica como augurio de un porvenir sin mayores ilusiones o bien como postura de resignación y renuncia a los anhelos *emancipadores* de las luchas políticas *revolucionarias*. Lo *revolucionario* y su prometido contenido *emancipador* tienen su lugar en la crítica de Freud al marxismo, activada desde el discurso teórico-científico del psicoanálisis. Esta *crítica* no se limita, pues, a un comentario o a una nota al pie de página. El discurso psicoanalítico no se quedó al margen de los acontecimientos políticos más significativos de su época, sino que asumió posiciones políticas radicales, y entre sus críticas embistió con una estocada mortal a las ilusiones revolucionarias del marxismo de la época. Lo teórico y lo político se fusionaron en un mismo movimiento, el de la crítica...

En su lección XXXV, dictada en conferencia en 1933, Freud reconoció que la obra de Marx, sus investigaciones sobre la estructura económica de la sociedad y la influencia de las distintas formas de economía sobre todos los sectores de la vida humana, habían logrado una indiscutible autoridad en su época.[684] Ciertos postulados de la teoría marxista –apunta- le provocaron una profunda *extrañeza*, en particular la supuesta concepción *materialista* de la que la teoría marxista se proclamaba partícipe, pero que daba al traste con sus propias afirmaciones teóricas, como la que sostiene que "la evolución de las formas sociales sería un proceso natural y la de que los cambios sobrevenidos en la estratificación social surgen

---

[683] S.Freud; *El malestar en la cultura*; op.cit., p.254.

[684] S.Freud; "Nuevas lecciones introductorias al psicoanálisis"; en *Obras Completas* (Tomo III); op.cit., p.3202.

unos de otros en la trayectoria de un proceso dialéctico".[685] La concepción de Freud, en su teoría sobre la evolución social y cultural, refiere la estructura de clases a las luchas que desde el comienzo de la Historia se desarrollan entre hordas humanas, separadas por mínimas diferencias. Las diferencias sociales -para Freud- fueron originalmente diferencias entre clanes o de raza.[686] Los factores que determinaban tales diferencias eran psicológicos, tales como el exceso de la tendencia agresiva constitucional, o también la coherencia de la organización dentro de la horda, y factores materiales tales como la posesión de armas mejores habría decidido la victoria. En la convivencia sobre el mismo suelo, -concluye- los vencedores se hicieron los amos y los vencidos pasaron a ser esclavos:

> "En todo esto no descubrimos nada de leyes naturales
> ni de evolución dialéctica; en cambio, se nos evidencia
> el influjo que el dominio progresivo de las fuerzas
> naturales ejerce sobre las relaciones sociales de los
> hombres en cuanto éstos ponen siempre al servicio de
> su agresión los nuevos medios de poderío conquistado
> y los utilizan unos contra otros."[687]

Esta racionalidad la extiende a todos los contextos bélicos de la *Historia de la Humanidad,* como determinados por factores de los que no podría desprenderse una relación de evolución natural ni dialéctica. Freud da cuenta somera de su perspectiva en el texto citado, pero acentúa que lo que interesa es poner énfasis en que la relación de los hombres con el dominio de la Naturaleza, a la cual toman sus armas para la lucha con sus semejantes, tiene forzosamente que influir sobre sus instituciones económicas.[688] En este

---

[685] Ídem.

[686] Op.cit., p.3203.

[687] Ídem.

[688] Ídem.

sentido, Freud reconoce que Marx *descubre* toda una serie de relaciones y dependencias antes ignoradas, pero:

"La fuerza del marxismo no estriba manifiestamente en su interpretación de la Historia ni en la predicción del porvenir que en ella funda, sino en la perspicaz demostración de la influencia coercitiva que las circuns- tancias económicas de los hombres ejercen sobre sus disposiciones intelectuales, éticas y artísticas. (...) Pero no se puede admitir que los motivos económicos sean los únicos que determinan la conducta de los hombres en la sociedad."[689]

Lo que le resulta *incomprensible* es la exclusión del factor psico- lógico de una teoría que trata, precisamente, de las reacciones de los seres humanos. La perspectiva política de Freud, no obstante la pertinencia de sus críticas, es ingenua, si acaso fuera honesta; o políticamente comprometida con la concepción que de la Historia producen las ideologías liberales características de la burguesía de la época, para quienes gozaban de posiciones relativamente privile- giadas y la defensa de sus privilegios ocupaban la prioridad de sus pensamientos. Pero no me detendré ahora a dar cuenta de ello, pues lo que intereso es subrayar la crítica freudiana al marxismo y su pertinencia para los modos posteriores de fusión entre ambas corrientes de pensamiento. Retomando la línea dispuesta, Freud afirma que el marxismo constituiría una ciencia social[690] si lograra descubrir cómo esos factores, la disposición instintiva, sus variantes raciales y sus transformaciones culturales, inhiben o fomentan las condiciones de la ordenación social. En su crítica, Freud traza someramente una propuesta programática de revisión teórica del marxismo que sería considerada posteriormente por ciertos teóricos marxistas. Pero en el tiempo inmediato enviste una crítica radical

---

[689] Ídem. Ya el hecho indudable –añade- de que razas, pueblos y personas diferentes se conduzcan distintamente en las mismas circunstancias económicas excluye el dominio único de los factores económicos. (Op.cit., p.3203.)

[690] Según Freud, la Sociología, en cuanto trata la conducta del sujeto con relación a lo social, no puede ser sino psicología aplicada. Para él sólo existen dos ciencias: la Psicología y la Historia Natural. (Op.cit., p.3204.)

que sería luego el mejor pretexto "teórico" para activar la revisión a partir de las "aportaciones psicoanalíticas". La misma suerte acontecería a la inversa, pues el psicoanálisis, más allá de la arrogancia política de sus determinaciones psicológicas, también sería influenciado por las *aportaciones* materialistas del marxismo. Desde la *concepción* histórica universal manejada por Freud, se sostiene que de la crisis económica y las condiciones sociales que de ella se desprenden, da lugar a que surja la *tentación* de no abandonar la transformación social a la "evolución histórica", sino *imponerla* por medio de la revolución. Tal es el caso –según ejemplifica Freud– de las luchas articuladas desde la teoría marxista:

> "Con su realización en el bolchevismo ruso, el marxismo teórico ha conquistado la energía, la concreción y la exclusividad de una concepción del Universo, pero también, al mismo tiempo, un siniestro parecido con aquello mismo que combate."[691]

Pero la crítica de Freud no se limita a destacar las insuficiencias teóricas de la teoría marxista, sino a denunciar las implicaciones concretas de su aplicación práctica. Según Freud, la teoría marxista, pretendida originariamente científica, una vez apropiada por el movimiento político *revolucionario*, dio paso a la "prohibición de pensar" de manera tan implacable como la religión en su tiempo:

> "Han prohibido toda investigación crítica de la teoría marxista, y las dudas sobre su exactitud son tan castigadas como en los tiempos de herejía de la Iglesia católica. Las obras de Marx han tomado, como fuente de una revelación, el lugar de la Biblia y el Corán, aunque no están más libres de contradicciones y oscuridades que aquellos libros sagrados más antiguos."[692]

---

[691] Op.cit., p.3204.

[692] Ídem.

Freud reconoce que el marxismo práctico ha acabado sin compasión con todos los sistemas idealistas y todas las ilusiones anteriores, pero que también ha creado nuevas ilusiones no menos dudosas e indemostrables que las anteriores.[693] La ilusión revolucionaria del marxismo –según Freud- espera transformar la naturaleza humana en el curso de escasas generaciones, de tal modo que los hombres lleguen a convivir sin roce alguno en la nueva ordenación social e incluso a dedicarse al trabajo sin necesidad de coerción alguna. Entre tanto -añade- desplaza a otro sector las restricciones de los instintos, inevitables en la sociedad, y orienta hacia el exterior las tendencias agresivas que amenazan a toda sociedad humana, se apoya en la hostilidad de los pobres contra los ricos y de los inermes contra los anteriores poderosos.[694] Mutación ésta que espera ilusoriamente la revolución, pero que es, en esencia, científicamente inverosímil –según Freud-. La apuesta política a que una transformación radical en las estructuras de poder social implicaría, por su propia naturaleza, una transformación cualitativa en las relaciones entre los seres humanos, es una ilusión similar a la prometida por el discurso religioso. Como él, no puede prescindir de fuertes coerciones, que comienzan desde la educación, prohibiendo pensar críticamente y se extiende hasta las violencias más terribles y mortales sobre sus detractores, a los inadaptados, los "contrarrevolucionarios". Un nuevo orden social que sea incapaz de satisfacer las más diversas necesidades de los sujetos está destinado al fracaso, advertía Freud. No sólo la exclusión de la miseria material de las masas es suficiente para la instauración de un nuevo orden social, sino que también precisa, pues, la acogida de las aspiraciones culturales de los individuos:

"Y aún así, con las muchas dificultades que lo indómito de la naturaleza humana suscita toda comunidad social, *tendremos* que luchar aún mucho tiempo."[695]

---

[693] Ídem.

[694] Ídem.

[695] Op.cit., p.3205.

Los ideales esenciales del marxismo no son cuestionados abiertamente por Freud, sino los modos como éstos se han materializado en las violencias *revolucionarias*, armadas de una fuerza superior que desatiende las condiciones psíquicas (que desde el psicoanálisis se han demostrado determinantes al ser humano), y fuerza brutalmente al sujeto a ajustarse a sus exigencias de nuevo orden, a su Ley. La crítica de Freud es de doble filo. De una parte, dentro de consideraciones estrictamente teóricas, acentúa las inconsistencias y defectos de la teoría marxista al considerar los factores exteriores como determinantes en última instancia de las subjetividades bajo influencia de sus dominios, desatendiendo lo primordial de todo sujeto que es la vida anímica y los procesos psíquicos que la constituyen. Pero la crítica no se limita a afinar la teoría marxista sino a desmentir las ilusiones promovidas en su nombre y, sobre todo, las devastadoras consecuencias que sobre el ser humano se ciernen en el acto de su imposición por medio de la fuerza *revolucionaria*. Ahí la fusión con lo político, en el decir certero de la postura de Freud, sobre todo en eso que no dice, que omite a propósito de las implicaciones sociales que promete la ilusión marxista. Cómo trocar los mecanismos de sujetación social en dispositivos efectivos sigue siendo la preocupación primordial del discurso de Freud, para quien el dominio del poderío estatal y cultural es imprescindible para toda vida social, tal y como para los movimientos marxistas siempre lo ha sido, como ya denunciaba Bakunin, entre otros.[696] No obstante estas críticas teóricas y políticas, resistidas por fuertes corrientes de la ortodoxia marxista, el marxismo teórico y el psicoanálisis tuvieron ocasión de pactar un acuerdo de convivencia e influenciarse *mutuamente*...

Pactos de convivencia y alianzas políticas

Freud levantó inmensas murallas de razón para resistir los ataques de sus enemigos, contra los pensadores herejes que

---

[696] La ideología anarquista, por ejemplo, fue blanco de ataque por ambos polos, para el psicoanálisis freudiano como para el marxismo ortodoxo. *Curiosamente*, el anarquismo teórico promueve como condición de todo cambio social una transformación radical en las subjetividades revolucionarias, precisamente para no devolver lo revolucionario al lugar antes ocupado por las fuerzas a las que resistían, como ha acontecido desde siempre por gracia del poder de la Ley.

pudieran autorizarse libertad para cuestionar sus dogmas; contra los *ignorantes* que pudieran no *entender* la complejidad de su ciencia y tergiversarla; contra los ilusos que creían comprenderla pero que sólo sabían repetir de memoria sus fórmulas de moda y *aplicarlas* a todo cuanto se les ocurriera por voluntad y conveniencia; en fin, contra todos cuantos trasgredieran de alguna u otra manera la ortodoxia psicoanalítica. Pero el psicoanálisis fue, como las demás ciencias del alma que le precedieron, absorbido y filtrado por la lógica del mercado cultural y asimismo explotado ideológicamente hasta nuestros días. En su devenir, ciertos modos de resistencia pactaron tregua, reflexionaron sobre sus posiciones, admitieron que habían *errado* y que las diferencias se basaban, cuando más, en *malos* entendidos. Estas fuerzas, que alguna vez ocuparon su lugar en el inmenso espectro de resistencias al psicoanálisis, tuvieron ocasión de entrar en periodo especial, en tiempo de reflexión; en periodo de *rectificación*. En esa gran muralla que Freud muy precavidamente había erigido para defender de intrusiones perversas la pureza del psicoanálisis y conservar en su estricto sentido original su verdadera esencia, había pequeñas grietas por las que se filtrarían los gérmenes que contaminarían indiscriminadamente y en definitiva las aguas más puras de su reservada sabiduría: la ciencia, eternamente incompleta e insuficiente, está destinada a perseguir su fortuna en nuevos descubrimientos y en nuevas concepciones...[697] Tomada al pie de la letra y, como *queriendo* hacer cumplir la voluntad póstuma del Padre, las antiguas resistencias marxistas ahora invadirían la fortaleza del psicoanálisis...

Louis Althusser, en 1964, incluye al marxismo de entonces como parte de esas resistencias e incluso se reconoce a sí mismo como parte de ellas y procura rectificarlas, asumiendo tales posiciones como un inmenso espacio de prejuicios ideológicos que separan a los marxistas de Freud.[698] Este autor hace alusión a un movimiento de oposición a las ideas de Freud, interpretadas sobre todo a partir de su muerte. Algunos, ya a mediados del siglo XX, hablarían de explotación ideológica del psicoanálisis o de éste como "ideología reaccionaria" que servía de argumento en la lucha

---

[697] S.Freud; "Las resistencias contra el psicoanálisis"; op.cit., p.347.

[698] L.Althusser; "Freud y Lacan"; *Posiciones*; Editorial *Grijalbo* (Teoría y Praxis); México, 1977.

ideológica contra el marxismo y como medio práctico de intimidación y mistificación de las conciencias.[699] No obstante, el psicoanálisis al que se le oponían –advertía Althusser, haciéndose eco del llamamiento al retorno de Lacan- no era el psicoanálisis *verdadero*, pues el original permanecía intacto en los escritos de Freud. Había que *retornar* al padre, pues sus descendientes hicieron mal uso de sus bienes, y los herederos ilegítimos usurparon sus riquezas y las malgastaron en juegos de azar, sin *planificar políticamente* su economía. La resistencia marxista ante el psicoanálisis dejó de serlo.[700] Hubo un cambio de estrategia. Ahora trataría de colonizar al psicoanálisis para sí, de reclutarlo a las filas de su Partido; de hacerlo cómplice de su voluntad política y militante de sus esperanzas *contra* el capitalismo, contra los soportes ideológicos de sus dominaciones, de sus explotaciones, de sus opresiones y represiones; ahora le *reconocería* rango de "saber revolucionario".

Pero este *reconocimiento* no podía (o debía) darse en el abstracto orden que pretendía el conocimiento científico. Había *preguntas* que el psicoanálisis no sólo *no* podía contestar, sino que no era competencia de sus dominios hacerlo. Ya no se trataría de reconocer exclusiva autoridad al padre, ni derecho de propiedad privada sobre sus dominios; tampoco bastaría *socializar* sus propiedades. Demasiadas ambigüedades marcaban las posiciones políticas de Freud como para que el marxismo cediera ante ellas; demasiadas imposturas para la tolerancia revolucionaria ocupaban demasiado terreno en los escritos de Freud; demasiadas semejanzas

---

[699] Op.cit., p.9.

[700] Por lo menos desde mediados de la década de los veinte puede constatarse un movimiento de integración de la teoría y la práctica psicoanalítica al materialismo histórico (marxismo), que se extiende, aunque de manera dispersa y discontinua, hasta nuestros días. Un relato histórico de este movimiento puede verse en A.Suárez; "Freudomarxismo: pasado y presente"; *Razón, locura y sociedad*; Editorial *Siglo* XXI; México, 1995; pp.142-166. Además, una compilación de ensayos representativos de las discusiones políticas y teóricas, simpatías, críticas y reservas que gravitaron entre el marxismo y el psicoanálisis durante la década del veinte y del treinta hasta recién entrada la década de los setenta, puede encontrarse en *Marxismo, Psicoanálisis y Sexpol* I y II (Colección Izquierda Freudiana); Granica Editor, Argentina, 1972-73. Otro escrito que aborda el tema desde esta perspectiva, a favor de la integración del psicoanálisis y el marxismo, es el de Reuben Osborn; *Marxismo y Psicoanálisis*; Ediciones de Bolsillo, Barcelona, 1967.

con las posiciones ideológicas que combatían marcaban el paso al desafío político, aunque dado a modo de *experiencia* científica.

Según Néstor A. Braunstein, el psicoanálisis esclareció que los *hombres* no son entidades autónomas, dueñas de sus pensamientos y de sus conductas, sino que estos están determinados por una estructura invisible (el aparato psíquico), "armada" en cada uno de ellos durante los primeros años de la vida y que permite e impone la adecuación a los lugares asignados en los procesos sociales a través de mecanismos inconscientes.[701] Razón ésta por la cual no debería extrañar que los intelectuales y científicos vinculados a los "sectores dominantes" de la sociedad no tolerasen en silencio los descubrimientos de Freud, pues éstos revelarían la encarnación en cada individuo de las estructuras de dominación social y, por consiguiente, entrenzado con la teoría marxista del materialismo histórico, las posibilidades de transformar sus condiciones de existencia:

> "Estos conocimientos no son neutrales. Desenmascarar la opresión social y la sujetación individual significa plantear automáticamente la cuestión de la abolición de las clases privilegiadas y la cuestión de la desujetación individual."[702]

Esta ilusión política emancipadora era similar en espíritu a la de los *jóvenes* sobre los que Anna Freud, varios años antes, ya había *advertido* y menospreciado, cuando *señalaba* los riesgos, de una parte inútiles y de otra peligrosos, para la profesión psicoanalítica, que suponía emplear tiempo y esfuerzo en *mejorar* estas relaciones:

> "Por el contrario, la experiencia ha mostrado que tales intentos son, en el mejor de los casos, inefectivos y, en el peor, desastrosos. Ninguna cantidad de entusiasmo, de elocuencia o de espíritu de proselitismo convencerá a aquellos que sostienen opiniones diferentes. (…) Cualquier analista que se aleja demasiado de su camino

---

[701] N.A.Braunstein; "¿Cómo se constituye una ciencia?; *Psicología: ideología y ciencia*; Editorial *Siglo XXI*; México, 1986; p.18.

[702] Ídem.

para cambiar el mundo a este respecto puede terminar por satisfacer las demandas del mundo cambiando la teoría analítica o los procedimientos terapéuticos."[703]

Pero *reconocerle* pleno derecho a demarcar en definitiva los límites del psicoanálisis por el sólo hecho de ser hija de Freud y, a la vez, profesar una cierta ortodoxia psicoanalítica, hubiera sido como atribuirle poder de autoridad por suerte de tradición y descendencia y reconocer derecho de propiedad por suerte de herencia. Para los teóricos marxistas las ilusiones emancipadoras puestas en el psicoanálisis no se agotaban en esta mirada conservadora que, cuando poco, insistía en desautorizar las interpretaciones del psicoanálisis como recurso *revolucionario.*[704] Las corrientes de pensamientos vinculadas a proyectos políticos *emancipadores*, no obstante, insistían en citar textualmente la letra de Freud para encontrar autoridad y legitimidad en el Padre, aún cuando él nunca hubiera escrito nada al respecto e incluso fuera, en verdad, de opinión o posición contraria.

No fue por capricho que a los intelectuales *materialistas* se les ocurrió *volver a mirar* a Freud y releer sus *enseñanzas*. El saldo de esta "vuelta al padre" fue, de cierto modo, un acto de apropiación ilegal, de invasión por la fuerza; fue en respuesta a objetivos políticos estratégicos, trazados dentro de un *proyecto revolucionario* que precedía por mucho la aparición histórica del discurso psicoanalítico. No se trató de una suerte interpretativa más, sino de una acción eminentemente política, aunque apareciera en escena como un modo más del conocer, legítimo para sus simpatizantes o ilegítimo para sus opositores. Lo que no quiere decir que no guardara estrecha relación de coherencia entre la estructura formal del discurso psicoanalítico y la proyección teórica de la ilusión política del marxismo. La puerta de entrada a la fortaleza del discurso psico-

---

[703] A.Freud; *Pasado y presente del psicoanálisis*; op.cit., p.26.

[704] La *interpretación* sobre las posiciones de Freud ante el porvenir como suerte de pesimismo cultural ha sido resorte ideológico de la necesidad de integrar el psicoanálisis al proyecto político social marxista, por lo menos desde inicios de la década de los 30. Un escrito que abona a esta perspectiva es, por ejemplo, el de Caruso, Igor A.; "Psicoanálisis y utopía" (1977); en *Razón, locura y sociedad*; op.cit., pp.103-116.

analítico se abre en el reconocimiento inicial de que esta teoría supuso una ruptura (epistemológica) con los modos tradicionales de conocimiento, centrados en la conciencia, dominantes entre las filosofías occidentales desde el siglo XVII hasta recién entrado el siglo XX (aunque actualmente sigue siendo paradigma dominante de las disciplinas psicológicas y filosofías académicas).[705] Según Althusser:

> "Freud nos ha descubierto que el sujeto real, el individuo en su esencia singular, no tiene la figura de un ego centrado sobre el "Yo", la "conciencia", o la "existencia" (...); que el sujeto humano está descentrado, constituido por una estructura que tampoco tiene "centro" mas que en el desconocimiento imaginario del "Yo", es decir, en las formaciones ideológicas en las que se reconoce."[706]

En el lenguaje de los teóricos *materialistas* (*marxistas*), el psicoanálisis sería la ciencia del proceso de sujetación. Para Braunstein:

> "La teoría psicoanalítica propone un subversivo descentramiento total respecto de las evidencias y de los pensamientos que "espontáneamente" los hombres tienen sobre sí mismos."[707]

La conciencia, entonces, no conservó, después de la *revolución psicoanalítica*, nada de lo que originalmente tuvo como versión laica del alma –sostiene Braunstein-. Quedó desnuda en sus funciones y ubicada dentro de una conceptualización distinta. La conciencia – añade- está determinada desde afuera de ella misma y, en última instancia, desde afuera de la persona, desde un sistema que incorpora a los sujetos humanos y los asimila a sus necesidades a

---

[705] La referencia más común, representativa de estas corrientes de pensamiento, suele establecerse en el trabajo teórico de Descartes, condensado (y reducido) en su frase "Pienso, luego existo."

[706] L.Althusser; "Freud y Lacan"; *Posiciones*; op.cit., pp.36-37.

[707] N.A.Braunstein; "¿Qué entienden los psicólogos por psicología?"; *Psicología: ideología y ciencia*; op.cit., p.33.

través de una cierta conciencia de las apariencias, de una ideología de sujeto que ignora las determinaciones esenciales que regulan a tal conciencia.[708] El objeto del discurso psicoanalítico pasaría ahora a ocupar particular pertinencia dentro de las ilusiones emancipadoras del marxismo, dando paso a un proceso de *desujetación*, es decir, de liberación de las ataduras ideológicas de los sujetos:

> "Esta es, precisamente, la posibilidad transformadora que abre el psicoanálisis cuando postula como su objetivo *hacer consciente lo inconsciente*. En otros términos, dar origen y posibilitar la existencia de nuevas formas de conciencia sobre las ruinas de las formas anteriores. Tomar conciencia del proceso de sujetación que constituyó a la conciencia con todos sus desconocimientos y reconocimientos ilusorios... (...) ...abrir nuevas vías de solución a los conflictos interiores que consumen la energía psíquica (libido) de cada uno y liberar esa libido para la tarea de transformación de la realidad exterior."[709]

Tarea ésta que, sin embargo, no le resultaría del todo agradable a Freud, quien, cuando más, compartía simpatías con el proyecto político del liberalismo democrático moderno, antes que con el proyecto político de la revolución socialista. Prefería hacer más soportables las irremediables miserias de la existencia humana antes que erradicar las condiciones que las hacían posibles y sin remedio...

Otra grieta por la que el marxismo filtró su voluntad política en la teoría psicoanalítica aparece en el *reconocimiento* que hace Freud de que la psicología individual es, al mismo tiempo y desde un principio, psicología social.[710] Ante esta afirmación, Braunstein *interpreta* que frente a cada *hecho de conciencia* y a cada acto de conducta de un ser humano corresponde preguntar cuál es la

---

[708] Op.cit., p.36.

[709] Op.cit., p.35.

[710] S.Freud; *Psicología de las masas*; Alianza Editorial; Madrid, 2000.

intervención social que se manifiesta en ese proceso aparentemente individual y singular.[711] La premisa iniciática se basa en el *descubrimiento* del inconsciente y en el carácter imprescindible para los mecanismos de sujetación ideológica que tiene la *amnesia infantil* de los pasos esenciales del proceso de sujetación. Esta aparece como el prerrequisito indispensable para la dominación del individuo y para la existencia casi universal del mito de la singularidad.[712] Según Schantel –citado por Braunstein-:

> "El mundo de la civilización occidental moderna no puede permitirse hacer empleo alguno o conservar memoria de ella (la experiencia de la primera infancia), porque esa memoria, si fuese universal, haría estallar el orden social restrictivo de esta civilización."[713]

El sujeto así producido, olvidado del proceso de producción de sí mismo, con su ilusión de autonomía y singularidad, ocupando el lugar asignado, funciona o debe funcionar como una herramienta eficaz que cumple con las tareas que la estructura le fijó –concluye Braunstein-[714] Paradójicamente –añade- la toma de conciencia del proceso de sujetación y de asignación de los lugares que se ocupan constituye un prerrequisito para el abandono de esa condición de herramienta, es decir, para la *desujetación*.[715] Pero, ¿desujetación de qué? El psicoanálisis –nos dice Braunstein- devela la clave del proceso de desujetación: Su objetivo: hacer consciente lo inconsciente, evidenciar a la representación de la pulsión reprimida; esclarecer las circunstancias y los motivos para que la represión fuese practicada y mantenida; poner la energía pulsional a disposición del Yo para posibilitar la transformación de la

---

[711] N.A.Braunstein; "El psicoanálisis y las demás ciencias"; *Psicología: ideología y ciencia*, op.cit., p.73.

[712] Op.cit., p.72.

[713] Schachtel, citado en N.A.Braunstein; "El psicoanálisis y las demás ciencias"; op.cit., p.72.

[714] N.A.Braunstein; "El psicoanálisis y las demás ciencias"; op.cit., p.73.

[715] Ídem.

realidad.[716] La teoría psicoanalítica –concluye- ha puesto al desnudo la maquinaria de la represión montada dentro de cada sujeto singular.[717] Dentro de estas coordenadas dos interrogantes se desprenden: ¿cuáles son las condiciones para alcanzar el placer en la realidad? ¿Cuáles son, en a realidad, las fuerzas y los obstáculos que conspiran contra la realización del deseo y determinan que el proceso de sujetación aparezca como destino inmutable?[718] La respuesta a estas preguntas –sostiene enseguida- no entra en el ámbito del psicoanálisis sino en el del materialismo histórico.[719]

Tal vez, reconociendo la crítica de Freud, de que los socialistas podrían saber de justicia social pero no de psicología, Braunstein sostiene que el materialismo histórico necesita de modo imprescindible del psicoanálisis para no terminar desconociendo las modalidades de la sujetación que corresponden a cada modo de producción.[720] La práctica revolucionaria –añade- debe estar informada por el psicoanálisis: a una revolución en las instancias económica, jurídica y política de una formación social debe serle correlativa una revolución cultural e ideológica. De lo contrario – advierte- se conservarían sin modificaciones estructurales de fondo los aparatos ideológicos del aparato de estado burgués que prosiguen actuando mediante la violencia simbólica.[721]

---

[716] Op.cit., p.82.

[717] Ídem.

[718] Ídem.

[719] Marie Langer sostiene, por ejemplo, que si bien Freud explicó las resistencias al psicoanálisis por "un mundo tocado en lo reprimido de sí mismo" y cuestionado en sus "más altos ideales", no se percató, sin embargo, de que también eran, "en última instancia", factores socioeconómicos los determinantes de esta reacción. (M.Langer; "Prefacio" (1975) a *Psicología, Ideología y Ciencia*; op.cit.)

[720] N.A.Braunstein; "El psicoanálisis y las demás ciencias"; *Psicología, Ideología y Ciencia*; op.cit., 101.

[721] Según concluye Braunstein, la toma del poder político y la transformación revolucionaria de las relaciones de producción por las clases explotadas debe ser seguida por una profunda revolución en la instancia ideológica, 103 pues el aparato psíquico de los ciudadanos de un estado revolucionario no deja de ser un enclave de la burguesía y desde allí asecha el peligro permanente del retorno al pasado de la explotación de clase. (Op.cit., p.103.)

Cimentándose en esta perspectiva, Braunstein articula una utopía política cuya materialidad sería posible a partir de la fusión entre las *ciencias revolucionarias* del psicoanálisis y el materialismo histórico, pues encararía la transformación de los aparatos ideológicos del Estado, especialmente la familia, la escuela y los medios de comunicación, que pasarían a ser instrumentos de *denuncia* de todas las formas de violencia simbólica o real empleadas para lograr la sujetación; la vida cotidiana sería transformada por la discusión colectiva; las energías colectivas serían liberadas de la misión represora que tienen en la actualidad, dejando ya de ser utópica la idea de un mundo donde el placer y la realidad anduvieran bien entendidos. Utopía ésta que, como la tarea política revolucionaria, no gozaba de las simpatías de Freud ni de sus herederos, quienes preferían continuar el proyecto de domesticación social iniciado e instaurado desde los inicios. Es decir, mantener como objetivo central de la práctica psicoanalítica domar los instintos, como meta principal de la terapia analítica la modificación gradual de las pulsiones instintivas, es decir, normalizar al sujeto que, a todas cuentas, es él mismo responsable de sus propios problemas y no el mundo exterior que le rodea, precisamente -en letra de Freud- por la primitiva fe en la omnipotencia de sus pensamientos.[722]

Límites teóricos / alertas ante las *vanas ilusiones*

La *adaptación* marxista del psicoanálisis podrá seguir compartiendo las mismas *vanas ilusiones* que Freud criticó en una ocasión, es verdad. Pero *reconoce* ciertos *límites* que me parecen precisos mencionar, pues es tal vez el único punto de convergencia política con Freud, aunque a la larga ninguno de los dos polos, en la práctica, respetara severamente los principios de sus propias advertencias. Ante las comunes fantasías de omnisciencia psicoanalítica, advierte Braunstein:

"Sería peligroso creer que, armados con el sistema de los conceptos psicoanalíticos, se puede explicar ya de

---

[722] S.Freud; "Una dificultad del psicoanálisis" (1917); *Obras Completas* (Tomo III); op.cit., p.2433.

un modo sencillo y hasta mecánico a todas las conciencias y a todas las conductas de los sujetos que se pongan a nuestro alcance."[723]

En primer lugar, porque la capacidad teórica que brinda un sistema conceptual no es susceptible de una aplicación indiscriminada.[724] Además, por la complejidad de la situación analítica, por la indeterminación definitiva de la resolución de la terapia[725] y, porque el psicoanálisis, como toda ciencia, no está acabado y no ha terminado de dar cuenta de sus objetos de conocimiento.[726] De seguro quien no tome esto en consideración y practique el psicoanálisis como mera adaptación mecánica de la teoría sobre la vida de cada sujeto singular incurrirá, cuando poco, en una suerte de *terrorismo psicoanalítico*.[727] No obstante, pienso que concluir que el psicoanálisis es una ciencia que permite *explicar* tanto los males del alma como la vida anímica normal pertenece al mismo registro de

---

[723] N.A.Braunstein; "La psicología y la teoría psicoanalítica"; op.cit., p.53.

[724] Piénsese, por ejemplo, en la advertencia que hace Freud sobre la interpretación de los sueños, cuando reconoce que no hay nada que nos indique si los elementos dados han de ser interpretados literalmente o en un sentido indirecto (como símbolo, como reminiscencia histórica, como relación antinómica o en su sentido literal.) (En S.Freud; *La interpretación de los* sueños (1900); op.cit., p..216) Este problema que enfrenta la práctica de la interpretación psicoanalítica la trabaja en artículos posteriores, por ejemplo, en S.Freud; "Una relación entre un símbolo y un síntoma" (1916); *Obras Completas* (Tomo III); op.cit., p.2431.

[725] S.Freud; "Análisis terminable e interminable" (1937); op.cit., p.3339.

[726] N.A.Braunstein; "La psicología y la teoría psicoanalítica"; op.cit., p.54.

[727] De entre la literatura que trata sobre la relación entre marxismo y psicoanálisis y que he revisado para esta parte de mi trabajo, pueden destacarse, por ejemplo, ciertas interpretaciones que clasifican de "infantilismo" las supuestas "contradicciones de clase" en tanto que éstas no reconocen las condiciones de su propia explotación y se "identifican" (inconscientemente) con las autoridades dominantes. La etiqueta psicoanalítica sirve de otro modo de autorizar los presupuestos de la crítica de la ideología, muy próxima a la moral del programa *social* "revolucionario" del Partido. Los antagonismos que daban al traste con su particular racionalidad, sobre todo si provenían desde las clases trabajadoras, se identificarían como "conductas irracionales" o "fijaciones inconscientes".

terrorismo psico-analítico y a las mismas fantasías de omnisciencia, pero sobre esto ya me ocuparé más adelante. Baste para concluir este tema, identificar la frontera que limita el paso de acceso de los marxistas a la teoría psicoanalítica de Freud y que traspasarla sin reservas supondría, cuando menos, ignorar el blanco preciso al que apunta su fusil. La crítica que Freud repite insistentemente bajo el calificativo de *vana ilusión*, se refiere a que no existe posibilidad alguna de advenir a un estado de completo dominio sobre sí mismo, que gran parte de lo que aparece bajo el dominio de la conciencia, la razón y la voluntad del sujeto, sigue y seguirá oculto en las profundidades del alma, dejando por suerte un porvenir de incertidumbre más que un lugar seguro y estable para cultivar la ilusión socialista o liberal de un *final* feliz. Los procesos anímicos seguirán siendo inconscientes y la vida instintiva de la sexualidad, motor de la acción humana, no podrá ser nunca totalmente domada: el Yo no será nunca dueño de su propia casa.[728] Esa es la *realidad* que contrasta radicalmente con las ilusiones emancipadoras, ya sean a manera de un marxismo revolucionario o de un radical reformismo liberal. Aún así, el psicoanálisis podría pasar la prueba de la crítica ideológica de los marxistas, incluso encontrar refugio seguro bajo sus dominios (o a la inversa), aunque en el devenir de sus elucidaciones epistemológicas, al parecer, el discurso científico *tradicional* le seguirá negando residencia. No obstante, a pesar de la condición irresuelta y muy posiblemente irresoluble de las disputas que todavía caracterizan el discurso psicoanalítico, desde su aparición ha procurado hacerse un lugar eminente en el Gran Relato de la Historia de la Humanidad...

---

[728] S.Freud; "Una dificultad del Psicoanálisis" (1917); *Obras Completas* (Tomo III); op.cit., p.2436.

Parte X

Límites de la representación psicoanalítica y el Gran Relato de La Historia

"Toma asiento la pequeña criatura humana,
recoge los rumores que corren,
y encerrándolos en un librito,
escribe encima: Historia Universal."
G.Ebers

"La tinta misma con la que está escrita toda la historia
es puro prejuicio líquido."
Mark Twain

Parte X

Límites de la representación psicoanalítica y el Gran Relato de La Historia

"Las ilusiones nos son gratas
porque nos ahorran sentimientos displacientes y nos dejan,
en cambio, gozar de satisfacciones.
Pero entonces habremos de aceptar sin lamentarnos
que alguna vez choquen con un trozo de realidad
y se hagan pedazos."[729]
S.Freud

El psicoanálisis, como todo discurso con pretensiones de ascender al rango de ciencia o consolidarse entre sus dominios, al parecer, *no pudo* prescindir de un discurso inaugural que sirviese de referencia histórica[730] a su nacimiento, y permitiese, a la vez, legitimar su pertinencia en el presente y su inminencia para el porvenir. La referencia al discurso histórico, como es sabido, pertenece a las tradiciones de pensamiento occidentales tanto como recurso clásico del arte de la retórica como a un modo efectivo de colonizar ciertos registros representacionales del lenguaje de uso cotidiano, para dar paso seguido a instituirlos, a erigirlos como códigos de un registro distinto de significación y sentido, más *elevado*, por así decirlo, en la jerarquía cultural del Conocimiento. Así, el discurso psicoanalítico buscará refugio seguro en La Historia, no ya de la Ciencia como dominio aparte y singular, sino

---

[729] S.Freud; "Consideraciones de la actualidad sobre la guerra y la muerte" (1915); en *Obras Completas* (Tomo II); op.cit, p.2104.

[730] A la práctica psicoanalítica –sostiene Freud- le resulta indispensable una cierta familiaridad con la Historia de la Civilización y la Mitología. (S.Freud; "La cuestión del análisis profano"; en *Esquemas del psicoanálisis y otros escritos de doctrina psicoanalítica*; Alianza Ed.; Madrid, 1999; p.285) De la relación que establece entre el psicoanálisis y la mitología no ocuparé atención en esta parte, pero baste señalar que –según Freud- el *conocimiento* sobre esta área ha *acreditado* la teoría de la sexualidad del psicoanálisis. En un gran número de escritos ha interpretado los relatos míticos y sus simbologías como representaciones primitivas de la vida sexual, determinando que los mismos representan fases del desenvolvimiento conflictivo de la vida anímica. Asimismo la "teoría cultural" de Freud aparece enraizada en el "mito científico" de Darwin (donde la primera formación social aparece como una horda primitiva bajo el dominio de un poderoso macho), *interpretado* como testimonio fundacional de la civilización y la cultura.

representada ésta como totalidad absoluta en la que todo encaja cómoda, coherente y racionalmente; en la que la redondez del globo terrestre se convierte en metáfora condensadora de todas las vidas y experiencias habidas de la humanidad.[731] El psicoanálisis procura de ella reconocimiento de relevancia y le solicita legitimidad moral para su existencia; autoridad política para sus intervenciones; promesa de preservación y seguro de vida para su imperecedera pertinencia; busca ganar su gracia y atenciones al declamar con respeto sus más preciados versos y entonar afinada-mente sus conmovedoras canciones, ya las que celebran sus victorias o ya las que lamentan sus derrotas; como canto de sirenas, no discrimina a quienes se desentienden de ellas, y menos aún a quienes se *enamoran* en sus melodías... La Historia: ritual cultural de reconocimiento; culto a las tres divinidades de la era moderna (la razón, la verdad y la ciencia); la pretensión: ser favorecido por ellas; reconocido descendiente de su sangre más noble; admitido en su realeza; envestido de sus privilegios y entronado al lado de sus exclusivos fueros...

   ¿Qué relaciones de poder se posibilitan a partir de la inserción del discurso psicoanalítico dentro del Gran Relato de la Historia de la Civilización? ¿Qué efectos de poder se persiguen a partir de esta práctica representacional? ¿Qué discurso aparece autorizado a partir de ella? ¿Cuál aparece impugnado? ¿Qué vincula este orden representacional? ¿A qué da voz, legitimidad o pertinencia? ¿Qué silencia Freud cuando hace hablar a la Historia a favor del psicoanálisis? ¿Qué relación guarda con el poder normalizador de la Cultura moderna?

La tradición del Gran Relato de la Historia

   La filosofía Occidental *moderna* comparte una tradición de pensamiento totalizador que integra a manera de Gran Relato

---

[731] Freud se distancia de la hipótesis "demasiado optimista" (como la de Jung) de que el progreso de la Humanidad, de la civilización y del saber ha seguido siempre una línea ininterrumpida. Argumenta, por el contrario, que éste ha estado caracterizado por epígonos, reacciones y restauraciones, que ha habido generaciones que han renunciado regresivamente a las conquistas de otras anteriores. (S.Freud; "Historia del psico-análisis" (1914); op.cit., p.140) No obstante sigue haciéndose partícipe del discurso de una Historia Universal, a partir de nociones de progreso y evolución, aunque incluyendo las de regresión y estancamiento, es decir, las discontinuidades, las rupturas, etc.

histórico el conjunto de pensamientos filosóficos producidos hasta el momento, *creando* la impresión de que se ha tratado de un gran proceso evolutivo, ascendente en el curso del desarrollo cultural moderno y bajo la impresión de una cierta experiencia histórica común, heredada de generación en generación y acumulada de siglo en siglo. A este arreglo representacional corresponde la aparición del nacimiento de la filosofía Occidental en la época pre-socrática, como modo particular de producir *conocimientos*, suponiendo, pues, un modo igualmente peculiar de inquirir sobre las *cosas* del mundo. Freud se hace partícipe de esta narrativa ideológica e imperialista, se apropia de ella, la retoca con habilidad retórica, la arregla a voluntad y comparte su utilidad táctica en el orden de una estrategia de poder: integrar al psicoanálisis en ella, reservarle un sitial privilegiado, situarlo en un espacio de prestigio y, si posible, sentarlo en el trono más elevado de su reino.

En esta clave *imperial* la inagotable literatura que relata el devenir histórico de la filosofía, como de la ciencia, suele atribuir a la *genialidad* de *grandes hombres* las ocurrencias de estas prácticas del saber, y asentar el desenvolvimiento de la vida humana a partir de estos modos de producir conocimientos, ya fueran como inspiraciones míticas de la conciencia, como advenimientos de la experiencia sensible o como razonamientos teórico-científicos, bajo el modo de descubri*mientos*. Freud se *reconoce* heredero de esta tradición de pensamiento y aprovecha, no sólo inscribir la historia del psicoanálisis sino a sí mismo como legítimo fundador, dando paso a representar el discurso psicoanalítico, aunque como ruptura, como parte esencial a la vez de ese proceso evolutivo del poder cultural moderno y la Historia del pensamiento occidental.

Una de las fuerzas de resistencia al psicoanálisis proviene, no de posiciones de orden intelectual –advierte Freud- sino de una dificultad de orden afectivo, que enajena los sentimientos positivos hacia el psicoanálisis pues, -sostiene- alguien que no ve con simpatía suficiente una cosa no la comprenderá tampoco fácilmente.[732] Esto no debía extrañar pues gran parte de los prejuicios e ilusiones que hacían sentir cierta seguridad infalible a las existencias del común, se venían abajo con las tesis expuestas por Freud. Las resistencias

---

[732] S.Freud; "Una dificultad del psicoanálisis" (1917); op.cit., p.246.

afectivas al psicoanálisis deberían ser *comprendidas*, pues, como nacidas dentro de la vida instintiva del alma, del Yo que reacciona ante las amenazas de seguridad que suponen la desmitificación impuesta por el saber de la ciencia; una resistencia afectiva, sentimental, ante las desilusiones positivas que este *nuevo* campo de conocimiento provocaría; se trataría, entonces, de una reacción defensiva ante la grave ofensa al *narcisismo* propio de cada cual. Pero esta experiencia –relata Freud- pertenece al conjunto de la experiencia de la Humanidad, cuyo narcisismo general, es decir, el amor propio de la Humanidad, ha sufrido hasta ahora tres graves ofensas por parte de la investigación científica:

> "El Hombre creía al principio, en la época inicial de su investigación, que (...) La situación central de la Tierra le era garantía de su función predominante en el Universo, y le parecía muy de acuerdo con su tendencia a sentirse dueño y señor del mundo."[733]

A partir de esta representación totalizadora de la historia del pensamiento, Freud suele anclar la primera ruptura epistemológica dentro del discurso de la Ciencia, afirmando que los "modos de conocer" que antecedieron a esta ruptura estaban basados en ingenuas impresiones dadas por las percepciones sensoriales, de modo tal que, dondequiera que la vista pudiera extenderse libremente, se encontraría siempre dentro de un círculo que encierra al mundo exterior. Aquí puede identificarse, sin duda, una propuesta de hacer ciencia de otro modo, no basada en la experiencia sensorial sino en la práctica teórica, que supone la construcción abstracta de conceptos que puedan dar cuenta de las estructuras *invisibles* que constituyen la realidad, más allá de las percepciones *superficiales* del saber común y los sentidos sensoriales, así como de los prejuicios ideológicos de la vida cotidiana, reproducidos, por lo general, por las ciencias de entonces. Fue esta –afirma Freud- la primera gran ofensa, la primera destrucción de la ilusión narcisista de la Humanidad, la reactivada por Copérnico en el siglo XVI.

Sin embargo, si bien este modo de relato histórico, para efectos ilustrativos, cumple una función efectiva, hay un gran paso

---

[733] Op.cit., p.250.

ideológico que sigue su rastro, o quizá que constituye su sombra más encubridora. Afirmar que el amor propio de la Humanidad sufrió su primera ofensa, más que metáfora de una transformación radical del pensamiento humano en la representación de sí mismo, supone representar la Humanidad como un conjunto identitario, unificado en una misma Historia que le supone pertenencia propia, experiencia compartida a la manera de una gran cena familiar. Pero el mundo no era Europa, ni tampoco Europa era el mismo mundo para todos los que habitaban en él. Me pregunto en quién estaría pensando Freud, a quién se refería cuando hablaba y presumía ofendido; ¿quién pudiera interesar sentirse dueño y señor del mundo, cuando la mayor parte de la humanidad apenas invertía su existencia en el devenir inmediato de su pervivencia, bajo los dominios de algún reino, habitando las condiciones de la miseria - quizá su propiedad más segura-, antes que las del señorío imaginario sobre el mundo? La Humanidad está representada a través de la mirada de los poderosos de algún reino, del puñado de privilegiados que podían, si acaso, divagar en sus extraordinarios deseos, y quienes muy probablemente tampoco se pensaban a sí mismos con tan inmenso poderío, pues a las puertas del reino siempre asechaba la amenaza de algún enemigo quien, muy probablemente, también compartía la misma voluntad de sus deseos de poder. No voy a extenderme en esta línea, pues *desviaría* demasiado el tema que intereso. Baste señalar que Freud se hace eco de esta representación de la Historia de Occidente como Humanidad, y ésta a su vez como el personaje principal de la Historia. Y aunque pudiera advertirse, quizá, que se trata de un recurso narrativo, de una traslación al lenguaje figurado de la metáfora, lo cierto es que aparece referido y *analizado* como si en verdad se tratara de una persona real, y las alegorías o analogías son tomadas como modelos literales de la realidad. Ahí la fuerza ideológica de esta práctica representacional de la Historia, de la Humanidad.

La segunda ofensa a este meta-narcisismo pertenece, dentro del Gran Relato, a la teoría biológica desarrollada por Darwin, en el siglo XIX[734]:

---

[734] Freud adoptó en 1912 –según relata- la hipótesis de Charles Darwin según la cual la forma primitiva de la sociedad humana habría sido la horda sometida al dominio absoluto de un poderoso macho. A partir de ahí dio paso a *demostrar* que los destinos de dicha horda han dejado huellas imborrables en la historia

"En el curso de la evolución cultural, el hombre se consideró como soberano de todos los *seres* (animales) que poblaban la Tierra. Y no contento con tal soberanía, comenzó a abrir un abismo entre él y ellos. Les negó la razón, y se atribuyó un alma inmortal y un origen divino, que le permitió romper con todo lazo de comunidad con el mundo animal."[735]

El estilo narrativo de Freud, a manera de cuento infantil o de relato mítico, como los diálogos de Platón o los textos del Antiguo Testamento de la Biblia, pertenece, sin duda, a las técnicas de un arte político milenario, el de la retórica. Por lo que compete al momento, baste recordar que la estrategia general a la que responde esta técnica narrativa es a la de legitimar la aparición histórica del psicoanálisis y, a su vez, a la de contrarrestar las resistencias *afectivas* que se han desatado contra su discurso. En otras palabras, se trata de ganar simpatías sentimentales, pues es esta –para Freud- una condición esencial para *comprender* al psicoanálisis. La apuesta implícita, pudiera intuirse, es la de que a través de un recorrido por los avatares de la historia del pensamiento pudieran minimizarse los sentimientos ofendidos en el presente, y reconocer, pues, que es *normal* sentirse ofendido pero que, si tomamos en consideración la Historia, *nos* daremos cuenta de que a la larga las razones de estas ofensas han valido las penas sufridas y se han convertido en las más preciadas aportaciones al desarrollo cultural de Occidente. Así, representado dentro del curso lineal y ascendente de la Historia del Pensamiento, otro Gran Hombre *aparece* en el siglo XIX, poniendo fin a la *exaltación* narcisista del Hombre, de la Humanidad:

"El hombre no es nada distinto del animal ni algo mejor que él; procede de la escala zoológica y está próximamente emparentado a unas especies, y más lejanamente a otras. Sus adquisiciones posteriores no han logrado borrar los testimonios de su equiparación,

---

hereditaria de a Humanidad. (S.Freud; *Psicología de las masas* (1921); op.cit., p.61.) Más adelante se refiere a esta "hipótesis" como "mito científico". (Op.cit., p.74)

[735] S.Freud; "Una dificultad del psicoanálisis" (1917); op.cit., p.250.

dados tanto en su constitución física como en sus disposiciones anímicas."[736]

De ahí, por lo que nos interesa, vale subrayar la determinación biológica en el discurso psicoanalítico, tanto a lo concerniente a la mecánica instintiva como a las tendencias agresivas de los seres humanos. Los *hombres* seguirán siendo animales y, como tales, seres domesticables. De la Civilización, podría inferirse, no se trata de otra cosa que de un esfuerzo colectivo de la Humanidad por domesticarse a sí misma, reconociendo su animalidad esencial, tal vez como Aristóteles ya hacía para dar dirección al encargo del político y, como antes Platón, a la educación en la ciudad y al contenido de sus leyes. Recuerda Freud:

"...la cultura domina la peligrosa inclinación agresiva del individuo debilitando a éste, desarmándolo y haciéndolo vigilar por una instancia alojada en su interior como una guarnición militar en su conciencia."[737]

La domesticación civilizatoria pasa por un proceso de mutación en el orden de su propia representación y, domesticada lo suficiente, se nombre a sí misma como Cultura. Implícitamente se justifica el trato como a *animales* (seres inferiores) a los *seres* humanos (animales superiores) que no se adaptan a los requerimientos de la domesticación: a los desviados sociales, a los perversos sexuales, a las trasgresores criminales, a los pecadores, inmorales y demás practicantes de locuras. De ahí que no deba extrañar que en el discurso psicoanalítico las anormalidades señaladas por la Cultura pasen a formar parte del registro de la normalidad, pues se trata, a todas cuentas, de problemas en el orden de un gran poder normalizador, de encuadramiento civilizatorio, de domesticación social. Demasiada semejanza entre el *hombre* y el reino animal, a la que pertenece y de la cual no tiene posibilidad real de escapar, pues es condición esencial de su propia naturaleza. Su interioridad, que no respeta su voluntad, ni informa de todo cuanto trama y sucede en su interior a la conciencia, responde a fuerzas instintivas que no

---

[736] Op.cit., p.251.

[737] S.Freud; *El malestar en la cultura*; Op.cit., p.67.

pueden ser controladas de modo absoluto a lo largo de toda la vida. Postulado psicoanalítico éste que no puede ser, a la vez, más que demostración científica de la naturaleza instintiva del Hombre (como todo lo perteneciente al reino animal), advertencia dramática sobre la peligrosidad que representa el ser humano a sí mismo, permanentemente y sin remedio. De ahí la importancia que Freud atribuye al poder cultural como mecanismo de regulación de las relaciones sociales; de ahí el voto de confianza psicoanalítico a los ordenamientos jurídicos estatales, al imperio de la Ley.

La tercera gran ofensa al narcisismo de la Humanidad aparece en este Gran Relato, apenas poco más de medio siglo después: la ofensa psicológica, allí donde "el hombre, aunque exteriormente humillado, se siente soberano de su propia alma."[738] Allí, donde Freud deja saber a sus biógrafos el lugar preciso de la Historia dónde interesaba fuera erigido su altar; allí donde hace aparecer al psicoanálisis, no sólo como ofensa al narcisismo de la Humanidad sino como punto culminante de la evolución cultural en el orden del pensamiento...

Las suertes de gran parte de la humanidad han sido echadas a correr a partir de los pensamientos de estas figuras históricas, no por ellas como responsables absolutas sino por la utilización precisa de sus *conocimientos* como ejes legitimadores y ordenadores de prácticas específicas de relaciones de poder. En este contexto se representa la civilización occidental como unidad global de un curso evolutivo y continuo, progresivo y ascendente del conocimiento. Sólo a partir de esta representación totalizadora, bajo el modo de un efecto de conjunto global, es posible representar las rupturas, las discontinuidades, las "ofensas al narcisismo de la Humanidad". Pero las *rupturas* no se limitan a enunciar las perspectivas críticas o las diferencias metodológicas entre los múltiples esquemas de pensamiento, pues incluso las críticas aparecen en esta literatura enraizadas en la misma lógica formal del modo de conocimiento filosófico y, a todas cuentas, formando parte constitutiva e integral del proceso *civilizatorio* de Occidente. Así, personajes históricos que tuvieron ocasión de gozar de los privilegios de una buena vida son, para estas historias, tan significativos a la larga como aquellos que

---

[738] S.Freud; "Una dificultad del psicoanálisis"; Op.cit., p.250.

desde posiciones disidentes pagaron con su vida el acto de pensar de manera *diferente*.[739] La diferencia se marcaría en el contraste con los modos de pensar autorizados por los poderes reinantes, ya fueran prescritos por la Ley, ya por la Moral, por la Religión o la Cultura. Incluso una buena parte de esta literatura suele enfatizar en la dramática terquedad de estos personajes y en la fatalidad de sus suertes *identificar* las raíces más sólidas del progreso evolutivo del pensamiento occidental, por lo menos desde la muerte de Sócrates. Estas versiones narrativas de la Historia de la Civilización Occidental, por lo común, suelen omitir de sus relatos que gran parte de eso que aparece como *logros* y riquezas de la Cultura, luego de la Razón moderna, fueron posibles no por la aplicación precisa de las geniales *ideas* de estos pensadores, dadas a la luz de los nuevos conocimientos filosóficos y luego científicos, sino por la fuerza impositiva de la Ley; ya instaurada desde los poderes reguladores y coercitivos de los gobiernos como regada entre las más diversas prácticas sociales; ya por poderes coercitivos precisos (como el de esclavizar, de marginar, colonizar, explotar, de oprimir, reprimir y suprimir los obstáculos, por lo general encarnados en las vidas concretas), como por mecanismos *suaves* de subyugación ideológica (como la educación y la religión) dispersos entre las más diversas relaciones de la vida social cotidiana, es decir, de la Cultura y la represión general que la posibilita. Dentro del orden de este discurso, tanto las omisiones como los énfasis pertenecen a un registro preciso de representación ideológica de la civilización de Occidente, todavía *enseñado* en las escuelas y universidades como efecto progresivo del cúmulo de saberes, como evolución del conocimiento. Los ordenamientos jurídicos modernos, todo lo referido al orden imperial de la Ley del Estado –por ejemplo– aparecen enraizados en este modo de representación ideológica de la Historia de Occidente. De la que Freud se hace eco sin reserva

---

[739] Freud hace referencia entre sus escritos a diversas figuras históricas que, como él, fueron maltratadas por sus posiciones en el orden del conocimiento y que a la larga *demostraron* tener razón como, por ejemplo, la figura de Cristóbal Colón. Lo que suele omitir de sus razones son las consecuencias, dándose a la par un proceso de ocultamiento ideológico, soporte esencial del Gran Relato de la Historia de Occidente, que –como es harto sabido- ha solido representarse a sí misma como encargada de llevar su candente luz civilizatoria a todos los rincones de la Tierra, aunque haya sido al precio de quemar con sus llamas, literalmente, a quienes hayan preferido permanecer en sus oscuridades incivilizadas...

alguna, procurando refinar algunas insuficiencias teóricas, rellenar de coherencia psíquica interior las lagunas de sentido dejadas al paso "evolutivo" de la Razón y la Ciencia.

La ficción de ruptura

Dentro del marco general de este Gran Relato, la figura de Sigmund Freud aparece (re)presentada como quiebra del orden tradicional del conocimiento, y su obra como ruptura radical con las tradiciones del pensamiento filosófico occidental y los modos entonces dominantes del discurso científico, así como contradicción con el registro dominante de la moral social: extrañando a los modos ordinarios de pensamiento y contra-diciendo los puntos de vista corrientes –por usar las palabras de Freud-.[740]

A diferencia de las fachadas ideológicas de gran parte de las filosofías, Freud nunca presumió de neutralidad, nunca quiso dar la impresión de que se trataba de interrogar su objeto por amor al arte de saber por saber, sino que en el acto inquisitivo procuraba dar cuenta de las cosas de este mundo, trocando el conocimiento filosófico, ahora bajo el modo de un discurso científico natural, de una psicología profunda, en un modo de autoridad referencial, de verdad, de realidad. La psicología, como la física, es una ciencia natural –dice Freud- ¿Qué otra cosa podría ser? El conocimiento filosófico ahora aplicaría el método de la ciencia dura: trocaría, como ella, en verdad la cosa dada por *conocida*. La novedad reside tanto en la especificidad de su objeto (lo inconsciente) como en la técnica (interpretación psicoanalítica), incluso en el método (libre asociación). Se trata, pues, de un cierto modo circular del ejercicio habitual del poder: s*aber* la cosa supone decir la *verdad* sobre ella, y hacerlo es convertir lo dicho en realidad; y lo real es siempre el signo alusivo a la legitimidad del poder. Freud quería *edificar una nueva teoría del sujeto*, construir una teoría amplia y coherente de la vida mental. El trabajo del psicoanálisis consistiría, pues, en *traducir* los procesos inconscientes, llenando así las lagunas de la percepción consciente. Es decir, hablar del otro, decir la verdad del otro, revelar

---

[740] S.Freud; "Algunas lecciones elementales de Psicoanálisis"; *Obras Completas* (Tomo III); op.cit., p.3419.

lo que él mismo no sabe de sí, pero que Otro, desde *afuera*, puede *descubrir* para él o *ayudarlo* a que él mismo se *descubra* a sí:

"Adéntrate en ti, desciende a tus estratos más profundos
y aprende a conocerte a ti mismo; sólo entonces podrás
llegar a comprender por qué puedes enfermar y, acaso,
también a evitar la enfermedad."[741]

Aunque enseguida, lo que le pudiera parecer una gran ilusión de seguridad (el alivio, la cura) por *retomar* el *control* sobre *sí mismo*, se desvanezca inmediatamente, pues el psicoanálisis –si es que no se hace partícipe de un gran engaño- le recordará al paciente que por condición de su existencia humana el estado de *enfermedad* puede reactivarse, inesperadamente e incluso con mayor fuerza aún, pues nunca se cura *uno* del todo, pues la enfermedad mayor es ser, irremediablemente, uno mismo. Le recordará, quizá, que la imagen de Narciso era toda bella sólo en el reflejo exterior, en la superficie, en la ilusión de su propio deseo. Recordará, pues, como lo hiciera siempre la Iglesia y los Estados, que la resignación ante la *realidad* es una virtud esencial de la vida, sólo que ya no habrá otro motivo de consuelo más allá de la existencia inmediata de cada cual, es decir, de su realidad material... o de las representaciones imaginaras que de ella se haga, es decir, de la normalidad de la vida cotidiana en la Cultura; del dominio absoluto y sin exterioridad de la Ideología.

En síntesis, podría inferirse que a partir de este Gran Relato, hace más de dos mil quinientos años, las filosofías del alma, del Ser, de la conciencia, han ido refinado sus métodos hasta *consolidarse* en el discurso científico moderno. Estas comparten, a pesar de sus marcadas diferencias interiores, una cierta característica que permite englobar el conjunto de conocimientos filosóficos en un movimiento dirigido, sobre todo, si no a buscar la unidad irreducible de las cosas (como los presocráticos), a dar sentido y coherencia precisa a las mismas. Es tal vez a partir de Sócrates (Platón) que las más diversas corrientes de pensamiento filosófico concentran sus miradas en el sujeto humano, convirtiéndolo en el objeto central de sus discursos. Pero no fueron los filósofos los que inventaron cómo era el sujeto humano o como debería ser. Más

---

[741] S.Freud; "Una dificultad del psicoanálisis" (1917); Op.cit., p.254.

bien dieron cuenta de cómo era forzado a ser y cómo, por razón práctica de toda vida irremediablemente sometida, *debía* ser, dentro de un orden preciso de relaciones de poder (políticas, económicas, morales o culturales), bajo el imperio de algún orden de Ley; bajo la fuerza bruta de sus dominios. Desde entonces el saldo ha sido la multiplicación de mecanismos de dominación, de técnicas cada vez más refinados de domesticación social, de subyugación ideológica, de Civilización. Freud es uno más entre estos filósofos que aparece, dentro del Gran Relato de la Historia de la Civilización Occidental, como partícipe protagónico de estas prácticas representacionales; y el psicoanálisis, aunque representado como pensamiento de ruptura, permanece fungiendo como una tecnología más del poder normalizador de la cultura occidental moderna. La *diferencia* esencial que radica como condición de la existencia del Ser sería *reconocida* en el psicoanálisis de Freud, es verdad. Desgarraría los ropajes de prejuicios instaurados en el mito fundacional de la Razón, como en las ilusiones morales o religiosas de la Cultura y, sobre todo, arremetería contra sus fuerzas masifica-doras, inhibidoras del derecho de individualidad, por lo menos de la relativa autonomía existencial de cada cual frente a las exigencias colectivas de la vida social y sus regulaciones. Pero esa misma teoría, en apariencia liberadora, desujetadora, forzaría al sujeto humano a vestir una armadura cortada a la misma medida y ajustada por fuerza de su arbitrariedad a todos por igual. ¿En dónde reside esa ecualización de las diferencias humanas, esa nueva mitificación del Ser? En la ilusión psicoanalítica: en la apuesta a que todo lo relativo a la mente humana puede ser aprehendido, comprendido, explicado; a que nada está exento de un cierto grado de sentido; a que todo lo concerniente al ser humano es inteligible por virtud de una misma teoría, totalizadora, de aplicación universal de sus leyes, de sus postulados, de sus dogmas; en su pretensión omnicomprensiva, como la de todas las filosofías que le precedieron; en su voluntad de poder. Así como en el discurso estatal todos *somos* iguales ante la Ley, precisamente porque, como reconoce en silencio, somos diferentes en alguna otra parte, para el discurso ortodoxo del psico-análisis no somos iguales, pero estamos sometidos irremediable-mente a las mismas leyes que rigen lo inconsciente a todos por igual. Es esta la contradicción entre la teoría psicoanalítica (de la estructura inaprensible de lo inconsciente, de la determinación

436

incontenible de las energías sexuales o la libido, de la fuerza incontrolable de los instintos sobre la vida anímica, las resistencias centrífugas del *ello* y la impotencia irremediable del Yo, etc.) y la práctica clínica que se da a la tarea de *devolver* las riendas al Yo para refrenar los impulsos intempestivos del alma, aunque sea a sabiendas que lo hará superficialmente y, muy probablemente, de modo pasajero. A no ser –como ya advertimos- que el analista quiera engañar al paciente o, como suele suceder, se convierta en los personajes de su propia novela y sean ellos, desde su imaginada posición, los que guíen los términos de la interpretación y lo fuercen a permanecer en silencio sobre la ofensa mayor del psicoanálisis: que el dominio pleno y absoluto sobre la conciencia (como la *belleza* imperecedera, la Justicia en singular y la Felicidad infinita), es una vana ilusión, y que el problema no radica en su verdad, sino en que ésta no tiene remedio...

El cierre dogmático en la retórica de apertura

Ante esta disyuntiva, entre las resistencias intelectuales y las afectivas, Freud, al parecer, no le resta otra salida que recurrir a las técnicas de la retórica para combatirlas, suavizarlas, anularlas y, a la vez, ganar complicidades y simpatías. Ahí, tal vez, la razón principal de recurrir al Gran Relato de la Historia Occidental, para dar cuenta de su posición y expectativas, para reclamar espacio de reconocimiento a su existencia. Para tales efectos Freud cultiva con celo la táctica de la arrogancia dogmática, lo que no revela pistas para perfilar su psicología, su carácter o su personalidad, como quisiera el psicoanálisis biográfico. Es un método que tiene su valor en su eficacia precisa ante una audiencia, pues se representa a sí mismo como una autoridad y sus premisas exigen ser atendidas y creídas por la fe de ésta. Freud advierte que, dado que no es posible permitir la presencia de un tercero durante la sesión clínica, precisa de exponer la teoría psicoanalítica dogmáticamente y como si se tratara de una construcción ideológica terminada y perfecta. Advierte –sin embargo- que todavía no puede asegurar que su actual expresión haya de ser la última y definitiva:

"La ciencia no es revelación, y aunque muy lejos ya de sus comienzos, carece todavía de los caracteres de precisión, inmutabilidad e infalibilidad a los que aspira el pensamiento humano. Pero así y todo, es lo único que poseemos."[742]

No obstante, este voto de humildad también se abre a dar paso a la sospecha, pues eso que aparece bajo el modo de una confesada limitación también es recurso común de las retóricas humanistas y las ciencias sociales en general, quizá herederas de los discursos políticos de todos los gobernantes, antes que de los filósofos clásicos de la tradición occidental. Nos es posible contraponer esta sospecha en el instante en que Freud admite su *reserva*, con aires de molestia, porque todo el mundo se encuentre con derecho a opinar sobre los dominios de la vida psíquica. Advierte que no existe fundamento común y, como Platón decía de las leyes, ninguna se respeta, porque no hay autoridad que se dé a respetar. Al parecer le molesta que sobre la vida psíquica cada filósofo, cada poeta, cada historiador, cada biógrafo, creen para su uso particular una particular teoría psicológica y la empleen en función de sus propias conveniencias. Freud buscará, pues, además de situarse dentro del reconocimiento de la Historia del Pensamiento Occidental, instaurarse en un sitial privilegiado, en la cúspide del poder cultural del Conocimiento. Así descarta de literatura las filosofías que hablan de la vida psíquica a partir de la conciencia como eje regidor de la razón y la voluntad, y lo mismo arremete contra la autoridad de las psicologías:

"Una psicología que no ha conseguido explicar los sueños no ha de poder tampoco proporcionarnos una expiación de la vida anímica normal, no tiene derecho alguno al nombre de ciencia."[743]

Aunque comparto simpatías con esta radical distancia y crítica psicoanalítica (en cuanto a la importancia del reconocimiento de lo inconsciente en la vida anímica del sujeto humano, que no es descubrimiento de Freud), me interesa acentuar cómo le resulta de utilidad táctica, dentro de un objetivo específico, formular su

---

[742] S.Freud; "La cuestión del análisis profano"; Op.cit., p.265.

[743] Ídem.

autoridad y pertinencia histórica a partir del contraste con un adversario, con una fuerza opositora que de razón de lucha, por ende de existencia ofensiva, tal y como sucede en el orden del discurso tradicional de lo político. Dentro de esta técnica retórica o táctica política, el recurso de la evasiva está presente con un valor significativo dentro del orden fundacional del relato o la lucha; como advirtiendo que allí donde no se puede vencer a un enemigo es preferible retirarse con la esperanza de que en el porvenir se dará mejor suerte para ocasión de victoria. Freud recurre a las referencias históricas, a los prestigios de sus montajes, para reforzar sus argumentos o desviar, tal vez, la atención de las *inquietudes* de las resistencias, pero no logra desdeñarse efectivamente de la arbitrariedad fundante de sus respuestas a preguntas que remiten el bloque discursivo a su punto de origen, al punto más allá del mito fundacional; no a la voluntad de saber que hizo aparecer por vez primera al psicoanálisis, sino a la voluntad de poder que, desde su nacimiento, lo mueve y lo sostiene, lo preserva y perpetúa ampliando sus dominios. Así sucede con el principio fundacional de la autoridad psicoanalítica. Basado éste en su dominio sobre la *interpretación* analítica, nunca ha podido dar otra respuesta que las evasivas tácticas en la retórica general del discurso histórico del psicoanálisis. La *interpretación* de los sueños, como todo *material* proporcionado por el sujeto, queda siempre al arbitrio del analítico, y esta es una verdad reconocida por el propio Freud y que, de cierto modo, reconoce como irrefutable condición de todo que-hacer científico; por lo menos entre los límites del discurso hablado o escrito, en la palabra dogmática de la teoría, del lenguaje de su ideología. Es a partir de la *experiencia*, en la investigación científica, en la observación y la práctica analítica que pueden *confirmarse* sus postulados –sostendría–. Lo demás, -advertiría Freud- sería contentarse en creer por fe los dogmas de la teoría; su autoridad…

Límites de la representación histórica

La representación del psicoanálisis como una ruptura radical con el pensamiento de Occidente pertenece al orden de una práctica representacional eminentemente política. Admitir que de este modo se hacía a sí mismo un lugar en el mundo, e incluso que sólo de este modo podría haberse abierto un espacio entre el

439

reinado de los saberes dominantes, es una táctica retórica de la que Freud supo servirse en su debido momento, y ha sido repetida hasta nuestros días, casi textualmente, hasta perderse entre las más absurdas exageraciones. Pienso que el lenguaje del psicoanálisis se ajustó, en su momento, cómodamente, a partir de ciertas condiciones de época que posibilitaron, no su aparición histórica, sino la representación de sí mismo como ruptura radical en el orden del discurso totalizador de La Historia del pensamiento Occidental. El contexto de apogeo y consolidación del discurso científico, por oposición y contraste al discurso religioso, es el lugar donde eclosiona el psicoanálisis como ciencia, es decir, como discurso desmitificador, revelador de ideologías, de ilusiones, descubridor. El antiguo lenguaje, que incluye al de la filosofía, aparece como el contraste, como una resistencia debilitada o vencida. Es cierto que la antigua hegemonía del lenguaje religioso, desacreditado tras las revueltas ideológicas y políticas de los movimientos seculares de la modernidad, fue debilitada y progresivamente desplazada por el lenguaje de la razón, y su método infalible, la ciencia. Pero no vencida. Los lenguajes de las filosofías permanecieron siempre como intermediarios en el juego de posiciones, sus fantasmas arbitraron las reglas del juego, pero el tablero permaneció intacto.

El imaginario psicoanalítico se constituye y conjuga a sí mismo en la representación de sí como representación de la realidad, como ciencia, como saber verdadero. Esto es sólo posible en el darse de un contraste, a partir de la aparición de un contrario herido pero no de muerte; en la puesta en escena de un adversario derrotado, pero no rendido; en la representación de una resistencia vencida, pero siempre al asecho; que es ideología porque no es ciencia, que es verdad porque no es mentira, que no es ilusión porque es realidad. El psicoanálisis se produce a sí mismo dentro de un campo discursivo que le precedía y que condiciona en todo momento la posibilidad misma de su propia existencia, dentro de los tejidos ideológicos de una relación de poder entre dos adversarios imaginarios, es decir, construidos como reales para dar sentido a su poder. La pretensión de encuadrar dentro del registro estructural de un pensamiento unívoco la totalidad de la existencia humana, de producir una teoría omnicomprensiva de todo cuanto pudiera ser referido al ser humano, ha sido siempre el rasgo característico de la filosofía. El psicoanálisis comparte esta pretensión desde sus inicios. Pero admitir en acto de fe que el psicoanálisis no podía menos que representarse a sí mismo como ciencia, por condiciones históricas, puede resultar tan incoherente como sospechoso. Esta aseveración determinista representa como inevitabilidad histórica lo que en verdad fue decisión política de Freud. Si acaso pudo representarse como ruptura radical con el inmenso espectro del pensamiento Occidental, con la Historia misma como hasta entonces había sido representada, ¿por qué detenerse ante los pies de la diosa Ciencia y rendir culto en su altar? Si pudo desmontar el conjunto de los prejuicios que soportaban las ilusiones más profundas de la humanidad y arrogarse la potestad de revelar para ella misma todas las verdades que hasta entonces le habían sido ocultadas, también por ella misma, ¿por qué admitir que el anclaje en el discurso científico era una suerte de inevitabilidad? Sólo una mirada ingenua pero arrogante puede afirmar sin reservas que la historia es una fuerza despótica que impone límites fijos y restricciones al vuelo de los pensamientos. Sólo esta mirada puede ver en la genialidad de un sólo hombre el rompimiento de la historia del pensamiento, como si la historia fuera en verdad La Historia, y el pensamiento El Pensamiento. Se trató de una táctica dentro de un juego estratégico de poder, una movida hábil, calculada a conveniencia e interés del propio y principal jugador. Baste preguntarnos quién habla para confirmar que en su lugar habla un deseo por él, una voluntad de poder.

Revés de la resistencia / circularidad de la Ideología

La resistencia lo es siempre con relación a un poder que, por contraste, también es una resistencia. En este sentido, allí donde Freud afirma que las resistencias al psicoanálisis vienen del rechazo, de una negativa a aceptar lo dicho, por otra parte, puede darse una lectura a la inversa. Las negaciones al discurso psicoanalítico lo son desde el instante en que este discurso asume posición y desde ella quiere regir el imperio de los saberes del Ser; para ello exige, como toda disciplina, reconocimiento, respeto, obediencia; como toda autoridad, subordinación. Estas negaciones son, puestas en positivo, afirmaciones que pertenecen a otros registros referenciales, a otro orden de prácticas representacionales; respuestas de oposición, valores alternativos, creencias, conocimientos, verdades;

realidades. Bajo el modo de resistencia se afirma el derecho de existencia el mito, la ideología, la creencia por fe, la ilusión, del mismo modo que se afirman en positivo la verdad de la ciencia, como promueve la ortodoxia psicoanalítica. Cada mirada ocupa una posición particular en el tablero de juego. Así, el relato histórico sobre el devenir del psicoanálisis, sus postulados dogmáticos, sus afirmaciones, sus negaciones, en fin, el conjunto de su discurso (que integra la teoría y la práctica), no es más que parte integral de un complejo juego estratégico de poder. Esta mirada, sin embargo, no resuelve la tensión bajo el estigma del relativismo filosófico, del todo vale lo mismo. Lejos de ello revela el carácter esencialmente conflictivo que condiciona todo conocimiento, y reconoce, a la vez, que el saldo final es siempre, como admite el psicoanálisis, un vencimiento de las resistencias, una domesticación de las fuerzas antagónicas al Yo de su discurso, que es ahora metáfora de identidad de la disciplina científica; su *conciencia*, la fuerza represiva de su ortodoxia; un sometimiento; una práctica de dominación. Toda resistencia en este orden aparece a partir de una identidad unitaria reconocida a sí misma como tal, a la que el mundo exterior le resulta, si no incómodo, siempre amenazante. La disciplina del psicoanálisis, como el registro del Yo del aparato psíquico, sabe que puede domesticar algunas resistencias, internas o externas, incluso hasta suprimir algunas partes de ellas; pero sabe que el éxito jamás será pleno y completo: las resistencias siempre estarán al asecho para, en ocasión en que se bajen las defensas, resurgir de improviso con nuevos bríos y reclamar sin reservas o retomar sin piedad las pertenencias de sus dominios...

El discurso psicoanalítico es un poder ideológico, pues es en sí mismo Ideología. Es el precio a pagar de todo discurso que para enfrentar a su adversario *debe* convertirse primero en él: quiere desmitificar, se convierte en mito; quiere liberar de las ilusiones imaginarias, *debe* trocarse en ilusión. Y es que la desujetación ideológica no supone una liberación al vacío ni al dominio pleno de la razón y la conciencia. Se da precisamente en la sujetación a otro modo de ser de la Ideología, es decir, al discurso de cierre, al del mito de la normalidad, de la ilusión de realidad, al poder ser *normal* en la Cultura, en la vida social, en su mismidad que es, pues, devolverse a la ilusión unitaria del Yo y envolverse *normalmente* en ella. La identificación del psicoanálisis con un modo de ser normal es, entonces, una identificación circular con un modo de ser ideológico, pues lo normal no puede darse bajo ningún otro registro: se es normal porque otro modo de ser supone no serlo, y esta distinción es siempre ideológica en cuanto representación imaginaria de lo real, investido irremediablemente por los códigos del lenguaje; sin un afuera del ámbito de lo social y sus relaciones históricas (económicas, políticas, culturales, subjetivas, etc.) Presumir de decir la verdad, de descubrir la realidad, es sólo una afirmación de su modo de ser en cuanto ideología, pues devuelve al sujeto intervenido al lugar donde estaba antes, al de la normalidad, es decir, al de las ilusiones que hacen soportable la existencia a lo largo de la vida, que a la vez son siempre su mayor potencia enemiga. Pero en todo caso no se desacredita su "valor social", sino que se revela que, a todas cuentas, la ciencia psico-analítica es también, como cualquier otra ciencia del espíritu, filosofía del alma, Ideología. Circularidad ésta de la que no hay salida posible, por lo que, tal vez, de cierto modo, también se anula como crítica. Es el límite de todo lenguaje, se devuelve a sí mismo, incesantemente, a su punto de partida, que es el lenguaje mismo que lo posibilita y a su ordenamiento, que es siempre estructurado dentro del dominio de una ideología, programada en función del poder normalizador de la cultura moderna, aún cuando se represente a sí como evolución, retroceso, crítica o rompimiento; como verdad y no ficción o mentira; como realidad y no Ideología...

Embestida ¿(a)moral? del psicoanálisis

Entre estas coordenadas, pienso que el psicoanálisis se hace eco de infinidad de moralidades, compartidas entre contradicciones dentro de la multiplicidad de discursos que entretejen el difuso poder de la Cultura, entrecruzado en lo Histórico, lo mítico, lo ético y lo político; algunas conciliadas, cooptadas y secularizadas por la Ilustración moderna y sus estrategas más relevantes; otras en oposición y apuntadas al porvenir. Freud se levanta contra el principio de finalidad de la historia y del Ser, contra la religión, contra las ficciones ideológicas de la cultura popular y las ilusiones míticas de los saberes reinantes:

"Decididamente sólo la religión puede responder al interrogante sobre la finalidad de la vida. No estaremos errados en concluir que la idea de adjudicar un objeto a la vida humana no puede existir sino en función de un sistema religioso."[744]

Pero a la vez se levanta a favor de las coerciones culturales, de la civilización de Occidente, de su Gran Moral, del poderío estatal, sus tecnologías disciplinarias y sus dispositivos reguladores, en fin, del imperio de la Ley. Y es que no puede haber discurso de Ley sin una Gran Moral que le subyazca como soporte legitimador de su poderío, ya fuera el rey, los sabios, Dios o el pueblo; no podría una coerción cultural darse sino atada a un principio moral, a una ética universal, al Bienestar General, a la Justicia. Puede negarse[745], pero sólo en el instante en que se escuchan las griterías de las grandes ilusiones de la Cultura.. Es la omisión de una inevitabilidad, el silencio a propósito de sus deseos, lo que posibilita

---

[744] S.Freud; *El malestar en la cultura*; op.cit., p.20. La crítica radical que opera Freud al discurso cultural de la Religión y, sobre todo, la propuesta de erradicarla como principio para una "educación para la realidad", de un proceso de "maduración del hombre", de "evolución cultural", ha dado paso a ciertas interpretaciones que tachan de inmoral o anti-ético el trabajo teórico del psicoanálisis. De dónde vienen y por qué las razones de estas resistencias no debe extrañar pues, a todas cuentas Freud consagra la muerte de Dios nuevamente y la establece como condición imperativa para el desarrollo positivo de la civilización misma.

[745] La reserva, o más bien negativa radical, de Freud ante los reclamos de ciertos sectores (o personalidades) de poner al psicoanálisis al servicio de determinado sistema ético o filosófico, aparece acentuada en varios escritos. Por ejemplo, en su oposición a la *demanda* que le hiciera el profesor norteamericano James J. Putnam, quien se alió con el movimiento temprano del psicoanálisis y aportó -según relata Freud- a minimizar en gran medida los ataques al mismo, exaltando el valor cultural de la nueva disciplina: "En este excelente hombre, que como reacción a una disposición a la neurosis obsesiva había adoptado una orientación predominantemente ética, nos contrariaba sólo su deseo de agregar el psicoanálisis a un determinado sistema filosófico y colocarle al servicio de aspiraciones morales." (S.Freud; *Autobiografía* (1925); op.cit., p.57). Más de diez años antes, Freud ya había hecho alusión a esta misma reserva: "Putnam (...) ha exigido al psicoanálisis una actuación –a mi juicio imposible- en el sentido de una determinada concepción universal de carácter ético-filosófico." (S.Freud; "Historia del movimiento psicoanalítico (1914); en *Autobiografía*; op.cit., p.107)

hablar con tanta firmeza y atrevimiento, sin ensuciarse demasiado las manos, por no decir en palabras lo que pudiera revertirse en su contra. Pero quien quiera que hable de la humanidad, quien sea que diga que sabe algo sobre las suertes del Ser, ya en lo más superficial de sus existencias o ya entre las sombras más siniestras de sus adentros, entra en escena de espaldas a un paredón de fusilamiento o postrado ante un altar de reconocimiento. En ambos extremos, el de la Moral, que es también tan ambigua como contradictoria; el de la Ley, que sin sus contradicciones y ambigüedades no existiría. Ahí que todo discurso filosófico sea, en esencia, político; ahí que no haya exterioridad posible del dominio de lo ético:

> "…I have always been an unbeliever and was brought up without any religion thought not without a respect for what are called the 'ethical' standards of human civilization."[746]

Y es que no hay teoría social que se dé afuera de la política, como tampoco hay en ella posibilidad de un afuera de la ética. Toda teoría social, todo conocimiento de lo humano, es parte integral de la Cultura, y ésta es siempre Ética y a la vez en todo momento Política. Si su posición, bajo el modo de una teoría, se levanta a favor de una coerción precisa o bien la resiste o la libera, no se da en un vacío eximido de sentidos, en un lugar privilegiado donde el pensamiento pueda revolcarse sólo entre inofensivas ideas. Porque no es sólo de ideas que están hechos los pensamientos, como tampoco en las ideas se agota lo que se piensa. No hay un afuera posible de la Ideología, como tampoco del Lenguaje que la

---

[746] S.Freud; Fragmento de una carta dirigida a la Sociedad de B'nai B'rith (6.V.26); en E.Freud, L.Freud y I.Grubrich-Simitis (Eds.); *Sigmund Freud: His Life in Pictures and Words*; op.cit., p.238. De modo similar se distanciaría de los fundamentalismos nacionalistas, tachándolos de peligrosos, así como de las racionalidades militaristas (de la institución del Ejército) no por pesimismos coyunturales sino porque precisamente se revelan contrarios a estos *principios* "éticos" de la civilización humana. Véase, S.Freud; "Psicología de las masas y análisis del 'Yo'" (1920); en *Obras Completas* (Tomo III); op.cit., p. 2563. También se expresa en este sentido en la respuesta a Albert Einstein en 1932, sobre cuestiones de la violencia y la guerra en A.Einstein y S.Freud; *¿Por qué la guerra?*; Editorial Minúscula, Barcelona, 2001. Más precisamente, en S.Freud; "Consideraciones de actualidad sobre la guerra y la muerte" (1915) en *Obras* Completas (Tomo II), op.cit., p.2101.

posibilita, pero las relaciones de poder que se baten en sus dominios no se agotan en sus límites formales, sino que a partir de ellos se devuelven incesantemente a su carácter relacional, a su juego beligerante, violento; político.

> "...hay ciertas diferencias en la conducta de los hombres, calificadas por la ética como "buenas" o "malas", sin tener en cuenta para nada sus condiciones de origen. Mientras no hayan sido superadas estas discrepancias innegables, el cumplimiento de los supremos preceptos éticos significará un prejuicio para los fines de la cultura."[747]

Freud no escribía sólo poesía, para enamorar a su amada, o literatura, para entretener las audiencias interesadas; escribía teoría para influenciar cambios en el orden material de este mundo, quizá porque a su manera también lo amaba, y a su manera también se entretenía, no importa. En carta a Romain Rolland confesaba:

> "I myself have always advocated the love for mankind not out of sentimentality or idealism but for sober, economic reasons: because in the face of our instinctual drives and the world as it is I was compelled to consider this love as indispensable for the preservation of the human species as, say technology."[748]

El mundo que se cambiaría no era el de las ideas sino el habitado por seres humanos, y sobre ellos, sobre sus cuerpos con almas, sobre sus vidas, incidirían sus pensamientos, del mismo modo que, paradójicamente, se había materializado el amor por la humanidad en las más sangrientas y devastadoras guerras. Ahí la inminencia de lo político, ahí la disolución irremediable bajo sus dominios de toda teoría: en el darse sobre la existencia concreta del Ser. Lo mismo vale decir para la ética, que también puede darse sin prescripciones tiesas, más allá de toda escritura posible, o más acá

---

[747] S.Freud; *El malestar en la cultura*; op.cit., p.54.

[748] Fragmento de carta de S.Freud a R.Rolland (29.I.26) en E.Freud, L.Freud y I.Grubrich-Simitis (Eds.); op.cit., p.244.

de todo registro decible; en el movimiento de una posición de *conciencia*; en un juicio de valor, como lo es todo juicio; toda reflexión, todo pensamiento que envista una teoría del Ser es una toma de posición ante el Ser sobre el que se teoriza, que se reflexiona, que se piensa; esta posición es siempre política, siempre ética; siempre subjetiva y no universal, aunque pueda ser compartida. Lo demás es presumir ingenuamente de objetividad, buscar refugio seguro o consuelo en la ilusión de neutralidad, es decir, en la ideología más hipócrita de todas las ideologías. Pero Freud asumió posición ante la vida, y lo hizo desde la vida misma, porque no podría haber sido de otra manera. Y en la vida no existe, como no ha existido, una Moral singular que valga para regir a todas las almas por igual, aunque se hable como si de verdad existiera, o incluso fuera deseable que así fuera. La vida moral se vive en el darse de la vida misma, en su devenir incierto, en el choque incesante entre moralidades polimorfas, deformes o fijadas en tradiciones culturales, normas, costumbres, leyes, creencias, posiciones subjetivas; y saberlo basta para no mencionar más el tema, pues nunca se deja de hablar de ello, aunque se insista en guardar silencio al respecto...

Para Freud el lenguaje no opera de modo absoluto en la superficie de su transparencia, a manera de un cálculo frío dado por virtud de la razón, bajo el dominio de la voluntad de la conciencia. Opera bajo leyes que rigen en otros dominios, no más allá del Ser como ilusión metafísica, sino precisamente en el orden real de sus profundidades, en el lado oscuro y oculto de la mente, en el inconsciente. Por eso el desplazamiento psicoanalítico de la conciencia a un orden de jerarquía *inferior* para la mirada racionalista moderna no supone un rechazo de su valor sino, tal vez, su puesta en *justa* perspectiva. Para la teoría psicoanalítica –afirma Freud- el ser consciente no puede ser la esencia de lo psíquico[749], pero esto:

> "...(no) implica que la calidad de ser consciente haya perdido su importancia para nosotros. Continúa siendo

---

[749] Al registro de lo psíquico pertenecen nuestras percepciones, ideas, recuerdos, sentimientos y actos volitivos (impulsos de la voluntad), sin embargo, el psicoanálisis -admite Freud- no puede responder sobre la *esencia* de lo psíquico, su naturaleza. (S.Freud; "Algunas lecciones elementales de Psicoanálisis"; *Obras Completas* (Tomo III); op.cit., p.3420)

la luz que ilumina nuestro camino y nos lleva a través de la oscuridad de la vida mental."[750]

Freud no interesa que el psicoanálisis responda a una ética específica ni mucho menos a un proyecto político derivado de sus ilusiones de finalidad o trascendencia. Desde la teoría psicoanalítica esto sería, si acaso, una arbitrariedad ante la que no puede ceder. Esto pertenece a los postulados dogmáticos del psicoanálisis en su conjunto, a sus lecciones elementales: la *conciencia* es siempre una cualidad o atributo inconstante, que sólo puede ofrecer(nos) una cadena rota e incompleta de fenómenos.[751] Los contenidos conscientes de la ilusión del Yo, las posiciones vinculadas al registro de la ética, pertenecen a una relación conflictiva con el exterior, que se resuelve, en gran parte, en lo inconsciente, en las profundidades del alma, de manera indeterminada, contingente, aún cuando puedan *descubrirse* algunas leyes que lo gobiernan. El lugar del psicoanálisis, nuevamente, es el presente inmediato de la vida cotidiana, y su función, por voluntad del padre, hacer, si no menos dolientes los males que aquejan sin miramientos al alma humana, hacer menos insoportable la irremediable miseria de su existencia...

La obra de Freud aparece como parte de una economía política del poder cultural; como recurso preservativo, no sólo de la civilización, sino de la humanidad. "El mundo como es" no es, pues, voz de un voto de resignación, devoción conservadora o de fatal impostura moral, sino posición ética y política ante él; no ante los límites e imposibilidades de las ilusiones, sino precisamente ante las terribles consecuencias que han deparado para la vida humana el concretarse de esas grandes ilusiones, como Dios, La Moral, la Libertad, el Derecho, la Justicia, la Nación, el Pueblo, entre otras...

(Im)pertinencias del retorno: otras historias que contar

Pienso que una vuelta a la "razón pura" del Padre sería un giro mortal para las suertes del psicoanálisis. Quién habla ahora ya no es Freud, su palabra ya no detenta el poder de un conocimiento

---

[750] Op.cit., p.3423.

[751] S.Freud; "Algunas lecciones elementales de psicoanálisis" (1938); *Obras Completas* (Tomo III); op.cit., pp.3419-23.

448

preciso sobre el Ser, pues las palabras mismas se han volcado contra él, pero no para traicionar o defraudar por rebeldía, sino por pervivencia práctica, por requerimiento vital. Las condiciones que hicieron posible la aparición del discurso del psicoanálisis no son las mismas que hacen posible su continuidad en nuestros días. La *episteme* originaria se desborda de sentidos, no porque las palabras se emancipen por rebeldía, sino porque hoy día, y hace ya mucho tiempo, los registros de legitimidad se trastocaron en sus cimientos. Como antes la religión, ahora la ciencia ocupa el lugar del acusado en los juicios sumarios de esta época, hace tiempo (pos)moderna. Ya no se menciona lo que una vez fue razón vital para el psicoanálisis, pues hoy es sólo historia de una suerte más entre los avatares del destino y los grandes relatos de *su* Historia, literatura interesante, tal vez, pero no autoridad con poder restrictivo. La horda primitiva de Freud, macho poderoso que la modelaba a su propia imagen y la regía a voluntad de sus deseos ya no es más; castrado el Padre y muerto al fin, ¿quién devora a los hijos?

Si la teoría es también objeto de interpretación y no sólo método inmutable o técnica infalible, entonces las palabras que armaron alguna vez su lenguaje, en el instante en que fueron dichas y puestas a circular, echaron vuelo a pesar de la voluntad de control del autor-padre; y pasaron enseguida a provocar inquietudes, activar reflexiones, resistencias, tanto como a ser sometidas bajo otros dominios de representación, en ocasiones, incluso como si se tratara del desarrollo evolutivo *normal* de la propia teoría en su conjunto, aún cuando no fuera, en realidad, más que una apropiación arbitraria y violenta de la misma. Es esa la suerte de todo discurso sobre el alma humana, que no evoluciona, sino que se maquilla de evolución lo que es, en verdad, el saldo de una imposición a fuerza de voluntad; un eufemismo de las violencias sin rostro fijo del poder cultural; de sus lenguajes; de sus ideologías. No son las condiciones actuales de nuestra era las que ocasionan este reguero en el orden de la ciencia psicoanalítica, aunque las fuerzas centrífugas que la atraviesan jueguen parte esencial en la determinación precisa de sus efectos. Hoy tal vez se hace más evidente lo que antes permanecía tras los bastidores privados de ciertos círculos de poder; hoy conmueve menos, tal vez, saberlo. Las autoridades infranqueables del discurso científico hoy no gozan ya de los privilegios exclusivos de sus antiguos dominios, tanto así como tampoco la Iglesia logró centralizar de manera absoluta las creencias religiosas. Vale decir que la piratería ha penetrado la fortaleza del psicoanálisis, casi desde su instauración; que al lado de la silla del rey hubo siempre un espía tramando una traición, y en sus cercanías más inmediatas, desde siempre, se cuajaba una conspiración sediciosa...

Volver a Freud es leer entre las líneas de sus textos la ansiedad de saberse siempre acechado, no sólo por la mediocridad intelectual que ocupaba los privilegios del reinado de la ciencia, sino por los espíritus especuladores que pudieran hacer caso omiso a su autoridad y subvertir sus principios esenciales, sus fundamentos. En el retorno pueden rastrearse las huellas de esa gran conspiración que, a pesar de la voluntad de Freud, estalló como revolución...

Si la aparición del lenguaje del psicoanálisis se montó en las corrientes del lenguaje hegemónico de su época, no debería extrañar que hoy su herencia se mezcle con los lenguajes importados de zonas exóticas para la razón Occidental, ya traídas desde los márgenes del misticismo, siempre presentes entre los rituales culturales de la vida cotidiana aunque dejado fuera por las miradas serias y demasiado tiesas de las academias y sus ciencias tradicionales; el psicoanálisis, como la religión y las demás filosofías, se mezcla en los estantes de las librerías con los esoterismos introducidos por el mercado global del capital posmoderno (inclusivo, diversificador, universalista, transnacional e intercultural) como sabidurías orientales, milenarias e injustamente excluidas por las más diversas intolerancias culturales de Occidente, o bien porque eran mercancías que no inducían simpatías a las racio- nalidades de consumo de épocas anteriores y hoy, bien publicitadas, provocan las más extrañas fascinaciones. Hoy el psicoanálisis aparece fusionado en la cultura global de consumo y *servicios*, no como un discurso científico rígido, como un saber de pura sangre, como pretendía conservarlo y perpetuarlo Freud, sino diluido, contaminado, prostituido, ya entre las camadas elitistas de los pequeños círculos psicoanalíticos, en los hospitales psiquiátricos o en clínicas privadas desentendidas de su historicidad pero bien conformadas a las garantías lucrativas de su semblante, suficiente- mente sombrío como para atraer la atención de almas dolidas en busca de sortilegios prácticos, con la esperanza de ser exorcizadas de los demonios que hacen insoportables sus existencias... o por lo menos consoladas, dejándolas desahogar sus penas a un precio fijado o convenido. De seguro el discurso psicoanalítico se ha relajado, no por voluntad del destino que Freud le tenía programado, pero sí cumpliendo la función política-cultural que le había encargado por conjuro desde su nacimiento: ¡Normalizar!

El nacimiento del psicoanálisis no anunció sino su advenimiento a otro orden de un mismo mundo, un cambio de posición mas no de estrategia, una movida táctica dentro de un mismo juego, iniciado mucho antes de llevar nombre personal y diferenciarse como identidad propia. Su aparición no se dio, sin embargo, como algo definido estáticamente, completado, culminado. Esa era condición imprescindible para sobrevivir en el juego del discurso científico, fundamento filosófico de sus cambios de posición, posibilidad de reiteración de sus postulados y de confirmación de sus hallazgos, legitimidad de sus retracciones y reservas al espacio inquietante de la duda; libertad disciplinada dentro de su celda epistemológica, en fin, dentro del espíritu reflexivo del que presume la filosofía de la ciencia, aunque suela olvidarse en su camino y cerrarse con hermetismo a sus creencias encontradas contra la pared de su utilidad práctica. Esa es la paradoja de todo principio de Ley y vale tanto para lo jurídico como para la ciencia: fundar su autoridad en una creencia y no poder prescindir de, para cumplir con eficacia su función, someterse a ella. Es la regla fundamental de todo principio de Verdad: vale su autoridad sin admitir desobediencia hasta que se demuestre lo contrario, pero se cierra en sí misma bajo el modo de su aplicación técnica, mecánica, automática, vitalmente *necesaria*, entorpeciendo a la vez toda posibilidad de debilitarla, de refutarla, de anular su pertinencia, de eliminarla. Es semejante a la paradoja de la revolución política, cuando "toma el poder" y se instaura en su ejercicio: lo revolucionario se convierte en poder dominante y su política en práctica de conservación, de perpetuidad de lo establecido, en la nueva normalidad dominante; en el orden imperial de la *nueva* Ley.

Toda resistencia es reacción contra un poder y podría admitirse, tal vez, que lo revolucionario, por lógica dual, devendría en las fuerzas subversivas aunque procurasen restablecer lo que alguna vez fue. Pero eso sería encerrar en un círculo vicioso lo político, y no habría por qué convenir en ello. Pienso que lo revolucionario no sería una vuelta al pasado sino el paso alternativo a un orden cualitativamente diferente, que anule las fuerzas reaccionarias del poder ocupado o las resistencias derrotadas, pero no vencidas, por ese poder. Aquí la relevancia de lo ético como horizonte, aunque móvil e inalcanzable, matriz guía de los valores que se impulsan o se aplastan en el orden de un discurso científico o filosófico, es decir, político. Su contenido esencial será siempre el resultado de una lucha entre poderes. De ahí la pertinencia de preguntarse quién habla y, cuando lo hace, no sólo qué dice sino, además, qué calla; por qué lo hace, en función de qué, a favor o contra qué o quién; a costa de quién(es). Entre estas preguntas, ¿cuál es entonces el efecto perseguido por el psicoanálisis? ¿La ocultación ideológica? ¿La preservación de las relaciones de dominación cultural? No. ¡La normalización!

Sería inútil enfrascarse en la tarea de procurar *descubrir* si acaso las lágrimas derramadas ante un altar fueran menos dolientes que las vertidas en razón o a la inversa; o si la verdad de la ciencia fuera más genuina o menos hipócrita que la verdad de la religión; lo mismo si es acaso más racional el dolor del cuerpo que el dolido en el alma, la psiquis, la mente. Quizá cuando se redujo la discusión a estos términos tenía pertinencia táctica hacerlo, pero seguir haciéndolo hoy día es como invocar el espíritu de los muertos para que respondan a lo que nunca tuvieron respuesta en vida, y resuelvan al fin lo que no resolvieron antes, si es acaso que *antes* interesaban hacerlo. Y es que quizá la resolución final era el propio juego inconcluso, pues era precisamente lo que tenía de inconcluíble la condición vital de su existencia. Por eso Freud nunca cuestionó la cientificidad de su discurso, se limitaba a afirmarla en toda positividad, sin reserva alguna. Asumió posición y desde allí combatió a sus adversarios. A algunos —como a los psiquiatras más tercos y a los médicos incrédulos- devolviendo las mismas acusaciones que le hacían a él, pero manchando con veneno mortal sus espinas; a los moribundos de la filosofía y la psicología clavaba su dedo índice en sus incurables yagas o echaba sal en sus más sangrantes heridas; a los fantasmas de la religión tiraba más tierra sobre sus tumbas, recordándoles que ya hacía tiempo no vivían, que descansaran al fin en paz su eternidad y trascendencia con Dios. Toda revolución es violencia. Así fue la revolución psicoanalítica...

Parte XI

El proyecto político de la Modernidad y el discurso psicoanalítico

"Si el hombre ha de rendir todo lo que de él se exige,
conviene considerarlo superior a lo que es."
Goethe

"Conocemos pensamientos imbéciles
y discursos imbéciles que están hechos
enteramente a base de verdades"
Gilles Deleuze

Parte XI

El proyecto político de la Modernidad y el discurso psicoanalítico

"¡Cuánto representa la verdad para los hombres!
La vida más alta y pura posible consiste en tener la verdad en la fe.
El hombre necesita creer en la verdad."
F.Nietzsche

"Nuestra mejor esperanza es que el intelecto
–el espíritu científico, la razón–
logre algún día la dictadura sobre la vida psíquica del hombre."[752]
S.Freud

Anclada en el siglo XVII, la Historia del pensamiento moderno se ha representado a sí misma como fuerza en oposición a los dominios imperiales de las supersticiones, y a las filosofías, protagonistas de su devenir y sus contingencias en el gran escenario del mundo *real*, como las fuerzas de resistencia consagradas a favor de las causas, también imperiales, de la Razón. Recién entrado el siglo XXI, la lucha continúa. La matriz de la existencia de las filosofías del Ser, que no obstante aparecieron muchos siglos antes, sigue siendo, pues, el Sujeto humano. La voluntad que las soporta y las mueve, según este gran relato histórico, es la emancipación de los sometimientos que impone la propia ignorancia que sobre sí mismo *posee*. Proyectándose hacia el porvenir en esta gran ilusión prometida, el discurso de la Razón resuelve liberar al ser humano de sus ataduras existenciales, para enseguida devolverle su autonomía *perdida* por largas tradiciones de oscurantismo, el derecho a pensar por sí mismo con arreglo en propiedad de su voluntad y en plena conciencia de sus actos. La *emancipación* de la *humanidad* estaría condicionada, entonces, a los *conocimientos* que de sobre sí misma fuera propietaria. *Descubrir* la verdad del Ser sería, pues, el primordial objetivo táctico de los movimientos de estas fuerzas emancipadoras. El objetivo estratégico, su finalidad, donde supondrían converger y condensarse todos sus respectivos esfuerzos, sería la liberación universal del ser humano de las *creencias* que restringen su desarrollo evolutivo intelectual y limitan las

---

[752] S.Freud; "Nuevas lecciones introductorias al psicoanálisis" (1932); en *Obras Completas* (Tomo III); op.cit., p.3199.

posibilidades de conquista racional de las condiciones reales de su propia existencia. Contenida en esta gran promesa emancipadora, la existencia del Ser aparece como Objeto aprehensible e inteligible por los registros del conocimiento filosófico, amparada por sus garantías y protegida privilegiada por sus resguardos redentores. En este gran escenario, el saber del psicoanálisis aparece, más que como heredero, como partícipe entusiasta de sus anhelos...

Pero al proyecto político de la modernidad, al que se suscriben estos movimientos racionalistas, le ha sido correlato sustancial los procesos de consolidación global de la economía política capitalista, y a ella, desde sus estadios iniciales, modos muy particulares de Ser le han sido requeridos, exigidos.... impuestos. Las modalidades del poderío estatal, la más poderosa organización política de este gran proyecto, ha llevado por encargo la regulación de sus movimientos y a su discreción, resguardada por la fuerza de la ley y legitimada por la fuerza moral-cultural en la que arraiga su existencia, han sido sometidos y modulados los contenidos específicos de tales exigencias. De ahí que las modalidades particulares de estos dominios del saber sobre el sujeto humano guarden antes estrecha relación con los modos de control y dominación social que con las gestas libertarias a las que prometen sus complicidades. Y es que el orden imperial de la Ley, condensado en las más diversas prácticas sociales, entre los más diversos registros del lenguajes y sus respectivas subjetividades, ideologías y moralidades, es todavía el referente irreducible de todo cuanto acontece en el devenir de la vida social, por lo menos desde que lo social advino como condición y poder regulador de la vida misma. Las filosofías del Ser, disciplinas del espíritu, de entre las que el psicoanálisis forma parte, nacen por encargo de estas suertes sin remedio, sin exterioridad posible con respecto al orden imperial de sus dominios: más allá de la historicidad y lo cultural, de lo moral, lo ideológico y lo subjetivo, de lo estatal y sus potestades, la Ley. Las filosofías del Ser, siempre políticas, nacen por su encargo, *indirecto*, tal vez, sin centro fijo de poder que determine absolutamente sus desenvolvimientos y programe en definitiva sus arreglos internos y sus movimientos, pero atraídas irremediablemente por la fuerza gravitacional de su poderío normalizador, que constituye el soporte de todo el andamiaje de la vida social y requiere, como condición de existencia, de conservación y

456

perpetuidad, el sometimiento de cada vida singular al orden de su poderío. Y éste no precisa distinguir entre lo real y lo ficticio para exigir sometimiento, pues a su poder le es siempre correlativo el semblante de la verdad, y detrás de él lo real lo es siempre determinado por la voluntad política de su poderío: controlar y dominar. En su haber, la práctica de una represión general sobre cada vida singular, desde que es nacida hasta el final de su existencia, es una suerte a la que la vida social está sometida irremediablemente sin mayores reservas ni ápices de miramientos. Aquí reside, tal vez, la mayor desilusión de la modernidad, en lo que respecta a la imposibilidad de obtener alguna vez el éxito absoluto y definitivo que prometen sus fuerzas emancipadoras. Pero la modernidad se desenvuelve en una relación paradójica, pues es precisamente esta condición la que caracteriza la naturaleza ideológica de sus dominios y posibilita la extensión indefinida de los mismos. La modernidad es un eufemismo de la dominación imperial de la Ley. Su proyecto político, el de la Razón, cuya legitimidad moral aparece investida por su ilusión emancipadora, aparece como orden de intervención sobre el Ser con arreglo a la voluntad imperial de la Ley, que exige la domesticación de cada sujeto singular y su inserción al mundo real de la vida social como sujeto económicamente provechoso, políticamente útil, sumiso ante las exigencias de la moral cultural dominante y obediente a los mandamientos en ley del poderío estatal. Al cumplimiento efectivo de este encargo político queda consagrada la participación ideo-lógica de los saberes reinantes en el imperio de la Razón moderna, fungiendo como tecnologías disciplinarias del poderío normalizador que caracteriza toda vida, cuya existencia lo es, sin *afuera* posible, social. Lo social es, pues, efecto condensado y circular de la voluntad de poder de la Ley...

Contenida, no obstante, en la gran promesa emancipadora de la modernidad, la existencia del Ser, aunque incontenible a plenitud bajo ningún registro filosófico, ha sido condenada a vivir bajo los resguardos de sus conocimientos y forzada a ajustarse a las órdenes de sus mandamientos normalizadores. Entre ellos, al saber del psicoanálisis se le ha atribuido el *descubrimiento* de carácter universal del funcionamiento psíquico del ser humano, conde-corado por su *valor* y elevado al rango de ciencia por las fuerzas *liberadoras* del proyecto político de la modernidad. Activado, pues, desde de las pretensiones omnicomprensivas que caracterizan a las filosofías del Ser, el psicoanálisis ha sido partícipe de sus envestidas disciplinarias, de las fuerzas domesticadoras del poderío normalizador moderno, de la Moral y de la Ley. El Sujeto humano, trocado en Objeto de Saber Universal, es resorte y condición de posibilidad de las más diversas prácticas de control y dominación social. A las existencias singulares, representadas entre los límites de los diversos registros ideológicos (teóricos o filosóficos) se les pretende condensar en las categorías universales relativas al discurso de la *humanidad*, al curso *evolutivo* de sus conocimientos, al desenvolvimiento de sus progresivas emancipaciones, pero al precio de *responsabilizarla* inmediatamente de sus propias condiciones de existencia. Ahí la relación indisoluble entre el discurso de lo Moral y la Ley, que exigen siempre sumisión incondicional aún cuando alienten las más radicales transgresiones. Es este el instante de apariencia paradójico donde las resistencias son absorbidas por el poder que pretenden combatir y volcadas inmediatamente contra ellas mismas, consagrando sus movimientos a los dominios del poder normalizador, ya bajo el modo de una reivindicación de derecho, ya bajo el registro de una liberación. El discurso psicoanalítico pertenece a este orden del registro del imaginario social y su relación con el proyecto político de la modernidad aparece en este escenario bajo el modo de un pacto de alianza, efecto de hegemonía a la que accede como fuerza en reserva activa de su moral política y fortaleza ideológica de sus principios, aún cuando desde sus dominios interiores pudiera haber quienes tramasen una conspiración sediciosa contra su poderío imperial...

Pienso que es tal vez en su relación con la filosofía de la ciencia, a partir del reconocimiento de la radical indeterminación del objeto de su *conocimiento*, que el discurso psicoanalítico quiebra su relación de complicidad con el proyecto político de la modernidad, en el que las filosofías del Ser y sus respectivas tradiciones de pensamiento han anclado sus fundamentos esenciales, sus principios y finalidades. No obstante, el objetivo político estratégico de las disciplinas del espíritu, aunque influenciadas por las reflexiones filosóficas sobre los límites del saber y sus consecuentes imposibilidades, permanece intacto, desenvolviéndose en una relación paradójica, pues no renuncia al *deseo* originario de *aprehender* bajo sus dominios las profundas suertes que determinan la existencia del Ser.

Ya he trabajado este tema con relación a los textos quizá más conocidos de Freud, pero me parece pertinente abordarlo con mayor detenimiento en otro texto que me parece representativo, la lección XXXV, "El problema de la concepción del Universo", dictada en conferencia en 1932 y publicada a finales del mismo año.[753]

El psicoanálisis, como la Religión, la Filosofía y la Ciencia, *conduce* a una determinada "concepción del Universo", aunque Freud guarda ciertas reservas y, por prudencia, mantiene cierta distancia. Según Freud, esta concepción de lo universal es una *construcción* intelectual que resuelve *unitariamente*, sobre la base de una hipótesis superior, *todos* los problemas de nuestro ser, y en la cual, por tanto, no queda abierta interrogación ninguna y encuentra su lugar determinado todo lo que requiere nuestro interés. Esta *creencia* en la posesión de una concepción universal es –añade- uno de los ideales optativos de los hombres, basados antes en la búsqueda de satisfacciones afectivas que en la rigurosidad exigida por la ciencia:

> "Teniendo fe en ella, puede uno sentirse seguro en la vida, saber a qué debe uno aspirar y cómo puede orientar más adecuadamente sus afectos y sus intereses."[754]

El discurso del psicoanálisis se *aparta* de la concepción tradicional que del Universo posee la ciencia de la época, pero lo acepta como posibilidad, la de comprender *unitariamente* sus objetos, progresivamente, -según Freud- como un programa cuya realización está desplazada en el futuro. A partir de esta *distancia* reconoce la limitación de lo cognoscible en el presente, pero afirma que la única fuente de conocimiento del Universo es la elaboración intelectual de observaciones cuidadosamente comprobadas (investigación), y niega toda posibilidad de conocimiento por revelación, intuición o adivinación. Desde esta perspectiva el intelecto (la razón) y la mente (la psiquis) son objetos de investigación científica, del mismo modo que cualesquiera otras cosas *ajenas* al *hombre*, y el psicoanálisis – afirma Freud- tiene un derecho particular a intervenir en favor de una concepción científica del Universo; su contribución a la ciencia

---

[753] Op.cit., p.3191.

[754] Ídem.

consiste precisamente en la extensión de la investigación al terreno psíquico, sin la cual la ciencia sería ciertamente muy incompleta[755]; como ya había advertido antes sobre la teoría marxista, las psicologías y las filosofías, por ejemplo. Cualquier método de conocimiento producido sin atenerse a la rigurosidad metodológica de la ciencia, como sucede con la intuición y la adivinación, es clasificado en el orden de las ilusiones, cuyos fundamentos son siempre afectivos antes que científicos. Según Freud:

> "La ciencia toma nota de que la vida anímica humana crea tales exigencias y está dispuesta a investigar sus fuentes, pero no tiene motivo alguno para reconocerlas justificadas. Muy al contrario, se ve constreñida a separar cuidadosamente del saber todo lo que es ilusión y consecuencia de aquella aspiración afectiva."[756]

Lo cual no supone apartar desdeñosamente tales deseos ni subestimar su valor en la vida del hombre –advierte Freud-. La disposición de la ciencia es a *investigar* qué satisfacciones han conquistado dichos deseos, ya en los rendimientos del arte o en los sistemas religiosos y filosóficos, pero –según advierte- no puede dejar de ver que sería injusto y en alto grado inconveniente admitir la transferencia de tales aspiraciones al terreno del conocimiento.[757] Las consecuencias de la puesta bajo el modo de un saber científico lo que no es sino ilusiones guiadas por impulsos de satisfacción afectiva conducen -según Freud- si no a los dominios de la psicosis (individual o colectiva), a una administración inefectiva de tales *energías* impidiendo su orientación hacia la *realidad* para satisfacer en ella, dentro de lo posible, deseos y necesidades.[758] Tal y como ya ha ocupado su atención a *demostrar* el efecto de las ilusiones (supersticiones) religiosas sobre la vida anímica de los sujetos, al

---

[755] Ídem.

[756] Op.cit., p.3192.

[757] Ídem.

[758] Ídem.

igual que otras de distinto orden, como las *políticas* y morales, de idénticos resultados. Freud sostiene una defensa de la ciencia como promesa emancipadora de las ilusiones que, según la experiencia psicoanalítica, afectan negativamente el desarrollo evolutivo de los individuos, y, por ende de toda la civilización:

> "Desde el punto de vista de la ciencia uno no puede evitar ejercer la propia facultad crítica y empezar aquí con rechazos a dimisiones. Es inadmisible decir que la ciencia es un único sector de la actividad del espíritu humano y la religión y la filosofía otros, equivalentes por lo menos, en los cuales no tiene por qué intervenir la ciencia; que todos aspiran por igual a la verdad, y que cada hombre puede elegir libremente de dónde extraer sus convicciones y en qué poner su fe. (...) Tal concepción pasa por ser muy distinguida, tolerante, comprensiva y libre de angostos prejuicios. Desgraciadamente, no es sustentable; participa de toda la nocividad de una concepción del Universo completamente anticientífica y equivale prácticamente a ella."[759]

Según esta perspectiva, el trueque cultural de ilusiones prácticas por la verdad, aunque tiene su valor inmediato, como consolaciones, tiene un efecto restrictivo de la evolución cultural y a la larga deja un saldo más dañino a la vida que los sufrimientos inmediatos que pretendía aliviar. El compromiso de Freud con el proyecto político de la modernidad, armado del discurso científico, no admite armisticios frente a la lucha contra la sinrazón de las ilusiones. Ni tolerancia ni comprensión serán, pues, admitidas en la saga de la búsqueda de la verdad. En lenguaje de tradición positivista Freud reitera que la aspiración de la ciencia es, a todas cuentas, alcanzar la coincidencia con la realidad:

> "A esta coincidencia con el mundo exterior real es a lo que llamamos verdad. Ella es la meta de la labor

---

[759] Ídem.

científica, incluso cuando prescindimos de su valor práctico."[760]

La Verdad sigue siendo el objeto del discurso científico, y la verdad del Ser el de la ciencia psicoanalítica. Llegar a ella es el objetivo estratégico de la ciencia y ésta no vacila ante ningún reproche cultural para lograr su propósito:

"Lo cierto es que la verdad no puede ser tolerante, que no admite transacciones ni restricciones, y que la investigación considera como dominio propio todos los sectores de la actividad humana y tiene que mostrarse implacablemente crítica cuando otro poder quiere apropiarse parte de ellos."[761]

La victoria contra la Religión es el horizonte político-estratégico de la Verdad para la Ciencia y las racionalidades que de su discurso se desprenden. La filosofía, no obstante, no opone mayores problemas a las pretensiones imperiales de la Ciencia pues, como los dominios del arte, se limita a ofrecer, por lo general, inofensivas ilusiones, consolaciones e invitaciones a la resignación. La Filosofía no es contraria a la Ciencia, en cuanto se comporta ella misma como ciencia y labora siguiendo sus mismos métodos – reconoce Freud-. Pero se aleja de la Ciencia en cuanto sustenta la ilusión de poder procurar una imagen completa y coherente del Universo, cuando lo cierto es que –sostiene Freud- tal imagen queda forzosamente rota a cada nuevo progreso de nuestro saber. Asimismo, -añade- metodológicamente, yerra en cuanto sobre-estima el valor epistemológico de *nuestras* operaciones lógicas y reconoce otras distintas fuentes del saber, tales como la intuición.[762] Pero a Freud no le preocupa realmente la Filosofía, pues –según asegura- ésta carece de influencia inmediata sobre la gran mayoría de los hombres; interesa sólo a una minoría dentro del estrato

---

[760] Op.cit., p.3198.

[761] Ídem.

[762] Ídem.

superior, minoritario ya, de los intelectuales, y para los demás es casi inaprehensible.[763] Es la religión la que representa el mayor obstáculo al desarrollo intelectual de la humanidad, pues su magno poder dispone de las más intensas emociones humanas:

> "Sabido es que en tiempos antiguos abarcaba todo lo que en la vida humana era espiritualidad, que ocupaba el lugar de la ciencia cuando apenas existía una ciencia y que ha creado una concepción del Universo incomparablemente lógica y concreta, la cual, aunque resquebrajada ya, subsiste aún hoy en día."[764]

El poderío que ejerce la Religión sobre los sujetos humanos se debe, en buena parte, a las satisfacciones que le ofrece a cambio de sus sometimientos espirituales: les explica el origen y la génesis del Universo, les asegura protección y dicha final en las vicisitudes de la vida y orienta sus opiniones y sus actos con prescripciones que apoya con toda su autoridad.[765] Los ofrecimientos de la Religión entran en abierto conflicto con las pretensiones de la Ciencia, aunque en esencia busquen lo mismo. Según Freud, entre las funciones que cumple la religión están las siguientes: 1. *satisface* el ansia de saber de los hombres; 2. *mitiga* el miedo de los hombres a los peligros y vicisitudes de la vida, les *asegura* un desenlace venturoso y los consuela en la desgracia: no puede la ciencia competir con ella:

> "La ciencia enseña, desde luego cómo es posible evitar ciertos peligros y combatir con éxito ciertos padecimientos; sería injusto negar que auxilia poderosa-mente a los hombres; pero en muchas situaciones tiene que abandonarnos a sus cuitas y sólo sabe aconsejarles resignación."[766]

---

[763] Op.cit., p.3193.

[764] Ídem.

[765] Ídem.

[766] Ídem.

Freud acentúa una tercera función de la Religión, además de la de satisfacer las ansias de saber y mitigar los temores en la promesa de un más allá, que supone la que más se aleja de la Ciencia, y es cuando ésta, para consecución de sus fines, formula prescripciones, prohibiciones y restricciones. Esta *diferencia* reside - según Freud- en que la Ciencia, como el psicoanálisis, "se *contenta* con investigar y establecer hechos." Aunque reconoce que también de sus aplicaciones se deriven reglas y *consejos* para la conducta en la vida; en ocasiones, las mismas prescritas por la religión, pero con *distinto* fundamento.[767] En esta aparente distinción, donde se reconoce el punto de convergencia entre la religión y la ciencia, entre la ilusión religiosa y la verdad de la razón científica, que el psicoanálisis confiesa indirectamente su participación en el poderío ideológico del que ambos registros son parte. La Ciencia nunca se *contenta* con "investigar y establecer hechos", como las filosofías nunca han consistido en inofensivas y desinteresadas prácticas de amor al conocimiento. No es una simple casualidad que de sus *conocimientos* se deriven también prescripciones, prohibiciones y restricciones, y que sus efectos no traten de simples "consejos para la conducta en la vida." Este arreglo retórico no es sino un arreglo ideológico, un eufemismo político en clave liberal de la voluntad de poder de Freud, como el de la Ciencia, la Religión y la Filosofía. La Ley también se arroga sus dominios bajo estos eufemismos ideológicos, y justifica sus prácticas penales -desde encierros carcelarios hasta la pena de muerte-. Freud se abstiene de *psicoanalizar* la razón "científica" de la Ley y su poderío penal, pues simpatiza con sus atávicos objetivos políticos e ideales...

Freud identifica la relación entre el discurso religioso y la imposición de determinados preceptos éticos que inciden determinantemente en la vida social. La exaltación del principio de obediencia tras el ofrecimiento de seguridades de protección y "seguridad", por ejemplo, tiene su efecto inmediato en las exigencias éticas. Tal y como el poderío estatal con relación a los mandamientos de sus leyes ofrece protección y seguridad a cambio de la sumisión incondicional de sus súbditos. Idéntica relación

---

[767] Ídem.

ideológica con respecto a las ordenes de la ley estatal identifica Freud en las exigencias religiosas:

"...sólo quien a ellos se somete puede contar con semejantes beneficios; los desobedientes son castigados. También en la ciencia hallamos algo análogo. Para ella, quienes desprecian sus aplicaciones se exponen a graves perjuicios."[768]

Las prácticas de sometimiento dispuestas por las creencias religiosas tienen en la crítica de Freud su origen en la vida anímica de los sujetos singulares. Desde esta perspectiva la relación con las exigencias morales lo es en cuanto que relación de subordinación a la Autoridad del Padre, a su Ley, que exige ser obedecida a cambio de recompensas precisas pero también de amenazas y castigos. La génesis de la obediencia a la Ley, ya bajo el registro moral, religioso, estatal o cultural, Freud la identifica en la infancia de cada individuo:

"Pues la misma persona a la que el niño debe su existencia, el padre (o más exactamente, la instancia parental compuesta por el padre y la madre), ha protegido y vigilado al niño, débil e inerme, expuesto a todos los peligros acechantes en el mundo exterior; bajo su guarda se sintió seguro. Adulto ya, el hombre sabe poseer fuerzas mayores, pero también su conocimiento de los peligros de la vida se ha acrecentado, y *deduce* con razón, que, en el fondo, continúa tan inerme y expuesto como en la infancia; sabe que frente al mundo sigue siendo un niño."[769]

El sometimiento al poder omnímodo de la creencia religiosa, como sucede con el discurso de la Ley estatal, aparece en el texto de Freud como "optativo", como decisión consciente, voluntaria, aunque las fuerzas que la posibilitan y en gran medida determinan, le resulten en esencia ajenas a los dominios de sus saber. El encadenamiento causal a la relación de sometimiento a las

---

[768] Ídem.

[769] Op.cit., p.3194.

creencias religiosas está determinado por las inclinaciones instintivas del ser humano a satisfacer sus necesidades existenciales, de entre las que la seguridad es primordial:

> "Por tanto, no *quiere* renunciar tampoco entonces a la protección de que gozó en su infancia. Pero ha reconocido tiempo atrás que su padre es un ser de poderío muy limitado y en el que no concurren todas las excelencias. En consecuencia, recurre a la imagen mnémica del padre, tan sobreestimado por él, de su niñez; la eleva a la categoría de divinidad y la sitúa en el presente y en la realidad. La energía afectiva de esta imagen mnémica y la persistencia de necesidad de protección sustentan conjuntamente su fe en Dios."[770]

Este determinismo psicológico inaugurado bajo el modo de conocimiento científico *aportado* por el psicoanálisis, *despolitiza* las relaciones de poder que influyen y determinan las *creencias* culturales y, en particular, sus efectos con relación a la Autoridad, el sometimiento a los mandamientos de la Ley y luego, enseguida, el consentimiento a su dominación general y respectivas violencias, ya bajo las ilusiones de cuido o por intimidación ante sus amenazas de castigo. La integración en el aparato psíquico de esta *tendencia* al sometimiento a las disposiciones de la Ley, como a las exigencias de la Moral y sus condenaciones en las leyes del Estado, se evidencia en las tradiciones dominantes del pensamiento filosófico occidental, cuando admiten como reconocimiento basado en la experiencia la inclinación innata del Ser a la obediencia en sus variantes culturales: Dios, la Moral, el Estado o la Ley. Para evidenciar que ya, mucho antes que el psicoanálisis lo *descubriera*, se sospechaba *intuitivamente* la existencia de poderosas fuerzas inconscientes que determinaban las *conductas* de los sujetos, Freud cita una frase del filósofo político y moralista Kant:

---

[770] Ídem.

"...la de la (existencia de) ley moral en nuestro corazón como los testimonios más firmes de la grandeza de Dios."[771]

La existencia de Dios es material (real) en la manifestación psíquica de la creencia: existe porque existen exigencias morales y mandamientos de ley, y más que los preceptos o prohibiciones, la obediencia a los mismos constituye la *experiencia* de su existencia – según celebran las filosofías estadistas clásicas-. La fuerza de la Ley así ha justificado históricamente su poderío. El fundamento de legitimidad de sus represiones, de sus coerciones y demás violencias es siempre ella misma; el sometimiento de los súbditos es la expresión de la justeza de sus mandamientos, y la imposición por su fuerza sobre sus transgresores, las penas y castigos, consecuencia natural de su Razón, mística, divina, filosófica o científica. Freud consagra a los dominios de la psicología lo que no es sino efecto de una represión que, aunque opera determinantemente desde las profundidades sin fondo del alma humana, es exterior a ella, precisamente porque sus violencias lo son sin nombre propio ni rostro fijo, pero también muy concretas en sus efectos sobre el Ser. Freud reduce las pulsiones de sometimiento a la situación de la infancia, no a la relación simbólica con la autoridad de la Ley, representada en la figura del padre, sino al padre biológico (o la familia), y a los dominios de la biología *reduce* el poder de la psicología, lo mismo que al encargo político domesticador de la familia:

"El mismo padre (la instancia parental), que ha dado la vida al niño y le ha protegido de los peligros de la misma, le enseñó lo que debía hacer y lo que no debía, le indicó la necesidad de someterse a ciertas restricciones de sus deseos instintivos y le hizo saber qué consideraciones debía guardar a padres y hermanos si quería llegar a ser un miembro tolerado y bien visto del círculo familiar y luego de círculos más amplios. Por medio de un sistema de premios amorosos y castigos, el niño es *educado* en el *conocimiento* de sus *deberes* sociales

---

[771] Ídem.

y se le *enseña* que la *seguridad* de su vida depende de que los padres, y luego los demás, le quieran y puedan creer en su amor hacia ellos."[772]

Y añade:

"Las prohibiciones y las exigencias de los padres perviven como conciencia moral en su fuero interno; con ayuda del mismo sistema de premio y castigo gobierna Dios el mundo de los humanos; del cumplimiento de las exigencias éticas depende qué medida de protección y de felicidad sea otorgada al individuo; en el amor a Dios y en la conciencia de ser amado por Él se funda la seguridad con la que el individuo se acoraza contra los peligros que le amenazan por parte del mundo exterior y del de sus congéneres. Por último, el individuo se ha asegurado, con la oración, una influencia directa sobre la voluntad divina y, con ella, una participación en la omnipotencia divina."[773]

La historia de la evolución del espíritu humano está profundamente arraigada en los vínculos psíquicos al miedo generados por el discurso religioso y su concepción del universo. La Ciencia la ha sometido a juicio crítico desde sus fundamentos hasta sus prácticas cotidianas y ésta, según Freud, no soporta su envestida. El devenir de esta lucha Freud lo relata como efecto del progresivo robustecimiento del espíritu científico, basado en la *experiencia* de la *investigación*, que consiste, como ya se ha apuntado, en la *observación* de los procesos naturales. Inicialmente, la extrañeza e incredulidad provocada por los relatos de milagros los contradecían al identificarlos con la manifestación de la influencia de fantasías. Seguidamente la mirada analítica de la Ciencia puso al descubierto el vínculo de ignorancia heredado de tradiciones antiguas que caracterizaba las doctrinas explicativas de la imaginería religiosa, tanto más cuanto mayor era el conocimiento sobre las

---

[772] Ídem.

[773] Ídem.

468

leyes que rigen la naturaleza. Paso seguido en el desarrollo evolutivo del saber científico, siempre en pugna con las supersticiones religiosas, fueron puestas en cuestionamiento las ilusiones fundamentales de la religión, y desmentidas sus promesas de seguridad a cambio de la obediencia de su fieles. La existencia de un poder omnipotente que vele con cuido paternal por el bienestar del individuo y lo dirija sus destinos hacia un final dichoso, fueron revelados como inverosímiles:

"Parece más bien que los destinos del hombre no son conciliables con la hipótesis de una bondad universal ni con la de una justicia universal -que, en parte, contradeciría aquélla-."[774]

Es en la relación entre los seres humanos que se libran las suertes de sus destinos. Pero en ellos, en las profundidades de sus almas:

"Poderes tenebrosos, insensibles y ajenos de todo amor determinan el destino de los hombres; el sistema de premios y castigos, al que la religión ha adscrito el régimen del mundo, no parece existir."[775]

El psicoanálisis –añade- ha aportado la última contribución a la crítica de la concepción religiosa del Universo, atribuyendo el origen de la religión a la necesidad de protección del niño inerme y débil y derivando sus contenidos de los deseos y necesidades de la época infantil, continuados en la vida adulta.[776] El valor y la significación de la religión como mecanismos de regulación y control social no son puestos en cuestionamiento pues de lo que trata la investigación psicoanalítica no es de pasar juicio moral sobre las prácticas de dominación de la religión sino de proponer medios alternativos a la misma. La finalidad política permanecería idéntica: el control y la dominación social. Por ello el contenido de la verdad

---

[774] Op.cit., p.3196.

[775] Ídem.

[776] Op.cit., p.3197.

de la religión poco importa al psicoanálisis y a la ciencia en general - como afirma Freud-:

"La religión es una tentativa de dominar el mundo sensorial, en el que estamos situados, por medio del mundo de anhelos que en nosotros hemos desarrollado a consecuencia de necesidades biológicas y psico- lógicas. Pero no lo consigue. Sus doctrinas llevan impreso el sello de los tiempos en los que surgieron, el sello de la infancia ignorante de la Humanidad. Sus consuelos no merecen confianza. La experiencia nos enseña que el mundo no es una nursery."[777]

Siguiendo este lineamiento, eminentemente comprometido con las instancias del poder normalizador cultural, Freud advierte:

"Las exigencias éticas, a las que la religión quiere prestar apoyo, demandan más bien un fundamento distinto, pues son indispensables a la sociedad humana y es peligroso enlazar su cumplimiento a la creencia religiosa. Si intentamos incorporar la religión a la marcha evolutiva de la Humanidad, no se nos muestra como una adquisición perdurable, sino como una contrapartida de la neurosis que el individuo civilizado atraviesa en su camino desde la infancia a la madurez."[778]

Nada nuevo en lo esencial aporta a la crítica de la religión el psicoanálisis, excepto que provee de un argumento basado en otro fundamento, en el determinismo psíquico como condición de posibilidad de lo religioso, de su génesis en la vida anímica de los individuos, en su psicología y no en la voluntad divina. La sospecha de que el interés de Freud no es el de sustituir la religión sino de desplazarla por debajo del psicoanálisis, se hace patente. No es secreto, pues la voluntad imperial de la Razón así lo exige...

---

[777] Ídem.

[778] Ídem.

"Sabéis que la lucha del espíritu científico contra la concepción religiosa del Universo no ha llegado aún a su término y sigue desarrollándose ante nuestros ojos."[779]

La cuestión de la fe es precisamente la matriz de perpetuidad de la polémica pues la divinidad, por su cualidad divina, no puede ser puesta en tela de juicio, lo que desestimaría de entrada toda consideración racional sobre ella y desautorizaría toda incursión científica sobre la misma. Freud resuelve este aparente problema con la misma lógica que determina las condiciones de credibilidad de la palabra de sus pacientes:

"Cuando un paciente, razonable en lo demás, rechaza determinada hipótesis con argumentos singularmente estúpidos, tal debilidad lógica atestigua la existencia de un motivo particularmente enérgico de contradicción, que sólo de naturaleza afectiva puede ser un lazo emocional."[780]

La resistencia a ser puestos en tela de juicio los fundamentos de sus creencias es interpretada por el psicoanálisis como la manifestación indudable de que detrás de la negativa operan poderosas fuerzas represivas que salen a la luz del habla bajo los modos de razonamientos religiosos o de argumentos de fe. Freud, no obstante, no descarta el valor que la religión pueda significar para la cultura, en cuanto procura hacer la vida más tolerable e incluso da sentido y coherencia a la misma. Mas no por ello debe estar exenta de examen crítico:

"Cualesquiera que sean el valor y la importancia de la religión, no tiene derecho a limitar en modo alguno el pensamiento ni, por tanto, el derecho de excluirse a sí misma de la aplicación del pensamiento."[781]

---

[779] Ídem.

[780] Op.cit., p.3198.

[781] Ídem.

Y más adelante sentencia:

"Así, pues, si la religión afirma que puede sustituir a la ciencia y que, por ser benéfica y elevadora, tiene también que ser verdadera, ello constituye una intrusión que debe ser rechazada en nombre del interés general."[782]

El interés general es el del proyecto político de la modernidad, al que el psicoanálisis suscribe todas sus complicidades políticas, a afinar las tecnologías de subyugación ideológica de su poderío normalizador. Resistencias serán todo cuanto se opongan a su voluntad política, todo cuanto escape de sus fuerzas integradoras. El discurso del psicoanálisis se inscribe en el imaginario emancipador de la modernidad, enraizando sus prácticas en las autoridades místicas de la Razón y la Ciencia en desprecio de las creencias que no se ajusten a sus criterios de legitimidad y validez para el interés general, tal y como el poderío imperial de la Ley juzga a través de las racionalidades y lenguajes del poderío estatal y de las exigencias morales. Si bien es cierto que los dominios de la Religión son tanto más sólidos cuanto a mayor grado y sin reparos se disponen mansamente a su servicio las subjetividades, no menos cierto es que la misma suerte caracteriza el devenir de las ciencias y los cultos a la Razón. Ciertamente, pues, valdría coincidir con Freud en que la prohibición de pensar que la religión decreta en servicio de su propia conservación entraña también graves peligros, tanto para el individuo como para la comunidad humana.[783] Pero todo discurso que se active sin reservas a favor de la Razón como Autoridad exclusiva para el porvenir de la humanidad, peca de los mismos defectos de las religiones que pretende combatir. Es en este movimiento que el psicoanálisis, como las demás filosofías, se convierten en Religión. Pero para Freud es el problema de la gobernabilidad, preocupación de todo filósofo estadista, el principal daño que estas prácticas culturales ocasionan a la humanidad. Según Freud:

---

[782] Op.cit., p.3199.

[783] Ídem.

"El intelecto (la razón) pertenece a aquellos poderes de los que más justificadamente podemos esperar una influencia aglutinante sobre los hombres, a los que tan difícil se hace mantener unidos y, por tanto, gobernar."[784]

Freud se inclina políticamente a favor de un poder central coercitivo que regule las relaciones entre los seres humanos, pero para tales efectos arremete contra la libertad de credo en todas sus dimensiones, que incluyen el pensamiento. La voluntad despótica del discurso político de Freud no se diferencia cualitativamente que la de las religiones que han dominado por siglos la vida humana. El argumento a favor del dominio universal de la razón está fundamentado, no sólo en críticas emancipadoras sino en una confesada voluntad de dominación. La retórica política es activada inmediatamente en su estilo más ridículamente dramático, si no en su más prejuiciado temor a las diferencias culturales que representan, por su cualidad de *diferentes*, una amenaza eminente a la vida social, según idealizada ésta por Freud:

"Representémonos cuán imposible se haría la sociedad humana si cada individuo tuviera también su tabla de multiplicar particular y su sistema especial de pesas y medidas."[785]

El pánico a la libertad de pensamiento que caracteriza a las filosofías políticas clásicas, matizadas por la procedencia de ideales y criterios burgueses, domina el espíritu político de Freud y en él las inclinaciones ideológicas del discurso psicoanalítico. La ideología liberal dominante, heredada de las tradiciones aristocráticas y que domina el horizonte del proyecto político de la modernidad, está representada en la retórica de la crítica a la religión en nombre del dominio imperial de la razón:

"Nuestra mejor esperanza es que el intelecto –el espíritu científico, la razón- logre algún día la dictadura

---

[784] Ídem.

[785] Op.cit., p.3199.

sobre la vida psíquica, del hombre. La esencia misma de la razón garantiza que nunca dejará de otorgar su debido puesto a los impulsos afectivos del hombre y a lo que por *ellos* es determinado. (…) Pero la coerción común de tal reinado de la razón resultará el más fuerte lazo de unión entre los hombres y procurará otras armonías. Aquello que, como la prohibición religiosa de pensar, se opone a una tal evolución es un peligro para el porvenir de la Humanidad."[786]

Pero ¿cuál es la esencia de la razón a la que Freud atribuye tan magníficas cualidades, si no es la contenida en la racionalidad totalizadora de su propio discurso? ¿Qué otra modalidad del poder se ha ejercido sobre la vida psíquica sino el mismo que, desde siempre, ha pretendido domesticarla, controlarla y dominarla universalmente en función de las racionalidades de la economía política de la Ley? ¿Quiénes en realidad están contenidos en el "ellos" o el "nosotros" al que Freud concede la posibilidad de potestad de dominio sobre sus suertes existenciales? ¿Cuán común es esa coerción de la razón que hace posible la vida social, sino tanto como siempre ha dispuesto la Ley, en la igualdad formal proclamada derecho universal por sus retóricas? ¿Dónde queda entonces la libertad del sujeto singular si la pretensión emancipadora tiene como horizonte *fortalecer* los *lazos* de *unión* entre los hombres? ¿En qué consiste precisamente eso que Freud refiere a un *peligro* para el porvenir de la Humanidad? Las preguntas podrían extenderse, sin duda, indefinidamente. Lo cierto es que Freud no responde a ellas sino del mismo modo como las retóricas de las filosofías políticas han acostumbrado a hacerlo: responsabilizando al sujeto humano, en su singularidad y a pesar de ella, de las suertes de su porvenir, pero enseguida asignado un valor de necesidad vital a un gran poder que regule desde su superioridad cada una de sus existencias y ate fuertemente sus singularidades a los dominios de la Razón, eufemismo moderno de la Ley y su voluntad de control y dominación...

---

[786] Ídem.

474

Parte XII

¿Más allá del psicoanálisis?

"...vivo en mi trinchera, especulo y escribo."
S. Freud

Parte XII

¿Más allá del psicoanálisis?
(Cuestiones de guerra, de violencia y de Ley)

> "Derecho y violencia son hoy para nosotros antagónicos,
> pero no es difícil demostrar que el primero surgió de la segunda..." [787]
>
> *S.Freud*

> "En la Historia primordial de la Humanidad domina,
> en efecto, la muerte violenta.
> Todavía hoy, la Historia Universal que nuestros hijos estudian no es,
> en lo esencial, más que una serie de asesinatos de pueblos." [788]
>
> *S.Freud*

> "...se nos ofrece la seguridad de que descendemos
> de una larguísima serie de generaciones de asesinos,
> que llevaban el placer de matar,
> como quizá aún nosotros mismos, en la masa de la sangre." [789]
>
> *S.Freud*

Recién entrado el siglo XXI, a poco más de cien años de la aparición del psicoanálisis en la escena cultural del mundo Occidental, se han trastocado y dislocado puntos sensibles entre las coordenadas teóricas a partir de las cuales el imaginario moderno ha representado habitualmente lo político. En este escenario de época, los campos discursivos que se desenvuelven en los territorios movedizos del Saber, las ficciones teóricas que los constituyen así como los mitos fundacionales que los mueven y que los sostienen, atraviesan mutaciones radicales, de implicaciones inmediatas y consecuencias sospechables. La actual condición de época asiste a una progresiva desterritorialización de los referentes fundacionales que han regulado los movimientos sociales y culturales que han servido de resorte y de soporte, de preservativo y perpetuidad a las instancias reguladoras y coercitivas de la vida social en general, de la

---

[787] S.Freud; "Carta a Albert Einstein" (1932)" en A.Einstein y S.Freud: *¿Por qué la guerra?*; Editorial *Minúscula*, Barcelona, 2001.

[788] S.Freud; "Consideraciones de actualidad sobre la guerra y la muerte"; *Obras Completas* (Tomo III); op.cit., p.2112.

[789] Op.cit., p.2114.

economía, de todo el ámbito jurídico, del Derecho y la Ley, del poderío estatal y las racionalidades y legitimidades que produce y reproduce desde sí y para sí. En este contexto he identificado los modos como el discurso psicoanalítico de Freud ha jugado un papel singular dentro de las tecnologías normalizadoras del poderío cultural en general y en particular de ciertos modos de dominación estatal, en abierta complicidad con los poderes reinantes de subyugación ideológica que constituyen el soporte medular del imaginario imperial de la Ley.

Valdría preguntarse, pues, ¿qué lugar ocupa el psicoanálisis con relación a las actuales mutaciones de época? ¿Qué le es posible decir al respecto? ¿Dónde pueden identificarse las referencias de lo *revolucionario* entre las historias del movimiento psicoanalítico? ¿Dónde, si acaso, puede leerse una propuesta alternativa a los modos habituales como la modernidad ha representado tanto sus problemas como sus soluciones, sus interrogantes como sus respuestas? Si dentro del propio discurso psicoanalítico no tuvieran lugar (no fueran admitidas o bien fueran desautorizadas) estas preguntas, entonces, ¿dónde las tendría? ¿Le sería posible al psicoanálisis desbordarse de esos límites en virtud de los cuales puede distanciarse con relativa comodidad, digamos, de la política, de la ética, del derecho estatal a castigar, a hacer la guerra...? Jaques Derrida, haciendo balance de la situación del psicoanálisis recién entrado el siglo XXI, sostiene:

"El psicoanálisis (...) todavía no se ha propuesto, y por lo tanto menos aún ha logrado, pensar, penetrar, ni cambiar los axiomas de lo ético, lo jurídico y lo político, particularmente en esos lugares sísmicos donde tiembla el fantasma teológico de la *soberanía* y donde se producen los acontecimientos geopolíticos más traumáticos, digamos incluso, confusamente, más crueles de estos tiempos."[790]

Su mirada constituye un emplazamiento *amistoso* al conjunto de las tradiciones psicoanalíticas, pues comparte simpatías con

[790] Derrida, J; *Estados de ánimo del psicoanálisis: lo imposible más allá de la soberana crueldad*; Editorial Paidós, Barcelona, 2001; p.20

ciertos aspectos de sus discursos y en particular con la promesa emancipadora que dio paso a su aparición histórica. Sabido es que, como ya he apuntado antes, por lo menos desde la década de los sesenta, buena parte del discurso psicoanalítico originario se había desprendido de las ataduras fuertes del enclave ortodoxo y que consecuentemente hasta nuestros días se ha diluido y desparramado entre múltiples perspectivas teóricas y prácticas concretas, incluso contradictorias entre sí. No obstante, aunque comparto la crítica de Derrida sobre la relativa poca influencia que ha ejercido el psicoanálisis en cuanto que movimiento cultural sobre estos espacios espectrales de lo político en la actualidad, me parece que sería un error concluir que el psicoanálisis ha participado como una gran unidad en un movimiento de acomodo a las condiciones de su devenir. Si bien es cierto que una pasada de balance sobre la posición que ocupa el psicoanálisis dentro de la actual condición de época deja por saldo mucho que desear, incluso más que motivos para *celebrar* razones para sospechar, también es cierto que, aunque de maneras muy diversas y dispersadas a lo largo de sus historias, han habido genuinos intentos por hacerlo partícipe de los procesos de transformación radical de las condiciones de existencia, más allá de limitarse a la tarea exclusiva de hacer de la vida del sujeto una experiencia más soportable, como se evidencia, por ejemplo, en los trabajos de Althusser y de Braunstein, entre otros. No obstante, estos esfuerzos, aunque articulados desde determinadas posiciones políticas alternativas con relación a las fuerzas más conservadoras del movimiento psicoanalítico, han formado parte integral del poder normalizador de la modernidad, cuyo efecto inmediato se revela en la disolución de las diferencias que sostienen las relaciones de oposición, allí donde en su puesta en práctica no operan una ruptura radicalmente cualitativa sobre eso a partir de lo cual sitúan su oposición. El enclave donde sitúo la mayor pertinencia de estas reflexiones es, pues, la relación entre el imaginario psicoanalítico y el poderío imperial de la Ley, tanto en el ámbito jurídico-estatal como en las instancias reguladoras y coercitivas que actúan bajo sus dominios en la escena cultural. Desde una (re)lectura, crítica y reflexiva, de los textos *más* políticos de Freud, es posible identificar las regiones del discurso psicoanalítico desde donde este emplaza-miento encuentra sus raíces más profundas. Y aunque la mayor y más común parte de las interpretaciones sobre la obra de Freud lo sitúan como bastión teórico e ideológico de legitimidad de las prácticas psicoanalíticas más conservadoras (si no pretendida e ingenuamente desentendidas de lo político y sus implicaciones en general), dentro del conjunto de sus trabajos también hay, si no rupturas radicales con estas perspectivas, sí aperturas significativas que dan peso suficiente a la postura de que existe una relación indisoluble entre el discurso psicoanalítico y lo político, independientemente del uso *práctico* que le confieran la mayor parte de *los* psicoanalistas contemporáneos.

Sobre este tema, que ha atravesado y constituido la matriz de mis reflexiones a lo largo de este escrito, centraré nuevamente mi atención. En esta parte procuraré identificar los espacios de apertura o clausura a las consideraciones éticas y políticas en el discurso de Freud, esgrimidas entre contextos de guerra. Pienso que la guerra, en los escritos de Freud, aparece más bien como un pretexto para *reflexionar* sobre las particulares condiciones que posibilitan su aparición y su constancia histórica. Si bien –como sostendré- la guerra se convierte en un texto sobre el cual puede ser aplicado de manera extensa el conjunto de la teoría psicoanalítica y formar, a la vez, parte integral de su proyecto político en términos generales, el abordaje de Freud también incide en los modos dominantes de representación de la misma, trastocando sus referentes teóricos, históricos, éticos y políticos centrales, y poniendo en *crisis* las condiciones de su perennidad dentro del espectro de las relaciones *humanas*...

Freud, todavía atacado implacablemente, casi con tanto brío como desde sus primeras actuaciones como precursor del psicoanálisis, no obstante, asumió posición y, al hacerlo, no sólo marco la relación indisoluble entre el saber del psicoanálisis y el poder, la Ley y el Estado, la ética y la política, sino que dejó abierta la puerta para seguir haciéndolo en el porvenir. Y no podría esperarse menos de quien erigió su gran invención tras el juramento de consagrar todo su interés en las profundidades sin fondo del alma humana, allí donde habitan las pulsiones más crueles, donde deberían aparecer enraizados *sus* principios secretos y *sus* más oscuras motivaciones; las fuerzas pulsionales sometidas y fusionadas diversificadamente en las prácticas sociales y culturales, entre las que la ética y la política, el derecho y la ley, el Estado y lo jurídico, los deberes, las exigencias morales, las responsabilidades ciudadanas, las penas, las coerciones y demás violencias de las que irremediablemente no hay salida, forman partes integrales. Es ahí, en esa gran promesa de interesarse en las profundidades sin fondo del ser de este mundo, donde Freud autoriza al aquí y al ahora, desde siempre, a emplazar al discurso psicoanalítico a asumir posiciones éticas y políticas, si no desde el psicoanálisis mismo, desde una distancia ficticia, desde un imaginario artífice de un *más allá* del psicoanálisis.

Pero, ¿acaso la identificación del discurso freudiano con los poderes de domesticación social supone un antagonismo sórdido con relación a la posibilidad de una alternativa *revolucionaria* (radical y cualitativamente diferente), o cuando más, alternativa simple y llanamente? ¿Acaso la ideología políticamente conservadora que ha caracterizado al movimiento freudiano desde sus inicios guarda relación de naturaleza inmutable con respecto a todo y en todo momento? Freud, con relación al tema de la guerra -como trataré más adelante- no contradice ni un ápice su posición política habitual, sino que pone en escena de manera explayada el conjunto de la teoría psicoanalítica sobre un tema que trasciende los límites de la práctica clínica, aunque nunca la cancela como fin último y consecuente de su discurso general. Sin desbordar el perfil caricaturesco de elitista burgués, de inclinaciones aristocráticas y posiciones conservadoras, mantiene su *consistencia* en la "línea política" que *debería*, según las miradas (psico)-biográficas, determinar la coherencia e integridad de su personalidad, construida bajo un artificio identitario. No obstante los posibles inconvenientes biográficos, el cuerpo de la teoría psicoanalítica no impide poner en juego diferentes posicionamientos ante diferentes acontecimientos. Pienso que es eso precisamente lo que advierte Freud en sus textos más políticos: la *necesidad* de reconocer la participación de la existencia humana dentro de un juego de posiciones en movimiento incesante, con sus reglas propias que los regulan y en ocasiones determinan, pero que cuando no satisfacen los deseos de quienes juegan, si no se resignan de uno u otro modo, serán muy posiblemente transgredidas. De ahí el emplazamiento a sus principios, a la radicalidad originaria que marca el comienzo de su historia; a esa gran promesa reiterada consistentemente y sin reservas durante toda su producción intelectual: la de adentrarse en las profundidades sin fondo del alma humana, descubrir las fuentes de sus movimientos, su orden interior, su lógica, sus razones, sus motivaciones, sus leyes. ¿Promesa de lo imposible? Tal vez. Más aún cuando *descubre* que la *violencia* es el principio matriz de todo ello, que permanece siempre como fuerza motriz de las acciones humanas, que no es posible erradicarla para siempre, nunca, y que, como advertía Nietzsche, la crueldad más sangrienta y mortal será siempre una potencia sin fin de la condición humana. Está más allá del principio del placer, más allá del principio de realidad: ninguna fuerza moral puede suprimirla; ninguna política podría jamás erradicarla...

Promesa de lo imposible, mas no por ello impedimento fatal y fatalista; ni voto de resignación ante lo posible, ante lo ya dado, lo instituido o lo estatizado, lo interiorizado de modo tal que pareciera que el modo de ser de la existencia viene dado irremediablemente y en definitiva. Las preguntas de por qué la guerra, para qué la guerra, tienen una pertinencia siempre vigente. Sobre todo si el espíritu que las anima apuesta por la posibilidad de un mundo habitable sin la amenaza de guerra, por una cierta *esperanza utópica* que, sin caer en ilusas ingenuidades políticas e inocencias psicológicas, *crea* que es, si no siempre posible, *deseable* imperativamente, alguna otra manera de *resolver* o lidiar los conflictos *humanos* sin *necesidad* de desembocar en la mortal brutalidad y la crueldad sin miramientos de las violencias de guerra. Ya si el momento de aparición de esta *creencia* o de este *deseo* goza de una larga tradición o tendencia pacifista o si es la resulta puntual de una decepción nacida al calor de las dramáticas e insoportables consecuencias de una guerra en curso, de una gran desilusión. Entre estas coordenadas, y sin limitarse a asumir posturas pacifistas o suscribir las críticas morales a la práctica cultural de asesinar masivamente en nombre de los intereses patrios, Freud asume posición ante la guerra:

> "Cuando hablamos de una decepción ya sabe todo el mundo a la que nos referimos. No es preciso ser un fanático de la compasión; puede muy bien reconocerse la necesidad biológica y psicológica del sufrimiento para la economía de la vida humana y condenar, sin

embargo, la guerra, sus medios y sus fines y anhelar su término."[791]

El primer acercamiento de Freud a la cuestión de la guerra fue publicado en 1915, dando inicio a su escrito con un tema sugerente, el de la decepción.[792] Pero ¿qué podría querer decir cuando se refiere a "nuestra decepción ante la guerra"? ¿Quiénes son ese "nosotros" que supone decepcionados, partícipes del pesar de un desengaño, enfrentados a una desilusión? ¿Quiénes son ese "todo el mundo" que "sabe"? ¿Qué es eso que *sabe*? ¿Acaso se trata de una confesión entre líneas de su estado de ánimo, y que ha generalizado indiscretamente, como acostumbra en sus elucubraciones teóricas, según sugieren o aseguran los textos psico-biográficos? ¿Cuáles son los signos de esa verdad que supone a medias, de esa realidad ocultada tras el consolador velo de las ilusiones ahora desvanecidas? Sabido es que en los contextos de guerra, en las *historias* que tratan "la vida y obra de Freud", es común encontrar juegos de *identificación* con interpretaciones sobre su personalidad y carácter, y *deducciones* que aseguran que, "como todo ser humano", Freud se vio profundamente afectado por las guerras y esto incidió significativamente en el carácter pesimista, si no fatalista, de sus últimas obras.[793] También hay quienes asocian la

---

[791] S.Freud; "Consideraciones de actualidad sobre la guerra y la muerte" (1915); en *Obras Completas* (Tomo II); op.cit., p.2101.

[792] La Primera Guerra Mundial, o la Gran Guerra, estalla a mediados de 1914 y se extiende hasta 1918.

[793] John Deigh, en un ensayo publicado en 1991, por ejemplo, sostiene que Freud ha cambiado de perspectiva entre su *Porvenir de una ilusión* (1927) y *El malestar en la cultura* (1930), disminuyendo radicalmente su optimismo, en particular al reconocer la cuestión de la agresividad como condición inmanente del ser y como obstáculo inevitable a la satisfacción plena de las exigencias sociales, culturales; legales o morales. (J.Deigh; "La última teoría de la civilización de Freud: cambios e implicaciones" (1991); en J.Neu (Comp.); *Guía de Freud*; Editorial *Cambridge University Press*; New York, 1996; pp. 344-369.) No obstante, Freud, por lo menos desde 1915 mantiene la misma postura teórica con relación al concepto de agresividad en sus escritos y en ningún momento da paso a intuir un cambio de actitud o de perspectiva por los contextos de guerra. Más aún, como veremos, su teoría psicoanalítica no varía en este sentido sino que por el contrario es aplicada plenamente al ámbito de la historia, del poder estatal, del discurso de la ley, a la

situación de clase de Freud y su familia, relativamente privilegiada, que sirvió de cierta manera como un escudo ante los embates inmediatos de la guerra y que, a la vez, le permitió mantenerse al margen de los sufrimientos y desentendido de las posibles futuras consecuencias. En clave psicobiográfica:

> "Aunque Freud había temido la muerte y la pérdida durante la mayor parte de su vida, parecía extrañamente cómodo, incluso indiferente, en su discurso durante la época del conflicto bélico."[794]

También se suele aludir a la relativa ingenuidad política de Freud con respecto a estos acontecimientos, pues, como él mismo cuenta, durante los estadios iniciales de la primera gran guerra pensaba, como casi todo el mundo, que sería breve y sin mayores consecuencias. Siguiendo esta línea de desengaño, que es la que él mismo trazó, y distanciándome de las interpretaciones (psico)-biográficas, ¿cuáles son los signos de la decepción? ¿Qué anuncia en su identificación? ¿Qué denuncia al hacerlo? ¿A qué, por el contrario y simultáneamente, si acaso, confiere rango de autoridad y legitima? ¿Con arreglo y en función de qué objetivo estratégico ordena su discurso?

---

cuestión cultural y al contexto político y moral de su época, tal y como venía prometiendo desde siempre, aunque tal vez ciertamente el contexto de guerra aparezca como el momento más pertinente para la aparición, o más bien para la acentuación, de estos temas.

[794] Louis Breger sostiene, por ejemplo, que la creencia de Freud –que la guerra tendría un efecto liberador- no era sino el reflejo de una convicción generalizada en la cultura europea. Incluso cita a otros que han concluido que su primera respuesta ante la guerra no era sino evidencia de los fervores militares de su infancia. La posterior posición crítica ante los estragos de la guerra la asociaría entonces con una reacción ante las amenazas que se cernían sobre su proyecto intelectual e intereses personales. Además, el temor a la muerte que, según la imaginería psicobiográfica de Breger, constituye una arte esencial de su personalidad y carácter, de su identidad, lo forzaría a "cambiar su actitud" ante la guerra. Otros factores que incidirían en este cambio de actitud ante la guerra serían, según Breger, la melancolía y la paralización que se apoderaron de él ante la realidad del conflicto bélico, pero que "tenían su origen en la confusión de su mundo interno". (L.Breger; *Freud: el genio y sus sombras*, op.cit., pp.303-326)

El primer párrafo del texto es esencial, si no para la *comprensión* del escrito, para orientar posibles respuestas a estas preguntas. En él describe las razones del sentimiento de *agobio* como enclave para el conjunto de sus posiciones. En la palabra *agobio* Freud condensa todos los *sentimientos* que se dan cita bajo los modos de la *confusión*, de la incertidumbre sobre el porvenir; resiente "no saber", no tener criterios para un juicio racional; pero no psicologiza sus sentimientos; los *reconoce* porque están ahí, agobiándolo. No es en lo inconsciente donde busca respuestas inmediatas, no es un autoanálisis lo que urge, pues no se trata de buscar respuestas en el interior profundo del alma sino *más allá* de uno mismo, en eso que obstaculiza *pensar* -por sí mismo-, que imposibilita encaminar los valores con los que formar juicios *responsables* antes de asumir posiciones. Consecuente con su postura política de compromiso con la *verdad* y reiterando que ésta es condición imprescindible para la progresiva *evolución* de la vida social *civilizada* (consecuente, pues, con el proyecto político de la Modernidad), Freud activa su crítica. La primera *denuncia* que se desprende del texto es que en contextos de guerra la información de la que disponen los ciudadanos es unilateral, una verdad a medias, un engaño. Es un efecto indirecto de la guerra que se libra en el campo de batalla, que se cierne sobre la sociedad civil *detrás* de la guerra, sobre quienes no son combatientes pero *sienten* en su interior el drama de la guerra; la sociedad civil se siente desorientada, confusa; agobiada. Los no-combatientes, son, a fin de cuentas, "piezas de una gigantesca maquinaria de guerra."

La primera movida de Freud con relación a la guerra es de otro orden, no *intelectual* o científica, sin fundamentos teóricos, éticos o políticos, más allá del discurso psicoanalítico (anterior a él): es sentimental, sensible, expresión superficial de una reacción anímica, de una condición que le resulta perturbadora, insoportable; agobiante. Su puesta en escena se refugia en el supuesto de lo que todos *saben*, en lo que todos *sienten*; *comparte* los sentimientos de sus contemporáneos. Pretexto éste de muchos de sus *intérpretes* para reducir su trabajo a la expresión confesa de un pensamiento angustiado, pesimista y fatalista ante la vida. Pero la relevancia y pertinencia de estas *interpretaciones* es muy poca para lo que aquí me interesa, por lo que no me detendré a dar cuenta de ellas. Lo que intereso señalar ahora es cómo Freud monta con particular precisión el escenario de lo real, "El Gran Teatro del Mundo", donde se hará aparecer él mismo como *descubridor* de los más oscuros secretos del alma y revelador de la verdad oculta detrás de las crueldades y violencias de la guerra; que incluyen los engaños y manipulaciones del Estado y las hipocresías culturales... Freud protagoniza en el libreto del psicoanálisis. Si se recuerda que, según la historia de la aparición y puesta en escena del psicoanálisis, éste *saber* supone una distancia y ruptura con los modos habituales de representar lo real, con la común, superficial e ilusa sabiduría del mundo, puede inferirse entonces que el texto es arreglado en función de una estrategia: la descripción de las condiciones de época, el montaje de lo real, aparecerá como la materia prima sobre la que será aplicada la técnica analítica; será la base de la ilusión donde se sitúa el objeto (el sujeto de la decepción, del agobio así como el sujeto de la violencia y la crueldad) sobre el que aplicará la teoría psicoanalítica. En otras palabras, Freud monta un "exterior real", un contexto, que supone debería incidir sobre *nuestros* modos de representar las condiciones de existencia (por autoridad de la *observación* hace coincidir la mirada con la realidad y ahí la condición que precisa la verdad para subir a escena); lo monta como arreglo anterior a la puesta en escena de la mirada analítica, como sentimiento del común de la gente, como eso que todos saben. La aplicación del discurso psicoanalítico no inicia en el *descubrimiento* de los factores psíquicos sino en la *identificación* de los factores que los constituyen y determinan desde el exterior, es decir, en el montaje del escenario, de la condición de época, en la construcción programada del *problema* a resolver, en el montaje progresivo del objeto dirigido de su intervención...

En el segundo movimiento preparatorio, dentro del montaje de la condición de época, del contexto real, critica las condiciones de desinformación generalizada, dando paso a dos movimientos simultáneos. De una parte, al del emplazamiento ético y político en la denuncia de las complicidades del Saber con el Poder de guerra:

> "¡Hasta la ciencia misma ha perdido su imparcialidad desapasionada! Sus servidores, profundamente irritados, procuran extraer de ella armas con que contribuir a combatir al enemigo. El antropólogo

declara inferior y degenerado al adversario y el psiquiatra proclama el diagnóstico de su perturbación psíquica o mental..."[795]

A la vez, pues, abre el espacio para poner en cuestionamiento los referentes mismos de lo real, a la construcción de una sospecha: en alguna parte deberá aparecer una verdad ocultada, que deberá ser develada por un saber que no participe del engaño. Entre estas coordenadas Freud asume la tarea inicial de aportar *indicaciones* que faciliten la reorientación de quienes *sienten* con desmesurada intensidad la "maldad de ésta época" y así *contribuir* a aliviar en lo posible la "miseria anímica" que afecta a los no-combatientes. Entre los factores que dan lugar a ese gran sentimiento de agobio, del que él mismo dice ser partícipe, indica principalmente dos: la decepción ante la guerra y el consecuente cambio de actitud espiritual ante la muerte.[796] Tras asumir posición definida contra la guerra da paso, entonces, antes de dar cuenta de las profundas motivaciones psíquicas que la posibilitan, es decir, antes de practicar un psicoanálisis aplicado al contexto de guerra, a reconstruir el cuadro general donde aparece la decepción. El punto de partida desde el *reconocimiento* de que la guerra en curso ha menoscabado el sistema de creencias sobre la naturaleza humana y la cultura o civilización occidental, es eminentemente político:

"Nos decíamos (...) que las guerras no podrían terminar mientras los pueblos vivieran en tan distintas condiciones de existencia, en tanto que la valoración de la vida individual difiera tanto de unos a otros y los odios que los separan representaran fuerzas instintivas anímicas poderosas."[797]

Así, antes de subrayar que las fuerzas anímicas instintivas son tan poderosas que inciden de manera determinante sobre las inclinaciones y ánimos de guerra, Freud advierte que las cuestiones

---

[795] Op.cit., p.2101.

[796] Ídem.

[797] Op.cit., p.2102.

exteriores (sociales), como las diferencias raciales, étnicas, religiosas, económicas, entre otras, siempre operan como vectores de las motivaciones bélicas.[798] Lo que aparece puesto en *crisis* es el *sentido* de la guerra que, según la postura racionalista de Freud, debería tener dentro del gran proyecto civilizatorio. En este texto pasan por el cernidor de la sospecha los fundamentos de razón que promueven la guerra como recurso legítimo, justo y necesario en los discursos oficiales de los gobiernos, de los políticos, militares o intelectuales afines. Los principios, valores e ideales que subyacen y sostienen la cultura civilizada son puestos en contradicción con los que se articulan a favor de la guerra, pues la "evolución cultural" supone plantearse la medida del progreso con relación al poder de controlar y *disminuir* las crueldades que caracterizan sus violencias desmedidas e ilimitadas. La guerra es puesta al otro lado del binomio racionalista civilización / barbarie, donde la razón ocupa el lugar de un dispositivo cultural de regulación de las pulsiones agresivas y lo irracional opera, por el contrario, como motor propulsor de las mismas; como vehículo donde transitan libremente y animadas a hacerlo las pasiones agresivas de la humanidad. Para Freud, de los pueblos primitivos, de las sociedades que no han alcanzado aún un nivel superior en la escala evolutiva del proceso civilizatorio moderno y no han reconocido, pues, sus elevados valores universales, la guerra sería algo que no debería extrañar:

"Pero de las grandes naciones de raza blanca, señoras del mundo, a las que ha correspondido la dirección de la

---

[798] La línea artificial que pone al psicoanálisis fuera o desentendido del interés por lo social será borrada explícitamente varios años después, aunque esta fusión entre lo individual y lo social aparece implícita en gran parte de los trabajos de Freud, incluso antes de que diera cuenta precisa de ella. En la introducción de su escrito "Psicología de las masas y análisis del Yo" (1920-1921) sostiene: "La oposición entre psicología individual y psicología social o colectiva, que a primera vista puede parecernos muy profunda, pierde gran parte de su significación en cuanto la sometemos a más detenido examen. La psicología individual (...) sólo muy pocas veces y bajo determinadas condiciones excepcionales le es dado prescindir de las relaciones del individuo con sus semejantes. En la vida individual aparece integrado siempre, efectivamente, 'el otro', como modelo, objeto auxiliar o adversario, y de este modo la psicología individual es al mismo tiempo y desde un principio psicología social, en un sentido amplio, pero plenamente justificado." (en *Obras Completas* (III); op.cit., p.2563)

Humanidad, a las que se sabía al cuidado de los intereses mundiales y a las cuales se deben los progresos técnicos realizados en el dominio de la Naturaleza, tanto como los más altos valores culturales, artísticos y científicos; de estos pueblos se esperaba que pudieran resolver de otro modo sus diferencias y sus conflictos de intereses."[799]

¿Confesión de su posición ideológica, arraigada en el *anunciado* sentimiento de decepción, o crítica radical en clave de cinismo liberal? Sin *necesidad* de "leer entre líneas", este modo de representar las claves de la decepción ocupan una posición táctica dentro del orden de su discurso, y su sentido lo cobra con relación a su valor estratégico. A todas cuentas, este texto es una réplica de la actitud ilusa y confiada que proyecta un ciudadano ante un juez: *cree* en su autoridad y en que con la debida información en su poder procurará trascender toda duda razonable e imponer al fin la Justicia. Recuérdese que desde esta perspectiva la estrategia psicoanalítica no se basa en la aplicación de la teoría a la realidad, sino de identificar cómo es construido eso que aparece como realidad de modo tal que sobre ella pueda aplicarse la teoría. En otras palabras, la teoría construye la realidad sobre la que tendrá ocasión de actuar; la representación de la realidad forma parte indisociable de su objeto.

Es sometida a juicio la Razón, pero enjuiciada por la Razón misma, es decir, por las ilusiones que la constituyen en poder-juez de sí misma a la vez que de su otredad, del exterior que es constitutivo indisociable de su interioridad. Freud *sabe* que la guerra no es un estallido de la maldad de los hombres, aunque da la impresión de no *saber* que sí lo es del frío cálculo de la razón, de la Razón de Estado, que no es la misma que quisiera que fuera, como quisieran que fuera quienes comparten las ilusiones humanistas del racionalismo moderno en clave estadista. Enredado más en una aparente ingenuidad política que en una suerte de postura ilusoria, representa en su escrito una *decepción* con las grandes promesas de los estados modernos y sus respectivas sociedades y culturas civilizadas. En la puesta en escena de la decepción disloca la matriz racional de todas las coerciones morales que actúan como condición esencial de la vida social moderna, (in)civilizada:

---

[799] S.Freud; "Consideraciones… sobre la guerra y la muerte"; op.cit., p.2102.

"Dentro de cada una de estas naciones se habían prescrito al individuo elevadas normas morales, a las cuales debía ajustar su conducta si quería participar en la comunidad cultural. Tales preceptos, rigurosísimos a veces, le planteaban cumplidas exigencias, una amplia auto-limitación y una acentuada renuncia a la satisfacción de sus instintos. Ante todo, le estaba prohibido servirse de las extraordinarias ventajas que la mentira y el engaño procuran en la competencia con los demás."[800]

El sujeto *civilizado* está compelido a decir la verdad por las exigencias morales de la cultura; es la condición irrenunciable de la civilidad; todas las instancias de la vida social están constreñidas a ella: la verdad es eso que debe *descubrir* el conocimiento y todo valor de legitimidad debe ser reconocido con relación a ella; es la condición de la justicia, fundamento del pacto social que da existencia al poderío del estado civilizado; es el horizonte del que no debe desviarse la Razón; la Historia, la Ciencia, como la Psicología y la Filosofía, deben ceñir sus existencias a su búsqueda y todos los dominios de sus conocimientos estar en función de ella; la verdad ocupa un sitial privilegiado en la vida social, es condicionante y determinante de la misma. Dentro del discurso psicoanalítico, pues, la verdad es representada como horizonte a alcanzar y a la vez como exigencia moral irrenunciable a la que *debe* rendir sus *descubrimientos*. De ahí la razón moral de la crítica de Freud, en cuanto que crítica al engaño, a la mentira y a los modos de su aparición en el contexto cultural:

"El Estado civilizado consideraba estas normas morales como el fundamento de su existencia, salía abiertamente en su defensa apenas alguien intentaba infringirlas e incluso declaraba ilícito someterlas siquiera al examen de la razón crítica. Era, pues, de suponer que él mismo quería respetarlas y que no pensaba intentar contra ellas nada que constituyera una negación de los fundamentos de su existencia."[801]

---

[800] Op.cit., p.2102.

[801] Ídem.

490

Es este el cuadro de la decepción en el que sitúa a las naciones civilizadas que participan de la guerra, enclave de las angustias de los no-combatientes, piezas indisociables de la maquinaria de guerra. En este acto, donde son puestas en condición de crisis las exigencias morales, Freud dispersa enseguida la *decepción* hacia los fundamentos místicos de la autoridad de las leyes que rigen a los estados civilizados, hacia todo el andamiaje jurídico y sus enclaves legitimadores de intromisión coercitiva y reguladora de la vida social en general como de cada cual en particular. La guerra aparece como pretexto para cuestionar lo que para Freud, en tiempos de paz, sería *innecesariamente* cuestionable.[802] *Someter* a examen de la "razón crítica" los fundamentos de las exigencias morales de la cultura y, por consiguiente, las exigencias de ley del poderío estatal, supondría, pues, cuestionar radicalmente los fundamentos de la existencia del Estado mismo, de la Ley y la Moral. Pero, ¿dónde reside el poder que autoriza a Freud a cuestionar las exigencias morales y legales del Estado? Dentro de los términos trazados en su propio discurso, según la filosofía política a la que se suscribe: en su condición de ciudadano; en la ética de su saber, que es la Ética de la Ciencia suscrita al juramento de compromiso irrenunciable con la Verdad, con la Razón prometida a sí misma. La psicoanalítica de Freud es, pues, asumida como una práctica social y como tal de consecuencias precisas sobre lo social, donde adquieren significado particular el sentido del deber y de la responsabilidad ciudadana y profesional. Si el *sentido* del psicoanálisis es dado con relación a su objetivo, a su fin, que es *modestamente* contribuir a hacer posible una vida más llevadera, menos tortuosa a pesar de las irremediables miserias y crueldades que la constituyen, la guerra sería, lógicamente, un sin sentido, irracional.[803] Pero, ¿cuáles son los fundamentos de este discurso, sus ejes referenciales, los enclaves de su sentido?

---

[802] Freud reconoce que desde siempre han habido voces que advertían la inminencia de la guerra, pero que las condiciones de existencia en "tiempos de paz", relativamente privilegiadas, le impedían, como a sus contemporáneos, prestar atención con mayor interés y seriedad.

[803] Aparente contradicción ésta cuando a lo largo de su obra Freud ha procurado legitimar el poder estatal y se ha abstenido de tratar su racionalidad punitiva de manera *crítica*, aunque ha procurado criticar diplomáticamente sus excesos, no para disminuir su poderío sino para hacerlo más efectivo. De ahí que la razón

491

En primer lugar, la *creencia* en que existe un *acuerdo* entre los pueblos civilizados y la *confianza* en que éste sería cumplido por sus representantes, los gobiernos de sus estados. Dadas las privilegiadas condiciones de existencia que disfrutaban en tiempos de paz, se pregunta, cómo habría de representarse la guerra, anunciada desde siempre, pero a cuyos voceros se negaba, como sus contemporáneos, a prestar atención. La gran ilusión fundada en la fe sobre los fundamentos de existencia de los estados daba lugar a una cierta sensación de estabilidad y seguridad general que permitía, sin mayores riesgos, desentenderse de las advertencias sobre la inminencia de la guerra. Hasta que:

"La guerra en la que no queríamos creer, estalló y trajo consigo una terrible decepción. No es tan solo más sangrienta y más mortífera que ninguna de las pasadas (...) sino tan cruel, tan enconada y tan sin cuartel, por lo menos, como cualquiera de ellas."[804]

Este texto, más que anunciar la decepción con los poderes responsables de la guerra, pone al relieve una línea de continuidad que trasciende las diferencias específicas entre guerra y guerra. Aunque reconoce que esta guerra "infringe todas las limitaciones a las que los pueblos civilizados se obligaron en tiempos de paz"[805], atribuye en el signo de *crueldad* la clave donde se unifican en un mismo efecto las más diversas guerras; el enclave donde se borran todas las diferencias, nacionales, étnicas, lingüísticas, raciales, técnicas, históricas; donde se personifica la época como

---

psicoanalítica desde Freud opere como racionalización de las prácticas de las violencias coercitivas del poder estatal, y sean asumidas, consecuentemente con sus principios ideológico-políticos, como naturaleza inevitable de toda vida social.

[804] Op.cit., 2103.

[805] Ídem. Sin hacer alusión directa a la experiencia judía, Freud critica las políticas de intolerancia nacionalista y resalta el valor de la integración étnica y racial como efecto del progreso civilizatorio: "...podía creerse que los grandes pueblos mismos habían adquirido comprensión suficiente de sus elementos comunes y tolerancia bastante de sus diferencias para no fundir ya en uno solo (...) los conceptos de *extranjero* y *enemigo*." (Op.cit., p. 2102)

encarnación del mal y la muerte aparece como principio de su finalidad fatal; donde toda actuación hacia el exterior es para su exterminio, pero a la vez, con la misma fuerza, se mueve a la inversa, y la muerte se impone como principio más allá de todas las diferencias. La *decepción* comienza a aparecer en el texto como signo sintomático de una gran ilusión y no como quiebra de una condición real de existencia...

Freud no interesa desmitificar los fundamentos de la fe en el poder del Estado, sino representarlos de tal manera que cumplan con mayor efectividad y eficacia el encargo político regulador que les ha sido asignados. El montaje de esta ficción ideológica, legitimadora del poderío estatal como principio de valor social civilizatorio, está *estructurado* desde la filosofía política de Freud del siguiente modo:

"Los pueblos son representados, hasta cierto punto por
los Estados que constituyen, y estos Estados, a su vez,
por los Gobiernos que los rigen."[806]

Esta representación cumple una función estratégica dentro del examen de la razón crítica a los fundamentos de existencia de las exigencias morales de la cultura y del poder estatal en general, pues el punto de partida donde se enraíza la posibilidad o el poder de representatividad de los estados civilizados y sus gobiernos es, precisamente, en los ciudadanos, quienes *deben*, originariamente y antes de reconocerlo, armarlo de la autoridad para representarlos con arreglo a sus voluntades. Recuérdese que el fundamento de legitimidad de la autoridad del Estado es precisamente su autoridad, el poder que en ella reside y que desde ella se impone. En términos teóricos (o ideológicos) si las leyes estatales suponen, según el discurso de la Ley, *representar* la voluntad general y condensar en sus exigencias morales los deseos del pueblo al que le exigen obediencia y lealtad, entonces, la crítica es correlativa al propio orden puesto en cuestión y cumple una función preservativa y productiva antes que destructora. Refinar las tecnologías de control y dominación estatal, hacerlas más efectivas, es la intención de la crítica de Freud. De ahí que la crítica forme parte integral del poder normalizador de la

---

[806] Op.cit., p.2104.

modernidad, según el cual el ciudadano es reconocido partícipe en los asuntos que conciernen su vida, personal y colectiva. En el orden de este discurso, la crítica es un deber y una responsabilidad política del mismo rango que la lealtad y la obediencia, aunque las consecuencias e implicaciones puedan variar según las condiciones de época. Desde esta posición, que no es desalentada violentamente por el Estado, aunque no la promueve y nunca vacila en oponer resistencia y censura, Freud describe la naturaleza del poderío estatal y el fundamento originario de la Ley:

> "El ciudadano (...) comprueba que el Estado le ha prohibido al individuo la injusticia, no porque quisiera abolirla, sino porque pretendía monopolizarla..."[807]

La injusticia es aquí el signo de la violación de los convenios sociales-morales sobre los que el Estado fundamenta su existencia. En el ejercicio privativo y monopólico de la violencia, tanto en tiempos de paz como en contextos de guerra, el Estado se arroga el poder de administrar las *libertades* ciudadanas según sus criterios de conveniencia, según la racionalidad en que inscribe su economía política sobre la vida social e individual. Es cuando estas exigencias y restricciones se tornan insoportables para el ciudadano, inadmisibles desde un punto de vista ético en clave *civilizada*, que la crítica adquiere su mayor relevancia:

> "El Estado combatiente se permite todas las injusticias y todas las violencias, que deshonrarían al individuo. (...) El Estado exige a sus ciudadanos un máximo de obediencia y abnegación, pero los incapacita con un exceso de ocultación de la verdad y una censura de la intercomunicación y de la libre expresión de sus opiniones, que dejan indefenso el ánimo de los individuos así sometidos intelectualmente, frente a toda situación desfavorable y todo rumor desastroso."[808]

---

[807] Ídem.

[808] Ídem.

494

La pregunta, en esta escena, no es si acaso la guerra podría evitarse, sino si ésta podría darse efectivamente sin limitar los derechos ciudadanos, como, por ejemplo, el acceso libre de trabas y censuras a la información. Pero en el límite de una respuesta posible aparece entrecruzado el punto de partida de otro modo de representar la crítica: el Estado no dice la Verdad; miente, engaña, falta a la Moral, que es el fundamento ideológico de su existencia. Entonces, ¿de qué fuerza moral puede presumir el Estado para exigir obediencia si es él el primero que falta a ella? La legitimidad en el Estado se basa en una confianza ciega, es un acto de fe, una creencia en su voluntad de justicia, en su razonabilidad. Pero un voto de confianza que exige sin opción, una fe que se impone por su fuerza sobre escépticos e incrédulos...

> "(El Estado) se desliga de todas las garantías y todos los convenios que habían concertado con otros Estados y confiesa abiertamente su codicia y su ansia de poderío, a la que el individuo tiene que dar, por patriotismo, su visto bueno."[809]

Ante la fuerza cegadora del poderío estatal la razón crítica de Freud apuntala esfuerzos para iluminar la verdad oscurecida, que es factor influyente en el ánimo perturbado de sus contemporáneos. Ante esta situación *asume* una postura objetora:

> "No es admisible la objeción de que el Estado no puede renunciar al empleo de la injusticia, porque tal renuncia le colocaría en situación desventajosa."[810]

Si la injusticia es el signo de la violación de los convenios sociales sobre los que el poderío estatal fundamenta su existencia y en ella la legitimidad de sus exigencias morales, resulta inadmisible, pues, que no diga la verdad; que mienta. Pero este aparente desafío a la legitimidad del poderío estatal de imponer su voluntad de guerra invariablemente sobre toda la comunidad bajo sus dominios, no resquebraja, sin embargo, los fundamentos morales de su

---

[809] Ídem.

[810] Ídem.

autoridad general. Esta postura es similar a la expresada en gran parte de la retórica de la objeción de conciencia, en los discursos pacifistas, e incluso en buena medida en las justificaciones de la desobediencia civil, esenciales en la ampliación del imaginario democrático. Pero este tema será objeto de futuras reflexiones. Lo que interesa Freud es acentuar la condición paradójica[811] por la que atraviesa el Estado en cuanto exige a sus súbditos que cedan parte de sus *libertades* mientras él mismo no está dispuesto a cederlas:

> "También para el individuo supone una desventaja la sumisión a las normas morales y la renuncia al empleo brutal del poderío, y el Estado sólo muy raras veces se muestra capaz de compensar al individuo todos los sacrificios que de él ha exigido."[812]

Puesta en duda no sólo la promesa de seguridad y bienestar del Estado, aparece al relieve, más allá de la incapacidad estructural de resolver los conflictos y las diferencias sociales, la imposibilidad de resolverlos en definitiva y de satisfacer las necesidades espirituales (psíquicas) de sus súbditos. Las consecuencias no son del todo imprevisibles y Freud augura, en el contexto de guerra, un posible retroceso en el proceso evolutivo de la moral civilizada:

> "Allí donde la comunidad se abstiene de todo reproche, cesa también la yugulación de los malos impulsos, y los hombres cometen actos de crueldad, malicia, traición y brutalidad, cuya posibilidad se hubiera creído incompatible con su nivel cultural."[813]

---

[811] Es paradójica en el sentido como el propio discurso del Derecho se levanta como principio y se vuelca enseguida contra él. La "moral civilizada", contenida, promovida e impuesta por la fuerza de la Ley del Estado, exalta el valor de la vida y lo eleva a un rango superior en la escala del Derecho, pero enseguida, consagrado en el encargo político de administrarla bajo su protección y cuido, legitima limitar a discreción sus movimientos e incluso la radical negación de los derechos fundamentales que constituyen su pleno sentido.

[812] Op.cit., p.2104.

[813] Ídem.

496

Al Estado parecería que se le agota la reserva moral de sus predicamentos tanto más cuanto menos restrictivo actúa sobre las pasiones humanas. Un Estado fuerte, que actúe con firmeza inquebrantable de acuerdo a sus principios, no debería soltar demasiado las riendas morales de sus súbditos, pues se toma el riesgo de que una vez desbocados ya no tenga poder suficiente para controlarlos nuevamente y devolverlos a sus respectivos corrales, a su estado normal. No obstante, no es ese el reclamo que hace Freud, pues aunque se corre el riesgo que padece toda generalización especulativa (que es reducir la especificidad a simples razonamientos y consecuentemente ocluir la complejidad de las relaciones implicadas), es preciso distinguir a lo que se refiere. Si el Estado, en principio, supone ser la condensación de la voluntad política general, y esta voluntad, representada en sus leyes y en sus exigencias morales, tiene a la vida como rango superior de sus preceptos (legales y morales), el principio de la guerra, por su naturaleza, es un antagonismo irreconciliable con los valores esenciales del Estado civilizado. El Estado no tendría fuerza moral para reprochar a quien diera rienda suelta a sus instintos más violentos, a las agresiones más crueles, si es eso precisamente lo que eleva al rango de valor esencial en el contexto de guerra, incluso por encima del valor de la vida. Para el psicoanálisis la domesticación de los instintos en clave civilizada debe darse a partir del dominio racional sobre las mismas, pero en el contexto de guerra el material que compone los frenos del inconsciente aparece trastocado; no hay una exterioridad que pueda ser absorbida por el Yo como un freno moral y las reservas psíquicas represoras que responden a tales exigencias no son inagotables:

> "No debe tampoco asombrarnos que el relajamiento de las relaciones morales entre los pueblos haya reper- cutido en la moralidad del individuo, pues nuestra con- ciencia no es el juez incorruptible que los moralistas suponen..."[814]

Freud reclama como una necesidad social imperativa la de contar con mecanismos efectivos de control y regulación social: la

---

[814] Ídem.

moral es *necesaria* para el desarrollo cultural civilizado, y la guerra inspira un desenfreno de las pasiones, de lo irracional. Un doble movimiento simultáneo se ha operado dentro del orden de su discurso: el montaje del escenario, de la condición de época, donde pronto sería puesta a actuar la teoría psicoanalítica; y la representación del sujeto (objeto de su intervención) y su realidad (cubierta por el velo de una ilusión) en función de su proyecto político en clave teórica.

Hasta ahora todo lo expuesto encaja perfectamente dentro del marco de las tradiciones racionalistas de la modernidad, desde donde tanto la justificación de la guerra como la oposición a la misma encuentran puerto seguro donde anclar sus posturas. Freud se hace eco de las tradiciones de la filosofía política clásica y participa del ejercicio de la crítica como tecnología del poder normalizador moderno. Hasta ahora no sería difícil invertir las posiciones de Freud incluso con sus mismos argumentos, pues, como es harto sabido, los estados convocan a la guerra desde el mismo lugar moral que Freud dice contradictorio a los fundamentos de su existencia. El material del que están armados ambos registros discursivos sigue siendo eminentemente el mismo: la Razón. Y asimismo los fundamentos de la agresión, de la crueldad, de la brutalidad y de todo el repertorio de violencias posibles que pueden desencadenarse en los contextos de guerra, encuentran sus raíces más profundas en la superficie de una misma retórica: el amor y la vida. La civilización que Freud tanto estima se montó progresivamente por medio de los recursos de la violencia, ya de las violencias imperiales de los estados más poderosos económica y militarmente, ya de la instauración de fuertes regímenes de Ley que regulaban y controlaban su orden interior. El militarismo es siempre correlativo a toda Razón de Estado como todo ordenamiento jurídico lo es, primero, bajo el modo de una victoria militar, es decir, de una imposición mediada y posibilitada por el recurso de la violencia. La civilización es, en sus cimientos, esa violencia instituida. El Estado, monopolio de la misma. Lo cultural, todo cuanto posibilita su perennidad y su perpetuidad. La moral y la ley son las dos piezas imprescindibles para el mantenimiento efectivo del control social, para el ejercicio general de su dominación. El progreso evolutivo en virtud de esta condición es valorado por su eficacia y efectividad para cumplir tales objetivos.

De ahí que Freud estime imperativo modular las exigencias morales y reconducir las técnicas sociales para lidiar con la conflictividad que caracteriza la naturaleza de las relaciones de toda vida social. La *decepción* que en un principio aparece compartida y generalizada en el texto citado pasa ahora a ser cernida por la crítica psicoanalítica, con la promesa de profundizar en sus motivaciones inconscientes, en las condiciones psíquicas de la aparición de eso que está condensado bajo el signo de una decepción:

> "Podemos, sin embargo, someter a una consideración crítica tal decepción y hallaremos que no está, en rigor, justificada, pues proviene del derrumbamiento de una ilusión. (…) Las ilusiones nos son gratas porque nos ahorran sentimientos displacientes y nos dejan, en cambio, gozar de satisfacciones. Pero entonces habremos de aceptar sin lamentarnos que alguna vez choquen con un trozo de realidad y se hagan pedazos."[815]

En síntesis, Freud ha representado dos puntos principales de anclaje de la decepción provocada por la guerra: de una parte, la escasa moralidad exterior de los estados, que interiormente adoptan el continente de guardianes de las normas morales, y, de otra, la brutalidad de la conducta de los individuos, de las que no se había esperado tal cosa como copartícipes de la más elevada civilización humana.[816] Dentro de este marco general la premisa básica reside en la creencia en que es posible y deseable incidir de alguna manera sobre ambos efectos condensados en la decepción. Es decir, de controlar la naturaleza instintiva del ser humano, sus tendencias agresivas; de regular los modos de sus violencias. Freud da paso entonces a dar cuenta de cómo se representa el proceso mediante el cual el sujeto se "eleva a un grado superior de moralidad". El punto de partida da al traste con el modo como es representado el sujeto por las tradiciones dominantes en la época, herederas de esa parte de la ilustración que aparece fusionada con ciertos aspectos del cristianismo que sirven de fundamento a las exigencias morales: el hombre es bueno y noble desde su nacimiento. Freud decide no

---

[815] Op.cit., p.2104.

[816] Ídem.

contradecir este *entendido*, aunque podría inferir sus simpatías con otro modo de representación más cercano tal vez a Platón o a Hobbes, incluso a Sade o a Nietzsche, entre otros. Lo que importa subrayar por el momento es que, desde este enfoque, al nacimiento de cada criatura corresponde, en *necesidad*, un "proceso evolutivo" y tal evolución consiste, según Freud, en que las *malas* inclinaciones del hombre son desarraigadas en él y sustituidas, bajo el influjo de la educación y de la cultura circundante, por inclinaciones al *bien*.[817] De ahí la extrañeza que nace de la decepción, pues si la civilización pone tanto empeño en domesticar al sujeto desde su nacimiento, ¿cómo es posible que en él pueda manifestarse tan eficientemente el mal? La religión tiene sus respuestas claras y la ilustración no vacila en secularizarlas, apropiándose de su técnica básica y poniéndola en función de sus preceptos. Freud, en principio, se hace partícipe de esta representación dicotómica entre el bien y mal, de esa oposición binaria clásica donde al bien corresponde lo civilizado, los más elevados valores éticos, la moral, mientras que al mal (la crueldad, la agresión, la violencia) corresponde todo cuanto incide en destruir los *logros* de la *civilización*.

Este modo esquemático no cumple, sin embargo, una función exclusivamente reduccionista, como lo sería su aplicación práctica desde el poder político, por ejemplo. No se trata, pues, de una negación de la complejidad de las relaciones humanas, irreducibles a una distinción esencialista entre el bien y el mal. Si bien gran parte de las ilusiones que soportan el devenir de la cultura civilizada encuentran en este reduccionismo una cierta estabilidad que le resulta conveniente, lo que se pone en cuestionamiento es precisamente todo cuanto no puede encontrar respuesta satisfactoria en tales términos. La tensión entre el bien y el mal permite representar la relación entre dos fuerzas que coexisten simultáneamente en el registro de la vida social y que actúan en relación de oposición, aunque la materialidad que las constituye pueda constar de partes que, en ocasiones, le son propias a ambas e incluso incompatibles en ninguno de ambos registros. De esta crítica se rebate el principio ilusorio que sirve de fundamento al conjunto de las intervenciones coercitivas del Estado y la Cultura, incluso del fundamento místico de su existencia como al conjunto

---

[817] Op.cit., p.2105.

de las exigencias morales en general. La condición esencial de la que depende la obediencia es la creencia, la fe en el poder prometido del Estado. Y su promesa, matriz del pacto social, es erradicar el mal. Pero la experiencia psicoanalítica sostiene, según Freud, que en realidad no es posible exterminar el mal.[818] ¿Cómo entonces representa el psicoanálisis al Sujeto en el contexto de esta condición? ¿Cuál es la diferencia entre la representación que construye Freud y la representación dominante en el contexto de época? Ambos registros de la representación teórico-ideológica del sujeto reconocen coincidentemente como necesidad cultural insoslayable mantener tensadas las riendas sobre los impulsos humanos. ¿Dónde reside una diferencia política cualitativa entre la teoría psicoanalítica y las filosofías y psicologías de las que promete distanciarse radicalmente? La primera distinción aparece arraigada en el discurso de la ciencia biológica:

> "La investigación (...) psicoanalítica muestra que la esencia más profunda del hombre consiste en impulsos instintivos de naturaleza elemental, iguales en todos y tendentes a la satisfacción de ciertas necesidades primitivas."[819]

Si bien el modelo imperante en su época –según Freud– representa al sujeto humano como esencialmente bueno, y convierte esta creencia en fundamento de las exigencias morales dominantes, éste lo trastoca atravesándolo con una *observación* de corte biológico dando paso así a la primera clave de la ruptura con la representación dicotómica tradicional:

> "Estos impulsos instintivos no son en sí ni buenos ni malos. Los clasificamos, y clasificamos así sus manifestaciones, según su relación con las necesidades y exigencias de la comunidad humana."[820]

---

818 Ídem.

819 Ídem.

820 Ídem.

Pero en el límite de este *descubrimiento* en clave biológica Freud sitúa el punto de partida de la especulación psicoanalítica, identificando las motivaciones de las coerciones y exigencias morales no con relación a un mal en sí, sino con relación al valor de estas manifestaciones instintivas para la vida social civilizada:

"Debe concederse, desde luego, que todos los impulsos que la sociedad prohíbe como malos –tomemos como representación de los mismos los impulsos egoístas y los crueles– se encuentran entre tales impulsos primitivos."[821]

La primera impresión sobre esta premisa resultaría inquietante, no obstante, con relación a otras premisas de las que la propia teoría psicoanalítica de Freud se hace partícipe, cuando sostiene que el material que constituye lo inconsciente es, eminentemente, social. Las connotaciones biologicistas de esta afirmación dan al traste pues, a todas cuentas, lo egoísta y lo cruel también pertenece al registro de la significación y valoración social y, si son referentes de algún reproche moral, lo son bajo registros diferenciados según el contexto de significación, con relación al poder que asignan el sentido, y cuyo sentido es, desde siempre, el efecto de esa relación impositiva, como advertía Nietzsche. Sin embargo, no es una contradicción que afecte la integridad del texto teórico, pues pertenece al dominio de las ficciones míticas imprescindibles de la teoría psicoanalítica, como de cualquier teoría social en clave moderna. De ahí el sentido que confiere Freud cuando inaugura esta afirmación con la frase "Debe concederse". Es decir, partiendo de la premisa (de la creencia, de la fe) de que esto es así y no de otro modo. Pero esta advertencia, aunque revela una táctica de su estrategia discursiva, tiene mayor pertinencia en otro orden de interpretación: es el reconocimiento de la existencia de fuertes poderes (sociales, estatales, culturales) cuya existencia se fundamenta en la articulación de sus prácticas más precisas al rededor de estas categorías, apropiándose de ellas y significándolas según sus propios intereses. Por ejemplo, cuando para los anarquistas o los marxistas el principio de la propiedad privada

---

[821] Ídem.

pertenece al orden del egoísmo, para un liberal resulta un derecho natural del hombre. Y lo mismo sucede con la infinidad de categorías que regulan los campos discursivos en lo político, lo moral o lo jurídico, como sucede, por ejemplo, con el concepto clave de violencia, o bien el de crueldad. Pero Freud no contradice esto, sino todo lo contrario. Lo reconoce y lo que advierte teóricamente, bajo el modo de un *descubrimiento* de la experiencia psicoanalítica, es la coexistencia simultánea de ambos registros, cuya importancia es siempre relativa a "las necesidades y exigencias de la comunidad humana".

La representación del sujeto de la civilización en clave evolucionista supone, pues, un desenvolvimiento ascendente de la infancia a la adultez, donde la eficacia de las tecnologías de domesticación social aparecen bajo el modo de su carácter, de su personalidad. Los impulsos primitivos, en este camino evolutivo, "...son inhibidos, dirigidos hacia otros fines y sectores, se amalgaman entre sí, cambian de objeto y se vuelven en parte contra la propia persona."[822] Ciertos impulsos, en el desenvolvimiento de la personalidad, *fingen* una transformación intrínseca de los mismos, como si el egoísmo, por ejemplo, se hubiera hecho compasión y la crueldad altruismo. Las transformaciones son efectos en apariencia de reacciones psíquicas ante las fuerzas normalizadoras de la cultura; efectos de superficie; máscaras. Dentro de este movimiento los sentimientos nunca se cierran o alcanzan un estado estable, estático o definitivo, sino que permanecen fluctuando entre las pulsiones instintivas y las exigencias culturales, en una condición ambivalente de los sentimientos cuyo efecto de superficie es el carácter, el cual, según advierte Freud, muy insuficientemente puede ser clasificado de bueno o de malo.[823] Las suertes están echadas a correr contra las corrientes ideológicas dominantes, ensambladas en las ilusiones de una finalidad que suponen encamina los destinos, racionalidades teleológicas de las que se sirven los proyectos políticos de la modernidad. Es la *repetición* coercitiva, en reciclaje constante, el rasgo esencial que caracteriza el desenvolvimiento de la vida social:

---

[822] Ídem.

[823] Ídem.

"La civilización ha sido conquistada por obra de la renuncia a la satisfacción de los instintos y exige de todo nuevo individuo la repetición de la renuncia."[824]

La represión es la condición esencial de la vida social. El psicoanálisis lo reconoce, lo advierte y quiere, desde su nacimiento, ser partícipe de las conquistas de la civilización, por lo que es parte integral de las tecnologías del poder normalizador moderno y juega un papel clave como mecanismo coercitivo de los instintos en función del proyecto político al que suscribe su existencia. Interesa - como he advertido- tornar más efectivas las tecnologías culturales de coerción moral, por eso las critica. Sabido es que no comparte las ilusiones libertarias ni los principios más radicales del discurso emancipador de la modernidad, pues es partícipe de la convicción de que los mismos están fundados en ilusiones místicas, en ingenuas ficciones. La Libertad, como la Felicidad, no es, para el psicoanálisis, un horizonte político o existencial alcanzable sino, si acaso, un imaginario políticamente ingenuo, económicamente indeseable, psicoanalíticamente imposible. No se trata, pues, de liberar al sujeto de las ataduras que restringen los movimientos de su existencia sino de soltar un poco, lo suficiente, las riendas que tensan las posibilidades reales de satisfacción de sus deseos. Tal vez aquí reside el valor político revolucionario del psicoanálisis de Freud, en un realismo práctico. Pero hasta aquí, entonces, no existe una diferencia cualitativa con los proyectos del discurso humanista-liberal moderno, heredado de las filosofías políticas clásicas y modulado en el devenir histórico de acuerdo a los requerimientos de orden estratégico según las condiciones de época...

No habiendo finalidad trascendental que oriente en definitiva el destino de la vida y dé seguridad, coherencia y sentido pleno a la misma, si no lo es mediante las ficciones ideológicas de las imaginaciones religiosas, ante las que el psicoanálisis y la Razón han declarado serias reservas (aunque sin despreciarlas en lo esencial de sus motivaciones), Freud procura no dejar las manos del espíritu vacías de ilusiones místicas. Desde el fundamento mítico de la teoría evolucionista articulada en el discurso psicoanalítico (¿biologicista?) de Freud, el Sujeto aparece con cierta disposición

---

[824] Ídem.

innata a la cultura, a la tolerancia de sus exigencias y al acoplamiento instintual a las mismas. Lo restante es *adquirido* en el devenir de su desenvolvimiento (y sometimiento) con relación a la vida social.[825]

> "Los hombres que nacen hoy traen ya consigo cierta disposición a la transformación de los instintos egoístas en los instintos sociales como organización heredada, la cual, obediente a leves estímulos, lleva a cabo tal transformación."[826]

No hace las paces con la idea de que son buenos por naturaleza, sino que esta idea, aunque contradecible teóricamente, no amerita mayor atención. El punto de partida, soporte mítico de la teoría evolucionista de Freud es, a todas cuentas, el supuesto de que "lo anímico primitivo es absolutamente imperecedero."[827] El problema reside, no obstante, en la "tendencia cultural" a *sobreestimar* la disposición innata a la cultura, a confiar en demasía en la herencia de los procesos de evolución civilizadora de la Humanidad. Esta representación ideológica del sujeto —según

---

[825] Según la teoría psicoanalítica la transformación de los instintos clasificados como *malos* es obra de dos factores que actúan en igual sentido, uno interior y otro exterior. El factor interior —señala Freud- es el influjo ejercido sobre los instintos *malos* —egoístas- por el erotismo; esto es, por la necesidad humana de amor en su más amplio sentido. De este modo- añade- la unión de los componentes eróticos transforma los instintos egoístas en instintos sociales. El sujeto aprende a sentirse amado como una ventaja por la cual puede renunciar a otras. El factor exterior es referido a la coerción de la educación, que representa las exigencias de la civilización circundante, y es luego continuada por la acción directa del medio civilizado. Durante la vida individual —sostiene- se produce, pues, una transformación constante de la coerción exterior en coerción interior. (Op.cit., p.2106)

[826] Op.cit., p.2105.

[827] La premisa fundacional es, pues, que todo estadio evolutivo anterior persiste, y el estado anímico vinculado a los instintos agresivos, por ejemplo, bien podría no manifestarse violentamente en el curso de una vida normal, en condiciones normales de existencia, mas no por ello se puede decir que no subsiste. Este estadio primitivo, en situaciones de tensión extrema, como es la del contexto de guerra, puede llegar a ser de nuevo una forma expresiva de las fuerzas anímicas. A esta facultad especial de involución Freud la llama *regresión*. (Op.cit., p.2108)

Freud- nos induce "a juzgar a los hombres *mejores* de lo que en realidad son."[828]

La promesa del psicoanálisis, de adentrarse en las profundidades sin fondo del alma humana, cobra pertinencia en este contexto, pues Freud sabe de antemano que a las razones de guerra tanto como a las reacciones anímicas que acontecen de sus embates, le subyacen motivaciones inconscientes, de las cuales quienes las padecen tienen idea de su existencia sólo porque se manifiestan en sus sentimientos, pero no tienen idea alguna de su procedencia, incluso no muestran gran interés por ella. Dentro del cuadro descriptivo de la vida social de la época, Freud sostiene que la sociedad se inclina hacia fines prácticos y no interesa, por lo general, cuestionar sus exigencias morales, se complacen con exigirlas:

> "La sociedad (...) se contenta con que un hombre oriente sus actos y su conducta conforme a los preceptos culturales y no pregunta por sus motivos."[829]

El encargo político de la educación para los estados siempre ha sido consecuente con los principios de gobernabilidad, del arte de gobierno, evidente desde los escritos políticos de Platón. Nunca, desde el poder estatal, se ha promovido el interés sobre estas consideraciones más allá de la racionalidad económica y política de los sujetos, de regirlos moral e ideológicamente con el fin práctico de hacerlos útiles y productivos para el sistema; dóciles ante las exigencias y coerciones morales y sumisos y obedientes ante los mandamientos de la Ley. Es en este sentido que aparece el psicoanálisis a llenar el vacío sobre eso que opera como condición de posibilidad de los objetivos normalizadores del poderío estatal y cultural, de esos factores que posibilitan la fusión de las exigencias exteriores con la interioridad psíquica del ser, manifiestas en los niveles de integración funcional al sistema. Las técnicas de domesticación social son variables y pueden ser compatibles, pueden complementarse unas a otras pero también pueden ser

---

[828] Op.cit., p.2105.

[829] Op.cit., p.2106.

incluso contradictorias entre sí. Es en el efecto práctico de conjunto, a partir de los criterios de valor establecidos, de las expectativas de conducta moral, por ejemplo, que son estimados.

"La educación y el ambiente no se limitan a ofrecer primas de amor, sino también recompensas y castigos. Pueden hacer, por tanto, que el individuo sometido a su influjo se resuelva a obrar bien, en el sentido cultural, sin que se haya cumplido en él un ennoblecimiento de los instintos, una mutación de las tendencias egoístas sociales. El resultado será, en conjunto, el mismo."[830]

Freud establece una distinción categórica entre dos tipos de sujeto, o más bien de subjetividad, que se produce a través de estos mecanismos de subyugación ideológica, que en condiciones normales no se distinguen con claridad:

"...(mientras) el uno obra bien porque sus inclinaciones instintivas se lo imponen, el otro sólo es bueno porque tal conducta cultural provoca ventajas a sus propósitos egoístas, y sólo en tanto se las procura y en la medida en que se las procura."[831]

Freud rechaza tajantemente el optimismo cegador de creer que el numero de sujetos *transformados* en "sentido cultural" es cualitativamente significativo. En apariencia puede darse la impresión de que la relativa normalidad como se desenvuelve la vida social es un indicativo de la efectividad de estos mecanismos domesticadores. Incluso puede pensarse que la severidad de las leyes o la intensidad de las exigencias morales, por ejemplo, son mecanismos de control efectivos, pues la amenaza y hostigamiento constante mantiene a raya las conductas desviadas de las exigencias morales y de los preceptos legales de la mayor parte de la población. No obstante, Freud advierte que las transformaciones que se han operado dentro del sujeto son más frágiles de lo que se suele creer,

---

[830] Op.cit., 2107.

[831] Ídem.

y que al exponerlo a situaciones *anormales*, como el contexto de guerra, puede dar paso a soltar las riendas de las pulsiones primitivas tendientes hacia la agresividad y hacia todo eso que las exigencias morales y las leyes prohíben. Freud nombra este desentendimiento social como una gran hipocresía cultural:

> "La sociedad civilizada, que exige el bien obrar, sin preocuparse del fundamento instintivo del mismo, ha ganado, pues, para la obediencia o la civilización a un gran número de hombres que no siguen en ello a su naturaleza. Animada por este éxito se ha dejado inducir a intensificar en grado máximo las exigencias morales..."[832]

Ante este cuadro, Freud advierte:

> "La presión de la civilización en otros sectores no acarrea consecuencias patológicas, pero se manifiesta en deformaciones del carácter y en la disposición constante de los instintos inhibidos a abrirse paso, en ocasión oportuna, hasta la satisfacción."[833]

Dos aspectos significativos se desprenden de inmediato de este texto: uno, que Freud da razón implícita sobre el énfasis en la sexualidad, pero vuelve a dar por sabido que la cuestión de lo sexual no es territorio exclusivo del interés del psicoanálisis, aunque sí privilegiado por su mirada, y sostiene explícitamente que a la vida psíquica pertenecen incontables aspectos que no son sólo de índole sexual, aunque se mezclen entre sí en infinidad de movimientos a lo largo de toda la existencia del ser. De esta advertencia anuncia la exterioridad de los factores que inciden directamente en las motivaciones transgresoras de las pautas culturales, abriendo nueva-mente el espacio al cuestionamiento de las mismas, ya en sus formas de exigencia moral o en los requerimientos de obediencia del discurso

---

[832] Op.cit., p.2107 Los sujetos -añade Freud- se ven impuesta una yugulación continuada de los instintos (...) En el terreno de la sexualidad, que es donde menos puede llevarse a cabo tal yugulación, se llega así a los fenómenos de reacción de las enfermedades neuróticas. (Op.cit., p.2107)

[833] Ídem.

estatal de la Ley. La Moral y la Ley exigen más del sujeto de lo que éste puede dar, porque la representación que hacen de él, a partir de la cual lo convierten en objeto de sus intromisiones, lo hace aparecer como "mejor de lo que en realidad es." Esta apariencia, protegida por el Estado y la Cultura contra el examen de la razón crítica, como denunciaba Freud, constituye una hipocresía:

> "El sujeto así forzado a reaccionar permanentemente en el sentido de preceptos que no son manifestación de sus tendencias instintivas vive, psicológicamente hablando, muy por encima de sus medios, y puede ser calificado, objetivamente de hipócrita, se dé o no clara cuenta de esta diferencia, y es innegable que nuestra civilización actual favorece con extraordinaria amplitud este género de hipocresía."[834]

Freud arriesga la afirmación de que "nuestra civilización" se basa en este género de "hipocresía" y advierte que, no el sujeto sino la civilización misma, tendría que "someterse a hondas transformaciones" "si los hombres resolvieran vivir con arreglo a la verdad psicológica."[835]:

> "Hay muchos más hipócritas de la cultura que hombres civilizados, e incluso puede plantearse la cuestión de si una cierta medida de hipocresía cultural no ha de ser indispensable para la conservación de la cultura..."[836]

Este es el principio político del arte de gobierno, el fundamento del discurso religioso, de ahí las ficciones legales, los fundamentos místicos de la autoridad de la Ley, etc. Lo repetiría en su *Psicología de las masas*, en su *Porvenir de una ilusión* y en su *Malestar en la cultura*, en sus *Lecciones*... Al psicoanálisis no le interesa desmitificar a la manera de oponer una verdad detrás del mito, o desideologizar para contraponer una realidad, sino mitificar de alguna otra manera,

---

[834] Op.cit., p.2107.

[835] Ídem.

[836] Ídem.

con el fin práctico de hacer más efectivos los mecanismos de regulación social, incluso los mitos y las ideologías. La razón es el mito fundacional del discurso psicoanalítico, como lo es el inconsciente. La condición esencial del valor de su teoría, como el de la autoridad de la Ley, reside en un acto de fe. Se cree en ella, se cree en la virtud iluminadora de la razón, se cree en la existencia de un inconsciente.[837] A partir de esta creencia todo debe encajar cómodamente. Para el discurso de la Ley como para el de la Moral, la falta de obediencia es una falta de Voluntad, del mismo modo que para el psicoanálisis es efecto de una motivación inconsciente, de una pulsión que pertenece a la naturaleza del Ser. No es, pues, con relación a la verdad que debe estimarse el valor de la teoría psicoanalítica, sino con relación al objetivo político que persigue. En este sentido, la identificación de la hipocresía como rasgo cultural no se trata de un reproche por el sólo hecho de aparentar lo que en realidad no se es y de presumir ser más de lo que en verdad se es. Esta *hipocresía* que constituye el carácter del sujeto, esta apariencia engañosa que caracteriza a la sociedad civilizada en general, tiene su poder productivo y su eficacia particular con relación a sus efectos normalizadores. Las ilusiones, recuérdese, tienen un papel determinante como condición reguladora de la vida social, tienen su valor en los efectos inmediatos que producen, "nos ahorran sentimientos displacientes y nos dejan, en cambio, gozar de satisfacciones." Pero entonces –añade Freud- habremos de aceptar sin lamentarnos que alguna vez choquen con un trozo de realidad y se hagan pedazos. Aplicado al contexto de guerra, sostiene:

---

[837] La evidencia de la existencia de lo inconsciente aparece *confirmada* en la teoría psicoanalítica a través de la *experiencia* de interpretación de los sueños. La prueba de la existencia imperecedera de lo "anímico primitivo", punto del retorno bajo el concepto de regresión, y de su inclinación hacia la satisfacción de las tendencias pulsionales agresivas (que dan al traste con las exigencias morales) es *reafirmada* consecuentemente por la *interpretación* de los sueños: "Desde que hemos aprendido a traducir incluso los sueños más absurdos y confusos, sabemos que al dormirnos nos despojamos de nuestra moralidad..." "Sólo los sueños pueden darnos noticias de la regresión de nuestra vida afectiva a uno de los primeros estadios evolutivos."; "...todos nuestros sueños están regidos por motivos puramente egoístas." (Op.cit., p.2108)

"Las disquisiciones que preceden nos procuran ya el consuelo de comprobar que nuestra indignación y nuestra dolorosa decepción ante la conducta incivilizada de nuestros conciudadanos mundiales son injustificadas... Se basan en una ilusión a lo que nos habíamos entregado."[838]

De vuelta al contexto de guerra y saliendo de la encerrona de la decepción, chocando "con un trozo de la realidad", sostiene:

"En realidad esos hombres no han caído tan bajo como temíamos, porque tampoco se habían elevado tanto como nos figurábamos."[839]

Y va un poco más lejos al admitir que todo eso que suponía un espanto para quienes creían ilusoriamente en la bondad innata del ser y en la eficacia de las represiones morales no es sino una consecuencia normal dentro del contexto de guerra[840]:

"El hecho de que los pueblos y los Estados infringieran, unos para con otros, las limitaciones morales, ha sido para los hombres un estímulo comprensible a sustraerse por algún tiempo al agobio de la civilización y permitir una satisfacción pasajera a sus instintos retenidos."[841]

La lógica de esta argumentación adquiere pleno sentido dentro de la teoría psicoanalítica. La exigencia bélica de los estados

---

[838] Op.cit., p.2107.

[839] Ídem.

[840] A este argumento añade las aportaciones de las intuiciones filosóficas y psicológicas cuando consideran que "nuestra inteligencia" no está exenta de las poderosas influencias del ambiente exterior ni de los sentimientos, pues no se trata de una "potencia independiente" pues "no pude prescindir de la vida sentimental": "Nuestro intelecto sólo puede laborar correctamente cuando se halla sustraído a la acción de intensos impulsos emocionales." (Op.cit., p.2109)

[841] Op.cit., p.2107.

a sus combatientes aparece como un efecto positivo, no sólo para la razón de guerra, sino para la psicología misma de los soldados. La eficacia del militarismo reside precisamente en su capacidad para soltar las riendas de los instintos más agresivos y crueles de los sujetos combatientes y a la vez de mantenerlos bajo estricto control disciplinario. Matar es un requisito incuestionable para la Razón Militar, y para el soldado, antes que una contradicción moral, una necesidad vital y a la vez un cierto desahogo.[842] El conjunto de valores que aparecen dentro de la ilusión de la civilización por oposición a la barbarie adquieren otro sentido en una situación de guerra, por lo que lo Moral no es contradicho por las exigencias militares sino que es elevado a un rango de valor superior dentro de lo Moral en la Razón de Estado. Freud, no obstante, no promueve la desmilitarización de los estados ni el desmantelamiento de sus fuerzas represivas, sino que se limita a sugerir que a las naciones "sólo debemos plantearles exigencias más modestas"[843]

La *experiencia* psicoanalítica –advierte Freud- ha subrayado enérgicamente la afirmación que los argumentos lógicos serían impotentes contra los intereses afectivos. La *experiencia* en la vida cotidiana lo *confirma*, pues sabido es que "los *hombres* más inteligentes se han visto perturbados o desencaminados en cuanto tropiezan con una resistencia sentimental."[844] Freud, aunque *reconoce* las poderosas fuerzas psíquicas que irremediablemente limitan, condicionan y determinan la eficacia y efectividad de los procesos de domesticación social, no se abstiene de participar de un cierto realismo utópico. A las naciones, en todo caso, habría que

---

[842] No obstante, es cuando el sujeto pierde el relativo control que ejerce sobre su vida anímica, o más bien, cuando sus pulsiones instintivas ocupan el control sobre su mismidad exterior, su Yo, que esta regresión a su estadio primitivo, a un estadio evolutivo anterior, puede convertirse en enfermedad mental. Según Freud- a diferencia del discurso psiquiátrico, que tiene la impresión de que la vida mental e intelectual queda destruida en la enfermedad mental, tal destrucción atañe –según el principio de que lo anímico primitivo es absolutamente imperecedero, y las pruebas que lo *evidencian* desde la técnica psicoanalítica- tan solo a adquisiciones ulteriores. La esencia de la enfermedad mental –afirma- consiste en el retorno a estados anteriores de la vida afectiva..." (Op.cit., p.2108)

[843] Op.cit., p.2109.

[844] Ídem.

plantearles "exigencias más modestas". Es decir, reformular las pretensiones que se suponen implícitas en el pacto social sobre el que el poderío estatal fundamenta su existencia y sobre el cual la moral cultural fundamenta sus exigencias. El proyecto político del psicoanálisis, en armonía con el proyecto político de la modernidad, propone otra configuración de las relaciones de control y dominación social, un reajuste en las estructuras ideológicas del poderío domesticador moderno, basado en consideraciones culturalmente desatendidas, sobre todo, porque no se contaba con el poder del conocimiento psicoanalítico. Freud cree en la posibilidad de acceder culturalmente a un estadio evolutivo donde los sujetos no tengan que depender exclusivamente del frágil poder consolador de las ilusiones; donde se *supere* la condición de agobio a la que se someten por el resentimiento de los instintos reprimidos, resentidos tanto más cuanto más intensas son las exigencias que los reprimen, excediendo la capacidad del sujeto para soportarlas. Cumplir las deudas con los juramentos de compromiso a la Verdad entre los estados, sus gobiernos y súbditos, sinceridad, honestidad, modestia, en las relaciones de las personas entre sí, son algunos requerimientos en el tránsito de esa posibilidad. Una transformación cualitativa en los modos de representarse a sí mismo el sujeto es, pues, condición esencial para este proceso; reconocerse a sí mismo a partir del reconocimiento de su condición, saber la verdad sobre sí, que es marcadamente menos ingenua que la promocionada por las ilusiones moralistas y las filosofías políticas suscritas por los estados, y menos doliente, al menos, al alma de cada individuo; es esta la moraleja del discurso psicoanalítico. El método, heredado de las tradiciones filosóficas modernas, consistiría en someter a juicio de la razón crítica no solamente las pasiones humanas sino las racionalidades teóricas, políticas y morales que fundamentan sus regulaciones, sus coerciones, sus represiones, sus violencias; su dominación. Los términos mismos de la razón crítica deberían, pues, ser interrogados a partir de las consideraciones aportadas por el conocimiento psicoanalítico. Ese es el emplazamiento político que hace Freud a su época, a la civilización occidental, a la modernidad.

La relación cultural moderna con el tema de la muerte es, a propósito del contexto de guerra, una de las hipocresías fundamentales que el psicoanálisis revela e insiste en enmendar como condición para la transformación del sujeto consigo mismo y de la sociedad.

Teniendo en consideración el trasfondo de la guerra y sus efectos sobre la subjetividad de sus contemporáneos, Freud *reconoce* que la muerte no se deja negar, que *tenemos* que *creer* en ella pues los hombres mueren de verdad.[845] La actitud ante la muerte –sostiene– ejerce una poderosa influencia sobre nuestra vida, que no sólo se evidencia en los efectos de superficie manifiestos en los sentimientos de angustia, de agobio, en fin, en todos los modos que se es partícipes porque se *sienten*, sino que tiene raíces muy profundas, inaccesibles al entendimiento por los métodos y conocimientos habituales. La investigación psicoanalítica aparece entonces como una profunda afinación de la razón crítica, como el único modo de acercarse a las profundidades sin fondo del alma humana. Según Freud, no obstante la muerte juega un papel determinante en la vida cultural e individual, la actitud ante ella no es sincera. La escuela psicoanalítica afirma que, en el fondo, nadie cree en su propia muerte; la actitud moderna ante la muerte aparece en este acto como expresión de una cierta *hipocresía* cultural:

"Ante el muerto mismo adoptamos una actitud singular, como de admiración a alguien que ha llevado a cabo algo muy difícil. Le eximimos de toda crítica; le perdonamos, eventualmente, todas sus faltas; (...) y hayamos justificado que en la oración fúnebre y en la inscripción sepulcral se le honre y ensalce. La consideración al muerto –que para nada la necesita- está para nosotros por encima de la verdad, y para la mayoría de nosotros, seguramente también por encima de la consideración de los vivos."[846]

Sobresale, sin embargo, una relación de ambivalencia bajo el registro de los sentimientos que domina la actitud hacia la muerte. La muerte no es un hecho extraño pues pertenece a la realidad de cada día y todo el mundo se enfrenta inevitablemente a ella. La

---

[845] Op.cit., 2111.

[846] Op.cit., p.2110.

educación, por ejemplo, aparece como un poder exterior que influye en la representación cultural de la muerte y que incide en *nuestra* actitud hacia ella:

"En la Historia primordial de la Humanidad domina, en efecto, la muerte violenta. Todavía hoy, la Historia Universal que nuestros hijos estudian no es, en lo esencial, más que una serie de asesinatos de pueblos."[847]

La escuela psicoanalítica de Freud -según apunté antes- afirma que la ley de ambivalencia de los sentimientos domina nuestras relaciones sentimentales,[848] entre las cuales la cuestión de la muerte ocupa una posición determinante. Las prohibiciones que aparecen articuladas en las exigencias morales guardan relación directa con los impulsos instintivos (primitivos) de agresión. A todas cuentas –concluye- podría inferirse que lo que ningún alma desea no hace falta prohibirlo; se excluye automáticamente. Pero es precisamente porque el alma *desea*, más allá del bien y del mal, que la cultura civilizada (la Moral y la Ley) se *ve* forzada a prohibir. De ahí la relevancia que tiene para el psicoanálisis el mandamiento cultural "No matarás". En él –señala Freud-:

"...se nos ofrece la seguridad de que descendemos de una larguísima serie de generaciones de asesinos, que llevaban el placer de matar, como quizá aún nosotros mismos, en la masa de la sangre."[849]

Participando de la razón ilustrada del humanismo, Freud *reconoce* que desde las exigencias restrictivas de la agresividad en general hasta la prohibición de matar no pertenecen a la naturaleza esencialmente buena del alma humana sino, a partir del reconocimiento de su inclinación natural hacia estas violencias, a fuerzas de otro orden, activadas para someter y dirigir los destinos de esos impulsos. No es natural, pues, la prohibición de la muerte,

---

[847] Op.cit., p.2112.

[848] Op.cit., p.2113.

[849] Op.cit., p.2114.

como tampoco es natural ninguna exigencia moral. Son invenciones humanas, variables y siempre inestables en el devenir de sus historias; tuvieron su momento de aparición, pero las condiciones de su aparición no guardan relación alguna con la naturaleza humana sino que se activan precisamente para domesticarla, controlarla y someterla en función de un cálculo racional que favorece la preservación de la vida. En palabras de Freud:

> "Las aspiraciones éticas de los hombres, de cuya fuerza e importancia no hay por qué dudar, son una adquisición de la historia humana y han llegado a ser luego, aunque por desgracia en medida muy variable, propiedad heredada de la Humanidad actual."[850]

Este argumento es similar al fundamento mítico del pacto social donde el Estado arraiga la legitimidad de su existencia y la moral enraíza los fundamentos de sus exigencias. De ahí que para las filosofías políticas modernas, como para las clásicas, la libertad absoluta constituya antes un riesgo que prevenir que un valor esencial que proteger incondicionalmente; de ahí que el discurso de la Ley encuentre sus fundamentos más seductores en la promesa de seguridad antes que en la de libertad. El Estado se representa desde sí y para sí como garante de seguridad social, cuyo encargo primordial es *proteger* la vida de sus súbditos, precisamente de la amenaza que representan ellos mismos para sí. La cesión *voluntaria* de una parte de la libertad de cada cual, organizada políticamente bajo el modo de un Estado, está fundada en este principio mítico que el discurso psicoanalítico no ha hecho sino *confirmar* e incluso consagrar. De ahí la insistencia en sofisticar las tecnologías domesticadoras del poder cultural sobre la base de una ficción ideológica en clave mítica: la *maldad* no puede ser erradicada jamás; ella es la condición esencial del *bien*...

La *maldad* es, en clave psicoanalítica, todo eso que la moral cultural prohíbe y exige sometimiento, si no rendición. El *bien*, pues, aparece representado como valor superior en la cultura civilizada, ya bajo los principios que orientan las exigencias morales o bien los que supone representar las leyes estatales. Freud diluye el artificio

---

[850] Ídem.

imaginario que separa ambos polos y los representa como fuerzas antagónicas, y rechaza la hipocresía cultural que promueve asumir posición sin miramientos del lado del bien y oponer todas las fuerzas culturales a erradicar el mal. De una parte, advierte que la erradicación del mal es una tarea imposible e incluso indeseable y, de otra, que buena parte de eso que aparece bajo el registro cultural del bien da lugar a males peores que el propio mal que pretende combatir. A todas cuentas, siguiendo el tema de la relación cultural ante la muerte y de cómo se conduce nuestro inconsciente ante el problema de la muerte, el psicoanálisis responde:

> "Casi exactamente como que el hombre primitivo. En este aspecto, como en muchos otros, el hombre prehistórico pervive inmutable en nuestro inconsciente."[851]

Según Freud, lo que el discurso psicoanalítico llama "nuestro inconsciente" –los estratos más profundos de nuestra alma, constituidos por impulsos primitivos- no conoce, en general, nada negativo, ninguna negación –las contradicciones se funden en él-, y, por tanto no conoce tampoco la muerte propia, a la que sólo podemos dar un contenido negativo.[852] A partir de este entendido Freud desmonta la fachada de hipocresía cultural ante la muerte y sostiene que gran parte de las actitudes o sentimientos que giran en torno a ella, que se sufren, que duelen, que perturban, procede de otro lugar al que no es posible acceder y controlar de manera absoluta y definitiva. Las reacciones ante la muerte son, a pesar de las poderosas apariencias, reacciones que pertenecen al dominio de las fuerzas inconscientes, donde adquieren incluso otro sentido del que no es posible dar cuenta certera sin la ayuda de la teoría psicoanalítica:

---

[851] Op.cit., p.2115. Nuestro inconsciente –añade en otra parte- es tan inaccesible a la idea de la muerte propia, tan sanguinario contra los extraños y tan ambivalente en cuanto a las personas queridas, como lo fue el hombre primordial." (Op.cit., p.2116)

[852] Ídem.

"El miedo a la muerte, que nos domina más frecuentemente de lo que advertimos, es, en cambio, algo secundario, procedente casi siempre del sentimiento de culpabilidad."[853]

Según la tesis que defiende el psicoanálisis, "nuestros impulsos instintivos suprimen constantemente todos aquellos que estorban nuestro camino, nos han ofendido o nos han perjudicado." "Nuestro inconsciente asesina, incluso por pequeñeces." Es como la antigua ley draconiana de Atenas –afirma Freud- "no conoce, para toda clase de delitos, más pena que la de muerte."[854]:

"Así, pues, también nosotros mismos juzgados por nuestros impulsos instintivos, somos, como los hombres primitivos, una horda de asesinos."[855]

No es de extrañar que a esta representación dramática del sujeto, de un inconsciente que es antes crueldad que bondad, le salen al paso resistencias desde múltiples frentes culturales. Esta tesis que el psicoanálisis formula –sostiene Freud- atrae sobre ella la incredulidad de los profanos, que la rechazan como una simple calumnia insostenible ante los asertos de la conciencia, y se las

---

[853] Ídem.

[854] Ídem. Tema éste que Freud se abstiene de someter a crítica y que, el psicoanálisis, o más bien sus organizaciones institucionales más fuertes, recién entrado el siglo XXI, al parecer no han asumido aún posición firme y políticamente contundente. Derrida lo reprocha: "...mientras un discurso psicoanalítico consecuente no haya tratado el problema de la pena de muerte y de la soberanía en general, el poder soberano del Estado sobre la vida y la muerte del ciudadano, esto manifestará una doble resistencia, *tanto* la del mundo al psicoanálisis *como* la del psicoanálisis *a sí mismo igual que al mundo*, del psicoanálisis al psicoanálisis como-ser-en-el-mundo." (J.Derrida; *Estados de ánimo del psicoanálisis...*; op.cit., p.51)

[855] S.Freud; Op.cit., p. 2116.

arreglan para dejar pasar inadvertidamente los pequeños indicios con los que lo inconsciente suele delatarse a la conciencia.[856]

Aplicada la teoría psicoanalítica sobre la actitud cultural ante la muerte, Freud vuelve su mirada al contexto de guerra y concluye que la guerra nos despoja de las ataduras morales, de las exigencias de la civilización y deja salir de nuevo al hombre primitivo que habita en nosotros. Ante la interrogante de si es posible acabar con la guerra, reitera que:

> "...acabar con la guerra es imposible; mientras las condiciones de los pueblos sean tan distintas, y tan violentas las repulsiones entre ellos, tendrá que haber guerras."[857]

Ante esta imposibilidad Freud propone un cambio de pregunta, una inversión del objeto:

> "¿No deberemos acaso ser nosotros los que cedamos y nos adaptemos a ella? ¿No habremos de confesar que con nuestra actitud civilizada ante la muerte nos hemos elevado una vez más muy por encima de nuestra condición y deberemos, por tanto, renunciar a la mentira y declarar la verdad? ¿No sería mejor dar a la muerte, en la realidad y en nuestros pensamientos, el lugar que le corresponde y dejar volver a la superficie nuestra actitud inconsciente ante la muerte, que hasta ahora hemos reprimido tan cuidadosa-mente?"[858]

Estas preguntas, que dan paso a que ciertos intérpretes las representen como expresiones de resignación y fatalismo, de una

---

[856] Ídem. Estas resistencias, no obstante, no aparecen a partir del psicoanálisis, pues, como Freud ha reseñado, muchos pensadores, filósofos, escritores, poetas, dramaturgos, etc., han representado en sus obras la disposición de nuestros pensamientos secretos a suprimir cuanto supone un obstáculo en nuestro camino, con un absoluto desprecio a la prohibición de matar. (Op.cit., p.2116)

[857] Op.cit., p.2117.

[858] Ídem

actitud pesimista ante la vida, son, por cierto, las respuestas a ellas mismas. Las conclusiones dirigidas por la mirada psicoanalítica aplicada al contexto de guerra siguen el mismo hilo conductor que en su práctica clínica, comparte su técnica, sus fundamentos y principios; tiene el mismo objetivo estratégico-político: aceptación de lo negado (rendir las resistencias), admisión de lo rechazado (ceder a la represión), conformidad con lo inmutable de la vida y sumisión ante lo irremediable de lo social (la Ley y la Moral). Freud reconoce que no es un progreso, sino una regresión de cierto modo, "pero ofrece la ventaja de tener más en cuenta la verdad y hacer de nuevo más soportable la vida." Será ésta la moraleja del discurso psicoanalítico.:

> "Soportar la vida es, y será siempre, el deber primero
> de todos los vivientes. La ilusión pierde todo valor
> cundo nos lo estorba."[859]

No debería extrañar que concluyera que "aceptar lo que no se puede cambiar" es, a todas cuentas, una necesidad vital, si consideramos en qué contexto (des)escribía (de incertidumbre, desinformación y ante el hostigamiento de la presencia inminente de la amenaza de muerte), y a quien dirigía su escrito; en qué condiciones suponía a quienes iban a leerlo, perturbados, angustiados, agobiados, bajo amenaza directa de muerte o ante la incertidumbre inquietante que provocaba una situación sobre la que muy poco o nada podían, en verdad, incidir. En consonancia con sus conclusiones Freud modifica la antigua sentencia que dicta "si quieres paz, prepárate para la guerra" y la acopla a su entendimiento: "si quieres soportar la vida, prepárate para la muerte." Hasta el final de su vida mantendrá idénticas posiciones políticas así como la integridad de su teoría, que sería aplicada y diseminada entre otros temas relacionados entre sí, teniendo lo cultural, el poderío estatal, la Ley y la Moral como constantes dentro del interés psicoanalítico, pero sin la condición de guerra de trasfondo. No obstante, aunque esta es una lectura posible y quizá la interpretación más comúnmente aceptada entre los estudios sobre la obra de Freud, pienso que el tema de la guerra fue abordado más como

---

[859] Ídem.

tema de un psicoanálisis aplicado que como reacción personal a las presiones de la época. La construcción del texto, su ordenamiento, su lógica, sus movimientos, pertenecen a la estructura analítica de su teoría y no trastocan en lo absoluto el proyecto general del psicoanálisis. No habría por qué pensar que el contexto de guerra forzó al psicoanálisis a pensarse a sí mismo, a reflexionar sobre sus actuaciones, a reconsiderar sus fundamentos, a cuestionar sus principios, sus objetivos estratégicos. Todo lo contrario. Se adecuó perfectamente a la teoría y sirvió para confirmar y reforzar sus supuestos y entendidos, incluso para *evidenciar* su pertinencia histórica y su valor social. Saldo éste que abre dos puertas a la sospecha: la una, si acaso se *demuestra* que el psicoanálisis es una teoría cerrada herméticamente y que a partir de sus términos preestablecidos puede ser aplicada y generalizada indistinta e indiscriminadamente a cualquier situación social como a cualquier individuo, independiente de condiciones y determinaciones históricas (sociales, culturales, políticas) o biográficas; la otra, si acaso el discurso psicoanalítico goza de la flexibilidad suficiente para *profundizar* rigurosamente sobre prácticamente cualquier condición de época, cualquier acontecimiento, cualquier situación pero sin menoscabar las particularidades y especificidades que las diferencian unas de otras y entre sí. Pienso que algo de ambas posibilidades puede desprenderse de la interpretación de los textos de Freud, razón suficiente para seguir considerándolo objeto de sospecha y tema de reflexión...

A finales de 1932, el prestigiado físico Albert Einstein vuelve a subir a Freud a la escena del debate sobre el tema de la guerra y le pregunta cómo evitar su destino, no cómo soportar sus inevitables embates psicológicos.[860] Pero no sin antes representar a Freud como perito conocedor de las profundidades del alma humana y autorizar así su voz para hablar y decir la verdad al respecto. De la lectura de la carta que Einstein escribe a Freud, invitándolo a abordar este tema (y partiendo de la premisa de que su publicación lo ha sido sin alteraciones en su contenido), resulta evidente que el trasfondo de su articulación es el texto antes citado, lo que curiosamente no aparece referido sino que, casualmente, la

---

[860] A.Einstein; "Carta a Sigmund Freud (julio de 1932)" en A.Einstein y S.Freud: *¿Por qué la guerra?*; Editorial *Minúscula*, Barcelona, 2001.

perspectiva de Einstein, desde una exterioridad artificial montada a propósito de los dominios de su saber, reproduce sin mayores equívocos las conclusiones y el análisis general que Freud hiciera hacía poco más de quince años en el contexto inicial de la primera guerra mundial. Suponiendo, pues, que se trata de un intercambio sincero de opiniones entre intelectuales preocupados por las consecuencias de la guerra, y teniendo en cuenta que Einstein abogaba en la vida pública a favor de los principios del pacifismo, podría interpretarse como un emplazamiento a Freud para que considere ir más allá de sus primeras conclusiones, cerradas en la afirmación de que erradicar la guerra, dadas las condiciones de existencia, es un imposible.

Ante esta interrogante Freud responde inicialmente que estaba fuera de sus dominios y que pertenecía, si acaso, a una "tarea práctica" que corresponde a los "hombres de Estado".[861] Su respuesta la asumiría más en términos de un "amigo de la humanidad" que en sentido de un radical opositor pacifista. Este calificativo supone, ante todo, no tener por qué dar propuestas prácticas sino, si acaso, bosquejar cómo se presenta a la consideración psicológica el problema de prevenir las guerras.[862] Recuérdese que "la humanidad" no es una cualidad innata del ser para el psicoanálisis, sino eso que a raíz de infinidad de esfuerzos y precisas coerciones, se construye y destruye incesantemente en su devenir. La amistad con la humanidad que Freud reconocerá, y a partir de la que monta su armadura contra los reproches culturales, será pues la que en sus términos se traduciría como civilización; esa gran hipocresía cultural que, a todas cuentas, resulta imprescindible para la preservación de la vida... Situado en la posición táctica desde la que ha preferido actuar, decide enganchar su entrada al tema en un punto de coincidencia antes que en lo que pudiera diferir. La relación indisociable entre el "derecho y la fuerza", subrayada por Einstein en su carta, aparece, pues, como el punto de partida más

---

[861] S.Freud; "Carta a Albert Einstein (septiembre de 1932)"; A.Einstein y S.Freud: *¿Por qué la guerra?*; op.cit. p.71. (También en S.Freud; "El por qué de la guerra" (1932); en *Obras Completas* (Tomo III); op.cit., p.3207)

[862] Op.cit., p.72.

adecuado. Freud sugiere de inmediato sustituir la palabra *fuerza* por un término más rotundo y más duro: *violencia*[863]:

> "Derecho y violencia son hoy para nosotros anta-
> gónicos, pero no es difícil demostrar que el primero
> surgió de la segunda y así, retrocediendo a los orígenes
> arcaicos de la humanidad (...) la solución del enigma se
> nos presenta sin esfuerzo."[864]

Ya Freud había trabajado extensamente sobre este tema en diversos escritos, que es, en definitiva, el enclave originario de la mitología psicoanalítica y que sirve de referencia antropológica e histórica a las nociones evolutivas de la civilización. La violencia aparece dentro del discurso psicoanalítico como el principio fundacional de las exigencias morales sobre las que progresiva y ascendentemente se desenvuelve lo cultural hacia modos de existencia superiores:

> "En principio, pues, los conflictos de intereses entre los
> seres humanos se solucionan mediante el recurso de la
> violencia."[865]

Desde este principio traza una línea de continuidad evolutiva a partir del mito fundacional-antropológico de la horda primitiva, ficción teórica clave en la imaginería psicoanalítica, en la que el objetivo de la lucha es siempre el mismo: el control y la dominación del Otro. Las diferencias de intereses, dada la naturaleza misma del ser humano, antes del desarrollo e imposición de las coerciones culturales, era tramitada mediante los recursos de la violencia; la imposición del deseo o de la voluntad mediante la fuerza bruta era en "el principio" el orden reinante entre las relaciones humanas:

> "...por el daño que se le inflija o por la aniquilación de
> sus fuerzas, una de las partes contendientes ha de ser

---

[863] Ídem.

[864] Op.cit., p.73.

[865] Ídem.

obligada a abandonar sus pretensiones o su oposición."[866]

Este objetivo –añade- se alcanza de la forma más completa cuando la violencia elimina definitivamente al enemigo, es decir, cuando se le mata.[867] La racionalidad que subyace esta relación de violencia primitiva es la siguiente:

"Tal resultado ofrece la doble ventaja de que el enemigo no puede volver a oponerse y de que el destino sufrido sirve como escarmiento y desanima a los que podrían pretender seguir su ejemplo."[868]

Matizada por las retóricas del lenguaje judicial moderno, esta racionalidad impera sobre el derecho penal de la Ley del Estado, incluso aparece dispersa por todo el entramado cultural de las relaciones sociales como justificación de las coerciones morales y las prácticas del castigo. Freud no lo advierte como práctica a superar sino como matriz histórica del devenir cultural de la Humanidad y raíz de gran parte de sus violencias aún reinantes. Podría inferirse a partir de las omisiones en sus trabajos que Freud asume posición de parte de las corrientes más punitivas de la historia imperial de la Ley y que su psicología de las profundidades sigue siendo la misma que justifica el sistema judicial y el derecho penal del Estado, la severidad de las penas, el encierro e incluso la pena de muerte. La virtud ejemplarizante de las penas, la cualidad disuasiva y persuasiva de sus castigos, son ilusiones fuertemente arraigadas en el entendido de la irradicabilidad de la maldad humana, aún tras los eufemismos rehabilitadores nacidos de las reformas *humanistas* del sistema penal. El deseo de venganza que subyace toda voluntad de justicia dentro del arrogado derecho penal encuentra incluso en el recurso de la muerte un modo de satisfacerse. Freud lo *identifica* bajo el modo de una práctica primitiva, allí donde la muerte del enemigo satisface su

---

[866] Op.cit., p.74.

[867] Ídem.

[868] Ídem.

tendencia instintiva.[869] Estas tendencias instintivas, como ha demostrado la escuela psicoanalítica, no desaparecen nunca en definitiva; son indestructibles, aunque no por ello menos controlables. Los reajustes estructurales de las prácticas penales del sistema judicial, por ejemplo, aparecen no como inclinaciones de la metafísica humanista sino como arreglos estratégicos dentro del orden de una dominación general. La clave pragmática de esta transformación civilizatoria del ejercicio de la violencia de muerte Freud la describe en estas palabras:

> "En cierto momento, al propósito homicida se opone
> la consideración de que respetando la vida del enemigo,
> pero manteniéndolo atemorizado, podría empleárselo
> para realizar servicios útiles. Así, la violencia, en lugar
> de matarlo, se limita a subyugarlo."[870]

Aritmética básica adecuada al cálculo político de utilidad. Lo civilizado lo es a partir de otra economía política de los cuerpos penados, puestos ahora a restablecer el lugar de su vida en una función práctica, útil. De ahí el desplazamiento de la lógica del exterminio a la de la domesticación, que vale tanto para los registros de las invasiones militares como para el ámbito del encierro carcelario o de la normalidad exigida para la vida cotidiana. La razón de subyugación desplaza la razón de muerte, mas no erradica en su movimiento la violencia, la administra de otro modo, adecuado a sus objetivos estratégicos y no a su presunta bondad humanista. El ejercicio monopólico de la violencia estatal es condición primaria de su existencia y sus redes son extensivas a todo el registro de lo social, fusionándose las motivaciones inconscientes con las más diversas prácticas culturales, sea bajo el registro de la ley o de la coerción moral, de la responsabilidad y el deber, los deseos y las aspiraciones; las razones y las pasiones. En esta racionalidad práctica Freud enraíza el origen del respeto por la vida del enemigo.[871] Freud devuelve la violencia al lugar matriz de las

---

[869] Ídem.

[870] Ídem.

[871] Ídem.

motivaciones de todo cambio de política con respecto a la vida: una economía política de la vida aparece en la escena bajo el velo de una humanización de las penas. La apariencia de sensibilidad humana queda desplazada en el discurso de Freud por el valor de utilidad práctica que el poder dominante atribuya y distribuya entre sus subordinados. La *humanización* de las violencias es un modo de aparición de la hipocresía cultural modera, cuyo valor reside, precisamente, en la eficacia y efectividad de su poder regulador de las relaciones sociales y no en una suerte de naturaleza humana cuya esencia estaría inclinada hacia el *Bien*.

En su carta a Einstein, Freud sostiene que es bien sabido que este régimen de violencias se modificó gradualmente en el curso de la evolución de la Humanidad, y que algún camino condujo, no de la Maldad al Bien, sino de la violencia al Derecho.[872] Este paso de la violencia al Derecho Freud lo sitúa en el *reconocimiento* puntual de que la fuerza superior de un individuo puede ser compensada por la asociación de varios más débiles; en el reconocimiento de que la violencia puede ser vencida por la unión.[873] El poder de los unidos, como sostiene el mito ideológico del pacto social, representa ahora el Derecho, que se opone a la violencia del individuo aislado: "el Derecho no es, pues, sino el poder de una comunidad."[874] Pero el "poder de muchos", constituido ahora bajo la forma de un *Derecho*, no representa de ningún modo una erradicación o sustitución de la violencia sino un desplazamiento en las relaciones de poder, una inversión en la práctica de una dominación:

> "Sigue siendo una violencia dispuesta a dirigirse contra cualquier individuo que se le oponga; recurre a los mismos medios, persigue los mismos fines; en el fondo, la diferencia sólo reside en que ya no es el poder

---

[872] Op.cit., p.75.

[873] Ídem.

[874] Ídem.

del individuo el que se impone, sino el de un grupo de individuos."[875]

El ejercicio de la violencia ya en su versión más brutal o en sus variaciones "más humanas", aún redistribuida e incluso institucionalizada en el poder estatal, no es un mecanismo suficientemente efectivo para el ejercicio de gobierno. Así lo ha advertido la filosofía política por lo menos desde tiempos de Platón hasta nuestros días; lo han sabido incluso los regímenes de gobierno más sangrientos, crueles y despiadados, religiosos o laicos: la violencia bruta no es suficiente para conservar el poder. La subyugación ideológica es fundamental para los fines del poderío estatal, de ahí la relevancia de las ficciones míticas y místicas para los discursos del poder político en general. Freud lo reseña cuando advierte que es preciso que se cumpla una condición psicológica para que pueda efectuarse este tránsito de la violencia al nuevo derecho.[876] Según este relato, en los estadios iniciales de este proceso la unidad del grupo hubo de ser considerada como una necesidad vital y los esfuerzos que dieron paso de la violencia al derecho orientados hacia su permanencia y durabilidad. En el discurso del pacto social es esta la condición de aparición del Estado como garante de cohesión unitaria del Derecho; de ahí los fundamentos legitimadores de la existencia de la organización política de sus fuerzas represivas, el cuerpo policial y el estamento militar, así como simultáneamente de sus aparatos ideológicos encargados al espectro cultural de la sociedad civil bajo tutela estatal, como el sistema educativo, la religión y la moral. La aparición del poder del Estado como organización política nacida del paso de la violencia primitiva al Derecho, en este relato, se representa como continuidad de una necesidad originaria de profundas motivaciones vitales. A todas cuentas, según Freud:

"Nada se habría alcanzado si la asociación sólo se formara para luchar contra un individuo demasiado poderoso y se desmembrara una vez vencido éste."[877]

---

[875] Ídem.

[876] Ídem.

El temor ante la amenaza *sabida* que representa siempre el poder o la libertad del otro es, en este discurso, la matriz de las motivaciones que justifican la aparición histórica de la organización estatal como consecuencia del desenvolvimiento evolutivo de la civilización. La estatización de la violencia, convertida ahora en derecho, es el modo del poder que la cultura ha organizado para regular las relaciones entre sí y controlar "la maldad de los hombres" a la vez que garantizar la seguridad de la vida siempre amenazada por los excesos de libertad. Este sentimiento de temor se condensa en este razonamiento:

> "El primero que se sintiera más fuerte trataría nuevamente de lograr el dominio mediante la violencia, y el juego se repetiría sin cesar. (…) La comunidad debe ser preservada permanentemente; debe organizar, crear preceptos que prevengan las temidas insubordinaciones; debe designar organismos que velen por el cumplimiento de los preceptos –leyes- y ha de tomar a su cargo la ejecución de los actos de violencia que hayan sido legitimados."[878]

La *comunidad* "debe ser"... es esta la premisa sin otro fundamento que el temor, donde Freud ancla las condiciones de existencia de las coerciones morales y de la consecuente aparición histórica del Estado. No obstante, el "deber ser" de la comunidad, que es la unidad que convierte la violencia en derecho, aparece como fundamento de una racionalidad práctica antes que moral, que es la conservación de la vida, pero no de la vida individual sino de ésta con relación a la vida colectiva, a la unidad donde la violencia pasa a estar subordinada a ella bajo el modo del Derecho.

> "Cuando los miembros de un grupo humano reconocen esta comunidad de intereses aparecen entre

---

[877] Op.cit., p.75.

[878] Op.cit.. pp.75-76.

ellos vínculos afectivos, sentimientos gregarios que constituyen el verdadero fundamento de su fuerza."[879]

Las preguntas que quedan excluidas de la consideración especulativa de Freud son, no obstante, políticas: a saber, ¿quiénes constituyen esa comunidad? ¿Sobre quién? ¿Cuál es el contenido de la violencia a la que oponen sus fuerzas? ¿Cuál el del Derecho? ¿Cuáles son las discontinuidades y dispersiones que se ocluyen y se excluyen dentro de esta racionalidad evolucionista? ¿En qué consiste el "verdadero fundamento" de su fuerza? En fin, ¿qué es eso que Freud no dice, precisamente porque decirlo supondría debilitar, más que la coherencia teórica, la cohesión política del discurso? Nuevamente, el registro de interrogantes podría extenderse indefiniblemente. No obstante, para lo que aquí interesa, resulta más pertinente cernirse a eso que dice y que hace aparecer como la condición de lo que actualmente existe, a cómo construye esa continuidad evolutiva, a cómo vincula las piezas claves dentro de un orden discursivo que no tiene otra intención que la que ha programado y anunciado abiertamente: Normalizar.

No habría por qué inferir, por ejemplo, que Freud estaba constreñido a limitar su análisis histórico a los (des)conocimientos de la época, como suele inferirse cuando utiliza conceptos tomados de los lenguajes y paradigmas científicos, como la biología, la física o la antropología de la época. Tampoco habría que suponer que se trata de una invención sociológica o histórica *nueva*, el reconocimiento de la relación indisoluble entre la violencia y el Derecho. Lo cierto es que, independientemente de las insuficiencias teóricas o de las fantasías míticas del discurso evolucionista, a partir de este *reconocimiento* toma partida política dentro del movimiento entre las pugnas de sentido que giran en torno a estas relaciones de poder. Decidió situarse del lado del poder hegemónico; compartir sus deseos e ilusiones, efectivar su estrategia de control y dominación social, tal y como antes que él, a sus particulares maneras, lo hiciera cualquier filósofos político estadista o aristócrata, desde sus posiciones de clase y sus correlativas inquietudes, prejuicios y razones de temor ante las amenazas muy reales de perder sus privilegios por las violencias sin ley de las masas

---

[879] Ídem

(regionales o extranjeras). De modo similar al Sade que suscribía las esperanzas de la Revolución francesa, Freud promovía soltar las riendas de las represiones culturales en esos ámbitos que, más allá de los prejuicios religiosos y morales, seguirían aún ejerciendo su función reguladora e incluso aumentando el poder normalizador que requiere el Estado para su conservación. Entre estas coordenadas la legitimidad del poder estatal aparece como el efecto de una cesión voluntaria del poder de cada individuo; el monopolio estatal de la violencia como garante del pacto social; su objetivo: su preservación permanente. El método: hacer cumplir los preceptos legales que suponen *representan* la voluntad explícita de los miembros de la comunidad humana que han concertado los términos de su existencia. La obediencia a la Ley se trocaría en virtud ciudadana, en deber y responsabilidad común. Más allá del principio del placer, el principio de realidad:

> "Las leyes de esta asociación determinan entonces en qué medida cada uno de sus miembros ha de renunciar a su libertad personal de ejercer violentamente la fuerza para que sea posible una vida en común segura."[880]

Esto vale, según Freud, para todos los modos de organización social, independientemente de sus niveles dentro del desarrollo evolutivo de sus culturas. Cuanto sucede después – advierte- no son sino aplicaciones y repeticiones de la misma fórmula.[881] Las revoluciones sociales, las invasiones militares, los golpes de Estado, las guerras interiores o exteriores en general, las reformas más radicales, hasta las modulaciones más ínfimas dentro del orden imperial de la Ley, responden en principio a esta realidad. No obstante, abre un paréntesis que pone a tambalearse enseguida la estructura rígida de esta ilusión mítica. Advierte que esta condición sólo es concebible teóricamente, pues en la realidad la situación se complica por el hecho de que desde un principio la comunidad está formada por elementos de poder dispar[882]:

---

[880] Op.cit., p.76.

[881] Ídem.

[882] Op.cit., p.77.

"El derecho de la comunidad se torna entonces expresión de la desigual distribución del poder entre sus miembros; las leyes serán hechas por y para los dominantes y concederán escasos derechos a los subyugados."[883]

Este distanciamiento de las retóricas políticas que representan en sus discursos la historia del Derecho como devenir evolutivo en ascendencia por las fuerzas de la Razón humana, y la Humanidad como una unidad partícipe sin reservas de dicho proceso, no contradice para nada ni su teoría ni sus inclinaciones políticas. Desde el momento iniciático, existen en la comunidad dos factores que socavan el derecho –sostiene Freud–pero que al mismo tiempo generan nuevas legislaciones.[884] El espacio de lo jurídico aparece como un espacio en juego abierto, donde la ley estatal, aunque delimita desigualmente las posibilidades de acceso al juego, y aunque por lo común pertenece al efecto de una dominación y sus contenidos suelen ser de corte clasista y discriminatorio, también es, a la vez, un espacio de posibilidad para integrar reivindicaciones de los sectores habitualmente excluidos de sus beneficios. De ahí que el Derecho aparezca como matriz de la imaginería política moderna y en torno a él se fusionen las diferencias y antagonismos sociales en un efecto de conjunto normalizador. Según Freud:

"Por un lado, algunos de los amos tratarán de eludir las restricciones que rigen para todos, es decir, abando-narán el dominio del derecho para volver al dominio de la violencia; por el otro, los oprimidos tenderán constantemente a procurarse más poder y querrán que la ley recoja esta variación, es decir, que se progrese del derecho desigual al derecho igual para todos."[885]

---

[883] Ídem.

[884] Ídem.

[885] Ídem

Esta tendencia –añade- será tanto más significativa si en la comunidad se producen desplazamientos de las relaciones de poder:

"El derecho puede adaptarse paulatinamente a la nueva distribución del poder o bien, lo que es más frecuente, la clase dominante se negará a reconocer esa transformación y se llegará a la rebelión, a la guerra civil, es decir, a la supresión transitoria del derecho y a nuevas tentativas violentas cuyo desenlace puede dar lugar a un nuevo orden legal."[886]

La constante dentro de este discurso es que la violencia permanece como condicionante del conjunto de las relaciones sociales, indistintamente de los medios que se utilicen para regularla. Ni siquiera dentro de la misma colectividad –recuerda Freud- se puede evitar la solución violenta de los conflictos de intereses.[887] Dentro de esta condición, el imperio de la Ley reinará independientemente del contenido de sus mandamientos, pues es desde siempre el efecto de un poder superior que se impone mediante el recurso de la violencia y cuyo encargo es administrarla, primordialmente, en función de sus fines preservativos...

Dentro de este escenario, común a todas las naciones en guerra (sociedades de mayor rango en la escala evolutiva de la civilización), los motivos de guerra no son contradictorios con sus principios fundamentales, ni siquiera debería sorprender a nadie pues, a todas cuentas, siempre ha sido así, de la misma manera. Aunque, según Freud, no sería tampoco lícito juzgar con el mismo criterio todas las guerras. De entre ellas ha nacido la conversión de la violencia en Derecho y a partir de ellas la Humanidad ha alcanzado los niveles más elevados de la cultura civilizada:

"Aunque parezca paradójico, es preciso reconocer que la guerra bien podría ser un recurso apropiado para establecer la anhelada paz "eterna", ya que es capaz de

---

[886] Op.cit., p.78.

[887] Ídem.

generar grande entidades regidas por un fuerte poder central que haría imposible nuevas guerras."[888]

Pero enseguida contradice esta gran ilusión imperial, de un mundo de Ley sin fronteras, con un principio de realidad infranqueable, que son las condiciones de existencia:

"Pero en realidad la guerra no sirve para este fin, pues los éxitos de la conquista no suelen ser duraderos; las nuevas entidades generalmente vuelven a des-membrarse a causa de la escasa coherencia entre las partes que han sido unidas por la fuerza."[889]

La unidad de cohesión originaria que se instaura como poder vencedor es inestable: la cohesión interior de un Estado, si bien puede instaurarse por la fuerza, para mantener el poder del régimen de gobierno, depende de otras fuerzas que operan como tecnologías suaves de la dominación, como mecanismos de subyugación ideológica, más efectivos para los objetivos de preservación y normalización que la aplicación directa de la versión en fuerza bruta de la violencia; aunque nunca es erradicada y permanece siempre, aunque sea bajo el modo de una amenaza constante, de entre la que el encierro carcelario aparece como su práctica habitual y la pena de muerte como último recurso.

La ficción ideológica de unidad política, de *consenso* comunitario, opera más dentro del discurso del poder estatal que como realidad objetiva, pues las fuerzas que condicionan la relativa eficacia política del sistema se mantienen a sí mismas envueltas entre infinidad de relaciones conflictivas, desparramadas por todo el espectro de lo social. No obstante, las justificaciones y promesas de la guerra como medio efectivo de avance de las ilusiones culturales de progreso y desarrollo, de justicia social y bienestar, están engranadas en los proyectos políticos de los estados nacionales antes que en las necesidades objetivas de la *comunidad* que los constituye y sobre quienes deberían redundar los beneficios de la guerra y a quienes se compensarían sus sacrificios. El discurso de la

---

[888] Op.cit., p.79.

[889] Ídem.

guerra es para los estados un punto de anclaje efectivo de su voluntad de poder y el valor de sus efectos inmediatos es tanto más estimable cuanto mayor incide positivamente en sus estrategias interiores de control y dominación social. Así, la identidad nacional montada desde el poder del Estado, cuando opera como fuerza de atracción hacia las racionalidades legitimadoras de la guerra, dispone a los individuos a desplazar sus ilusiones y necesidades reales inmediatas y a poner sus vidas al servicio de un ideal patrio; al deseo político de la Nación; a la voluntad del Estado, a su Razón. Esta inclinación ideológica de los sujetos es el requisito previo del principio de la unidad imaginaria del poder estatal y cuya aparición es condición de posibilidad no ya de la guerra misma sino de la propia existencia del Estado. En otras palabras, como sucede con Dios, se debe creer en él como requisito indispensable de su existencia; una cierta dosis de sumisión voluntaria a sus mandamientos es igualmente necesaria; un cierto consenso comunitario con relación a sus políticas generales es imprescindible; en fin, toda guerra es tanto más posible cuanto mayor es el consentimiento general a la dominación estatal. Dominación que es tanto más efectiva cuanto más *internalizadas* están las fuerzas de atracción al discurso estatal, al poder de su Razón de existencia...

En el Estado de Derecho, condensado metafóricamente en la unidad imaginaria del cuerpo social, no desaparecen las violencias que dieron paso a su nacimiento y progresiva configuración política, sino que éstas permanecen arraigadas en las *profundidades* de todo cuanto hace posible el efecto imaginario de identidad unitaria. La representación política del Estado como unidad de poder central a partir del cual la vida social es preservada, regulada y mantenida en perpetuo movimiento, es uno de los efectos más significativos de esta ficción ideológica. El derecho penal, que es indisociable del derecho estatal a intervenir sobre la vida social en general, es decir, a la existencia misma del poderío estatal, pertenece al efecto de conjunto de esta representación ideológica. Así, por ejemplo, las ilusiones que se articulan y fundamentan a partir de estas ficciones ideológicas se condensan en la ilusión de Justicia vinculada a la Ley, o bien en la ilusión de Seguridad con relación al Estado, etc.

Dentro de los textos de Freud, como en las filosofías políticas modernas, el paso consecuente de esta racionalidad ideológica sería la integración de los estados nacionales dentro de una Ley común

534

que los regule más allá de sus especificidades. Antes que procurar una disolución absoluta de las diferencias culturales trataría de integrarlas plenamente y ponerlas en función de sus objetivos prácticos de conservación y perpetuidad. La posibilidad de evitar la guerra entre los estados nacionales estaría condicionada a dos requerimientos fundamentales, indisociables el uno del otro: el primero sería, pues, la creación de una instancia superior y el segundo, que esta instancia gozara del poder suficiente para imponerse más allá de las soberanías estatales.[890]

> "Sólo será posible impedir con seguridad las guerras si
> los seres humanos se ponen de acuerdo para establecer
> un poder central, al cual se conferiría la solución de
> todos los conflictos de intereses."[891]

Este voto a favor de la aparición de una instancia de poder superior que regule las relaciones entre los estados nacionales requeriría de las mismas condiciones que requiere cada Estado con relación a sus dominios interiores. Es la racionalidad de la Ley cuya efectividad reside esencialmente en su poder para imponer sus mandamientos; es la misma ilusión donde aparece arraigado el vínculo místico entre la Justicia y la Ley, en el límite del discurso moral sobre el que se fundamenta la legitimidad de su existencia. Freud reconoce esta necesidad interna del discurso de la Ley y suscribe las conclusiones de todas las filosofías e historias políticas que le precedieron y que, como ahora, estaban vigentes: la ley sin fuerza no es Ley; la Justicia sin fuerza para imponerse no es posible; como la Moral sin ella es también sólo deseo o reproche. Los dominios de la violencia, del poder, de la fuerza, resultan imprescindibles para el darse de la Ley y la Moral, de la Justicia y del Derecho:

> "Se comete un error de cálculo si no se tiene en cuenta
> que el derecho fue originalmente violencia bruta y que
> sigue sin poder renunciar al apoyo de la violencia. (...)

---

[890] Op.cit., p.80.

[891] Ídem.

...el intento de sustituir el poder real por el poder de las ideas está condenado por el momento al fracaso."[892]

De ahí que la crítica a la débil autonomía de la entonces Sociedad de Naciones (cuya pertinencia se extiende a la condición actual de la Organización de las Naciones Unidas), resida en el emplazamiento sobre su incapacidad de imponerse sobre el derecho de soberanía de los estados nacionales y que sus *exigencias*, incluso en el lenguaje del Derecho, no constituyan más que emplazamientos y reproches morales. En este sentido, Freud advertía que si bien se actuaba de acuerdo a la primera condición, que es la construcción de una instancia superior, la segunda condición no era cumplida, lo que anula la posibilidad de actuación como unidad política efectiva entre las naciones. Además, del mismo modo que la ilusión mítica del pacto social, el poder efectivo de esta instancia superior supondría la sumisión voluntaria de sus miembros, quienes deberían consentir su dominación; condición esta que, como advierte Freud, ni siquiera interesan los gobiernos. Desde luego – advierte Freud- esas ideas sólo tienen algún sentido si expresan importantes intereses comunes a todos los individuos.[893] Condición fundamental ésta que, dadas las condiciones reales de existencia, no trasciende su expresión teórica o su mera materialidad utópica. Recuerda Freud que una comunidad humana se mantiene unida merced de dos factores: el imperio de la violencia y los lazos afectivos (identificaciones) que unen a sus miembros.[894] Dentro de estas dos determinaciones, la posibilidad de emergencia de una gran unidad de poder central que regule efectiva y eficazmente las relaciones entre los estados nacionales se desvanece radicalmente, pues las condiciones de existencia que determinan el poder de los estados constituyen su principal obstáculo. A todas cuentas, tal y como seguirían siendo las condiciones políticas durante el siglo XX:

---

[892] Op.cit., p.82.

[893] Op.cit., p.81.

[894] Ídem.

536

"Tampoco en nuestra época existe una idea a la cual pudiera atribuirse semejante autoridad unificadora."[895]

De todos modos, Freud nunca se rinde al poder seductor de esta gran ilusión, de que en realidad pudiera ser posible que dadas por satisfechas ambas condiciones podría entonces suprimirse en definitiva y para siempre la posibilidad de la guerra. Incluso sería una ingenuidad política creer que dicha instancia superior, investida de la fuerza suficiente, podría dar paso a la regulación *pacífica* de las relaciones entre los conflictos de intereses entre las naciones. La misma suerte que corre el poder estatal al interior de las fronteras nacionales bajo sus dominios sería la de esta instancia de poder superior, pues las condiciones de existencia de esa humanidad -que debería dar paso a esta unidad política- exceden el horizonte utópico de su propia ilusión. Además, las condiciones psíquicas que subyacen las motivaciones de guerra pertenecen a otro registro de sentido, infranqueable por la dominación racional de la Ley, pues la violencia es, a todas cuentas, constitutiva de ella, condición de su aparición y preservación. La Ley nace de la violencia y siempre está condicionada por ella, aunque aparezca, dentro de la imaginería política de las culturas modernas, bajo el eufemismo del Derecho o cualquier otro registro análogo de su representación simbólica, que no es, en esencia, sino la violencia orientada y puesta en práctica en otros términos.

La guerra sería pues, una suerte de metáfora donde se condensan las tendencias inconscientes hacia la agresión y la violencia, poniendo de manifiesto no sólo la naturaleza bélica del sujeto humano sino la incapacidad cultural de erradicarlas e incluso la relativa impotencia de superarlas por medio de coerciones morales o preceptos legales. La guerra es, de cierto modo, una cesión a las fuerzas instintivas primitivas, aún cuando aparezca representada como efecto de una racionalidad fríamente calculada. La evidencia de este argumento en clave psicoanalítica aparece en el hecho de que a todas cuentas, si los mecanismos de subyugación ideológica del discurso moral de la civilización fueran realmente efectivos, el principio de valor de la vida, contradictorio al derecho de muerte que prima en la razón de guerra, no lograría acceso a la

---

[895] Op.cit., p.82.

realidad, o más bien no podría exteriorizarse como lo hace bajo el registro de las prácticas de la violencia bélica. En otras palabras, un obstáculo determinante a la voluntad de paz es el hecho de que no se ha *interiorizado* efectivamente el poder represivo (las coerciones morales, los preceptos legales, los ideales culturales, etc.) que daría paso a las posturas del pacifismo o de oposición determinante ante la guerra. Y es que la tendencia a dirimir los conflictos de manera pacífica debería *interiorizarse* inconscientemente para actuar de modo determinante sobre la posibilidad de la guerra, así como sobre cualquier práctica cultural de la violencia, ya en clave de Derecho o ya bajo cualquier otro registro de autoridad política o de análoga fuerza. La ilusión utópica del discurso psicoanalítico de Freud, aparece condensada en estas palabras:

> "La situación ideal sería, naturalmente, la de una comunidad de personas que hubieran sometido su vida pulsional a la dictadura de la razón."[896]

Cautelosamente montado el contenido político específico de esta razón, que debería dirigir dictatorialmente los destinos de la humanidad, Freud da voto a favor de la consolidación del imperio de la Ley como condición fundamental para el porvenir de la civilización y los valores que considera superiores. Lo social y lo cultural deberán, pues, aparecer sometidos al ejercicio de una dominación imperial. Las *diferencias* irreconciliables e insuperables que caracterizan la naturaleza de las relaciones de la vida social y que son las bases de las exigencias morales, de los preceptos legales y de la existencia misma del poderío estatal como instancia superior reguladora de la vida social en general, deberán ser consideradas como partes constitutivas e incluso *necesarias* para el ejercicio de la dominación imperial de la Ley:

> "...el hecho de que los seres humanos se dividan en dirigentes y dirigidos es una expresión de su desigualdad innata e irremediable. Los subordinados forman la inmensa mayoría, necesitan una autoridad

---

[896] Op.cit., p.90.

que adopte las decisiones por ellos, y en general se someten a ellas incondicionalmente."[897]

De ahí, por ejemplo, la función política de la educación como mecanismo de subyugación ideológica esencial para efectivar las relaciones de dominación que posibilitan el desenvolvimiento de la cultura y el desarrollo evolutivo de la civilización:

"...es preciso poner mayor empeño (...) en educar a una capa superior de seres humanos, dotados de pensamiento independiente, inaccesibles a la intimidación, que breguen por la verdad y a los cuales corresponda la dirección de las masas dependientes."[898]

En Freud el imperio de la Ley acude a la Verdad y a la Razón para fundamentar el orden de su dominación. El discurso psicoanalítico viene a integrarse dentro de la filosofía política estadista como recurso fundacional, enclave legitimador de sus prácticas coercitivas, de sus regulaciones morales, como predicador de la necesidad vital de su existencia. Las masas, que constituyen las fuerzas diferenciales en conflicto permanente, deben seguir siendo controladas y sometidas incondicionalmente a la Autoridad de la Ley, al poderío del Estado, su Razón y su Verdad. Aquí reside el punto de coincidencia donde se cruza el discurso psicoanalítico con las racionalidades estratégicas de las filosofías políticas estadistas, como recurso del poder normalizador de la cultura política de la modernidad; donde se fusiona indisoluble-mente la teoría psico-analítica y la crítica intelectual de Freud con lo político.

El Sujeto humano, Objeto de la intervención psicoanalítica, es construido de modo similar al Objeto de la intervención estatal y su poderío punitivo. Idénticas suertes les depara el destino pues sobre él es que se materializan las elucubraciones teóricas de unos y a la vez las ansias de dominio de otros. Por su parte, la teoría psicoanalítica sostiene la existencia de un poderoso instinto de odio y destrucción que determina gran parte de las suertes del destino de los sujetos. La Ley se arroga a sí misma el derecho a intervenir

---

[897] Op.cit., p.89.

[898] Ídem.

sobre estos destinos, a regular sus movimientos, a controlarlos a lo largo de sus existencias. El discurso de la Ciencia provee la fuerza de legitimidad al psicoanálisis para decir la verdad del Ser, y aunque se admite incapaz de conocer plenamente las profundidades sin fondo del alma humana, asegura probar, fuera de toda duda razonable, la existencia en su Ser de eso en lo que las prohibiciones morales y las restricciones de las leyes estatales se fundamentan: la lucha contra el mal: economía política del destino del ser humano en sociedad; administración efectiva de sus particulares existencias...

Esta teoría política del Ser sostiene que las pulsiones humanas no pertenecen más que a dos categorías: las que tienden a conservar y a unir –denominadas eróticas o sexuales– ampliando deliberadamente el concepto popular de la sexualidad y las que tienden a destruir y a matar -denominadas pulsiones agresivas o destructivas-. Este esquema estructural binario, de lo que trata es –según Freud– de una trasfiguración teórica de la antítesis entre el amor y el odio, universalmente conocida, o bien en el lenguaje de la física, de la antítesis atracción / repulsión. Esta representación teórica adjudica un valor determinante para los destinos de cada individuo:

> "Cualquiera de estas dos pulsiones es tan imprescindible como la otra, y de su acción conjunta y antagónica surgen las manifestaciones de la vida."[899]

Ambas categorías aparecen siempre fusionadas en el devenir de la existencia, donde ninguna de las pulsiones puede actuar aisladamente. La pulsión de conservación, profundamente erótica – por ejemplo- precisa disponer de la agresión para conseguir su objetivo. Esta representación de las tendencias pulsionales supone una puesta en crisis de la racionalidad moral dominante en tanto que considera el bien y el mal como dos unidades oposicionales a partir de la que juzga las motivaciones y acciones humanas. De cierta manera se podría inferir una apertura hacia una ética de la complejidad, toda vez que dentro de la estructura representacional de la teoría de las pulsiones, aunque construida dentro de un esquema de representación binaria, no permite reducir las tendencias pulsionales a los criterios del valor moral entre el bien y el mal.

---

[899] Op.cit., p.83.

Así, aplicada esta teoría al contexto de guerra, adviene la consideración política de Freud que aboga porque no debiera juzgarse la guerra siempre bajo un único criterio, o reducirla simplemente a una cuestión entre el bien y el mal. La inferencia directa supone que cuando se incita a los seres humanos a participar de la guerra hay gran número de motivos, algunos ocultos y otros explícitos, pero seguramente se encuentra entre ellos el placer de la agresión y de la destrucción: innumerables crueldades de la historia y de la vida diaria destacan su existencia y su fuerza.[900] La fusión de estas tendencias destructivas con otras eróticas e ideales –añade- facilita su satisfacción, como se evidencia igualmente en una infinitud de acontecimientos históricos y cotidianos. Los relatos históricos que tratan no sólo de la guerra sino del nacimiento de las naciones, de sus respectivos procesos de organización política hasta las exigencias regulativas de sus relaciones, aparecen atravesadas por infinidad de crueldades y destrucciones, irreducibles a la simple expresión del despliegue de la maldad en lucha contra el bien. A todas cuentas, la valoración moral de sus motivaciones y de sus efectos concretos varía de acuerdo a las fuerzas en juego. Mientras para una parte pueden tener sentido y significación razonable, noble, justo y necesario, para otra puede parecerle todo lo contrario. Los motivos ideales que un Estado esgrime para justificar una guerra de invasión, incluso las violencias de sus agresiones y demás crueldades, -por ejemplo-para el Estado invadido, agredido violentamente y sometido a sus crueldades imperiales, el valor moral es significado inversamente. Aunque las especificidades de cada proceso de lucha desbordan ciertamente los límites de esta representación oposicional, lo que se pone de manifiesto es la inexistencia de una unidad central de sentido a partir de la que puedan valorarse o significarse, más allá de las particularidades, una gran coincidencia comunitaria, un gran consenso sobre lo Moral, un valor superior que sirva de fundamento matriz de todos los valores; una Ley que represente en términos absolutos la voluntad de todos y cada uno, más allá de sus irreconciliables diferencias. A todas cuentas, el acercamiento más próximo a una Unidad de sentido que rija "universalmente", más allá de las diferencias esenciales de la condición humana, sería posible sólo mediante el ejercicio imperial

---

[900] Op.cit., p.85.

de la violencia, y aún así, su verdad sería sólo el saldo de una dominación; la verdad universal, ahora investida por el poder de la Ley sería, pues, un eufemismo de la violencia...

Las pulsiones agresivas, según representadas por la teoría psicoanalítica, son, dentro de este gran escenario, el origen de la conciencia moral. Es decir, que las exigencias morales existen en tanto existen poderosas fuerzas pulsionales a partir de cuya expresión manifiesta adquiere sentido la prohibición, la coerción, la exigencia moral. Es este el fundamento biológico de todas las tendencias *malignas* y *peligrosas* contra las que los preceptos culturales son erigidos como mecanismos de regulación y orientación moral. Este relato ideológico representa a la civilización (como poder normalizador en movimiento), la existencia del poderío estatal y lo cultural en general, como nacidos de entre las fuerzas oposicionales a las tendencias agresivas y demás violencias que constituyen la naturaleza del ser humano, incluso con anterioridad y mayor fuerza que las pulsiones eróticas, de amor o de vida: "Admitamos que son más afines a la naturaleza que nuestras resistencias contra ellas."[901]

Admitido este entendido sobre la naturaleza del ser humano, la teoría psicoanalítica advierte enseguida que los intentos por eliminar las tendencias agresivas del ser humano serán inútiles.[902] Este *reconocimiento* o admisión de las determinaciones teóricas, son claves para desarmar los fundamentos de las ilusiones políticas sobre las que se ha construido lo Cultural, lo Moral, el Estado y la Ley. Ni la satisfacción de las necesidades materiales, ni la igualdad política y jurídica entre los miembros de una comunidad, podrán eliminar en definitiva las tendencias de agresión humana.

La mitología psicoanalítica, desenvuelta en la relación (in)mortal entre Eros (Amor, Vida), Ananké (Necesidad) y Tánatos (Muerte), advierte que gran parte de la cohesión interna de un Estado, las condiciones generales de su ficción de unidad, es el odio de unos hacia otros, el miedo, la agresión, la venganza, etc. Los fundamentos del pacto social como expresión de la voluntad racional de los seres humanos se devela en una ilusión mítica, mas no por ello menos efectiva. La admisión de la teoría de las pulsiones no contradice el valor político del mito ideológico sobre el que se

---

[901] Op.cit., p.87.

[902] Ídem.

funda la existencia del poder estatal y de las exigencias morales de la cultura en general, sino que advierte que debe inclinarse más a un reconocimiento de la irradicabilidad de las tendencias agresivas del ser humano y no apuntar sus esfuerzos ideales a la consecución de un final feliz, done la vida se instaure en una paz eterna, en una justicia permanente, de armoniosa libertad e igualdad...

El saldo que para el discurso moral tiene la teoría psicoanalítica, aunque en apariencia arremete contra las raíces más fuertes de sus principios, no es negativo. El emplazamiento del psicoanálisis no es a la Moral en sí, pues la estima como mecanismo imprescindible de regulación social, sino a ese modo habitual de su puesta en funcionamiento que obstaculiza la consecución de sus objetivos prácticos sobre los que fundamenta sus exigencias: lo moral como experiencia coercitiva de las pulsiones instintivas más allá del reducto del bien y del mal. La apuesta política de Freud es a la posibilidad de articulación de exigencias morales-culturales que se adecuen a la condición de existencia real del ser humano, a partir del (re)conocimiento de su naturaleza, de la irradicabilidad de las tendencias agresivas pero, simultáneamente, de la posibilidad de regularlas y conducirlas hacia fines más sensibles, menos pretenciosos, hacia ilusiones racionales, *realistas*. La aplicación práctica de esta perspectiva sobre la cuestión de la guerra supone, pues, que se puede intentar desviar las pulsiones agresivas de modo tal que no necesiten expresarse en la guerra.[903] Partiendo de la mitológica teoría de las pulsiones, Freud sostiene que es posible formular medios indirectos para combatir la guerra:

"Si la predisposición a la guerra es producto de la pulsión de destrucción, lo más fácil será apelar al antagonista de esa pulsión, al Eros. Todo lo que establezca vínculos afectivos entre los seres humanos debe actuar contra la guerra."[904]

Freud, como advertía que serían los términos de su intervención sobre este tema, como "amigo de la humanidad" pero no como político estadista, mantiene esta modalidad *ambigua* cada

---

[903] Op.cit., p.88.

[904] Ídem.

vez que se aproxima a darse con la presión política inmediata. Es una ambigüedad, no obstante, sostenida como recurso propio de la teoría misma, pues reconoce que dadas las condiciones de existencia, tanto exteriores como interiores, éstas imposibilitan una salida inmediata al problema de la guerra. El carácter revolucionario de su discurso no reside en las ilusiones políticas que suponen que el poder de Estado se toma de una vez por siempre y de un sólo golpe, y que desde él puede instaurarse en definitiva un régimen de existencia superior a partir del cual la Justicia, la Felicidad o la Paz, podrían acomodarse por siempre. Así la Historia no tiene otra finalidad que el darse en su propio devenir dentro del desenvolvimiento sin fin de la vida social; el Estado no puede menos que suscribirse a su condición de poder regulador de las relaciones humanas dentro del devenir incesante de la vida social. Las preguntas que caracterizan a las filosofías políticas permanecen intactas en la escena de la representación teórica que de lo social construye el discurso del psicoanálisis: Cómo tornar efectivos los movimientos preservativos del sistema de represión general en su relación con la cualidad dinámica de lo social; cómo *decidir* los términos de las coerciones que por su naturaleza le resultan imprescindibles; para qué proponerlos, por qué imponerlos; qué debe permitirse y qué prohibiciones, qué deberes, qué responsabilidades, en fin, qué valores de verdad ocuparan el lugar más elevado en la jerarquía de la Moral y de la Ley, y cuáles, consecuentemente, *deben* subordinarse a ellos. El contenido de las exigencias morales y de los mandamientos legales, pertenecen al registro de lo político, es decir, al ámbito relacional de las relaciones sociales, al saldo de sus enfrentamientos. La verdad seguirá siendo, pues, el encuentro puntual donde una violencia se impone sobre otra, el saldo de una victoria, que es también, el de una derrota...

La reflexión teórica sobre la guerra se convierte enseguida en metáfora de la condición general de la existencia misma en la vida social cotidiana. El Estado no puede renunciar al ejercicio de la violencia y no debe juzgarse con un mismo criterio todas las violencias ejercidas por su poderío; al imperio de la Ley, la posibilidad primordial del ejercicio de su dominación, reside en la fuerza de la que disponga para imponerse; el Derecho es siempre, pues, el saldo de una relación de lucha, y toda lucha es, en esencia, una violencia. La Justicia es, por tanto, el saldo puntual de una relación de lucha entre poderes, efecto de una victoria impuesta por la fuerza de un poderío superior, y por ende de la derrota de sus adversarios. Los términos bien pueden regirse por principios agresivos y crueles o bien pueden domesticarse y darse de modos menos dolientes, ejercer la dominación por consentimiento de sus subordinados y preferiblemente creer que en verdad se trata de un actuación regida por la voluntad, y la voluntad regida por la dictadura de la Razón. Razón que no puede ser, nuevamente, sino posición política en el escenario de una lucha de poderes, de violencias. Razón de Estado, Razón de Ley, Razón Moral, Legitimidad y Derecho, sus contenidos son siempre el saldo de una relación de lucha y no la expresión manifiesta del Bien o del Mal...

A partir de la teoría psicoanalítica, que se desarrolla a partir de los límites del discurso moral y del discurso de la ley estatal, no se *puede* (o no se *debe*) condenar todas las *guerras* en igual medida. Además, mientras existan imperios y naciones que estén dispuestos a la destrucción sin miramientos, los otros deben estar preparados para la guerra.[905] Asimismo puede extenderse este razonamiento a la vida social, lo que devuelve las condiciones de existencia al escenario de la violencia, a la pugna bélica como condición inextirpable de la vida social. Vuelta ésta a la racionalidad esencialista del discurso clásico de la Moral y de la Ley, que representa estas condiciones como inevitabilidades históricas, regulables en cierta medida a fuerza de voluntad pero siempre latentes desde lo más profundo del alma humana...

El proceso de "evolución cultural", o bien el "desarrollo y progreso de la civilización", es, según esta teoría mítica, un proceso comparable con la domesticación de ciertas especies –concluye Freud-. La evolución cultural, condicionada por las determinaciones biológicas de la vida psíquica, es un proceso orgánico, por lo que las modificaciones psíquicas, dentro del proyecto político moderno (de domesticación social), consiste en un progresivo desplazamiento de los fines pulsionales y una creciente limitación de las tendencias pulsionales.[906] En este *sentido*, la modificación de las exigencias éticas tiene un fundamento orgánico:

---

[905] Op.cit., p.91.

[906] Op.cit., p.93.

"La causa principal por la que nos alzamos contra la guerra es porque no podemos hacer otra cosa. Somos pacifistas por razones orgánicas."[907]

Pero –advierte Freud- que no debe *confiarse* sin reservas en esta tendencia erótica de la vida pulsional ni mucho menos dejarse a las suertes del azar. El fortalecimiento de los mecanismos de regulación de las relaciones sociales es una condición más que necesaria imprescindible para el *desarrollo* cultural, para la vida social. Simultáneamente, precisa fortalecer los caracteres psicológicos de la cultura, de entre los que acentúa Freud el fortalecimiento del intelecto, que comienza a dominar la vida pulsional, y la interiorización de las tendencias agresivas, con todas sus consecuencias ventajosas y peligrosas.[908] La apuesta política va a que todo lo que impulsa la evolución cultural actúa contra la guerra.[909] El medio más efectivo que promueve Freud, como ya he señalado anteriormente, es la *educación*, orientada de acuerdo a las *aportaciones* de la teoría psicoanalítica. Freud asigna a la *educación* un valor primordial como dispositivo domesticador de mayor eficacia política que las coerciones morales o estatales:

"No es preciso demostrar que los abusos de poder del Estado y la censura del pensamiento de la Iglesia, de ningún modo puede favorecer esta educación."[910]

La *educación*, como mecanismo condicionante del progresivo advenimiento de la dictadura de la razón, pertenece también a los dispositivos de subyugación ideológica del poderío normalizador moderno, y juega un papel primordial en la represión general que lo social impone sobre cada vida singular. Freud lo sabe y a partir de este reconocimiento, matizado por las retóricas de su filosofía política, puede trazarse una línea de continuidad histórica inin-

---

[907] Ídem.

[908] Op.ct., p.93.

[909] Op.cit., p.94.

[910] Op.cit., p.89.

546

terrumpida que puede rastrearse hasta tiempos de Platón y Aristóteles. La *educación* es un eufemismo de las tecnologías *suaves* del poder normalizador, pero no por ello la fuerza que ejerce sobre el ser es menos violenta. Es, a todas cuentas, una violencia más efectiva que las violencias impuestas por recurso de la fuerza bruta de la represión. De ahí la importancia que ejerce la retórica en cuanto modo de *persuasión* por medio de la palabra. El *conocimiento* del psicoanálisis, como el de cualquier otra filosofía del Ser, disciplinas del espíritu humano, no altera cualitativamente el objetivo político estratégico de la voluntad de poder de gobierno sino que, en todo caso, le sirve fielmente y lo fortalece. Es el punto de convergencia entre el Conocimiento y la Ideología, entre le Saber y el Poder. Vencer las resistencias es siempre su finalidad vital... La violencia, su cualidad existencial.

En este escenario Freud pregunta ¿por qué nos indignamos con la guerra? ¿Por qué no la aceptamos como una más entre las muchas dolorosas miserias del vida?; Biológicamente está bien fundada y es prácticamente inevitable.[911] Reconoce el valor de los postulados de los movimientos contra la guerra, las razones a favor de la vida, etc. No obstante, como sucede con el saber *descubierto* sobre el criminal, que sirve antes que para cuestionar lo criminal como construcción política de la racionalidad estatal, para legitimar sus prácticas y fortalecer sus técnicas, la misma suerte corresponde a la figura del soldado en relación con la Autoridad Militar. Aunque su discurso está entrecruzado por críticas cínicas de una potencia reflexiva que podría revertir las complicidades formales del discurso del psicoanálisis con las autoridades regentes, la puesta bajo el modo de un conocimiento sobre las resistencias inconscientes deja un saldo de mayor envergadura a favor de las autoridades en ley que reinan sobre el Sujeto. De una parte, en el contexto militar, por ejemplo, advierte los efectos detrimentales que sobre los dominios de la razón ejercen estas fuerzas de la Ley:

> "El soldado se sacrifica por un trapo de colores izado en una pértiga, porque éste ha llegado a ser para él el símbolo de la patria, y a nadie se le ocurriría considerarlo por eso neurótico."

---

[911] Op.cit., p.90.

Pero enseguida, la descripción de las razones que subyacen las resistencias a los mandamientos de obediencia incondicional que exige la ley militar, como toda ley, incide en fortalecer el poder de sus dominios antes que en cuestionarlo y debilitarlo. En su *Psicología de la vida cotidiana*, a propósito de los "actos fallidos" y la afirmación teórica de que éstos no son casuales sino que son la resulta de poderosas fuerzas psíquicas, Freud trae como ejemplo las suertes de un soldado. Dada su situación en el servicio militar, nada importa la distinción entre omisiones por olvido y las intencionadas. La disciplina militar requiere el cumplimiento de sus órdenes irrespectivamente de las condiciones psicológicas de sus soldados.

> "El soldado no debe olvidar nada de lo que de él exige el servicio. Si, a pesar de esto, olvida algo de lo que sabe tiene que hacer, ello es debido a que a los motivos que urgen el cumplimiento de los deberes militares se oponen otros motivos contrarios. El soldado que al pasar revista se disculpa diciendo que ha olvidado limpiar los botones de su uniforme, puede estar seguro de no escapar al castigo. Pero este castigo puede considerarse insignificante en comparación de aquel otro a que se expondría si se confesara a sí mismo y confesara a sus superiores el motivo de su omisión: 'Estoy harto del maldito servicio'. En razón a este ahorro de castigo se sirve el soldado del olvido como excusa o se manifiesta aquél espontáneamente como una transacción."

Este *descubrimiento* de las intenciones inconscientes que subyacen los motivos en razón del Sujeto no se presta para un trato más sensible por parte de sus superiores sino para mantener, ahora con fundamento *científico*, la misma estricta política de sometimiento que habitualmente justificaba con otros argumentos, igualmente *prácticos*. La omisión, aunque en apariencia involuntaria, será interpretada —como lo hace la Ley— como acto de desobediencia, de insubordinación, y, como tal, será castigado. Relación ésta que, sin mayores reservas, bien podría trasladarse como metáfora de un estudiante frente a su profesor, de un hijo frente a su padre o de cualquier ciudadano frente a las disposiciones del Estado. La Autoridad debe ser obedecida sin otra justificación que ella misma;

ella es su razón de principio y su finalidad; su fuerza legitimadora y alegato sin otro juez admisible que sí mismo. A los sujetos bajo sus dominios les es exigido obediencia incondicional, sometimiento. Es esta la condición de la que toda Razón de Autoridad, que es Ley, no puede prescindir... Freud se limita a reconocer que las condiciones del sometimiento pertenecen a los registros de la vida anímica inconsciente y que, en todo caso, se reproducen por fuerza del deseo propio del Sujeto a someterse. Las exigencias de la Ley, incluso sus castigos, deberían causar cierto placer en el sujeto, satisfacer sus instintos regidos por el principio de muerte y sus correlatos, el sentimiento de culpa, el auto engaño, el placer del sufrimiento y el goce de la crueldad: hacer sufrir, hacerse sufrir... Su materialidad cotidiana, su institucionalidad, su estatización, son efectos del deseo inconsciente del Ser, Sujeto sujetado siempre, más allá del principio del placer, al principio de muerte...

El consentimiento a la dominación, el efecto de hegemonía con relación al poderío estatal y a las coerciones culturales en general, encuentra refugio seguro en la racionalidad del pensamiento psicoanalítico de Freud, en la versión laica del mal, más allá de la metafísica o de la religión; en la pulsión de muerte, en los instintos de crueldad; en la filosofía de la sumisión, donde la fuerza más imponente del Deseo que rige los destinos del Ser es el cruel Deseo de sufrir: hacer sufrir y hacerse sufrir. La crueldad psíquica es un estado irremediable del alma, una condición esencial, y todo lo posible, incluso un más allá de lo posible, no podría darse sin prescindir de ella, quizás como advertía Nietzsche...

Recién entrado el siglo XXI, el psicoanálisis atraviesa las mutaciones de época con las mismas preguntas, los mismos entendidos, las mismas consideraciones, las mismas pugnas, las mismas confusiones, las mismas ilusiones y desilusiones que se fraguaron desde la obra de Freud y se consagraron de un modo más o menos estable después de su *muerte*. El espectro de Freud todavía es el eje singular de estas pugnas, sigue marcando las pautas y los términos del debate. La sospecha se mantiene en suspenso: ¿es posible un más allá del psicoanálisis?...

Freud *trazó* límites de lo posible y el psicoanálisis en clave freudiana ha consagrado su existencia a estos límites. Las sospechas sobre lo posible según delimitado por la racionalidad psicoanalítica siguen teniendo la misma pertinencia. Coincidiendo en la pregunta de Derrida: ¿es posible un más allá de lo posible? Más allá de las indispensables ficciones teóricas, de las teorías mitológicas, de las fundamentaciones místicas, de los entrampamientos del lenguaje, de los secretos de la ideología, de las complicidades con el poder normalizador, con la Verdad y la Razón, con la Moral y la Ley y sus dominaciones sin rostro... Un más allá no en sentido metafísico, ni siquiera como un después, sino como un entre tanto y a la vez, a pesar de lo posible, contra lo posible o a su favor, siempre desde lo posible mismo. La primera condición de otra posibilidad será, quizá, *creer* que en *verdad* lo que es posible no es el límite sin más sino que, precisamente por ello, lo posible mismo es que podría ser de alguna otra manera...

Parte XIII

De los privilegios del patriarca y la teoría psicoanalítica de sumisión

"¿Por qué habría de ser necesario que
haya un lugar para la mujer?
Y, ¿por qué uno solo, uno enteramente esencial?
Cuestión que podrías traducir irónicamente diciendo que,
a mis ojos, no hay lugar para la mujer."
J.Derrida

Parte XIII

De los privilegios del patriarca
y la teoría psicoanalítica de sumisión
(Tensiones y complicidades entre el discurso feminista
y el psicoanálisis freudiano)

> "Este temor (a la mujer) se basa (...)
> en que la mujer es muy diferente del hombre,
> mostrándose siempre incomprensible,
> enigmática, singular y, por todo ello, enemiga."[912]
> *S.Freud*

> "No estoy interesada en lo que Freud hizo,
> sino en lo que podemos obtener de él:
> en una exploración política más que académica."[913]
> *J.Mitchell*

> "Es un error teórico importante dar por sentada
> la 'internalidad' del mundo psíquico"[914]
> *J.Butler*

La práctica representacional del discurso psicoanalítico de Freud está cargada de fuertes connotaciones de signo patriarcal. Desde esta práctica, el montaje teórico del género mujer, a partir de las determinaciones atribuidas a la sexualidad infantil y el correlativo desarrollo psíquico condensado en el andamiaje ideológico de la teoría de la sexualidad, la sitúa en una relación de idéntica suerte a la que las tradiciones filosóficas occidentales que le precedieron habituaban hacerlo. Hábito éste que gran parte de las disciplinas del espíritu humano heredarían sin reservas hasta nuestros días. Recién entrado el siglo XXI, todavía el efecto de conjunto de estas corrientes y prácticas del pensamiento occidental moderno permanece vigente, ejerciendo su poderío normalizador desde su

---

[912] S.Freud; "El tabú de la virginidad" (1917), en *Obras Completas* (Tomo III); Op.cit., p.2444 –56.

[913] J.Mitchell; *Psicoanálisis y feminismo: Freud, Reich, Laing, y las mujeres*; Editorial *Anagrama*, Barcelona, 1976.

[914] J.Butler; *El género en disputa: el feminismo y la subversión de la identidad*; Editorial *Paidós*, México, 2001.

habitual posición de hegemonía, incidiendo significativamente sobre el imaginario social contemporáneo, es decir, en el orden de las prácticas representacionales que constituyen los dominios de la Ideología en el espectro de lo Social. El fundamento matriz de esta práctica representacional es la *creencia* en la existencia de una dualidad esencial que constituye la especie humana, basada ésta en una gran suposición: la radical diferencia por condición de género sexual.[915] Pienso que la teoría psicoanalítica, heredera de esta rígida creencia política, desde la racionalidad dogmática que la caracteriza, sirve de soporte legitimador a las prácticas tradicionales de control y dominación cultural que, en clave patriarcal, encuentran su fundamento racional en esta suposición de corte esencialista. Entre estas coordenadas, la teoría psicoanalítica articulada por Freud adviene como recurso de refuerzo a los relativos privilegios del patriarca y, por ende, a la condición habitual de subordinación de la mujer...

Paralelo a la emergencia y progresiva consolidación del discurso psicoanalítico, aparece en el gran escenario cultural moderno, en relación de oposición crítica y resistencia, el discurso feminista. Aunque teóricamente comparten los principios fundacionales vinculados al dogma ideológico-cultural de la dualidad

---

[915] En un comentario sobre la última obra de John Stuart Mill, en 1880, Freud expresa con claridad su (o)posición en torno a la "emancipación femenina" y su concepto sobre la mujer en general. Criticando radicalmente la postura de Mill al respecto como "etérea" y "mojigatería", Freud sostiene que "...los seres humanos se dividen en hombres y mujeres y (...) esta diferencia es la más significativa de todas cuantas existen en la realidad." En este escrito Freud se opone al reclamo de igualdad y resalta como una imposibilidad práctica el que la mujer casada pueda ganar tanto como su marido. Su razón es la siguiente: "...el manejo de una casa, el cuidado y la crianza de los niños exigen de un ser humano la más completa dedicación y excluyen casi absolutamente toda posibilidad de un trabajo remunerado...", aún cuando la dueña de la casa pudiera disponer de un relevo en las tareas domésticas. Más adelante añade: "...la mujer es un ser distinto del hombre, no diré inferior, pero sí opuesto a él." Y continúa: "La idea de arrojar a la mujer a una lucha por la existencia tal como la afronta el hombre es realmente una idea que nació muerta." Y reitera concluyentemente: "Creo que toda acción reformadora tanto en el terreno de la ley como en la educación fracasará ante el hecho de que (...) la Naturaleza ha cifrado el destino de la mujer en la belleza, el encanto y la dulzura. Mucho es lo que la ley y las costumbres pueden dar a la mujer de lo que hasta ahora le ha sido negado, pero su posición ciertamente seguirá siendo la misma de ahora: un ser dotado en su juventud, y en sus años de madurez, una querida esposa." (Según citado en E.Jones; *Vida y obra de Sigmund Freud*; op.cit., pp.168-69)

sexual, en el ámbito de lo político se entrecruzan en relación mortal. Las implicaciones sobre el sujeto mujer construido por la racionalidad psicoanalítica y las consecuencias políticas que sobre este montaje se sostendrían, han sido, más que objeto de profundas reflexiones teóricas, de disputas y antagonismos irreconciliables entre el discurso del psicoanálisis sostenido por Freud y el proyecto político *emancipador* al que el feminismo inscribe su campo inmediato de acción. Sobre las tensiones entre ambos campos discursivos, las razones de sus pugnas, trataré más adelante. Me parece pertinente reconocer que dentro de ambos campos representacionales se han registrado profundas transformaciones teóricas a lo largo del siglo XX y que en el devenir de sus respectivos procesos, un cierto feminismo se ha articulado a favor del psicoanálisis, hasta afirmar que el proyecto político emancipador del feminismo (tal y como ciertos marxismos admitieron) no sería viable si no se contara con el apoyo del psico-análisis. Y si bien también puede distinguirse en este proceso histórico que otros modos de psicoanálisis, que nacieron de rupturas con la dogmática freudiana, fueron absorbidos por este movimiento social, es preciso apuntar que hubo ocasión en que incluso se formuló que debía ser el psicoanálisis freudiano al que debía devolver la mirada el feminismo y admitirle sin mayores reservas.

Esta *vuelta* a Freud, promovida por algunas teóricas feministas, suma peso a la pertinencia de mis sospechas. No obstante, pienso que si bien de la lectura de su obra se desprenden fuertes inclinaciones ideológicas que sirven de soporte y refuerzo al poderío normalizador moderno, incluyendo el refuerzo a la ideología patriarcal, los términos como el discurso del feminismo tradicional le opuso resistencia tampoco inciden cualitativamente sobre el orden político de control y dominación general que opera sobre ambos registros del artificio ideológico configurado en el gran binomio hombre/mujer. Ambos polos mantienen la creencia fija en la determinación de la diferencia de género sexual, obviando que al margen de esta práctica representacional también se sostienen otros modos de ser lo sexual en la existencia humana, cuya representación no cabe en las ilusiones emancipadoras del discurso feminista tradicional ni en la pretendida universalidad de las leyes que rigen en el estrecho marco de la teoría psicoanalítica de la sexualidad freudiana.[916]

Me parece pertinente, antes de entrar de lleno en el tema de esta parte, traer a colación otra advertencia teórica y política. Y es que existen feminismos plurales y que los diversos movimientos que los constituyen son tan diversos como los enfoques psicoanalíticos contemporáneos. No se conforman, pues, dentro de un marco teórico unívoco, coherente y unitario. La categoría mujer, que sirvió de signo fundacional centralizador y regulador del discurso feminista a principios del siglo XX, hoy es puesta también bajo el cernidor de la sospecha, dejando sobre el tablero de los debates intelectuales y, por supuesto, de las luchas y enfrentamientos políticos, la relativa ambigüedad del signo, su flotabilidad dentro del devenir de las luchas de significado que lo envuelven y lo devuelven sobre sí incesantemente. La eficacia política de la alusión a este signo, vale aclarar, permanece prácticamente intacta, pues se valora con relación a luchas y reivindicaciones concretas (como las relacionadas al Derecho), por lo que no pueden ser reducidas al ámbito representacional de los discursos académicos tradicionales, como sucede en las condensaciones y generalizaciones de ciertas sociologías, historias o filosofías. Si bien el discurso psicoanalítico ha incidido profundamente en el imaginario feminista tradicional, no obstante, los usos políticos que éste movimiento hace de las *interpretaciones* (o más bien apropiaciones) de este campo discursivo, muy difícilmente pueden sustraerse del contexto en que son puestos en práctica para englobarlos en un movimiento íntegro de significación, unidad, coherencia y sentido unívoco.

Teniendo en cuenta estas consideraciones, daré paso primero a rastrear en la obra de Freud los fundamentos teóricos sobre los que baso mis sospechas, críticas y reflexiones, algunas coincidentes con las críticas feministas y otras críticas de las mismas, como del psicoanálisis en general. Seguidamente trataré algunos puntos que me parecen representativos de las tensiones políticas que han marcado la relación bélica entre feminismo y psicoanálisis

---

[916] Sobre este tema sostengo coincidencias teóricas con los trabajos de Judith Butler, y en particular sobre su artículo "Subjection, Resistance, Risignification: Between Freud and Foucault", publicado en J.Rajchman (Ed.); *The Identity in Question*; Editorial *Routledge*, New York, 1995.

y, a la vez, las líneas argumentativas que favorecen la integración del discurso psicoanalítico de Freud al espacio de las luchas políticas del feminismo. Al final de este ensayo procuraré traer a colación algunos puntos que mantienen vigentes las tensiones entre ambos polos, pero desde un ángulo teórico –aunque también influenciado por el psicoanálisis de Freud- radicalmente crítico del mismo.

De los privilegios del patriarca a la teoría de la sumisión

Indudablemente la teoría de la sexualidad en los textos de Freud está cargada de fuertes connotaciones *patriarcales*, más que por prejuicios de época por postura política del autor-teórico ante el objeto de su *saber*. En Freud, la feminidad es objeto de la teoría de la sexualidad, pero simultáneamente es efecto de la misma, es decir, de las leyes que rigen el inconsciente, formadas durante los primeros estadios de la infancia. La feminidad es representada como una *determinación* de la naturaleza psíquica del ser mujer. Esta determinación supone, según el *conocimiento* psicoanalítico, que existe una diferencia esencial que caracteriza al género humano en dos grandes unidades identitarias: Hombre y Mujer. La fabricación teórica de ambos géneros está arraigada en la naturaleza *biológica* de la especie, aunque se reconoce que los factores que intervienen incisivamente en esta distinción son de índole cultural. El *origen* biológico de la diferencia de género sirve de fundamento teórico a la ideología social dominante, materializada en las prácticas de dominación política, subordinación y exclusión, que caracterizan el orden de lo patriarcal en el discurso *emancipador* del feminismo. El lugar social de la mujer está determinado, en el discurso de Freud, por motivaciones de orden cultural, pero la matriz de este orden está profundamente enraizada en la naturaleza psíquica de la mujer, determinada en primera instancia por cuestiones biológicas. En este escenario, las reivindicaciones de derecho activadas por el feminismo resultan ser, para la ciencia de Freud, una pretensión de "privilegios especiales", como haré constar más adelante.

El saldo político de los *descubrimientos* psicoanalíticos de Freud no es cualitativamente diferente al de los de las psicologías que le precedieron o las filosofías que también situaban, desde tiempos remotos, al "ser mujer" (literalmente) por debajo del "ser hombre". La Ley *universal* que rige al aparato psíquico en el discurso de Freud no es cualitativamente diferente a la Ley de la Naturaleza de la Filosofía clásica, coincidente en la fundamentación de sus políticas sexuales, como la racionalidad ideológica de las mitologías sobre los orígenes de las diferencias sexuales y sus correlativas suertes. En el reinado del Padre, la Religión seguiría dominando en el territorio de la Ciencia:

> "...con dolor parirás tus hijos,
> y te arrastrarás a tu marido,
> que te dominará..."[917]

La voluntad de la Ley de Dios, escrita en el libro de Génesis por hombres, se trocaría en la retórica psicoanalítica, como en las míticas de las filosofías, si no en Ley de la Naturaleza, en el inevitable Destino Social de la Mujer:

> "Pero no tenemos por qué avergonzarnos de esta diferencia, pues también la vida sexual de la mujer adulta continúa siendo un *dark continent* para la Psicología. Sin embargo, hemos descubierto que la niña lamenta grandemente *la falta de un miembro sexual equivalente al masculino*; se considera disminuida por esta carencia, y experimenta una "envidia del pene", que da origen a toda una serie de reacciones femeninas características." [918]

La "envidia del pene" es para Freud una condición inseparable de la "sexualidad femenina".[919] Envidiar es ley

---

[917] Libro "Génesis" en *La Nueva Biblia de Jerusalén* (revisada y aumentada); Editorial *Desclee Brower*, Bilbao, 1975.

[918] S.Freud; "La cuestión del análisis profano" (1926) en *Esquemas del psicoanálisis y otros escritos de doctrina psicoanalítica*; Editorial *Alianza*; Madrid, 1999; p.288.

[919] Hay autoras que, dentro del espectro híbrido de tendencias teóricas que caracteriza el psicoanálisis contemporáneo, confieren primacía a otro registro de "la envidia" con relación a la construcción de la "identidad sexual" del sujeto (femenina o masculina). Tal es el caso, entre las publicaciones más recientes, por ejemplo, de Rosalind Minsky, quien sostiene que resulta más sugestivo para dar cuenta, sobre todo de la supuesta "actual crisis de identidad masculina", de la

fundacional del ser psíquico de la mujer, principio de su identidad de género y destino irremediable de su naturaleza biológica:

"La labor psicoanalítica nos ha llevado, en efecto, a descubrir que las mujeres se consideran perjudicadas por la Naturaleza, privadas de un elemento somático y relegadas a segundo término, y que el enigma de algunas hijas contra su madre tiene como última raíz el reproche de haberlas parido mujeres y no hombres."[920]

En la lección XXXIII (La feminidad) de sus *Nuevas lecciones introductorias del psicoanálisis*, dictadas en 1932-33, Freud sostiene:

"De la importancia de la envidia del pene no puede caber duda. Generalmente se considera como un ejemplo de la injusticia masculina la afirmación de que la envidia y los celos desempeñan en la vida anímica de la mujer mayor papel que en la del hombre. Y no es que estas características falten a los hombres o no tengan en la mujer otra raíz que la envidia del pene, pero nos inclinamos a adscribir el excedente femenino a esta última influencia."[921]

Atribuido como rasgo fundamental de la diferencia de género que caracteriza a la mujer en la feminidad, influida por la envidia del

---

"envidia del útero". (R.Minsky; *Psicoanálisis y Cultura: estados de ánimo contemporáneos*; Ed. Cátedra, Madrid, 2000; pp.138-65.) Esta "teoría", contemporánea con Freud (Karen Horney) y adoptada por algunos de sus seguidores (Melanie Klein), supone, en términos generales, que el niño se da cuenta de que "no pude ser como la madre" y, por efecto de tal desengaño, acontecen las posibles crisis de identidad sexual en su adultes. No intereso detenerme en ello, pues la construcción de esta racionalidad teórica es idéntica a la desarrollada por Freud, con la excepción que se sustituye el valor primordial de la "envidia del pene" por el de la "envidia del útero" como referente de la etiología sexual y su relación con la construcción de la identidad de género.

[920] S.Freud; "Varios tipos de carácter descubiertos en la labor analítica" (1916); en *Obras* Completas (Tomo III); op.cit., p.2416.

[921] S.Freud; Lección XXXIII (La feminidad) en "Nuevas lecciones introductorias al psicoanálisis" (1932-33) en *Obras Completas* (Tomo III); op.cit., p.3172.

pene, Freud no vacilará en enraizar las exigencias políticas del feminismo en esta Falta que provoca la envidia, no exclusiva pero a la vez originaria de sus lamentos, quejas, hostilidades, y demás histerias... La mujer se considera *disminuida* por esta carencia, y la carencia, la falta, es el lugar de origen de sus reproches... la crítica feminista a la dominación patriarcal, la reacción política ante la subordinación, tiene origen ahí, en lo más profundo de sus almas... en la envidia originaria, que más tarde se convertiría en voluntad de poder. Al finalizar la conferencia sobre feminidad, Freud concluye:

> "Esto es todo lo que tenía que decirles sobre la feminidad. Es ciertamente incompleto y fragmentario y no siempre grato. Ahora bien: no debemos olvidar que sólo hemos *descrito a las mujeres en cuanto su ser está determinado por su función sexual.* Esta influencia llega, desde luego, muy lejos, pero es preciso tener en cuenta que la mujer integra también lo generalmente humano. (...) "Si queréis saber más sobre la feminidad, podréis consultar a vuestra propia experiencia de la vida, o preguntar a los poetas, o esperar a que la ciencia pueda procuraros informes más profundos y más coherentes."[922]

Un cierto aire de cinismo político, más que de humildad científica u honestidad intelectual, puede *interpretarse* entre sus palabras, donde la postura que caracteriza la retórica del discurso de Freud con relación a las reivindicaciones políticas exigidas por los movimientos feministas se hace evidente.[923] Tratando el tema de las "transgresiones anatómicas" en *Tres ensayos para una teoría sexual*

---

[922] Op.cit., p.3178.

[923] En prácticamente idénticos términos a como *describe* la situación de la mujer en la cultura, Freud elabora su concepción "crítica" de las "masas", como ya he apuntado en partes anteriores de este trabajo, donde resaltan calificativos tales como "perezosas", "ignorantes" y "peligrosas", pues "no admiten gustosamente la renuncia a los instintos" impuesta por la cultura. Ver, por ejemplo "El porvenir de una ilusión"; "Psicología de las masas" o "El malestar en la cultura". En este último trabajo, Freud resalta la actitud de carácter hostil que la mujer asume frente a la cultura y subraya que, a diferencia de los hombres, éstas están escasamente dotadas para sublimar sus instintos. (S.Freud; "El malestar en la cultura"; op.cit., pp.48-49)

560

(1905), instaurado ya el principio determinante de la sexualidad como matriz dogmática de la ortodoxia psicoanalítica, puede identificarse una clave de las connotaciones de la ideología patriarcal en la representación *enigmática* de la mujer:

> "La importancia de la supervaloración sexual puede estudiarse fácilmente en el hombre, cuya vida erótica ha llegado a ser asequible a la investigación mientras que la de la mujer, en parte por las limitaciones impuestas por la cultura y, en parte, por la silenciación convencional y la insinceridad de las mujeres, permanece aún envuelta en impenetrable oscuridad."[924]

La mujer sigue *siendo* un continente oscuro que explorar... que colonizar. Pero la tarea del desciframiento la lleva por encargo el psicoanálisis, y en su haber ha (des)cubierto que una ley *universal* rige el destino de la humanidad, desde las profundidades abismales del alma. Esta ley, mítica por demás, es situada en el discurso psicoanalítico bajo el modo de un *descubrimiento*; esta ley dicta: la naturaleza de la mujer está determinada por su función sexual. Algo del misterio ha sido descifrado. Sobre esta base "científica", sobre la determinación de la ley, se basarán las aventuras expedicionarias hacia las zonas más oscuras de lo inconsciente. El psicoanálisis de la sexualidad humana[925] se trocará en teoría de la sumisión...

La crítica de Freud a la moral sexual dominante de su época, aunque pudiera guardar cierta proximidad a las críticas del feminismo, incluso ser interpretado como "movimiento emancipador" y atraer simpatías con sus respectivas posturas políticas, no era, sin embargo, movida con la misma intención. Lo que Freud *reconocía* como problema en estas prácticas culturales no era la posición de subordinación de las mujeres sino el incómodo efecto

---

[924] S.Freud; "Tres ensayos para una teoría de la sexualidad" (1905) en *Obras Completas* (Tomo II); op.cit., p.1207.

[925] "El psicoanálisis ha hecho justicia a la función sexual humana, investigando minuciosamente su extraordinaria importancia para la vida anímica y práctica, importancia señalada ya por muchos poetas y algunos filósofos, pero jamás reconocida por la ciencia."(S.Freud; "Múltiple interés del psicoanálisis" (1913); en *Obras Completas* (Tomo II); op.cit., p.1860)

psíquico que sobre ellas ejercía la represión moral cultural, que excedía la capacidad humana de soportarlas e imposibilitaba, por sus excesos, ejecutar a plenitud sus mandamientos. No tenía intenciones de *liberar* al sujeto mujer de sus ataduras *sociales*, sino de reorientar las tecnologías de dominación cultural con el fin social de tornar más efectiva la sujeción (moderar las exigencias culturales que restringen la vida sexual, relajar con prudencia los rígidos preceptos morales y aflojar las tensiones y severidades coercitivas de la ley); reajustar las exigencias coercitivas y reguladoras de la vida social a las capacidades reales de los sujetos interpelados por su discurso, convocados a rendirse ante sus sometimientos...

En su ensayo *El tabú de la virginidad*, publicado en 1918, Freud divaga entre coincidencias por ciertas elucubraciones antropológicas desarrolladas en su época, y procura afinar sus temas con las aportaciones de la experiencia psicoanalítica. Pienso que este texto –como los demás escritos que abordaré en el curso de esta parte- más que reforzar la interpretación feminista que favorece la integración del psicoanálisis al escenario de las luchas emancipadoras de las mujeres, constata las críticas más radicales que sobre esta pretendida ciencia se han sostenido para efectos contrarios. El vínculo entre la teoría psicoanalítica y las inclinaciones ideológicas (personales) de Freud se estrecha en este escrito y se pone en entredicho las interpretaciones que pretenden negar estos lazos, indisolubles, por lo que a mi entender respecta. La relativa ambivalencia teórica que sobre este tema ha sido atribuida a condiciones históricas, a las insuficiencias en el desarrollo de la investigación, a su carácter incompleto y fragmentario, da lugar a la sospecha de que, más bien, se trata de una premeditada y firme postura política del autor sobre las cuestiones planteadas como *problemas* por el discurso feminista tradicional. Sobre ello, y otras consideraciones teóricas y políticas, me detendré a dar cuenta.[926]

---

[926] Me parece pertinente traer un distanciamiento crítico con respecto a las aventuras psicobiográficas más recientes, que pretenden anclar la producción teórica de Freud a ciertos aspectos de su "vida personal", y con relación al tema que ocupa estas reflexiones, a las particularidades de su "limitada experiencia sexual". Tal es el caso, por ejemplo, de Louis Breger, quien sostiene que: "En su adolescencia y juventud, Freud se había sometido a una 'ética' de control sexual y emocional un tanto extrema, incluso para la época victoriana. Era un mojigato que sermoneaba a sus amigos sobre os males del sexo y las aventuras amorosas prematrimoniales (...) Ante la falta de experiencia sexual, Freud convirtió la

Freud inicia este ensayo dando luz sobre el carácter cultural del tabú de la virginidad y, dentro del estilo racionalista de su narrativa, establece la relación de éste con el requerimiento esencial de la monogamia, vinculado al derecho exclusivo de propiedad del hombre sobre la mujer, al monopolio que ejerce sobre el "comercio sexual" en la civilización occidental moderna, en la modalidad de la relación matrimonial donde destacan los "privilegios del patriarca". Me parece pertinente señalar que Freud no habla de *hombre* en sentido genérico, como sinónimo de sociedad o de cultura, sino a partir de la distinción que establece que es el hombre varón quien concede un supremo valor a la "integridad sexual" de la "pretendida" mujer como condición del matrimonio:

> "Pero no tardamos en advertir que la demanda de que la mujer no lleve al matrimonio el recuerdo del comercio sexual con otro hombre no es sino una ampliación consecuente del derecho exclusivo de propiedad que constituye la esencia de la monogamia, una extensión de este monopolio al pretérito de la mujer."[927]

---

sexualidad en el eje de su teoría de la neurosis. Todavía virgen al casarse, sus comentarios indican que sus relaciones sexuales con Martha [su esposa] eran limitadas e insatisfactorias..." (L.Breger; *Freud: el genio y sus sombras*; op.cit., p.423.) Pienso que, aunque es posible que lo que señala Breger sea cierto, las referencias a las supuestas "confesiones íntimas" de Freud, así como las "lecturas entrelíneas" (las interpretaciones de lo que realmente dice detrás de la fachada de sus palabras) no tienen que ser *interpretadas* exclusivamente bajo este registro. A todas cuentas, también pueden interpretarse como un recurso retórico y, como tal, como una articulación estratégica, es decir, como un montaje representacional de una imagen conservadora, reservada y hasta puritana, como armadura ante los advertidos embates de la moralidad cultural dominante. En otras palabras, Freud pudo proyectar una imagen que resultara simpática o, cuando menos, poco amenazadora, a "la sociedad" para, desde ella, *atacar* sus creencias o legitimar las suyas propias. En fin, que el sentido de una lectura "entre líneas" de una supuesta "confesión íntima" puede ser asumido de modos disímiles: ya como reflejo de una actitud de honestidad; ya como un artificio retórico, intencionalmente político; o ya como un engaño al que se ve sometido por la poderosa fuerza manipuladora de su inconsciente. El registro de posibles interpretaciones puede ampliarse significativamente y, como he sostenido hasta ahora, de las mismas puede desprenderse más información de la intencionalidad política del intérprete que de la verdad misma del sujeto cuya vida íntima se presume interpretada...

Este *valor* es exigido por el hombre como derecho, derecho relativo al principio de propiedad que rige la relación *cultural* del matrimonio con su objeto a desposar. Tal reclamo de derecho, no obstante, no es natural ni indiscutible. La demanda de virginidad y sus correlatos pertenecen al registro de los prejuicios que sobre la vida erótica femenina se han cultivado culturalmente y su puesta bajo indagación supone, en cierto modo, una crítica a los fundamentos de éste prejuicio cultural. No obstante, esta crítica no necesariamente supone una oposición radical al mismo ni una desvaloración de las tecnologías del poder patriarcal sobre la mujer sino, como me inclino a pensar, un intento de hacerlas más efectivas. Dentro de la economía política que sobre los sujetos opera el poderío normalizador moderno, la erradicación de un prejuicio cultural puede resultar más bien en una sustitución de éste por un juicio racional, ahora con fundamento científico, pero cumpliendo en esencia la misma función subyugante que el prejuicio erradicado. Freud no cuestiona profundamente los principios sobre los que la antropología a la que hace referencia se sostiene. Los da por sentados y se limita a repetirlos tal y como ha tenido acceso a ellos, para enseguida rellenar sus inconsistencias teóricas con las *aportaciones* de la experiencia analítica. Una epistemología vaga y una metodología sospechosa atraviesan la crítica de la moral sexual cultural desarrollada por Freud. Aparentemente inadvertidas estas *limitaciones*, la primera representación *descrita* en estos términos aparece en el texto como una generalización caricaturesca de los roles culturales:

> "El hombre que ha sido el primero en satisfacer los deseos amorosos de la mujer, trabajosamente refrenados durante largos años, y habiendo tenido que vencer previamente las resistencias creadas en ella por la educación y el medio ambiente, es el que ella conduce a una asociación duradera, cuya posibilidad excluye para los demás. (...) Sobre este hecho como base, se establece para la mujer una servidumbre que garantiza su

---

927 S.Freud; "El tabú de la virginidad" (1918), en *Obras Completas* (Tomo III); op.cit., p. 2444.

posesión ininterrumpida y le otorga capacidad de resistencia contra nuevas impresiones y tentaciones."[928]

La expresión "servidumbre sexual", tomada de la antropología positivista de su época, *designa* el hecho de que una persona puede llegar a depender en un grado extraordinario de otra con la que mantiene relaciones sexuales. Esta servidumbre –añade- puede alcanzar algunas veces caracteres extremos, llegando a la pérdida de toda voluntad propia y al sacrificio de los mayores intereses personales.[929] Esta servidumbre -destaca Freud- es absolutamente necesaria si el lazo ha de lograr alguna duración:

> "Esta cierta medida de servidumbre sexual es, en efecto, indispensable como garantía del matrimonio, y tal y como éste se entiende en los países civilizados, y para su defensa contra las tendencias polígamas que lo amenazan. Entendiéndolo así, nuestra sociedad civilizada ha reconocido siempre este importante factor."[930]

La apertura del texto de Freud para darse a la crítica feminista es facilitada, sin duda, por el lenguaje que utiliza, pues la tarea *desmitificadora* a la que se ha dado por encargo supone, como diría la clave positivista: "llamar las cosas por su nombre". Y los "nombres de las cosas" (las palabras, el lenguaje en general), sin duda, llevan connotaciones cargadas por toda una ideología general de predominio masculino. La práctica cultural del matrimonio, la demanda de virginidad, la exigencia moral de la monogamia, el mandamiento de ley de heterosexualidad, el tabú del incesto, etc., están engranadas en relaciones de servidumbre sexual por parte de la mujer, y ésta práctica es característica de la "sociedad civilizada", promovida y perpetuada por la ley y la moral sexual dominante. En este contexto, tras el eufemismo del amor, la cultura es escenario de práctica de múltiples relaciones de dominación; las instituye (como el matrimonio), garantiza su perpetuidad mediante hostigamientos

---

[928] Ídem.

[929] Ídem.

[930] Ídem.

morales o religiosos (como los inculcados por el sistema de *educación* o mediante los procesos generales de *socialización*) y los refuerza mediante el poder de la ley estatal y sus instituciones. Hasta ahí la antropología, la psicología y la sociología ya habrían podido rendir cuenta. Pero a la mirada psicoanalítica le interesa indagar en las profundidades del espíritu y revelar las condiciones psíquicas que posibilitan esta práctica cultural. El enamoramiento, de una parte, la debilidad de carácter, por otra, y el ilimitado egoísmo que puede identificarse en la superficie de esta relación, no bastan para dar cuenta de la servidumbre sexual sobre la que se sostiene la relación matrimonial civilizada:

> "...la experiencia analítica no nos permite satisfacernos con esta sencilla tentativa de explicación. Puede comprobarse más bien que el factor decisivo es la magnitud de la resistencia sexual vencida, y secundariamente la concentración y la unicidad del proceso que culminó en tal victoria."[931]

La relación matrimonial, como los rituales culturales, creencias y demás coerciones que la caracterizan, pasa de ser una relación con arreglo a la voluntad de los implicados a una de carácter más complejo. Los razonamientos habituales que sobre ella predominan en el lenguaje cultural tradicional pasan a ser efectos de otro orden, distinto al del presumido vínculo positivo entre el lenguaje y la cosa nombrada por él. El matrimonio pasa a ser representado, no como un simple pacto de amor, conveniencia, deber u obligación entre las partes, sino como la superficie de una relación entre el ser envuelto y las fuerzas interiores que, a pesar de él, inciden radicalmente sobre sus decisiones. Una resistencia debe haber sido vencida, una dominación ejercida. Es ésta la condición de posibilidad para darse la relación matrimonial *civilizada*, que supone, ante todo, una relación de servidumbre:

> "La servidumbre es así más frecuente e intensa en la mujer que en el hombre, si bien este último parece

---

931 Ídem.

actualmente mucho más propenso a ella que en la antigüedad."[932]

Cuáles son las condiciones que posibilitan la disposición a la servidumbre y qué fuerzas psíquicas se ponen en juego para tales efectos será la interrogante general que atravesará este escrito de Freud. Para dar respuesta a ello, traza una línea de continuidad al valor que la virginidad (y el "desfloramiento") tenía también para los "pueblos primitivos". La regulación de la vida sexual aparece en estrecha relación con posteriores prohibiciones de carácter religioso o moral (tabú), difundidas entre los "pueblos primitivos" existentes a la vez que en las "sociedades civilizadas" de su época. Cita textualmente algunos trabajos antropológicos que dan cuenta de ello y, a la vez, dan margen a sus "observaciones críticas". Los trabajos antropológicos, aunque proveen material de utilidad a los fines del análisis -sostiene Freud- desatienden la importancia psicológica de estas prácticas.[933] Dada la *insuficiencia* de información, procede enseguida a especular sobre las lagunas psicológicas dejadas por las investigaciones antropológicas. Entre las primeras divagaciones sobre el tema identifica en el origen del tabú de la virginidad un supuesto "horror de los primitivos a la sangre":

---

[932] En aquellos casos en los que hemos podido estudiar la servidumbre en sujetos masculinos —sostiene Freud- hemos comprobado que constituía la consecuencia de unas relaciones eróticas en las que una mujer determinada había logrado vencer la impotencia psíquica del sujeto, el cual permaneció ligado a ella desde aquel momento. Muchos matrimonios singulares y algunos trágicos destinos -a veces de muy amplias consecuencias- parecen explicarse por este origen de la fijación erótica a una mujer determinada. (Op.cit., p.2444)

[933] Lamenta Freud que los autores consultados son demasiado pudorosos para entrar en explicaciones más profundas y detalladas sobre estas prácticas sexuales de los pueblos primitivos: "Es de esperar que los relatos originales de los exploradores y misioneros sean más explícitos e inequívocos; pero no siéndome de momento accesible esta literatura, extranjera en su mayor parte, no puedo asegurar nada sobre este punto. Además, las duda a él referentes pueden desvanecerse con la reflexión de que un coito aparente ceremonial no sería sino la sustitución del coito completo llevado a cabo en épocas pretéritas." (Ídem.)

"Se enlaza evidentemente a la prohibición de matar y constituye una defensa contra la sed de sangre de los hombres primitivos y sus instintos homicidas."[934]

La sed de sangre la asocia a la naturaleza del espíritu humano, a las pulsiones o instintos de muerte, y su progresiva regulación la establece como condición de primer orden para el mantenimiento de la vida social, vinculado este proceso a los instintos de conservación. Las prohibiciones y demás regulaciones culturales en torno a la sexualidad, aunque articuladas bajo modos religiosos o morales, cumplirían inconscientemente una función social vital. La repulsa a la sangre, no obstante, quedaría inmediatamente puesta entre paréntesis, mas no descartada. No podría atribuirse al horror de la sangre el fundamento del tabú de la virginidad pues otras prácticas culturales vinculadas a la sexualidad envolvían en los mismos pueblos referidos el derramamiento de sangre. Una segunda posibilidad, ligada a ésta, sería la disposición a la angustia, similar a la que la teoría psicoanalítica ha *descubierto* en los neuróticos. Esta disposición a la angustia –apunta Freud- alcanzará máxima intensidad en todas aquellas ocasiones que se aparten de lo *normal*, trayendo consigo algo nuevo, inesperado, incomprensible e inquietante. Teóricamente, la disposición a la angustia es identificada en esta situación:

"Los peligros de que el sujeto angustiado se cree amenazado alcanzan en su ánimo temeroso su más alto grado al principio de la situación peligrosa, siendo entonces cuando debe buscar una defensa contra ellos."[935]

La aplicación de este precepto de la teoría psicoanalítica al tabú de la virginidad supondría que –según interpreta Freud- la significación del primer coito conyugal justifica plenamente la adopción previa de medidas de defensa. El horror a la efusión de sangre y la angustia ante todo acto primero no se contradicen, sino que por el contrario se refuerzan, pues el primer acto sexual es

---

[934] Op.cit., p.2446.

[935] Op.cit., p.2447.

ciertamente –concluye- un acto inquietante, tanto más cuanto que provoca efusión de sangre. Freud mantiene como constante en su ensayo la comparación de la vida sexual entre los "pueblos primitivos" y las "civilizaciones superiores", llegando a la conclusión de que, no obstante advertidas las diferencias en las prácticas culturales, la separación sexual es común y cotidiana en ambos polos y la mujer, más allá de las restricciones y demás situaciones que se desprenden de la vida sexual en el marco cultural, es tabú en su totalidad:

> "Allí donde el primitivo ha establecido un tabú es porque temía un peligro, y no puede negarse que en todos estos preceptos de aislamiento se manifiesta un temor fundamental a la mujer. Este temor se basa quizá en que la mujer es muy diferente del hombre, mostrándose siempre incomprensible, enigmática, singular y, por todo ello, enemiga."[936]

Esta interpretación, cargada de connotaciones eurocéntricas, atribuye a la distinción sexual un carácter de orden psicológico que, interiorizado en las profundidades de lo inconsciente, aparecería como herencia instintiva que mueve y que sostiene las prácticas, regulaciones y restricciones de la vida sexual en todas las formaciones culturales.

> "El hombre teme ser debilitado por la mujer, contagiarse de su feminidad y mostrarse luego incapaz de hazañas viriles. El efecto enervante del coito puede ser muy bien el punto de partida de tal temor, a cuya difusión contribuiría luego la percepción de la influencia adquirida por la mujer sobre el hombre al cual se entrega. En todo esto no hay ciertamente nada que no subsista aún entre nosotros."[937]

El supuesto temor que siente el hombre por la mujer, la angustia que provoca la extrañeza que siente ante su presencia, en

---

[936] Ídem.

[937] Op.cit., p.2448.

fin, todo cuanto constituye culturalmente al género mujer como esencialmente diferente del género hombre, hace de la diferencia un signo de peligro que, encarnado en el cuerpo de la mujer, hace de esta su virtual enemigo:

> "...los usos tabú enumerados testimonian de la existencia de un poder que se opone al amor, rechazando a la mujer por considerarla extraña y enemiga."[938]

Freud no pretende hacer un estudio antropológico de las condiciones de subordinación de la mujer sino un análisis psicoanalítico de las fuerzas psíquicas que posibilitan las prácticas culturales donde la subordinación aparece inscrita como efecto de otro orden distinto al de la subordinación misma. Sabe que la disposición a la servidumbre es un requerimiento esencial de estas prácticas culturales, condición de su reproducción incesante, de su conservación y permanencia. Los saberes reinantes en su época no podían dar cuenta de ello o no interesaban hacerlo. Freud, no obstante, los toma de base y sobre sus lagunas vierte los contenidos de sus conocimientos, los producidos por la investigación psicoanalítica. Lo primitivo dejará de ser un signo de continuidad dentro de un relato histórico o antropológico para convertirse en metáfora de la constitución inmutable de la vida psíquica, de la herencia de un pasado que permanece viva y poderosa en lo inconsciente de cada ser humano. La disposición a la servidumbre, o bien las resistencias a ella, dejará de ser efecto de la relación de fuerzas *exteriores* (culturales, morales, legales, religiosas, etc.) para ser ahora efecto de fuerzas que las exceden, pues provienen de un lugar donde el control racional apenas interviene y donde la voluntad individual que presume de poseerlo es también una suerte de disposición psíquica a la servidumbre. Lo primitivo permanece vivo en lo inconsciente, y el material provisto por los estudios antropológicos lo evidenciaría; el psicoanálisis lo confirmaría...

Los impulsos eróticos de la humanidad civilizada, a diferencia de las primitivas, son mucho más intensos –apunta Freud-. No obstante, un rasgo característico de esta *distinción* antropológica, es el fundamento psíquico que *aporta* el psicoanálisis:

---

[938] Ídem.

"El psicoanálisis cree haber adivinado una parte principalísima de los fundamentos en que se basa la repulsa narcisista de la mujer, refiriendo tal repulsa al complejo de la castración y a su influencia sobre el juicio estimativo de la mujer."[939]

El montaje ideológico de una identidad mujer presupone para el discurso psicoanalítico que un rasgo que indistintamente la caracteriza es la "repulsa narcisista". Este montaje supone que el hombre y la mujer *son* advenimientos de un proceso evolutivo que supone un desarrollo psíquico determinado, unas fases de desarrollo que deben encadenarse hasta dar lugar al punto de una unidad identitaria que supone una radical diferencia de género. La estructuración de este montaje en lenguaje "teórico" está igualmente cargada de connotaciones sexistas. El tabú cumple una función particular como dispositivo de refuerzo al proceso evolutivo normal según diseñado teóricamente por Freud. La significación *inicial* de los usos del tabú no puede reconocerse en la actualidad pues los pueblos primitivos contemporáneos también han atravesado por procesos evolutivos, distintos a las civilizaciones occidentales, pero, como éstas, las huellas de su origen, la significación inicial del mismo, se ha tornado irreconocible:

"En los primitivos actuales encontramos ya el tabú desarrollado hasta formar un artificioso sistema, comparable al que nuestros neuróticos construyen en

---

[939] Ídem. Un recurso retórico que Freud utiliza frecuentemente para dar validez universal a sus elucubraciones teóricas es la "interpretación" de los mitos. Tal es el caso de su análisis del mito de la cabeza de Medusa, que él interpreta sin mayores reservas como expresión del inconsciente cultural, es decir, de una experiencia transhistórica que pude interpretarse como referencia al origen del complejo de castración. Freud establece una ecuación: decapitar = castrar: "El terror a la Medusa es, pues, un terror a la castración relacionado con la vista de algo. Numerosos análisis nos han familiarizado con las circunstancias en las cuales esto ocurre: cuando el varón, que hasta entonces se resistió a creer en la amenaza de la castración, ve los genitales femeninos, probablemente los de una persona adulta, rodeados de pelos esencialmente, los de la madre." Enseguida convierte en símbolo fálico las culebras y concluye de inmediato: "He aquí, confirmada, la regla técnica según la cual la multiplicación de los símbolos fálicos significa la castración." (Freud; "La cabeza de Medusa" (1922); en *Obras Completas* (Tomo III); op.cit., p.2697)

sus fobias, sistema en el cual los motivos antiguos han sido sustituidos por otros nuevos."[940]

Las fuerzas *interiores* que dieron *origen* a ésta práctica cultural permanecen vigentes, con la misma intensidad que en su estadio primitivo, pero en el devenir del desarrollo *evolutivo* se han transformado, trocando eso que se representa bajo el modo de un tabú en el efecto de superficie de un proceso inconsciente, modulado en la superficie de sus manifestaciones pero que conserva su fuerza original de manera autónoma a las influencias del devenir de la evolución cultural. La sustitución de los motivos, que no es sino la racionalización justificatoria de tales prácticas, pertenece al proceso de represión primaria a la que los sujetos son sometidos en función de los requerimientos de la vida social. La novedad artificial es una fachada de la represión, un efecto de la sublimación, que no es sino un modo del ejercicio de la represión en función del poder cultural normalizador. El tabú y sus correlativas prácticas coercitivas serán, pues, el reflejo exterior de una fuerza primitiva que se preserva y perpetúa a lo largo de la existencia humana desde las profundidades sin fondo de sus almas...

Freud detiene el ritmo de sus *reflexiones* para advertir al lector que no interesa examinar el origen y la última significación de los preceptos del tabú, pues ya lo ha hecho antes, en su escrito *Tótem y Tabú*. En este trabajo señala como condición de la génesis del tabú la existencia de una "ambivalencia original" que conduce, en la "prehistoria", a la formación de la familia. Freud reitera el origen de la familia como unidad social, efecto del curso evolutivo de la civilización, y generaliza este modo nuclear de organización dentro de lo social, donde las relaciones de poder que constituyen su orden interior encontrarán fácil identificación con la teoría psicoanalítica de la sexualidad y el género. La fijación de las posiciones que ocupan los componentes de la estructura familiar jugará un papel importante en el carácter determinista de esta teoría, que representa las posiciones de sujeto como el saldo de una inevitabilidad histórica, donde la figura del hombre será, encarnada en la figura del padre, la fuerza fija de autoridad que serviría para la reproducción incesante de la estructura familiar y sus funciones. La

---

[940] Ídem.

identidad de la mujer, fijada en la teoría de la sexualidad, quedaría determinada por su relación de inferioridad con respecto del hombre. Un enclave de la teoría de la sexualidad, que permite trazar una línea de continuidad a la racionalidad psicoanalítica, es la *comparación* entre el sujeto *primitivo* y el neurótico, para quienes, irespectivamente de la situación histórica, establecen un tabú allí donde temen un peligro:

> "Este peligro es, generalmente considerado de carácter psíquico, pues el primitivo no siente la menor necesidad de llevar aquí a efecto dos diferenciaciones que a nosotros nos parecen ineludibles. No separa el peligro material del psíquico ni el real del imaginario.[941]

Peligro éste que, aunque considerado de carácter psíquico, puede identificarse en el lugar de sus efectos:

> "...por otro lado, acostumbra asimismo a proyectar sus propios impulsos hostiles sobre el mundo exterior; esto es, a atribuirlos a aquellos objetos que le disgustan o los siente simplemente extraños de él. De este modo considera también a la mujer con una fuente de peligros, y ve en el primer acto sexual con una de ellas un riesgo especialmente amenazador."[942]

Esta suerte de identificación de la mujer como una potencial amenaza al hombre, representada y reproducida mediante el tabú y sus disposiciones, no es extraña al devenir evolutivo de la cultura occidental moderna. La *experiencia* psicoanalítica sobre la mujer lo evidencia:

> "Una detenida investigación de la conducta de la mujer civilizada contemporánea (...) puede proporcionarnos

---

[941] Añade Freud: "En su concepción del Universo, consecuentemente animista, todo peligro procede de la intención hostil de un ser dotado, como él, de un alma, y tanto el peligro que amenaza por parte de una fuerza natural como los que provienen de animales feroces o de otros hombres." (Op.cit., p.2448)

[942] Ídem.

quizá la explicación del temor de los primitivos a un peligro concomitante a la iniciación sexual. Anticipando los resultados de esta investigación, apuntaremos que tal peligro existe realmente, resultando así que el primitivo se defiende, por medio del tabú de la virginidad, de un peligro acertadamente sospechado, si bien meramente psíquico."[943]

La consecuente construcción teórica del sujeto mujer, desde la *reflexión* teórica de Freud y los *descubrimientos* clínicos del psicoanálisis, dejarán un saldo incómodo para el feminismo. La *observación* de la conducta de la "mujer civilizada" y la *interpretación* psicoanalítica de ésta, identificarán en la práctica del tabú un más allá de su representación racional (superficial), enraizada ésta en las reacciones *normales* del temor y la angustia. Tanto el temor y la angustia serán, pues, efectos de superficie, productos de la relación imaginaria entre el sujeto y su objeto, entre el hombre y la mujer (aunque no sentido menos real por ello). Una fuerza interior, irreconocible fuera de la teoría psicoanalítica, subyace estas determinaciones. La mujer pasa a convertirse en una categoría regulativa del discurso psicoanalítico, una unidad de sentido que da coherencia interior al orden inmutable del cuerpo teórico; la figura del contraste a partir de la cual la reacción del hombre (materializada en las prohibiciones y restricciones del tabú) adquiriría plena significación. La formulación de un dogma teórico de pretensiones omnicomprensivas encuadra la mirada de Freud, más que dentro de un reducido margen de posibilidades, dentro de la ilusión fundacional de una verdad irreducible; más que una regularidad, un régimen universal de Ley. El cuadro de lo *normal* (en el que se inscribe la moral sexual dominante), a partir del que Freud destaca las desviaciones, las perturbaciones o perversiones de la sexualidad, representa como reacción *normal* que la mujer, plenamente satisfecha del primer acto sexual se entregue al hombre sin reservas y prometa incondicional servidumbre. No obstante –señala-:

"...*sabemos* también que el primer coito no tiene, por lo regular, tal consecuencia. Muy frecuentemente no

---

[943] Op.cit., p.2449.

574

supone sino desengaño para la mujer, que permanece fría e insatisfecha y precisa por lo general de algún tiempo y de la repetición del acto sexual para llegar a encontrar en él plena satisfacción."[944]

El desengaño es consecuencia del exceso represivo del tabú, al dar al traste con la imposibilidad de cumplir plenamente las promesas que ofrece como recompensas por los sacrificios que supone el sometimiento a sus exigencias físicas y psicológicas. Pero el lamento es sobre los efectos del desengaño, pues quien se desengaña es la mujer y quien lamenta sus efectos es el hombre, quien también es víctima de un desengaño, pero frente al cual poco o nada puede hacer. En este escenario:

"Estos casos de frigidez meramente inicial y pasajera constituyen el punto de partida de una serie gradual, que culmina en aquellos otros, lamentables, de frigidez perpetua, contra la cual se estrellan todos los esfuerzos amorosos del marido."[945]

La frigidez, que es un modo de decir de la resistencia inconsciente de la mujer a la servidumbre sexual, parece preocupar más por los equívocos que hacen recaer esta reacción sobre la impotencia del hombre de satisfacer a la mujer que para favorecer desinhibiciones que aumenten las posibilidades de gozo de la actividad sexual de ésta. En otras palabras, el hombre es despojado de toda *responsabilidad* sobre la actitud sexual de la mujer y sobre ésta puesta la carga de todas las insatisfacciones que sobre ambos, por consecuencia, pesarán. Pero no intereso elaborar más este tema sino acentuar el marcado carácter subjetivo que sostiene la teoría de la sexualidad de Freud y que, sin descalificar su valor teórico por ello, mantiene a la expectativa y bajo sospecha las intenciones políticas que lo subyacen...

Freud, en algunos casos clínicos, ha interpretado tajante-mente ciertas reacciones de las mujeres ante situaciones que envuelven relaciones sexuales como modos de resistencia activados

---

[944] Ídem.

[945] Ídem.

por inhibiciones psíquicas, incluyendo las reacciones ante tentativas o abusos sexuales y posibles violaciones, como ya han criticado otros autores. Según él, las tendencias de evasión o resistencia general de las mujeres a la primera experiencia sexual o a ésta en general (patología de la frigidez), pueden interpretarse como expresión de la "tendencia femenina" general a la defensa. La frigidez es representada como un enigma y, a la vez, como una patología. El cuadro patológico es montado con las expresiones de hostilidad contra el marido (insultos, amenazas y otras reacciones violentas) incluso cuando ha sido la mujer misma la que ha incitado la relación sexual y hasta se ha satisfecho plenamente del acto. No debe extrañar, pues, que el hombre que ha sufrido esta experiencia intuya esta posible reacción, la prevea y actúe a la defensiva:

> "Así pues, el peligro oculto en el desfloramiento de la mujer sería el de atraerse su hostilidad, siendo precisamente el marido quien mayor interés debe tener en eludir tal hostilidad."[946]

La reacción de esta experiencia singular es generalizada al escenario de lo social, trocándola en un temor generalizado ante la amenaza neurótica que representa la mujer. El interés de "eludir tal hostilidad" desemboca en el curso evolutivo en la institución cultural del tabú, convirtiendo éste en una reacción de defensa normal del hombre ante la amenaza que la mujer le representa... (in)conscientemente. Según Freud, el análisis revela sin gran dificultad cuáles son los impulsos femeninos que originan esta conducta *paradójica*. A partir del *análisis* de esta conducta *explica* la frigidez de la mujer, que es considerada un impulso contrario a la expectativa de su disposición a satisfacer las demandas del hombre, quien espera de su objeto desposado satisfacción sexual sin reservas (servidumbre). Freud presupone que todo "desfloramiento" provoca a la mujer un dolor tal que su mero recuerdo se convierte en un dispositivo de inhibición y juega, pues, un papel motor decisivo en las reacciones *paradójicas* de la sexualidad de la mujer:

---

[946] Ídem.

"El primer coito pone en movimiento una serie de impulsos contrarios a la emergencia de la disposición femenina deseable..."[947]

Lo paradójico, inmediatamente convertido en reacción patológica, tiene valor desde la perspectiva de la expectativa del hombre y la ilusión cultural prometida a la relación matrimonial, base ésta de la familia y factor primordial de las neurosis que afectan su requerido funcionamiento *normal*. Pero este primer dolor corporal no es el determinante en última instancia de las reacciones patológicas de la mujer. Para el psicoanálisis debe tratarse primordialmente de un factor psicológico lo que determine las reacciones patológicas. El dolor físico operará, más bien, como un dispositivo que activaría las determinaciones de la vida anímica inconsciente, soterradas en las profundidades psíquicas de la mujer. Freud refiere la reacción de frigidez de la mujer, generalizada a cualquier reacción que no satisfaga las demandas de placer del hombre, a la ofensa narcisista originaria, es decir, a la envidia del pene. El dolor real deberá ser sustituido por la ofensa imaginaria que la teoría psicoanalítica de la sexualidad objetiva como realidad de mayor determinación:

"Pero no tardamos en darnos cuenta de que en realidad no puede atribuirse al dolor tan decidida importancia, debiendo más bien sustituirlo por la ofensa narcisista (...) Tal ofensa encuentra precisa-mente en este caso una representación racional en el conocimiento de la disminución del valor sexual de la desflorada."[948]

La función *preventiva* del tabú no basta para amortiguar los embates de las reacciones psíquicas de la mujer pues:

"...el peligro de que se debe librar al esposo no reside tan sólo en la reacción de la mujer al dolor del primer contacto sexual."[949]

---

[947] Op.cit., p.2450.

[948] Ídem.

Otros factores inciden en tales reacciones, además del dolor, como el desengaño que se produce por el primer coito en su imposibilidad de procurar a la mujer, por lo menos a la mujer civilizada –como ya he apuntado- todo lo que de él se prometía:

> "Para ella, el comercio sexual se hallaba enlazado hasta aquel momento a una enérgica prohibición, y al desaparecer ésta, el comercio sexual legal hace el efecto de algo muy distinto."[950]

Me parece pertinente subrayar el adjetivo legal que Freud anexa al comercio sexual al que está haciendo referencia pues, aunque persiste en mantener las generalizaciones indisociables de las leyes que rigen lo inconsciente y las reduce a la lógica de sus dominios, ciertamente la relación matrimonial está engranada en otro orden de regulaciones distinto al de las que rigen lo sexual en los márgenes de la ley estatal y la moral cultural dominante (representada también en la ley estatal). No obstante, Freud continúa montando pieza por pieza el sujeto/objeto mujer (descifrando sus enigmas; descubriendo sus misterios; revelando sus secretos...):

> "Este último enlace preexistente entre las ideas de "actividad sexual" y "prohibición" se transparenta casi cómicamente en la conducta de muchas novias que ocultan sus relaciones amorosas a todos los extraños, e incluso a sus mismos padres, aun en aquellos casos en los que nada justifica tal secreto ni es de esperar oposición alguna. Tales jóvenes declaran francamente que el amor pierde para ellas mucha parte de su valor al dejar de ser secreto."[951]

Freud ha resaltado en otros escritos el atractivo que ejerce lo prohibido y consecuentemente la fuerza seductora de la tras-

---

[949] Ídem.

[950] Ídem.

[951] Ídem.

gresión, como reacciones inconscientes que dan al traste con las exigencias morales y legales de la cultura moderna. Mediante esta *observación* no le interesa destacar su posible valor liberador sino sus efectos negativos para la finalidad reguladora que tales exigencias requieren para la preservación de la vida social, según concebida, juzgada y valorada por él. Pienso que, por ejemplo, esto que resulta "cómico" para Freud, pertenece a una expectativa, más que de tradición cultural conservadora, de su particular postura política con relación a la mujer. La voluntad política normalizadora de la ciencia psicoanalítica requiere "transparencia" a los actos personales, como si la secretividad fuera una resistencia deseable que superar. La relación entre la ciencia y la verdad con el fenómeno confesional, aparece en esta representación como tecnología del poderío normalizador moderno. El requerimiento de transparencia en las actividades personales de la mujer lo es sobre la base del supuesto temor a sus reacciones psíquicas ante la también supuesta dramática experiencia que debe representarle la actividad sexual, por condición de la naturaleza psíquica que la hace ser mujer.

La secretividad es un modo de resistencia a la dominación cultural a la que se ve irremediablemente sujetada, pero no determinada de manera absoluta y definitiva. La moral política en la que Freud inscribe sus complicidades se revela en la función social asignada a su teoría y en el contenido ideológico de las categorías fuertes que regulan el orden de su discurso. Del mismo modo que la violencia y la agresión pueden desatarse sin más y hacer de cada cual un criminal en potencia, la inmoralidad de la infidelidad y la ilicitud de las desinhibiciones sexuales pueden hacer de cada mujer una perversa a la que temer. La racionalidad coercitiva, disciplinaria y punitiva de la Ley (inscrita en la lógica del derecho penal del Estado y lo jurídico en general) es trasladada al ámbito de la vida familiar sin mayores reservas. La puesta en escena de la sexualidad, su desvelo ante la mirada pública del extrañado *investigador* (el desciframiento de enigmas y de las determinaciones psíquicas que hacen de la mujer una extraña ante el hombre y consecuentemente una potencial enemiga), pertenece al orden del discurso de la dominación patriarcal, dentro del contexto de una dominación cultural general ejercida sobre todos los sujetos. El saber psicoanalítico se convierte enseguida en justificación de las medidas regulativas y preventivas tradicionales (como las prohibiciones morales y las restricciones legales, los tabúes y los prejuicios culturales). Las tecnologías de control y vigilancia se ejercen precisamente ante la sospecha de amenaza que puede representar cada quien a cada cual. El *saber* que sobre "la mujer" produce el discurso del psicoanálisis es una pieza clave de la racionalidad política práctica del poderío normalizador moderno...

No hay entre las filosofías políticas occidentales ninguna que no haya *reconocido* que hay ficciones ideológicas imprescindibles para la conservación y perpetuidad de las condiciones de la vida social y, sobre todo, para el ejercicio del control general. La mujer es, sin duda, una de éstas. De ahí la función política del mito y la religión, y luego de la razón y la ciencia, que Freud identifica, evalúa y procura modificar para hacerlas más efectivas, modularlas en consonancia con los requerimientos epocales, ponerlas a disposición de las condiciones de existencia, sus privilegios, necesidades, deseos, angustias, temores, juicios, prejuicios, etc. Los *descubrimientos* sobre la sexualidad humana de los que el psicoanálisis presume de ser innovador, han mantenido, so pretexto de inteligibilidad, los grandes dualismos de las filosofías clásicas. Pero para todos los efectos, ha mantenido una continuidad de los principios de control y dominación que los han mantenido a flote y orientado en su devenir. Un fin persigue el desarrollo evolutivo de cada sujeto: la preservación. Las tecnologías del poder normalizador de la cultura mutan en función de las posturas ideológicas a las que están ligadas. De ahí la sospecha sobre el peso de las complicidades de los escritos de Freud. Es una realidad de la que el propio discurso psicoanalítico advierte: detrás de las caricias, las ternuras y las más intensas muestras de pasión, puede tener lugar una venganza, una traición... una crueldad... una violencia.

El desengaño, la desilusión que da al traste con las promesas culturales sobre las que se sostienen los tabúes sexuales, legitiman sus coerciones y adquieren sus más elevados valores, deja un saldo de incertidumbre sobre el porvenir de las instituciones ideológicas culturales en las que se inscriben. La función social de las mismas, la posibilidad de concertar su encargo político habitual, preocupa a Freud. Las inclinaciones a la desobediencia de la Ley, la indisposición a la servidumbre sexual y las inmoralidades o perversiones expresadas bajo el refugio de la secretividad, son objeto de la preocupación psicoanalítica:

"Esta idea adquiere en ocasiones tal predominio, que impide totalmente el desarrollo del amor en el matrimonio, y la mujer no recobra ya su sensibilidad amorosa si no es en unas relaciones ilícitas y rigurosamente secretas, en las cuales se siente segura de su propia voluntad, no influida por nada ni por nadie."[952]

Desde el *exterior*, la integridad moral de la mujer se valora por su relación de sometimiento al dominio de las exigencias de la moral sexual cultural. Pero mirándola hacia sus *adentros*, el dominio a voluntad sobre el cuerpo propio de la mujer es sólo tal en una fantasía de autonomía, una ilusión. Sus motivaciones reales están en otra parte, en el orden de lo inconsciente, allí donde el curso evolutivo no desembocó en el lugar fijado de su destino. Es a condiciones de orden cultural que Freud atribuye los motivos de estas *conductas* de la mujer civilizada, pero el factor más determinante de las mismas lo basa en la historia evolutiva de la libido, según desarrollada por la investigación analítica. A partir de esta investigación –sostiene Freud- se ha descubierto la regularidad de las primeras fijaciones de la libido y su extraordinaria intensidad. Su carácter general, no obstante, opera de manera diferente según el género sexual:

"Trátase aquí de deseos sexuales infantiles tenazmente conservados, y en la mujer, por lo general, de una fijación de la libido al padre o a un hermano, sucedáneo de aquél, deseos orientados, con gran frecuencia, hacia fines distintos del coito o que sólo lo integran como fin vagamente reconocido."[953]

Freud no se restringe a aplicar el modelo de la teoría de la sexualidad al modelo de familia tradicional en la cultura de su época, sino que éste modelo constituye en sí mismo la estructura matriz de la teoría y sus determinaciones universales. La asignación de roles a jugar por distinción de género no admite, por ejemplo, una inversión. El lugar que ocupa la mujer dentro de este registro

---

[952] Ídem.

[953] Ídem.

teórico viene determinado por condiciones de orden psíquico y, consecuentemente, su posición social queda fijada dentro de una estructura relacional dada de manera igualmente determinada. El hombre, dentro de esta práctica representacional (la interpretación analítica consolidada en la teoría de la sexualidad), aunque se mantiene estructuralmente fijado en el lugar habitual de los "privilegios del patriarca", aparece, no obstante, como víctima de una (des)ilusión:

> "El marido es siempre, por decirlo así, un sustituto. En
> el amor de la mujer, el primer puesto lo ocupa siempre
> alguien que no es el marido; en los casos típicos, el
> padre, y el marido, a lo más, el segundo."[954]

La sexualidad humana, o más bien su representación teórica, es uno de los mitos fundacionales de la cultura moderna y, más que tratarse de una racionalización científica, se trata de la articulación ideológica de un dispositivo regulador de las tecnologías de normalización social. Dentro de este arreglo discursivo la figura literal del Padre permanece como signo infranqueable de una ley inmutable que rige el destino de la mujer. El Objeto del Deseo de la mujer es siempre Otro, pero Otro distinto del que ella reconoce como objeto de su elección, otro determinado a pesar de su voluntad y desde siempre nadie más. Freud reconoce que las condiciones culturales son factores que inciden en sus conductas, pero las profundas determinaciones psíquicas, adquiridas en la infancia, son elevadas al rango de determinante en última instancia:

> "Cuanto más poderoso es el elemento psíquico en la
> vida de una mujer, mayor resistencia habrá de oponer la
> distribución de su libido a la conmoción provocada por
> el primer acto sexual y menos poderosos resultarán los
> efectos de su posesión física."

---

[954] Ídem.

Desposeída de la ilusión del libre albedrío y de la posibilidad de tomar conscientemente las riendas de su propio destino, la vida de la mujer dentro del contexto social, quedará –desde la teoría psicoanalítica de la sexualidad- fijada a las determinaciones psíquicas de su infancia. Éstas, por su parte, ya vendrán fijadas a las determinaciones biológicas y empaquetadas genéticamente:

> "De la intensidad y del arraigo de esta fijación depende que el sustituto sea o no rechazado como insatisfactorio. La frigidez se incluye, de este modo, entre las condiciones genéticas de la neurosis."[955]

La frigidez de la mujer es, para efectos de esta representación teórica –como ya he apuntado- una reacción paradójica contra el hombre, es decir, contraria a la "función femenina", a *su* "disposición deseable". La sabiduría psicoanalítica así lo afirma:

> "Por el análisis de un gran número de neuróticas sabemos que pasan por un temprano estadio en el que envidian al hermano el signo de la virilidad, sintiéndose ellas desventajadas y humilladas por la carencia de miembro (o, más propiamente dicho, por su disminución)."[956]

La autoridad del discurso teórico, su presumida virtud representacional, es siempre autoreferencial. Es a sus propias impresiones (elevadas al rango de descubrimientos) que remite el poder de su conocimiento, de su verdad. La circularidad ideológica de este juego del poder representa la relación entre el psicoanálisis y la antropología como una de complementariedad. Ambas disciplinas del alma se encuentran, no obstante, en el lugar de otro orden relacional, el del poder normalizador de su saber. La división artificial en dos grandes unidades de género, la polaridad que las

---

[955] La frigidez –añade- emergerá entonces en calidad de inhibición neurótica o constituirá una base propicia al desarrollo de otras neurosis. A este resultado coadyuva muy importantemente una inferioridad de la potencia masculina, por ligera que sea. (Ídem)

[956] Ídem.

caracteriza y las regularidades generales que la condensan bajo el signo de la especie humana, son también producidas con relación a los arreglos e intenciones de esta teoría. Así, por ejemplo, la *experiencia* psicoanalítica funda sus *interpretaciones* en *su* relación con las pacientes neuróticas y enseguida generaliza sus *descubrimientos* sobre las personas normales, englobando bajo sus dominios lo que es, a pesar de sí, el ser humano. Esta práctica metodológica del arte de la interpretación psicoanalítica es, pues, un hábito cargado de connotaciones ideológicas y firmes posturas políticas sobre las cuestiones de género. Lo masculino, para Freud, es el deseo de ser hombre y a este deseo no hay otro que se le oponga en iguales términos. Las criaturas en su infancia, antes de convertirse en hombre o mujer, desean ser hombres. La identidad mujer es el efecto de una resignación ante el deseo primario de ser hombre:

> "...el sujeto infantil no admite sino un órgano genital, el masculino, para ambos sexos. No existe, pues, una primacía genital, sino una primacía del falo."[957]

La matriz de la constitución psíquica de la mujer adulta es la "envidia del pene" que desde su temprana infancia experimentará:

> "Durante esta fase no ocultan muchas veces las niñas tal envidia ni la hostilidad en ella basada, y tratan de proclamar su igualdad al hermano intentando orinar en pie, como él."[958]

Las inconsistencias empíricas en el discurso teórico de la sexualidad encuentran siempre apoyo en la habilidad retórica de Freud. La envidia al pene permanece en los estratos más profundos de la vida psíquica de la mujer y seguirá jugando un papel poderoso sobre sus relaciones con el sujeto-hombre. En caso que no se manifieste la paradoja que contraría la expectativa del hombre y la función propia de la feminidad, será la evidencia de un desplazamiento normal del curso evolutivo: una sublimación. El

---

[957] S.Freud; "La organización genital infantil" (Adición a la teoría de la sexualidad) (1923) en *Obras Completas* (Tomo III); op.cit., pp.2698-2700.

[958] Ídem.

584

contenido de la sublimación es el cumplimiento de la función de la feminidad, que es ser mujer; su encargo social: ser esposa; su tarea doméstica: la servidumbre. El desarrollo *normal* supone que la niña se verá forzada a reorientar las pulsiones de su libido hacia el padre, "sustituyendo el deseo de poseer un miembro viril por el de tener un niño." La expresión en lenguaje teórico es ésta:

"...la fase masculina de la mujer durante la cual envidia al niño la posesión de un pene, pertenece a un estadio evolutivo anterior a la elección de objeto y se halla más cerca que ella del narcisismo primitivo."[959]

La disposición a la servidumbre, a la sumisión, dependerá, pues, de la eficacia de las tecnologías de subyugación ideológica, de domesticación social... Freud rinde cuenta enseguida del valor teórico de sus *descubrimientos* relatando el *análisis* de un sueño de una paciente. La envidia del pene y el complejo de castración ya están fijados como ley que rige el progresivo desarrollo evolutivo del sujeto, por lo que no debe extrañar que la interpretación del sueño ya esté arreglada de antemano.

"No hace mucho he tenido ocasión de analizar un sueño de una recién casada en el que se transparentaba una reacción a su desfloramiento, delatando el deseo de castrar a su joven marido y conservar ella su pene. Cabía también quizá la interpretación más inocente de que lo deseado era la prolongación y repetición del acto; pero ciertos detalles del sueño iban más allá de este sentido, y tanto el carácter como la conducta ulterior de la sujeto testimoniaban en favor de la primera interpretación."[960]

La sospecha inmediata es si acaso no le resta a Freud otra cosa que aplicar la mecánica de la ley antes que *interpretarlo* en el sentido neutral y objetivo que presume formalmente la técnica psicoanalítica. Me inclino a pensar que de lo que se trata es, como

---

[959] S.Freud; "El tabú de la virginidad"; op.cit., p.2451.

[960] Ídem.

sucede generalmente, de una aplicación indiscriminada y arbitraria de la teoría al relato de un sueño. No obstante, lo que intereso destacar es el *uso* político que de esta supuesta interpretación hace Freud al generalizar, mediante este arreglo retórico, la validez universal de la teoría:

> "Detrás de esta envidia del miembro viril se vislumbra la hostilidad de la mujer contra el hombre, hostilidad que nunca falta por completo en las relaciones entre los dos sexos y de la cual hallamos claras pruebas en las aspiraciones y las producciones literarias de las 'emancipadas'."[961]

Freud no reprocha la especulación antropológica que sostiene que una suerte de hostilidad marca las relaciones entre hombres y mujeres desde la época en que tuvo lugar la diferenciación de los sexos, allá cuando la unión sexual se determinó en el momento en que un ser más poderoso obligó a otro más débil a someterse a ésta:

> "El rencor originado por esta subyugación perduraría aún hoy en la disposición actual de la mujer."[962]

Aquí Freud admite nuevamente, más que la importancia de los factores culturales, la determinación de las herencias genéticas y las correlativas disposiciones psíquicas, a cuales confiere un valor superior. Poniendo como prueba de esta relación conflictiva entre hombres y mujeres la literatura de las "emancipadas", deja *saber* entre líneas que las mismas no demuestran otra cosa sino la primordial envidia al hombre y el rencor que guardan contra la *natural* supremacía masculina. Concluido que "la insatisfacción sexual de la mujer descarga sus reacciones sobre el hombre que la inicia en el acto sexual", sostiene que:

> "El tabú de la virginidad recibe así un preciso sentido, pues nos explicamos muy bien la existencia de un pre-

---

[961] Op.cit., p.2452.

[962] Ídem.

cepto encaminado a librar precisamente de tales peligros al hombre que va a iniciar una larga convivencia con la mujer."[963]

En grados superiores de cultura –añade- la valoración de estos peligros ha desaparecido ante la promesa de la servidumbre y seguramente ante otros diversos motivos y atractivos:

"...la virginidad es considerada como una dote, a la cual no debe renunciar el hombre."[964]

El tabú de la virginidad ha encontrado un nuevo fundamento en el discurso psicoanalítico, vinculándolo a cuestiones primordialmente de orden psíquico que sólo se vienen a reforzar culturalmente, sin alterar esencialmente su fin originario: regular la conducta de la mujer, que representa por su esencia psíquica un peligro al hombre. Así queda establecido el principio psíquico de la diferenciación de género y fundamentadas las explicaciones sobre las *perturbaciones* experimentadas en el gran escenario de la vida cultural moderna:

"Pero el análisis de las perturbaciones en el matrimonio nos enseña que los motivos que impulsan a la mujer a tomar venganza de su desfloramiento no se han extinguido tampoco por completo en el alma de la mujer civilizada."[965]

Y concluye, para los casos estudiados donde se manifiestan simultáneamente la servidumbre y la hostilidad, que estas mujeres permanecen ligadas a sus maridos no por amor sino por servidumbre. En tal caso, lo que sucede es que:

"No logran libertarse de ellos porque no han acabado de vengarse de ellos, y en los casos más extremos, porque

---

[963] Ídem.

[964] Ídem.

[965] Op.cit., p.2453.

ni siquiera han hecho aún consciente en su ánimo el impulso vengativo."[966]

Afinaciones a la teoría de la sumisión

Desde la teoría de la sexualidad infantil la supuesta *inocencia* del niño/a ha sido puesta en cuestionamiento y las representaciones culturales dominantes puestas a sí mismo en crisis por la mirada psicoanalítica. Y sin duda se ha operado una ruptura epistemológica con los discursos tradicionales y los prejuicios habituales sobre los que se sostenían, pero ¿a partir de qué posición puede referirse esta relativa mutación teórica a una ruptura radical en el orden del pensamiento social moderno? Más que identificar cómo incide sobre el orden de sus prácticas representacionales tradicionales, ¿qué relaciones de poder son puestas en el juego de la quiebra de ilusiones de la que presume esta gran teoría? Pienso que, esencialmente, las relaciones habituales de poder que sostienen los "privilegios del patriarca" se mantienen intactas o, si acaso, se refuerzan con la armadura teórica construida por Freud. La teoría psicoanalítica de la sexualidad pertenece al orden de un mismo movimiento normalizador. Como tecnología de subyugación ideológica del poderío normalizador moderno mantiene y refuerza las relaciones de control y dominación que posibilitan la preservación, reproducción y perpetuidad de las relaciones de poder predominantes en la cultura moderna. La representación teórica puede reducirse y condensarse en estas afirmaciones: la existencia de los privilegios del patriarca se sostiene sobre las desventajas de las sumisas; el soporte de éstos como derecho es la disposición a la servidumbre... esto es ley porque es el poder del privilegio mismo quien así la nombra... el sometimiento a la ley es, en primera instancia involuntario, porque es primordialmente inconsciente, y lo es así por virtud de la fuerza de la represión: el contenido ideológico de la represión está determinado principalmente por los "privilegios del patriarca" (ensamblados bajo el eufemismo ideológico de la normalidad); reforzar la disposición a la sumisión de las mujeres es, pues, un horizonte político que persigue el discurso normalizador del psicoanálisis de Freud...

---

[966] Ídem.

Dentro de este gran escenario, todo desarrollo *normal* –según dispuesto por la teoría psicoanalítica de Freud- requiere aceptar la condición de inferioridad como propia de la naturaleza de ser mujer. La fijación en una minúscula parte del cuerpo es trocada en la matriz de las suertes del porvenir, avocadas a orientar su existencia sobre la base de un reconocimiento de su posición diferenciada del hombre, interpeladas a reconocerse a sí mismas desventajadas desde siempre y por siempre con respecto a él. En *Teorías sexuales infantiles*, publicada en 1908, sostiene Freud:

> "No es difícil observar que la niña comparte la elevada valoración que su hermano concede a los genitales masculinos. Muestra por esta parte del cuerpo de los niños un vivo interés, en el que no tarda en transparentarse la envidia. Se siente desaventajada, intenta orinar en la misma postura que los niños y afirma que hubiese preferido ser un chico. No creemos necesario puntualizar qué falta habría de compensar la realización de tal deseo."[967]

Según esta teoría de la sexualidad, a la fase evolutiva donde es resuelto el complejo de Edipo le preceden determinadas fases que condicionan los términos de su resolución *normal*. De acuerdo a *sus* observaciones sobre algunas pacientes Freud advierte que la fase preedípica por la que atraviesa la mujer resulta más enigmática y compleja aún que la del hombre; y por ello también sospechosa... problemática; peligrosa. De estas *observaciones* establece una determinada concepción sobre la sexualidad femenina, la sitúa fijamente en una posición de principio antagónica con relación al hombre y confina su porvenir a las reducidas suertes que ofrece la teoría y la mecánica de su ley. El *complejo de castración* es, sin duda, la matriz ideológica del discurso patriarcal del psicoanálisis freudiano. En su ensayo *Sobre la sexualidad femenina* (1931), Freud pone énfasis en la fase preedípica, el momento del complejo de castración, como condición primaria para el desarrollo *normal* de la mujer:

---

[967] S.Freud; "Teorías sexuales infantiles" (1908) en *Obras Completas* (Tomo II); op.cit., p.1267.

"Esta reconoce el hecho de su castración, y con ello también la superioridad del hombre y su propia inferioridad; pero se rebela asimismo contra este desagradable estado de cosas."[968]

La lógica de la represión, en clave patriarcal, converge en este punto de la teoría de la sexualidad. La *rebeldía* es un acto que este poder debe aplacar, una resistencia a vencer, una domesticación que lograr... La *normalización* de la mujer *debe ser* encaminada... Tres "caminos evolutivos" -señala Freud- parten de esta actitud de *rebeldía* que produce en la mujer el *reconocimiento* de su castración, de la superioridad del hombre y su consecuente inferioridad. El primero conduce a un distanciamiento general de la sexualidad:

"La mujer en germen, asustada por la comparación de sí misma con el varón, se torna insatisfecha con su clítoris, renuncia a su activación fálica y con ello a su sexualidad en general, así como a buena parte de sus inclinaciones masculinas en otros sectores."[969]

Si la mujer adopta el segundo camino (complejo de masculinidad):

"...se aferra en tenaz autoafirmación a la masculinidad amenazada; conserva hasta una edad insospechada la esperanza de que, a pesar de todo, llegará a tener alguna vez un pene, convirtiéndose ésta en la finalidad cardinal de su vida, al punto que la fantasía de ser realmente un hombre domina a menudo largos períodos de su existencia."[970]

---

[968] En las mujeres, las repercusiones del complejo de castración son diferentes a las del hombre. En el hombre —sostiene Freud- también subsiste, como residuo de la influencia ejercida por el complejo de castración, cierta medida de menosprecio por la mujer, a la que se considera castrada. De éste surge en casos extremos una inhibición de la elección objetal, que ante un reforzamiento por factores orgánicos puede llevar a la homosexualidad exclusiva. (S.Freud; "Sobre la sexualidad femenina"; en *Obras Completas* (Tomo III); op.cit., p.3080)

[969] Ídem.

El tercer camino evolutivo es el que corresponde a la "actitud femenina normal":

"Sólo una tercera evolución, bastante compleja, conduce en definitiva a la actitud femenina normal, en la que toma al padre como objeto y alcanza así la forma femenina del complejo de Edipo."[971]

La resolución final de este "complejo" proceso evolutivo será, en efecto, la condición de posibilidad para el advenimiento definitivo de la mujer (su disposición femenina deseable), según los requerimientos culturales dominantes:

"Posiblemente no estemos errados al declarar que esta diferencia de la interrelación entre los complejos de Edipo y de castración es la que plasma el carácter de la mujer como ente social."[972]

Esta *plasmación* del "carácter de la mujer como ente social" queda fijada en el plano teórico (retórico) y sirve de fundamento de ley a las relaciones de dominación cultural. El principio ideológico es que el contenido del "carácter de la mujer" está predeterminado por condiciones psíquicas y no de orden social, pues lo social es, a todas cuentas, la exteriorización de estas condiciones, efectos de superficie... La *feminidad* es el nombre del encargo social al ser identificado en la categoría mujer; la mujer el signo con el que *deben* identificarse sus funciones *normales*: lo *social* a partir de lo que el psicoanálisis designa la "función normal de la mujer" es un eufemismo ideológico de una relación de dominación patriarcal...

Pero la flexibilidad estructural del lenguaje, (virtud de valor inestimable reconocida por la retórica), permitiría la inversión de estas relaciones de poder y un particular arreglo de la representación teórica, incluso en los mismos términos psicoanalíticos. En otras

---

[970] También este "complejo de masculinidad" de la mujer –añade- puede desembocar en una elección de objeto manifiestamente homosexual." (Ídem)

[971] Ídem.

[972] Ídem.

palabras, podría invertirse el lugar de la primacía masculina por su contraparte y apoyar un movimiento de subversión política al interior del discurso teórico fijado por Freud. A tales efectos la inversión leería: la teoría de la sexualidad femenina de Freud es efecto de su propio complejo de masculinidad.[973] Esta posibilidad ya Freud la advertía –o constataba- al pie de la página:

> "Cabe anticipar que los analistas con simpatías feministas, así como nuestros analistas del sexo femenino, estarán en desacuerdo con estas consideraciones. Seguramente objetarán que tales nociones son inspiradas por el "complejo de masculinidad" del hombre, estando destinadas a justificar teóricamente su innata propensión a despreciar y oprimir a la mujer. (…) Los adversarios de quienes así razonan hallarán comprensible, por su parte, que el sexo femenino se niegue a admitir cuanto parezca contrariar la tan anhelada equiparación con el hombre. Es evidente que el empleo del análisis como arma de controversia no lleva a decisión alguna."[974]

Su postura, más que frente a las críticas feministas, es frente a los usos políticos que pudieran hacer del psicoanálisis. El problema de la interpretación se postula nuevamente como uno de orden político. De una parte, sabido es que la doctrina psicoanalítica de Freud no admite el cuestionamiento de sus principios dogmáticos y, para efectos *prácticos* más que por caprichos de autoridad y ortodoxia, se les debe aceptar por fe y obedecer al pie de su letra, tal y como *se debe* creer y obedecer al Padre, a la Ley. De otra parte, para Freud, las críticas feministas, dentro y fuera de la disciplina psicoanalítica, tienen sus raíces más profundas en la vida psíquica.

---

[973] Una de las rupturas más significativas de la historia de los estadios iniciales del psicoanálisis es la de Alfred Adler, quien se distanciaba del principio medular de la teoría psicoanalítica basado en el dogma de la sexualidad. La noción de complejo de masculinidad es desarrollada inicialmente por él, y consecuentemente interpretada como crítica radical a las posturas patriarcales expresadas en la teoría de la sexualidad de Freud.

[974] Nota #1720 en S.Freud; "Sobre la sexualidad femenina"; op.cit., p.3080.

Los reclamos de derecho, por ejemplo, son antes mutaciones exteriores de lo inconsciente transformado que exigencias concretas sobre cuestiones sociales concretas. Los fundamentos políticos del proyecto emancipador del feminismo son, en esencia, una expresión de la rebeldía inconsciente de la mujer, que no ha sido efectivamente dominada. El reclamo de emancipación es, en el fondo, la expresión de una insatisfacción real, la manifestación inconsciente de la envidia primera, el deseo de ser hombre: motor primordial de sus acciones, de sus reclamos, de sus esperanzas y sus luchas... Una ilusión al fin, destinada al fracaso; a la irremediable eterna insatisfacción pues, en esencia, la Falta no puede ser nunca completada; el Deseo no puede satisfacerse jamás...

En la sección dedicada a la investigación sexual infantil, de su escrito *Tres ensayos para una teoría sexual* (1905), ya presumía de haber *descubierto* un instinto universal de *saber*, producido como efecto consecuente de la represión primaria, (condensado en otra parte en el contraste entre el principio del placer y el principio de realidad). Esta actividad –apunta Freud- corresponde, de un aparte, a una aprehensión sublimada y, por otra, a la actuación del placer de contemplación. Lo que le interesa destacar es la relación entre este instinto del saber infantil y los problemas sexuales a los que se enfrenta, con "insospechada intensidad" desde temprana edad. No es de extrañar que el acceso a la representación simbólica, como la adquisición y utilización del lenguaje, aparezca ligada estrechamente a un progresivo acto de sublimación, arraigada en las intensas represiones a las que la pequeña criatura es sometida desde su nacimiento. La condición del habla será, pues, consecuencia de la represión. Sus primeros contenidos seguirán estando determinados, pues, por las energías libidinales reprimidas, progresivamente transformadas por dichos procesos pero nunca extraídas por siempre en lo que respecta a su pulsión primaria: satisfacerse plenamente. Desde esta perspectiva, el instinto de saber encarna un principio primordialmente *práctico*. La voluntad de poder será, pues, el horizonte de su haber. Todo cuanto le oponga resistencia (real o imaginaria) a la consecución del principio del placer –de acuerdo a este esquema teórico- incidirá determinantemente sobre su desarrollo psíquico y, en consecuencia, sobre su desenvolvimiento normal o perturbado en la vida social.

Freud inviste la estructura teórica de valor universal y designa a los niños idénticas propiedades psíquicas y un consecuente curso normal a seguir. Al instinto de saber le confiere un lugar primordial, pues bajo este registro se trazan las coordenadas generales sobre las que la evolución debe encuadrarse hasta su fin. El mito fundacional construido tras la fachada de una teoría científica dispone la primera y más significativa actividad de la pequeña criatura a girar en torno a la sexualidad. La suposición base de este principio no es, sin embargo, la duda sino la certidumbre:

> "El primer problema de que el niño se ocupa no es, por tanto, el de la diferencia de los sexos, sino el enigma de la procedencia de los niños. (...) El hecho de la existencia de dos sexos lo acepta el niño al principio sin resistencia ni sospecha alguna."[975]

Arbitrariamente dispone a regir enseguida al principio de la envidia como guía de los instintos de saber (regidos a la vez por el principio del placer y consecuentemente por la voluntad de poder):

> "Intereses prácticos, y no sólo teóricos, son los que ponen en marcha en el niño la obra de la actividad investigadora. La amenaza de sus condiciones de existencia por la aparición, real o simplemente sospechada, de un nuevo niño, y el temor de la pérdida que este suceso ha de acarrear para él con respecto a los cuidados y al amor de los que le rodean, le hacen meditar y tratar de averiguar el problema de esta aparición del hermanito."[976]

De sentir una *amenaza* sobre sus condiciones de existencia y del *temor* a la pérdida de los privilegios a los que ya se ha acostumbrado a gozar, nace el instinto de saber. El contenido de la diferenciación por género sexual será consecuencia de esta primera amenaza que la simple aparición de otro le representa al niño, o más bien a los privilegios que *debe* sentir amenazados. El atributo de

---

[975] S.Freud; "Tres ensayos... de la sexualidad" (1905); op.cit., p.1207.

[976] Ídem.

inocencia que la tradición cultural dominante ha atribuido a la condición de la infancia queda ahora sustituido en el discurso de Freud por una fijación de orden *natural*, determinada por la activa influencia que la sexualidad ejerce desde temprana edad. Esta *interpretación* analítica traslada el sistema de significación *adulta* al lugar de las primeras impresiones infantiles, como si en verdad se tratara de un sistema de significación universal y la relación de la mirada guardara correspondencia con un determinado sentido que se fijaría unívocamente en las determinaciones fijadas por la estructura de la teoría. Según Freud, por ejemplo, para el niño sería natural la suposición de que todas las personas que *conoce* poseen un órgano genital exacto al suyo y no puede sospechar en nadie la falta de este órgano. Correlato del proceso evolutivo en el que queda envuelta plenamente la sexualidad del sujeto, *evidenciado* empíricamente mediante la observación psicoanalítica, surgirá irremediablemente una relación dramática que determinará gran parte de la existencia del ser: el complejo de castración y la envidia por la posesión del pene:

> "Esta convicción es enérgicamente conservada por el sujeto infantil, que la defiende frente a las contradicciones que la observación le muestra en seguida, y no la pierde hasta después de graves luchas interiores (complejo de castración). Las formaciones sustitutivas de este pene, que el niño supone perdido en la mujer, juegan en la morfología de numerosas y diversas perversiones un importantísimo papel."[977]

Según esta teoría, la creencia inicial de que ambos sexos poseen el mismo aparato genital (el masculino) es la primera de las impresiones sexuales infantiles que puede acarrear graves consecuencias. El fin normalizador al que en principio se debe la teoría psicoanalítica procura reforzar la creencia cultural dominante en la existencia de dos géneros sexuales: hombre y mujer:

> "De poco sirve al niño que la ciencia biológica dé la razón a sus prejuicios y reconozca el clítoris femenino

---

[977] Op.cit., p.1208.

como un verdadero equivalente del pene. La niña no crea una teoría parecida al ver los órganos genitales del niño diferentes de los suyos. (…) Lo que hace es sucumbir a la envidia del pene, que culmina en el deseo, muy importante por sus consecuencias, de ser también un muchacho."[978]

Para Freud, ser muchacho es ser cualitativamente diferente que ser muchacha, por lo que vale sospechar que la teoría psicoanalítica de la sexualidad no hace sino reforzar este prejuicio fundacional de la cultura moderna y las relaciones de dominación y subordinación que, a partir de esta distinción, se sostienen. Pero el problema de esta afirmación no reside tanto en la reproducción de este gran supuesto cultural cuanto que en las implicaciones políticas que sobre él se racionalizan y, en tal acto, se justifican. Tomar la categoría política de la normalidad como referente de la finalidad de las funciones sociales del género sexual no dista cualitativamente de la voluntad de poder que sostienen los discursos de las filosofías tradicionales, sino que los refuerza con fundamentos psico-analíticos. De ahí que la crítica no la anime un interés emancipador sino una declarada intención normalizadora...

No sólo las luchas emancipadoras de las mujeres son reducidas al rincón de las ilusiones culturales que debieran *superarse* por el buen uso de la razón (contenida en los principios teóricos del psicoanálisis), sino, además, numerosos actos cotidianos. La actitud de hostilidad hacia la madre, los conflictos con el marido, las inclinaciones lésbicas, las patologías sexuales, frustraciones, esperanzas, deseos, anhelos, fantasías, insubordinaciones, etc., todo ello encontrará su referente más profundo, no en la rivalidad implícita en el complejo de Edipo, sino en la fase anterior a él, en el complejo de castración, en el tiempo reinante de la envidia fálica. En su ensayo *Sobre la sexualidad femenina* (1931), reitera:

"Cuando la niña pequeña descubre su propia deficiencia ante la vista de un órgano genital masculino, no acepta este ingrato reconocimiento sin vacilaciones ni resis-tencias. Como ya hemos visto, se aferra tenazmente a la

---

[978] Ídem.

expectativa de adquirir alguna vez un órgano semejante, cuyo anhelo sobrevive aún durante mucho tiempo a la esperanza perdida. (…) "Invariablemente, la niña comienza por considerar la castración como un infortunio personal; sólo paulatina-mente comprende que también afecta a ciertos otros niños y, por fin, a determinados adultos. Una vez admitida la universalidad de esta característica negativa de su sexo, desvaloriza profundamente toda la feminidad y con ella también la madre." [979]

La disciplina psicoanalítica ejerce su tarea disciplinaria: La niña *debe* "aprender" primero a *desvalorizarse* a sí misma como condición para acceder al estadio superior de su evolución como sujeto normal, ser mujer. Correlato de la desvalorización personal es la sobrevaloración de su invencible adversario, el hombre. *Aprender* supone, pues, *reconocerse* a sí misma como inferior al hombre, *identificarse* con los valores culturales dominantes y fijar las orientaciones sexuales al destino que su condición natural le ha reservado irrevocablemente: rendirse a la represión; someterse a la dominación cultural o pagar el precio de resistirse. No a la trivialidad de poseer un órgano genital particular sino a aspirar a ser eso que quienes por naturaleza lo poseen pueden ser o pueden querer ser. La represión es positiva: produce las condiciones de ser mujer.

Para Freud la vida adulta está regida por las leyes del pensamiento inconsciente, es decir, de los procesos primarios. En ellos el niño debe aceptar que la mujer no tiene pene y la niña aceptar que no sólo no tiene sino que no podrá tenerlo nunca. El valor teórico como metáfora de un deseo imposible de cumplir podría tener mayor relevancia en otro orden discursivo, pero Freud fija el sentido preciso en la impresión *literal* de un órgano genital, y esa parte del cuerpo serviría de fundamento biológico a los contenidos ideológicos de la distinción sexual binaria del género humano y las prescripciones culturales que sobre esta distinción se sostienen. En su escrito *Fetichismo* (1927), Freud reitera la dogmática patriarcal de su discurso desde otra perspectiva falocéntrica:

---

[979] S.Freud; "Sobre la sexualidad femenina"; op.cit., p.3082.

"En el mundo de la realidad psíquica la mujer conserva, en efecto, un pene, a pesar de todo, pero este pene ya no es el mismo que era antes. Otra cosa ha venido a ocupar su plaza, ha sido declarada, en cierto modo, su sucedánea, y es ahora heredera del interés que antes había estado dedicado al pene. Este interés, empero, experimenta todavía un extra-ordinario reforzamiento, porque el horror a la castración se erige a sí mismo una especie de monumento al crear dicho sustituto."[980]

Ya en sus *Teorías sexuales infantiles*, publicadas en 1908, Freud sostenía que la anatomía ha reconocido en el clítoris femenino el órgano homólogo al pene, y la fisiología de los procesos sexuales ha añadido que este pene incipiente y no susceptible de mayor desarrollo se conduce en la infancia de la mujer como un verdadero pene y constituye la sede de estímulos que incitan a la sujeto a maniobras de carácter onanista, prestando su excitabilidad un marcado carácter masculino a la actividad sexual de la niña. Este hecho –añade- hace necesario, en los años de la pubertad:

"...un avance de la represión destinado a desvanecer esta sexualidad masculina y dar nacimiento a la mujer."[981]

La represión –advierte- si es excesiva puede dar lugar a la frigidez como a la emergencia de otros sustituciones histéricas. No obstante:

"Todos estos hechos no contradicen, ciertamente, la teoría sexual infantil de que la mujer posee, como el hombre, un pene."[982]

En su ensayo *Algunas consecuencias psíquicas de la diferencia sexual anatómica*, publicado en 1925, Freud sostiene que la "envidia fálica"

---

[980] S.Freud; "Fetichismo" (1927) en *Obras Completas* (Tomo III); op.cit., p.2993.

[981] S.Freud; "Teorías sexuales infantiles" (1908) en op.cit., p.1266.

[982] Ídem.

tiene consecuencias psíquicas diversas y trascendentes para la mujer, en la medida en que ésta no ha sido absorbida por la formación reactiva del complejo de masculinidad:

"Una vez que la mujer ha aceptado su herida narcisista, desarróllase en ella -en cierto modo como una cicatriz- un sentimiento de inferioridad."[983]

Este sentimiento de inferioridad es una consecuencia del curso evolutivo normal de la feminidad, es decir, de la represión que fuerza a la niña a renunciar a *sus* impulsos masculinos, a *sus* fantasías fálicas...

"Después de haber superado su primer intento de explicar su falta de pene como un castigo personal, comprendiendo que se trata de una característica sexual universal, comienza a compartir el desprecio del hombre por un sexo que es defectuoso en un punto tan decisivo, e insiste en su equiparación con el hombre, por lo menos en lo que se refiere a la defensa, de tal opinión."[984]

Comprendida la inevitabilidad de las suertes que le depara el Destino a la mujer, y resignada ya ante sus embates, el discurso psicoanalítico seguirá montando pieza por pieza las características que constituyen la radical o esencial diferencia entre los grandes géneros sexuales de la humanidad. Aunque muchas conductas no son privativas de uno de los sexos, y múltiples factores pueden incidir sobre ellas, en la mujer aparecen manifestadas con mayor generalidad e intensidad. Como las neurosis, los celos:

"...los celos (...) desempeñan en la vida psíquica de la mujer un papel mucho más considerable, precisamente

---

[983] S.Freud; "Algunas consecuencias psíquicas de la diferencia sexual anatómica" (1925) en *Obras Completas* (Tomo III); op.cit., p.2899.

[984] Ídem.

por recibir un enorme reforzamiento desde la fuente de la envidia fálica desviada."[985]

En sus últimos trabajos, Freud reitera sus posturas. En la estructura teórica de la sexualidad, según representada en *Análisis terminable e interminable* (1937), la aspiración a la masculinidad de los varones aparece en sintonía con el Yo, mientras que:

> "En las hembras también la aspiración a la masculinidad resulta sintónica con el Yo en cierto período -es decir, en la fase fálica, antes que haya empezado la evolución de la feminidad-. Pero entonces sucumbe a los tempestuosos procesos de la represión, cuyo éxito, como tantas veces se ha demostrado, determina el logro de la feminidad de una mujer."[986]

La formación de la feminidad depende de la eficacia de las fuerzas represoras, en cuanto que éstas empujan hacia la transformación de los deseos primarios (vinculados al complejo de masculinidad) hacia la sublimación, es decir, a ejercer la función social de la feminidad normal:

> "...el deseo apaciguado de un pene está destinado a convertirse en el deseo de un bebé y de un marido que posee un pene."[987]

A Freud le resulta extraño, descubierto este proceso evolutivo de la formación de la feminidad, que a menudo se encuentre que el deseo de masculinidad ha sido retenido en el inconsciente (preservado en su estado de represión) y ejerza un influjo perturbador. La mujer (normal), antes de ser considerada como tal, debe sucumbir a la represión. En otras palabras, someterse a su domesticación. En su escrito *Generalidades sobre el*

---

[985] Op.cit., p.2900.

[986] S.Freud; "Análisis terminable e interminable" (1937) en *Obras Completas* (Tomo III); op.cit., p.3363.

[987] Ídem.

ataque histérico, publicado en 1908, la mujer ya aparecía, no como naturaleza idéntica a sí misma (como esencia de su condición humana), sino como efecto puntual de la represión:

"En toda una serie de casos, la neurosis histérica no corresponde sino a una intensidad excesiva de aquel típico impulso represivo que, suprimiendo la sexualidad masculina, hace surgir la mujer."[988]

Las suertes que el Destino Social impone a las mujeres de seguro incitarán las neurosis, las histerias y demás patologías que, si bien son relativamente generalizables, se manifiestan con mayor intensidad en el género de la mujer... al cual el psicoanálisis abrirá de par en par las puertas de su consultorio...

Insumisión: ¿dificultad terapéutica o problema político?

En su ensayo *Análisis terminable e interminable*, Freud reconoce que un requisito ideal para todo psicoanálisis realizado con éxito sería que el complejo de castración hubiera sido *dominado* de antemano. Cita de Ferenczi:

"Todo paciente varón debe obtener el sentimiento de equidad en relación con el médico como un signo de que ha vencido su miedo a la castración; toda paciente mujer, si se ha de considerar a su neurosis como totalmente vencida, debe haberse librado de su complejo de masculinidad y emocionalmente ha de aceptar sin trazas de resentimiento las consecuencias de su papel femenino."[989]

Freud reconoce que el tratamiento analítico se enfrenta a una dificultad insuperable si la mujer no entra al juego clínico habiendo dominado esta fase del complejo de castración:

---

[988] S.Freud; "Generalidades sobre el ataque histérico" (1908) en *Obras Completas* (Tomo II) op.cit., p.1358.

[989] Nota al calce #1505 en S.Freud; "Análisis terminable e interminable"; op.cit., p.3364.

"Del deseo de un pene por parte de la mujer no puede provocarse una transferencia análoga, pero es en ella la fuente de graves episodios de depresión debidos a una convicción interna de que el análisis de nada servirá y que nada puede hacerse para ayudarla. (…) Y hemos de aceptar que está en lo cierto cuando sabemos que su más fuerte motivo para el tratamiento era la esperanza de que, después de todo, todavía podría obtener un órgano masculino, cuya ausencia era tan penosa para ella."[990]

Advertida esta *dificultad* que enfrenta el psicoanálisis, Freud reitera que su tarea no es otra que la de *ayudar* a *admitir* las limitaciones e imposibilidades a las que el Destino Social enfrenta a la mujer. La tarea del analista será, pues, la de reforzar el principio de realidad y promover un desplazamiento hacia la sublimación, es decir, a resignarse a la posición de inferioridad, reconocer la función deseable de la feminidad, fortalecer la disposición a la servidumbre. El encargo político de la terapia psicoanalítica es –como ya se ha apuntado a lo largo de este trabajo- hacer que el sujeto acepte su condición de sujeto, de sujeto sujetado a la diferencia sexual y sus requerimientos y se rinda a la represión bajo el modo de admitir que sus deseos están sujetos a las leyes del inconsciente, es decir, marcados desde siempre por la envidia del pene...

"La repudiación de la feminidad puede no ser otra cosa que un hecho biológico[991], una parte del gran enigma de la sexualidad. Sería difícil decir si y cuándo hemos logrado domeñar este factor en un tratamiento psicoanalítico. Sólo podemos consolarnos con la certidumbre de que hemos dado a la persona analizada todos los alientos necesarios para reexaminar y modificar su actitud hacia él."[992]

---

[990] Op.cit., p.3364.

[991] Esto es probablemente verdad, -apunta Freud- puesto que para el campo psíquico el territorio biológico desempeña en realidad la parte de la roca viva subyacente." (Ídem.)

[992] S.Freud; "Análisis terminable e interminable"; op.cit., p.3364.

De la *crítica* a la moral sexual cultural

Parte integral del proyecto político de control y dominación social al que Freud inscribe la tarea del psicoanálisis aparece relacionado a lo largo de su obra con la tarea primordial de la educación. En sus *Lecciones introductorias al psicoanálisis*, (lección XX), dictadas en 1915-16, tratando el tema de la vida sexual humana, sostiene que "la sociedad" *considera* como una de sus "esenciales misiones educativas" la de lograr que el instinto sexual encuentre, al manifestarse en el sujeto como una necesidad de procreación, una voluntad individual obediente a la coerción social que lo refrene, limitándolo y dominándolo.[993] Al mismo tiempo –añade- se halla también interesada en que el "desarrollo completo" de la necesidad sexual quede retardado hasta que el niño haya alcanzado un cierto grado de "madurez intelectual", pues con la total aparición del instinto sexual queda puesto un *fin* a toda influencia educativa. La suposición ideológica de Freud es la siguiente:

"Si la sexualidad se manifestase demasiado precozmente, rompería todos los diques y anularía toda la obra de la civilización, fruto de una penosa y larga labor."[994]

Enseguida advierte que, no obstante, la misión de refrenar la necesidad sexual no es jamás fácil, y al realizarla se peca unas veces por exceso y otras por defecto. La economía política a la que lo social dominante somete la vida de los sujetos bajo sus dominios es insuficiente en cuanto al poder de viabilizar efectivamente sus pretensiones. La orientación de sus preceptos hacia la constitución de sujetos útiles y productivos, según el dogma moderno del trabajo, es una suerte de la que no *puede* (o interesa) escapar.

"La base sobre la que la sociedad reposa es en último análisis de naturaleza económica; no poseyendo medios suficientes de subsistencia para permitir a sus miembros vivir sin trabajar, se halla la sociedad obligada a

---

[993] S.Freud; "La vida sexual humana" (Lección XX) de "Lecciones introductorias al psicoanálisis" (1917), en *Obras Completas* (Tomo II); op.cit., pp. 2311-21.

[994] Op.cit., p.2316.

limitar el número de los mismos y a desviar su energía de la actividad sexual hacia el trabajo. Nos hallamos aquí ante la eterna necesidad vital, que, nacida al mismo tiempo que el hombre, persiste hasta nuestros días."[995]

Las connotaciones bíblicas en esta interpretación, coincidentes con la ética capitalista y la moral ideológica del trabajo, es evidente. Pero las inclinaciones al trabajo –como ya Freud reconocía- no pertenecen a la naturaleza humana, por lo que el sometimiento a las tecnologías de subyugación ideológica se reconocen como imprescindibles para el sostenimiento de la vida social, significada a favor de estos términos. La regulación disciplinaria de la vida sexual es orientada por el cálculo de la economía política dominante, que Freud atribuye a la *experiencia*:

"La experiencia ha debido demostrar a los educadores que la misión de someter la voluntad sexual de la nueva generación no es realizable más que cuando, sin esperar la explosión tumultuosa de la pubertad, se comienza a influir sobre los niños desde muy temprano, sometiendo a una rigurosa disciplina, desde los primeros años, su vida sexual, la cual no es sino una preparación a la del adulto, y prohibiéndoles entregarse a ninguna de sus infantiles actividades sexuales."[996]

La represión es, pues, la condición primordial para la formación de sujetos útiles y productivos para "la sociedad". Las tecnologías disciplinarias modernas, de las que el psicoanálisis es parte integral, atribuyen la tarea de la educación sexual un rango de vital importancia para el proyecto político de domesticación social. Teniendo este horizonte como finalidad, precisan reconocer el valor que la vida sexual infantil tiene para tales efectos, aunque hagan aparecer al objeto de sus primeras intervenciones represivas tras una fachada de pureza e inocencia. Freud desmiente esta representación moral de la sexualidad del niño y advierte sobre la importancia que

---

[995] Ídem.

[996] Op.cit., p.2317.

tiene para el proyecto político de domesticación social: conocerlo es una condición para dominarlo. La *educación* lo lleva por encargo:

> "Los niños son los únicos a quienes estas convenciones no logran engañar, pues, a pesar de ellas, hacen valer con toda ingenuidad sus derechos animales, mostrando a cada instante que la pureza es algo de lo que aún no tienen la menor idea. Y resulta harto singular ver cómo sus guardadores, que niegan en redondo la existencia de una sexualidad infantil, no por ello renuncian a la educación..."[997]

El psicoanálisis reconoce que el instinto sexual no tiene originariamente el fin de la reproducción sino determinadas formas de consecución de placer, expresadas desde temprano en la niñez. La teoría de la sexualidad (infantil, femenina, etc.) no se limita, no obstante, a *describir* sus impresiones sino que las sitúa inmediatamente en el orden de su relación social. Establecido que la sexualidad es un factor determinante para el mantenimiento y preservación de la vida social, la educación sexual infantil lleva, para el psicoanálisis de Freud, una función *reguladora* de vital importancia:

> "...adscribimos a la educación la labor de limitarlo, pues la permanencia en él del instinto sexual le haría incoercible e inaprovechable ulteriormente."[998]

El encargo político de la educación sexual infantil, reforzada por el *conocimiento* ofrecido por el psicoanálisis, es canalizar las energías sexuales (libido) y procurar ponerlas al servicio de *la sociedad*. El encargo sexual reducido a la reproducción, que la cultura ha convertido en *naturaleza* de la mujer, es, desde esta perspectiva, efecto de la represión ejercida sobre los instintos sexuales primarios. La posición que ocupa la mujer *adquiere* valor social por su relación a la disposición de servidumbre en el comercio sexual (instituido en el matrimonio). Las cualidades de más alto valor están englobadas,

---

[997] Idem.

[998] S.Freud; "La moral sexual cultural y la 'nerviosidad' moderna" (1908) en *Obras Completas* (Tomo II); op.cit., p.1249

pues, bajo el signo de la pasividad, donde la sumisión es trocada en una virtud esencial de la mujer. El significado social de la sublimación es, entonces –como ya he apuntado– un eufemismo psicoanalítico de la moral cultural dominante, donde la economía política de la represión es practicada en función de valores de uso y utilidad social y lo social permanece cargado de connotaciones de orden patriarcal y orientado a preservar sus dominios. Dentro de este cuadro ideológico general todo lo que no siga el curso evolutivo de modo tal que desemboque en lo "normal" no será ya considerado negativamente para la cultura por su ilicitud o inmoralidad pero sí como una perversión sexual, una anormalidad:

> "Resulta así que mucha parte de las energías utilizables
> para la labor cultural tiene su origen en la represión de
> los elementos perversos de la excitación sexual."

Freud distingue, dentro del marco de las fases evolutivas del instinto sexual, tres grados o estadios de cultura: uno, en el cual la actividad del instinto sexual va libremente más allá de la reproducción; otro, en el que el instinto sexual queda coartado en su totalidad, salvo en la parte puesta al servicio de la reproducción, y un tercero, en fin, en el cual sólo la reproducción legítima es considerada y permitida como fin sexual. A este tercer estadio corresponde nuestra presente moral sexual "cultural".[999] La primera apertura crítica de Freud que pudiera vincularse a una reivindicación emancipadora es la que advierte que:

> "Una de las más evidentes injusticias sociales es la de
> que el standard cultural exija de todas las personas la
> misma conducta sexual, que, fácil de observar para
> aquellas cuya constitución se lo permite, impone a
> otros los más graves sacrificios psíquicos. Aunque claro
> está que esta injusticia queda eludida en la mayor parte
> de los casos por la trasgresión de los preceptos
> morales."[1000]

---

[999] Op.cit., p. 1253.

[1000] Op.cit., p.1255.

Pero ya Platón, en sus *Leyes*, advertía de la imposibilidad de ajustar la Ley a la medida de los deseos de todos, y se precisaba, pues, imponerse sobre todos procurando, si acaso, el beneficio de los más. Ha sido la racionalidad ideológica dominante en las filosofías políticas modernas y el psicoanálisis, sin duda, comparte simpatías con ella. De modo similar a las retóricas del humanismo liberal, procuraría aflojar las restricciones de la ley (que incluyen a la moral cultural dominante) y ajustarlas a los requerimientos de orden social antes que a la conservación dogmática de los prejuicios y autoridades que los sostienen. La represión de la sexualidad, como la educación, sigue siendo de vital importancia social para la economía política de los estados modernos, a cuyos fines de preservación apunta el psicoanálisis sus complicidades políticas. Ampliar el margen de la normalidad para admitir otras prácticas sexuales que en su época eran, como aún en la nuestra, consideradas como perversiones y tratadas como tales por consideraciones legales y morales. La consideración de los factores psíquicos es propuesta por Freud para enmendar los errores disciplinarios de las tradiciones culturales, no para erradicarlos. Todo un orden de patologías ha sido identificado y vinculado por el psicoanálisis a las excesivas coerciones culturales. La administración de la vida sexual por el discurso de la normalidad referido a la Ley estatal y la Moral cultural tiene consecuencias terribles sobre los sujetos forzados a someterse a sus dominios. Advierte Freud:

> "No es ya difícil prever el resultado que habrá de obtenerse al restringir aún más la libertad sexual prohibiendo toda actividad de este orden fuera del matrimonio legítimo... (...) El número de individuos fuertes que habrán de situarse en franca rebeldía contra las exigencias culturales aumentará de un modo extraordinario, e igualmente el de los débiles que en su conflicto entre la presión de las influencias culturales y la resistencia de la constitución se refugiarán en la enfermedad neurótica."[1001]

[1001] Ídem.

El control y la regulación sobre la sexualidad *debe ser* ejercido, pero tomando en consideración otros factores, que procuren desembocar en medidas racionales más efectivas y productivas para los *fines* sociales. La severidad excesiva tiende a provocar la trasgresión de los preceptos morales, lo que hace a este sector de la población más difícil de controlar. De otra parte, desemboca en patologías que afectan la capacidad productiva de los sujetos y, como ya ha dejado saber entre líneas, los enfermos mentales son inútiles para la consecución de los fines sociales de la modernidad. Una práctica social donde Freud sitúa su atención es el matrimonio. Según él, el "comercio sexual" coartado por el "matrimonio legítimo" no puede ofrecer una compensación total de la restricción sexual anterior al mismo[1002], como ya se ha apuntado anteriormente sobre la relación con el tabú de la virginidad. Ante la desilusión que representa el matrimonio para el hombre, y la relativa imposibilidad de someterse sumisamente a sus designios morales, sostiene Freud:

> "No hemos de entrar a investigar en qué medida lo logra el hombre llegado a plena madurez; la experiencia nos muestra que hace uso frecuente de la parte de libertad sexual que aun en el más riguroso orden sexual

---

[1002] Apunta Freud: Recordaremos, ante todo, que nuestra moral sexual cultural restringe también el comercio sexual aun dentro del matrimonio mismo, obligando a los cónyuges a satisfacerse con un número por lo general muy limitado de concepciones. Por esta circunstancia no existe tampoco en el matrimonio un comercio sexual satisfactorio más que durante algunos años, de los cuales habrá de deducir, además, aquellos períodos en los que la mujer debe ser respetada por razones higiénicas. Al cabo de estos tres, cuatro o cinco años, el matrimonio falla por completo en cuanto ha prometido la satisfacción de las necesidades sexuales, pues todos los medios inventados hasta el día para evitar la concepción disminuyen el placer sexual, repugnan a la sensibilidad de los cónyuges o son directamente perjudiciales para la salud. El temor a las consecuencias del comercio sexual hace desaparecer primero la ternura física de los esposos y más tarde, casi siempre, también la mutua inclinación psíquica destinada a recoger la herencia de la intensa pasión inicial. Bajo la desilusión anímica y la privación corporal, que es así el destino de la mayor parte de los matrimonios, se encuentran de nuevo transferidos los cónyuges al estado anterior a su enlace, pero con una ilusión menos y sujetos de nuevo a la tarea de dominar y desviar su instinto sexual. (Op.cit., p.1256)

le concede, si bien en secreto y a disgusto. La "doble" moral sexual existente para el hombre en nuestra sociedad es la mejor confesión de que la sociedad misma que ha promulgado los preceptos restrictivos no cree posible su observancia."[1003]

La representación de la desilusión de la mujer en este gran escenario de la moral sexual cultural moderna (construida teóricamente como inferior al hombre) es más crítica:

"Por su parte, las mujeres que, en calidad de sustratos propiamente dichos de los intereses sexuales de los hombres, no poseen sino en muy escasa medida el don de la sublimación, y para las cuales sólo durante la lactancia pueden constituir los hijos una sustitución suficiente del objeto sexual; las mujeres, repetimos, llegan a contraer, bajo el influjo de las desilusiones aportadas por la vida conyugal graves neurosis que perturban duraderamente su existencia."[1004]

En este contexto, bajo las actuales normas culturales – sostiene Freud- el matrimonio ha cesado de ser hace mucho tiempo el remedio general de todas las afecciones nerviosas de la mujer. Inversamente –añade- el remedio de la nerviosidad originada por el matrimonio sería la infidelidad conyugal:

"Pero cuanto más severamente *educada* ha sido una mujer y más seriamente se ha *sometido* a las exigencias de la cultura, tanto más *temor* le inspira este recurso, y en su conflicto entre sus deseos y sus deberes busca un refugio en la neurosis. Nada protege tan segura-mente su virtud como la enfermedad."[1005]

[1003] Op.cit., p.1256.

[1004] Ídem.

[1005] Op.cit., p.1257.

Más adelante advierte que la *preparación* para el matrimonio no hace sino preparar las condiciones de su fracaso. Cuando la mujer, ya *vencida* la demora artificialmente impuesta a su desarrollo sexual y "llegada a la cima de su existencia femenina", al enfrentarse al progresivo enfriamiento de las pasiones sexuales de los primeros tiempos, no le queda más que devolverse a su docilidad anterior y elegir entre el deseo insatisfecho, la infidelidad o la neurosis...

Devolviéndose en sus líneas finales a la motivación inicial de su escrito, Freud hace un llamamiento a la clase médica a envolverse en la vida política y procurar reformas sociales que urgen, dadas las condiciones vigentes de la represión moral y las ya advertidas consecuencias que sobre la salud física y mental de los sujetos implican sus respectivas prácticas. El grito de alerta, en sus propias palabras, es el siguiente:

> "...bajo el imperio de la moral sexual cultural pueden quedar expuestas a ciertos daños la salud y la energía vital individuales, y (...) este daño, infligido a los individuos por los sacrificios que le son impuestos, alcanza, por último, tan alto grado que llega a constituir también un peligro para el fin social."[1006]

La crítica general del discurso del psicoanálisis queda consagrada a este encargo político y la tarea asignada la lleva a cabo cotidianamente en la inmediatez del escenario clínico. La estrategia a seguir la sitúa bajo el signo de la educación, como ya he apuntado. Los daños imputables a la moral sexual, la responsabilidad de éstos sobre el incremento de la "nerviosidad moderna", sirven de trasfondo cultural a la teoría psicoanalítica en general y, consecuentemente de signo de orientación política a su práctica. La *cura* de sus pacientes, como Freud ya ha explicitado a lo largo de su obra, seguiría siendo un otro modo de decir la *reeducación* de los sujetos. Ahora bien, puesta en cuestionamiento la economía política de la represión moral y la consecuente necesidad de administrar de modo consciente (hacia un fin social) la educación sexual, vale insistir en preguntarse: ¿en qué consiste el fin social? ¿Cuál es el

---

[1006] Op.cit., p.1249.

horizonte que su finalidad persigue? ¿Qué constituye el *peligro* que le acecha? Peligro, al fin, ¿para quién? Educación, ¿para qué?...

La retórica política de Freud, característicamente moderna, está cargada de infinidad de ambigüedades, recurso táctico éste que cumple una función precisa dentro de la estratégica general en el orden de su discurso. Situación ésta que, como he tratado a lo largo de mi trabajo, no presenta un problema epistemológico a resolver, ni una inconsistencia teórica que enmendar, ni siquiera un lenguaje esquivo que descifrar. Es una táctica retórica con fines políticos precisos a lo que se debe el discurso freudiano y su particular estructuración y ordenamiento en el contexto de su práctica representacional; es, pues, con relación a su estrategia general que deben mirarse las relativas ambigüedades que son activadas en su discurso, que es, nuevamente, político. Basta *mirar* el rango al que eleva Freud la categoría de represión para que las preguntas anteriores obtengan su pertinencia inmediata. Siguiendo los puntos suspensivos, cabe preguntar, pues, ¿Cuál es la relación entre la represión y el fin social? ¿En qué consiste precisamente su puesta en práctica? ¿Cuál es el contenido de ésta? La sublimación es la categoría donde Freud condensa idealmente la orientación política de la represión, su finalidad ideológica. Pero también lo hace bajo el registro de la ambigüedad. Mi inclinación ha sido, hasta ahora, a vincular esta práctica representacional del discurso psicoanalítico al orden de las tecnologías de subyugación ideológica que integran el poderío normalizador moderno. Hasta ahora he procurado rastrear, en este registro, las fuertes connotaciones de orden patriarcal a las que Freud adscribe la teoría psicoanalítica. He identificado, pues, que como saldo general ha procurado elaborar una refinada teoría de la sumisión, basada en la voluntad de disciplinar y domesticar la sexualidad humana y montada sobre ficciones ideológicas a las que ha asignado valor universal y fuerza de ley. La mujer, que es una categoría de este orden en su discurso, ha sido representada de modo tal que ha activado sospechas, críticas radicales y denuncias, sobre todo por parte de quienes se han visto convocadas a reconocerse e identificarse en ella. Paradójicamente, también ha contado con el respaldo y las simpatías de otras, quienes ven en el lugar de la teoría un recurso liberador y no una práctica más de control y dominación. Tema éste que esbozaré de inmediato...

Feminismo(s) y psicoanálisis: tensiones y complicidades

> "Freud is one of the great men
> whose relationship with women were happy.
> He never entered into dramatic conflicts with them
> or withdrew into hostility against them
> —phenomena which are the exception rather than the rule
> in the lives of geniuses."
> *K.R.Eissler*

En idénticos términos a como sucedía dentro de los debates sobre el marxismo (o el materialismo histórico) y su relación con el psicoanálisis de Freud, hay feministas para quienes la emancipación de la mujer se ve fatalmente entorpecida por el psicoanálisis mientras que, a la vez, hay feministas para quienes la posibilidad de la emancipación reside radicalmente en el psicoanálisis. Según Juliet Mitchell, en su escrito *Psicoanálisis y feminismo*[1007], por ejemplo, la mayor parte de los movimientos feministas han identificado a Freud como su enemigo, no obstante —sostiene— dicho rechazo del psicoanálisis y de la obra de Freud es fatal para este movimiento. Cualquiera que sea la forma en que se haya utilizado —añade— el psicoanálisis no constituye una recomendación para una sociedad patriarcal, sino un *análisis* de la misma. Mitchell advierte en su trabajo que ciertos conceptos teóricos han sido sacados de su contexto y sus implicaciones para el feminismo han resultado ideológicamente adversas. Esta autora *interpreta* la obra de Freud como recurso indispensable para efectivar las reivindicaciones políticas del feminismo, al armar su estructura con una teoría que supone reforzaría las posibilidades emancipadoras, pues ésta permite *comprender* profundamente —con ayuda del materialismo histórico— las condiciones de alineación y subordinación de las mujeres. Según esta autora, la mayoría de las interpretaciones del psicoanálisis ha sido incorrectamente comprendida por la mayor parte de las feministas. Aunque la defensa de Freud es el tema central de su trabajo, en su introducción advierte que, como teórica feminista:

[1007] J.Mitchell; *Psicoanálisis y feminismo: Freud, Reich, Laing, y las mujeres*; Editorial *Anagrama*, Barcelona, 1976.

"No estoy interesada en lo que Freud hizo, sino en lo que podemos obtener de él: en una exploración política más que académica."[1008]

Para dar cuenta de ello aborda varios textos *representativos* de las posturas de resistencia feminista que se han opuesto al psicoanálisis e identifica las claves donde estas interpretaciones *yerran* y, a la vez, señala las aportaciones del psicoanálisis a la *comprensión* de la feminidad y el funcionamiento del patriarcado, objeto de ataque del feminismo. A continuación, trataré algunos de los pasajes de los textos trabajados por Mitchell, que representan la articulación de las resistencias feministas al psicoanálisis y, simultáneamente, destacaré brevemente las interpretaciones que de ellos articula esta autora en "defensa de Freud", a favor de la integración del psicoanálisis y el feminismo. Ambos polos serán situados entre las coordenadas teóricas y políticas que ya he expuesto a lo largo de este trabajo y contrastados consistentemente con mis sospechas y líneas argumentativas.

Pienso que la apropiación del discurso psicoanalítico supone la subordinación del mismo a la arbitrariedad del poder que se lo apropia. En el lenguaje académico, por fuerza, tal vez, de cierta presión cultural, se suele trocar este acto político por un eufemismo, el de la *interpretación*. Por ejemplo, para el feminismo que interesa integrar a Freud a las filas de su movimiento, el concepto clave de su teoría de la sexualidad humana, la "envidia del pene", no podría ser interpretado *literalmente* (en su acepción anatómica), pues sus connotaciones ideológicas no soportarían una traducción alternativa y su destino estaría fatalmente marcado por las críticas tradicionales al discurso patriarcal. Para *admitir* a Freud éste deberá ser *leído* (interpretado) de alguna otra manera. La "envidia del pene", matriz de la teoría falocrática del psicoanálisis de Freud, pasaría a ser *interpretada* como una cuestión de representación simbólica, como metáfora de las prácticas culturales de diferenciación por género en las sociedades patriarcales. Esta *interpretación* (que es, en esencia, una manipulación teórica, una resignificación política), paradójicamente, mantendrá su encargo originario: *describir* literalmente los *descubrimientos* del psicoanálisis, que suponen la puesta en evidencia

---

[1008] Op.cit., p.15.

de la posición de *desventaja* de la mujer con respecto al hombre, por su naturaleza biológica de *mujer*.[1009] Según Mitchell:

> "Cuando decimos "envidia del pene", no nos estamos refiriendo a un órgano anatómico sino a las ideas que sobre éste sustenta la gente, y con la que vive dentro de la cultura general del orden de la sociedad humana."[1010]

Es una *idea* y la vivimos –añade–:

> "La forma en que vivimos como "ideas" las normas necesarias de la sociedad humana no es tanto consciente como *inconsciente*; la tarea específica del psicoanálisis consiste en descifrar de qué modo adquirimos nuestra herencia de las ideas y leyes de la sociedad humana dentro de la mente inconsciente (...) la mente inconsciente *es* la forma en que adquirimos dichas leyes."[1011]

Según Mitchell, para analizar las operaciones de la ideología y las normas del orden humano, Freud tuvo que *comprender* que ese orden y esa ideología son patriarcales.[1012] El concepto de patriarcado se refiere, según esta autora, a la Ley del Padre, que es una

---

[1009] El giro ideológico del que participa la *lectura* que Mitchell hace de Freud supone negar su orientación explícitamente biologicista, que ha sido, lejos de tratarse de una mala interpretación, un referente fundamental para la crítica del poder legitimador de lo biológico sobre las relaciones sociales en detrimento de la acción política (por ser reducida a factores de orden instintual, por ejemplo) y de lo cultural en general como productor de significaciones cargadas ideológicamente y no simplemente como efecto residual de lo psíquico. Otra autora que trabaja este tema, en su crítica a la orientación biologicista de Freud, poniendo mayor énfasis en lo cultural que en lo psíquico para dar cuenta de sus inclinaciones ideológicas de orden patriarcal, es C.Thompson; *El psicoanálisis* (1950); Editorial *Fondo de Cultura Económica*, México, 1995; pp.141-61.

[1010] J.Mitchell; *Psicoanálisis y feminismo...*; op.cit., p.10.

[1011] Ídem.

[1012] Op.cit., p.11.

metáfora teórica que supone *designar* el sistema que, por definición, debe oprimir a la mujer. Para esta autora es un error por parte del feminismo insistir en rechazar el psicoanálisis, tratarlo como producto cultural de un patriarca "victoriano" de mente estrecha confrontando a un increíble número de histéricas ávidas de sexo. Mitchell sostiene que si bien es cierto que el psicoanálisis esta matizado por consideraciones históricas y culturales, como cualquier otro sistema de pensamiento, pues éste se formó y desarrolló en un lugar y una época específicas, esto no invalida su legalidad universal.[1013] De acuerdo a esta postura, encuadrar al psicoanálisis dentro de una crítica basada en un determinismo historicista le hace un servicio negativo al feminismo. Según sostiene, tomar en cuenta la historicidad del discurso psicoanalítico de Freud sólo significa que estas leyes deben ser extraídas de su problemática específica, de las condiciones materiales concretas de su formación, es decir, *conocer* las circunstancias históricas que condicionaron la aparición del discurso en su especificidad. Postura ésta que, como se verá más adelante, servirá de armadura ideológica a la posición política de Mitchell frente a las resistencias feministas al psicoanálisis de Freud.

Para Mitchell, el interés de su postura feminista es volcar la teoría psicoanalítica a la práctica política. Su interpretación –según la autora- no pretende tergiversar o manipular la teoría de Freud sino ponerla en función del movimiento feminista, *reconociendo* las aportaciones *científicas* del psicoanálisis al *conocimiento* que sobre el ser mujer *aporta* dicha teoría. Para ella "la teoría es inmune a los usos ideológicos a que se la ha sometido". Por ejemplo, el complejo de Edipo, harto criticado desde las más diversas perspectivas, no es sólo metáfora de la estructura psíquica de la familia nuclear burguesa, en el contexto histórico del capitalismo vienés de fines del siglo XIX, sino una ley universal que describe la forma en que cada individuo *adquiere* toda cultura.[1014] El trabajo general de esta autora se concentra en *demostrar* el valor político de las *aportaciones* teóricas de Freud al feminismo, y en su escrito se detiene a dar cuenta de los *equívocos* de los que este movimiento ha sido partícipe al *limitarse* a denunciarlo y rechazarlo.

[1013] Op.cit., p.15.

[1014] Ídem.

La primera autora feminista que Mitchell hace subir a escena es Simone de Beauvoir, quien desde principios de la década de los cincuenta sostenía en sus escritos una relación crítica con el psicoanálisis de Freud. Según Mitchell, de Beauvoir afirma que la tesis freudiana asume que hay una superioridad original en el hombre mientras que para ella ésta es socialmente inducida. Y cita:

> "La codicia de la niña pequeña (envidia del pene), cuando existe, resulta de una evaluación previa de la virilidad. Freud da esto por sentado, cuando tendría que dar razón de ello. (...) La soberanía del padre es un hecho de origen social, que Freud no logra explicar..."[1015]

Para de Beauvoir, la soberanía masculina está arraigada en valores sociales impuestos históricamente, por lo que –afirma- la mujer tiene la posibilidad de *escoger* entre la afirmación de su trascendencia (su emancipación) y su alienación como objeto.[1016]

> "Al interiorizarse en el inconsciente y en la totalidad de la vida psíquica, el lenguaje del psicoanálisis sugiere que el drama del individuo se despliega en su interior: esto lo implican palabras tales como *complejo*, *tendencia*, etc. Pero una vida es una relación con el mundo y el individuo se define a sí mismo haciendo sus propias elecciones por medio del mundo que lo rodea."[1017]

Esta postura aparece centrada en una crítica al determinismo psíquico impuesto por Freud que, aunque reconocía el poder influyente de las condiciones exteriores (sociales), ponía mayor énfasis en el poder determinante de la vida psíquica. Mitchell rechaza esta interpretación y sostiene que Freud admitía, más que la

---

[1015] S. de Beauvoir; *El segundo sexo*; Editorial *Siglo Veinte*, Buenos Aires, 1957, según citado en J.Mitchell; *Psicoanálisis y feminismo*; op.cit., pp.308; 312.

[1016] Op.cit., p.313.

[1017] Op.cit., p.315.

determinación, la *sobredeterminación* de lo psíquico, lo que suponía el reconocimiento de la causación múltiple, la incidencia de numerosos factores que bien podían reforzarse entre sí como cancelarse mutuamente o contradecirse recíprocamente.[1018] Según Mitchell (con la misma arrogancia que caracteriza al lenguaje de la ortodoxia) esta crítica es una "distorsión" del análisis freudiano, un error de interpretación, que nace de la acusación de un determinismo filosófico (existencialista) pero también en el énfasis de identificar al modelo masculino de Freud como la clave central de su discurso teórico. Para Simone de Beauvoir:

> "Freud nunca mostró mucho interés por el destino de la mujer; resulta evidente que adaptó su exposición a partir del destino del hombre, con ligeras modificaciones."[1019]

Para de Beauvoir la sexualidad no es el determinante en última instancia de la subjetividad sino la relación de la *experiencia* de la vida. Esta autora enraíza su crítica al psicoanálisis en una premisa existencialista –según sostiene Mitchell-, y su objeción es al predominio *acordado* sobre la sexualidad. Desde esta perspectiva la sexualidad no es, pues, de relevancia trascendental, pues la experiencia que determina la subjetividad no está determinada por ella sino por otras relaciones que si bien implican la relación del cuerpo (mirada, tacto, etc.) no privilegian por ello sus partes sexuales. Es más bien la influencia social sobre los sexos, la cultura patriarcal en particular, la que establece las diferencias entre niños y niñas, y los primeros con relación de superioridad con respecto a la inferioridad de las segundas. Según Mitchell, de Beauvoir sostiene una crítica *existencialista* al psicoanálisis, fundamento filosófico éste que volcaría enseguida en su contra. Según reitera, la insistencia de esta autora en encuadrar la teoría psicoanalítica dentro de una filosofía, es decir, dentro de un marco de creencias que provean un sentido u orientación determinada (como la Moral), dista radicalmente del pensamiento teórico de Freud. Inscribiéndose bajo el registro de la gran ficción de ruptura de la que presume Freud

---

[1018] Op.cit., p.313.

[1019] S. de Beauvoir; según cita en J.Mitchell; *Psicoanálisis y feminismo*; op.cit., p.315.

con respecto de las tradiciones del pensamiento filosófico, Mitchell reduce la crítica de de Beauvoir a los términos que ya Freud había establecido en su crítica de la Filosofía. De acuerdo a esta *crítica*, sostiene que esta autora impregnó de metafísica al psicoanálisis al negar las determinaciones de lo inconsciente y pretender encuadrarlo dentro de una filosofía particular. Para Mitchell, el psicoanálisis (como el marxismo) no es una filosofía, pues no es un sistema de creencias.[1020] Resuelve, pues, que la crítica de Simone de Beauvoir, en tanto que está basada en un sistema filosófico de creencias (existencialismo) contradice en principio al psicoanálisis pues éste, a diferencia, es un método científico de investigación. Se opone a su *interpretación* y resuelve que el psicoanálisis, por lo menos el referido a la obra teórica de Freud, no admite en su estructura ningún fundamento filosófico, ideal político o convicción ética. Para Mitchell, Freud no es un político ni un moralista: "Su vida privada es otra cuestión, que resulta irrelevante."[1021] A todas cuentas, la determinación de lo inconsciente (y la correlativa teoría de la sexualidad) es una cuestión de principio para el psicoanálisis de Freud, y –como ya él ha determinado en otra parte- quien no lo acepte dogmáticamente no puede considerarse dentro del psicoanálisis. Mitchell se hace eco de su espíritu doctrinario, aunque su interpretación de la doctrina pueda diferir radicalmente de su *intención* originaria (aunque nunca lo reconozca formalmente).

Otra autora representativa de las tensiones entre el feminismo y el psicoanálisis, criticada en el trabajo de Mitchell, es Betty Friedan. Según Friedan, en su trabajo *La mística de la feminidad* (1963) sostiene que durante la década de los 40 la teoría de la envidia del pene fue aceptada como la explicación literal de todo lo que andaba mal en las mujeres americanas. Este acontecimiento dio paso a una profunda crítica a la celebrada aceptación y progresivo auge del psicoanálisis en la cultura occidental moderna. Si bien ciertas teóricas del feminismo coinciden en que la crítica a la moral represiva que caracterizó la represión de la sexualidad en la era victoriana participaba de cierto modo de la ideología emancipadora del feminismo, no obstante, hay quienes sostienen que, precisamente por la progresiva incidencia que las luchas feministas han

---

[1020] J.Mitchell; *Psicoanálisis y feminismo*; op.cit., p.323.

[1021] Op.cit., p.345.

ejercido a lo largo del siglo XX sobre la cultura y las tradiciones de arreglo patriarcal, las teorías de Freud sobre la sexualidad y la feminidad deben ser rechazadas por obsoletas. Según Friedan, por ejemplo, Freud, al explicar y describir esos problemas era "prisionero de su propia cultura":

> "Sus cartas evidencian su actitud patriarcal, según la cual la mujer debe ser dulce y amable, y permanecer alejada de los afanes y corrupciones del mundo; el marido será el que gane el sustento, la cabeza de la familia (...) un educador." [1022]

Anclando su crítica en un paradigma historicista, sostiene:

> "...no es un *slogan*, sino una verdad fundamental decir que ningún científico social puede liberarse por entero de la prisión de su propia cultura; sólo puede interpretar lo que observa en el marco científico de su propia época. Esto es verdad incluso con respecto a los grandes innovadores." [1023]

De manera coincidente con la crítica de de Beauvoir, Friedan achaca a Freud que lo que éste consideraba de naturaleza biológica, instintivo o inmutable, era más bien el resultado de causas culturales específicas, que gran parte de lo que *describió* como característico de la naturaleza humana universal era, meramente, característico de muchos hombres y mujeres europeos de clase media de fines del siglo XIX. Aprisionado Freud en La Historia y determinado por La Cultura, Friedan concluye:

> "El hecho es que para Freud (...) las mujeres eran una especie extraña, inferior, menos que humana. Las veía como muñequitas que sólo existían en términos del

---

[1022] B.Friedan; *La mística de la feminidad*; Editorial *Plaza y Janés*, Barcelona, 1975, según citada en J.Mitchell; *Psicoanálisis y feminismo*; op.cit., p.326.

[1023] J.Mitchell; *Psicoanálisis y feminismo*; op.cit., p., p.328.

amor del hombre, para amarlo y servir a sus necesidades."[1024]

La crítica que Mitchell activa sobre esta crítica de Friedan a Freud se centra sobre su posición historicista y su correlato evolucionista. Según Mitchell, Friedan cree que los adelantos científicos modernos han progresado y que en la actualidad han demostrado la obsolescencia de la teoría de Freud, dando paso a "nuevas perspectivas científicas" que asumen una mayor complejidad de los procesos psíquicos.[1025] Lo cierto es que la crítica a Freud no se agota en los límites de la retórica historicista, en la representación de Friedan de una teoría contaminada por una suerte de inevitabilidad histórica. La crítica que resuelve Mitchell, pues, es al paradigma historicista, pero la crítica de Friedan permanece en suspenso. Se puede convenir en que Freud, en verdad, no era prisionero de su época, y que su teoría gozaba de cierta autonomía con relación a las determinaciones históricas, las influencias culturales y ciertas modalidades ideológicas. Pero ya, en todo caso, Freud permanece en escena, no como efecto de una determinación histórica sino como referente de una posición política en el contexto relacional del poder y la vida cultural. A todas cuentas, Freud negaba que las mutaciones en el devenir histórico incidieran de modo significativo sobre las leyes primitivas que rigen lo inconsciente pues éstas, en parte, venían empaquetadas en el aparato biológico del cuerpo, bajo el modo de herencia psíquica sobre la cual las influencias culturales, en esencia, poco podían aportar más allá de su encargo normalizador...

Ciertamente, gran parte de las críticas al psicoanálisis por parte de algunas teóricas feministas han sido profundamente severas, aunque no por ello menos inmerecidas. Inversamente, otras se han apropiado del discurso psicoanalítico para sus propósitos políticos. La *crítica*, en ambos registros, cumple una misma función: decir cómo mirar o a qué y cómo no hacerlo; hacia dónde y para qué, en fin, decir cómo *interpretar*, y en el acto, *decidir* quién tiene razón y quién no dice la verdad. La crítica, en este escenario, juega el papel de la autoridad a la vez que el de la resistencia, pues es, en

---

[1024] Op.cit., p.332.

[1025] Op.cit., p.329.

620

esencia, un juego de poder. Dentro de este contexto, tal vez el punto más sensible del discurso psicoanalítico sea la práctica terapéutica, que es el lugar donde lo teórico se entrecruza en lo político y lo ideológico se manifiesta sin orden de exterioridad con respecto a los dominios del poder. La tercera autora criticada en el trabajo de Mitchell es Eva Figes, quien en su escrito *Patriarcal Attitudes* (1960), sostiene:

> "El surgimiento del psicoanálisis freudiano ha sido el más serio de todos los factores que han servido para perpetuar una sociedad de orientación masculina y que han obstaculizado el libre desarrollo de las mujeres como seres humanos. (...) El psicoanálisis, al margen de lo que puedan decir terapeutas individuales, tiende a estimular la conformidad con lo que puede significar algo así como un lavado de cerebro. Si eres desdichado, la tendencia no consiste en analizar tu situación y cambiarla: debes mirar dentro de ti misma y tratar de adaptarte a la situación."[1026]

Esta crítica ha atravesado la historia del psicoanálisis desde sus comienzos y ciertamente su valor no se limita a la situación de la mujer. Mitchell, sin embargo, se opone a esta *interpretación* y sostiene, con la misma argumentación de las ortodoxias entrenzadas al discurso dogmático de Freud, que éste nunca se interesó por la adaptación de sus pacientes a la sociedad de su época, pues les *permitía* resolver sus problemas, uno de los cuales era su relación con el medio (como el contexto de la relación conyugal). Para esta autora, *interpretar* el psicoanálisis como un sistema normativo y considerar la cura analítica como el éxito de un tratamiento de adaptación y conformidad, es juzgarlo erróneamente del todo.[1027] Para ella (como *para* Freud), el *significado* de la relación analítica reposa en el interior de la naturaleza de la transferencia, aunque no niega que en el trámite de esta relación se dé el riesgo de sustituir

---

[1026] E.Figes; *Patriarcal Attitudes*; Editorial *Faber & Faber*, 1960, según citada en J.Mitchell; *Psicoanálisis y feminismo*; op.cit., p., p.333.

[1027] J.Mitchell; *Psicoanálisis y feminismo*; op.cit., p., p.342.

una antigua dependencia por una nueva, un sometimiento por otro (como advierte Freud). Para Mitchell:

> "La tarea del analista y del paciente consiste en devolver su propio control a las gestiones que el paciente ha reprimido previamente en el inconsciente. (...) ...es probable que lo que ha sido reprimido sean los deseos más prohibidos; al resucitarlos y dárselos al paciente para que *escoja* su control, el analista no está prescribiendo una forma de vida. (...) Todo lo que desea es que el paciente tenga algo más de conocimiento sobre sí mismo y en lugar de que el síntoma reprimido retorne como neurótico, desea que lo vuelva consciente, que aparezca y desaparezca según la voluntad del paciente..."[1028]

Y reitera seguidamente que lo que interesa es, fundamentalmente, que el individuo tome conciencia de la complejidad de su propia existencia, pues el conocimiento sobre sí mismo constituye la cura: "...la meta venerable y eterna: conócete a ti mismo."[1029] En este sentido, cómo se convierte una niña en mujer es lo que describe el psicoanálisis, no describe –como insisten las críticas- lo que es una mujer ni mucho menos prescribe lo que debiera ser.[1030] El psicoanálisis de Freud –según esta autora- sólo trata de *comprender* cómo surge la feminidad, que represiones debe soportar, qué inhibiciones, qué prohibiciones, que posibilidades de esperanza puede abrigar.[1031] Trazado el deseo, la intención y la tarea del psicoanálisis en idénticos términos a los formulados por Freud, Mitchell concluye que el contenido de lo reprimido depende de lo que en la infancia se le permitió o no pensar al sujeto, *reconoce* que la historia es diferente para un niño y una niña y que la distinción por

---

[1028] Op.cit., p.344.

[1029] Op.cit., p.345.

[1030] Op.cit., p.344.

[1031] Ídem.

género tiene implicaciones psicológicas que –reitera– el psicoanálisis sólo trata de *comprender*...

Pero la defensa incondicional a la práctica terapéutica no puede resistirse a la crítica política, pues ésta no reconoce la distinción artificial, o más bien ideológica, entre teoría y práctica. La teoría psicoanalítica sobre la que la intervención terapéutica se sostiene está indisolublemente ligada a las connotaciones ideológicas que su fundador les impregnó, y éstas, como ya se ha evidenciado, están profundamente arraigadas a un contenido de orden patriarcal. Sobre este tema las tensiones permanecen irresueltas, en suspenso y sin salida fuera de la postura política de los contrincantes. De una lectura a la teoría de la sexualidad de Freud no es extraño llegar a la conclusión a la que llega Figes:

> "Las ideas de Freud sobre la psicología femenina surgen del dogma de que el rol de la mujer en la vida consiste en permanecer en el hogar, ser pasiva en relación con el hombre, tener y criar hijos (...) En realidad, Freud no consideraba deseable que se manifestaran los rasgos masculinos de una mujer. Si esto ocurría, aquella se volvería neurótica, frígida, tremendamente peligrosa para su marido, e intentaría competir con los hombres en los intereses intelectuales."[1032]

Y es que, como ya he sostenido, ciertamente en el discurso psicoanalítico de Freud éste prescribía un determinado rol a la mujer, como habitúan las autoridades disciplinarias en toda *sociedad* irremediablemente represiva. Mitchell no entra a discutir la cuestión de la represión a la que Figes atribuye la complicidad política de Freud. Opta por atacar sus críticas en la base de sus fundamentos *retóricos*, procurando evitar enfrascarse en una lucha política de la que, a mi entender, no encontraría salida victoriosa. Mitchell destaca, pues, que Figes coincide con Friedan en el fundamento historicista de su crítica a Freud. Identifica su equívoco en esta cita:

[1032] E.Figes según citada en J.Mitchell; *Psicoanálisis y feminismo*; op.cit., p.341.

"La totalidad de la teoría freudiana de la civilización se basa en el estrecho mundo en el que vivió..."[1033]

Y asimismo desautoriza el valor de la crítica que se sostiene sobre argumentaciones basadas en la vida personal de Freud, como las alusiones a sus cartas de amor y los relatos autobiográficos. De estos materiales "personales", las críticas a la teoría de Freud entrarían con fuertes argumentos, pues de los mismos se supone una confesión (in)voluntaria de sus inclinaciones a favorecer los privilegios del patriarca, las instituciones culturales (como el matrimonio y las formas de familia características del orden burgués), las tradiciones coercitivas de la moral sexual, (como la monogamia y la heterosexualidad), etc. No obstante, buena parte de la estrategia de la crítica de Mitchell está basada en una crítica a la fundamentación de la crítica feminista a Freud, mas no a la *esencia* de la crítica, que permanece intacta aún si estas autoras prescindieran de utilizar un discurso fundacional, es decir, una gran razón que valdría para dar cuenta de todas sus razones. Pienso que su crítica se debilita, sin duda, por fundarse sobre enfoques refutables tanto en el plano teórico como en la dimensión política. Pero, ¿acaso podría ser de otra manera? Tal vez.

Desde la perspectiva política en la que el discurso del feminismo inscribe sus críticas al psicoanálisis de Freud no corresponde la lógica formal del discurso académico sino el de la estrategia política, el de la lucha, el del poder. La coherencia interior de la estructura del pensamiento político, su lenguaje, está determinada por el contexto en que se libra y no por consideraciones ajenas a él. Este argumento puede rebatirse y vencer una perspectiva sobre otra, pero eso no incide necesariamente sobre la cuestión en juego, que es el proyecto emancipador y su relación con el psicoanálisis. Toda teoría está sujeta a las suertes de la interpretación, y entre ellas la razón e inclinaciones políticas de Freud poco importa. No interesa eximir a Freud de culpa o de complicidad, pues no es un juicio sumario sobre su persona lo que se mantiene en el juego abierto de las interpretaciones sino el valor estratégico que éstas ocupan al interior de una compleja relación de poder. Pienso que los entrampamientos teóricos en los que el

---

[1033] Op.cit., p.344.

feminismo tradicional se ha visto envuelto a lo largo de sus luchas tampoco se resuelven favorablemente mediante la sustitución acrítica por la teoría psicoanalítica de Freud. Las relaciones de poder siguen siendo múltiples y se dan, simultáneamente, en dimensiones representacionales también múltiples. El poderío patriarcal no es un poder uniforme que pudiera imponerse de un mismo modo sobre todo cuanto ejerce su influencia, mucho menos instalarse en definitiva como una unidad represiva unívoca sobre la existencia de los sujetos sobre los que ejerce su poderío. No por ello su fuerza real se debilita sino que se reconoce como una más compleja de lo que se suele advertir desde los discursos tradicionales de lo político, sus habituales representaciones y correlatos teóricos...

Del complejo de Edipo y la subversión del reino patriarcal

Dentro de este contexto, más que una interpretación política de la obra de Freud y las respectivas inclinaciones ideológicas de su filosofía, la propuesta de integrar al discurso pisco-analítico como armadura teórica del proyecto emancipador del feminismo, supone, ciertamente, una apropiación de este y, consecuentemente, una resignificación orientada en términos políticos. Shulamith Firestone, según citada en el trabajo de Mitchell, sube a escena la posibilidad de una *lectura* alternativa de Freud desde un feminismo que, aunque con reservas, guarda simpatías con su trabajo teórico:

"¿Pero había algún valor en las ideas (de Freud)? Volvamos a examinar algunas de ellas una vez más, ahora desde una perspectiva feminista radical. Creo que Freud hablaba acerca de algo real, aunque quizá sus ideas, tomadas literalmente, conduzcan al absurdo. En este sentido, considero que el genio de Freud era más poético que científico y sus ideas más valiosas como metáforas que como verdades literales."[1034]

[1034] S.Fireston; *The Dialectic of Sex* según citada en J.Mitchell; *Psicoanálisis y feminismo*; op.cit., p.352.

No entraré a discutir la articulación retórica de su propuesta ni a examinar el análisis *crítico* que Mitchell hace a su trabajo[1035], sino a resaltar del texto citado el carácter eminentemente político de la interpretación propuesta: *ver* sus ideas como metáforas y no como verdades literales. Freud no (re)presentaba sus teorías como metáforas de alguna otra cosa que no llevara el signo propio de un descubrimiento real, el encargo fijo de representar una materialidad literal; designar la verdad sin tolerar la duda. Qué *lectura* (interpretación) de Freud haga el feminismo será, pues, política. El montaje de los principios teóricos del discurso del psicoanálisis, las matrices fundacionales de su régimen de verdad, ya se han demostrado cargadas de fuertes connotaciones patriarcales y tendientes a fortalecerlas antes que a subvertirlas o erradicarlas. La pertinencia de las críticas feministas al discurso de Freud permanece vigente, irrespectivamente de los entrampamientos teóricos en los que puedan ser articuladas, pues la integración del psicoanálisis dentro de su discurso, tal y como Freud lo construyó, no podría traducirse sino en los términos de una radical contradicción, tanto en el ámbito de lo político como en la dimensión de lo teórico.

La existencia del complejo de Edipo, que es un fundamento de principio irrefutable para el psicoanálisis, es un sitial donde se condensa la racionalidad fundamental de los privilegios del patriarca. El lugar que ocupará la mujer en lo social, las representaciones que sobre sí misma y sus condiciones de existencia pueda hacer, como las ilusiones emancipadoras, estará, según Freud, siempre determinado por el principio de la Ley, y la Ley es siempre la voluntad del Padre. Es este un principio matriz de la ideología fundacional del discurso del psicoanálisis, engranada en el gran relato de la historia de la humanidad, según la retórica de Freud. El montaje del mismo está articulado sobre la base de una serie de ficciones ideológicas que no sirven sino de fundamento racional a la habitual dominación patriarcal sobre la que el poderío normalizador moderno se materializa incesantemente; mantiene a flote la legitimidad política de las relaciones de poder basadas en la *diferencia*

[1035] Mitchell concluye que las teóricas feministas han sacado de contexto a Freud y, al no suscribir sus críticas dentro del los "principios del psicoanálisis", éstas están destinadas a parecer reaccionarios y/o absurdos. Esto incluso, no sólo sobre las que lo critican sino sobre las que también lo elogian. (Ídem.)

sexual y consagra como principio de orden psíquico el dominio imperial del régimen patriarcal.

La psicoanalítica de Freud, como toda filosofía política, ha resaltado la importancia de las ficciones ideológicas para la consagración de la verdad. Las divagaciones y elucubraciones teóricas que hace, instauradas bajo el registro de la ley universal en el discurso del psicoanálisis, están ancladas en esta mitología política que sirve de fundamento histórico a las mismas y, consecuentemente, de referente legitimador de las prácticas sociales ordenadas en clave patriarcal. Así lo han advertido las críticas radicales más diversas, entre las que el feminismo tiene su particular lugar. Si el paso de entrada al complejo de Edipo aparece como condición determinante para el consecuente desenvolvimiento *normal* de la vida anímica de los sujetos, y éste presupone el vencimiento de las resistencias psíquicas primitivas (del complejo de castración), es decir, la operación efectiva de la represión primaria, la entrada a este estadio de la *evolución* singular de los sujetos ya supone la primera mecánica de un proceso general de subyugación ideológica en clave patriarcal. La resolución final del complejo de Edipo, si opera efectivamente su tecnología normalizadora, supone la adquisición anímica de las disposiciones de sumisión a los mandamientos de la Ley, que ya se han debido haber instaurado como tales en lo inconsciente del sujeto, según dispone la propia Ley que deberá regir su Destino. Mitchell, como Freud, lo llaman *aprendizaje*. Pero saberse niño o niña es, más que una *identificación* de la criatura con lo que por naturaleza anatómica o biológica –según Freud- le corresponde, la imposición represora de unas determinadas pautas ideológicas que requieren, como condición previa a su desenvoltura en la vida social, la disposición anímica de la criatura a la sumisión de la Ley, que regirá, desde múltiples enclaves, (incluyendo desde lo Inconsciente), pero también enfrentará múltiples resistencias...

La determinación de la sexualidad a partir de la distinción de dos grandes unidades de género, no es una suerte que pertenece al desarrollo *normal* de la vida psíquica de los sujetos sino al efecto de una represión cuyo encargo es preparar las condiciones primarias para que los mecanismos de subyugación ideológica que moldearán la subjetividad de los sujetos puedan hacerse, a lo largo de sus existencias en la vida social, más efectivos. Hacer de los sujetos seres domésticos, dóciles ante los mandamientos de la Ley, útiles y productivos al orden de sus dominios, es ese el encargo disciplinario de la represión psíquica, más que *descubierta*, reseñada y avalada por Freud. Dentro de este escenario, múltiples interrogantes permanecen en suspenso: ¿qué posibilidades reales, bajo el imperio de la Ley que rige desde lo Inconsciente, tiene la emancipación anhelada por el discurso feminista? Si los reclamos y exigencias políticas proyectadas son, en esencia, fantasías superficiales de un deseo inconsciente transfigurado desde lo más primitivo de la vida anímica, ¿qué espacio real le queda a la voluntad reivindicativa que se activa desde el signo mujer? La pregunta más radical sería, pues, ¿existe acaso la posibilidad de situarse y actuar fuera del dominio imperial de la Ley? Reconocido que el hecho de que la Ley mande no supone que, efectivamente, el sujeto cumpla al pie de la letra sus mandamientos, ¿se debilita por ello su poderío? Y al fin, el sujeto, en su presumida singularidad existencial, ¿dónde queda? ¿Acaso en el lugar de Dios, es decir, desaparecido...? Sumisión y conformidad o angustia y locura, ¿son acaso las dos únicas suertes que permite la Ley del Destino? ¿Y el Deseo? Si todo deseo, en el acto de ser nombrado, es siempre la superficie expresa de una deformación operada por fuerza de lo Inconsciente, la palabra espectral de un fantasma, siempre irreconocible, indescifrable, inaccesible, impenetrable, innombrable, entonces, ¿qué determina la fijación inmutable de la Ley? La voluntad política de Freud. Es la fuerza de su autoridad, designada desde su propio discurso (el psicoanalítico), la que fija el poder imperial de la Ley en el reinado de lo Inconsciente, a partir de la cual la vida anímica del ser humano sería al fin inteligible como unidad de sentido, y las incoherencias, registradas como perversidades o desvíos desde los códigos ideológicos de la normalidad dominante y sus respectivos requerimientos. Sólo así, por ejemplo, las resistencias políticas al régimen patriarcal pueden ser reducidas a fantasías y envidias de las mujeres...

El complejo de Edipo nace de una relación de violencia, y su Ley se consolida como tal mediante el recurso de la misma, que es condición de posibilidad de su aparición y, a la vez, de su propia existencia. Se instaura la Ley porque una fuerza superior se impone a todas las resistencias. Es este el principio de la Ley, y la violencia, que es el ejercicio de la fuerza, condición de preservación, permanencia y perpetuidad. Freud, como toda filosofía política, así lo reconocía. Ahí que la represión sea el signo de la injerencia política en lo Inconsciente y que el contenido material de la Ley, la realidad psíquica, sea el efecto puntual de relaciones de lucha libradas simultáneamente en ambos registros imaginarios de la vida anímica de los sujetos. La voluntad es el signo del combate que se libra en la zona del artificio del mundo exterior, de la *realidad*. Realidad que está también en el interior imaginado como lo Inconsciente, sin distinción fuera de los artificios simbólicos de lo ideológico que lo diferencia. Lo emancipador lo es sólo en el contexto de esta relación y su posibilidad radica en la ilusión política de que, a todas cuentas, el destino singular está regido por un principio de indeterminación radical y no por la fuerza omnipotente y omnímoda de la Ley. Lo que rige en lo Inconsciente lo hace mediante la fuerza y mediante ésta, con arreglo a la ilusión de voluntad, se procura transformar el orden de sus dominios. Ahí la apuesta a la educación disciplinaria de Freud, su participación del poderío normalizador moderno y la posibilidad de mantener a flote la ideología patriarcal. Ahí la apuesta emancipadora del feminismo radical, en la posibilidad de transformación de las condiciones psíquicas de la sumisión, es decir, en la posibilidad de subvertir cualitativamente el orden imperial de la Ley. El montaje ideológico de su naturaleza, en apariencia inmutable e infranqueable, es una postura política o una simple creencia que, como cualquier práctica representacional que aspira el sitial privilegiado de un régimen de verdad, se resiste a toda sospecha, pero no por ello puede asegurar sin más las suertes que conformarán su destino...

Parte XIV

Retórica psicoanalítica, semiología y hermenéutica deconstructiva

"Una gran parte de los problemas que atormentan al mundo
deriva de las palabras."
Burke

"El lenguaje es traidor, un vehículo inseguro,
y rara vez logra organizar las palabras descriptivas
de forma que no inflen los hechos...
...con la ayuda de la imaginación del lector
que siempre está dispuesta a tomar parte..."
Mark Twain

Parte XIV

Retórica psicoanalítica, semiología y hermenéutica deconstructiva

> "No se debe menospreciar el efecto poderoso
> de la palabra,
> su poder de comunicar sentimientos,
> de influenciar."[1036]
> *S.Freud*

> "Toda palabra esconde un prejuicio."[1037]
> *F. Nietzsche*

La matriz ideológica del discurso psicoanalítico, como del conjunto de las corrientes de pensamiento *dominantes* en el mundo occidental, condensadas en las diversas prácticas, rituales y cultos racionalistas de las filosofías políticas modernas (las ciencias del espíritu, disciplinas del alma), es el dogma de la Palabra; la obstinada fe en su poder representacional; la creencia en la ficción mítica de su poder fundacional; la ilusión mística de Verdad que de este dogma ideológico se presume desprendida en el acto de la interpretación... No obstante, el discurso del psicoanálisis no se agota en su relación con el lenguaje y su estructura, por lo que más allá de las analogías entre éste y lo Inconsciente, la psicoanalítica de Freud, entre tensiones éticas que no logra nunca superar, y contradicciones teóricas que no interesa enmendar, excede la lógica interior y los límites formales de la relación con el lenguaje, incluso las que aparecen bajo el modo de una semiología radical (Barthes) o bien de una hermenéutica en clave (pos)moderna (Foucault) o pragmatista (Rorty), incluso de una hermenéutica nihilista (Vattimo) o de la crítica deconstruccionista (Derrida). Pienso que el discurso psicoanalítico de Freud, aunque en relación paradójica entre las reducciones metafísicas de las teorías del lenguaje y sus acepciones positivistas, contradice radicalmente su racionalidad dogmática, sus principios doctrinarios, su credo fundacional, su razón, su verdad, su fe. Lo Inconsciente sigue siendo el referente de un territorio

---

[1036] S.Freud; "La cuestión del análisis profano" (1926); en *Esquemas del psicoanálisis y otros escritos de doctrina psicoanalítica*, op.cit., p.261.

[1037] F.Nietzsche; *Más allá del bien y del mal*, Editorial *Alianza*, Madrid, 1997.

extraño e indómito, de una materialidad relativamente inaccesible del Ser, inaprehensible en términos absolutos y definitivos por ninguna elucidación teórica o ningún arte interpretativo: el signo de una condición del Ser, de una negativa a dejarse reducir a las inscripciones metafísicas de ningún registro del lenguaje...

La premisa que se ha opuesto a las tradiciones metafísicas de las hermenéuticas occidentales, que sostiene que *lo inconsciente está estructurado como un lenguaje*, harto celebrada por ciertas tradiciones (pos)freudianas y los imperialismos racionalistas es también, pues, sospechosa. El culto al poderío imperial de la palabra o del lenguaje, o más bien el *logocentrismo*, es el eje discursivo del poderío normalizador de la cultura moderna, condición primordial de las tecnologías de subyugación ideológica que operan desde los enclaves de la represión general; condición ésta de la vida social, o más bien de los modos de *ser* que lo social exige para preservarse, reproducirse y perpetuarse a sí mismo al precio de regular, controlar y dominar las relaciones y movimientos de toda vida singular y colectiva que habita y constituye, sin exterioridad posible y a lo largo de toda su existencia, los dominios propios de lo Social...

Pero lo Social no ha sido nunca, de ningún modo, una fuerza cohesiva neutra, exenta de conflictividades internas, una unidad ininterrumpida de sentido, fijada coherentemente y reducible al orden omnímodo de alguna esencia metafísica, o de alguna fuerza fenomenológica o trascendental. Lo Social no es, ni siquiera, un efecto de conjunto, aunque a ello se remita incesantemente y sobre su materialidad se desenvuelva permanentemente; no es sino una categoría política del lenguaje mismo, una fuerza regulativa, la del signo connotativo de las incontables fuerzas que constituyen la materialidad de las condiciones que inciden, influyen y sobredeterminan el devenir de la vida en su conjunto; lo Social es siempre el signo de una interpretación que precede a su propio signo. Lo Social es signo de lo Imaginario constitutivo de las condiciones de existencia, es decir, referente de la(s) Ideología(s)... una palabra; un juicio... un prejuicio... Entre estas coordenadas, pienso que la distinción teórica entre lo psíquico y lo social, dentro del proyecto político de la modernidad, responde al orden de una función precisa programada en el marco de una estrategia política general de control y dominación: más allá de la simple representación del Ser como ente inteligible, como unidad de sentido y objeto a interpretar, más bien procura significarlo como sujeto sujetable, domesticable, normalizable y utilizable. Hermes sigue siendo el mensajero de los dioses, y el mensaje que lleva siempre no es el de la Verdad sino el de la voluntad de su poderío, de su Ley, aunque se jure portadora omnímoda e irreducible de todos sus sentidos. Pero lo Inconsciente no cesa de escapar incesantemente de las fuerzas que insisten encadenarlo en teorías de pretensiones omnicomprensivas, ya bajo el registro contingente del lenguaje o de las supuestas leyes que rigen sus destinos, ya desde la vida psíquica o ya desde las determinaciones fijadas desde el espectro de lo social. Freud ya lo advertía:

> "Al parecer, no existe medio de persuasión alguno que permita inducir al hombre a que transforme su naturaleza en la de una hormiga; seguramente jamás dejará de defender su pretensión de libertad contra la voluntad de la masa."[1038]

Sacada de contexto, esta cita pudiera dar la impresión de que Freud asume una defensa incondicional a las pretensiones de libertad que supone *caracterizan* la existencia humana, mas sin embargo no es así. Freud ha situado a lo largo de su obra la voluntad política del psicoanálisis en otra parte, arraigada precisamente en la "necesidad social" de *persuadir* al sujeto humano a que viabilice su propia sujeción. La dramatización de la situación existencial del Ser como resistencia a la "voluntad de la masa", que es la voluntad de la Ley y sus correlatos ideológicos, la Moral y la Cultura, es un recurso de la retórica habitual de Freud. Al decir "seguramente jamás" no insinúa otra cosa que su convicción en la condición indeterminada del Ser, pero a la vez, en la "necesidad social" de poner riendas a *sus* "pretensiones de libertad"; punto de convergencia éste con las más diversas tradiciones filosóficas de Occidente. No hay que rastrear *profundamente* sus escritos para identificar los vínculos entre su voluntad política y la voluntad del poderío normalizador moderno al que conjura lealtad de matizadas reservas. La Palabra es la condición de Autoridad del psicoanálisis, el instrumento más efectivo de su voluntad de poder:

[1038] S.Freud; *El malestar en la cultura* (1932); Editorial *Alianza*, Madrid, 1996; p.40.

"...no debemos desdeñar la *palabra*, poderoso instrumento, por medio del cual podemos comunicar nuestros sentimientos a los demás y adquirir influencia sobre ellos." [1039]

Pero, ¿realmente sirve para "comunicar sentimientos", o más bien para activar, por virtud de sus artificios, las ilusiones de que en verdad, mediante ella, pueden "comunicarse sentimientos"? La tarea clínica tiene su apoyo en la convicción irrefutable de que, a todas cuentas, detrás de la palabra se dice alguna otra cosa distinta de ella misma o su ilusión denotativa, significativa, o representativa. Pero, sobre todo, la convicción de que la palabra es un "poderoso instrumento" mediante el cual se puede "adquirir influencia" sobre los sentimientos, y así sobre las actitudes, las creencias, imaginaciones, ilusiones, temores, en fin, sobre la vida real de los sujetos...

A lo largo de esta parte de mi trabajo abordaré las relaciones entre el discurso del psicoanálisis articulado desde los textos de Freud y las mutaciones históricas que se han operado desde diversas prácticas filosófico-teóricas interpretativas en el contexto cultural de la condición (pos)moderna. Las interrogantes que atravesarán esta parte no son, sin embargo, cualitativamente diferentes de las que han atravesado el trabajo en su conjunto, por lo que permanecerán situadas desde la misma posición de sospecha que sirvió de pretexto al trabajo y, si acaso, para abundar más sobre el carácter radicalmente abierto y complejo de su objeto. Entre ellas puedo subrayar algunas que sirven de continuidad y guía general: ¿Cuáles son las implicaciones políticas de la representación psicoanalítica de la maleabilidad de la subjetividad mediante el recurso instrumental de la palabra? Dentro del contexto de las tradiciones filosófico-políticas vinculadas al poderío normalizador de la modernidad, ¿cuáles son las connotaciones que destacan en este discurso como dispositivos de subyugación ideológica al orden de sus dominios? A partir de la estrategia política normalizadora a la que Freud inscribe la construcción teórica del Sujeto del psicoanálisis, ¿desde dónde y cómo pueden situarse espacios para una hermenéutica alternativa del discurso psicoanalítico? ¿Cómo ha incidido la psicoanalítica

---

[1039] Ídem.

freudiana en la resignificación de la hermenéutica moderna? ¿Cuáles son sus contrastes? En el escenario político-cultural mutante y conflictivo que caracteriza la actual condición de época, ¿qué relevancia tiene el arte de la retórica dentro de los dominios ideológicos de la hermenéutica psicoanalítica? ¿Qué resuelve el contraste artificial entre la ilusión de objetividad científica y la metafísica del lenguaje? En el acto de atribuir poder representa-cigoñal y valor fundacional a la palabra, ¿sigue siendo acaso el psicoanálisis un lenguaje más de las filosofías metafísicas tradicionales? Y si fuera este el caso, como me inclino a pensar, ¿acaso no refuerza por este medio la primera condición de sujeción del Sujeto, que es el vínculo imaginario entre la ilusión del Yo y el Lenguaje?... Entre estas coordenadas, ¿qué trastoques significativos pueden rastrearse con respecto a la posición habitual como ha sido situado el Sujeto desde la economía política del discurso psicoanalítico de Freud? ¿Se abren espacios alternativos de autonomía para el Sujeto? ¿Es posible hablar entonces de emancipación, o acaso estos cambios, si algunos, operan sólo en la superficie del lenguaje como eufemismos ideológicos de las tecnologías culturales de sumisión y domesticación social?...

Lenguaje, retórica y psicoanálisis

El lenguaje es la condición matriz de la vida social, y ésta la condición radical a la que está irremediablemente forzado a someterse todo cuanto pueda ser referido a la existencia humana. El lenguaje es, pues, condición de posibilidad de la vida social en su conjunto; aunque no una esencia irreducible de la existencia, aún cuando ésta no pueda pensarse o enunciarse fuera del registro del lenguaje. Pues es a partir del lenguaje que a lo social le es posible significarse a sí mismo como objeto inteligible, transformable y utilizable. Las regularidades internas que posibilitan el funciona-miento sistémico de la vida social (los rituales y creencias culturales, las instituciones sociales, las obediencias a las autoridades estatales, los imaginarios colectivos, etc.), pertenecen a un particular registro del lenguaje, estructurado con fines de control y regulación general, en el que incide de manera determinante el poder normalizador de la cultura moderna. En este gran escenario, las prácticas sociales de dominación están, más allá de la palabra enunciada en el habla o la escritura, investidas por un particular orden del lenguaje, ese que asigna posiciones que ocupar, espacios que llenar, legitimidades, autoridades, pertenencias y pertinencias, existencias. No obstante, esta afirmación no reduce la condición general de la existencia humana y de la vida social al registro exclusivo del lenguaje, como estructura semántica, a la relación entre signos, entre significantes y significados, o a la interacción formal o simbólica de los mismos. El lenguaje inviste de autoridad a los poderes estatales o culturales, con rangos diferenciados de poder, pero a la vez estos poderes instituidos refuerzan la autoridad por el lenguaje de sus fuerzas coercitivas, sus razones, moralidades, filosofías, legalismos, etc. La misma regla vale para todas las fuerzas de resistencia. Pues no hay posición de exterioridad posible con respecto del poder, como decía Foucault; de la Ideología, como advertía Althusser; de la Cultura, como afirmaba Freud...

Para Freud el lenguaje no opera de modo absoluto en la superficie de su transparencia, a manera de un cálculo frío dado por virtud de la razón, bajo el dominio de la voluntad de la conciencia. Opera bajo leyes que rigen en otros dominios, no más allá del Ser como ilusión metafísica, sino precisamente en el orden real de sus profundidades, en el lado oscuro y oculto de la mente, en el inconsciente. Por eso el desplazamiento psicoanalítico de la conciencia a un orden de jerarquía *inferior* para la mirada racionalista moderna, no supone un rechazo de su valor, sino, tal vez, su puesta en *justa* perspectiva. Para la teoría psicoanalítica –afirma Freud- el ser consciente no puede ser la esencia de lo psíquico[1040], pero esto:

> "...(no) implica que la calidad de ser consciente haya perdido su importancia para nosotros. Continúa siendo la luz que ilumina nuestro camino y nos lleva a través de la oscuridad de la vida mental."[1041]

[1040] Al registro de lo psíquico pertenecen nuestras percepciones, ideas, recuerdos, sentimientos y actos volitivos (impulsos de la voluntad), sin embargo, el psicoanálisis -admite Freud- no puede responder sobre la *esencia* de lo psíquico", su naturaleza. (S.Freud; "Algunas lecciones elementales de Psicoanálisis"; *Obras Completas* (Tomo III); op.cit., p.3420.)

[1041] Op.cit., p.3423.

En la obra de Freud, donde la teoría aparece fusionada con la intencionalidad política de su autor, lo inconsciente, como la conciencia, son categorías que cumplen simultáneamente una doble función. De una parte, son piezas de la armadura teórica y a la vez de su retórica, que es la táctica discursiva que Freud articula para efectos *persuasivos*[1042]; en sus términos, para "adquirir influencias"...

En este contexto, y según he sostenido en el conjunto de estas reflexiones, una de las técnicas de control y dominación social a la que más valor estratégico le ha sido reconocido por las filosofías políticas, de entre las que el psicoanálisis forma parte, es el arte de la retórica. La retórica política es el arte de la dominación por la palabra, esencial para toda práctica política efectiva bajo el registro indisoluble entre el lenguaje y lo social. El desarrollo de ésta como recurso de dominación, como técnica de convencer antes que vencer, de reconocer mayor eficacia política en el acto de imponer por fuerza de la razón antes que la razón por la fuerza, tiene raíces milenarias. La filosofía política estadista, desde sus inicios, se ha basado en el reconocimiento del singular valor político del dominio de la palabra, precisamente por el reconocimiento del gran poder de dominación que puede ser ejercido mediante una economía efectiva de la misma. Lo mismo ha sabido valorar el psicoanálisis para provecho de su voluntad de poder, tanto para efectivar la técnica analítica como para enfrentar las resistencias del mundo *exterior*, intelectuales o afectivas, políticas:

> "...no debemos desdeñar la *palabra*, poderoso instrumento, por medio del cual podemos comunicar nuestros sentimientos a los demás y adquirir influencia sobre ellos. Al principio fue –ciertamente- el acto; el verbo -la palabra- vino después, y ya fue, en cierto modo, un progreso cultural el que el acto se amor ti-guara, haciéndose palabra. Pero la palabra fue

---

[1042] Stanley Fish, por ejemplo, desarrolla un análisis vinculante entre la estrategia retórica y la práctica teórica en el discurso clínico de Freud, poniendo de relieve la intencionalidad persuasiva del autor por encima de la pretensión de objetividad científica. (Ver S.Fish; "Reteniendo la parte que falta: psicoanálisis y retórica" en *Práctica sin teoría: retórica y cambio en la vida institucional*; Ed. *Ensayo*, Barcelona, 1992; pp.305-347)

primitivamente un conjuro, un acto mágico, y conserva aún mucho de su antigua fuerza."[1043]

Pero no habría por qué ceder a la tentativa ideológica de reconocer una diferencia radical entre el acto y la palabra, pues la palabra misma sigue siendo acto en todo momento; no un sustituto fruto de la evolución cultural, ni siquiera un desplazamiento, sino condición esencial de los modos como lo cultural, sus razones e ilusiones, sus virtudes, defectos y demás violencias, se han desenvuelto hasta nuestros días. Razón suficiente ésta como para activar infinitas sospechas sobre la orientación ideológica de la retórica política de Freud (que ciertamente reconoce la palabra como acto) y como referente inmediato para considerar crítica-mente sus estrechos vínculos con el poderío normalizador del proyecto político moderno. Sospechas que, en su conjunto, pertenecen también a tradiciones muy antiguas del pensamiento político, de entre las que nace la noción de hermenéutica y desde la que, en el devenir de sus movimientos, adquieren sus formas, se deforman y transforman incesantemente...

Hermenéutica y psicoanálisis

Michel Foucault, en una conferencia dictada en 1964 bajo el título "Nietzsche, Freud, Marx"[1044], destaca dos sospechas generales que han dado lugar, en las tradiciones de pensamiento occidentales, al *arte de la interpretación*. En primer lugar, la sospecha de que el lenguaje no dice exactamente lo que dice, es decir, "que el sentido que se atrapa y que es inmediatamente manifiesto no es, quizá, en realidad, sino un sentido menor, que protege, encierra y, a pesar de todo, transmite otro sentido, más fuerte aún (...) un sentido subterráneo." La otra sospecha que se desprende es que "el lenguaje desborda, de alguna manera, su forma propiamente verbal, y que hay muchas otras cosas en el mundo que hablan y que no son

---

[1043] S.Freud; "La cuestión del análisis profano" (1926); en *Esquemas del psicoanálisis y otros escritos de doctrina psicoanalítica*; op.cit., p.261.

[1044] M.Foucault; "Nietzsche, Freud, Marx" (1964); Editorial *El cielo por asalto*, Buenos Aires, 1995.

lenguaje.[1045] Probablemente –añade– se pueda decir que hay lenguajes que se articulan de una manera no verbal.[1046] Todavía hoy estas dos sospechas permanecen en la escena cultural, consolidadas quizá desde el siglo XIX por otro modo de asumir las voces que hablan *detrás* de la superficie del lenguaje, de los textos, del habla y la escritura. Lo mudo y sus silencios también serían modos de decir, que desde entonces tendrían lugar especial en la atención inquisidora de las ciencias del espíritu humano, de las disciplinas del alma. Esta creencia, extendida entre las más diversas tradiciones hermenéuticas en las dos grandes sospechas apuntadas, se desplazaría sobre los registros de la enfermedad mental y la sexualidad humana, asumiéndolos como modos particulares de un habla, un habla quizá fuera del lenguaje, del lenguaje tal y como se reconocía hasta el siglo XIX, o bien de un lenguaje que hablaba desde siempre, sólo que de alguna otra manera... De ahí, quizá, la importancia de la escucha para el psicoanálisis, la creencia en la interoperabilidad de los lenguajes de la locura, en la inteligibilidad de sus sentidos, ordenados en alguna parte oculta a las inmediaciones conscientes del Ser, detrás o por debajo de las formas desconcertantes de las histerias, las perversiones, las angustias y demás padeceros, ilusiones e hipocresías culturales. Según Foucault, cada cultura, cada forma cultural dentro de la civilización occidental, ha tenido su sistema de interpretación, sus técnicas, sus métodos, sus modos de rastrear el lenguaje que quiere decir otra cosa que lo que él dice.[1047]

Desde el siglo XIX, Freud (como Marx y Nietzsche) -según Foucault- ha sido partícipe de la fundación de un particular sistema de interpretación, basado éste en la creencia de que hay lenguaje fuera del lenguaje y que sus sentidos pueden ser aprehendidos mediante una cierta hermenéutica. La creencia sigue siendo, como en otros tiempos, la posibilidad de una hermenéutica del Ser, es decir, no sólo de creer inteligible su sentido último mediante una particular técnica interpretativa, sino de la posibilidad de aprehender su esencia definitiva y fijarla al fin dentro de un orden lógico y

---

[1045] Op.cit., p.34.

[1046] Ídem.

[1047] Ídem.

formal, aprisionarlo en un régimen de verdad, el del intérprete y su teoría. Ahí la puerta de entrada a la tercera sospecha que hago desprender de las otras dos ya mencionadas: no si acaso es en verdad posible la hermenéutica (que de hecho lo es, aunque no colme sus pretensiones), sino cuáles son los efectos precisos que a partir de esta práctica inciden en el orden representacional del Ser, en el creer saber la verdad sobre sí y no saber que en verdad sólo se le cree verdadera. ¿Por qué incomoda la hermenéutica psico-analítica? ¿A qué se debe el permanente estado de intriga? En primer lugar, sin duda, porque gran parte del Ser, sus intimidades más profundas, los silencios más reservados de la conciencia, se imaginan puestos al desnudo y toqueteados sin vergüenza alguna por su mirada... Sabido es que Freud ya había dado su respuesta bajo los signos de una herida narcisista de la humanidad. Pero, ¿hasta dónde puede extenderse y hasta cuándo prolongarse este supuesto resentimiento cultural al que Freud adscribe gran parte de las resistencias afectivas al psicoanálisis? El siglo XXI sigue remitiendo alguna parte de su saber sobre la condición del Ser a los dominios del lenguaje psicoanalítico que -como he sostenido- ha estallado en una gran multiplicidad de hibridaciones teóricas y ha sido absorbido por los más diversos lenguajes culturales. La intriga permanece vigente, sobre todo porque mediante sus técnicas y pretensiones somos puestos nosotros mismos a interpretarnos, a dar cuenta de nuestros actos y actitudes, a comprendernos, explicarnos y hasta a tenernos por sabidos...

Pero las condiciones propias de la interpretación permanecen abiertas a la sospecha, pues no pueden darse fuera del registro del lenguaje (de lo Simbólico) que posibilita la ilusión representacional sobre la que sostiene hasta el último de sus fundamentos: presupone, bajo el modo de un reconocimiento, todo un orden estructural y funcional que subyace tras los límites de la conciencia; es este el principio místico de la teoría, encadenado a las ilusiones adscritas a la potencia imaginaria del lenguaje mismo, soporte de su existencia y a la vez carácter esencial de su artificialidad ideológica. En la teoría psicoanalítica se difumina el artificio diferencial entre la construcción teórica y la ficción mística, entre la psique y el alma, la ciencia y la religión, la razón y la fe. El valor primordial de la transferencia, por ejemplo, es atribuido a la metafísica del sentido en la teoría del lenguaje: la relación entre la palabra y la escucha supone la posibilidad de una hermenéutica; en ella, pues, el advenimiento del sentido mediante su técnica; técnica que supone, a la vez, una relación de reciprocidad entre la palabra dicha y la significación de quien la escucha. Freud exalta la escucha como un arte que el analista debe refinar y trocar en cualidad de su dominio técnico. La regla a seguir "es simple":

> "Uno debe alejar cualquier injerencia consciente sobre su capacidad de fijarse, y abandonarse por entero a sus 'memorias inconscientes' (...) uno debe escuchar y no hacer caso de si se fija en algo."[1048]

La escucha es echada a correr a las suertes de la memoria, pero no de esa parte de la memoria que se revela en el recuerdo consciente, en el registro superficial de los detalles (nombres, fechas, ocurrencias, etc.), es decir, de lo dicho tal y como ha sido dicho por el paciente. Tomar apuntes, por ejemplo, vendría a resultar dañino a todos los efectos, pues en la escritura está ligada una parte de la propia actividad espiritual y su práctica, eminentemente selectiva, no puede menos que entorpecer cualitativamente la tarea interpretativa. En la primacía del habla por sobre la escritura se revela la metafísica psicoanalítica: lo escrito vicia el sentido mientras que lo hablado está más próximo al "sentido puro".[1049]

Pero la escucha de la que habla Freud no es la misma escucha de la que presume prestar oídos la psicología o la filosofía, pues quien habla tampoco dice lo dicho en la investidura de su palabra (aunque haya pactado hacerlo abierta, desinhibida y honestamente). Su lenguaje no dice exactamente lo que dice, pues el sentido de lo dicho, capturado por la escucha inmediata, no es sino un efecto de superficie, "un sentido menor que protege, encierra y, a pesar de todo, transmite otro sentido, más fuerte aún, un sentido subterráneo" –por decirlo en palabras de Foucault-. Para

---

[1048] S.Freud; "Consejos al médico en el tratamiento psicoanalítico" (1912); en *Obras Completas* (Tomo II); op.cit., p.1654.

[1049] La tesis deconstruccionista de Jaques Derrida identifica en esta relación de opuestos binarios entre habla/escritura, la metafísica del lenguaje, como trataré más adelante. (Ver J.Derrida; *La deconstrucción en las fronteras de la filosofía*; Editorial *Paidós*, Barcelona, 2001)

Freud, pues, el lenguaje desborda su forma propiamente verbal. Es la sospecha que sirve de puerta de entrada a la activación de una creencia, una metafísica del sentido, la posibilidad de una hermenéutica. Freud dice creer que mediante la técnica dispuesta (abandonarse a su inconsciente), pone a escuchar a su propio inconsciente lo que el inconsciente del otro le dice realmente. El montaje del teatro clínico hace aparecer el silencio del terapeuta (la escucha analítica), no como trámite de reflexividad racional, como cálculo formal de sus pensamientos, sino como condición de diálogo interactivo entre las partes implicadas en una relación recóndita, mística y esotérica.

> "...la palabra fue primitivamente un conjuro, un acto mágico, y conserva aún mucho de su antigua fuerza."[1050]

De ahí, como ya he apuntado en otras partes, la constante puesta en duda del carácter "científico" del psicoanálisis y los constantes reproches positivistas. Pero lo que intereso resaltar es más bien el carácter ideológico de esta representación, que, no obstante, no adolece de falta de sólidos fundamentos teóricos. El dominio de la retórica es la condición de trascendencia del discurso psicoanalítico: consiste en el arte de hacer aparecer como "inter-prestación verdadera" lo que no es sino el efecto ilusorio del "poder representacional" del lenguaje teórico. De ahí que la psicoterapia (tratamiento del alma), la signifique como "tratamiento desde el alma."[1051] El propósito de este tratamiento es, pues, actuar con los

---

[1050] S.Freud; "La cuestión del análisis profano" (1926); en *Esquemas del psicoanálisis y otros escritos de doctrina psicoanalítica*, op.cit., p.261.

[1051] En la introducción a su ensayo "Psicoterapia (Tratamiento por el espíritu)", Freud apunta sus reservas y diferencias sobre las acepciones vinculadas a la palabra "psique" y que pueden prestarse a equívocos con relación al sentido que él hace de la misma. Psique –recuerda- es una palabra griega que significa alma, por lo que el "tratamiento psíquico" (psicoterapia) es, pues, llamado tratamiento del alma. El significado de este término –según Freud- no es, sin embargo, el del tratamiento de las manifestaciones morbosas de la vida anímica sino que denota más bien el *tratamiento desde el alma*, un tratamiento -de los trastornos anímicos tanto como corporales- con medios que actúan directa e inmediatamente sobre lo anímico del ser humano. (S.Freud; "Psicoterapia (Tratamiento por el espíritu)" (1905) en *Obras Completas* (Tomo I); op.cit., p.1014)

debidos medios sobre lo anímico del ser humano. Y -según Freud-, un medio que "actúa directa e inmediatamente" *sobre* lo anímico del ser humano es, ante todo, la palabra:

> "...y las palabras son, en efecto, los instrumentos esenciales del tratamiento anímico. (…) El profano seguramente hallará difícil comprender que los trastornos patológicos del cuerpo y del alma puedan ser eliminados por medio de las "meras" palabras del médico. Supondrá, sin duda, que se espera de él una fe ciega en el poder de la magia, y no estará del todo errado, pues las palabras que usamos cotidianamente no son otra cosa sino magia atenuada. Mas será necesario que nos explayemos un tanto para explicar cómo la ciencia ha logrado restituir a la palabra humana una parte, por lo menos, de su antigua fuerza mágica."[1052]

A lo largo del desarrollo y progresiva consolidación teórica del discurso psicoanalítico Freud mantendría la primacía de los factores biológicos (del cuerpo) en su relación con la vida anímica. La teoría de la libido, de los instintos, englobada refinadamente en la teoría general de la sexualidad humana (pilar fundamental del psicoanálisis), concede una cierta autonomía a la vida anímica que, sin duda, trastoca los cimientos más firmes de las tradiciones científicas positivistas y sus correlatos filosóficos. Es ésta la ruptura epistemológica medular del discurso psicoanalítico con la ciencia positivista tradicional, pero no contra ella sino desde ella y por ella. El poderío incontenible de estas fuerzas, situadas en el territorio indómito de lo Inconsciente, sirve de soporte referencial a la importancia conferida al poder de la palabra, no por su poder representacional sino por la eficacia de su poder regulador sobre la vida anímica. La importancia de la "fuerza mágica" de la palabra no es para Freud la misma que para la hermenéutica y su relación con la verdad, sino con la posibilidad de incidir ("influenciar") sobre la vida anímica del ser humano, regularla y ponerla a disposición de los requerimientos de lo social (o del "progreso cultural"). De ahí la importancia a la sublimación de los instintos, integrada como

---

[1052] Ídem.

objetivo primordial de la función clínica, en la reeducación socializadora de los sujetos tratados. Retomando el escrito de Foucault, puede convenirse, pues, que Freud no ha dado un sentido nuevo a las cosas que no tenían sentido, sino que ha cambiado, si acaso, la naturaleza del signo, y se ha modificado, tal vez, la manera como el signo en general podía ser interpretado.[1053]

En este sentido, la dimensión de profundidad a la que se refiere Freud no es, en realidad, interioridad del Ser sino otro registro de la misma exterioridad, la exterioridad constituida por el lenguaje, y, en todo caso, por recurso de la invención imaginativa que el teórico hace de él: construcción, no interpretación. Sin duda, no obstante, la profundidad de la interioridad psíquica es una cosa muy distinta de la que las filosofías y las psicologías han pretendido designar, pero no por ello deja de estar constituida y estructurada por la exterioridad que es el lenguaje mismo. La profundidad del alma sigue siendo una invención de los filósofos, como tal vez diría Nietzsche. Sobre todo si su expresión lo es bajo la forma de una supuesta interpretación verdadera, de una hermenéutica. Y es que cuando se *interpreta* no se puede hacer otra cosa que restituir la exterioridad del lenguaje, recubierta y enterrada por sí misma y desde sí. Lo inconsciente nunca emerge a la superficie en un decir más verdadero que el de su materialidad superficial, codificada, procesada, (de)formada en el acto de la palabra, en el habla, en el decir o la escritura. Vale esta suerte para el loco como para el sabio, pues lo inconsciente que habla tras la fachada del lenguaje se escucha de otra manera sólo en apariencia, pues la presumida decodificación de sus sentidos ocultos en sus profundidades también es una operación que se efectúa en la superficie del habla, del decir, de la palabra. En todo caso, en otro registro del lenguaje, en el de la teoría psicoanalítica, en el de la autoridad del analista y la creencia del analizado; en la jerarquía de su saber tenido por verdadero al precio de desvirtuar el decir del paciente: en su régimen de poder. El valor social y político del psicoanálisis no se mide, pues, con relación a la verdad sino en la medida de sus efectos concretos, en la medida en que el sujeto tratado se acerque o se aleje de los requerimientos generales de normalidad; de las disposiciones de sujeción relativas a éstos...

[1053] M.Foucault; "Nietzsche, Freud, Marx"; op.cit., p.38.

De la circularidad sin fin de la hermenéutica

Siguiendo esta línea de reflexión puede sostenerse que el psicoanálisis *interpreta* lo que a la vez es interpretación. Se devuelve a sí incesantemente, circularmente. Los signos de la interpretación analítica, las máscaras, las fachadas, las ficciones imaginarias, las fantasías y los fantasmas, las ilusiones y desilusiones, todo es devuelto sobre sí, pues la posibilidad de la hermenéutica supone, a la vez, la puesta en cuestionamiento de sí misma, la sospecha que detrás de la interpretación permanece otro lenguaje hablando, oculto tras la interpretación de sí mismo como verdad. En otras palabras, que la imposibilidad de una hermenéutica de cierre es la propia condición de posibilidad de la hermenéutica, pero como práctica en devenir... Ahí la condición de infinitud del análisis, interminable por la esencia propia de su objeto, que es primordialmente el lenguaje del paciente. Freud lo reconoce teóricamente, lo advierte y lo reitera a lo largo de su obra. Sólo es terminable en la apariencia de la cura, allí donde se justifica la terapia y se mide su eficacia con el aval del paciente; allí donde la teoría cede su paso al negocio de la cura por la palabra, al lucrativo alquiler de oídos, a la renta del silencio de la escucha; cuando la locura es vista como una señora de buena paga...

De ahí que la exterioridad aparezca superficialmente dentro del discurso psicoanalítico como interioridad, como secreto a revelar, como misterio que resolver, como enigma a descifrar. Ahí el descubrimiento de lo Inconsciente es el develamiento de un complejo proceso de ocultación, y la palabra el secreto superficial de sus adentros. Foucault apunta dos principios que sostienen la condición de incompletud del análisis, de la interminabilidad de la interpretación. Subraya el carácter estructuralmente abierto de la interpretación, dado el encadenamiento en una red inagotable e infinita de los signos[1054], y trae como ejemplo el estudio de la transferencia, donde afirma la inagotabilidad del análisis en el carácter infinito e infinitamente problemático de la relación del analizado y del analista, relación constituyente del psicoanálisis,

---

[1054] Op.cit., p.41.

donde se abre el espacio en el cual no cesa de desplegarse sin poder acabarse nunca.[1055]

> "...sería necesario recordar el espacio de interpretación que Freud ha constituido, no solamente en la famosa topología de la Conciencia y del Inconsciente, sino igualmente en las reglas que ha formulado para la atención psicoanalítica y el desciframiento por el analista de lo que se dice durante el curso de la 'cadena' hablada. (...) la especialidad a la que Freud ha concedido tanta importancia, y que expone al enfermo a la mirada oteadora del psicoanalista."[1056]

Dejaré en suspenso mis reservas sobre esta afirmación, de la que guardo distancia y que trataré más adelante, no sobre el carácter interminable de la práctica interpretativa en la que Foucault desemboca su análisis, pues coincido con ello, sino sobre los límites precisos que Freud activa sobre la misma, a diferencia de como lo estima Foucault. Dos principios fundamentales de la hermenéutica *moderna*, de la que la psicoanalítica freudiana es partícipe, destacan el inacabamiento esencial de la interpretación: en primer lugar, si la interpretación no puede acabarse nunca, es, simplemente, porque no hay nada que interpretar, pues en el fondo todo es ya interpretación.[1057] A todas cuentas, cada signo es en sí mismo, no la cosa que se ofrece a la interpretación, sino interpretación de otros signos.[1058] Condición ésta en el discurso psicoanalítico que posibilita la integración de otros registros, como la conversión de un referente anatómico en símbolo de la ideología patriarcal o de la autoridad de la Ley. Foucault destaca el carácter interminable de la interpretación analítica como el punto de una imposibilidad sin término, pues la

---

[1055] Op.cit., p.42.

[1056] Op.cit., p.40.

[1057] Op.cit., p.43.

[1058] Ídem.

interpretación no puede ser fijada absolutamente sino por medio de un recurso de violencia:

> "En efecto, la interpretación no aclara una materia que es necesario interpretar y que se ofrece a ella pasivamente; ella no puede sino apoderarse, y violentamente, de una interpretación ya hecha, que debe invertir, resolver, despedazar..."[1059]

Freud no interpreta signos sino interpretaciones –concluye Foucault-. Los síntomas no se descubren como traumas sino como fantasmas que angustian, como interpretaciones. Según Foucault, Freud no tiene para interpretar otra cosa que el lenguaje de sus enfermos, que aquello que sus enfermos le ofrecen como síntomas; su interpretación es la interpretación de una interpretación, en los términos en que esta interpretación es dada.[1060] El significante no envía al significado, pues las palabras mismas no son otra cosa que interpretaciones, y a lo largo de sus historias ellas interpretan antes de ser signos, y no significan finalmente sino porque no son otra cosa que interpretaciones esenciales.[1061]

> "No es porque haya signos primarios y enigmáticos por lo que estamos consagrados a la tarea de interpretar, sino porque hay interpretaciones, porque nunca cesa de haber por encima de todo lo que habla el gran tejido de las interpretaciones violentas."[1062]

Foucault desarrolla este principio en otra parte, cuando interpreta los signos de violencia destacados en la obra de Nietzsche con respecto al carácter artificial del conocimiento:

[1059] Op.cit., p.44.

[1060] Ídem.

[1061] Op.cit., p.45.

[1062] Ídem.

"...quiere decir que no hay naturaleza, ni esencia, ni condiciones universales para el conocimiento, sino que es cada vez el resultado histórico y puntual de condiciones que no son del orden del conocimiento. (...) ...el conocimiento sólo puede ser una violación de las cosas a conocer y no percepción, reconocimiento de o con ellas (...) no hay continuidad sino ruptura, relaciones de dominación y subordinación, relaciones de poder.."[1063]

El signo —sostiene Foucault- es ya una interpretación que no se da por tal: Los signos son interpretaciones que tratan de justificarse, y no a la inversa.[1064] Para la hermenéutica *moderna* – apunta Foucault- el signo es un espacio abierto, y toda interpretación se encuentra ante la obligación de interpretarse ella misma al infinito; de proseguirse siempre.[1065] Ya lo era desde el *Crepúsculo de los ídolos* de Nietzsche, para quien la muerte de Dios anunciaba la *eliminación* del mundo verdadero y, en el acto, del mundo aparente[1066]; y en su *Voluntad de poderío*:

"La verdad no es, en consecuencia, algo que está ahí y que haya que sorprender y que encontrar, sino algo que hay que inventar, que dé su nombre a una operación. Mejor aún, a la voluntad de conseguir una victoria, voluntad que, por sí misma, carece de fin: admitir la verdad es iniciar un proceso '*ad infinitum*', una deter- minada acción activa, y no la llegada a la conciencia de una cosa fija y determinada. En una palabra, para la voluntad de poderío."[1067]

[1063] M.Foucault; *La verdad y las formas jurídicas*; Ed.*Gedisa*, México, 1995; pp.29-30.

[1064] M.Foucault; "Nietzsche, Freud, Marx"; op.cit., p.46.

[1065] Op.cit., p.47.

[1066] F.Nietzsche; *Crepúsculo de los ídolos*, Editorial *Alianza*, Madrid, 1993.

[1067] F.Nietzsche; *La voluntad de poderío*; Editorial *Edad*; Madrid, 1990; p.308.

De lo que desprenden tres consecuencias: la primera es que la interpretación será siempre la interpretación por el "quien": no se interpreta lo que hay en el significado, sino que se interpreta a fondo *quien* ha planteado la interpretación: el principio de la interpretación no es otro que el intérprete.[1068] La segunda consecuencia es que la interpretación debe interpretarse siempre ella misma, y no puede dejar de volver sobre ella misma.[1069] Por oposición al tiempo de los signos y al de la dialéctica, que es lineal, el tiempo de la interpretación es circular –concluye Foucault-.[1070] La tercera, el vínculo indisoluble entre la práctica interpretativa y el ejercicio de la violencia que la condiciona en cuanto relación de poder. De ahí que –sostiene Foucault- no habría que referirse al gran modelo de la lengua y de los signos sino al de la guerra, pues la historicidad que nos arrastra y nos determina es belicosa, no habladora:

"Relación de poder, no de sentido. La historia no tiene sentido, lo que o quiere decir que sea absurda o incoherente. Al contrario, es inteligible y puede ser analizada hasta su más mínimo detalle: pero a partir de la inteligibilidad de las luchas, de las estrategias y de las tácticas..."[1071]

[1068] M.Foucault; "Nietzsche, Freud, Marx"; op.cit., p.47.

[1069] Ídem.

[1070] Ídem.

[1071] Michel Foucault radicaliza aquí la noción de hermenéutica moderna, la lleva hasta sus límites y desarrolla otra perspectiva de análisis rompiendo con las tradiciones que se han apoyado en ellas y, al hacerlo, han sucumbido dentro de sus propias limitaciones. El párrafo citado continúa así: "Ni la dialéctica (como lógica de la contradicción) ni la semiótica (como estructura de la comunicación) sabrían dar cuenta de la inteligibilidad de los enfrentamientos. Respecto a esta inteligibilidad la dialéctica aparece como una manera de esquivar la realidad cada vez más azarosa y abierta (...) y la semiología como una manera de esquivar el carácter violento, sangrante y mortal, reduciéndolo a la forma apacible y platónica del lenguaje y del diálogo." (M.Foucault; "Verdad y Poder" en *Microfísica del poder*, Ediciones *La piqueta*, Madrid, 1992; pp.179-80)

El giro de la hermenéutica, identificado principalmente en Freud, en Nietzsche y en Marx, supone una ruptura en las líneas de continuidad esbozadas en las dos primeras sospechas que posibilitan la hermenéutica. De una parte, la "muerte de la interpretación", que consiste en creer que hay signos, signos que existen originariamente, primariamente, realmente, como señales coherentes, pertinentes, sistemáticas.[1072] La vida de la interpretación, al contrario, es creer que no haya sino interpretaciones.[1073] En este sentido –para Foucault- la hermenéutica y la semiología son dos enemigos, pues una hermenéutica que se repliega sobre una semiología cree en la existencia absoluta de los signos: abandona la violencia, lo inacabado, lo infinito de las interpretaciones, para hacer reinar el terror del indicio, y recelar el lenguaje.[1074] Por el contrario, una hermenéutica que se envuelve en ella misma, entra en el dominio de los lenguajes que no cesan de implicarse a sí mismos.[1075] Podría inferirse, pues, que ha sido necesaria la invención de los signos de lo inconsciente para referirlos inmediatamente a la posibilidad de interpretarlos. La existencia humana quedaría enseguida investida por esta práctica, que la refiere circularmente al lugar de una interpretación trocada en signo e irremediablemente aprisionada a su propia lógica que la devuelve sobre sí infinita-mente, a la sospecha imperecedera de que detrás de lo que representa como interpretación hay otra interpretación posible que se resiste a dejarse interpretar...

El problema de la pluralidad de las interpretaciones, del enfrentamiento de las interpretaciones, es posible por la misma definición de la hermenéutica en clave *moderna* que hace Foucault, que se prolonga hasta el infinito, sin que haya un punto a partir del cual se juzgue y se decida.[1076] Estamos condenados a ser intérpretes de nuestras propias interpretaciones, es eso lo mínimo que se debe

---

[1072] M.Foucault; "Nietzsche, Freud, Marx"; op.cit., p.48.

[1073] Ídem.

[1074] Ídem.

[1075] Ídem.

[1076] Op.cit., p.55.

saber, concluye Foucault. No obstante, si bien la primera condición de toda interpretación es el lenguaje, la condición primera del lenguaje mismo es la represión (del acto que la palabra vendría a amortiguar...). La represión opera primero sobre el cuerpo, impidiendo la satisfacción inmediata y plena de los instintos primordiales, y este impedimento, que es primeramente físico, se ejerce sobre el débil cuerpo de la criatura, irremediablemente dependiente y sin otro lenguaje que su llanto, pues es una violencia que precede la integración al orden de lo simbólico y que permanece incidiendo durante toda la existencia del sujeto, marcando su vida anímica y fusionada en sus más diversos lenguajes. La mediación del lenguaje, pues, viene a reforzar la represión primera, a la que se somete el Ser antes de integrarse al destino en que lo social lo torna Sujeto (...del "progreso cultural"). Es del choque mortal entre el principio del placer y el principio de realidad que nace el lenguaje, cuando el llanto instintivo ya no es efectivo y el placer busca en él sus remedios. El contenido primario del lenguaje, ese que marcará el destino de cada sujeto y condicionará las suertes que le depare el devenir de sus sujeciones, es el lenguaje de la fuerza superior representada bajo el signo del Padre, que es metáfora política, no de la autoridad moral de la cultura y sus razones, sino de las fuerzas domesticadoras de la Ley...

La práctica psicoanalítica se revela como soporte de las tecnologías de este poder normalizador y como dispositivo de refinamiento y continuidad de ese lenguaje que inicia al Sujeto en los rituales culturales de su propia domesticación. De ahí la importancia que Freud, de una parte, a la crítica a la ineficacia de las instituciones sociales en sus tareas regulativas y, de otra, la que adjudica consistentemente a la terapéutica analítica como dispositivo de reeducación. De ahí la importancia asignada a poner límites a la práctica interpretativa mediante la configuración política de la autoridad del intérprete y, por oposición, de la interpretabilidad de la condición del objeto a *interpretar*...

Construcción de la autoridad del intérprete

"¡Interpretar! No me gusta esa palabra que me quita toda posible seguridad. Si todo depende de mi interpretación, ¿quién me garantiza que interpreto con acierto? Todo queda ya abandonado a mi arbitrio."[1077]

Esta cita, tomado del diálogo platónico montado en su *Análisis Profano*, devuelto al sentido de su contexto, significa en realidad todo lo contrario. Freud no tiene ningún problema con la palabra "interpretar", pues es con ella que designa la tarea principal de la práctica del psicoanálisis. Tampoco tiene duda alguna que le haga sentir "inseguridad". La pregunta que hace es, no un acercamiento intencionalmente reflexivo, sino un recurso a propósito de su intencionalidad retórica, que no hace sino, mediante la misma, anunciar fuera de todo equivoco una respuesta ya esperada, si no sabida de antemano. Quien garantiza que interpreta con acierto, pues, es él mismo, literalmente abandonado a su arbitrio, a su capricho... a su autoridad; a su Ley. A todas cuentas, esta cita pertenece a la voz del personaje imaginario de su diálogo, a quien Freud se ha dado a la tarea de persuadir por su palabra. Este personaje encarna en su letra un reproche que se le suele hacer al carácter irremediablemente arbitrario de la interpretación analítica, que Freud reconoce y justifica:

> "Exagera usted. ¿Por qué excluir sus propios procesos anímicos de la normatividad que reconoce usted a los del prójimo? Si usted ha logrado adquirir cierta disciplina de sus propios actos mentales y dispone de determinados conocimientos, sus interpretaciones no quedarán influidas por sus cualidades personales y serán aceptadas."[1078]

Freud destaca la importancia del "factor individual" en la interpretación psicoanalítica y reconoce que éste "siempre desempeñará en el psicoanálisis un papel más importante que en cualquier otra disciplina." La interpretación es siempre un acto realizado por un sujeto concreto y es una suerte que no puede enmendarse, y tampoco interesa hacerlo. Esto presenta, sin duda, serias cuestiones

---

[1077] S.Freud; "Análisis Profano" (1926) en *Obras Completas* (Tomo III); op.cit., pp.2932-39.

[1078] Ídem.

de credibilidad, pues a todas cuentas, ¿quién habría de confiar sin condiciones ni reservas en la palabra de otro, de otro que reclama saber más de uno mismo que sí mismo? Freud sabe que de la mano de una interpretación va siempre la interrogante de quién interpreta. El problema inmediato es de otro orden, relacionado tanto con la legitimidad del intérprete como con su autoridad. La cautelosa construcción de la Identidad del analista es esencial para la admisión o rechazo de cualquier interpretación, no sólo en el escenario clínico sino, sobre todo, en su exterior, en el lenguaje de los textos puestos a circular para efectos divulgativos, pero sobre todo, como dispositivos de persuasión. En ellos, trátese de un texto técnico o de un relato clínico, de una conferencia o un artículo de seguimiento, en la retórica de Freud el autor y el psicoanalista se fusionan en un mismo personaje, y asimismo los lectores son puestos a jugar el papel de sus pacientes, es decir, a someterse a las técnicas persuasivas del autor-psicoanalista.[1079] La identidad autorizada y legitimada para interpretar deberá dar al traste con el objeto a persuadir, es decir, con el sujeto que deberá *sentirse* interpelado por su discurso, rendirse a sus razones, dejarse convencer. De lo contrario, aparecerá sujetado a una clasificación predispuesta retóricamente y avalada, también por recurso de la retórica, teóricamente. Quien quiera que no se identifique con las disposiciones de su régimen de verdad, con el imperio de su interpretación, sepa que será, si no un ignorante, un anormal; un loco. Respuesta ésta que, en el contexto de la narrativa psicoanalítica, vale tanto para sus pacientes como para sus lectores:

> "Un hombre anormal, por muy estimables que sean sus conocimientos, no podrá nunca ver sin deformación en el análisis las imágenes de la vida psíquica, pues se lo impedirán sus propias anormalidades."[1080]

Admitida la condición subjetiva de la interpretación, Freud comparte simpatías con las tradiciones filosóficas y se inclina a

---

[1079] En este aspecto, coincide mi análisis con el que hiciera Stanley Fish sobre el caso "El Hombre de los lobos", en la última parte de su escrito *Práctica sin teoría*, según he citado anteriormente.

[1080] S.Freud; "Análisis profano"; op.cit., p.2934.

inscribir su quehacer intelectual dentro de la metafísica del lenguaje. Reconoce las *dificultades* que enfrenta cada sector de investigación científica y, tras su rechazo a las tendencias a resolver dichas cuestiones en términos metafísicos, comparte la ilusión objetivista de que, con debido esfuerzo, es posible acceder a un estadio representacional que *supere* y *elimine* estas dificultades. En la quinta parte de su *Análisis Profano*, sostiene:

> "Por mi parte, soy más optimista. Nuestras experiencias nos muestran, en efecto, que también en Psicología es posible llegar a acuerdos bastantes satisfactorios. Cada sector de investigación presenta dificultades propias, que hemos de esforzarnos en eliminar."[1081]

La ilusión de que puede representarse lo real a través de un lenguaje depurado de prejuicios y demás malos hábitos intelectuales, devuelve al discurso psicoanalítico al lugar ocupado por las tradiciones metafísicas de las filosofías del Ser. A todas cuentas, el material del que dispone el psicoanálisis no es sino el lenguaje mismo, cuya materialidad está ideológicamente constituida, por lo que las referencias a lo inconsciente, a la revelación de sus manifestaciones, al descubrimiento de las leyes que rigen la vida psíquica en general, también son constructos del lenguaje y llevan, no sólo sus cargas ideológicas, sino las limitaciones propias a su orden estructural. Freud, no obstante, permanecía sosteniendo la posibilidad de acceder a un conocimiento objetivo mediante la técnica de la interpretación analítica:

> "Por último, también en el arte interpretativo del análisis hay, como en otras materias del saber, algo que puede ser estudiado y aprendido; por ejemplo, todo lo referente a la singular representación indirecta por medio de símbolos."[1082]

¿En dónde reside la condición que posibilitaría acceder a un estadio de transparencia objetiva en el orden representacional del

---

[1081] Ídem.

[1082] Ídem.

lenguaje? En la virtud metafísica del intérprete: La hermenéutica psicoanalítica devuelve este poder mágico al sujeto intérprete en la figura mística del analista, quien goza de ciertas cualidades superiores que le permiten, más que descifrar códigos, desenmascarar los artificios imaginarios que se ocultan tras la fachada del lenguaje hablado (del decir del paciente y los prejuicios implicados en sus palabras); y sacar a la luz su verdadera esencia por gracia del talento especial del que dispone el médico, "libre de todo prejuicio". Estas son sus palabras:

> "Si usted ha logrado adquirir cierta disciplina de sus propios actos mentales y dispone de determinados conocimientos, sus interpretaciones no quedarán influidas por sus cualidades personales y serán aceptadas. No quiere esto decir que para la buena marcha de esta parte del tratamiento sea indiferente la personalidad del analista. Por el contrario, para llegar hasta lo inconsciente reprimido es preciso cierta penetración, que no todo el mundo posee en igual medida. Pero, ante todo, surge en este punto para el analista la obligación de capacitarse por medio de un profundo análisis propio para acoger sin prejuicio alguno el material analítico."[1083]

Ya he trabajado este tema en otras partes de mi escrito, por lo que no me repetiré. Lo que intereso destacar ahora es el carácter abiertamente conflictivo que representa la cuestión de la hermenéutica en sí, y traer a consideración crítica eso de lo que no puede escapar o resolver, que es precisamente la tarea de "interpretar". Ciertas tradiciones de pensamiento han puesto todos sus empeños en identificar las técnicas que precisa un intérprete para librarse de las suertes contingentes del lenguaje mismo, que es la condición primera de la interpretación.[1084] Freud, aunque asumía positiva-

---

[1083] Ídem.

[1084] Tal es el caso —como trataré más adelante- de ciertos intelectuales que insisten en imponer límites arbitrarios al arte de la interpretación y en significar la experiencia de la interpretación misma como sobredeterminada por el texto y éste, a la vez, por la intencionalidad del autor antes que por la experiencia singular del lector en su relación con el texto. Pienso que esta pretensión metafísica,

mente el carácter eminentemente arbitrario de toda interpretación, también procuraba zafarse de sus incertidumbres y amortiguar las violencias de sus arbitrariedades. Sabía que las resoluciones retóricas clásicas, por más persuasivas y seductoras que pudieran ser, no eran suficientes para legitimar sus interpretaciones o convencer sin reparos a sus pacientes o lectores. Debía recurrir a otro registro representacional que gozara de una posición privilegiada entre los dispositivos del poder legitimador cultural y combinarlo efectivamente para asegurar los dominios de su autoridad como intérprete. Los formalismos técnicos del discurso teórico, la identidad de una disciplina científica, serían recursos clave sobre los que montaría su integridad identitaria, su derecho a interpretar y la legitimidad (veracidad) de sus interpretaciones. El acento dogmático pertenece también a su estilo retórico, tanto como las alusiones a la flexibilidad reflexiva, a la experiencia personal, los retoques de humildad teórica, las incertidumbres, las convicciones, etc.[1085]

La ortodoxia revolucionaria es la gran paradoja en la que se desenvuelve la retórica freudiana. En su obra todo es cuestionable. Es este el espíritu de la sospecha que hace nacer a sus teorías. Pero a la vez nadie puede ponerlo en duda, o más bien, de ponerlo en duda debe resolver enseguida convenir en los términos pautados por él. Es la misma suerte que enfrenta cada sujeto frente a la Ley. Sólo un arreglo retórico, en función de una muy precisa orientación ideológica, puede representar al sujeto con relación de autonomía frente a la voluntad de la Ley. Como si en realidad el sujeto pudiera *elegir* "libremente" entre obedecerla o no. La lógica de esta analogía es evidente: la Ley no persuade sólo por lo que ofrece sino porque lo hace siempre manteniendo una amenaza de castigo por incumplimiento. El discurso de Freud opera en arreglo a la lógica hegemónica de la Ley, que es la lógica de todo discurso del poder. Su ley exige ser creída y procura el sometimiento voluntario, el

---

elitista e idealista, tanto como política, condenaría la obra de Freud a ser objeto de meras repeticiones.

[1085] Las constantes alusiones a la mitología y la literatura clásica -por ejemplo- han jugado un papel significativo no sólo con relación a la dimensión teórica sino a la proyección de una determinada imagen del psicoanálisis, orientada a lograr la aceptación cultural y la integración institucional, como apunté con referencia al trabajo de Sara Winter, *Freud and the Institution of Psychoanalytic Knowledge*.

consentimiento a su dominación. No creer en ella es resistirse a su dominación. Para la ley judicial quien lo hace es un delincuente, para el psicoanálisis de Freud, un anormal. Es esta la relación que trasciende el análisis del discurso como retórica y donde se fusiona con el orden de lo político, con la economía del poder, con la estrategia de dominación y subordinación. De ahí que toda interpretación sea, sobre todo, un acto político...

Del arte de persuadir

El tema de la persuasión es el eje central del arte de la retórica y la retórica es, como he subrayado hasta ahora, una clave ineludible para la eficacia política del discurso psicoanalítico. Un requerimiento esencial al montaje de su legitimidad ha sido, por lo general, no sólo disminuir la importancia que juegan las técnicas de sugestión en el tratamiento clínico, sino desvirtuar su relevancia para el éxito del mismo. Este tema ha sido harto discutido entre sus historias, pero permanece en la escena actual del debate sobre la condición del psicoanálisis, en particular con relación a su estatuto de legitimidad dentro de la construcción del sujeto, objeto de su intervención y, a la vez, producto de sus tecnologías discursivas. Tal y como las más diversas filosofías políticas han destacado en sus análisis sobre el ejercicio del poder político, entendido en su acepción clásica y moderna, la *legitimidad* es un rango de valor clave para la consecución de los objetivos estratégicos del poder.[1086] El discurso científico, dentro del proyecto político de la modernidad, ha heredado de esta tradición de pensamiento, el requerimiento de la legitimidad como base de sus fundamentos teóricos y sus correspondientes técnicas. La habitual relación entre lo político y la verdad, conjugada bajo el signo del Saber, así lo ha exigido hasta

---

[1086] Contextualizando este tópico en la actual condición de época, me parece relevante destacar que cobra particular pertinencia advertir que un rasgo que caracteriza la condición (pos)moderna —según lo he asumido a lo largo de este trabajo- es la puesta en crisis de los soportes legitimadores del saber. Tomo en consideración, por ejemplo, el trabajo de J.F.Lyotard donde sostiene que la crisis del saber científico, cuyos signos se multiplican desde finales del siglo XIX, no proviene de una proliferación fortuita de las ciencias, que en sí misma sería el efecto del progreso de las técnicas y la expansión del capitalismo. Procede de la erosión del principio de legitimidad del saber. (J.F.Lyotard; *La condición posmoderna: informe sobre el saber*, Editorial Cátedra, Madrid, 1994; p.75)

nuestros días. Dentro de este contexto es que ha sido puesto bajo sospecha el orden interior del discurso psicoanalítico, mirando sus fundamentos más que como evidencias de una verdad revelada por virtud de sus técnicas, como tácticas legitimadoras de su práctica general. El orden interior del discurso psicoanalítico ha sido arreglado con relación a un objetivo estratégico y el arte de la retórica ha sido pieza clave para la consolidación de sus dominios. El *standing* de credibilidad, que es el nivel de legitimidad, depende de ella, y ella, a la vez, de la disposición política de sus usuarios, ya para persuadir, manipular, seducir y convencer por recurso de la palabra, o ya para desautorizar sus reclamos de poder.

De otra parte, pienso que la puesta en crisis del discurso psicoanalítico, la sospecha de que, encadenado en la articulación de sus fundamentos, no sólo se dice otra cosa sino que se persigue, intencionalmente, otra cosa además de la *cura* del paciente, es también un modo de retórica política. Ambos polos constituyen parte integral del imaginario psicoanalítico contemporáneo y sirven de soporte legitimador de su existencia como discurso fundacional en el contexto del proyecto político de la modernidad. De una parte se activa para mantener en escena la condición irresoluble de la esencia del Ser como pretexto para mantener en movimiento la permanente intervención de las disciplinas normalizadoras. De otra, para establecer los referentes a partir de los cuales situar las posiciones entre las que se (des)envuelven sus disputas...

Un ejemplo: la interpretación de un sueño, en tanto que interpretación, no es rememoración sino construcción, construcción de un sentido posible sobre los signos e imágenes del sueño. Pero estos signos son, precisamente, signos procurados por el relato del paciente, es decir, interpretaciones convertidas en representantes de la experiencia onírica. Desde la teórica formal del discurso psicoanalítico, son palabras y éstas la materia prima de la tarea analítica. Pero el valor de las mismas como materia prima es a la vez un rango de valor supeditado a la racionalidad analítica, es decir, a una interpretación previa que condiciona las posibilidades interpretativas y las orienta desde incluso antes de ser dichas. La interpretación no comienza en la palabra del paciente, en el libre juego de su decir, al que debería precederle el juego de asociaciones. El intérprete ya tiene un lugar asignado donde situarlas, en el engranaje de sus teorías. La interpretación analítica, pues, supone un ensamblaje de interpretaciones que, de seguro, no comienza en el decir del paciente ni tampoco termina ahí...

Entre estas coordenadas, la "paciente tarea educativa" a la que Freud se remite constantemente en su relación con sus pacientes, significa abiertamente una tarea de persuasión. El objetivo es "inducir" al paciente a que se identifique con el psicoanálisis, que se reconozca a sí mismo en la palabra del analista, y en su permisividad se imagine a sí mismo como actuando sobre sí, reflexivamente, autónomamente. El método para tales efectos, no obstante, pone en tela de juicio la ilusión de autonomía en la relación con la autoridad del analista y su discurso –como ya he tratado anteriormente-. Una cierta coerción está implícita en la relación analítica, una presión muy precisa es ejercida para vencer las resistencias del analizado, una manipulación se hace inminente en el *permitir* el habla libre, porque la *libertad* está encadenada a la voluntad del analista y la *permisividad* es siempre una relación con respecto de una autoridad, la del analista; regulada por las reglas de su juego y delimitada al orden de sus pretensiones. Desinhibir –por ejemplo- no es la resulta de una independencia de criterio sino la participación del sujeto a otro orden de dominación, la consentida por su voluntad bajo el modo de una autonomía, pero siempre atada a las coerciones de Ley que la posibilitan...

Dentro del cuadro clínico –como sostiene Stanley Fish- cada exigencia de independencia es una negativa por parte del analista a reconocer el control que ejerce en todas partes, y el esfuerzo que pone en negar su propio esfuerzo lo lleva a negar que esté ejerciendo alguna influencia sobre sí mismo: Freud "aconseja que nos sometamos a él para que seamos libres".[1087] La articulación constante de su neutralidad política en el acto interpretativo, la repetición incesante de su desinterés, de su objetividad y su sola intencionalidad medida con relación a la pura verdad, es un recurso retórico para ganar la confianza de sus pacientes, como la de sus discípulos, escuchas y lectores. La reiterada alusión a la *experiencia* como fundamento de legitimidad lo evidencia. Es la misma lógica de la Ley, que *aconseja* paternalmente someterse a ella para ser verdaderamente *libres*, pues de lo contrario ella misma cancelaría el

---

[1087] S.Fish; "Reteniendo la parte que falta: Retórica y psicoanálsis" en *Práctica sin teoría: retórica y cambio en la vida institucional*; op.cit., p.310.

derecho de libertad. La efectividad de la Ley –ya lo advertía Platón– es tanto mayor cuanto más persuasiva es. El arte de la retórica política responde al principio del poder de la Ley: hacerse creer, es decir, que el sujeto se sienta interpelado por ella, que sea él quien crea que la admite con arreglo a su voluntad y conveniencia, que se identifica en ella, que se piensa en sus términos y se limite a representarse dentro de los trazos de sus fronteras: que consienta su dominación. En el discurso de Freud, que es discurso de Ley, el reconocimiento de la "convicción" es efecto de este proceso de persuasión; es el paso firme a la posibilidad del vencimiento de las resistencias. Convencerse a sí mismo, como si el "sí mismo" en el que se instaura el convencimiento no estuviera marcadamente relacionado con la fuerza persuasiva del Otro, como si fuera una tarea autorreflexiva, como si se tratara de un acto independiente, donde el analista no actúa sino como un simple estímulo, como si no interviniese sino como una ayuda leve a la ilusión de mismidad que reflexiona sobre sí sin mayores coerciones que las propias a sus temores e inhibiciones. Freud no admite la influencia que ejerce sobre las nuevas convicciones del sujeto, porque no reconoce el poder sugestivo de su autoridad. Un efecto se logra, el convencimiento, la creencia, la fe. Pero es un efecto sin causas, o más bien sin otra causa que la reflexividad y no la influencia; efecto en apariencia de la autonomía existencial del sujeto intervenido y no de la coerción a la que es sometido mediante las técnicas persuasivas del tratamiento. La evidencia irrefutable será que el sujeto mismo se reconozca a sí como libre de la influencia del analista y admita que su convicción está exenta de la manipulación ideológica del analista. Es el doble efecto ideológico de la Ley: hacer creer que representa la voluntad del sujeto y, a la vez, que la obediencia a sus mandamientos es, en esencia, voluntaria...

La técnica persuasiva es parte de una estrategia de control y dominación. La proclama de la autonomía del sujeto, la exaltación de su independencia, dentro de ella, es un recurso táctico para tales efectos. La identidad del analista se construye en idénticos términos a la del Juez. Su encargo es hacer valer la Ley, y su relación con ella no es personal sino profesional: sus interpretaciones sólo guardan relación con la integridad de su disciplina, no con su voluntad de poder. Paradoja irresoluble del discurso psicoanalítico: Freud se asume liberador y no amo, pero su discurso es el del amo, porque es el de la autoridad del Padre, el de la Ley. Desde esta perspectiva las *evidencias* del psicoanálisis no corresponden a las habituales formas lineales y lógicas del discurso científico positivista como tampoco a las de las tradicionales filosofías metafísicas. Son constructos teóricos y dependen, sobre todo, de la inventiva del teórico. La diferencia más significativa no reside en su proximidad a la verdad sino al acto político de reconocer que, a todas cuentas, los supuestos de legitimidad de las ciencias y filosofías tradicionales, son también artificios teóricos que sus artífices simplemente no reconocen como tales. La legitimidad de sus postulados y entendidos, en fin, de sus fundamentos y evidencias, es puesta en crisis como semblante ideológico tras el cual se ocultan los prejuicios de sus portadores. Los criterios de validez de sus pruebas no son exteriores al discurso mismo; las evidencias no son, en fin, evidentes. La legitimidad de la que presumen las ciencias y filosofías tradicionales es una fachada ideológica y el *standing* de credibilidad depende, principalmente, de su eficacia persuasiva. Freud (como Nietzsche) lo reconocía, y denunciaba que detrás de la presumida verdad objetiva arrogada por los conocimientos y técnicas dominantes se refugiaba una actitud cultural de hipocresía. Pero resolvía enseguida devolver su crítica a las redes de la hermenéutica clásica, de la metafísica del lenguaje...

De la hermenéutica *deconstructiva*

> "No hay hechos, sólo interpretaciones."
> *Nietzsche*

> "...hasta el momento los filósofos han creído describir el mundo, ahora es el momento de interpretarlo..."[1088]
> *G.Vattimo*

Hasta ahora he procurado poner en cuestionamiento crítico los diversos modos como la imaginería psicoanalítica se fundamenta a sí misma, cómo se constituye a sí misma como ciencia del espíritu o disciplina del alma y, desde los dominios de su propio poderío, de qué modo se instaura como régimen de Verdad, se consolida como Autoridad y, consecuentemente, como Ley. Aunque he procurado mantener una relativa distancia a inscribir mis reflexiones a un modelo teórico determinado, ciertamente he compartido coinci-

---

[1088] G.Vattimo; *Más allá de la interpretación*; Ed. *Paidós*, Barcelona, 1995; p.52.

dencias muy precisas con determinados modos de teorización que pueden ser remitidos al enclave de la hermenéutica posmoderna y la crítica deconstructiva. Dentro de este contexto, por demás inestable y difuso, he identificado la relación del psicoanálisis, su aparición histórica, sus mutaciones, hibridaciones y tendencias ideológicas, con las tradiciones de pensamiento vinculadas a las filosofías políticas modernas y, a la vez, esbozado los puntos de aparente ruptura con las mismas, estableciendo su relación indisoluble con el poderío normalizador de la modernidad. Ya identifiqué el vínculo entre el psicoanálisis de Freud y la resignificación contemporánea de la hermenéutica, destacando entre las conclusiones más relevantes las siguientes: la inevitabilidad del círculo hermenéutico; la imposibilidad de un lugar neutral para la teoría; la presencia constitutiva de prejuicios en los juicios éticos y científicos y la crítica radical a la idea de objetividad, entre otros aspectos. Me parece pertinente, para efectos de mi objeto de trabajo, desarrollar un poco más este tópico. Continuaría preguntando, pues, ¿cómo incide esta *interpretación* de la hermenéutica en clave posmoderna sobre el discurso psicoanalítico? ¿Cómo reacciona el psicoanálisis ante ella? ¿Qué admite? ¿Qué le resulta inconveniente? ¿Qué posibles vínculos de complicidad pueden detectarse entre ambos campos discursivos? ¿Cuáles son los antagonismos irresolubles que emergen de entre ellos? ¿Qué relaciones de poder se desenvuelven en esta trama? ¿Cuál es su relación con lo ético y lo político?

Siguiendo los signos del lenguaje de la hermenéutica en clave posmoderna -Gianni Vattimo, en su escrito *Más allá de la interpretación*- parte del principio de que "nadie posee la patente o garantía de la teoría", por lo que se precisa una resignificación de la hermenéutica como "derecho de interpretación."[1089] Esto supone – vale advertir- no restar *legitimidad* a la adscripción a una corriente de pensamiento, una escuela o teoría, ni menospreciar los consecuentes esfuerzos por defender sus conceptos, mantener sus significados habituales y postulados de principio sobre los que centra su particular relevancia y pertinencia. Pero mientras Vattimo inscribe la hermenéutica como una actividad interpretativa y una teoría filosófica[1090], yo me inclino –apoyándome en mi propia

---

[1089] Op.cit., p.38.

[1090] Op.cit., p.78.

interpretación de los trabajos de Michel Foucault- a asumir dicha práctica (interpretativa y teórica) como parte integral de una estrategia política en el contexto de una relación de poder.[1091] Para efectos de este trabajo, vale recordar que no es a un juicio moral a lo que se somete el psicoanálisis sino a un análisis, más que filosófico, político (que implica, de hecho, su relación con lo moral y lo filosófico). De otra parte, como tácticas de un análisis en clave deconstruccionista, ciertamente puedo compartir coincidencias con esta resignificación de la hermenéutica y reconocer la inevitabilidad de toda vuelta circular en toda interpretación; advertir la imposibilidad de un lugar estable y neutral para la teoría; remitir sus constructos a sobredeterminados regímenes ideológicos; sostener que a cada juicio ético o científico le es constitutivo la presencia de prejuicios y, consecuentemente, asumir como horizonte de la crítica el carácter ilusorio de la idea de objetividad y, a la vez, la preeminencia del carácter perspectivo (histórico, cultural y subjetivo) de las posiciones de sujeto que se entrecruzan incesantemente en el devenir de su tarea: una hermenéutica deconstructiva. Pero advirtiendo en todo momento que no es sólo texto a lo que remito esta tarea sino al contexto relacional del poder, del poder de constituir una autoridad a la que, en el acto de su aparición, se remite a sí misma como tal y opone resistencia a las fuerzas *interpretativas* que resisten los dominios de su voluntad de poder...

Del dispositivo de arbitrariedad

El Sujeto del que habla el psicoanálisis, lo Inconsciente que lo constituye, lo sobredetermina, que lo acosa y que lo anima a lo largo de cada existencia singular, no es el mismo sujeto de la teoría lingüística y sus arreglos estructurales, de sus mutaciones interiores,

---

[1091] Siguiendo los lineamientos teóricos de Foucault, no sería una cuestión de conceder al discurso un valor provisional con respecto a la realidad sino estratégico con respecto a la cuestión planteada: "A los discursos (...) no hay que preguntarles ante todo de cuál teoría implícita derivan o qué divisiones morales acompañan o qué ideología –dominante o dominada- representan, sino que hay que interrogarlos en dos niveles: su productividad táctica (qué efectos recíprocos de poder y saber aseguran) y su integración estratégica (cuál coyuntura y cuál relación de fuerzas vuelve necesaria su utilización en tal o cual episodio de los diversos enfrentamientos que se producen." (M.Foucault; *Historia de la sexualidad: la voluntad de saber*, Editorial *Siglo XXI*, México, 1976; p.124)

de la semiología o la semiótica, o de la hermenéutica metafísica. Pero hay determinadas zonas de convergencia donde se fusionan estos registros discursivos. De las más diversas artes interpretativas a las ciencias de los signos y el lenguaje, el dispositivo de arbitrariedad juega un papel crucial, pues es condición esencial de sus posibilidades. Se suele atribuir a Ferdinand de Sassure[1092] la paternidad de su reconocimiento, a partir del *descubrimiento* de la arbitrariedad del significante en la teoría del lenguaje, pero en realidad no se trata de un reconocimiento sino de la propia condición del lenguaje, cuyas estructuras y formaciones significantes pertenecen a los dominios de la vida social, es decir, a las relaciones de poder que son constitutivas de las mismas. Nietzsche lo anunciaba antes, incluso con mayor radicalidad y precisión teórica, pues reconocía inmediatamente que la arbitrariedad era un efecto relacional del poder, de los juegos de poder que atraviesan los lenguajes, los constituyen y los transforman: el saber y la sabiduría no tienen ningún valor en sí: es necesario saber la meta según las cuales estas cualidades adquieren valor o se desvalorizan.[1093] Pero no fue el siglo XIX el que inventó la arbitrariedad, ni siquiera la descubrió, pues la Retórica, técnica por excelencia de las filosofías políticas desde tiempos clásicos, ya lo sabía...

Desde la crítica deconstructiva y la hermenéutica posmoderna no hay un lugar privilegiado desde el que pueda designarse el sentido último de los textos, no por lo menos fuera de las prácticas interpretativas de carácter religioso, es decir, de pretensiones omniscientes, metafísicas. Pero las disciplinas del alma —filosofías y ciencias- (como el psicoanálisis) pertenecen a corrientes de pensamiento autoritarias, y su poder se manifiesta, no en las justificaciones retóricas sino, como lo Inconsciente, en sus efectos concretos. Efectos de entre los que las posturas sostenidas mediante los recursos de la retórica forman parte constitutiva y sin exterioridad posible de un mismo discurso en juego: el del poder. Como Freud —por ejemplo- Umberto Eco quiere (re)establecer la naturaleza del sentido, cuando el sentido no tiene naturaleza, porque la naturaleza es a la vez un signo, un signo que, dentro de este contexto, responde a la significación situada de su intérprete y,

---

[1092] F.de Sassure; *Curso de lingüística general*; Editorial *Akal*, Madrid, 2000.

[1093] F.Nietszche; *La voluntad de poderío* (Libro II); op.cit., p.243; 157.

por ende, a su voluntad de poder. Mantiene, entre ciertas ambivalencias, una firme posición de lealtad con las tradiciones filosóficas criticadas desde la hermenéutica posmoderna y la crítica deconstructiva: de una parte, reconoce la reivindicación del derecho de interpretar y se representa a sí como coincidente de la ética interpretativa posmoderna; de otra, le sale al paso a este derecho y reclama para la ética de la interpretación otro derecho, el derecho de poner riendas a la relativa libertad del intérprete a favor de un sentido metafísico de la obra.

Umberto Eco ocupa el lugar de una figura representativa dentro de las tradiciones más ortodoxas del racionalismo occidental moderno. Le resulta, más que extraño, insoportable e inconcebible "permitir" el libre flujo de interpretaciones, como si "autorizar" una práctica tal de flujo ilimitado supusiera una desacralización de los textos. Pero, ¿para qué insistir en imponer límites formales a la interpretación? Para reforzar la autoridad privilegiada del poder de algún intérprete:

> "...la reducción de los posibles sentidos del texto es un factor de constreñimiento significativo que sirve para conjurar la amenaza de la multiplicidad explosiva de sentidos posibles, tan indeseable para la tendencia estabilizadora del sistema social."[1094]

Pienso, por el contrario, que las corrientes de pensamiento estigmatizadas bajo el semblante posmoderno, a quienes se acusan de libertinaje filosófico y político, pueden ser interpretadas de otra manera, desde una perspectiva ética radical, donde la singularidad del sujeto, la experiencia de la lectura, de la interpretación, es situada en una posición privilegiada con respecto de las autoridades tradicionales encargadas de coartar sus movimientos, movimientos de derecho, de derecho a interpretar. Pero -como ya he hecho constar- la defensa de esta posición se enfrenta a fuerzas restrictivas muy concretas, institucionalizadas gran parte de ellas o desparramadas por el espectro de los más diversos rituales culturales de las prácticas de autoridad, de Ley. La hermenéutica deconstructiva es

---

[1094] G.Moreno Plaza; *La liberación del lector en la sociedad posmoderna: ensayos de interpretación abierta*; Ed.Universidad de Puerto Rico, Río Piedras, 1998; p.175.

una práctica política de la interpretación, un juego de poder que no se limita a la interpretación sino que, desenvuelto en torno a ella, cuestiona, juzga y sentencia, asume posición, debate y combate. Es a un sujeto real a quien se le exige la adecuación de su mirada a los códigos dominantes y es a él mismo, en su singularidad y experiencia propia a quien se autoriza o desautoriza el derecho de interpretación; como en Freud, es la Ley la clave en que las tradiciones interpretativas dominantes imponen toque de queda a la interpretación; encierro de cadena perpetua que es un modo en vida de penar con la muerte el derecho de interpretación...

Como si se tratara de una apropiación perversa la idea de "semiosis ilimitada", Eco propone limitar la gama de interpretaciones admisibles y, de ahí, identificar ciertas *lecturas* (interpretaciones) como "sobreinterpretación".[1095] Para esta hermenéutica existe un modo *legítimo* de interpretación y éste está determinado por la obra misma, por su estructura (como en H.G. Gadamer[1096] y en P. Ricoeur[1097]); la obra encarna eternamente una intención; desempeña un papel importante como fuente de sentido que actúa como una restricción sobre el *libre* juego de la "intención del lector" (intérprete). Para Eco un texto tiene una función autónoma y, aunque no descarta la posibilidad de múltiples interpretaciones, el texto, por cualidad propia, impone el modo "como debe ser" leído, interpretado. Eco *acepta* que la intención del autor (los *propósitos* que lo movieron a escribir una obra concreta) no proporciona la piedra de toque de la interpretación y que remitirse a ella puede ser incluso irrelevante o equívoca como guía al sentido o sentidos del texto. La intención del autor es degradada en la jerarquía de poder establecida por esta perspectiva hermenéutica, lo que supone un trastoque en la imaginería hermenéutica dominante en las tradiciones occidentales de pensamiento, pero permanece arraigado en la metafísica que, a todas cuentas, las inscribe dentro de un mismo movimiento: el de la Ley.

[1095] U.Eco; *Interpretación y sobreinterpretación*; Editorial *Cambridge University Press*, España, 2002.

[1096] Gadamer, H.G., *El giro hermenéutico*; Editorial *Cátedra*, Madrid, 1995.

[1097] P.Ricoeur; *Historia y narratividad*; Editorial *Paidós*; Barcelona, 1999.

En ciertos aspectos la crítica deconstructiva (Derrida[1098]) y la hermenéutica posmoderna (Vattimo) coinciden en la crítica a la tradición epistemológica occidental y la consecuente propuesta política de Richard Rorty (*pragmática*) de *abandonar* la aspiración *fundacionalista* que se halla dentro de esta tradición.[1099] Pienso, coincidentemente, en que no debería seguir pensándose la filosofía como indagación en el Modo En Que Son Realmente Las Cosas, como intento de reflejar la "naturaleza", etc. Me distancio, no obstante, en la representación que de este proceso hace Rorty, al referirlo a una simple "conversación cultural", a cuestiones de "vocabularios diversos" y "expresiones preferidas". Muy posiblemente este sentido tenga mayor pertinencia en lo que respecta a cuestiones de índole estética, como el arte y la literatura, donde las preferencias y diferencias en general no procuran (por lo menos abiertamente) incidir determinantemente sobre el Sujeto. Pero, aunque guardo simpatías con el espíritu o actitud de tolerancia política que promueve explícitamente en su ética de la interpretación, guardo distancia crítica por su aire de ingenuidad política con respecto al carácter eminentemente conflictivo, beligerante y violento de las prácticas interpretativas.

La filosofía pragmatista de Rorty promueve pensar los conceptos como instrumentos que se emplean para determinados fines y no como piezas de un rompecabezas que representan Cómo Es Realmente El Mundo. Para Rorty la interpretación es, a diferencia de lo que sostiene Eco, un *uso* del texto. "Interpretación" y "uso" son dos conceptos que significan lo mismo. Mientras Eco se aferra a la noción de que un texto tiene una "naturaleza" y que la interpretación *legítima* supone, como mínimo, el genuino *intento* de *iluminar* esa naturaleza, de *descubrir* "cómo *es* realmente el texto", para Rorty –como para Nietzsche y Foucault- las interpretaciones son *dirigidas* por los propósitos del intérprete, para sus particulares fines pragmáticos u objetivos de utilidad. La teoría psicoanalítica *inaugurada* por Freud registra la puesta en escena de otro factor que favorece esta mirada situada, esta lectura posicionada, esta interpretación. El papel que juega lo Inconsciente en el juego de las

---

[1098] J.Derrida; *Resistencias del psicoanálisis*; Editorial *Paidós*, Buenos Aires, 1998 y J.Derrida; *La deconstrucción en las fronteras de la filosofía*; Ed. *Paidós*, Barcelona, 2001.

[1099] R.Rorty; *Filosofía y futuro*; Editorial *Gedisa*, Barcelona, 2002.

interpretaciones –por ejemplo- incide sobre las representaciones tradicionales que sobre el intérprete mismo sostiene la teoría del lenguaje y de la interpretación. El Sujeto del discurso psicoanalítico, desposeído de los dominios que sobre *su* Ser constituyen la ilusión de mismidad, del Yo como propiedad esencial (voluntad, razón, conciencia, identidad, etc.), que buscan establecer unidad de sentido en una estructura exterior al Sujeto y que a la vez estructure su interioridad, *su* subjetividad, cabe perfectamente en la noción pragmática de la hermenéutica posmoderna articulada por Rorty. El artículo posesivo *su* ya no denota una propiedad esencial del Ser (Autor) sino una ficción constitutiva, un efecto de superficie; una apariencia de la realidad; una ilusión. El sentido de la obra que Eco designa como propiedad autónoma, como cualidad inmanente, como esencia de sí misma, corre la misma suerte que la identidad del Autor: se disuelve como se disuelve cualquier unidad metafísica en su puesta en escena (o interpretación) como ilusión o voluntad de poder. La teoría de lo Inconsciente abre este espacio de ruptura con las tradiciones metafísicas que han dominado la imaginería hermenéutica de Occidente, aunque en las obras de los autores citados a su favor aparezca como posicionamiento ético y político consciente e independiente de la misma. En todo caso, la hermenéutica posmoderna sería la aplicación de una economía política al texto; pues la interpretación es una apropiación para ciertos fines, una invasión a un territorio sin mayores defensas, sin oponer resistencia por sí mismo, porque *su* mismidad es una invención imaginaria, efecto de una interpretación que inviste de cualidades que no le son propias, pues tampoco la propiedad de un texto (las ilusiones de sentido inmanente, la correlación natural de significado) pertenece a su mismidad, a su esencia, pues ésta es, a todas cuentas, interpretación...

Desde esta perspectiva no se puede hacer otra cosa con los textos que *usarlos* para fines particulares, para ciertos provechos, por razones de utilidad práctica, nada más. Aunque sea para infringirnos dolores y miserias existenciales, alimentar los sentimientos de culpa, impedir el vuelo de la imaginación, justificar las resignaciones, los sometimientos, cualquier lectura, cualquier interpretación, tiene su precisa motivación psíquica; incluso la negación de ésta tiene su lugar en la mirada analítica que interrogaría de inmediato sobre las condiciones psíquicas que dan lugar a ciertas posiciones de intérprete, a ciertas creencias tenidas por verdaderas, etc. Toda tarea intelectual, a todas cuentas –como reconocía Freud en *El malestar en la cultura*- siempre cumple una función precisa para la vida anímica, ya sea satisfactoria, distractiva, consoladora o punitiva...

No es simplemente un "nuevo vocabulario" lo que el psicoanálisis sube a la escena cultural, pues no son sólo representaciones simbólicas lo que constituye las relaciones sociales sobre las que promete actuar. Precisas relaciones de dominación cultural se reproducen en la práctica terapéutica y su retórica dominante reconoce el valor de los eufemismos y la fuerza ideológica del lenguaje para tales efectos. La propuesta de Vattimo de asumir el mundo como "conflicto de interpretaciones" no supone admitir ingenuamente que cualquier propósito valga lo mismo para cualquier circunstancia. Sabido es que la interpretación es un acto político y su significación depende del contexto en el que se implica. La posición de autoridad del intérprete incide como relación de poder sobre la posibilidad significativa de una interpretación sobre otra: para la teoría psicoanalítica de Freud –por referir un ejemplo tratado anteriormente- su interpretación de la naturaleza constitutiva del Ser Mujer la sitúa en posición de inferioridad con respecto de la Identidad del Hombre y monta a la *envidia* como matriz de sus reivindicaciones de derecho, etc. Quizá Eco clasificaría la práctica teórica del psicoanálisis bajo el signo de una *sobreinterpretación*, como una recurrente fascinación por la búsqueda hermética y obsesiva de códigos secretos: una *paranoia de la sospecha*. Pero se opone a la arbitrariedad interpretativa que es la condición propia e inexcusable de todo juego hermenéutico: el montaje de lo teórico, de la verdad autorizada por la experiencia y el método, es una interpretación que urge de la arbitrariedad del intérprete para ser puesta en cuestionamiento, para ser reinterpretada, criticada, deconstruida, resignificada...

Tensiones éticas entre la hermenéutica y el psicoanálisis

Según Vattimo, no obstante, una ética posmoderna de interpretación que parte del reclamo del "derecho a interpretar", a la práctica de la libertad de hacerlo, *supone*, de una parte, poner riendas a la arbitrariedad del intérprete y, de otra, asumir sus riesgos y responsabilidades.[1100] Pero la diferencia radical con la clave conservadora de Eco está situada en otra parte. Eco devuelve la hermenéutica a la metafísica del sentido, al suscribir una disposición ética trascendental en el acto de interpretación. Pienso que la negación de la arbitrariedad es precisamente la negación de la significación de la hermenéutica como derecho de interpretación. Vattimo, quien por su parte comparte esta manía intelectual de imponer límites fijos a la interpretación por la vía de la *ética*, se distancia de las pretensiones coercitivas de Eco, al sostener que para la hermenéutica no hay pretensión de reencontrar la autenticidad, de afirmar un derecho exclusivo al nombre y a la marca, o de corresponder de la manera más fiel a la intención más originaria de los autores.[1101] Hasta aquí podría coincidir, aunque inmediatamente me distancio del objetivo político que Vattimo atribuye a esta perspectiva, para quien esta cuestión tiene su valor en la creencia de que, detrás de esta hermenéutica alternativa pueden darse muchos más frutos de los que hasta ahora se han dado[1102], devolviéndose a la situación ideal del lenguaje como conversación y no como dispositivo del poder...

De la premisa "no hay hechos sino sólo interpretaciones", intereso destacar, no la interpretación del significado filosófico de la hermenéutica –como interesa Vattimo-, sino, a partir de ésta, su relación con el significado político de la hermenéutica psicoanalítica. No hay un bloque teórico unitario a partir del cual identificar los principios esenciales sobre los que debería significarse la tarea hermenéutica. No hay un principio matriz desde el cual regular cada uno de sus movimientos, ni Dios, ni Moral ni Ley. La crítica de Freud a la Religión, en *El malestar en la cultura*, es una huella que resalta entre las rutas propuestas de esta mirada. Es ahí, precisamente en esta ausencia de último término que le es siempre constitutiva a toda práctica interpretativa donde el carácter arbitrario se convierte en una cuestión esencial: se resuelve imposible la unidad fija del sentido y se disuelven las ilusiones de neutralidad y objetividad para dar paso a lo situado y perspectivo, es

---

[1100] G.Vattimo; *Más allá de la interpretación*; op.cit., p.38.

[1101] Ídem.

[1102] Ídem.

decir, a lo arbitrario y lo político. La hermenéutica, como teoría de la interpretación, ha *perdido* su referencia a un campo fijo que la determine y regule, oriente o dirija sus movimientos. La ruptura radical se da con relación a las corrientes positivistas tradicionales, al sostener que "no hay experiencia de verdad sino como acto interpretativo." Pero que toda "experiencia de verdad" *sea* una "experiencia interpretativa" es ya una "banalidad" en el escenario cultural contemporáneo.[1103] Según Vattimo, lo que reduce la hermenéutica a genérica filosofía de la cultura es la pretensión metafísica de presentarse como una descripción finalmente verdadera de la "estructura interpretativa" de la existencia humana.[1104] A diferencia de la ortodoxia psicoanalítica, esta filosofía hermenéutica está situada *fuera* de las fronteras del método científico. Todavía, a más de cien años de la aparición del psicoanálisis en la escena cultural, hay quienes mantienen su empeño en situarlo dentro de la Ciencia, aún cuando la Ciencia misma ha dejado de ser un bloque referencial unitario y coherente, como ya he apuntado en otras partes de este escrito. Desde la hermenéutica posmoderna lo Inconsciente ya no puede ser interpretado sin reservas como eso que se representa a sí mismo mediante analogías con los lenguajes de la Ley y sus estructuras, ni siquiera con la estructura supuesta en propiedad del lenguaje. Lo "descubierto" por la "experiencia" analítica pasa de ser un "hecho", en la acepción metafísica de una esencia objetiva, a tratarse de una *interpretación*. La alusión, o más bien la remisión a las estructuras como algo esencial en la constitución de lo Inconsciente, pertenece al registro de la representación en clave metafísica que la hermenéutica debe rechazar. Siguiendo el punto de vista de Vattimo, este rechazo a la metafísica significa un rechazo a toda interpretación que pretende ser por sí misma una descripción universalmente válida de estructuras permanentes, esenciales. Desde esta perspectiva, la hermenéutica es, si acaso, la interpretación más *persuasiva* de una situación, de una época, etc.[1105] En estos términos, no existen, pues, "evidencias estructurales" que ofrecer para

---

[1103] Op.cit., 41.

[1104] Op.cit., p.43.

[1105] Op.cit., p.48.

justificarse racionalmente, sino que, si acaso, puede argumentar su propia validez sólo sobre la base de un proceso que, desde *su* perspectiva, prepara lógicamente una salida: la persuasión. La psicoanalítica en clave freudiana queda desautorizada en su pretensión de representar objetivamente las estructuras que rigen lo inconsciente y sobredeterminan la vida psíquica del Ser. La relación entre el psicoanálisis y la verdad que Freud quiso fijar definitivamente en el marco de sus teorías, desde la perspectiva hermenéutica, queda degradada de rango (con respecto a la pretensión de Ciencia positivista) o *elevada* al rango de interpretación (desde la Filosofía hermenéutica). Su valor se mide con relación a su poder de persuasión y no con respecto a su relación con la verdad u otro signo de trascendencia. La remisión al discurso biológico que prima la práctica teórica de Freud dada al contraste con las primacías de orden cultural, por ejemplo, aparece desde esta perspectiva como "interpretaciones en competencia", por lo que las estrategias de persuasión adquieren un valor muy preciso sobre las posibles variantes de significaciones. La Ley, bajo cualquier registro de legitimidad, pasa a ser objeto de discusión, por lo que la autoridad de su habitual poderío ya no lo es por sí misma sino por virtud de la postura del intérprete. Esta filosofía política de la práctica hermenéutica posmoderna tiene por consecuencia una suerte de Ciencia sin Ley, y devuelve al psico-análisis al territorio de la Fe; el valor de la legitimidad reside en que se cree en ella, y se le cree verdadera sólo porque se está *persuadido* de ello. Pero la persuasión misma, que es condición de la orientación interpretativa, también es objeto de interpretación, pues puede aparecer como un artificio retórico (Fish), como seducción engañosa (Voloshinov), o como preferencia práctica (Rorty) y hasta como paranoia de la sospecha (Eco) o chance de libertad (Vattimo)...

El argumento principal del que esta teoría hermenéutica dispone para justificar su propia validez es el de que se sitúa como *consciente* de que "sólo hay interpretaciones", no porque se *crea* que deja fuera de sí una realidad que podría leerse de alguna otra manera, sino porque admite no poder apelar, respecto de su propia validez, a ninguna evidencia objetiva inmediata.[1106] Su valor estriba en la capacidad de hacer posible un marco "coherente y

---

[1106] Ídem.

674

compartible", "a la espera de que otros propongan un marco alternativo más aceptable."[1107] Es una retórica idéntica a la expresada por Freud a lo largo de su obra, articulada como un cierto escepticismo con respecto a su propia teorización y, a la vez, entrecruzado por un cierto aire de humildad científica:

> "La ciencia, eternamente incompleta e insuficiente, está destinada a perseguir su fortuna en nuevos descubrimientos y en nuevas concepciones..."[1108]

...pero que no obstante se niega a dejar mano *libre* al porvenir de las suertes de sus ilusiones, y la retórica persuasiva pasa enseguida a ocupar el lugar de una firme posición política:

> "Todo el mundo tiene derecho a pensar y escribir lo que quiera, pero no a presentarlo como cosa distinta a lo que realmente es."[1109]

Esta tensión es constante entre los escritos de Freud y la literatura vinculada al psicoanálisis en general, como he demostrado a lo largo de estas reflexiones. Sabido es, entonces, que para Freud la ciencia, como el psicoanálisis, no puede limitarse al reconocimiento de su incompletud e insuficiencia, ni mucho menos permanecer de brazos cruzados a la espera de nuevas proposiciones. Ha sido a partir de su representación como verdad objetiva que el psicoanálisis ha accedido a su sitial de reconocimiento en el escenario cultural y no como reservadas interpretaciones provisionales:

> "Lo cierto es que la verdad no puede ser tolerante, que no admite transacciones ni restricciones, y que la investigación considera como dominio propio todos los sectores de la actividad humana y tiene que mostrarse

---

[1107] Op.cit., p.49.

[1108] S.Freud; "Las resistencias contra el psicoanálisis"; op.cit., p.347.

[1109] S.Freud; "Historia del movimiento psicoanalítico"; op.cit., p.142.

implacablemente crítica cuando otro poder quiere apropiarse parte de ellos."[1110]

Los argumentos del discurso psicoanalítico fueron delineados como principios incuestionables y sobre la base firme de su aceptación construyó sus variaciones. El "derecho de interpretación" reclamado como principio de la hermenéutica posmoderna entra en abierta disputa con la dogmática psicoanalítica de Freud. La "coherencia teórica" dependía de ser *aceptada* como "evidencia objetiva"; era el requerimiento de legitimidad impuesto por la Ciencia, a la que Freud había solicitado admisión y sin reservas jurado lealtad incondicional. Así, como he sostenido hasta ahora, del mismo modo que las filosofías que le precedieron y le continuaron, Freud se veía compelido a procurar una conexión entre la verdad y la objetividad referida a su propia experiencia, de modo similar al de las demás ciencias positivistas. La resignificación teórica de la filosofía hermenéutica en clave posmoderna da al traste, pues, con la pretensión matriz del discurso psicoanalítico de Freud, como con el resto de las tradiciones filosóficas y científicas de Occidente. Pero esta relación de contraste, también puede presentarse como una relación paradójica, como una condición irresoluble que permite la permanencia constante del juego del psicoanálisis, desde Freud y a pesar de él. Pienso al respecto que la noción de lo Inconsciente sirve de soporte fundamental a la propia teoría hermenéutica, y que la condición de interminabilidad del análisis (subrayada por el análisis de Foucault) puede, asimismo, referirse al juego interminable de la interpretación propuesto desde esta perspectiva. Incluso se puede dar un paso más y afirmar que la teorización de lo Inconsciente como condición indeterminada del Ser, más que hacer de la práctica interpretativa un juego al infinito, advierte de la propia imposibilidad que le es constitutiva, que es la imposibilidad de la representación y, por ende, de la interpretación como conexión entre la verdad y la presunta objetividad remitida como "hecho" a la *experiencia*...

[1110] S.Freud; "Nuevas lecciones introductorias al psicoanálisis" (1932); en *Obras Completas* (Tomo III); op.cit., p.3198.

Vocación nihilista de la hermenéutica

Tópico de confrontación éste entre las filosofías suaves de la posmodernidad y lo que, a mi entender, es la postura nihilista expresada en Nietzsche. Pienso que Vattimo, por ejemplo, la retoma y hace de la crítica de Nietzsche una interpretación que, no obstante, convendría más a la posición política de Freud, es decir, a una posición esencialmente domesticadora. Si bien la significación que da Nietzsche al nihilismo en *La voluntad de poderío* es "la desvalorización de los valores supremos", su obra en general destaca el carácter eminentemente violento del acto de la interpretación y devuelve cada acto como tal a su condición beligerante y violenta y no a la posibilidad de sublimación ni de advenir a un pacto amistoso de convivencia. No es un juego interpretativo lo que destaca Nietzsche sino una lucha de poder que se da, a la vez, en el contexto de las pugnas de significados y sentidos, pero también de las fuerzas reales que intervienen en la relación de lucha y condicionan sus posibilidades. La puesta en cuestionamiento de los principios fundacionales de un saber tenido por verdadero o marcado por sus pretensiones de serlo, de un dogma científico o de una ley moral, es la puesta en cuestiona-miento también de la autoridad que hace posible su pervivencia y perpetuación, de la legitimidad y las fuerzas que la instauran como justificante de su propia autoridad. El cuestionamiento supone, pues, un enfrentamiento con el poderío real que la defiende tal y como es o cree ser. La hermenéutica de vocación nihilista, es decir, posmoderna, remite siempre a una relación de poder –como sostiene Foucault- y no de significado o de sentido –como sostiene Vattimo-, mucho menos a una simple cuestión de *preferencias* pragmáticas –como sostiene Rorty-. Freud –como ya he apuntado antes- lo asumió de este modo expresando su lenguaje teórico con los lenguajes de la guerra, y sobre estas advertencias construyó sus fortalezas, delineó sus estrategias y activó sus resistencias. De ahí que la palabra no desplace al acto sino que sea acto en sí misma, arma y armadura a la vez; retórica persuasiva (al estilo de las filosofías políticas clásicas) y a la vez posición táctica en el contexto de una lucha de poder. La vocación nihilista de la hermenéutica supone, pues, la disolución de la verdad como evidencia perentoria y objetiva.[1111] Pero no resuelve la problemática de la interpretación como una suerte de liberación del intérprete (como derecho a interpretar) sino que la refiere inmediatamente al lugar de la contienda, en el que estaba confinada y ahora, aún desde el confinamiento, se revuelca y combate, no por su reconocimiento, (pues por éste estaba confinada), ni siquiera por su derecho de existencia, sino por su voluntad de imponer su interpretación, ya sobre las que recién la mantenían marginada y en cautiverio o ya sobre las que recién o desde siempre también se le enfrentan en competencia. Nuevamente, no es a una disputa entre interpretaciones que se reducen las variaciones psicoanalíticas, no es a un juego de perspectivas, preferencias y lenguajes, sino al del poder, la autoridad y la Ley, investidas por la perspectiva, el lenguaje y las posiciones de *preferencias*. Toda la obra de Freud se centró en una postura de principio cerrada a las influencias persuasivas de otros, como ya he apuntado anteriormente. La imaginería psicoanalítica no interesa disolver la verdad sino trocar su experiencia en evidencia objetiva y perentoria, en verdad, y por requerimiento de principio no admite ser puesta en cuestionamiento. Para Freud (como para sus herederos ortodoxos), quien no conviniera en sus postulados de principio no podía considerarse entre los psicoanalistas y, si contradecían los mismos eran considerados enemigos y como tales debían ser derrotados, vencidos. En el psicoanálisis (como en cualquier filosofía política de la verdad) no son "conversaciones" lo que acontece en el devenir de sus múltiples interpretaciones, sino disputas belicosas, agresivas y de consecuencias muy precisas (expulsiones, rechazos, desacreditaciones, difamaciones, insultos, burlas, menosprecios, etc.) Freud, no obstante, atribuyó al poder mágico de la palabra un cierto poder amortiguador del acto, una mística paliativa a su poder persuasivo, y remitió al "progreso cultural" la progresiva sustitución de la fuerza (el acto) por la razón (la palabra). Pero, como buen practicante del idealismo moderno, entrenzó esta transición al registro de la verdad y, al hacerlo, devolvió la relación al lugar permanente de sus violencias, que le serían siempre condición de posibilidad. Vattimo trae a colación, a propósito de esta resignificación de la hermenéutica, la problemática ética que

---

[1111] G.Vattimo; *Más allá de la interpretación*; op.cit., p.52.

atraviesa la "concepción del mundo como conflicto de interpretaciones", precisamente porque reconoce y advierte que son los modos habituales de relacionarse con la verdad los que desembocan en situaciones de violencia:

> "Son las interpretaciones que no se reconocen como tales –que, como en la tradición, entienden las demás interpretaciones como engaños o errores- las que dan lugar a luchas violentas."[1112]

Lo que no considera Vattimo son, no obstante, las condiciones que hacen de esta posibilidad conciliadora un idealismo ingenuo. Bastaría quizá remitirse a Platón, a Pascal o a Sade, para encontrar las razones de esta imposibilidad que condiciona todo acto interpretativo. Pero quizá baste con mirar la inmediatez cotidiana con cierta sensibilidad crítica para advertir que bajo el imperio de esta condición se sostiene la mayor parte de las prácticas culturales y las relaciones sociales en general. No me detendré a dar cuenta de ello ahora, pero valdría preguntarse – a propósito del psicoanálisis-: Si Freud reconociera explícitamente que el contenido de sus teorías no son verdades descubiertas sino interpretaciones puntuales de situaciones precisas, si la palabra de sus pacientes no encarnara *engaños* a ser puestos al descubierto y *errores* a ser enmendados y corregidos, ¿cuál sería entonces la función del psicoanálisis? ¿Sobre qué criterios convendría diferenciar entre sus interpretaciones y las de las demás psicologías, filosofías y místicas esotéricas? ¿Podría seguir refiriéndose al psico-análisis como signo de una particular perspectiva, como identidad de una Disciplina, como cuerpo singular de una Teoría? Estas interrogantes Freud las resolvió como estratega político y asumió posición del lado de la Verdad y situó sus guarniciones en la fortaleza de la Ciencia. Asumió la violencia de la interpretación como condición de su poder y entre violencias se forjaron sus destinos y se consolidaron sus imperios. Los pacientes que no convinieran con sus interpretaciones, así como sus lectores, cargarían el peso estigmatizador de tales diferencias. La locura en el discurso del psicoanálisis es posible mediante la fusión entre el

---

[1112] Op.cit., p.69.

engaño y el error, y sin ambas categorías, ¿qué valor de uso le quedaría? Ya no comerciaría la posibilidad de la cura sino que, si acaso, negociaría los términos de sus interpretaciones. Pero, ¿se ahorraría por ello los infortunios de sus detractores? ¿Podría renunciar a la extenuante tarea de justificarse objetivamente, es decir, de legitimarse con relación a la Ciencia? ¿Pasaría entonces a convertirse en una Filosofía Práctica? Tal vez...

Cuando menos la vocación nihilista de la hermenéutica – según tratada por Vattimo- tendría por efecto la disolución de las razones con que se justifica la violencia.[1113] Esta preocupación ética encarna un principio subversivo de la imaginería cultural con respecto a la relación entre la verdad y la violencia, o sus correlatos la razón y la fuerza, la Ley y la Fuerza. Preocupación ética que no puede desprenderse del discurso psicoanalítico montado por Freud, pues sus preocupaciones éticas ya las tenía resueltas en la condición de sumisión y obediencia a la ley y sus fuerzas; ya desde los estadios iniciales del desenvolvimiento de la vida psíquica o en el devenir de sus represiones a lo largo de la vida social...

Tomando en consideración que la teoría hermenéutica posmoderna presupone el posicionamiento subjetivo del intérprete, de modo similar a como es admitido por la psicoanalítica freudiana, me parece pertinente destacar otro punto de tensión ética y política entre ambos enfoques. Ya he señalado anteriormente la posición de Freud ante la crítica que cuestiona la validez de sus teorías por la marcada presencia subjetiva de las mismas, y creo que ya he expuesto con claridad su postura al respecto. No obstante, Freud insiste en mantener a flote y como horizonte guía el "ideal de transparencia" que caracteriza a las ciencias positivistas y las filosofías metafísicas. Para Freud, en algún momento durante la terapia, es posible acceder a un estadio de transparencia singular a partir del cual pondría punto final a la tarea interpretativa. Sobre este tema trataré más adelante, pero antes traigo a colación la crítica hermenéutica que hace Vattimo del ideal de transparencia (o de la metafísica objetivista):

"El ideal de transparencia, de eliminación de toda opacidad en la comunicación parece peligrosamente (...)

[1113] Op.cit., p.70.

próximo a la concepción de la verdad como objetividad certificada por un sujeto 'neutral', que tiene su modelo en el sujeto 'metafísico', en el ideal del científico moderno."[1114]

La crítica hermenéutica rechaza el carácter metafísico de la idea de transparencia como ética de la comunicación, pues ésta supone una estructura trascendental de la razón, una norma fija y válida universalmente, una esencia[1115]; y advierte enseguida que del interés por lo universal y las esencias se ha resuelto *aceptar* que, en nombre de lo universal, se atropelle a los individuos.[1116] Ciertamente el Sujeto del discurso psicoanalítico de Freud no es *idéntico* al Sujeto "metafísico" del ideal científico moderno, pero no por ello es esencialmente diferente, no por lo menos desde una perspectiva ética y política.[1117] Para Freud el límite de toda interpretación no está determinado por la estructura del lenguaje sino por la condición esencial del Ser: ser un ente biológico. De ahí que en ambos registros opere la necesidad de posicionarse "consciente-mente" con respecto a toda tarea interpretativa: el psicoanálisis a partir de la voluntad de regular las relaciones sociales mediante el control consciente del Yo, y la crítica hermenéutica como alerta ante los modos conscientes como se materializa dichos posiciona-mientos, en particular en la relación entre el discurso del Ser, el Saber y la Verdad. Según esta ética de la interpretación –para Vattimo- es como si la interpretación, en vez de tener como fin el *entenderse*, estuviera pensada sobre todo en referencia al carácter de *actividad* que implica la subjetividad del intérprete, y que ha de

---

[1114] Op.cit., p.75.

[1115] Op.cit., p.79.

[1116] Op.cit., p.71.

[1117] La ética política que defiende la crítica hermenéutica en clave posmoderna supone –según Vattimo- una defensa contra las pretensiones de total transparencia, que a todas cuentas dan lugar, a pesar de las "buenas pretensiones", a que encuentren justificación de mando los poderes de los expertos, como un comité central o una jerarquía eclesiástica, que decidan en ultima instancia qué comunicación debe considerarse errada o, en fin, cuáles son los verdaderos intereses de las masas, etc.

acentuarse en este aspecto.[1118] En este espíritu convergen ciertas prácticas psicoterapéuticas que ponen énfasis en el carácter dialógico de la relación entre el analista y el paciente (quizá como Habermas, Castoriadis, Breger) en la ilusión de que lo que acontece durante la terapia es un libre fluir de pensamientos y el intercambio también libre de ideas entre las partes, situadas lejos de la dogmática freudiana y el espíritu disciplinario moderno al que adscribió su práctica clínica. La propuesta de sinceridad y el requerimiento de completa honestidad que pone Freud como condición de efectividad de la labor terapéutica está orientada hacia la pretensión de advenir a un estado de transparencia que se supone viable mediante una interpretación "liberada" de todo prejuicio y asentada en la neutralidad y objetividad del intérprete. Ilusión metafísica ésta que es rechazada por la hermenéutica posmoderna que –como ya he apuntado- advierte como un "peligro" ético esta pretensión de *transparencia* en la comunicación o en la práctica interpretativa. Desde esta perspectiva el cuadro clínico en el que debe encajar su propia experiencia el analizado no sería ya el resultado del *descubrimiento* de algo de su propia infancia soterrado en su inconsciente. Sería aún un cuadro de verdad y su función seguiría siendo encuadrar bajo el modo de un conocimiento de la verdad, pero no más que como una interpretación, pues la verdad de la verdad es, a todas cuentas, que no hay una verdad en esencia que podría ser puesta al descubierto, sino que la experiencia de la verdad está caracterizada por su historicidad y es relativa a una determinada individualidad.[1119] El mismo principio valdría para el analizado como para el analista, quienes deberían preservarse del peligro de considerar estos aspectos personales de la experiencia de la verdad como momentos provisionales, accidentales, que habría que superar en la dirección de la transparencia o de una trascendentalidad.[1120] Desde esta perspectiva hermenéutica la práctica interpretativa psicoanalítica sería considerada sólo como interpretación, y la

---

[1118] Op.cit., p.77.

[1119] Op.cit., p.78.

[1120] Ídem.

experiencia de la verdad, la identificación, la resolución de la transferencia, la cura, etc., también como interpretaciones...

La inconsistencia, incluso la infundamentabilidad de estas interpretaciones, se hace patente en la teorización de lo Inconsciente, donde la conflictividad interna permanece indómita y deja en suspenso las pretensiones de estabilidad absoluta de cualquier interpretación. Esto no invalida las interpretaciones anteriores sino que reafirma el carácter indeterminado y contingente de las fuerzas psíquicas que constituyen, al margen y desentendidas de cualquier interpretación, lo Inconsciente. Tópico éste que encontraría en la dogmática freudiana sus fundamentos más fuertes, precisamente en la primacía atribuida a las fuerzas instintuales, que permanecen ejerciendo presión sobre el Yo a lo largo de toda su existencia. Según Vattimo, la hermenéutica no es una teoría que oponga una autenticidad del existir fundada en el privilegio de las ciencias del espíritu a la alineación de la sociedad racionalizada; por el contrario, es una teoría que trata de aprehender el sentido de la transformación (de la noción) del ser que se ha producido como consecuencia de la racionalización científico-técnica de nuestro mundo.[1121] Por el contrario, el discurso psicoanalítico de Freud pertenece a los modos de racionalización científica del Ser, y su punto de partida analítico privilegia el sentido del mundo como representación ilusoria de la realidad, como la imagen trucada que revela la crítica de la ideología en su acepción clásica, o bien de la ciencia en clave materialista por oposición a las ficciones metafísicas de las filosofías o de las demás creencias religiosas. No obstante, se promete a sí mismo como práctica interpretativa encargada de aprehender el sentido de las transformaciones del Ser en cuanto que Sujeto Social. Es otra paradoja característica del discurso psicoanalítico toda vez que se desenvuelve, se resuelve y se devuelve a sí mismo incesantemente dentro de la metafísica objetivista de la representación...

Dando al traste, la filosofía hermenéutica supone una ruptura con la metafísica objetivista[1122], que es la base dogmática de la ortodoxia freudiana. La teoría hermenéutica debería, pues, poner en cuestionamiento crítico los principios fundamentales de esta

---

[1121] Op.cit., p.160.

[1122] Op.cit., p.85.

práctica representacional a la que Freud adscribió la teórica del psicoanálisis. En este sentido, la hermenéutica "de vocación nihilista" de la que habla Vattimo tiene consecuencias que contrastan dramáticamente con el ideal objetivador de la verdad sobre el que Freud levanta los pilares del psicoanálisis. Esta perspectiva –por ejemplo- conduciría al reconocimiento del carácter esencialmente metafórico del lenguaje, lo que justificaría –según Vattimo- la renuncia a todo propósito de reducción de las metáforas del propio discurso, como caracteriza al *logos* filosófico.[1123] En otras palabras, la realidad o la verdad no se concebiría como fenómeno múltiple, como pluralidad de realidades o verdades irreductibles entre sí, por el reconocimiento de que no existe un poder centralizador o una instancia suprema que las legitime o siquiera que las garantice, sino que, sencillamente, todo es interpretación. En este sentido, lo que garantiza a la hermenéutica la argumentación racional es "la conciencia de sí como interpretación"[1124], es decir, que las razones no son sino reconstrucciones interpretativas de, por ejemplo, la historia de la filosofía moderna o, para lo que intereso, del Sujeto. La hermenéutica, como teoría filosófica –según Vattimo- *prueba* la propia validez sólo refiriéndose a un proceso histórico, del que propone una reconstrucción que muestra cómo la *elección* por la hermenéutica –contra el positivismo, por ejemplo- es preferible o está más justificada.[1125] La reconstrucción hermenéutica de la historia –añade- es una interpretación y, como tal, vale por sí misma y no reconoce un más allá, pues es sólo interpretación.[1126] La negativa hermenéutica a aceptar la "metafísica de la transparencia" –como la metafísica objetivista del positivismo-, supone –en palabras de Vattimo- *revelar* "el mundo como conflicto de interpretaciones", es decir, reconocerse herederos de una tradición de debilitamiento de las estructuras fuertes del Ser en cualquier

---

[1123] Op.cit., p.89.

[1124] Op.cit., p.156.

[1125] Op.cit., p.157.

[1126] Op.cit., p.159.

campo de la experiencia.[1127] La vocación nihilista de la hermenéutica supondría un chance de emancipación.[1128] Pero, aunque he destacado que el discurso del psicoanálisis pertenece a estas tradiciones de pensamiento (prácticas interpretativas-representacionales) vinculadas a la "metafísica de la transparencia", paradójicamente da lugar, desde la propia base de sus fundamentos teóricos, a una interpretación de su propio discurso, si no radicalmente contradictoria consigo misma, sí subversiva de algunos de sus fundamentos estructurales que más fuertemente aparecen arraigados en la imaginería positivista criticada desde la hermenéutica posmoderna. Si se toma en consideración que la crítica hermenéutica es una posición situada conscientemente por el intérprete, por los motivos de orden ético y político antes tratados, puede ponerse énfasis en la obra de Freud en los signos de la teoría de lo Inconsciente que operan como matrices de ruptura con la metafísica objetivista de los discursos filosóficos o científicos tradicionales y, en fin, con las prácticas interpretativas y representacionales que caracterizan la imaginería social moderna.

Transgresiones...

Aunque el discurso de Freud no sale plenamente de los laberintos de la metafísica, formalmente tiene pretensiones de representarse a sí mismo como una *superación* de este hábito del pensamiento intelectual. La metafísica está vinculada al mundo de las supersticiones, a la autonomía esencial del alma, al más allá de lo físico, a la construcción sobrenatural de la realidad, y esta práctica representacional (interpretativa) no es cualitativamente diferente de la atribuida a los paranoicos. La tarea de la ciencia es desmitificadora y la metafísica, en cuanto pertenece al dominio de las supersticiones míticas, está sujeta a tal suerte. Freud elabora este tema detenidamente en *Psicopatología de la vida cotidiana*.[1129] Es a la insuficiencia sobre el funcionamiento psíquico que Freud designa

---

[1127] Op.cit., p.84.

[1128] Ídem.

[1129] S.Freud; "Psicopatología de la vida cotidiana" en *Obras Completas* (Tomo I); op.cit., pp.755-932.

como la causa principal, e incluso legítima, de las tendencias culturales a dar cuenta de lo real mediante los recursos imaginarios de las supersticiones, los mitos y, en fin, las metafísicas, aunque se representen a sí mismas como modos *elevados* del pensamiento racional por ciertos filósofos, como ya denunciaba Nietzsche. Para Freud –como desarrolla en *La interpretación de los sueños*-, el *progreso* en el conocimiento científico de lo psíquico tendría que dar paso al reconocimiento de que es, en última instancia, en lo orgánico donde reside el fundamento de la vida anímica, y no en una cualidad esencial del alma, como insiste la metafísica. En *El porvenir de una ilusión* arremete contra esta práctica representacional (interpretativa), característica de las filosofías herederas de las tradiciones del pensamiento religioso. En particular, desarrolla una crítica a la inclinación religiosa de estas filosofías por favorecer las ilusiones que sirven a propósitos prácticos en la inmediatez de la vida cotidiana y que se consuelan o conforman, por tales "motivos prácticos" –aunque fueran absurdas o careciesen de fundamento racional-, a creerlas como si fueran verdaderas (reales). Estas ficciones prácticas (como las doctrinas religiosas o como el discurso jurídico en general), no pueden ser aceptadas desde la perspectiva científica del psicoanálisis, incluso si esta negativa supone poner en cuestionamiento los pilares ideológicos más importantes para la conservación de la sociedad humana. Ponerlos en cuestiona-miento, pero enseguida sustituirlos por otros modos de representación más eficaces -según la postura de Freud- para la realización de los mismos fines políticos de "conservación de la sociedad humana." Para tales propósitos Freud adopta el principio de ruptura entre la Ciencia dura del Positivismo y la Filosofía Práctica:

> "El hombre de pensamiento no influido por las artes de la Filosofía no podrá aceptarla jamás. No podrá nunca conceder un valor a cosas declaradas de ante-mano absurdas y contrarias a la razón, ni ser movido a renunciar, precisamente en cuanto a uno de sus intereses más importantes, a aquellas garantías que acostumbra a exigir en el resto de sus actividades."[1130]

[1130] S.Freud; "El porvenir de una ilusión" en *Obras Completas* (Tomo III); op.cit., pp.2961-92.

Destaca que las ideas religiosas han ejercido gran influencia sobre la Humanidad, incluso sirven de soporte ideológico a las estructuras de la vida social en general, pero sólo en tanto que son ficciones que –sin fundamento racional- son creídas como si fueran verdaderas, por sus efectos "prácticos". Esta práctica cultural representa un problema al ideal político del proyecto de la Razón (Ciencia/Verdad) al que Freud ha inscrito al psicoanálisis:

> "Tenemos aquí un nuevo problema psicológico. Habremos, pues, de preguntarnos en qué consiste la fuerza interior de estas doctrinas y a qué deben su eficacia, independientemente de los dictados de la razón."[1131]

Ya en otra parte había referido este problema de la Filosofía a las bases en la Psicología tradicional, que centraba todo análisis bajo el registro superficial de la conciencia, sin tomar en consideración la importancia suprema de lo Inconsciente. Se trata –según Freud- de tomar partido, de permanecer bajo las ocultaciones ilusorias de las creencias tradicionales o de admitir en su campo las nuevas aportaciones teóricas del psicoanálisis. En su escrito *Múltiple interés del psicoanálisis*, Freud lo expone de la siguiente manera:

> "En cuanto la Filosofía tiene como base la Psicología, habrá de atender ampliamente a las aportaciones psicoanalíticas a dicha ciencia y reaccionar a este nuevo incremento de nuestros conocimientos como viene reaccionando a todos los progresos importantes de las ciencias especiales. El descubrimiento de las actividades anímicas inconscientes ha de obligar muy especial-mente a la Filosofía a tomar su partido, y en caso de inclinarse del lado del psicoanálisis, a modificar sus hipótesis sobre la relación entre lo psíquico y lo físico, hasta que correspondan a los nuevos descubrimientos."[1132]

[1131] Ídem.

[1132] Y añade: "Los filósofos se han ocupado, desde luego, repetidamente del problema de lo inconsciente, pero adoptando, en general -salvo contadas excepciones-, una de las dos posiciones siguientes: o han considerado lo

Freud –como ya he sostenido con anterioridad- no *trasciende* el discurso de la metafísica pues, a todas cuentas, permanece encuadrado dentro de otro registro de ilusiones, tan religiosas o metafísicas como las mismas que pretende *superar*. Tampoco guarda distancia cualitativa de las pretensiones políticas de los discursos "supersticiosos" que pretende subvertir. De hecho, su voluntad política es idéntica: preservar y reproducir la vida social mediante precisas coerciones al Yo. Pienso que las riendas que pone la Religión sobre el destino del Sujeto no están hechas de un material distinto en esencia que las de las riendas que le pone la Ciencia, y que su valor político se mide con relación a la eficacia de sus intenciones y no con respecto a si son realidades ficticias o realidades verdaderas. Que la Filosofía tome partido a favor del psicoanálisis, es decir, que considere lo Inconsciente, no como algo místico, inaprehensible e indemostrable, sino como determinante de la vida anímica, de lo psíquico y, por ende, de la Conciencia (que es el objeto central de su discurso), puede ser interpretado dentro de la historia del pensamiento Occidental, de la Filosofía, de la Ciencia o de la Razón, como una ruptura significativa, pero en el contexto de la vida social –según la orientación política de Freud-, sigue cumpliendo el mismo encargo político de siempre: regular, normalizar, controlar, domesticar…

No obstante, lo Inconsciente trasciende las pretensiones políticas inmediatas del discurso psicoanalítico de Freud,

---

inconsciente como algo místico, inaprehensible e indemostrable, cuya relación con lo anímico permanecía en la oscuridad, o han identificado lo psíquico con lo consciente, deduciendo luego de esta definición que algo que era inconsciente no podía ser psíquico ni, por tanto, objeto de la Psicología. Estas actitudes proceden de haber enjuiciado los filósofos lo inconsciente sin conocer antes los fenómenos en la actividad anímica inconsciente y, en consecuencia, sin sospechar su extraordinaria afinidad con los fenómenos conscientes, ni los caracteres que de ellos los diferencian. Si después de adquirir un tal conocimiento de los fenómenos inconscientes mantiene aún alguien la identificación de lo consciente con lo psíquico, y niega, por tanto, a lo inconsciente todo carácter anímico, no habremos ya de objetarle sino que tal diferenciación no tiene nada de práctica, toda vez que, partiendo de su íntima relación con lo consciente, resulta fácil describir lo inconsciente y seguir sus desarrollos, cosa imposible de conseguir, por lo menos hasta ahora, partiendo del proceso físico. Lo inconsciente debe, pues, permanecer siendo considerado como objeto de la Psicología." (S.Freud; "Múltiple interés del psicoanálisis" en *Esquemas del psicoanálisis y otros escritos de doctrina psicoanalítica*; Alianza Editorial, Madrid, 1999)

irónicamente por la propia significación que éste hace de su constitución. Lo Inconsciente, tomado en serio por la Psicología o la Filosofía, supone poner en cuestionamiento todos los fundamentos racionales sobre los que se han montado y sostenido históricamente, y las consecuencias políticas que se desprenden suponen advertir incluso la imposibilidad de la Representación, que es la matriz sobre la que se han montado los discursos de la Filosofía hasta nuestros días. Lo Inconsciente no es simplemente el lugar designado a lo reprimido sino el signo espectral de las fuerzas que animan la compleja existencia del Ser, sus deseos. Quizá una muestra del potencial subversivo de lo Inconsciente puede remitirse a los trabajos de Deleuze y Guattari[1133], para quienes el Deseo es multiforme, creador e imposible de canalizar. Mientras que –por ejemplo- la noción freudiana del complejo de Edipo supone una concepción del deseo entendido como negatividad, de manera que todo deseo ulterior será concebido en el psicoanálisis, como una repetición imperfecta de aquel primer deseo originario, para Deleuze y Guattari, el Deseo goza de un carácter plenamente afirmativo, productivo; las repeticiones no son reproducción de ninguna relación originaria fundante, pues no hay repetición de un primer término: desear es transgredir…

Semiología y psicoanálisis

El *texto*, para la cultura occidental moderna, todavía entrado el siglo XXI, sigue estando relacionado con una cierta metafísica del signo, con la creencia en que es, en esencia, un tejido de palabras comprometidas y dispuestas por obra y voluntad del autor, de modo tal que se *cree* que posee un significado estable, un sentido unívoco e inequívoco. Y el texto es, quizá, no más que lo que está escrito, pero ciertamente sobre "lo escrito" se despliegan modos muy particulares de relaciones *interpretativas*, o más bien, de posiciones significativas, investidas éstas por toda una imaginería social centrada en la creencia del poder representacional de la palabra y, atribuido a la palabra, fijada en el texto, ordenada a la

---

[1133] G.Deleuze y F.Guattari; *El Anti-Edipo: capitalismo y esquizofrenia*; Editorial *Paidós*, Barcelona,1998.

propia lógica estructural de sus dominios, que opera en función de una coherencia singular y definitiva...

La ilusión de una garantía de seguridad, la de la *autenticidad* del sentido, hace aparecer al texto, desde estas tradiciones interpretativas, como la expresión irrefutable de la intencionalidad del autor. Ahí las psicobiografías –por ejemplo- ponen su más profunda confianza en la ilusión de creer que la escritura puede *revelar* la personalidad del sujeto, objeto de su intervención interpretativa. Tema éste que ya he tratado en la primera parte de este trabajo. Como *oposición* a estas tradiciones (aún dominantes recién entrado el siglo XXI), y en estrecha relación con el discurso del psicoanálisis, aparece en el escenario cultural la semiología. La matriz de su aparición histórica puede enclavarse, tal vez, en los pensamientos de la sospecha, que abren paso a las resignificaciones de la hermenéutica, según ya lo he tratado anteriormente: El lenguaje no posee una esencia, no asegura nada, no es una continuidad entre el conocimiento y el objeto de su mirada; la seguridad que se le atribuye es una marca arbitraria, artificial, ideológica. Desde la tradición hermenéutica clásica y aún dominante, la noción de texto implica que el mensaje escrito se articula como el signo: por una parte, el *Significante* (materialidad de las letras y de su encadenamiento en palabras, en frases, en párrafos, en capítulos), y, por otra, el *Significado*, sentido a la vez original, unívoco y definitivo, determinado por la corrección de los signos que lo transmiten. El *Signo* clásico es una unidad cerrada, cuyo cierre *detiene* el sentido, le impide temblar, desdoblarse, divagar; tal y como ocurre con el *texto clásico*, que supone el cierre de la obra, el encadenamiento definitivo a su letra, la fijación a su significado. Esta tradición hermenéutica es una metafísica del signo: cree en la literalidad del texto, en la posibilidad de *restituir* su sentido originario, de identificar la intención auténtica del autor, *encontrar* el sentido singular, unívoco, definitivo, verdadero del texto. La ortodoxia es la fuerza política que se activa en el empeño de mantenerlo a raya, que se autoriza a sí misma a vigilar sus sentidos y se consagra a regular sus movimientos.

La semiología, por su parte, pone la presumida integridad del signo bajo sospecha. La verdad pasa a ser el efecto puntual, histórico e ideológico, de una imposición de sentido; el sentido, pues, aparece como la resulta de una imposición y no como el develamiento de una esencia. Según Roland Barthes[1134], esta concepción del texto (concepción clásica, institucional, corriente) está ligada a una metafísica, la de la verdad.[1135] La crítica ideológica del signo (la semiología) es puesta en la escena cultural (pos)moderna como crisis de la metafísica de la verdad, muy próxima a la tarea nihilista emprendida por Nietzsche, según ya he tratado antes. Pero Barthes identifica al psicoanálisis y al materialismo-dialéctico como las claves de este nuevo campo de referencia, que es la semiología.[1136] Desde este enclave, desarrolla una teoría del texto que supone poner en crisis toda enunciación; inclusive la de la propia ciencia a la que se hace pertenecer. Es una crítica de todo metalenguaje; revisión del discurso de la cientificidad; la puesta en duda de su propio lenguaje, el de las ciencias humanas (etnocéntricas y logocéntricas) en tanto que se consideran a sí mismas como instrumentos y signos de transparencia. Según esta teoría, el texto es una práctica significante, por eso es objeto privilegiado de la semiología.[1137] Desde esta perspectiva (por oposición al logocentrismo y al etnocentrismo) no existe una matriz universal del signo, pues el texto es una práctica significante en la medida en que la significación se produce, no en el nivel de una abstracción, sino a merced de una operación, de un trabajo donde se colocan, a la vez y con un solo movimiento, el debate entre el sujeto, el Otro y el contexto social.[1138] Esta noción –añade- *restituye* al lenguaje su energía activa. El texto aparece en el discurso semiológico como una relación de producción donde se implican a la vez el autor y el lector. Varios postulados caracterizan la hermenéutica semiológica como ruptura con las tradiciones clásicas de Occidente. Desde el enfoque descrito por Barthes, la teoría sigue siendo un discurso científico, pero no es tratado como una

---

[1134] R.Barthes; *Variaciones sobre la escritura*; Editorial *Paidós*, Barcelona, 2002. Los mismos fueron publicados en diferentes espacios desde finales de la década de los 40 hasta principios de los años 80.

[1135] Op.cit., p.139.

[1136] Op.cit., p.141.

[1137] Op.cit., p.142.

[1138] Ídem.

abstracción sino como una práctica material (referida ésta al enclave marxista). La semiología es, pues, una teoría científica y ésta, en cuanto tal, es significada como una autocrítica permanente.[1139] Su encargo político, como en Derrida, es agrietar el simbolismo occidental[1140]; disolver sin cesar el imperio del significado que se pretende encerrado en el significante; su lenguaje se vuelve hacía sí mismo incesantemente, como parte de un proceso de autocrítica y orientado hacia el fin de *liberar* al significante del significado.[1141] La premisa básica es que, a diferencia de como sostienen las tradiciones clásicas, etnocéntricas[1142] y logocéntricas[1143], el lenguaje no sirve exclusivamente para comunicar ni la escritura para transmitir.[1144] Su tarea es esencial-mente desmitificadora, y entre los mitos a disolver destaca el que sostiene que el lenguaje es una "traducción del pensamiento"[1145] y su correlato lógico, que la escritura es una transcripción del lenguaje oral.[1146]

Barthes reconoce que el análisis de la productividad del texto no puede reducirse a la descripción lingüística[1147], lo que no la descarta sino que propone añadirle otras vías. Entre ellas, destaca la del psicoanálisis lacaniano, en la medida en que explora la lógica del significante.[1148] La semiología, como ciencia del signo, supone una ruptura epistemológica con la nociones dominantes en las teorías del Sujeto: no es un acto de entendimiento (como insiste la filosofía

---

[1139] Op.cit., p.75.

[1140] Op.cit., p.81.

[1141] Op.cit., p.78.

[1142] Op.cit., p.93.

[1143] Op.cit., p.95.

[1144] Op.cit., pp.90-91; 93.

[1145] Op.cit., p.99.

[1146] Op.cit., p.98.

[1147] Op.cit., p.143.

[1148] Ídem.

cartesiana, en la que el sujeto tiene la bella unidad del *cogito* cartesiano); es un sujeto plural –sostiene Barthes- al que hasta la fecha sólo ha podido aproximarse el psicoanálisis.[1149] En este sentido –añade- nadie puede pretender reducir la comunicación a la simplicidad del esquema clásico que reclama la lingüística –emisor, canal, receptor- salvo que se apoye en una metafísica del sujeto clásico o en un empirismo cuya ingenuidad es también metafísica.

El estudio de la vida de los signos en el contexto de la vida social no se limita a la estructura formal del lenguaje, sino que éste es asumido en su relación con lo social. Según Barthes, el mundo de los significados no es otro que el del lenguaje y solamente hay sentido nombrado.[1150] Es a partir de esta definición que puede establecerse un vínculo directo con el psicoanálisis, en particular al modelo psicoanalítico inspirado en el modelo lingüístico del estructuralismo. Desde esta perspectiva el estudio de los sistemas de significación no se limita a sus significantes sino que incluye el estudio de los significados mismos[1151], al sentido nombrado, que es también el material primordial del psicoanálisis. Según Barthes, las unidades significantes pertenecen a "sistemas connotados": los significados forman la ideología de la sociedad que utiliza el sistema.[1152] Para él, la *ideología* es un conjunto de significados de connotación, lo que posibilita su análisis histórico y estructural. Esta práctica analítica, aunque para efectos prácticos pudiera dar la impresión de congelar la dinámica del discurso al inscribirlo dentro de una estructura, supondría la contextualización histórica del discurso, es decir, su dinámica interior y constante. La relativa estabilidad de los signos, identificados como códigos y decodificados en el contexto de su función, vendría emparejada de su condición perecedera, relativa a la relación social e histórica del lenguaje. En este sentido, para la semiología, como para el psicoanálisis, ningún objeto carece de significación, y advierten que la función de los mismos no es inmutable y sus posibles sentidos no

---

[1149] Op.cit., p.142.

[1150] Op.cit., p.20.

[1151] Op.cit., p.24.

[1152] Ídem.

son neutros. Pero, obviamente, cada campo discursivo opera desde lugares relativamente distintos: Mientras el psicoanálisis nombra numerosos significantes (constituye un simbolismo), la semiología estudia el modo de organización de esos significantes. El punto de convergencia puede identificarse en su orientación ideológica, es decir, en la creencia de que ambos campos creen en la inteligibilidad de lo humano y, de acuerdo a ello, se representan como tecnologías analíticas de la misma. Son campos de significación, regímenes de sentido, que para efectos de analizar lo inteligible de lo humano se estudian a sí mismos como campos de significación y sentido. Regla ésta de la hermenéutica posmoderna, según ya la he presentado. En tal caso, la obra de Freud en particular o bien el discurso psicoanalítico en general debería ser considerado, pues, como un sistema de significación y, como tal, como sistema de connotación ideológico, sujeto a la crítica semiológica. Suceder éste que, no obstante, no acontece en la obra de Barthes...

Barthes, aunque no participa de la misma tradición hermenéutica a la que Freud remitía su labor teórica, define la semiología como una ciencia, por oposición o a diferencia de la retórica. No obstante, tales diferencias se disuelven en la práctica semiológica toda vez que ésta admite su participación en el estructuralismo. El *estructuralismo* –según Barthes- designa toda investigación sistemática que se someta a la pertinencia semántica y se inspire en el modelo lingüístico.[1153] La regla epistemológica por excelencia del estructuralismo –añade- es procurar la exhaustividad de las *descripciones*.[1154] Pero la psicoanalítica freudiana no responde a estas condiciones reglamentarias y su estructura teórica ciertamente no está *inspirada* en el modelo lingüístico. No obstante, Barthes toma al psicoanálisis como una unidad referencial para la semiología, da por sentado su aportación a las ciencias humanas y no cuestiona los fundamentos sobre los que se monta su régimen discursivo (aunque teóricamente la semiología así suponga hacerlo). Se limita a suscribir el andamiaje teórico de la lingüística estructural aplicada a la teoría psicoanalítica desarrollada en la obra de Freud, como trataré más adelante. Por el momento, puede identificarse que la matriz donde se fusiona el psicoanálisis y la semiología es en la

---

[1153] Op.cit., pp.23; 45.

[1154] Op.cit., p.32.

teoría estructuralista, desde donde se supone la existencia de formas generales comunes a todos los sistemas de sentido.

La *tiranía* del modelo lingüístico –según Barthes- designa el lugar central de la investigación semiológica.[1155] A todas cuentas, no es en lo abstracto que se trabaja sino sobre un texto. Coincide con Derrida cuando afirma que la escritura no es una simple trans-cripción del habla[1156] y le asigna un encargo político similar al impulsado por la teoría y filosofía hermenéutica de vocación nihilista en Vattimo: agrietar el sistema simbólico de nuestra sociedad; producir sentidos nuevos, fuerzas nuevas; apoderarse de las cosas de una manera nueva, socavar y cambiar la subyugación de los sentidos; y -como insiste la filosofía pragmática de Rorty-: desbaratar la idea, el ídolo, el fetiche de la Determinación Única, de la Causa, y acreditar así el valor superior de una actividad pluralista, sin causalidad, finalidad ni generalidad, como es el texto mismo.[1157] De ahí, de la ligadura estructural y la correlativa teoría del lenguaje, que guarde simpatías metodológicas con la psicoanalítica de Lacan, desde donde "lo inconsciente está estructurado como un lenguaje."[1158] El lenguaje es el lugar de la significación, del sentido: la tarea teórica gira a su alrededor, es su objeto por excelencia. Investiga no el *hecho* sino el sentido... es la ruptura epistemológica con las demás ciencias humanas; el paso de la retórica a la ciencia...

Si bien el sentido puede definirse formalmente como la unión de un significante y un significado[1159], advierte la *polisemia* como la condición problemática del sentido: un mismo significado puede tener varios significantes y un significante puede tener varios significados.[1160] Ahí el problema de la traducción, pues traducir supone poner freno a la polisemia, que es la condición propia del sentido; ahí la dificultad que mayor resistencia opone a las

---

[1155] Op.cit., p.37.

[1156] Op.cit., p.40.

[1157] Op.cit., p.42.

[1158] Op.cit., p.45.

[1159] Op.cit., p.46.

[1160] Ídem.

tradiciones hermenéuticas vinculadas a las metafísicas del sentido, como el positivismo. Entre estas coordenadas, Barthes destaca al psicoanálisis: el psicoanálisis es un sistema de interpretación que trata de pensar, de sistematizar, la polisemia. Reconoce, pues, que el psicoanálisis trabaja a partir del postulado fundamental de que los fenómenos tienen varios sentidos, o de que ciertos síntomas en el orden psíquico tienen varios sentidos.[1161] Como la semiología, el psicoanálisis procura *ver* los sentidos que "están por debajo", todos los sentidos posibles y los sentidos *ocultos*. Pero la semiología, como la hermenéutica de vocación nihilista, (a diferencia del psicoanálisis según dispuesto por Freud), lleva por encargo aguzar el espíritu crítico sobre los mecanismos o instituciones sociales que llevan por encargo vigilar los sentidos posibles, regular sus proliferaciones, refrenar la polisemia (encargo éste, por demás asumido por las ortodoxias psicoanalíticas en clave freudiana o en su contra, o como la representada por las vertientes más conservadoras, como la promovida por Umberto Eco, según ya he apuntado anteriormente). Para Barthes existe un cierto carácter polisémico infinito propio al orden del texto y los excesos polisémicos pertenecen a la naturaleza misma del sentido:

> "...desde hace siglos, casi todos los combates ideológicos de la humanidad (occidental) son combates de sentido (...) combates muy violentos (...) siempre tienen lugar en torno a una interpretación."[1162]

Es este el punto de aparente coincidencia con la lectura que hace Foucault de Nietzsche, pero que se resuelve de inmediato, como ya he expuesto anteriormente, como una negativa a asumir las pugnas de sentido más allá de los dominios del lenguaje, del habla y la escritura, de la fe, la razón y la ideología, que son más violentas aún de cómo advierte la semiología: relaciones de poder, no de sentido. No obstante las implicaciones políticas que pueden identificarse desde los límites de esta interpretación *inspirada* en la lingüística, Barthes, al destacar la polisemia como la condición de toda interpretación posible, semiológica o psicoanalítica, reivindica

---

[1161] Op.cit., p.47.

[1162] Ídem.

el derecho de interpretar.[1163] Pero hay una grieta en su discurso que da la impresión de que la semiología coquetea más que con la hermenéutica posmoderna con su propia noción de polisemia jerarquizada, desde la que el sentido no permanece abierto al infinito sino que puede detectarse, en algún momento, un sentido privilegiado que, aunque lo niegue, está próximo al sitial privilegiado de la verdad. Esta grieta es quizá la que sitúa la semiología al lado de la práctica interpretativa del psicoanálisis, desde Freud y, a pesar de Freud, con Lacan...

La psique humana es para Lacan –según Barthes- como un campo en el que se elaboran cadenas de significantes, convirtiéndose cada significante en el significado de otro significante que lo arrastra más lejos. Son cadenas de símbolos – añade- que estructurarían en cierto modo el inconsciente y que solamente tendrían, en el fondo, un solo "significado último"; la *totalidad* del mundo psíquico sería un mundo ocupado por significantes en todos los niveles; y todos esos significantes remitirían, en el inconsciente, a un significado único y último que Lacan llama la *metáfora paterna*.[1164] Este significado último, que se haya en el fondo o al final de esas cadenas de significantes, en el inconsciente, desde esta perspectiva, es una carencia, un vacío.[1165] Pero un vacío que es representado simbólicamente bajo el registro de la Ley, la Ley a la que ya Freud había subsumido la existencia humana (en el complejo fundamental de castración). El significado último de esta cadena de significantes ya estaría predispuesto en la racionalidad psicoanalítica como un principio, como una

---

[1163] Barthes describe tres regímenes antropológicos de sentido: 1. Monosemia: que es un sistema ideológico social en el que se piensa que los mensajes o significantes sólo tienen un sentido, que es el bueno. (En términos patológicos vendría a significar lo mismo que agnosia). Ejemplo de ello son las disciplinas, en cuantos sostienen la existencia de un sentido único, de una literalidad. 2. Polisemia jerarquizada: desde este sistema ideológico se acepta la idea de que un significado tiene varios sentidos, pero que de todos esos sentidos, hay uno privilegiado, que es el verdadero. 3. Asemia: constituye un régimen de sentido que reconoce el derecho de interpretación del signo; el derecho a la polisemia. La asemia significa ausencia de sentido: de la singularidad del sentido o de la univocidad del signo, de la literalidad del texto... (Op.cit; pp.47; 49-50)

[1164] Op.cit., p.53.

[1165] Ídem.

determinación de la que no habría escapatoria pues, en fin, la carencia no es absoluta, no es a la nada a lo que remite su significación; el vacío, que pretende ser el signo de una radical ruptura epistemológica con las tradiciones de pensamientos de la plenitud, de la completud y la esencia, ya está llenado por la teoría, y la teoría es el espacio ocupado por la Ley del Padre...

Barthes extiende el alcance de esta perspectiva al suscribir la radicalización que hiciera Derrida de Sassure. Para Sassure la lengua no es sino un sistema de referencias y los signos diferencias; para Derrida el signo es una diferencia que se extiende al infinito, un proceso que hace retroceder infinitamente el significado.[1166] No existe, pues, relación de reciprocidad entre el significado y el significante; los signos no son la cúspide del sentido, no se detienen o se fijan en un significado ni llevan a ningún estado de plenitud. El sistema de signos no es natural, es arbitrario[1167] y condicionado por fuerzas históricas; no puede detenerse y, por tanto, no puede accederse a un significado último. La noción misma de origen queda descartada (todo origen es un mito), sobre todo por sus sesgos teológicos, lo que pone en suspenso la propia idea de que la psique, si se piensa como encadenamiento infinito de significantes, por su propia lógica, pudiera tener un fin en su inscripción al registro simbólico de la Ley. La relativa descentración que opera la adaptación de las teorías estructuralistas del lenguaje a la teoría de la psique humana ciertamente resuelve admitir un nivel de complejidad mayor en el orden de toda práctica interpretativa y sirve de soporte a la convicción de interminabilidad de todo análisis, superando teóricamente las limitaciones impuestas por la práctica clínica. Pero tal vez se debiera admitir que dicho acto se hace en contradicción a la teoría de Freud, para quien es lo orgánico lo que determina la dinámica de lo inconsciente y de la psique en general y no lo que aparece en segundo término, por añadidura cultural, que es el advenimiento al registro de lo simbólico, al orden del lenguaje. En el apartado dedicado a los instintos y sus destinos, en su

---

[1166] Op.cit., p.54.

[1167] Op.cit., p.62.

Metapsicología[1168] –por ejemplo- Freud encadena el significado esencialmente biológico de los mismos y fija su sentido en definitiva: "Si consideramos la vida anímica desde el punto de vista biológico, se nos muestra el "instinto" como un concepto límite entre lo anímico y lo somático, *como un representante psíquico de los estímulos procedentes del interior del cuerpo, que arriban al alma,* y como una magnitud de la exigencia del trabajo impuesta a lo anímico a consecuencia de su conexión con lo somático." Asimismo, pues, los términos derivados del concepto de instinto se desprenden de esta perspectiva biológica. Por ejemplo, el del carácter de *perentoriedad* que *designa* una "cualidad general de los instintos e incluso constituye la esencia de los mismos." Cuando se refiere al "fin de los instintos" como la "satisfacción": "...que sólo puede ser alcanzada por la supresión del estado de estimulación de la fuente del instinto." La determinación biológica queda fijada de la siguiente manera: "...aun cuando el *fin último* de todo instinto es *invariable,* puede haber diversos caminos que conduzcan a él, de manera que para cada instinto pueden existir diferentes fines próximos susceptibles de ser combinados o sustituidos entre sí." A la misma lógica fija los términos de "objeto del instinto"[1169], "fuente del instinto"[1170], etc. Según Freud, desde esta perspectiva se debe suponer que los diversos instintos (procedentes de lo somático y

---

[1168] S.Freud; "Metapsicología: los instintos y sus destinos" (1913-1917) en *El malestar en la cultura y otros ensayos*; Editorial *Alianza*, Madrid, 2000; pp.142-64.

[1169] El objeto del instinto es la cosa en la cual o por medio de la cual puede el instinto alcanzar su satisfacción. Es lo más variable del instinto; no se halla enlazado a él originariamente, sino subordinado a él a consecuencia de su adecuación al logro de la satisfacción. No es necesariamente algo exterior al sujeto, sino que puede ser una parte cualquiera de su propio cuerpo y es susceptible de ser sustituido indefinidamente por otro en el curso de los destinos de la vida del instinto. Este desplazamiento del instinto desempeña importantísimas funciones. Puede presentarse el caso de que el mismo objeto sirva simultáneamente a la satisfacción de varios instintos (...) (Op.cit., p.147)

[1170] Por fuente del instinto se entiende aquel proceso somático que se desarrolla en un órgano o una parte del cuerpo, y es representado en la vida anímica por el instinto. Se ignora si este proceso es regularmente de naturaleza química o puede corresponder también al desarrollo de otras fuerzas; por ejemplo, de fuerzas mecánicas. (...) Aunque el hecho de nacer de fuentes somáticas sea en realidad lo decisivo para el instinto, éste no se nos da a conocer en la vida anímica sino por sus fines. (Op.cit., p.148)

que actúan sobre lo psíquico) son cualitativamente iguales y sus efectos no depende sino de las magnitudes de excitación que llevan consigo y quizá de ciertas funciones de esta cantidad: Las diferencias que presentan las funciones psíquicas de los instintos pueden atribuirse a la diversidad de las fuentes de estos últimos. Es, tal vez, en un nivel político donde se podría resolver la pertinencia de esta teoría (¿pos?)estructuralista y no con relación a la verdad esencial de lo que constituye la psique en último término y en definitiva. Freud nunca se desentendió de la condición biológica del Ser, del ser en cuanto que sujetado su destino a las fuerzas de sus instintos, y vio en el lenguaje y sus potencias los recursos para regularlos en la medida de las posibilidades singulares de cada cual (o de quienes dispusieran de ellas para tales efectos). Cierto es que las relativas ambigüedades teóricas, desde una perspectiva política, no estaban para ser resueltas por medio de una sustitución de principio sino como espacios de acción alternativa que, en su caso particular, suscribió a los requerimientos culturales dominantes, que desde siempre se han orientado hacia la regulación de las tendencias más fuertes de los instintos: Freud, como los filósofos morales desde la antigüedad, procuró construir su teoría en consonancia a los requerimientos sociales de controlar las pasiones humanas mediante la Razón. Y la Razón no es sino el signo de una diferencia que puede expresarse como tal, por excelencia aunque no únicamente, mediante el uso del lenguaje... lenguaje que en Freud es, si caso, no encadenamiento de significantes sino *representante* de las fuerzas instintuales...

Los regímenes de sentido, las leyes que rigen las estructuras de los encadenamientos de significantes, desde la psicoanalítica freudiana, no son infinitas, tienen un límite: la cura. Los juegos interpretativos permanecen condicionando la situación analítica sólo en tanto y en cuanto son interpretados como resistencias. La cura es el vencimiento de las resistencias y éstas son las metáforas de la polisemia; una polisemia reconocida no para dejarla en libertad sino para detenerla, para fijarla a un sentido, el que al fin designa la ilusión de la cura. El límite para Freud es, por lo menos desde la teoría, relativamente innombrable, pues el objeto del psicoanálisis es inaccesible plenamente, contingente e indómito. Pero aunque Freud reconoce los límites propios al lenguaje teórico, no admite su condición metafórica ni el permanente estado de inaprehensibilidad de su objeto, sino que insiste en que los términos de su teoría designan en propiedad, objetivamente, la cosa en sí: El falo no es un símbolo referente a la autoridad de la Ley del Padre, sino un órgano masculino concreto, una literalidad expresada en su sentido común y sin más. En todo caso, no es en el encadenamiento de significantes donde se resuelven en definitiva los complejos de la vida anímica que vendrían a constituir las dinámicas psíquicas del Yo, sino en los complejos procedimientos, muy precisos en el orden de sus efectos, que desenvuelve la represión...

Freud no quería decir otra cosa distinta a lo que decía, aunque la hermenéutica reclame el derecho a la sospecha de lo contrario y exija también como derecho interpretarlo de alguna otra manera. Es a la dinámica de fuerzas *interiores* en constante movimiento, de variaciones de intensidad imprevisibles, espectrales pero muy concretas en el orden de sus efectos, condensadas en lo orgánico del Ser, a lo que Freud refiere los límites de toda interpretación y no a condiciones externas, como sería la referida al orden estructural del lenguaje, aunque éste pueda ser representado como encadenamiento al infinito. En tal caso, el retorno a Freud no sería un intento por comprender mejor su obra sino un acto de apropiación y adaptación de la misma, tal y como una banda de rock *interpretaría* una pieza clásica o como el cine llevaría a escena una novela cualquiera... tal vez sería más honesto, o cuando poco menos presuntuoso, hablar de inspiración que de interpretación...

Pienso que la *vuelta* a Freud pertenece a estas tradiciones hermenéuticas clásicas criticadas por la semiología, en cuanto quieren *restituir* el sentido original de la obra, depurarlo de las alteraciones que pudiera haber sufrido en el devenir de su puesta en circulación a lo largo de sus historias. Y la voluntad de restituir, a mi entender, es un acto reverencial a la ley universal del significante, de la que se deduce una ley del significado, aunque se represente a sí mismo como una crítica radical. Al poderío imperial de la palabra, más aún, del lenguaje en general, Occidente ha rendido las más espléndidas pleitesías. En el acto de la palabra ha encadenado las más diversas ilusiones, sostenido en movimientos incontenibles desde sus más ínfimas hasta sus más inmensas pretensiones y, a la vez, amparado entre ellas los poderosos vaivenes de sus aspiraciones y anhelos, ideales, temores, deseos y frustraciones...; de ella ha desprendido todo cuanto ha imaginado real o creído ficticio... El logocentrismo ha sido, pues, la piedra angular del discurso filosófico, por lo menos desde tiempos de Platón, y se ha prolongado, entre matices y modulaciones, hasta nuestros días. Pero si se admite como referente teórico la psicoanalítica freudiana sobre la condición indeterminada de la psique, tanto la noción de semiosis ilimitada como las hermenéuticas posmodernas en general, tendrían bases teóricas suficientes para sostener sus principios políticos (teóricos, filosóficos e incluso éticos) más radicales. La apertura a la proliferación de interpretaciones sería incontenible y la reivindicación del derecho a interpretar encontraría su sustento más fuerte, su legitimidad a partir del reconocimiento de sus imposibilidades; ahí, en la condición del Ser *descrita* por la teoría de Freud hace ya cerca de cien años. Pero tal vez no habría por qué remitir sus fundamentos al psicoanálisis, pues a todas cuentas el mismo está construido por el lenguaje y como tal sujeto a la radicalidad irreverente de sus indeterminaciones tanto como a sus sobredeterminaciones. Si resultara imprescindible remitirse a una fuente filosófica de referencia inmediata sobre la cual fundar una ética alternativa de la interpretación, tal vez bastaría remitirse a Nietzsche. Pero en todo caso, tampoco quedaría resuelto el tema de la vida anímica de los sujetos, sus sujeciones quedarían suspendidas en las suertes inciertas de su devenir: la psique es el signo de una condición, la del conflicto permanente entre los instintos y las exigencias sociales, o más bien de las fuerzas reales que se activan bajo el registro de lo social y sus lenguajes, sus moralidades, sus leyes e instituciones, sus ilusiones y desilusiones; sus coerciones y demás represiones. Y es que quizá sea esto lo más que se pueda decir al respecto, pues lo demás queda en el mismo lugar de siempre, el de un destino inevitable, el de lo que de *humano* tiene la existencia, para bien, para mal o más allá de ambos polos, el de las luchas: relaciones de poder, no de sentido...

Parte XV

A manera de epílogo...

"Mi trabajo consta de dos partes:
la expuesta en él, más todo lo que no he escrito.
Y esa segunda parte, la no escrita,
es realmente la importante."
Ludwig Wittgenstein

Parte XV

A manera de epílogo...

A Esquilo pudo habérsele ocurrido otro destino trágico al que conjurar la fatal suerte de Prometeo, quizá a una cruel ironía más cercana a las terribles realidades de la vida humana: pudo hacer que éste -por ejemplo- tras robar el fuego a los dioses para bien de la humanidad, la humanidad misma fuera quien le encadenara, pero quizá para enseguida hacerlo arder con el mismo fuego que prometía con su entrega liberarla... Tal vez, como sucedió al inventor de la guillotina, a quien un buen día al fin se hizo rodar su cabeza a los pies de su propia inventiva... Quizá ambas suertes puedan ser también metáforas míticas o históricas de los destinos a los que las revueltas hermenéuticas han consagrado a la imaginería psicoanalítica en la condición (pos)moderna: en todo caso, Freud inventó un lenguaje que prometía liberar al Sujeto humano de las ataduras de la Ignorancia que sobre sí mismo actuaban en su contra y para defecto y suerte de sus destinos, pero al hacerlo —como Nietzsche hizo de Dios- lo hizo desaparecer y con él a la libertad que se le prometía... aquí la ironía: en su lugar puso a reinar las mismas ataduras que antes y desde siempre, desde el instante de su nacimiento y a lo largo de toda su existencia, le sujetaban y le constituían... pero ahora sería mediante algún otro artificio retórico (también mítico, religioso e histórico), el de la teoría científica... En ella —como desde la antigüedad para las filosofías políticas de la Moral y la Ley- el Ser, desde siempre, estaría sometido irremediable-mente al despotismo imperial de sus pasiones... o lo que es lo mismo, al embate represivo de la Cultura y sus razones...

Los puntos suspensivos permanecen designando, más que el estado permanente del discurso del psicoanálisis, la condición dinámica, conflictiva e indeterminada de todo cuanto a sus dominios pudiera ser referido. La constante es siempre una condición en suspenso, la de la sospecha. La sospecha de que, entre las dinámicas que constituyen la imaginería psicoanalítica, cabe siempre la posibilidad de que, en su devenir, casi todo podría ser de alguna otra manera...

A lo largo de este trabajo he guardado cierta distancia de los relatos clínicos de Freud, de los casos que él ha utilizado específicamente como los más representativos de su experiencia teórica y práctica, pues he procurado centrar mi atención en cómo ha construido su estrategia discursiva en la que los ha englobado y montado como evidencias irrefutables de sus teorías. No obstante, aunque ciertamente los he tomado en consideración para efectos del conjunto de mis reflexiones, me parece que a todas cuentas los mismos sólo sirven como soportes de una estrategia que excede por mucho los límites de su especificidad formal. Sabido es que gran parte de la literatura psicoanalítica toma aún la palabra de Freud como "evidencia" en sí misma, y los casos más famosos, publicados por su cuenta y a propósito de sus intereses, sirven, más que de contraste con *casos* nuevos, de referente de legitimidad para sus seguidores. Muchos autores se han dado a la tarea de desmontar estos casos a lo largo de las historias del psicoanálisis, los han puesto en entredicho e incluso demostrado el carácter *artificial* de los mismos. Pero Freud sigue siendo una figura de autoridad irrebatible para muchos de sus seguidores que ni siquiera consideran poner en cuestionamiento las bases de sus pruebas y se limitan a suscribirlas como fuentes de legitimidad de sus propias aventuras psicoanalíticas. Creen en ellas y como fieles creyentes actúan. No sólo miran y valoran la experiencia analítica con los ojos de Freud, sino que dan cuenta de ella con sus propias palabras. Una parte de la vida del psicoanálisis se ha mantenido en la escena cultural por estas suertes de fanatismo, combinadas entre ingenuidades políticas y credulidades religiosas. Lo mismo puede decirse de algunos sociólogos, psicólogos, filósofos e historiadores. La Autoridad de la Ley depende de ello, bajo cualquier registro en que se represente. Pero eso ya Freud lo sabía y supo aprovecharse en su debido momento. También lo supieron algunos de los más destacados repetidores e innovadores de su proyecto: la eficacia de una disciplina depende de la disciplina de sus adeptos, de la creencia en sus preceptos y de la defensa activa de sus fundamentos. Es la suerte tautológica de toda disciplina, que requiere sujetos disciplinados para hacer efectiva su tarea disciplinaria; que la mantengan en movimiento sin cuestionar sus fundamentos. Y quizá la gran paradoja dentro de las historias del pensamiento posible-mente destaque que, de una parte, han sido espíritus críticos los que han desertado de las viejas tradiciones filosóficas y científicas para inscribirse dentro del pensamiento de la sospecha, atribuido al haber teórico de Freud, a la gran ruptura epistemológica con los paradigmas de las ciencias dominantes y a la crítica radical de la ilustración moderna, mientras que, de otra parte, esos mismos espíritus se han inscrito en una misma tradición que trasciende las apariencias de novedad, de ruptura y crítica, al hacerse partícipe de las prácticas disciplinarias habituales de las mismas corrientes filosóficas y científicas de las que presumían haberse distanciado, innovado, roto o criticado. Podría pensarse, tal vez, que el movimiento de la crítica fue circular y en su movimiento se devolvió al lugar desde donde había partido, llenando así el vacío que había dejado a su paso con el mismo contenido del que creía haberlo vaciado: la ideología. La resulta lógica sería concluir que los espíritus revolucionarios fueron al fin domesticados y que, en la ilusión de ruptura, el psicoanálisis terminó reproduciendo las condiciones de una continuidad histórica, la de los rituales de control y dominación del poderío normalizador de la cultura. Pudiera dar la impresión de que Eric Fromm acertaba su crítica sobre el carácter ideológico de la teoría de Freud, quien situaba como garante de seguridad la creencia ilustrada en la omnipotencia de la ciencia y suscribía su pretensión de destruir y, sobre todo, reemplazar, las ilusiones religiosas:

"Su objetivo tiene sus raíces en el protestantismo, en la filosofía de la Ilustración (...) y en la religión de la Razón, pero en Freud asume una forma que le es específica. Hasta Freud se habían intentado dominar los efectos irracionales del hombre por la razón; sin conocerlos, o mejor, sin conocer sus fuentes profundas. Freud, que creía que había descubierto esas fuentes en los vínculos libidinosos y en los complicados mecanismos de la represión (...) creía que ahora, por primera vez, el sueño secular de autocontrol y racionalidad podía ser realizado."[1171]

Pero está conclusión, a mi parecer, es tan ilusa como la que se registra bajo el signo habitual de cualquier crítica que se dispone a sí

[1171] E.Fromm; *Sigmund Freud's Mission;* Editorial *Blackcat*, New York, 1959; p.99 según citado por J.F.Marsal; "Sociología de Freud" en *Crítica de la teoría sociológica:* Papers: Revista de sociología publicada por la Universidad Autónoma de Barcelona, Editorial Península, Barcelona, 1977; pp.112-13.

misma a *revisar* la historia para identificar ahí los equívocos que de alguna manera debieron haber desviado al psicoanálisis de su curso original y cree, si no en la posibilidad de enmendarlo y rectificarlo, de devolverlo al principio originario, a su supuesta esencia revolucionaria, en la necesidad de adaptarlo a las *nuevas* exigencias epocales, según la rítmica mutante de los tiempos.... No. Pienso que Freud nunca pretendió otra cosa a pesar de lo que hoy pudiera denominarse o diluirse bajo el signo contingente del psicoanálisis y que, incluso, aunque pudieran trazarse mil diferencias entre el cuerpo de sus escritos y los extensos tentáculos de sus hibridaciones, el efecto procurado en su conjunto sigue siendo esencialmente el mismo: normalizar...

De la dispersión y sus reveses

La actual condición de época está marcada por un progresivo debilitamiento de los referentes fuertes a los que tradicionalmente las ciencias humanas, disciplinas del espíritu, se habían aferrado coincidentemente. Pero el efecto general no es, en esencia, negativo para el proyecto político al que suscribieron sus lealtades desde sus respectivos nacimientos, como pareciera preocuparle a los defensores más firmes del proyecto de la modernidad, a las filosofías más tiesas, a las ciencias frígidas. El destino del psicoanálisis así lo confirma. La unidad centralizadora que era en un principio hoy no es más, se ha dispersado y regado entre los más diversos registros de la vida social cotidiana, de la cultura y sus lenguajes, bajo un mismo signo sin potencia designativa, sin rostro fijo ni mayor coincidencia que el nombre propio; quizá porque es el destino más radical de lo que ha sido democratizado, socializado o comercializado, descentralizado y diversificado... contaminado... manoseado... prostituido o liberado... ¿posmodernizado? Cada diferencia reclama el reconocimiento de una identidad, y exige por derecho propio autonomía: reclaman su independencia. En el acto, desenstrenzan los lazos que antes les unían, se desentienden unas de otras, incluso hasta dejan de hablar el mismo idioma hasta hacerse cada una su propio lenguaje, impropio e ininteligible para cada otra. Si se encuentran es por suerte de un tropiezo, enseguida se enemistan y dan vida a su existencia a partir de la existencia de sus adversarios... La identidad es un signo de la diferencia, y la diferencia es siempre el signo de una condición: la del combate. Es a partir de esta condición, por lo general omitida o demasiado diluida y suavizada, que las disciplinas del alma humana (historia, filosofía, psicología, sociología, etc.,) *reconocen*, entre serias reservas, duras críticas o celebraciones, sus relaciones con el psicoanálisis...

Sabido es que el psicoanálisis, el conjunto general de su práctica y su teoría, ha sido comparado con la Religión, no sólo para desacreditar sus pretensiones de constituir una Ciencia sin otro fundamento que su propia Autoridad autoreferencial y legitimadora de sí misma, en sus propios términos y para sí (como la Ley), sino precisamente porque allí donde se pretendía una Ciencia convergía con las cualidades características de la propia Religión que decía combatir y que, en el acto, le proveía de una identidad diferencial que gozaba de mayor prestigio en esos días: la Razón. La distinción esencial entre ambos polos, entre la Ciencia y la Religión, entre la Razón y la Fe, hoy se difumina progresivamente, en virtud de las incontables similitudes que las atraen mutuamente, en particular en lo que respecta a sus respectivas relaciones con la Verdad. Es este un rasgo que caracteriza la actual condición de época y, a lo que es de mi interés inmediato, me parece que si el psicoanálisis era eso que decía que era, una ciencia, entonces no es de extrañar que también sea una religión. No obstante, si bien en sus estadios iniciales se organizó bajo la rígida estructura de una secta, y pronto se desenvolvió con las propiedades jerárquicas y dogmáticas de una Iglesia (rituales iniciáticos, dogmas, credos, etc.) hoy, las suertes de su dispersión no han debilitado sus primeras intenciones, ni siquiera el proyecto político al que confesamente se debía: la normalización social. Y es que el poderío de la Religión no es mayor allí donde se concentra singularmente en una gran unidad centralizadora, como la Iglesia o el Partido. La modernidad dejó a su paso una fuerte impresión al respecto, grabada como una verdad reveladora el triunfo de la razón y de la ciencia sobre las supersticiones religiosas pero, en realidad, este debilitamiento fue sólo un montaje ideológico, una apariencia articulada en el lenguaje político del progreso moderno y sus correlativas ideologías. Cierto es que hubo ocasión histórica en que la Iglesia, como poder centralizador, se debilitó en ciertos aspectos relacionados a la vida pública, a la administración del gobierno, que se desplazó en la jerarquía del poder estatal a otro rango, mas no por ello menos influyente dentro de la economía política del poder estatal emergente y no menos productiva a propósito de sus requerimientos específicos normalizadores. No entraré a dar cuenta de ello, pero lo cierto es que, como metáfora histórica, vale reconocer que la disolución del poder centralizador de la Iglesia no disolvió a la Religión, sino que la torno más efectiva, pues la puso en circulación desmedida, a reproducirse y dispersarse más allá de los contenedores regulativos de la vieja estructura, incluso de su presumido poder regulador y normativo. Disminuyó ese poder relativo a los privilegios de sus antiguos dominios, mas no el poder que le resulta imprescindible a los gobiernos para mantener y perpetuar sus propios dominios, o bien los de la cultura en general, precisamente a partir de los más diversos cultos que constituyen las ilusiones de su propia mismidad: universalismos, esencialismos, legalismos y moralidades, coerciones, represiones, seguridades e ilusiones de libertad; etc. La Religión se expandió, se multiplicó, se diversificó, se convirtió, más que en un poder sin centro fijo, en infinidad de dispositivos de poder, incontenibles, es verdad, pero no por ello menos domesticables y domesticadores. La misma suerte vale con todo cuanto pueda ser referido a la Moral. La Ciencia ocupó buena parte de su sitial privilegiado en la administración de los discursos de la verdad, y su disposición formal lo era a favor del funciona-miento efectivo del proyecto moderno de domesticación social, antes encargado a la Iglesia, pero siempre a la Religión. Pero la Ciencia también, como la Religión, pronto dejó de ser una singularidad identitaria para estallar en mil otras racionalidades y mitologías, sin dejar nunca de cohabitar un mismo gran escenario, el de lo social y sus imaginarios, y hacer cumplir una función precisa y de inestimable valor para el poderío normalizador moderno: el de la metafísica de la verdad: hacer creer...

Sucedió de cierta manera algo parecido con *la* teoría marxista. No está desacreditada por la impertinencia de su crítica más radical a los modos de vida social que sostienen y perpetúan la hegemonía de la economía política capitalista. Hoy las clases sociales más privilegiadas siguen existiendo a costa de la miseria de las mayorías; y sus privilegios se refuerzan cada vez más en el devenir de estos tiempos de altas tecnologías, como simultánea-mente se robustecen las condiciones de la miseria a escala global. La explotación, la marginación, la pobreza, las guerras, siguen estando a la orden del día. Sucedió al marxismo algo similar que a la religión, que como el psicoanálisis, quizá era también un modo secular de religión; que no pudo contenerse en una sola unidad de sentido y se desbordó y se regó por un sin fin de otros registros. Infinidad de marxismos reclamaron su papel en el gran escenario de la vida social, compitieron entre sí y hasta incluso fraguaron sus diferencias entre embestidas mortales, hasta hacerse irreconocible en los modos de su aplicación práctica, ya en el *universo* del mundo académico e institucional, ya en el escenario de los más diversos regímenes de gobierno. Gran parte de las reivindicaciones de la humanidad quisieron encontrar ahí refugio seguro y fortaleza desde la que combatir todos los sufrimientos y todas las miserias que la aquejaban. Pero pronto las fuerzas que convergían en esa gran Unidad pretendida en la Teoría se tropezaron con sus imposibilidades esenciales, y la unidad se convirtió en un obstáculo para el proyecto político al que se prometía... La Teoría se hizo Partido y el Partido y la Teoría se fusionaron en la Ley y la Ley, armada hasta los dientes de su fuerza superior, convirtió en extraño y enemigo todo cuanto no se resignara a someterse al control de sus dominios. Como la Iglesia, como todo orden Imperial, también decayó y sucumbió ante los vaivenes del destino. El proyecto político moderno, no obstante, encontró en sus dispersiones las rutas hacia un mismo camino: al fin, paradójicamente, al estallido de las grandes unidades de sentido sobre las que alguna vez se representó a sí mismo, en las dispersiones polisémicas de la posmodernidad (las que atraviesan todos los registros de sentido para la vida social, sus disposiciones a la sumisión, sus resistencias y sus excedentes), las tecnologías de normalización se globalizarían. La psicoanalítica freudiana aportó a ello tanto como quienes la han resistido...

Signos de la condición indeterminada del psicoanálisis

La escenificación fragmentaria, inacabada e inconclusa de su cuerpo teórico, la correlativa hibridación de sus prácticas en general, remite a la condición del psicoanálisis como constructo histórico y cultural en el que entrecruzan múltiples voces que le son, a la vez, constitutivas. Las connotaciones ideológicas registradas en el discurso psicoanalítico de Freud aparecen identificadas en el contexto relacional de la obra en su conjunto y la voluntad política del autor. Las variantes interpretativas que contradicen las posturas políticas que el autor transcribe y vehiculiza mediante el lenguaje formal del psicoanálisis, no se deben a una falla propia del discurso sino a la voluntad política del intérprete del texto. En otras palabras, que la multiplicidad de variantes significativas que constituyen la imaginería psicoanalítica no se deben a un problema de orden epistemológico ni están vinculadas a deficiencias en el lenguaje técnico de la teoría en propiedad, ni siquiera al relativo carácter flotante de los signos, sino a una condición de otro orden, un orden vinculado a otro registro de motivos, a la intencionalidad precisa del intérprete, a su voluntad política. La relativa inconsistencia en las definiciones del psicoanálisis, y sobre todo en su relación con sus objetivos, es una constante que atraviesa todas sus historias; es la expresión manifiesta del carácter eminentemente arbitrario de todo acto de interpretación... de apropiación y resignificación. Pero también es, a la vez, evidencia de que la ambigüedad es un recurso táctico por excelencia del arte de la retórica, condición ésta de la que depende buena parte de su eficacia política...

El psicoanálisis, recién entrado el siglo XXI, no tiene un sentido singular unívoco, sino múltiples sentidos, abiertos, contradictorios, arbitrarios, que le son atribuidos según la perspectiva (posición) de quien *interpreta* los textos y sus respectivas prácticas, se apropia de ellos, los resignifica. Cada significado puede transcribirse textualmente y repetirse literalmente, pero el sentido no pude abstraerse sin dilaciones del orden estructural del discurso. El sentido es el efecto puntual de la posición del intérprete, y las variaciones de significados lo son con respecto al carácter situado del mismo. Los equívocos, por lo general, no son la resulta de un problema de interpretación, sino el signo de un juicio político de quien difiere del sentido que otro ha asignado a un texto o a una palabra. Hay quienes han racionalizado esta práctica política al extremo de sostener que Freud estaba equivocado en algunos aspectos fundamentales de su teoría, y reclaman como necesario *comprender* que éstos equívocos se debían, no a la intención del autor, sino a las limitaciones propias del contexto histórico y cultural del autor. De ahí, por ejemplo, que la soberanía del discurso biológico en la teoría psicoanalítica se deba —para algunos- más a la estrechez de miras de su inventor que a la realidad objetiva de su *descubrimiento*. Desde esta perspectiva –por ejemplo- Freud *descubrió* las leyes que rigen lo inconsciente pero, a todos los efectos, "no las *comprendió* como era debido", o bien las condiciones de época urgen variaciones sobre tales supuestos o entendidos. La constante resignificación de los conceptos clave del psicoanálisis freudiano no pertenece a un movimiento lineal desinteresado o neutro. Hay quienes se han apropiado del discurso psicoanalítico para otros fines radicalmente distintos a los que Freud había convenido la estructura de sus pensamientos. Freud, por ejemplo, daba cuenta mediante su andamiaje teórico de los mecanismos de represión que condicionan la vida psíquica del ser humano desde su nacimiento y durante toda su existencia, pero no lo hizo con motivos de subvertir el orden de sus contenidos sino para hacer que sus disposiciones se tornaran más efectivas. Quienes creen y abogan por la posibilidad de una transformación cualitativa de las condiciones de existencia no pueden menos que reorientar sus motivos hacia la consecución de tales fines. Eso supone, primordialmente, resignificar gran parte de los entendidos del psicoanálisis de Freud, en función de sus intereses propios. Así, las leyes psíquicas que para Freud rigen el destino de los seres humanos, para otros es preciso subvertirlas. Para tales efectos no basta *reconocerlas* tal y como Freud las reconocía, sino que se debía trastocar los fundamentos propios que subyacían a dicho reconocimiento. No es una hermenéutica la técnica más apropiada para tales fines, sino una estrategia política programada desde otra ideología; es decir, desde otra posición...

Lo Inconsciente: matriz de subversión política

Lo Inconsciente, en su acepción más radical, es un signo de la esencial indeterminación del Sujeto humano, de la radical incompletud de la Subjetividad y de su condición de incompletabilidad absoluta. Lo Inconsciente es el principio del resquebrajamiento de la noción de Identidad, así como de los conceptos más fuertes vinculados a las tradiciones discursivas de las ciencias sociales, filosofías y religiones modernas (Razón, Verdad, Voluntad, Conciencia, Autonomía, Sujeto). La imaginería social vinculada al proyecto político de la modernidad, a sus prácticas representacionales y paradigmas interpretativos, se ha articulado a partir de la creencia de que, irespectivamente de las zonas de indecibilidad que permanentemente escapan a las pretensiones omniscientes de las ciencias del espíritu y sus teorías, el Sujeto humano es un objeto cuya esencia singular es aprehensible. Pero, más que la inteligibilidad, la aprehensibilidad del Sujeto bajo sus registros, es sólo posible mediante el previo montaje del mismo como una unidad de sentido, coherente y de cualidades aprehensibles (como las que lo refieren al lenguaje de las leyes o a la racionalidad lógica de la estructura de la psique y sus funcionamientos). Nietzsche lo advertía:

> "...(la voluntad) sólo como palabra forma una unidad, y justo en la unidad verbal se esconde el prejuicio popular que se ha adueñado de la siempre exigua cautela de los filósofos."[1172]

Foucault lo reiteraría:

> "La unidad del sujeto humano era asegurada por la continuidad entre el deseo y el conocer, el instinto y el saber, el cuerpo y la verdad (...) todo esto aseguraba la existencia del sujeto... (...) ...entonces la unidad del sujeto no es ya necesaria: podemos admitir dos cosas: o múltiples sujetos posibles o que el sujeto no existe (...) quien desaparece no es Dios sino el sujeto en su unidad y soberanía."[1173]

El proyecto político de la modernidad, cuyo encargo fundamental es la domesticación de los sujetos, se ha cimentado sobre la creencia en un Sujeto que encarna desde la profundidad de su alma estas cualidades. Las prácticas de control y dominación estatal, moral y cultural en general, se han materializado bajo este orden representacional del Ser. Las legitimidades sobre las que las más diversas instituciones sociales, jurídicas y educativas, fundamentan y justifican sus intervenciones están montadas con el

---

[1172] F.Nietzsche; *Más allá del Bien y del Mal*; Editorial *Alianza*, Madrid, 1997; p.41.

[1173] M.Foucault; *La verdad y las formas jurídicas*; Ed. *Gedisa*, México, 1995; p.16.

mismo material que el de las filosofías políticas, las religiones y las ciencias tradicionales del espíritu humano: no en la ingenua creencia en la posibilidad de aprehender en términos absolutos la esencia del Ser, sino en saber que, bajo las apariencias del conocimiento que se producen sobre él, éstas sirven efectivamente para los objetivos políticos proyectados: su normalización, domesticación y encuadramiento. El discurso psicoanalítico de Freud pertenece a este movimiento normalizador del proyecto político de la modernidad, y todo cuanto refiere al registro de lo Inconsciente en el Ser lo hace para tales fines políticos: bajo el modo de comprenderlo, controlarlo; bajo el signo de una liberación, sujetarlo. El conocimiento que de sí mismo presume poseer el sujeto del discurso psicoanalítico, producido con relación a él, a partir de él, y representado como una liberación bajo el modo de una posesión o un advenimiento, el de la conciencia de sí, es también un modo de sujeción, una variante de los efectos del poder. Foucault ya lo advertía:

> "No se ha sustituido el alma, ilusión de los teólogos, por un hombre real, objeto de saber, de reflexión filosófica o de intervención técnica. El hombre del que se nos habla e invita a liberar es en sí el efecto de un sometimiento mucho más profundo que él mismo. Un 'alma' lo habita y lo conduce a la existencia, que es una pieza en el dominio que el poder ejerce sobre el cuerpo. El alma, efecto e instrumento de una anatomía política; el alma, prisión del cuerpo."[1174]

Pero el alma a la que Freud se refiere no está sujeta, en principio, sino a sí misma, porque no es otra cosa, en esencia, que su propio cuerpo físico, el soma, el organismo, el reino de los instintos. No obstante, de la retórica psicoanalítica se desprende una condición esencialmente paradójica, pues la *descripción* teórica de lo Inconsciente (como condensación de insaciables, peligrosos y mortales instintos para la vida social, dispuestos ante todo, más allá del Bien y del Mal, anterior a sus registros, a satisfacerse a sí mismos), aunque se presta para justificar los mecanismos culturales de control social, las restricciones, prohibiciones y asignaciones de

---

[1174] M.Foucault; *Vigilar y Castigar*, Editorial *Siglo XXI*, México, 1976; p.36.

lugar legales y sus correlativas moralidades, también abre el espacio para cuestionar los contenidos específicos de los mismos y, en tal acto, destacarse la posibilidad de transformarlos alternativamente. De una parte, Freud refuerza la creencia en la necesidad vital de los mecanismos de control y regulación social en la representación teórica del Sujeto, en cuanto que éste no posee pleno dominio sobre su propio destino, ni controla plenamente su voluntad ni su conciencia es tan poderosa como le exige la Ley y la Moral que lo sea. Traducida esta acepción a la tradicional fórmula de las filosofías políticas y morales estadistas, se resuelve que cuanto menos coerciones operan sobre cada sujeto singular, es decir, cuanto más *libre* sea, más peligroso tanto para sí como para los demás. Ahí la puerta de entrada a las ideologías políticas de Freud y de los usuarios de su maquinaria de saber sobre lo humano: Lo Inconsciente resiste la normalización a la vez que la posibilita. Lo Inconsciente es el signo beligerante donde se condensan los conflictos más significativos entre la psique y las tecnologías de domesticación social, las represiones y el conjunto de mecanismos de subyugación ideológica del poderío normalizador. Pero es en las inmediaciones del Ser, en la singularidad física y emocional de su experiencia existencial, donde se expresan sus conflictos, sus pactos, en las sublimaciones y en las histerias, en sus disposiciones psíquicas a la sumisión y sus resistencias, en sus temores, creencias, ideales y aspiraciones... en sus *deseos*. El lenguaje teórico del psicoanálisis es, para todos los efectos, un lugar donde se representan plurívoca y polisémicamente sus incontenibles y permanentes contiendas.

Pero, ¿acaso todo cuanto pueda ser referido a la existencia del Ser puede expresarse cómodamente y sin mayores reservas bajo el registro de sus lenguajes? ¿Es acaso ésta la manera más adecuada de hacerlo, para todos siempre y en todo momento? El principio de radical indeterminación del Ser, consagrado en el carácter eminentemente conflictivo de lo Inconsciente, pone bajo sospecha todas las nociones que presumen de comprender al ser humano mediante el psicoanálisis, así como a las que rechazan el carácter radicalmente imprevisible, fluctuante y contingente del mismo. Sobre esta suerte de incertidumbre, sobre los signos de lo irresoluto en el Ser, es que la Ley y la Moral sostienen sus pertinencias, justifican sus exigencias y legitiman sus propias existencias. De ahí que la represión, como ya he apuntado a lo largo de este trabajo, aparezca como un destino ineludible de la vida social. De ahí que no pueda resolverse fuera de los dominios de la Ideología los modos como se construyen las representaciones imaginarias del Ser y su relación recíproca e indisoluble con lo Inconsciente. Ahí que algunos teóricos se hayan apropiado del signo y lo hayan resignificado en función de otro orden representacional, rechazado tajantemente la fatalidad infranqueable de sus destinos y exaltado los valores éticos, políticos o religiosos, de la creencia en la posibilidad de dominio consciente y racional de sí mismo, y de advenir a un estadio o condición de relativa autonomía *existencial*. Ahí las apuestas de emancipación se apertrechan en refugios teóricos y montan sus soportes ideológicos; sus legitimidades morales y sus pertinencias políticas. Lo identitario se representa ahora como un signo frágil, perecedero, como una opción electiva en principio, influenciada de incierta manera por lo Inconsciente pero ciertamente no determinada en definitiva por las fuerzas que rigen en él. Consecuentemente, la integridad de las disciplinas del alma se ve trastocada en sus cimientos fundacionales y los soportes más fuertes de sus andamiajes teóricos dan al traste con las fuerzas centrífugas que lo Inconsciente, tomado en consideración, hace estallar. Las epistemologías tradicionales de las ciencias y filosofías del espíritu son sometidas a revisión en lo más profundo de sus constituciones (que sigue siendo la superficie de sus lenguajes), pues las certidumbres habituales se han revelado vanas ilusiones, ya desde las corrientes de pensamiento positivistas o ya desde las más diversas metafísicas. Pero al imaginario político de la modernidad no le es suficiente *reconocer* las diferencias radicales que caracterizan a cada ser humano, pues incluso lo humano mismo y las retóricas universalistas (como las vinculadas en el discurso del Derecho, de la Ley y de la Moral), se tornan insostenibles fuera de las relaciones de fuerza que condicionan sus existencias. No es en la superficie de sus lenguajes donde advienen sus sentidos, sino en la materialidad de sus efectos, en sus precisas implicaciones sobre el ser que las encarna; las significa, las siente o las padece; las inventa o reproduce, las acepta o es sometido a ellas; las goza, las anima, las posibilita o las sufre... Entre estas coordenadas, la puesta en escena de lo Inconsciente, los signos de radical indeterminación que privilegian sus dominios, marcan el advenimiento a la condición (pos)moderna... que es también el signo político de lo social como condensación dinámica y compleja de relaciones de poder y, en fin, continuidad imperecedera de sus violencias...

Por todo cuanto irremediablemente queda fuera de este escrito, válgame reafirmar que las sospechas que lo han atravesado permanecen ahí, suspendidas en las suertes de su devenir, pues no he pretendido *saber* en definitiva, es decir, *concluir* (que sería ocluir), sino entrar en sus propios juegos (que son siempre sus luchas) y permanecer entre ellos... Baste por el momento saber que lo sabido no es suficiente y que la tarea emprendida en el ánimo de la sospecha no concluye aquí, sino que ahí, en los límites de lo posible, de lo *sabido*, es donde continúa, no el recorrido de viejos o nuevos caminos ni la confirmación ni el descubrimiento de *nuevas* verdades, sino el tiempo de la crítica, de la reflexión... del (des)montaje; del nihilismo...? Sigue siendo el tiempo en devenir de la (des)ilusión... Siguen siendo, todavía, tiempos de sospecha...

Referencias

Referencias

Ahumada, Jorge L.; *Descubrimientos y refutaciones: la lógica de la indagación psicoanalítica*; Editorial Biblioteca Nueva; Madrid, 1999.

Alexander, Franz y Staub, Hugo; *El delincuente y sus jueces desde el punto de vista psicoanalítico*; Editorial Biblioteca Nueva, Madrid, 1961.

Althusser, Louis; "Freud y Lacan"; *Posiciones*; Editorial Grijalbo (Teoría y Praxis), México, 1977.

_____; "Ideología y aparatos ideológicos de Estado";

Ander-Egg, Ezequiel; "Psicoanálisis" en *Diccionario del Trabajo Social*; Editorial Humanitas, Buenos Aires, 1988.

Anguera, Blanca; "Entrevista"; en Casafont, Joseph R.; *El lector de... Sigmund Freud*; Editorial Océano, Barcelona, 2001.

Appignanesi, Richard; *Freud para principiantes*; Editorial Era Naciente: Textos ilustrados; Buenos Aires, 2001.

Arango, Ariel; *Las malas palabras: virtudes de la obscenidad*; Editorial Sudamericana, Buenos Aires, 2000.

Ariel, Alejandro; "Conversaciones sobre el poder, la política y el psicoanálisis en las instituciones"; *Revista de Psicoanálisis y Cultura*, Número 8, diciembre 1998; www.acheronta.org.

Aristóteles; *Retórica*; Editorial Gredos, Madrid, 2000.

_____; *Política*; Editorial Gredos, Madrid, 2000.

_____; *Ética Nicomáquea*; Editorial Gredos, Madrid, 2000.

Aubral, Francois; "Freud, Sigmund"; *Los Filósofos*; Acento Editorial; Madrid, 1997.

Azouri, Chowki; *El Psicoanálisis*; Acento Editorial, Madrid, 1998.

Barthes, Roland; *Variaciones sobre la escritura*; Editorial Paidós, Barcelona, 2002.

_____; *Mitologías*; Editorial Siglo XXI, España, 2000.

Barrere, Jean Jaques y Roche, Christian; *El estupidiario de los filósofos*, Editorial Cátedra, Madrid, 1999.

Bastide, Roger; "Para una cooperación entre el psicoanálisis y la sociología en la elaboración de una teoría de las ´visiones de mundo´" en *Sociología contra psicoanálisis* (Coloquio organizado por el Instituto de sociología de la Universidad Libre de Bruselas y la Escuela Práctica de Altos Estudios de París, con la ayuda de la UNESCO), Ed. Planeta-Agostini, Barcelona, 1986.

Baudelaire, Charles; *Las flores del mal*, EDIMAT, Madrid, 1998.

Baudrillard, Jean; *Cultura y simulacro*; Editorial Kairos, Barcelona, 2001.

Bernfeld, Siegfred; "Socialismo y psicoanálisis" (1926), en *Marxismo, Psicoanálisis y Sexpol* (Colección Izquierda Freudiana), Granica Editor, Argentina, 1972.

Bermejo Barrera, J.; *Psicoanálisis del conocimiento histórico*; Editorial Akal, Madrid, 1983.

Bernal, Hernando; "Reflexiones sobre cultura, ciencia, ética y psicoanálisis"; Revista de Psicoanálisis y Cultura, Número 5, julio 1997; www.acheronta.org.

Beá Torras, Pere; "Entrevista" en Casafont, Joseph R.; *El lector de... Sigmund Freud*; Editorial Océano, Barcelona, 2001.

Bettelheim, Bruno; *Psicoanálisis de los cuentos de hadas*; Editorial Crítica. Barcelona, 1999.

Blum, Harold P. (Comp.); *Diez años de psicoanálisis en los Estados Unidos (1973-1982)* – (Antología del *Journal of the American Psychoanalytic Association*), Alianza Editorial, Madrid, 1983.

Braunstein, Néstor A. (Coord.); *Constataciones del psicoanálisis*; Editorial Siglo XXI, México, 1996.

_____; "Construcción, interpretación y desconstrucción en el psicoanálisis contemporáneo; en *Por el camino de Freud*; Editorial, *Siglo XXI*; México, 2001.

_____; Derecho y Psicoanálisis: Los dos campos de la subjetividad."

_____; "¿Cómo se constituye una ciencia?" en Brauntein, N.A.; Pasternac, M.; Benedito, G. y Saal, F.; *Psicología, Ideología y Ciencia*; Editorial Siglo XXI, México, 1986.

_____; "La psicología y la teoría psicoanalítica"

_____; "Relaciones del psicoanálisis con las demás ciencias"

_____;¿Qué entienden los psicólogos por psicología?

Bofill, Pere y Tizón, Jorge L.; *Qué es el psicoanálisis: Orígenes, temas e instituciones actuales*; Editorial Herder, Barcelona, 1994.

Breger, Louis; *Freud: El genio y sus sombras*; Editorial Javier Vergara, España, 2001.

Brohm, Jean-Marie; "Psicoanálisis y Revolución" en *Marxismo, Psicoanálisis y Sexpol* II (Colección Izquierda Freudiana), Granica Editor, Argentina, 1973.

Brown, J.A.C.; *Freud y los Postfreudianos*; Editorial Compañía General Fabril, Buenos Aires, 1963.

Bruckner, Peter; "Marx, Freud" en *Marxismo, Psicoanálisis y Sexpol* II (Colección Izquierda Freudiana), Granica Editor, Argentina, 1973.

Butler, Judith; *El grito de Antígona*; Editorial El Roure, Barcelona, 2001.

_____; *El género en disputa: el feminismo y la subversión de la identidad*; Editorial Paidós, México, 2001.

_____; "Subjection, Resistance, Resignification: Between Freud and Foucault" en J.Rajchman (Ed.) *The Identity in Question*; Editorial Routledge, New York, 1995.

Camargo, Luis; "Justicia a la locura"; *Revista de Psicoanálisis y Cultura*, Número 4, diciembre 1996; www.acheronta.org.

Caparrós, Nicolás; *Psicoanálisis de los sueños: El sueño del psicoanálisis*; Editorial Biblioteca Nueva, Madrid, 2000.

Carrasquillo Ramírez, Alfredo; "Lenguaje y poder en la clínica psicoanalítica: El amo, la universidad, la histérica y el analista" en Revista Postdata, Núm. 10-11, San Juan, 1995.

Caruso, Igor; "Psicoanálisis y utopía"; *Razón, locura y sociedad*; Editorial Siglo XXI; México, 1995.

_____; "Psicoanálisis y sociedad: de la crítica de la ideología a la autocrítica"; en *Psicoanálisis y Sociedad: apuntes de freudo-marxismo*; Editorial Anagrama, Barcelona, 1971.

_____; "El Yo y la Civilización": notas sobre la manipulación del hombre por el hombre"

Casafont, Joseph R.; *El lector de... Sigmund Freud*; Editorial Océano, Barcelona, 2001.

Castilla del Pino, Carlos; *Psicoanálisis y Marxismo*; Editorial Alianza, 1971.

Castoriadis, Cornelius; "Psicoanálisis"; en Raynaud, Phillippe y Rials, Stephane (Eds.); *Diccionario Akal de Filosofía Política*; Ediciones Akal, Madrid, 2001.

_____; "El psicoanálisis: situación y límites"; *Figuras de lo pensable (Las encrucijadas del laberinto VI)*; Editorial Fondo de Cultura Económica, México, 2001.

Cioffi, Frank; "Problemas filosóficos del psicoanálisis" en Honderich, Ted (Editor); *Enciclopedia Oxford de Filosofía*; Editorial Tecnos, Madrid, 2001.

Cioran, E,M.; *Adiós a la filosofía y otros textos*; Editorial *Alianza*; Madrid, 1999

Cobley, Paul y Janz, Litza; *Semiótica para principiantes*; Editorial Era Naciente, Buenos Aires, 2002.

Coderch, Joan; "Sobre algunos aspectos de la incidencia del pensamiento posmoderno en el psicoanálisis" en *Teoría del conocimiento y pensar psicoanalítico: Relaciones entre la Universidad y el psicoanálisis*; Editorial Promolibro, Valencia, 2001.

Collini, Stefan; "Introducción: interpretación terminable e interminable" en *Interpretación y sobreinterpretación*; Editorial Cambridge Univerity Press, España, 1997.

Cruz Roche, Rafael; *Psicoanálisis: reflexiones epistemológicas*; Editorial Instituto de España, Madrid, 1991.

_____; "El psicoanálisis y el problema del conocimiento" en *Teoría del conocimiento y pensar psicoanalítico: Relaciones entre la Universidad y el psicoanálisis*; Editorial Promolibro, Valencia, 2001.

Culler, Jonathan; "En defensa de la sobreinterpretación" en *Interpretación y sobreinterpretación*; Ed. Cambridge Univerity Press, España, 1997.

Deigh, John; "La última teoría de la civilización de Freud: cambios e implicaciones"; en Neu, Jerome (Comp.); *Guia de Freud*; Editorial Cambridge University Press, New York, 1996.

De la Barca, Calderón; *El gran teatro del mundo*; Ed. Fontana, España, 1995.

_____; *El gran mercado del mundo*.

_____; *La vida es sueño*; Editorial Almar, Salamanca, 1978.

Delahanty, Guillermo; "El dinero y el psicoanálisis"; *Revista de Psicoanálisis y Cultura*, Número 12, diciembre 2000; www.acheronta.org.

De la Parra, Marco A.; *La secreta obscenidad de cada día*; Editorial El Público: Centro de documentación teatral, Madrid, 1991.

Deleuze, Gilles y Guattari, Félix; *El Anti-Edipo: Capitalismo y esquizofrenia*; Editorial Paidós, Barcelona, 1998.

_____; *Rizoma: Introducción*; Editorial Pre-Textos, Valencia, 2003.

De Ojeda, Jaime; "Prólogo" en Carroll, Lewis; *Alicia a través del espejo*, Alianza Editorial, Madrid, 1997.

De Saussure, Ferdinand; *Curso de lingüística general*, Ed. Akal, Madrid, 2000.

De Rótterdam, Erasmo; *Elogio de la locura*; Alianza Editorial, Madrid, 1996.

De Sade; *Marqués de Sade: elogio de la insurrección*; Editorial El Viejo Topo, España, 1988.

Descartes, René; *El discurso del método*; Editorial Alba, Madrid, 2002.

_____; *Meditaciones metafísicas*; Editorial Anthropos, Quito, 1995.

Desprats-Péquignot, Catherine; *El psicoanálisis*; Ed. Alianza, Madrid, 1997.

Derrida, Jaques; *Resistencias del psicoanálisis*; Ed. Piados, Buenos Aires; 1998.

_____; *Estados de ánimo del psicoanálisis: Lo imposible más allá de la soberana crueldad*; Editorial Paidós, Barcelona, 2001.

_____; *Mal de archivo: una impresión freudiana*; Ed. Trotta, Madrid, 1997.

_____; *La deconstrucción en las fronteras de la filosofía*; Editorial Paidós,

De Unamuno, Miguel; *Niebla*; Alianza Editorial, Madrid, 1998.

_____; *Antología poética*, Editorial Akal, Madrid, 1987.

Diccionario de la Lengua Española; Real Academia Española, 2001.

Domínguez Moreno, Carlos; *Creer después de Freud*; Editorial San Pablo (Biblioteca de Teología), Madrid, 1992.

Donzelot, Jaques; *La policía de las familias*; Ed. Pre-Textos, España, 1979.

Eco, Umberto; "Interpretación e historia" en *Interpretación y sobreinterpretación*; Ed. Cambridge Univerity Press, España, 1997.

_____; "La sobreinterpretación de textos"

_____; "Entre el autor y el texto"

_____; "Réplica"

_____; "El problema de la recepción" en *Sociología contra psicoanálisis* (Coloquio organizado por el Instituto de sociología de la Universidad Libre de Bruselas y la Escuela Práctica de Altos Estudios de París, con la ayuda de la UNESCO), Editorial Planeta-Agostini, Barcelona, 1986.

Einstein, Albert y Freud, Sigmund; *¿Por qué la guerra?*; Editorial Minúscula, Barcelona, 2001.

Einstein, Albert; "Peace in the Atomic Age"; en Copeland, L. y L.Lamm, L. (Eds.); *The World's Great Speeches*; Editorial Dover Publications Inc., New York, 1942.

Eissler, K.R.; "Biographical sketch" en E.Freud, L.Freud y I.Grubrich-Simitis (Eds.); *Sigmund Freud: His Life in Pictures and Words*; Editorial *A Helen and Kurt Wolff Book*; New York-London, (1957) 1978.

Fernbach, David; "Represión sexual y praxis política" en *Marxismo, Psicoanálisis y Sexpol* II (Colección Izquierda Freudiana), Granica Editor, Argentina, 1973.

Fenichel, Otto; "Análisis Crítico: Wilhelm Reich, Materialismo Dialéctico y Psicoanálisis" (1931); en *Marxismo, Psicoanálisis y*

725

Sexpol (Colección Izquierda Freudiana), Granica Editor, Argentina, 1972.

_____; "Sobre el Psicoanálisis como embrión de una futura Psicología Dialéctico-Materialista" en *Marxismo, Psicoanálisis y Sexpol* I (Colección Izquierda Freudiana), Granica Editor, Argentina, 1972.

Fernández, Dominique; "Introducción a la psicobiografía" en *Psicoanálisis y Crítica Literaria*, Editorial Akal, Madrid, 1981.

Fernández Méndez, Eugenio; *Antropología, Psiquiatría y el porvenir del hombre*; Editorial El Cemí, San Juan, 1972.

Ferrater Mora, José; "Freud, Sigmund"; *Diccionario de Filosofía*; Editorial Ariel, Barcelona, 2001.

_____; "Psicoanálisis"; *Diccionario de Filosofía*; Editorial Ariel, Barcelona, 2001.

Feyerabend, Paul K.; *Contra el método: Esquema de una teoría anarquista del conocimiento*; Editorial Folio, Barcelona, 2000.

Fish, Stanley; "Reteniendo la parte que falta: Retórica y psicoanálsis" en *Práctica sin teoría: retórica y cambio en la vida institucional*; Ediciones Ensayos / Destino, Barcelona, 1992.

Flores Riquelme, Juan; "Duelo no resuelto e imposibilidad de justicia: sobre el problema psicológico de Chile"; Acheronta: *Revista de Psicoanálisis y Cultura*, Número 14, Diciembre 2001, www.acheronta.org.

Fondor, Nandor y Gaynor, Frank; *Freud: Dictionary of Psychoanalysis*; Editorial A Premier Book, New York; 1965.

Fornari, Franco; *Psicoanálisis de la guerra*; Ed. *Siglo XXI*, Madrid, 1972.

Forrester; John; *Sigmund Freud Partes de Guerra: El psicoanálisis y sus pasiones*; Editorial Gedisa, Barcelona, 2001.

_____; *Seducciones del psicoanálisis: Freud, Lacan y Derrida*; Editorial Fondo de Cultura Económica, México, 1997.

Foucault, Michel; *Las palabras y las cosas: una arqueología de las ciencias humanas*; Editorial Siglo XXI; México, 1999.

_____; *Historia de la locura en la época clásica* (Volumen I y II); Editorial Fondo de Cultura Económica, México, 1990.

_____; *Nietzsche, Freud y Marx*; Ediciones El cielo por asalto, Buenos Aires, 1995.

_____; *Nietzsche, la genealogía, la historia*; Editorial Pre-Textos, Valencia, 1997.

_____; *El orden del discurso*; Ed. Tusquets, Barcelona, 2002.

_____; *El pensamiento del afuera*; Ed. Pre-Textos, Valencia, 1997.

_____; *Historia de la sexualidad: la voluntad de saber*; Editorial Siglo XXI, México, 1976.

_____; *Saber y verdad*; Ediciones La Piqueta, Madrid, 1991.

_____; *Espacios de poder*; Ediciones La Piqueta, Madrid, 1991.

_____; *Microfísica del poder*; Ediciones La Piqueta, Madrid, 1992.

_____; *La verdad y las formas jurídicas*; Ed. Gedisa, México, 1995.

_____; *Un diálogo sobre el poder*; Editorial Alianza, Madrid, 1994.

_____; *Tecnologías del yo y otros textos afines*; Editorial Paidós, Barcelona, 1995.

_____; *La verdad y las formas jurídicas*; Ed. Gedisa, México, 1995.

_____; *Vigilar y Castigar*; Editorial Siglo XXI, México, 1976.

Francois, Robert; "Psicoanálisis"; *Diccionario de Términos Filosóficos*; Acento Editorial, Madrid; 1997.

Freud, Anna; *Pasado y presente del psicoanálisis*; Ed. Siglo XXI, México, 1982.

Freud, E., Freud, L., y Grubrich-Simitis, I., (Eds.); *Sigmund Freud: His Life in Pictures and Words*; Editorial *A Helen and Kurt Wolff Book*; New York-London, (1957) 1978.

Freud, Sigmund; "El malestar en la cultura"; *El malestar en la cultura y otros ensayos*; Alianza Editorial, Madrid, 2000.

_____; "Sobre la conquista del fuego"

_____; "Consideraciones de actualidad sobre la Guerra y la muerte"

_____; "Algunas observaciones sobre el concepto de lo inconsciente en el psicoanálisis"

_____; "Los instintos y sus destinos"

_____; "La represión"

_____; "Lo inconsciente"

_____; "Psicología de las masas y análisis del Yo"; *Psicología de las masas*; Alianza Editorial; Madrid, 2000.

_____; "Más allá del principio del placer"

_____; "El porvenir de una ilusión"

_____; "Esquemas del psicoanálisis"; *Esquemas del psicoanálisis y otros escritos de doctrina psicoanalítica*; Ed. Alianza, Madrid, 1999.

_____; "Compendio del psicoanálisis"

_____; "Múltiple interés del psicoanálisis"

_____; "Una dificultad del psicoanálisis"

_____; "La cuestión del análisis profano"

_____; "Las resistencias contra el psicoanálisis"

_____; "Autobiografía"; *Autobiografía*; Ed. Alianza, Madrid, 2001.

_____; "Historia del movimiento psicoanalítico"

_____; "La interpretación de los sueños"; *Obras Completas* (Tomo I); Editorial Biblioteca Nueva, Madrid, 1996.

_____; "Psicopatología de la vida cotidiana"

_____; "Análisis fragmentario de una histeria ('Caso Dora')"

_____; "El método psicoanalítico de Freud"

_____; "El chiste y su relación con lo inconsciente"

_____; "Psicoterapia (Tratamiento por el espíritu)"

_____; "La moral sexual 'cultural' y la nerviosidad moderna"; *Obras Completas* (Tomo II); Editorial Biblioteca Nueva, Madrid, 1996.

_____; "Tres ensayos para una teoría de la sexualidad"

_____; "Personajes psicopáticos en el teatro"

_____; "El psicoanálisis y el diagnóstico de los hechos en los procedimientos judiciales"

_____; "Análisis de un caso de neurosis obsesiva (Caso 'el Hombre de las ratas')"

_____; "Psicoanálisis (Cinco conferencias pronunciadas en la Clark University, Estados Unidos)"

_____; "El porvenir de la terapia psicoanalítica"

_____; "El psicoanálisis silvestre"

_____; "Un recuerdo infantil de Leonardo Da Vinci"

_____; "El doble sentido antitético de las palabras primitivas"

_____; "Los dos principios del funcionamiento mental"

_____; "El empleo de la interpretación de los sueños en el psicoanálisis"

_____; "La dinámica de la transferencia"

_____; "Consejos al médico en el tratamiento psicoanalítico"

_____; "La iniciación en el tratamiento"

_____; "Experiencias y ejemplos de la práctica analítica"

_____; "Un sueño como testimonio"

_____; "Tótem y Tabú"

_____; "Múltiples intereses del psicoanálisis"

_____; "Historia de una neurosis infantil (Caso del 'Hombre de los lobos')"

_____; "Los instintos y sus destinos"

_____; "Duelo y melancolía"

_____; "Consideraciones de actualidad sobre la guerra y la muerte"

_____; "Lo perecedero"

_____; "Lecciones introductorias al psicoanálisis"

_____; "Teorías sexuales infantiles"

_____; "Generalidades sobre el ataque histérico"

_____; "Varios tipos de carácter descubiertos en la labor analítica"; *Obras Completas* (Tomo III); Editorial Biblioteca Nueva, Madrid, 1996.

_____; "Una relación entre un símbolo y un síntoma"

_____; "El tabú de la virginidad"

_____; "Sobre la sexualidad femenina"

_____; "Sobre la enseñanza del psicoanálisis en la Universidad"

_____; "Los caminos de la terapia psicoanalítica"

_____; "Para la prehistoria de la técnica psicoanalítica"

_____; "Introducción al simposio sobre las neurosis de guerra"

_____; "Sobre la psicogénesis de un caso de homosexualidad femenina"

_____; "Psicología de las masas y análisis del YO"

_____; "Sobre os mecanismos neuróticos en los celos, la paranoia y la homosexualidad."

_____; "Observaciones sobre la teoría y la práctica de la interpretación onírica"

_____; "Observaciones sobre el inconsciente"

_____; "Psicoanálisis y teoría de la libido"

_____; "Una neurosis demoníaca en el siglo XVII"

_____; "La cabeza de Medusa"

_____; "El 'Yo' y el 'Ello'"

_____; "Esquema del psicoanálisis"

_____; "La disolución del complejo de Edipo"

_____; "Los límites de la interpretabilidad de los sueños"

_____; "La responsabilidad moral por el contenido de los sueños"

_____; "Psicoanálisis: Escuela freudiana"

_____; "Análisis profano (psicoanálisis y medicina)"

_____; "Sobre la conquista del fuego"

_____; "Nuevas lecciones introductorias al psicoanálisis"

_____; "Análisis terminable e interminable"

_____; "Construcciones en psicoanálisis"

_____; "Compendio del psicoanálisis"

_____; "Algunas lecciones elementales del psicoanálisis"

_____; "Los orígenes del psicoanálisis" (Correspondencia con Fliess)

_____; "La organización genital infantil"

_____; "Fetichismo"

_____; "Algunas consecuencias psíquicas de la diferencia sexual anatómica"

Fridman, Pablo; "De la invención del síntoma a la solución ideológica"; *Revista de Psicoanálisis y Cultura*, Número (?), (sin fecha); www.acheronta.org.

Fromm, Erich; *La crisis del psicoanálisis*; Editorial Paidós, Barcelona, 1971.

_____; "Sobre métodos y objetivos de una Psicología Social Analítica" (1932) en *Marxismo, Psicoanálisis y Sexpol* (Colección Izquierda Freudiana), Granica Editor, Argentina, 1972.

Gabaldón, Sabel; "Antropología, mitología y psicoanálisis"; *Revista de Psicoanálisis y Cultura*, Núm.12; Dic.2000; www.acheronta.org.

Gadamer, Hans-Georg; *El giro hermenéutico*; Ed. Cátedra, Madrid, 1995.

Gantheret, Francois; "Freud y el cuestionamiento político-social"; en *Marxismo, Psicoanálisis y Sexpol* II (Colección Izquierda Freudiana), Granica Editor, Argentina, 1973.

Gay, Peter; *The Freud Reader*; Editorial Norton, New York, 1995.

Geltman, Pedro; *Rigor epistemológico y teoría psicoanalítica*; Editorial Almagesto, Buenos Aires, 1993.

Gerez Ambertín, Marta; "Cuando los ideales llaman al sacrificio, o el ulular del goce"; *Revista de Psicoanálisis y Cultura*, Número 14, diciembre 2001; www.acheronta.org.

Geymonat, Ludovico; *La libertad*; Editorial Crítica, Barcelona, 1991.

Gilliéron, Edmond; "El psicoanálisis hoy: ¿Saber o ilusión?" en *Teoría del conocimiento y pensar psicoanalítico: Relaciones entre la Universidad y el psicoanálisis*; Editorial Promolibro, Valencia, 2001.

Goldman, Lucien; "El sujeto de la creación cultural" en *Sociología contra psicoanálisis* (Coloquio organizado por el Instituto de sociología de la Universidad Libre de Bruselas y la Escuela Práctica de Altos Estudios de París, con la ayuda de la UNESCO), Editorial Planeta-Agostini, Barcelona, 1986.

Gómez Pin, Víctor; *El psicoanálisis: Justificación de Freud*; Editorial Montesinos, España, 2001.

_____; *El reino de las leyes: Orden freudiano*; Ed.Siglo XXI, España, 1981.

Gómez Sánchez, Carlos; *Freud, crítico de la ilustración*; Editorial Crítica, Barcelona, 1998.

_____; "Psicoanálisis y Filosofía". El lugar de Freud en la modernidad." en *Teoría del conocimiento y pensar psicoanalítico: Relaciones entre la Universidad y el psicoanálisis*; Editorial Promolibro, Valencia, 2001.

_____; *Freud y su obra: Génesis y constitución de la Teoría Psicoanalítica*; Editorial Biblioteca Nueva; Madrid, 2002.

González Duro, Enrique; *Historia de la locura en España* (Tomo III), Ediciones Temas de Hoy, Madrid, 1996.

Grotiuz, Javier; "De la peligrosidad del loco y de la locura del delincuente"; *Revista de Psicoanálisis y Cultura*, Número 11, julio 2000; www.acheronta.org.

Grunbaum, Adolf; *The Foundations of Psychoanalysis: A Philosophical Critique*; Editorial University of California Press, California, 1984.

Gutiérrez Terrazas, José; *Cómo leer a Freud*; Ed. Síntesis, Madrid, 2002.

_____; "La especificidad del psicoanálisis como campo científico y de investigación" en *Teoría del conocimiento y pensar psicoanalítico: Relaciones entre la Universidad y el psicoanálisis*; Editorial Promolibro, Valencia, 2001.

Habermas, Jurgen; *Conocimiento e interés*; Editorial Taurus, Madrid, 1988.

Hall, Calvin S.; *Compendio de psicología freudiana*; Ed. Paidós, México, 1999.

Hall, Stanley G.; "Preface to American Edition" en S.Freud; *A General Introduction to Psychoanalysis*; Editorial Washington Square Press, New York, 1965.

Henry, Michel; *Genealogía del psicoanálisis*; Editorial Síntesis, Madrid, 2002.

Hobbes, Thomas; *Leviatán*; Editorial Universitaria, Universidad de Puerto Rico, 1996.

Honderich, Ted (Editor); *Enciclopedia Oxford de Filosofía*; Editorial Tecnos, España, 2001.

Horkheimer, Max; *Sociedad en transición: estudios de filosofía social*; Editorial Planeta-Agostini, Barcelona, 1986.

Horney, Karen; *La personaliad neurótica de nuestro tiempo*; Editorial Planeta-Agostini, Barcelona, 1985.

James, William: *Pragmatismo: un nuevo nombre para algunos antiguos modos de pensar*; Editorial Biblioteca de Filosofía, Barcelona, 2002.

Jones, Ernest; *Vida y obra de Sigmund Freud*; Editorial Anagrama, Barcelona, 2003.

_____; "Preface to English Edition" en S.Freud; *A General Introduction to Psychoanalysis*; Editorial Washington Square Press, New York, 1965.

Kraus, Karl; *Dichos y contradichos;* Editorial Minúscula, Barcelona, 2003.

Lagache; Daniel; *El psicoanálisis*; Editorial Piados, Buenos Aires, 1977.

Landman, Patrick; *Freud*; Editorial Istmo, Madrid, 1999.

Langer, Marie; "Vicisitudes del movimiento psicoanalítico argentino"; en *Razón, locura y sociedad*; Editorial Siglo XXI; México, 1995.

Laplanche, Jean; *Vida y muerte en psicoanálisis*; Editorial Amorrortu, Argentina, 1970.

Leader, Marian; *Lacan para principiantes*; Editorial Era Naciente: Textos ilustrados; Buenos Aires, 1995.

Lemaire, Anika; *Jaques Lacan*; Editorial Routledge & Kegan Paul; London, 1977.

Leuret, Francois; ; "Indicaciones a seguir en el tratamiento moral de la locura (1era parte.) *Memoria leída en la Academia Real de medicina, 2 de diciembre de 1845; Revista de Psicoanálisis y Cultura*, Número (¿), (sin fecha); www.acheronta.org.

López Ibor, Juan J.; *La agonía del psicoanálisis*; Editorial Círculo de lectores, Barcelona, 1988.

_____; *Rasgos neuróticos del mundo contemporáneo*; Editorial Cultura Hispánica, Madrid, 1964.

Lyotard, Jean-Francois; *La condición posmoderna: informe sobre el saber*; Editorial Cátedra, Madrid, 1994.

Magherini, Graziella; *¿Sobrevivirá el psicoanálsis?*; Editorial Biblioteca Nueva, Madrid, 1998.

Mann, Thomas; "El puesto de Freud en la historia del espíritu moderno" en *Schopenhauer, Freud, Nietzsche*; Alianza Editorial, Madrid, 2001.

_____; "Freud y el porvenir"

Marcuse, Herbert; *Eros y civilización*; Editorial Ariel, Barcelona, 2002.

_____; *Ensayos sobre política y cultura*; Editorial Planeta-Agostini, Barcelona, 1986.

Marcuse, Ludwig; *Sigmund Freud: su visión del hombre*; Editorial Alianza, Madrid, 1969.

Marinas, José Miguel; curso doctoral *El contexto del psicoanálisis* (2001-02), Facultad de Filosofía, Programa de Filosofía del Derecho, Moral y Política (Ética y Sociología), Universidad Complutense, Madrid.

_____; curso doctoral *Psicoanálisis y semiología: el problema de la interpretación* (2002-03), Facultad de Filosofía, Programa de Filosofía del Derecho, Moral y Política (Ética y Sociología), Universidad Complutense, Madrid.

Marqués, Josep Vincent; *No es natural: para una sociología de la vida cotidiana*; Editorial Anagrama, Barcelona, 1981.

Martín Baró, Ignacio; *Acción e ideología: psicóloga social desde Centroamérica*; Editorial UCA, San Salvador, 1988.

Marsal, Juan F.; "Sociología de Freud"; en *Crítica de la teoría sociológica, Papers: revista de sociología*, núm.6, Editorial Península, Universidad Autónoma de Barcelona, 1977.

Masotta, Oscar; *Lecciones de introducción al psicoanálisis*; Editorial Gedisa, Barcelona, 1994.

Mateo, Fernando; *Freud: un arqueólogo del alma*; Editorial Longseller, Buenos Aires, 2002.

Mehlman, Jeffrey; "Entre el psicoanálisis y la psicocrítica" en *Psicoanálisis y Crítica Literaria*, Editorial Akal, Madrid, 1981.

Menassa, Miguel O.; *Seminario Sigmund Freud* (Conferencia inaugural del 18 de octubre de 1999) en http://www.grupocero.org.)

_____; *Siete conferencias de psicoanálisis en la Habana, Cuba*; Editorial Grupo Cero, Colección Psicoanálisis y Medicina, Madrid, 1995.

Méndel; Gérard; *El psicoanálisis revisado*; Ed.Siglo XXI, México, 1990.

Metz, Christian; *El significante imaginario (Psicoanálisis y cine)*; Editorial Paidós, Barcelona, 2001

Miller, Martin A.; *Freud and the Bolsheviks: Psychoanalysis in Imperial Russia and the Soviet Union*, Ed.Yale University Press, London, 1998.

Minsky; Rosalind; *Psicoanálisis y cultura: estados de ánimo contemporáneos*; Editorial Frónesis, Madrid, 2000.

Mitchell, Juliet; *Psicoanálisis y feminismo: Freud, Reich, Laing, y las mujeres*; Editorial Anagrama, Barcelona, 1976.

Mollon, Phil; *Freud and False Memory Syndrome*; Ed.Icon Books, UK, 2000.

Moore, Burness E. y Fine, Bernard D.; *Términos y conceptos psicoanalíticos*; Editorial Biblioteca Nueva, Madrid, 1997.

Moreno Plaza, Gabriel; *La liberación del lector en la sociedad posmoderna: ensayos de interpretación abierta*; Editorial de la Universidad de Puerto Rico, Río Piedras, 1998.

Muddworf, Bernard; "Psicoanálisis y compromiso" en *Marcase y el Freudomarxismo, materialismo dialéctico y psicoanálisis*; Editorial Colección R, México, 1973.

Neu, Jerome (Comp.); *Guia de Freud*; Editorial Cambridge University Press, New York, 1996.

Nietzsche, Friedrich; *La voluntad de poderío*; Editorial Edaf, Madrid, 1990.

_____; *Más allá del Bien y del Mal*; Editorial Alba, Madrid, 2001.

_____; *La genealogía de la moral*; Editorial Biblioteca de los grandes pensadores, Barcelona, 2002.

_____; *Sobre verdad y mentira*; Editorial Tecnos, Madrid, 1998.

_____; *El libro del filósofo*; Editorial Taurus, Madrid, 2000.

Ortega Bobadilla, Julio; "Inconsciente freudiano y filosofía"; *Revista de Psicoanálisis y Cultura*, Núm. (?), (sin fecha); www.acheronta.org.

Ortega y Gasset, José; "Psicoanálsis, ciencia problemática" en *Ideas y Creencias (y otros ensayos filosóficos)*; Editorial Revista de Occidente en Alianza Editorial, Madrid, 2001.

Osborn, Reuben; *Marxismo y Psicoanálisis*; Ediciones de Bolsillo, Barcelona, 1969.

Palazzi, F. Y Filippi S.S.; *El libro de los mil sabios*; Editorial Dossat 2000, Madrid, 2000.

Pardo, José Luis; "A Freud lo que es de Freud"; *El País*, sábado 14 de febrero de 2004.

Pascal, Blaise; *Pensamientos*; Editorial Alianza, Madrid, 1996.

Pasternac, Marcelo; "El método psicoanalítico"; en Braunstein, N.A.; Pasternac, M.; Benedito, G. y Saal, F.; *Psicología, Ideología y Ciencia*; Editorial Siglo XXI, México, 1986.

Paul, Robert A.; "La antropología de Freud: una lectura de los libros 'culturales'"; en Neu, Jerome (Comp.); *Guia de Freud*; Editorial Cambridge University Press, New York, 1996.

Payne, Michael (Comp.); *Diccionario de Teoría Crítica y Estudios Culturales*; Editorial Paidós, Barcelona, 2002.

Pelorosso, Alicia E., "Consecuencias del concepto de la experiencia cultural en la teoría psicoanalítica"; *Revista de Psicoanálisis y Cultura*, Número 7, julio 1998; www.acheronta.org.

Perres, José; "La epistemología del psicoanálisis: introducción a sus núcleos problemáticos y encrucijadas"; *Revista de Psicoanálisis y Cultura*, Número (¿), (sin fecha); www.acheronta.org.

_____; "La problemática de la realidad en la obra de Freud: sus repercusiones teóricas y epistemológicas (aportes para una epistemología freudiana)" en A.Suárez (Coord.); *Psicoanálisis y realidad*; Editorial Siglo XXI, México, 1989.

Platón; *Las leyes* (Tomo I y II); Instituto de Estudios Políticos, Madrid, 1960.

_____; *El Político*; Instituto de Estudios Políticos, Madrid, 1960.

_____; *Diálogos*; Editorial Porrúa, México, 1998.

Pujó, Mario; "Fin de siglo y diálogo analítico" *Revista de Psicoanálisis y Cultura*, Número 13, julio 2001; www.acheronta.org.

Rapaport, David; *La estructura de la teoría psicoanalítica*; Editorial Paidós, Buenos Aires, 1971.

Raynaud, Philipe y Rials, Stephane (Eds.); *Diccionario Akal de Filosofía Política*; Madrid, 2001.

Reich, Wilhelm y Schmidt, Vera; *Psicoanálisis y educación*; Editorial Anagrama, Barcelona, 1973.

Reich, Wilhelm; *La revolución sexual: para una estructura de carácter autónoma del hombre*; Editorial Planeta-Agostini, Barcelona, 1985.

_____; *Materialismo dialéctico y psicoanálisis*; Editorial Siglo XXI, México, 1972.

_____; "La aplicación del psicoanálisis a la investigación histórica"; en *Psicoanálisis y Sociedad: apuntes de freudo-marxismo*; Editorial Anagrama; Barcelona, 1971.

Reik, Theodor; "Prefacio" a *Freud: Dictionary of Psychoanalysis* Editorial A Premier Book, New York; 1965.

Ricoeur, Paul; "Psicoanálisis y cultura" en *Sociología contra psicoanálisis* (Coloquio organizado por el Instituto de Sociología de la Universidad Libre de Bruselas y la Escuela Práctica de Altos Estudios de París, con la ayuda de la UNESCO), Editorial Planeta-Agostini, Barcelona, 1986.

_____; *Historia y narratividad*; Editorial Paidós, Barcelona, 1999.

Rieff, Philip; *Freud: The Mind of the Moralist*; Editorial Anchor Books, New York, 1961.

Roazen, Paul; *Political Theory and the Psychology of the Unconscious*; Editorial Open Gate Press, London, 2000.

Robert, Francois; *Diccionario de Términos Filosóficos*; Acento Editorial; Madrid, 1997.

Rocha, Guadalupe; "Las instituciones psicoanalíticas en México: un análisis sobre la formación de analistas y sus mecanismos de regulación"; *Revista de Psicoanálisis y Cultura*, Número 14, diciembre 2001; www.acheronta.org.

Rorty, Richard; "El progreso del pragmatista" en *Interpretación y sobreinterpretación*; Ed. Cambridge Univerity Press, España, 1997.

_____; *Filosofía y futuro*; Editorial Gedisa; Barcelona, 2002.

Roudinesco; Elisabeth; Canguilhem, Georges, y otros; *Pensar la locura: Ensayos sobre Michel Foucault*; Ed. Piados, Buenos Aires, 1992.

Roudinesco, Elisabeth; *¿Por qué el psicoanálisis?*; Ed. Paidós, Madrid, 2000.

_____; "El psicoanálisis y el problema del autor: de Brecht a Hitchcock" en *Psicoanálisis y Crítica Literaria*, Editorial Akal, Madrid, 1981.

Saal, Frida; "Análisis crítico de la noción de personalidad"; en Brauntein, N.A.; Pasternac, M.; Benedito, G. y Saal, F.; *Psicología, Ideología y Ciencia*; Editorial Siglo XXI, México, 1986.

_____; "Entre el dogmatismo y la calumnia o el reino de la paradoja"; en N.A.Braunstein (Coord.); *Constataciones del psicoanálisis*; Editorial Siglo XXI, México, 1996.

Saer, Juan José; "Freud o la glorificación del poeta", *El País*, sábado 28 de febrero de 2004.

Sáez, Javier; "Psicoanálisis y ciencia"; en *Diccionario Crítico de Ciencia Sociales*; http://www.ucm.es (2001)

Said, Suzanne; "Psicoanálisis y mitología"; *Introducción a la Mitología Griega*, Editorial Acento, Madrid, 1999.

Sallenave, Daniele; "Psicoanálisis, marxismo, formalismo" en *Psicoanálisis y Crítica Literaria*, Editorial Akal, Madrid, 1981.

Sampedro, Javier; "Vuelve Freud"; *El País*, 9 de enero de 2004.

Sapir, Edward; *El lenguaje* (1921); Editorial Fondo de Cultura Económica, España, 1991.

Sapir, I.; "Freudismo, Sociología, Psicología" (1929-30) en *Marxismo, Psicoanálisis y Sexpol* (Colección Izquierda Freudiana), Granica Editor, Argentina, 1972.

Sarason, Irwin G. (Comp.); *Ciencia y teoría en psicoanálisis*; Amorrortu editores; Buenos Aires, 1965.

Saunier, Roberto V.; "Intervenciones judiciales: medidas... curativas, educativas, represivas? (La curiosidad de lo que se habla); *Revista de Psicoanálisis y Cultura*, Núm.2; Dic.1995; www.acheronta.org.

Savater, Fernando; "Psicoanálisis"; *Diccionario filosófico*; Editorial Booket, Barcelona, 1997

Schilder, Paul y otros; *Psiquiatría y psicoanálisis de hoy*; Editorial Piados, Buenos Aires, 1952.

Schopenhauer, Arthur; *El arte de insultar*; Editorial Edaf, Madrid, 2000.

_____; *El arte de tener razón*; Editorial Edaf, Madrid, 2003.

Schneider Adams, Laurie; *Arte y psicoanálisis*, Ed. Cátedra, Madrid, 1996.

Sechi Mestica, Giuseppina; *Diccionario de mitología universal*; Editorial Akal, Madrid, 1993.

Serge, André; "La escritura comienza donde el psicoanálisis termina"; *Revista de Psicoanálisis y Cultura*, Núm.11; julio 2000.

Sica, Sebastián; "Comentario acerca del psicoanálisis en el marco de la ciencia moderna"; *Revista de Psicoanálisis y Cultura*, Número 11, julio 2000; www.acheronta.org.

Slimobich, José L. (Comp.); *El psicoanálisis en la actualidad*; Editorial Antrhopos, Barcelona, 1996.

Stafford-Clark, David; *Introducción al psicoanálisis*; Editorila LAIA, Barcelona, 1974.

Steiner, George: *Nostalgia del Absoluto*; Editorial Siruela, España, 2002.

Stenberg, Fritz; "Marxismo y Represión" (1932) en *Marxismo, Psicoanálisis y Sexpol* (Colección Izquierda Freudiana), Granica Editor, Argentina, 1972.

Stevenson, Leslie y Haberman, David L.; *Diez teorías sobre la naturaleza humana*; Editorial Cátedra, Madrid, 2001.

Storr, Anthony; *La agresividad humana*; Editorial Alianza, Madrid, 1970.

Strachey; James; "Editor's Introduction" en S.Freud; *The Interpretation of Dreams*; Editorial Avon, New York, 1965.

_____; "Editor's Introduction" en Freud and Breuer; *Studies on Hysteria*; Editorial Avon, New York, 1966.

Suárez, Armando; "Freudomarxismo: pasado y presente"; en *Razón, locura y sociedad*; Editorial Siglo XXI; México, 1995.

_____; "Interpretación, construcción, realidad y verdad"; en A.Suárez (Coord.); *Psicoanálisis y realidad*; Editorial Siglo XXI, México, 1989.

Sued, Gazir; *Violencias de Ley: reflexiones sobre el imaginario jurídico penal moderno y el derecho estatal a castigar*; Ed. La Grieta, San Juan, 2001.

_____; *Utopía Democrática: reflexiones sobre el imaginario político (pos)moderno y el discurso democrático*; Ed. La Grieta, San Juan, 2001.

_____; *Aporías del Derecho: entre el Deseo y la Ley (reflexiones sobre la imaginería psicoanalítica, el discurso criminológico y el derecho penal en el Estado de Ley*; Madrid, 2003; (Inédito)

_____; *En torno a la desobediencia civil, el discurso jurídico y el derecho democrático: reflexiones para una ética alternativa del Derecho*; (Ensayo inédito), Madrid, 2002.

_____; *El discurso de los derechos humanos en la "sociedad cibernética", en la" era de la informática": reflexiones para una ética alternativa del Derecho*; (Ensayo inédito), Madrid, 2002.

_____; *Emmanuel Lévinas: Ética para una filosofía de la sujeción (o el rostro de una huella de sumisión): una mirada reflexiva desde la filosofía de la sospecha*; (Ensayo inédito), Madrid, 2002.

_____; *El espectro de legitimidad y el discurso jurídico en el Estado de Ley: reflexiones para una ética alternativa del Derecho*; (Ensayo inédito), Madrid, 2002.

_____; *En torno a la Filosofía Práctica, la Moral y el Dilema del Prisionero: algunas reflexiones desde el pensamiento de la sospecha*; (Ensayo inédito), Madrid, 2002.

Szasz, Thomas; *The Myth of Psychotherapy*, Editorial Syracuse University Press, New York, 1988.

_____; *Anti-Freud: Karl Kraus's Criticism of Psychoanalysis and Psychiatry*, Editorial Syracuse University Press, New York, 1990.

_____; "El mito de la enfermedad mental"; en *Razón, locura y sociedad*; Editorial Siglo XXI; México, 1995.

_____; "El psicoanálisis como método y como teoría" en Sarason, Irwin G. (Comp.); *Ciencia y teoría en psicoanálisis*; Amorrortu editores; Buenos Aires, 1965.

Taubes, Jacob; "Dialéctica y psicoanálisis" en *Sociología contra psicoanálisis* (Coloquio organizado por el Instituto de sociología de la

Universidad Libre de Bruselas y la Escuela Práctica de Altos Estudios de París, con la ayuda de la UNESCO), Editorial Planeta-Agostini, Barcelona, 1986.

Thody, Philip y Course, Ann; *Barthes para principiantes*; Editorial Era Naciente, Buenos Aires, 1997.

Thompson, Clara; *El psicoanálisis*; Editorial Fondo de Cultura Económica; México, 1995.

Tort, Michel; *La interpretación o la máquina hermenéutica*; Ediciones Nueva Visión, Buenos Aires, 1976.

Tortosa Gil, Francisco; "El saber psicoanalítico y la construcción de la psicología" en *Teoría del conocimiento y pensar psicoanalítico: Relaciones entre la Universidad y el psicoanálisis*; Editorial Promolibro, Valencia, 2001.

Tubert, Silvia; *Sigmund Freud: Fundamentos del psicoanálisis*; Editorial Edaf, Madrid, 2000.

Twain, Mark; *El diccionario de Mark Twain*; Ed. Valdemar, Madrid, 2003.

Vattimo, Gianni; *Más allá del sujeto*; Editorial Paidós, México, 1992.

_____; *Más allá de la interpretación*; Editorial Paidós, Barcelona, 1995.

Verón, Eliseo; "Psicología social e ideología"; en *Razón, locura y sociedad*; Editorial Siglo XXI; México, 1995.

Voloshinov, Valentin N.; *Freudismo:Un bosquejo crítico*; Editorial Paidós, Buenos Aires, 1999.

Wallwork, Ernest; *El psicoanálisis y la ética*; Editorial Fondo de Cultura Económica, México, 1994.

Ward, Ivan; *Psicoanálisis para principiantes*; Editorial Era Naciente: Textos ilustrados; Buenos Aires, 2001.

Webster, Richard; *Por qué Freud estaba equivocado: pecado, ciencia y psicoanálisis*; Editorial Destino, Barcelona, 2002.

Winter, Sarah; *Freud and the Institution of Psychoanalytic Knowledge*; Editorial Standford University Press, California, 1999.

Wright, Elizabeth; *Psicoanálisis y Crítica Cultural*; Editorial Per Abbat, Buenos Aires, 1985.

www.ingramcontent.com/pod-product-compliance
Lightning Source LLC
Chambersburg PA
CBHW030632270326
41929CB00007B/38